गुणकारी फल

गुणकारी फल

रामेश बेदी

राजकमल प्रकाशन

ISBN : 978-81-267-0598-6

मूल्य : ₹ 1295

पहला संस्करण : 2002
चौथा संस्करण : 2025

प्रकाशक : राजकमल प्रकाशन प्रा.लि.
1-बी, नेताजी सुभाष मार्ग, दरियागंज
नई दिल्ली-110 002
शाखाएँ : अशोक राजपथ, साइंस कॉलेज़ के सामने, पटना-800 006
पहली मंजिल, दरबारी बिल्डिंग, महात्मा गांधी मार्ग, प्रयागराज-211 001
1, अनमोल सोराबजी सन्तुक लेन, धोबी तलाव, मरीन लाइंस, मुम्बई-400 002
वेबसाइट : www.rajkamalprakashan.com
ई-मेल : info@rajkamalprakashan.com

मुद्रक : बी.के. ऑफसेट
नवीन शाहदरा, दिल्ली-110 032

GUNKARI PHAL
by Ramesh Bedi

आभार

इस पुस्तक का प्रणयन **बेदी फिल्म्स** के आर्थिक सहयोग से हुआ है। इसके संचालक सर्वश्री **नरेश** एवं **राजेश बेदी** का मैं आभारी हूं।

पुस्तक की प्रेस कौपी तय्यार करने के लिए मैं **बेदी शोध संस्थान** में कार्यरत सहयोगियों का धन्यवाद करता हूं।

विषय सूची

क्रम	फल का नाम	पृष्ठ
1	अख़रोट	9-17
2	अंगूर	18-28
3	अंजीर	29-45
4	अनानास	46-51
5	अनार	52-63
6	अमरूद	64-69
7	अमलोक	70-71
8	आड़ू	72-79
9	आम	80-98
10	आमड़ा	99-105
11	आलू बुखारा	106-107
12	आंवला	108-146
13	इमली	147-160
14	उन्नाव	161-163
15	एवोकाडो	164-176
16	कठजामुन	177-180
17	कमरख	181-187
18	करौंदा	188-193
19	काजू	194-205
20	कीनू	206
21	कीवी	207-210
22	केला	211-234
23	खजूर	235-246
24	ख़रबूजा	247-250
25	खिरनी	251-256
26	खुमानी	257-258
27	गलगल	259-261
28	गुलाब जामुन	262-265
29	चकोतरा	266-270
30	चाल्ता	271-276
31	चिल्गोजा	277-282
32	चीकू	283-287
33	चेरी	288-292
34	चेस्टनट	293-294
35	जामुन	295-311
36	झड़बेर	312-314
37	तरबूज़	315-320
38	दुरिअन	321-322

39	नारियल	323-347	53	भूई जामुन	433-434
40	नाशपाती	348-350	54	मुसम्बी	435-437
41	निम्बू	351-356	55	मूंगफली	438-443
42	पपीता	357-372	56	रसभरी	444-445
43	पहाड़ी पपीता	373-374	57	राम्बुतान	446-448
44	पिस्ता	375-377	58	लीची	459-453
45	प्याल	378-388	59	लोकाट	454-457
46	फ़ालसा	389-393	60	शरीफ़ा	458-462
47	फूट	394-398	61	शहतूत	463-472
48	बगुगोशा	399-401	62	सन्तरा	473-480
49	बड़हर	402-407	63	सिंघाड़ा	481-485
50	बादाम	408-412	64	सेव	486-496
51	बिल्व	413-427	65	स्ट्रौबेरी	497-502
52	बेर	428-432			

विविध भाषाओं और स्थानों में नाम 503-527

अंग्रेज़ी और लेटिन नाम 528-534

चित्र सूची 535-541

एक

अख़रोट

यूग्लांस रेजिआ लिनिअस

Juglans regia Linn.

कुल : युग्लांदासी Juglandaceae

अख़रोटों की पूजा : कश्मीरी हिन्दू भारत में रहते हों या दुनिया में कहीं भी बस गए हों, अख़रोटों की पूजा करते हैं। अख़रोट-पूजा की तिथियां हैं —फाल्गुन कृष्ण पक्ष द्वादशी से अमावास्या तक। अख़रोट के अन्दर चार गिरियां होती हैं जो आपस में जुड़ी रहती हैं। इनकी ऊपरी सतह मस्तिष्क के समान ऊंची उठी हुई, घुमावदार, मोटी रेखाओं द्वारा ढकी होती है। मस्तिष्क से साम्य होने के कारण यह बुद्धि और ज्ञानवर्धक माना जाता है। कश्मीरी पण्डित इसे ज्ञान स्वरूप चारों वेदों का प्रतीक मानते हैं।

द्वादशी को दिन में शिव-पार्वती के रूप में स्वीकार कर, दो टोकरियों में अख़रोट भरकर उनकी पूजा करते हैं। उन्हें निसरी, लाल चन्दन, धतूरा, जौ, काले तिल, फूल और दूध अर्पित करते हैं। उसी दिन अख़रोटों को दो कलशों में डाल देते हैं। अमावास्या तक इनकी रोज़ पूजा की जाती है। उसके बाद शिव के दर्शन करते हैं और इन्हें पूजा के अख़रोट भेंट करते हैं। फिर भक्तों और श्रद्धालुओं को पुनीत अख़रोटों का प्रसाद देते हैं।

विविध भाषाओं में नाम

अंग्रेज़ी	:	कौमन वालनट (common walnut।)
अफ़ग़ानिस्तानी	:	उप्पस्
अरबी	:	जाज़ हिन्दी, ज़ोजजुल हिन्द, जोज़, ज़ोझ, अकपम (मगज़)।
असमिया	:	कवसिंग।
कन्नड़	:	आखोट।
गुजराती	:	अख़रोड, अखोड।

तमिल : अकोटु
तेलुगु : अक्षोलमु ।
पंजाबी : अकोड ।
प्राकृत : अकोड ।
फ़ारसी : चार मगाज़, ज़िर्दग, चार्तजग ।
बंगाली : आख़रोट, अफोट ।
मलयालम : अक्रोड ।
हिन्दी : अख़रोट, अक्षोट, पहाड़ी पीलु ।

संस्कृत में नाम

वनस्पतिनिघण्टुओं में अख़रोट के कुल बीस नाम आए हैं। धन्वन्तरिनिघण्टु (8 वीं शती) में सात, राजनिघण्टु (12वीं शती) में सात, मदनपालनिघण्टु (1374 सन्) में चार, कैयदेवनिघण्टु (1450 सन्) में आठ और भावप्रकाशनिघण्टु (1550 सन्) में तीन नाम और पर्याय निम्नलिखित श्लोकों में आए हैं :

अक्षोडः पर्वतीयश्च फलस्नेहो गुडाशयः।
कीरेष्टः कर्परालश्च स्वादुमज्जा पृथुच्छदः॥

धन्वन्तरिनिघण्टु, आम्रादिवर्ग 5; 53.

अक्षोटः पार्वतीयश्च फलस्नेहो गुडाशयः
कीरेष्टः कन्दरालश्च मधुमज्जा बृहच्छदः॥

राजनिघण्टु, आम्रादिवर्ग 11; 81.

अक्षोटो वैधृतफलं कन्दलाभः पृथुच्छदः।
आक्षोटं मधुरं बल्यं गुरूष्णं वातहृत्सरम्॥

मदनपालनिघण्टु, फलादिवर्ग 6; 68.

आक्षोडकः कंदरालः फलस्नेहो गुडाशयः।
पार्वतीयो वृत्तफलः स्वादुमज्जा पृथुच्छदः॥

कैयदेवनिघण्टु, ओषधिवर्ग 1; 374.

पीलुः शैलभवोऽक्षोटः कर्परालश्च कीर्तितः।
अक्षोटकोऽपि वातादसदृशः कफपित्तकृत्॥

भावप्रकाशनिघण्टु, आम्रादिवर्ग 6; 129.

इन श्लोकों के अन्तर्गत आए नाम और पर्यायों को निम्न तालिका में दिया जा रहा है जिससे पाठक सुगमता से उनका तुलनात्मक अध्ययन कर सकें :

धन्वन्तरिनिघण्टु (8वीं शती)	**राजनिघण्टु** (12वीं शती)	**मदनपालनिघण्टु** (1374 सन्)	**कैयदेवनिघण्टु** (1450 सन्)	**भावप्रकाशनिघण्टु** (1550 सन्)
1 अक्षोड		1 अक्षोट		
			1 आक्षोडक	
			2 कंदराल	
	1 कन्दराल			
		2 कन्दलाभ		
2 कर्पराल				1 कर्पराल
3 कीरेष्ट	2 कीरेष्ट			
4 गुडाशय	3 गुडाशय		3 गुडाशय	
5 पर्वतीय				
	4 पार्वतीय		4 पार्वतीय	
				2 पीलु
6 पृथुच्छद		3 पृथुच्छद	5 पुथुच्छद	
7 फलस्नेह	5 फलस्नेह		6 फलस्नेह	
	6 बृहच्छद			
	7 मधुमज्जा			
			7 वृत्तफल	
		4 वैधृतफल		
				3 शैलभव
			8 स्वादुमज्जा	

नामों के अर्थ

कन्दराल : दृढ़ छिलके (कन्दरा) के अन्दर जिसकी गिरी का निवास (आल=आलय) है।

कन्दलाभ : जिसका फल (कन्द, कन्दल) के सदृश (आभ) हो।

कर्पराल : कपाल (कर्पर) जैसे दृढ़ छिलके के अन्दर जिसका घर (आल=आलय) है।

कीरेष्ट : तोतों (कीर) का प्रिय फल (इष्ट)।

गुडाशय : मीठे (गुड़) के निवास (आशय) वाला फल।
पर्वतीय : =पार्वतीय
पार्वतीय : पहाड़ों पर पैदा होने वाला (पार्वतीय)।
पृथुच्छद : जिसके पत्तों (च्छद) में पृथक् (पृथु) पर्णक हों।
फलस्नेह : तेल (स्नेह) से युक्त फल।
बृहच्छद : बड़े (बृहत्) पत्तों (च्छद) वाला।
मधुमज्जा : मीठे (मधु) मगज़ (मज्जा) वाला फल।
वृत्तफल : गोल (वृत्त) फल वाला वृक्ष।
वैधृतफल : अख़रोट (वैधृत) का फल।
शैलभव : पहाड़ (शैल) में पैदा होने वाला (भव)।
स्वादुमज्जा : मीठी (स्वादु) गिरी (मज्जा) वाला।

गुण

अक्षोट के गुणों को प्रतिपादित करने वाले निम्नलिखित श्लोक वनस्पति निघण्टुओं में आए हैं। उनमें यह भी बताया गया है कि इसे किन-किन रोगों के निवारण के लिए इस्तेमाल किया जा सकता है :

अक्षोडकः स्वादुरसो मधुरः पुष्टिकारकः।
पित्तश्लेष्मकरो बल्यः स्निग्धोष्णो गुरुबृंहणः॥

धन्वन्तरिनिघण्टु, आम्रादिवर्ग 5; 54.

अक्षोटो मधुरो बल्यो स्निग्धोष्णो वातपित्तजित्।
रक्तदोषप्रशमनः शीतलः कफकोपनः॥

राजनिघण्टु, आम्रादिवर्ग 11; 82.

आक्षोटं मधुरं बल्यं गुरूष्णं वातहृत्सरम्।

मदनपालनिघण्टु, फलादिवर्ग 6; 68.

आक्षोडकं सरं स्निग्धं मधुरं रसपाकयोः।
गुरूष्णं बृंहणं वृष्यं बल्यं विष्टंभि रोचनम्॥
हृद्यं क्षयास्रपवनदाहघ्नं कफपित्तलम्।

कैयदेवनिघण्टु, ओषधिवर्ग 1; 375-376.

पीलुः शैलभवोऽक्षोटः कर्परालश्च कीर्तितः।
अक्षोटकोऽपि वातादसदृशः कफपित्तकृत्॥

भावप्रकाशनिघण्टु, आम्रादिवर्ग 6; 129.

उपयोग

ऊपर उद्धृत किए गए श्लोकों के अनुसार आयुर्वेद में अक्षोट के पत्ते स्तम्भक, बल्य और कृमिनाशक हैं। परिसर्पी एग्ज़िमा, गण्डमाला और सिफ़लिस में पत्तों और छाल का प्रयोग करते हैं। फल आमवात में उपयोगी हैं। गले के व्रण में कच्चे फल के अचार के सिरके से गरारे करते हैं। हरा छिलका और कच्चा खोल सिफ़लिसरोधी और कृमिनिस्सारक है। तेल मृदु विरेचक है और उदरकृमियों को नष्ट करता है। मलय में उदरशूल और पेचिश में गिरी खाई जाती है। कच्चे फल का छिलका मत्स्यविष के रूप में प्रयोग किया जाता है। रस में मधुर, विपाक में मधुर, पुष्टिकारक, पित्त, श्लेष्मा की वृद्धि करने वाला, बलकारक गुणों में स्निग्ध, वीर्य में उष्ण, सारक, बृंहण, शुक्रजनन, विष्टम्भी, रुचिकारक, हृदय के लिए हितकर; क्षयरोग, रक्तविकार एवं दाह को नष्ट करने वाला है।

कच्चे फलों से अचार, मुरब्बा, चटनी, रस और शर्बत बनाए जा सकते हैं। गिरी से साठ से सत्तर प्रतिशत सूखने वाला तेल निकलता है। तेल धीरे-धीरे सूखता है। गरम करने पर सूखने की क्रिया तेज़ी से होती है। बाज़ार में यह अख़रोट का तेल (walnut oil) के नाम से बिकता है। यह आह्लादकारी, सुगन्ध वाला,

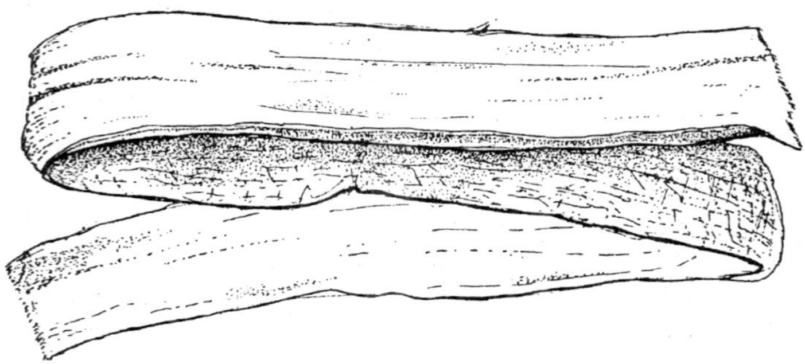

चित्र 1 दन्दासा

फीका हरा-पीला या लगभग नारंगी होता है। तेल खाना-पकाने के काम आता है। चित्रकारों के तैल-रंगों, छपाई की स्याहियों, वार्निशों और साबुनों के निर्माण में

काम आता है। हरे फल के छिलके तथा आवरण और वृक्ष की छाल तथा पत्ते, ऊन तथा रुई को रंगने और चमड़ा कमाने में काम आते हैं। बाज़ार में इसकी छाल दन्दासा नाम से बिकती है। स्त्रियां इसे दांतों को साफ़ करने के काम में लाती हैं। इससे, होंठ, जीभ और मसूड़े लाल रंग में रंग जाते हैं। फल के आवरण बालों को रंगने के काम आते हैं।

हरे फल के आवरण को कुचलकर मिट्टी या लकड़ी के बरतन में डालकर सड़ाते हैं फिर निचोड़कर रस निकालते हैं। यह बढ़िया काली स्याही का काम करता है। सिन्थेटिक रंगों के आने से पहले हिमालय में और हिमालय-पार तिब्बत के लोग भोजपत्र और लामा काग़ज़ पर अख़रोट की स्याही से लिखते थे।

पत्ते पशुओं की बिछाली तथा चारे के काम आते हैं।

लकड़ी के उपयोग

लकड़ी भूरे रंग की होती है जिस पर गहरे रंग में सीधी रेखाएं या चितकबरी आकृतियां पड़ी रहती हैं। यह आसानी से चीरी जाती है इसकी सतह चिकनी और चमकीली बन जाती है। इस पर पौलिश अच्छी आती है। यह फ़र्निचर, मूर्तियों और नक़्क़ाशी के लिए सबसे अच्छी लकड़ियों में से है। कश्मीर में बनाए गए अख़रोट के सुन्दर कलात्मक फ़र्निचर सारे संसार में पसन्द किए जाते हैं। भारतीय आयुध-विभाग में बन्दूकों और तोपों को बनाने में इसकी अधिक खपत है। भूटान की राजधानी थिम्पू में, थिम्पू ज़ोंग (सचिवालय) के फ़र्श अख़रोट की लकड़ी से बनाए गए थे। 1960 में इसके लिए क़रीब 10,000 अख़रोट के पेड़ काटे गए थे। हल, चरखा, मूठ, चौखट, ड्राइंग के उपकरण और हवाई जहाज़ के नोदक ब्लेडों में इस्तेमाल की जाती है। अधिक गति से चलने और घूमने वाली मशीनों के लिए यह उपयुक्त है। पर्त लगाने और प्लाईवुड के लिए बहुत सुन्दर होती है। इसलिए अलमारी, बाजे, मढ़ने के कार्य तथा अन्य सजावटी चीज़ों को बनाने के काम आती है। इसकी गांठदार लकड़ियों की अधिक मांग है। प्रति घन मीटर लकड़ी का भार 448 से 736 किलोग्राम होता है।

स्वरूप

अख़रोट वृक्ष बड़ा, पर्णपाती एवं मखमली प्ररोहों वाला होता है। इसकी ऊंचाई लगभग तीस से छत्तीस मीटर तक होती है। इसके तने की परिधि लगभग 8.40

मीटर तक होती है। छाल भूरी एवं लम्ब-अक्ष में विदरित होती है। पत्ते पन्द्रह से 37.5 सेण्टीमीटर लम्बे, एकान्तर एवं विषम पक्षाकृति होते हैं। नए पत्ते घने रोओं से ढके होते हैं। पर्णक सात से बीस सेण्टीमीटर लम्बे, 3.5 से दस सेण्टीमीटर

चित्र 2 अख़रोट का वृक्ष

चौड़े, पार्श्वीय, बहुत छोटे वृन्त वाले, अभिमुख, अण्डाकृति, लम्बोतरे, सामान्यतः अखण्ड, चर्मल, नोकीले, निचली स्िराओं के साथ रोएंदार, पार्श्वीय शिराएं सात से पन्द्रह जोड़े एवं पांच से तेरह की संख्या में होते हैं। नर फूल हरे, पांच से 12.5 सेण्टीमीटर लम्बे, पतले, निलम्बी कैटकिनों में होते हैं। परागदण्ड दस से बीस या अधिक होते हैं। फल गुठलीदार, कठोर, लगभग पांच सेण्टीमीटर चौड़े होते हैं। ये कश्मीर से दक्षिण-पूर्व तिब्बत तक 1,500 से 3,000 मीटर तक पाए जाते हैं।

प्राकृतिक उत्पत्ति

जंगलों में वृक्ष के नीचे झड़े हुए फलों का बाहरी आवरण फट जाता है और सड़-गल जाता है । कठीले फल बन्दरों, भालुओं और कृन्तकों द्वारा खा लिए जाते हैं । देहाती लोग भी इन्हें बुहारकर ले जाते हैं । प्राकृतिक अवस्था में मिट्टी या मलबे से ढके हुए फलों को पर्याप्त गरमी और नमी मिले तब ये उग आते हैं । वन कृषि में फलों को लगभग पांच सेण्टीमीटर गहराई में बोते हैं । नर्सरी में पौधे तैयार करने हों तब दिसम्बर से फ़रवरी तक उथली नालियों में तेईस सेण्टीमीटर

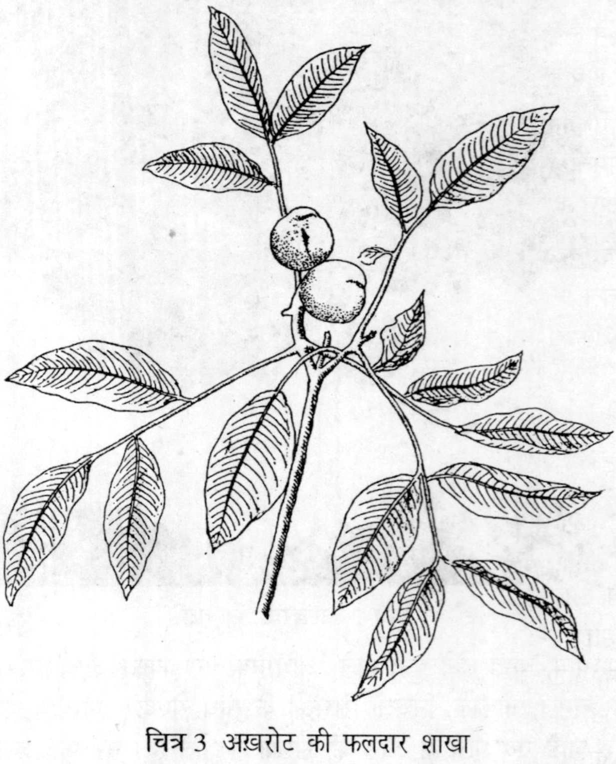

चित्र 3 अख़रोट की फलदार शाखा

की दूरी पर बोते हैं । बीज से बीज का फ़ासला आठ से दस सेण्टीमीटर रखते हैं । मार्च के शुरू में अंकुर फूटने लगते हैं । अगली शीत-ऋतु में पौधों को नर्सरी से उठाकर स्थाई जगहों पर लगाते हैं। मामूली ढलान या समतल भूमि पर पौधों एवं पंक्तियों की आपसी दूरी दो मीटर रखते हैं । खड़े ढलानों पर तीन मीटर

के अंतर पर पंक्तियों में 1.5 मीटर के फ़ासले पर पौधे रोपते हैं। इनकी परिधि में 1.05 से 4.8 सेण्टीमीटर औसत वार्षिक वृद्धि होती है। यह उन स्थानों पर अच्छा उगता है जहां वार्षिक वर्षा लगभग पिचहत्तर सेण्टीमीटर या अधिक हो। हिमाचल प्रदेश और कुल्लू की तराई के कुछ भागों में अख़रोट उगाना अशुभ समझते हैं। वहां केवल स्वयंजात पौधों को बढ़ने देते हैं।

सितम्बर-अक्टूबर में फल लगते हैं। बोने के आठ से दस साल बाद फल लगने लगते हैं। बाहर की शाखाओं पर अधिक बढ़िया फल लगते हैं। बड़े आकार के पूर्ण विकसित वृक्ष में लगभग 1.5 से 1.9 क्विंटल अख़रोट उतरते हैं। लेकिन प्रति वृक्ष औसत 0.37 क्विंटल ही फल देता है। क़रीब एक सौ वर्ष तक वृक्ष फलता रहता है।

बाज़ार में दो क़िस्मों के अख़रोट मिलते हैं — काग़ज़ी और काठे। काग़ज़ी का खोल सुगमता से टूट जाता है। दाढ़ों में भींचकर भी टूट जाता है। इसकी गिरी सफ़ेद और बहुत स्वादिष्ट होती है। काठे अख़रोट से यह बड़ा होता है।

भारत के कश्मीर राज्य में अख़रोट की सबसे अधिक पैदावार होती है। पंजाब, हिमाचल प्रदेश और उत्तर प्रदेश के पहाड़ी क्षेत्रों में उगाए वृक्षों के फल उतनी अच्छी क़िस्म के नहीं होते जितने कश्मीर के।

संघटन

अख़रोट सरदियों में खाया जाने वाला मेवा है। मिठाइयों और आइसक्रीमों में इसकी सारे साल खपत रहती है। फल के पूरे वज़न से लगभग आधी गिरी निकलती है।

भारतीय अख़रोट की गिरी में आर्द्रता 4.5, प्रोटीन 15.06 ईथर निष्कर्ष 64.5, कार्बोहाइड्रेट 11.0, रेशा 2.6 और खनिज पदार्थ 1.8 प्रतिशत होते हैं। इसमें सोडियम, पोटाशियम, कैल्सियम, मैग्नीसियम, लौह, ताम्बा, फ़ौस्फ़ोरस गन्धक और क्लोरीन के अलावा आयोडीन, संखिया, जस्ता, कोबाल्ट, मैंगनीज, लेसिथिन, विटामिन-बी और विटामिन बी-6 पाए जाते हैं। इसकी खली में प्रोटीन 35, वसीय तेल 12.2, कार्बोहाइड्रेट 27.6, रेशा 6.7 और राख 5.1 प्रतिशत होते हैं। इसके सूखे खोल में प्रोटीन 1.7, वसीय तेल 0.7, कार्बोहाइड्रेट 31.9, रेशा 56.6 और राख 1.4 प्रतिशत होते हैं। फल के छिलके का उपयोग मोटर और ट्रकों के टायरों के फिसलनरोधी के रूप में किया जा सकता है।

दो

अंगूर

वीतिस वीनिफ़ेरा लिनिअस
Vitis vinifera Linn.
कुल : वीतासी Vitaceae

यह झाड़ीदार आरोही लता है। भारत के बहुत-से भागों में उगाई जाती है। इसका तना पैंतीस मीटर तक लम्बा हो जाता है।

हज़ारों किस्में

संसार के विभिन्न भागों में अंगूर की सम्भवतः 8,000 से अधिक क़िस्मों के नाम और वर्णन मिल जाते हैं। इनमें से केवल बीस प्रतिशत बाग़-बगीचों में बोई जा रही हैं।

चित्र 4 अंगूर की फलित शाखा

आज़ादी से पहले अखण्ड भारत में काफ़ी अधिक ज़मीन में अंगूर की खेती होती थी। उत्तर पश्चिमी सीमान्त राज्य और बिलोचिस्तान अंगूर की पैदावार के

लिए प्रसिद्ध थे। ये इलाके पाकिस्तान में चले गए जिससे देश के अंगूर उद्योग को गहरा धक्का लगा।

उस समय आम धारणा यह थी कि भारत में अन्यत्र अंगूर नहीं पैदा किए जा सकते। हमारे कृषि-वैज्ञानिकों के अनुसन्धानों से पता चला कि आन्ध्र प्रदेश, कर्नाटक, महाराष्ट्र, तमिलनाडु, दिल्ली, हरियाणा और पंजाब में भी अंगूर पैदा किए जा सकते हैं।

अब भारत में लगभग 95,000 हेक्टेयर में अंगूर की खेती की जा रही है और हर साल लगभग 2,60,000 टन अंगूर पैदा किए जा रहे हैं। सबसे अधिक कर्नाटक में पैदा होते हैं। उसके बाद महाराष्ट्र, आन्ध्र प्रदेश और तमिलनाडु का स्थान है। भारत में अंगूर की प्रति हेक्टेयर औसत पैदावार 21.5 मीट्रिक टन है जो दुनिया में सबसे अधिक है। भारत में पैदा किए जाने वाले अंगूर मुख्य रूप से ताज़े ही खा लिए जाते हैं।

विविध भाषाओं में नाम

अंग्रेज़ी : कौमन ग्रेप वाइन (common grape vine), वाइन ग्रेप (wine grape), यूरोपियन ग्रेप (European grape)।

उड़िया : द्राक्या, अंगूरो, गोस्तोनी।

कन्नड़ : अंगूरा, द्राक्षा।

गुजराती : द्राक्ष, द्राक्षा

तमिल : गोस्तनी द्राक्षा, कोड़िमुन्दिरि।

तेलुगु : गोस्तनी द्राक्षा, द्राक्षा।

बंगाली : अंगूरफल, द्राख्यालुता।

मराठी : द्राक्षा।

मलयालम : मुन्दिरि, गोस्तनी।

व्यापारिक नाम : किसमिस, किशमिश, सौगी, मुनक्का।

संस्कृत में नाम

वनस्पतिनिघण्टुओं में अंगूर के कुल बत्तीस नाम आए हैं। राजनिघण्टु (12वीं शती) में बीस, मदनपालनिघण्टु (1374 सन्) में दस, कैयदेवनिघण्टु (1450 सन्)

में चौदह और भावप्रकाशनिघण्टु (1550 सन्) में छह नाम और पर्याय निम्नलिखित श्लोकों में आए हैं :

अन्या कपिलद्राक्षा मृद्वीका गोस्तनी च कपिलफला।
अमृतरसा दीर्घफला मधुवल्ली मधुफला मधूली च॥
हरिता च हारहूरा सुफला मृद्वी हिमोत्तरापथिका।
हैमवती शतवीर्य्या काश्मीरो गजराजमहिगणिता॥

राजनिघण्टु, आम्रादिवर्ग 11;102-103.

द्राक्षा मधुफला स्वाद्वी हारहूरा फलोत्तमा।
मृद्वीका मधुयोनिश्च रसाला गोस्तनी गुडा॥

मदनालनिघण्टु, फलादिवर्ग 6;2.

द्राक्षा फलोत्तमा स्वाद्वी हारहूरा च बृंहणी।
मधुयोनिश्चारुफला रसाला मधुसंभवा॥
मधुफला स्वादुफला मृद्वीका गोस्तनी गुडा।
कृष्णा मधुरसा वृष्याऽपरा काश्मीरिका मता॥

कैयदेवनिघण्टु; ओषधिवर्ग 1;298-299.

द्राक्षा स्वादुफला प्रोक्ता तथा मधुरसाऽपि च।
मृद्वीका हारहूरा च गोस्तनी चापि कीर्त्तिता॥

भावप्रकाशनिघण्टु, आम्रादिवर्ग 7;111.

इन श्लोकों के अन्तर्गत लिखे गए नाम-पर्यायों को नीचे तालिका में दिया जा रहा है ताकि पाठक सुगमता से उनका तुलनात्मक अध्ययन कर सकें :

राजनिघण्टु (12वीं शती)	मदनपालनिघण्टु (1374 सन्)	कैयदेवनिघण्टु (1450 सन्)	भावप्रकाशनिघण्टु (1550 सन्)
1 अमृतरसा			
2 उत्तरा			
3 कपिलफला			
4 कपिला			
5 काश्मीरी			
	1 गुडा	1 गुडा	
6 गोस्तनी	2 गोस्तनी	2 गोस्तनी	1 गोस्तनी

		3 चारुफला	
7 दीर्घफला			
8 द्राक्षा	3 द्राक्षा	4 द्राक्षा	2 द्राक्षा
9 पथिका			
	4 फलोत्तमा	5 फलोत्तमा	
		6 बृंहणी	
10 मधुफला	5 मधुफला	7 मधुफला	
	6 मधुयोनि	8 मधुयोनि	
			3 मधुरसा
11 मधुवल्ली			
		9 मधुसंभवा	
12 मधूली			
13 मृद्वी			
14 मृद्वीका	7 मृद्वीका	10 मृद्वीका	4 मृद्वीका
		11 रसाल	
	8 रसाला		
15 शतवीर्या			
16 सुफला			
		12 स्वादुफला	5 स्वादुफला
	9 स्वाद्वी	13 स्वाद्वी	
17 हरिता			
18 हारहूरा	10 हारहूरा	14 हारहूरा	6 हारहूरा
19 हिमा			
20 हैमवती			

नामों के अर्थ

अमृतरसा : जिसका रस अमृत के समान लाभदायक है।
उत्तरा : उत्तरी भारत में पैदा होने वाला अंगूर।
कपिलफला : = कपिला।
कपिला : हलके पीले रंग के अंगूरों वाली बेल।
काश्मीरी : कश्मीर में पैदा होने वाली।

गुडा	: गुड़ जैसे मीठे रस वाला फल।
गोस्तनी	: गाय (गो) के थन (स्तनी) सृदश लम्बा अंगूर।
चारुफला	: सुन्दर (चारु) फल वाली बेल।
दीर्घफला	: जिसके फल लम्बे (दीर्घ) समय तक रखे जा सकते हैं।
द्राक्षा	: अंगूर।
पथिका	: यात्रियों (पथिक) के लिए बलदायक फल।
फलोत्तमा	: बढ़िया (उत्तम) फल वाली बेल।
बृंहणी	: यौनशक्ति बढ़ाने वाला फल।
मधुफला	: मीठे (मधु) फल वाली बेल।
मधुयोनि	: मीठे फल वाली।
मधुरसा	: मीठे (मधु) रस वाली बेल।
मधुवल्ली	: मीठे फल (मधु) वाली लता।
मधुसंभवा	: मीठे (मधु) फल वाली (सम्भवा)।
मधूली	: मधुर फल वाली।
मृद्वी	: मृदु फल वाली।
मृद्वीका	: = मृद्वी।
रसाल	: रसीला फल।
शतवीर्या	: बहुत (शत) बल प्रदान करने वाला (वीर्या) फल।
सुफला	: सुन्दर फल वाली बेल।
स्वादुफला	: स्वादिष्ट फल वाली बेल।
स्वाद्वी	: =स्वादुफला।
हरिता	: हरे रंग वाले अंगूरों की बेल।
हारहूरा	: लाल-भूरे रंग का अंगूर।
हिमा	: शीतल फल।
हैमवती	: हिमाचल में पैदा होने वाली।

काले अंगूर के नाम

वनस्पतिनिघण्टुओं में काले अंगूर के कुल ग्यारह नाम आए हैं। राजनिघण्टु (12वीं शती) में आठ और कैयदेवनिघण्टु (1450 सन्) में चार नाम और पर्याय निम्नलिखित श्लोकों में आए हैं :

द्राक्षा चारुफला कृष्णा प्रियाला तापसप्रिया।
गुच्छफला रसाला च ज्ञेयऽमृतफला च सा॥

राजनिघण्टु; आम्रादिवर्ग 11;100.

कृष्णा मधुरसा वृष्याऽपरा काश्मीरिका मता॥

कैयदेवनिघण्टु; ओषधिवर्ग 1;299.

इन श्लोकों के अन्तर्गत लिखे गए नाम पर्यायों को नीचे तालिका में दिया जा रहा है ताकि पाठक सुगमता से उनका तुलनात्मक अध्ययन कर सकें :

राजनिघण्टु (12वीं शती)	**कैयदेवनिघण्टु** (1450 सन्)
1 अमृतफला	
	1 काश्मीरि
2 कृष्णा	2 कृष्णा
3 गुच्छफला	
4 चारुफल	
5 तापसप्रिय	
6 द्राक्षा	
7 प्रियाल	
	3 मधुरसा
8 रसाल	
	4 वृष्या

नामों के अर्थ

अमृतफला : जिसके फल अमृत के समान लाभदायक हैं।
काश्मीरि : कश्मीर में पैदा होने वाली।
कृष्णा : काले रंग का अंगूर।
गुच्छफला : अंगूर के फल गुच्छों में लगते हैं।
चारुफल : सुन्दर (चारु) फल वाली बेल।
तापसप्रिय : तपस्वियों का प्रिय फल।
द्राक्षा : अंगूर।
प्रियाल : प्यारा फल।

मधुरसा : मीठे (मधु) रस वाली बेल।
रसाल : रसीला फल।
वृष्या : यौवन शक्ति बढ़ाने वाला फल।

इतिहास

अत्यन्त प्राचीनकाल से मनुष्य अंगूरों से परिचित है। यूरोप, इंग्लैण्ड, आइसलैण्ड और उत्तरी अमेरिका में मध्य नूतन युग (मायोसीन) और तृतीयक निक्षेपों से खोजे गये अश्मीभूत पत्तों, तने के टुकड़ों और बीजों की उपलब्धियों से ज्ञात होता है कि अंगूर अत्यन्त प्राचीनकाल से ख़ूब लोकप्रिय थे। स्विटज़रलैण्ड के पीतल युग में ममियों के साथ क़ब्रों में रखे बीज अंगूर के उन बीजों से बहुत अधिक मिलते हैं जिनकी हम आजकल व्यापक रूप से खेती करते हैं। ईसा से 2,400 वर्ष पूर्व की मिस्री चित्रलिपि में अंगूर और शराब बनाने की विधियों का विस्तृत उल्लेख मिलता है। यूनान में ईसा से लगभग 600 साल पहले होमर के जीवन काल में अंगूरी शराब एक सामान्य पेय था। बाइबिल में नोह द्वारा लगाये गए अंगूरों के बाग़ का उल्लेख है। भारत में ईसा के बाद पहली शताब्दी में चरक और सुश्रुत के चिकित्सा ग्रन्थों में मुनक्के और किशमिश से दवाएं बनाने की विस्तृत विधियां

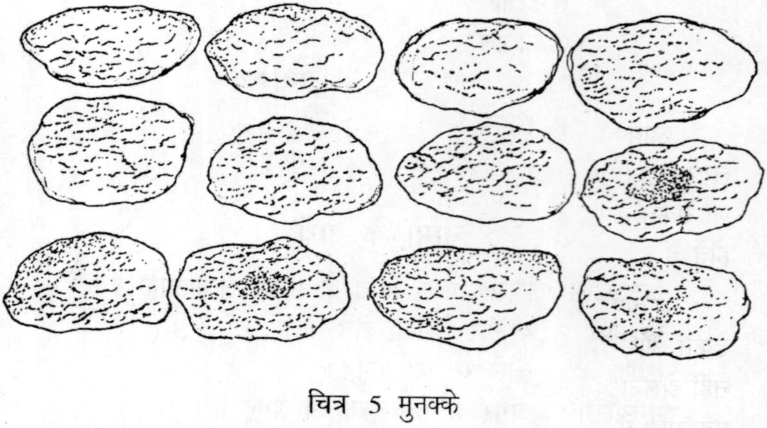

चित्र 5 मुनक्के

बताई गई हैं। आयुर्वेद के अनुसार मीठे अंगूर खाने से भूख बढ़ती है, भोजन में अरुचि और मुंह का कड़वापन दूर होता है। ये शीतल हैं, शरीर की गरमी और प्यास शान्त करते हैं। बुख़ार, खांसी, क्षय, गले के रोग और पेशाब के विकारों

में लाभदायक हैं। आयुर्वेदिक औषधियों के निर्माता मुनक्के और किशमिश से द्राक्षासव, द्राक्षारिष्ट आदि अनेक दवाएं बनाते हैं। कालिदास ने रघुवंश में लिखा है कि रघु

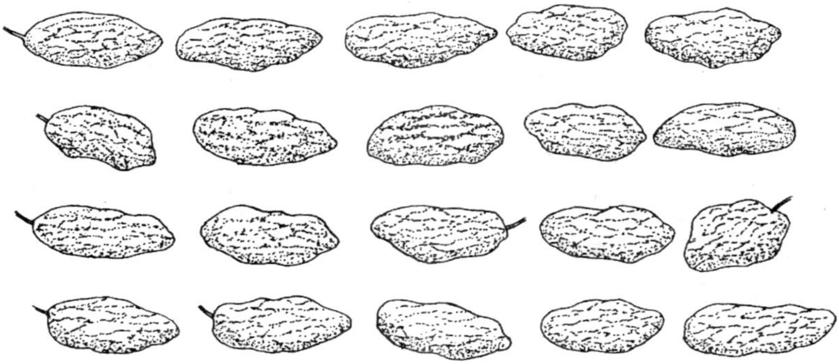

चित्र 6 किशमिश

के सैनिकों ने अंगूर की बेलों से बने मण्डपों के नीचे डेरा डाला था और हिरण की खाल के आसनों पर बैठकर अंगूरी शराब से अपनी विजय की थकान उतारी थी :

विनियन्ते स्म तत् योधा मधुभिः विजयश्रमम्।
आस्तीर्णाजिनरत्नासु द्राक्षावलयभूमिषु ॥

रघुवंश, सर्ग 4;54.

खेती

उपयुक्त अवस्थाओं में यदि वार्षिक वर्षा सौ सेण्टीमीटर से कम हो, तो अंगूर लगभग 3,000 मीटर की ऊंचाई तक कोष्ण या गरम मैदानी इलाक़ों में भी उगाए जा सकते हैं। अर्धशुष्क और ठण्डे इलाक़े अंगूर उगाने के लिए अधिक उपयुक्त होते हैं।

शीतोष्ण इलाक़ों में अंगूर की लताएं दीर्घकाल तक प्रसुप्त पड़ी रहती हैं। डेकन और दक्षिण भारत में एक जैसा मौसम रहने के कारण उन्हें लम्बी प्रसुप्ति नहीं झेलनी पड़ती। विशेषकर दक्षिण भारत में ये निर्बाध बढ़ती रहती हैं। वहां एक साल में उनसे दो फ़सलें ली जा सकती हैं। साल के सबसे अधिक सूखे मौसम में पहली फ़सल के फूल आते हैं और मई-जून से अंगूर बाज़ार में पहुंचने लगते हैं। डेकन और दक्षिण भारत के अन्य भागों में अगस्त से अक्तूबर तक सबसे अधिक वर्षा होती है; दूसरी फ़सल यहां वर्षा के बाद दिसम्बर से एप्रिल तक मिल

जाती है। कुछ इलाक़ों में वर्षा ऋतु में फ़सल लगती है, इससे अंगूरों में मिठास नहीं आ पाती। फरवरी-मार्च के बाद तापमान में वृद्धि और इन महीनों में साफ़ मौसम से फलों में शर्करा बनने में सहायता मिलती है। तेज़ हवाओं, चक्रवातों और ओलावृष्टि वाले इलाक़े अंगूर की सफल पैदावार के लिए उपयुक्त नहीं हैं।

बढ़िया अंगूर क़लमों से पैदा की गई बेलों पर लगते हैं। सामान्यतः प्रत्येक गड्ढे में दो से तीन क़लमें बोई जाती हैं। पौधे की ऊंचाई पैंतालीस सेण्टीमीटर हो जाने पर अधिक स्वस्थ पौधे को रख लिया जाता है। मुख्य तने को तेज़ी से बढ़ने देने के लिए पार्श्व के नये पत्तों को तोड़ते रहना चाहिए। वर्षा शुरू होने से पहले ही यह अठारह मीटर ऊंचा हो जाता है।

बोने के दूसरे या तीसरे साल कुछ फल लगने शुरू हो जाते हैं। तीसरे साल के बाद अच्छी फ़सल की आशा की जाती है। लगभग तीस बरस तक अच्छी फ़सलें मिलती रहती हैं।

ओस से भीगे और गीले अंगूर तोड़ लिए जाए तो वे जल्दी सड़ जाते हैं। सूखे और ठण्डे वातावरण में अंगूर तोड़ने चाहिए।

संसार में अंगूर की कुल पैदावार का लगभग अस्सी प्रतिशत शराब बनाने के लिए कुचला जाता है। सात प्रतिशत मुनक्का और किशमिश बनाने के लिए सुखाया जाता है। कुछ परिमाण ताज़े फल और संसाधित रस में खप जाता है।

भलीभांति पके अंगूरों में मीठी सुगन्ध आती है। आकार छोटा हो या बड़ा, खाने के लिए पतले छिलके वाले और चमकीले रंग वाले बीज रहित अंगूरों को पसन्द किया जाता है। किशमिश और मुनक्का सूखे फलों के रूप में खाये जाते हैं। हलवा, खीर आदि अनेक भोज्य-पदार्थों में किशमिश डाली जाती है।

अंगूरी मदिराओं में आठ से चौबीस प्रतिशत एल्कोहल होता है।

बीज रहित, मुलायम रोग रहित अच्छी सुगन्ध वाले अंगूरों से किशमिश बनाई जाती है। इन अंगूरों में कुल विलेय ठोस का बीस से चौबीस प्रतिशत शर्करा होनी चाहिए। मौसम अनुकूल होने पर धूप में अंगूरों को सुखाकर किशमिश बनाई जाती है। तार के रैकों में कृत्रिम गरमी से अंगूरों को सुखाकर भी किशमिश बनाई जाती है।

बीजों से दस से पन्द्रह प्रतिशत तेल स्वतः प्राप्त किया जाता है। साबुन और पेंट उद्योगों में यह काम आता है। अलसी के तेल के साथ मिलाकर पेंट करने से यह जल्दी सूख जाता है। इसे परिशुद्ध करके खाना पकाने और तलने के काम

में लाया जा सकता है।

गुण

अंगूर के कच्चे फल के गुण : अंगूर के कच्चे छोटे फल अम्ल तथा कटुरस युक्त, वातनाशक, उष्णवीर्य, विशद तथा कफपित्त एवं रक्तविकार करने वाले; अल्पगुण वाले, सारक एवं गुरु होते हैं तथा रक्तपित्त कारक होते हैं :

द्राक्षाबालफलं कटूष्णविशदं पित्तास्रदोषप्रदं।

राजनिघण्टु, आम्रादिवर्ग 11;106.

आमा साऽल्पगुणा गुर्वी सैवाम्ला रक्तपित्तकृत्॥

मदनपालनिघण्टु, फलादिवर्ग 6;4.

आमा साम्लगुणा गुर्वी सैवाम्ला रक्तपित्तकृत्।
द्राक्षाम्लोष्णा सरा गुर्वी वातघ्नी कफपित्तदा

कैयदेवनिघण्टु, ओषधिवर्ग 1;301.

आमा स्वल्पगुणा गुर्वी सैवाम्ला रक्तपित्तकृत्।

भावप्रकाशनिघण्टु, आम्रादिवर्ग 7;112.

अंगूर के तरुण फल के गुण : अंगूर के तरुण फल अम्लरस युक्त होते हैं तथा दूसरे रस के साथ युक्त होने पर रुचिकारक एवं जाठराग्निवर्द्धक होते हैं :

मध्यं चाम्लरसं रसान्तरगते रुच्यातिवह्निप्रदम्।

राजनिघण्टु, आम्रादिवर्ग 11;106.

निर्वीर्याऽन्या लघुद्राक्षा गोस्तनीसदृशा गुणैः।

मदनपालनिघण्टु, फलादिवर्ग 6;5.

पहाड़ी अंगूर के गुण : पहाड़ी अंगूर हलका, खट्टा, कफ, और अम्लपित्त को जीतने वाला होता है :

द्राक्षा पर्वतजा लघ्वी साम्ला श्लेष्माम्लपित्तनुत्॥

मदनपालनिघण्टु, फलादिवर्ग 6;5.

अंगूर के पके फल के गुण : पका फल मधुर, शीतल, और हृदय को बल देने वाला एवं मदकारक है। दाह, मूर्च्छा, ज्वर, श्वासविकार, प्यास तथा उबकाई

का नाश करता है। पका फल थोड़ा अम्लरस युक्त रक्तपित्त को शान्त करने वाला है। स्निग्धपाक वाला है। नेज के लिए हितकर है। श्वास, कास, थकावट तथा वमन को शान्त करते हैं। मलभेदक, स्वर को उत्तम करने वाला, हृदय के लिए हितकर, वृष्य, पुष्टि तथा रुचि उत्पन्न करने वाला है। क्षय तथा मदात्यय रोग को दूर करता है :

गोस्तनी मधुरा शीता हृद्या च मदहर्षणी।
दाह मूर्च्छाज्वरश्वासतृषाहृल्लासनाशिनी॥
पक्वं चेन्मधुरं तथाऽम्लसहितं तृष्णास्रपित्तापहं।
शीता पित्तास्रदोषं दमयति मधुरा स्निग्धपाकाऽतिरुच्या॥
चक्षुष्या श्वासकासश्रमवमिशमनी शोफतृष्णाज्वरघ्नी।

राजनिघण्टु, आम्रादिवर्ग 11;104,106,107.

द्राक्षा पक्का सरा शीता चक्षुष्या बृंहणी गुरुः।
हन्ति तृष्णाज्वरश्वासवान्तिवातास्रकामलाः॥
कृच्छ्रास्रपित्तसम्मोहदाहशोषमदात्ययान्।

मदनपालनिघण्टु, फलादिवर्ग 6;3-4.

पक्वा स्निग्धा सरा स्वर्या स्वादुपाकरसा हिमा।
हृद्या सा तुवरा वृष्या चक्षुष्या सृष्टमूत्रविट्॥
कोष्ठमारुतकृद् मुर्वी कफपुष्टिरुचिप्रदा।
निहन्ति वातपित्तास्रतिक्तास्यत्वक्षतक्षयान्॥
रक्तपित्तज्वर श्वासतृष्णा दाहमदात्ययान्।

कैयदेवनिघण्टु, ओषधिवर्ग 1;302-304.

द्राक्षा पक्वा सरा शीता चक्षुष्या बृंहणी गुरुः।
स्वादुपाकरसा स्वर्या तुवरा सृष्टमूत्रविट॥
कोष्ठमारुतकृद् वृष्या कफपुष्टिरुचिप्रदा॥
हन्ति तृष्णाज्वरश्वासवातवातास्रकामलाः।
कृच्छ्रास्रपित्त समोहदाहशोषमदात्ययान्॥

भावप्रकाशनिघण्टु, आम्रादिवर्ग 7;111,112.

तीन

अंजीर

फीकुस करीका लिनिअस

Ficus carica Linn.

कुल : मोरासी Moraceae

यह मध्यमाकार वृक्ष या बड़ी झाड़ी है। अनुकूल जलवायु में पांच से आठ मीटर तक ऊंचा चला जाता है। प्रायः नीचे से ही शाखाएं छोड़ता है। शाखाएं लम्बी, मुड़ी हुई, गोल और लचीली होती हैं। इसकी छाल भूरी और चिकनी होती है। प्रथम वर्ष की छोटी शाखाएं तूलरोमश, खुरदरी और राख के रंग की छाल से आवृत होती हैं। लकड़ी सफ़ेद, कुछ कठोर, छिद्र बहुत छोटे और मध्यमाकार, प्रायः अण्डाकृति और विभक्त, शाखाएं मुलायम, जिनके बीच बहुत-सा गूदा होता है। पत्ते पतनशील, चौड़े, अण्डाकृति या हृदयाकार, एक बालिश्त या दस से बीस सेण्टीमीटर लम्बे, दानेदार, तीन या पांच खण्डों में अनियमित विभक्त, इनमें मध्य का खण्ड सबसे बड़ा और पार्श्वीय खण्ड छोटे होते हैं। पत्तों का ऊर्ध्व पृष्ठ अधिक खुरदरा और गहरे रंग का, निचला पृष्ठ छोटे-छोटे सूक्ष्म रोओं से अपेक्षाकृत अधिक आवृत होता है। पत्रदण्ड पांच से सात सेण्टीमीटर लम्बे, आधारीय नाड़ियां तीन से पांच, मध्य पसली या गौण नाड़ियों के तीन से छह जोड़े होते हैं। चाकू से चीरा देने या चोट पहुंचाने से वृक्ष के प्रत्येक अंग से दूध निकलता है। कच्चे फल में विद्यमान दूध फल के पकने पर मधुर रस के रूप में परिवर्तित हो जाता है।

प्रत्यक्ष में अंजीर पर कोई फूल नहीं लगते। प्रारम्भिक अवस्था में फल के अन्दर के भाग में सैकड़ों फूल निकलते हैं जो बाह्य संसार से छिपे हुए होते हैं।

फल बहुत-कुछ नाशपाती या अमरूद के जैसे आकार के, गूदे और बीजों से भरे हुए 1.25 से 2.50 सेण्टीमीटर व्यास के होते हैं। कच्चा फल हरा और पका हुआ पीताभ या भूरा जामनी या रक्ताभ श्यामल अथवा रक्ताभ हरित वर्ण, मृदु, मांसल और सुगन्धित गूदे युक्त तथा आकार-प्रकार में विभिन्न प्रकार का होता है।

अपनी जंगली अवस्था में अंजीर मरियल और नाशवान झाड़ी है। स्वाद में

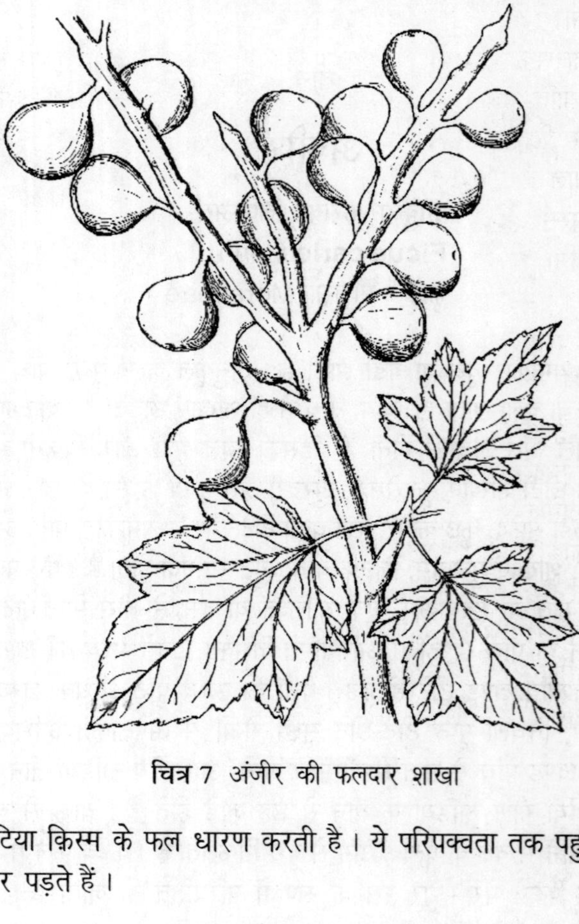

चित्र 7 अंजीर की फलदार शाखा

बहुत घटिया क़िस्म के फल धारण करती है। ये परिपक्वता तक पहुंचने से पूर्व प्रायः गिर पड़ते हैं।

वानस्पतिक वर्णन

काटी हुई शाखाओं से सुगमता से उग आना, गरमी और पाले से मुक़ाबला करने की शक्ति का होना, शीघ्र फल देने लग जाना तथा मानवीय भोजन के रूप में प्रयुक्त होना आदि गुणों के कारण यह पौधा भूतल पर बहुत-से प्रदेशों में फैल गया है।

ईस्वी पूर्व तीन सौ से पहले ग्रीक साहित्य और सभ्यता पर जिस लोकप्रिय स्वादु फल ने अपना प्रभाव डाला था, उस अंजीर की ख्याति फिर दूर-दूर पर्शिया

और भारत की ओर भी फैलती गई। दुर्भाग्यवश पर्शियन और भारतीय स्रोतों से पर्शिया और भारत के लोगों की अंजीर में दिलचस्पी बहुत आरम्भ काल से स्पष्टतया नहीं खोजी जा सकी। परन्तु हमें एक ग्रीक स्रोत से पता चलता है कि सीरियन अंजीरों की ख्याति अशोक के पिता मौर्यवंश के राजा बिन्दुसार के प्रासाद में पहुंची थी। बिन्दुसार दो सौ अठानवे ईस्वी पूर्व में, बैबिलोन में अलेग्ज़ेण्डर की मृत्यु के पच्चीस साल बाद गद्दी पर बैठा था। सीरिया के एण्टिओकस सौटर (ईस्वी पूर्व दो सौ अस्सी से दो सौ इकसठ) से बिन्दुसार ने अंजीरें और अंगूरी शराब भेजने की प्रार्थना की थी। इसके साथ ही उसने एक प्रोफ़ेसर भी ख़रीदकर भेजने को लिखा था। एण्टिओकस ने जवाब दिया कि अंजीरें और अंगूरी मदिरा भेजने में मुझे बहुत प्रसन्नता है, परन्तु प्रोफ़ेसर भेजने में असमर्थ हूं क्योंकि यूनानियों में प्रोफ़ेसर को बेचना नियमसंगत नहीं है।

हिब्रू के ग्रन्थों में अंजीरों का कई बार उल्लेख हुआ है। ईसा एक बार उस स्थान पर भी गया था जिसका नाम अंजीरों का घर था (मैथ्यू, 20,1)। बाइबिल के ओल्ड टेस्टामेण्ट में हम देखते हैं कि सवाथ के दिन जेरुसेलम में अंजीरें, अंगूर और शराब लाई गई थी। कहा जाता है कि ईसा के साथ द्रोह करने वाले जुडास ने अंजीर-वृक्ष पर लटककर फांसी लगाई थी। बाइबिल में लिखा है कि अदन के बाग़ या स्वर्ग में जब आदम को अपनी नग्नता का ज्ञान हुआ तब उसने अंजीर के पत्तों को सीकर अपना तन ढका था।

अंजीर शक्ति देने वाला फल है। अपने दासों को शक्ति प्रदान करके उनसे अधिक काम लेने के उद्देश्य से प्राचीन रोमवासी उन्हें अंजीर खिलाया करते होंगे। रोम में बैक्कस के स्वागत में अंजीर का स्थान शराब से अगला था और ये पेट भरकर तथा ख़ूब स्वाद से खाए गए थे। बैक्कस ने, कहते हैं कि ताज़गी और शक्ति शराब से नहीं अंजीरों से ग्रहण की थी।

अंजीर वृक्ष का मूल उत्पत्ति स्थान भारत होने में सन्देह किया जाता है। अंजीर शब्द फ़ारसी से लिया गया है। ईसा के बाद आठवीं सदी से पहले लिखे अमरकोष में और राजनिघण्टु जैसे वनस्पतियों के नाम तथा गुण बताने वाले प्राचीन ग्रन्थों में यह शब्द नहीं आया। मदनपाल पहला व्यक्ति था, जिसने वनस्पतिशास्त्र पर लिखे अपनी संस्कृत ग्रंथ मदनपालनिघण्टु में अंजीर नाम से इस फल के नाम और गुण लिखे हैं। उत्तर भारत में यमुना के किनारे टांक जाति के राजा मदनपाल का राज्य था। मालूम पड़ता है कि 1350 के लगभग उस प्रदेश में यह फल अंजीर

नाम से मिल जाया करता था। क्षेम शर्मा के क्षेम कुतूहल (1548) में शर्बतों पर एक अध्याय है। उसमें अंजीर का शर्बत बनाकर पीने का उल्लेख है।

आइने अकबरी में इस बात के प्रमाण मिल जाते हैं कि 1500 और 1600 के बीच में गुजरात के कुछ बगीचों में बहुत बढ़िया अंजीरें पैदा होती थीं। महाराष्ट्र के सन्त रामदास (1650) के बाग़ प्रकरण में हमें अंजीर, पपीता, सीताफल और अनानास का वर्णन मिलता है। 1690 के लगभग लिखी एक मराठी पुस्तक में अंजीर सरकार को आमदनी देने वाले पौधों की सूची में है। गांव के अधिकारी के पास ऐसे पौधों की सूची रहा करती थी। इस सूची में अन्य फलों के साथ अंजीर भी गिनाई गई है।

एन. जी. चापर (पेशवाई चे सावलीत, पूना 1937, पृष्ठ 6,7) ने पुराने दस्तावेज़ों के जिन अंशों के उद्धरण दिये हैं उनसे पता चलता है कि पूना में 1730 और 1789 में अंजीर और अमरूद मिल जाते थे। काशीबाई ने अपने पुत्र नाना साहेब पेशवा को (1720-1740) एक पत्र में लिखा था कि तुम्हारे लिए नौ अंजीर भेजे जा रहे हैं, इन्हें ले लेना। तुम्हें अंजीर अच्छे लगें तो लिखना। यहां से थोड़े-बहुत भेजे जाते रहेंगे। ...तुम्हें वहां अमरूद मिल सकते हों तो बच्चों के लिए थोड़े बहुत भेजते रहना।

इससे प्रतीत होता है कि 1730 के क़रीब अंजीर और अमरूद पूना के राजप्रासादों में उपभोग किये जाने के पदार्थ थे और तब ये ऐसी साधारण वस्तुएं नहीं रही होंगी जैसा कि आजकल पूना के बाज़ारों में हम इन्हें देखते हैं। पेशवा काल के बाद के (1750 और 1800 के बीच में) दस्तावेज़ों से पता चलता है कि अंजीर काफ़ी उगाई जाने लगी थी और इसका प्रचार बढ़ गया था।

1886 में पंजाब सरकार की प्रदर्शनी में गुड़गांव, देहली, अमृतसर, लाहौर और कश्मीर के अंजीरों के नमूने आये थे। कश्मीर की अंजीर छोटी और जंगली थी। शेष अंजीरें खेती की हुई थीं। ये नमूने चपटे और भूरे रंग के थे।

विविध भाषाओं में नाम

अंग्रेज़ी : कौमन फ़िग। (common fig)।
कन्नड़ : अञ्जूर।
गुजराती, बंगाली, मराठी, हिन्दी : अंजीर।

तमिल : सिमइयत्ति, तेनत्ति।
तेलुगु : अञ्जूरु, मञ्जीमेदि, सिमयत्ति।
मलयालम : सिमइयत्ति।
संस्कृत : अञ्जीर।

संस्कृत में नाम

मदनपालनिघण्टु (1374 सन्) में अंजीर के तीन नाम आए हैं :

अञ्जीरं मञ्जलं ज्ञेयं काकोदुम्बरिकाफलम्।

मदनपालनिघण्टु, फलादिवर्ग 6;67.

अंजीर वृक्ष के लिए बहुत उपजाऊ ज़मीन की ज़रूरत नहीं होती। पीत या रक्ताभ भूरे रंग की नब्बे से एक सौ बीस सेण्टीमीटर गहरी कंकरीली ज़मीन इसकी वृद्धि के लिए बहुत अनुकूल होती है। पथरीली ज़मीन जड़ों को नीचे गहराई में जाने से रोकती है और पार्श्वीय छोटी-छोटी जड़ों के उत्पन्न होने में सहायक होती है, यही वांछनीय होता है। चिकनी मिट्टी वाली ज़मीन में भी अंजीर वृक्ष हो जाता है, परन्तु उस ज़मीन में पानी नहीं खड़ा रहना चाहिए। अधिक नमी वाली ज़मीन यह पसन्द नहीं करता। चूने की अंश वाली ज़मीन में अच्छा फलता है। उत्तम काली ज़मीन इसके लिए अनुपयुक्त है।

वानस्पतिक जगत में अंजीर (फ़ीकुस) गण सबसे बड़े गणों में एक है। वनस्पतिशास्त्र के विद्वानों ने इस (फ़ीकुस) गण के आठ सौ जातियों के ऐसे पौधों का पता लगाया है और उनका वर्णन किया है। इन आठ सौ जातियों में ऐसे पौधे थोड़े ही हैं जिनके फल मनुष्य का भोजन हों और वे व्यापारिक दृष्टि से महत्त्वपूर्ण हों। इस गण में भीमकाय वृक्ष और झाड़ियां होती हैं, जिनका रस दुग्धमय, फूल सूक्ष्म और बढ़िया अंजीर की तरह गूदेदार फल के अन्दर बन्द होते हैं। ये पौधे गरम देशों में उगते हैं। इस गण के बरगद, पीपल, गूलर आदि वृक्षों से हम बहुत परिचित हैं, क्योंकि भारतीय जीवन में इनका विशेष स्थान है।

अनुकूल जलवायु

अंजीर वृक्ष पंजाब के समान सूखी और गरम जलवायु को पसन्द करता है, लेकिन शर्त यह है कि फल पकने के समय वहां बारिश न हो। फलों के पकने के मौसम में जहां जलवायु गरम और शुष्क रहती हो और जहां यदि सिंचाई की

व्यवस्था न हो, साल की औसत वर्षा बासठ सेण्टीमीटर हो जाती हो, वहां अंजीर अच्छा फलता है। कड़ाके की सरदी को भी यह बर्दाश्त कर लेता है। पहाड़ों में अंजीरें पैदा हो जाती हैं। ये न हिमपात से प्रभावित होते हैं और न ही कक्कर या कुहरे से, परन्तु पूरा पकने से पहले ही फल गिर पड़ते हैं क्योंकि बारिश आ जाती है।

पौधे लगाना

वृक्ष क़लमों से तैयार किये जाते हैं। खाद और पानी डालकर अच्छी तरह से तैयार की हुई क्यारियों में पच्चीस से तीस सेण्टीमीटर की दूरी पर 1.25 से 2.50 सेण्टीमीटर तक मोटी और तीस से पैंतालीस सेण्टीमीटर लम्बी क़लमें काटकर छाया वाले स्थान में लगाई जाती हैं। ज़मीन के ऊपर दो आंखें छोड़ देनी चाहिए। वर्षा ऋतु के प्रारम्भ होने पर क़लमें ज़मीन में डाली जानी चाहिए और प्रत्येक आठवें, छठे या पांचवें दिन के बाद आवश्यकतानुसार पानी दिया जाना चाहिए। लगभग दो महीने में ये जड़ों और पत्रों से अंकुर छोड़ने लगते हैं और कुछ पत्ते निकल आते हैं। यदि इनकी उचित देख-रेख की जाये तो ये पौधे एक साल बाद उठाने योग्य हो जाते हैं, अन्यथा दस-बारह महीने और अधिक लग सकते हैं। नर्सरी में से अच्छे मज़बूत पौधे चुन लें। पौधों को उठाकर नियत स्थान पर स्थायी रूप से लगाने का सबसे अच्छा मौसम जुलाई-अगस्त है। अबाधित वृद्धि होने देने के लिए, शाखाओं को दूसरे से उलझने न देने और छाया से होने वाली हानि से बचाने के लिए, पौधों को कम-से-कम 3.50 से 4.50 मीटर की दूरी पर लगाना चाहिए। एक एकड़ में लगभग दो सौ पौधे बैठते हैं।

खाद

वर्षा ऋतु की समाप्ति पर अगस्त-सितम्बर के प्रारम्भ में पौधे की जड़ों पर से मिट्टी खोदनी चाहिए, जड़ें ढीली करनी चाहिए, बाहर की ओर फैलती हुई जड़ें काट डालनी चाहिए और बची हुई जड़ों को चार-पांच दिन तक धूप दिखानी चाहिए। तब थोड़ी मिट्टी और एक या दो टोकरी प्रति पौधे के हिसाब से खाद डालकर जड़ें ढक देनी चाहिए। खाद की कमी हो, तो उपर्युक्त परिमाण से कम राशि में भी डाला जा सकता है। पर, ध्यान रहे कि अक्तूबर के बाद किसी पौधे को न छेड़ें।

सिंचाई

अंजीर वृक्ष में सावधानी से पानी देने की ज़रूरत होती है। फलों के मौसम में हर सप्ताह पानी दिया जाता है और एक बार भी असावधानी से पानी दिया गया तो फ़सल कम हो जाती है। पानी देने का परिमाण क्रमशः बढ़ाना चाहिए। पानी दिये जाने के दो समयों के बीच का अन्तर चार दिन से प्रारम्भ करके फलों की ऋतु की समाप्ति के साथ समाप्त कर देना चाहिए। पहले दो साल अंजीर वृक्षों की पंक्तियों के बीच में छोटी फ़सलें ली जा सकती हैं। पहले साल प्याज़, लहसुन आदि सब्ज़ियां और अगले साल मूली, शलजम, गोभी आदि। तीसरे साल, जबकि पौधे पर फल लगने लगते हैं, कोई पैदावार नहीं ली जानी चाहिए।

फ़सल

वृक्ष लगाने के दूसरे या तीसरे साल में ही फल देने लग जाता है, पर फल चौथे साल से ही लेना चाहिए। वृक्ष दस से पन्द्रह साल तक फल देता रहता है और बीस साल तो फल देने की अन्तिम सीमा है। इसके बाद वृक्ष धीरे-धीरे सूख जाता है। सितम्बर-अक्तूबर में पौधे की तेज़ वृद्धि निश्चित रूप से अच्छी फ़सल की सूचक है।

फल वर्ष में दो बार आते हैं—जून-जुलाई के फल अम्ल होते हैं, इसलिए पहली फ़सल हरी ही ले ली जाती है और मामूली सब्ज़ी की तरह बेच दी जाती है। दूसरा मौसम जनवरी से आरम्भ होकर वर्षा ऋतु के प्रारम्भ तक रहता है। फलों की तादाद पर मौसम का असर पड़ता है। अधिक गरमी और अधिक सरदी के कारण कभी-कभी फल कम आते हैं। अधिक गरम, ठण्डा और बादलों वाला मौसम वृक्ष और फल दोनों को नुकसान पहुंचाता है। यदि पेड़ पर फल बहुत आ गये हैं, तो सब फलों को अच्छा आकार और रूप देने के लिए उनके बीच-बीच में से फलों को तोड़कर फ़सल विरल कर देना होता है परन्तु यह अनुभवी हाथों से ही किया जाना चाहिए।

फलों के पकने के समय इनकी हिफ़ाज़त करनी पड़ती है। पक्षी, चमगादड़ और अन्य कीड़ों से खाये जाने से बचाना होता है। इस प्रयोजन के लिए कभी-कभी छोटी-छोटी टोकरियां फलों के चारों ओर बांध दी जाती हैं।

उचित सावधानी से कृषि करने पर अंजीर वृक्ष बहुत उत्तम परिणाम देता है। काले अंजीरों का दस साल पुराना बगीचा प्रति एकड़ 2,270 किलोग्राम सूखे अंजीर देता है।

संग्रह

पकने पर फल बड़ी सावधानी से वृक्ष पर से तोड़ लिये जाते हैं। अच्छा रंग लाने और छिलके को नरम करने के उद्देश्य से कभी-कभी सुखाने से पहले, फलों को गंधक की धूनी दी जाती है या नमक और शोरा मिले हुए गरम पानी के घोल में डुबोकर निकाल लिया जाता है। पहली प्रक्रिया से अंजीरों में एक अरुचिकर स्वाद आ जाता है। सुखाने के लिए उद्यान के बाहर साफ़ जगह होनी चाहिए, जहां सूर्य की किरणें फलों पर ख़ूब अच्छी तरह लग सकें और वे शुद्ध ताज़ी वायु के सम्पर्क में रहें। पहले, इनको दिन में दो बार और बाद में एक बार पलट देना चाहिए। छह या सात दिन में धीरे-धीरे ये सुखाने से उत्तम क़िस्म की अंजीर बन जाती है। सुखाते समय ओस और वर्षा में नहीं भीगने देना चाहिए। अच्छी तरह सूख जाने पर ये टोकरियों और बोरियों में भर लिए जाते हैं। सूखते समय जो अंजीर फट जाते हैं, वे ख़राब हो जाते हैं।

सुखाने की एक सरल विधि यह है—ढाई किलोग्राम चुने हुए अच्छे अंजीरों को पांच लिटर चूने के पानी में घंटा भर डुबो रखें। पांच लिटर पानी में तीस ग्राम चूना डालने से चूने का पानी बन जाता है। चूने के पानी से निकालकर धोएं और स्वच्छ पानी में आधे घण्टे तक पड़ा रहने दें। तब इनमें से निकालकर तश्तरियों या चटाइयों पर बिछे कपड़े पर रखकर धूप में कई दिन सुखाएं या आंच दिखाकर 54.5 से 71.1 अंश शतांश तापमान पर 9 घण्टे तक सुखाएं।

ताज़े अंजीरों में कैल्सियम .06 प्रतिशत और प्रस्फुरक (फ़ौस्फ़ोरस) .03 प्रतिशत होती है। प्रति 100 ग्राम में 1.5 मिलीग्राम लोहा, विटामीन ए की 270 अन्तरराष्ट्रीय इकाइयां, निकोटीनिक एसिड 0.6 मिलीग्राम, रिबोफ़्लेवीन 5 माइक्रोग्राम और विटामिन सी प्रति 100 ग्राम में 2 मिलीग्राम होता है।

अंजीर के पत्ते पशुओं के चारे के रूप में काम आते हैं। इस प्रयोजन के लिए इन्हें तब तोड़ा जाता हैं, जब फल पक जाते हैं।

अंजीर पानक

अंजीर ढाई सौ ग्राम, मेथी के बीजों का चूर्ण चार ग्राम, चीनी एक किलोग्राम; पानक बनायें। इसमें सोंठ बारह ग्राम, जावित्री, जायफल, दालचीनी, छोटी इलायची — सब मिलाकर बारह ग्राम डालें। रक्तदोष और दुर्बलता में यह पच्चीस से पचास ग्राम की मात्रा में पिलाया जाता है।

अंजीर पाक

दो किलोग्राम सूखे अंजीर और एक किलोग्राम छिली हुई बादाम की गिरी को पीसकर चार किलोग्राम घी और चार किलोग्राम खाण्ड में भूनें। उतारकर कुछ ठण्डा होने पर अग्रलिखित द्रव्यों का चूर्ण मिला दें — सफ़ेद मुसली पचास ग्राम, छोटी इलायची तीस ग्राम, पिस्ता पन्द्रह ग्राम, चिरौंजी एक सौ पन्द्रह ग्राम, शीतल चीनी एक ग्राम, केसर बारह ग्राम। मलबन्ध, नैर्बल्य, अर्श, रक्त और पित्तदोष आदि में इसे बारह से चौदह ग्राम की मात्रा में खिलाते हैं।

सिरके की अंजीर

सूखे अंजीर 0.5 किलोग्राम, अंगूरी सिरका दो लिटर, नमक एक सौ साठ ग्राम, पिप्पली का चूरा और नौसादर पैंतीस-पैंतीस ग्राम; चीनी के मर्तबान में डालकर ढक्कन कस दें। पन्द्रह दिन तक धूप में या गेहूं के ढेर में पड़ा रहने के बाद इस्तेमाल करें। पेट, जिगर और तिल्ली के रोगों में सिरके की दो-चार अंजीरों को खाना चाहिए।

डिब्बाबन्द अंजीरें

डिब्बाबन्दी के लिए अंजीर पके और कड़े चुने जाते हैं। आठ किलोग्राम फलों पर एक चाय का प्याला भर खाने वाला सोडा (सोडियम बाइकार्बोनेट) छिड़ककर उसके ऊपर क़रीब आठ लिटर खौलता पानी उड़ेल दें। पन्द्रह मिनट तक पड़ा रहने दें। फिर सोडे के पानी को फेंक दें और अंजीरों को ठण्डे पानी में अच्छी तरह धोकर पानी निकाल दें। चाशनी में चालीस मिनट से लेकर एक घण्टे तक उबालें। ठण्डा होने पर डिब्बों या बोतलों में फलों और चासनी को भर लें। पच्चीस-तीस मिनट तक आंच दिखाकर ढकना बन्द कर लें। सादे टीन के डिब्बों में अंजीर कुछ बदरंग हो जाते हैं। उनके रंग और स्वाद दोनों को सुरक्षित रखने के लिए भीतर के अनेमल लगे डिब्बों में या शीशे की बोतलों में उन्हें भरना चाहिए।

अंजीर का जैम

जैम बनाने के लिए पके हुए अंजीर लिए जाते हैं। इनके डण्ठल निकाल फेंके। कपड़े में ढीला बांधकर सोडे के खौलते हुए हलके घोल में तीन मिनट तक पड़ा रहने दें और फिर ठण्डे पानी में ख़ूब धोएं। 1.5 किलोग्राम अंजीर में सात सौ पचास ग्राम चीनी और चाय वाला आधा प्याला पानी डालकर पकाएं। पकाने से पहले फलों को कुचल लें और एक उबाला आ जाने पर चीनी छोड़ें। तेज़ आंच पर पकाएं। जब काफ़ गाढ़ा हो जाये (या जब तापक्रम 104.4 अंश शतांश हो जाए) तो उतार लें और डिब्बों तथा शीशियों में भर लें।

अंजीर पापड़

ख़ूब पके अंजीर चुनकर उन्हें अच्छी तरह धोकर साफ़ कर लें। कलईदार या इनेमल्ड बरतन में रखकर इन्हें ख़ूब कुचल दें। मलमल में छान लें। छने हुए

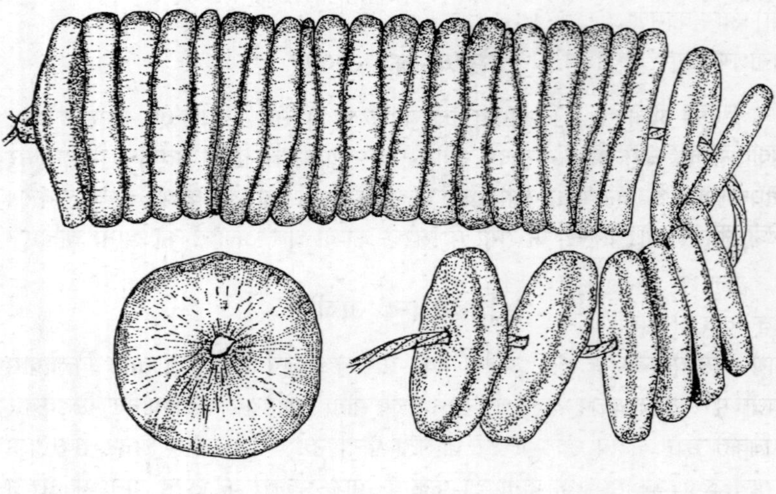

चित्र 8 सूखा अञ्जीर और माला

गाढ़े गूदे को मामूली घी से चुपड़ी तश्तरियों में फैलाकर धूप में सुखा लें। सूख जाने पर इसको मनोवांछित आकारों में काट लें। बच्चे इसे आम-पापड़ की तरह बड़े चाव से खाते हैं। अंजीर के साथ बादाम मिलाकर एक प्रकार का पिष्टक बनाया जाता है।

शराब

अंजीरों को सड़ाकर एक प्रकार का आसव बनता है। उसे भभके में चुआ-कर शराब प्राप्त की जाती है। प्राचीन रोम निवासी इसे साइसिटिस नाम से जानते थे। एन्साइक्लोपीडिया ब्रिटेनिका के अनुसार, कुछ दक्षिणी देशों में सड़ाए हुए अंजीरों से सुषव (एल्कोहल) प्राप्त की जाती है और पुराने समय में पके फलों से जो शराब बनाई जाती थी, वह अब भी बनाई जा रही है।

गुण

अंजीर का पका फल शीतल, स्वादु, मधुर, अव्यक्त में कषाय रस वाला, भारी तृप्तिदायक, क्षय, वात, पित्त और कफ को नष्ट करने वाला है। भारतीय वैद्यों ने अंजीर को आमवातनाशक, कुष्ठ, सफ़ेद कुष्ठ तथा खुजली आदि त्वचा के विकारों को दूर करने वाली, जलन को शन्त करने वाली, स्तम्भक, बहते हुए ख़ून को बन्द करने वाला, व्रणनाशक, सूजन को उतारने वाला, पाण्डु (ख़ून की कमी) और कामला को दूर करने वाला बताया है। वृक्ष की छाल ठण्डी, कषैली, व्रणनाशक और दस्तों को बन्द करने वाली होती है।

यूनानी चिकित्सा में फल मधुर, ज्वरहर, बलदायक, वाजीकरण और रेचक समझा जाता है। पक्षाघात (लकवा), प्यास, जिगर और तिल्ली के रोगों में उपयोगी माना जाता है। दूध गरम, बल्गम निकालने वाला और पेशाब लाने वाला है। आंखों के लिए दूध ख़तरनाक समझा जाता है।

फलों में अंजीर का विशिष्ट स्थान है। मधुर, मृदु तथा गूदेदार यह मेवा बहुत स्वाद से खाया जाता है और आरोग्यताजनक तथा सुपच आहार है। भोज्य पदार्थ के रूप में ताज़े और सूखे दोनों तरह के अंजीर इस्तेमाल होते हैं। रासायनिक पदार्थों में सुरक्षित किये हुए और डिब्बों तथा बोतलों में बन्द अंजीर भी बाज़ार में बिकते हैं।

सूखे अंजीरों में प्रायः पचास प्रतिशत शर्करा और 3.5 प्रतिशत प्रोटीन होती है। सौ ग्राम डबल रोटी की सौ ग्राम अंजीरों से तुलना की जाये तो अंजीर अधिक पुष्टि प्रदान करने वाले होते हैं। भोजन के स्थान पर आधा लिटर दूध और एक सौ साठ ग्राम सूखे अंजीर ही खा लिये जायें तो वह बहुत बढ़िया तृप्तिकर भोजन होता है।

अंजीरों की आहार सम्बन्धी उपयोगिता मुख्यतः उनमें विद्यमान लवणों और शर्करा के कारण है। बहुत-से ताज़े भोजनों की तुलना में इनमें दो से चार गुणा खनिज होते हैं। इनमें जितना कैल्सियम होता है, उससे अधिक केवल पनीर में और कुछ अन्य मेवों में ही पाया जाता है। प्रायः सभी फलों और सब्जियों तथा अधिकतर सूखे मेवों की अपेक्षा इनमें लोह और तांबे की प्रचुरता होती है। अत्यल्प परिमाण में जस्ते की उपस्थिति का भी विवरण मिलता है।

ताज़े और सूखे दोनों प्रकार के अंजीरों में विटामिन ए और सी का पर्याप्त परिमाण होता है। बी समूल की विटामिनें और डी विटामिन अपेक्षाकृत कम परिमाण में होते हैं।

कई बार थोड़े-से पानी में इन्हें रात भर भिगो छोड़ते हैं। पानी उतना ही डाला जाता है कि जिसे ये अपने अन्दर जज़्ब कर लें और पात्र में अतिरिक्त पानी न बचा रहे। पानी पीकर ये फूल जाती हैं और ताज़ी अंजीर के समान मृदु हो जाती हैं। बहुत अधिक मिठास होने से जो लोग सूखे अंजीरों को खाना नहीं चाहते वे इस तरह पानी पिलाकर नरम बनाये हुए अंजीरों को बहुत पसन्द करते हैं। कमज़ोर दांत वालों को इन्हें खाने में सूखे अंजीरों की तरह श्रम नहीं करना पड़ता। अंजीर का हलुआ-सा (पुडिंग) बनाकर खाना बहुत स्वादिष्ट होता है। दांत-विहीन बूढ़ों तथा निर्बल दांत वालों के लिए सूखे अंजीरों को चबाना सम्भव नहीं होता। ऐसे लोगों के लिए सूखे अंजीरों को पीसकर आटा बनाकर खाना सुविधाजनक होता है।

गुण

अंजीर शीतल, स्वादु, भारी तथा पित्तरक्त और वात को जीतने वाला है। छोटा अंजीर दस्तावर और पित्तकारक है :

अञ्जीरं शीतलं स्वादु गुरु पित्तास्रवातजित्।
तस्मादन्यगुणं ज्ञेयमञ्जीरं लघु वा गुणैः॥

मदनपालनिघण्टु, फलादिवर्ग 6;67.

चिकित्सा में उपयोग

थोड़ी मात्रा में खाए जाने पर अंजीर पाचक, हृदय के लिए हितकर और रुचिकर होते हैं। बहुत अधिक खाये जायें तो किसी-किसी को अफ़ारा और कभी-कभी

वेदनानुगामी अतिसार आदि लक्षण उत्पन्न हो सकते हैं। प्रवाहिका (पेचिश) की अतिसार (दस्त) और आंतों की निर्बल अवस्थाओं में अंजीर का काढ़ा बनाकर प्रयोग कराते हैं। उबालने से पहले कुछ घण्टे तक इन्हें पानी में भिगोकर नरम कर लिया जाना चाहिए। पूरा गुण प्राप्त करने के लिए इसे तब तक आग पर पकाते रहना चाहिए जब तक कि वे स्वयं पानी में घुल न जायें। कपड़े में छानकर बीजों को अलग करके इस काढ़े को पिलाते हैं। पाचन-संस्थान की निर्बल अवस्थाओं में सूखे अंजीरों का सम्पूर्ण फल के रूप में प्रयोग अनुलोमक होने से कुछ क्षोभ पैदा करने का कारण बन सकता है। काढ़ा बनाकर देने से आंतों के क्षुब्ध होने की संभावनाएं नहीं रह जातीं और अंजीर के पूरे लाभ भी मिल जाते हैं। ख़ून वाले दस्तों में अंजीर का प्रयोग शोढल लाभदायक समझते हैं।

जिगर और तिल्ली के रोग

बच्चों के जिगर बढ़ जाने में अंजीर बहुत प्रभावकारी माना जाता है। सिरके में डाले हुए अंजीरों का प्रयोग बढ़ी हुई तिल्ली को कम करता है। पकी हुई ताज़ी या सूखी अंजीरों को नियमपूर्वक सेवन करने से जिगर और तिल्ली के अवरोध दूर हो जाते हैं।

मलबन्ध की प्राकृतिक चिकित्सा

कब्ज़ दूर करने के लिए अंजीर प्रतिदिन दूध के साथ खाए जाते हैं। फलों में विद्यमान बीज आंतों की जलौकागति (पैरिस्टेल्टिक मूवमेण्ट) को बढ़ा देते हैं जिससे मल शीघ्रता से आगे खिसक जाता है। इस प्रकार इसका मलसंहारक और अनुलोमक प्रभाव होता है। चिरस्थायी मलबन्ध की शिकायत करने वालों को अंजीर को अपने भोजन का अंग बनाना लाभदायक होगा। उन्हें सुबह नाश्ते में तीस ग्राम तक अंजीरें ख़ूब चबाकर खानी चाहिए। ऊपर से गरम दूध पीना चाहिए। रोगी की प्रकृति पैत्तिक हो तो अंजीरों को रात भर पानी में भिगोकर खाना अधिक प्रशस्त होता है। स्टीफन्स और चर्चिज का ख़याल है कि मानवीय रिकौर्ड में प्राचीनतम विरेचक द्रव्य यही था जिसे हिज़ीकिया इस्तेमाल करता था, यह हिप्पोक्रेट्स से दो सौ साल पहले ज़िन्दा था।

आंतों के कीड़ों के लिए

आन्त्रकृमिघ्न के रूप में अंजीर का दूध बरता जाता है। सूची वेध द्वारा दिये जाने से प्राणियों के लिए यह विषैला होता है, परन्तु मुख द्वारा देने से यह कोई विषैला प्रभाव नहीं दिखाता। पता चला है कि इनका आन्त्रकृमिघ्न कार्य फ़ीसीन के कारण है जो एक प्रोभूजांशिक विकर (प्रोटिऔलीटिक एन्ज़ाइम) है और जिसमें जीवित कृमियों को पचाने की अद्भुत शक्ति है। ट्रिचुरस और त्रयोष्ठ प्रजाति (एस्केरिस) दोनों को मारने में फ़ीसीन प्रभावकारी है। यह हलके उदनीरिक अम्ल (हाइड्रोक्लोरिक एसिड) में नष्ट हो जाती है, इसलिए इसे सोडियम बाइकार्बोनेट के साथ मिलाकर खिलाना चाहिए।

बवासीर

बवासीर में इसका प्रयोग निम्नलिखित प्रकार से हितकर होता है — चार-पांच सूखे अंजीरों को भिगोकर एक बरतन में ढककर रख दें। सुबह इसी पानी में इन्हें मसलकर पी जायें। इसी विधि से सुबह के भिगोए हुए अंजीरों का शर्बत शाम को लिया जा सकता है। मीठा करने के लिए इसमें ज़रूरत के अनुसार शहद मिलाया जा सकता है। इसके सेवन से आंतें साफ़ रहती हैं और मल साफ़ होता है। गुदा पर ज़ोर न पड़ने से मस्से प्रकट नहीं होते। अंजीर पाक का प्रतिदिन प्रातः सायं सेवन मलबन्ध दूर करके बवासीर को शांत करता है।

ख़ून के विकार

अंजीर के रस में शहद मिलाकर सेवन करने से रक्तपित्त जनित रुधिरस्राव रुक जाता है। रक्त और पित्त के विकारों में अंजीर पाक का सेवन लाभ करता है। अंजीर पाक के प्रतिदिन सेवन से ख़ून साफ़ होता है और शरीर में शक्ति आती है। ओठ, मुख आदि फट जाने की जिन्हें शिकायत रहती है, ऐसे निर्बल मनुष्यों के लिए ताज़ी या सूखी अंजीरें अच्छे बलदायक पथ्य का काम करती हैं। मुख तथा नाक से होने वाले रक्तस्राव (नक्सीर फूटने) में शोढल ने अंजीर को लाभदायक पाया है।

अंजीर गरमी दूर करते हैं

जिन लोगों को गरमी अधिक सताती है, ऐसे पित्त प्रधान लोगों के लिए ओस पीये हुए अंजीर बहुत लाभदायक हैं। ये रक्तवर्द्धक और शरीर पर ठण्डा असर करने वाले समझे जाते हैं। दो-चार ताज़े पके अंजीरों को थोड़ी-सी खाण्ड के साथ

मिलाकर ओस में रखा रहने देकर सुबह खाया जाता है, इससे शरीर की गरमी दूर होती है। अंजीर पाक का प्रयोग ख़ून को साफ़ करता है और शरीर की गरमी को नष्ट करता है। अंजीर के पत्तों को मोटा-मोटा कूटकर रात भर पानी में भिगो दें। सुबह मसल और छानकर इसको पीने से प्यास और उलटियां शान्त होती हैं। अंजीरों का शर्बत गरमियों में रोज़ ख़ाली पेट पीने से प्यास और गरमी अधिक नहीं सताती। पके फलों को पानी में घोलने से शर्बत बन जाता है। सूखे अंजीर हों तो रात को पानी में भिगो लें।

मूत्र संस्थान के रोग

जिन्हें मूत्र जलन और कष्ट से आता है, वे सूखे अंजीरों को भिगोकर सुबह हाथों से मसल लें और शहद मिलाकर बीस-तीस दिन निरन्तर खाएं। इससे मूत्रमार्ग की जलन शान्त होती है। पके हुए ताज़े या सूखे फलों का नियमित अन्तः प्रयोग, करते हैं गुरदे और मूत्राशय की पथरी को घोलने और निकालने में सहायता करता है, गुरदों को शक्ति देता है, उनकी रुकावट को हटाकर उनके कार्य को नियमित करता है जिससे मूत्रकृच्छ्रता और बहुमूत्रता दोनों में अंजीर खाने से लाभ होता है। सुश्रुत भी इस विषय में चरक से सहमत हैं। कैयदेव और नरहरि इसे वीर्य को पुष्ट करके पुंस्त्व शक्ति बढ़ाने वाला और शरीर को स्निग्ध करने वाला समझते हैं। अरब निवासी भी फलों को पुंस्त्व शक्तिवर्द्धक मानते हैं। थकान उतारने वाले दस द्रव्यों में चरक ने अंजीर को गिनाया है। बसु और कीर्तिकर ने जड़ को बलदायक लिखा है।

सूखे अंजीर छिली हुई बादाम की गिरी, पिस्ता, इलायची, चिरौंजी, किशमिश, खाण्ड और थोड़ा-सा केसर — सबको कूटकर आठ दिन तक गौ के घी में डालकर रखें। इसे प्रतिदिन प्रातः काल पच्चीस ग्राम की मात्रा में लें। यह एक बहुत पुष्टिकर वृष्य रसायन जैसा प्रभाव करता है। अंजीर पाक का प्रतिदिन प्रातः–सायं सेवन वीर्यदोषनाशक, जीवनी शक्तिवर्द्धक, कानोद्दीपक और अत्यन्त पौष्टिक होता है। इसमें अभ्रक और प्रवाल भस्म प्रत्येक तीस ग्राम परिमाण में मिलाई जा सकती है।

बुद्धि बढ़ाने के लिए

बादाम और पिस्ते के साथ अंजीरों को कुछ काल तक खाया जाए तो मस्तिष्क की कमज़ोरी दूर होती है, स्मरणशक्ति तीव्र होती है और बुद्धि कुशाग्र होती है। अंजीर

पानक के नियमित सेवन करने से स्मरणशक्ति तथा बुद्धि बढ़ती है। ईसाई लोग विश्वास करते हैं कि स्वप्न में जो अंजीर वृक्ष देखता है, उसकी विद्या कभी भूलती नहीं।

स्त्रियों के रोग

प्रदर रोग में भी कई लोग इसकी सिफ़ारिश करते हैं। फल के रस में शहद मिलाकर सेवन करने से और पथ्य में खाण्ड डालकर मीठा किया हुआ दूध पीने से रक्तप्रदर रोग नष्ट होता है। अंजीर के ऊपर होने वाले बान्दे की बकरी के दूध के साथ ऋतुस्नाता बन्ध्या नारी खाये तो उसे सन्तान हो जाती है—ऐसा वैद्य मनोरमा में लिखा है। गर्भिणी को अंजीरों का नियमित सेवन करना चाहिए क्योंकि यह गर्भ को पुष्ट करके उसकी रक्षा करती है। प्रसव होने के बाद भी प्रसूता इसे खाती रहे तो यह उसके दूध को बढ़ाती है।

श्वास संस्थान के रोग

अंजीर बल्गम को पतला करके बाहर निकाल देता है, इसलिए श्लैष्मिक और पुरानी खांसी में लाभ करता है। इसका शर्बत या पानक खांसी में लाभदायक होता है। सिरके और खाण्ड में मिला हुआ अंजीर का गूदा श्वास प्रणाली के रोगों में और ख़ासकर बच्चों के लिए बहुत लाभदायक है। श्वास संस्थान के अंगों की शोथ और मूत्रसंस्थान के विकारों में अंजीरों का काढ़ा बल्गम निकालने और लेपक गुण के लिए साधारण पेय है। यह प्रतिदिन दो बार पी लिया जाना चाहिए। अंजीर के काढ़े में शहद, तेल और ज़रा-सा नमक मिलाकर कफ के रोगी को सुहाता गरम अनीमा देते हैं। इसे कुछ देर तक अन्दर रोके रहने के बाद निकालना चाहिए, पित्त के रोगी को यह अनीमा (आस्थापन बस्ति) देना हो तो काढ़े को ठण्डा करके और उसमें मधु तथा घी मिलाकर प्रयोग करते हैं। फेफड़े के रोगों में पथ्य के रूप में अंजीर खाने के लिए दी जाती है।

मुख के रोग

अंजीर को खोलकर अन्दर के गूदे को गरम करके मसूड़ों के पाक को रोकने के लिए नरम पुल्टिस के रूप में प्रयुक्त किया जाता है। यूरोप के घरों में अंजीरों को भूनकर मसूड़ों के फोड़ों पर सेक करने की प्रथा है। मुख के बाहर और सूजे हुए मसूड़े के ऊपर अंजीर की गरम पुल्टिस रखकर पट्टी बांध दी जाती है। मुख

के ज़ख़्मों को अच्छा करने के लिए इसका दूध लगाया जाता है। आधे लिटर पानी में पचपन ग्राम अंजीरों को उबालकर काढ़ा बना लें, छान लें। शोथयुक्त कण्ठव्रण में जब पाक होती है, तब इसके गरारे करने से लाभ होता है।

घाव और फोड़े

फोड़ों और विद्रधियों पर पुल्टिस के रूप में अंजीर का प्रयोग होता है। सूखे या हरे अंजीरों को सिलबट्टे पर पीसकर कल्क बना लें। हलका गरम करके शोथयुक्त ग्रन्थियों (गांठों) पर नये निकले अपक्व फोड़ों पर लगाने से यह सूजन को हटाता है। फोड़ों का पकना अवश्यम्भावी हो, तो पाक प्रक्रिया बढ़ाने के लिए इसका पुल्टिस के रूप में स्थानिक प्रयोग फोड़े को पकाने में मदद करता है। यूरोप में अंजीरों को भूनकर फोड़ों और कार्बकैल (मधुमेह व्रण) पर पुल्टिस बांधना घरेलू चिकित्सा समझी जाती है। दूध में पुल्टिस बनाकर लगाने से, कहते हैं कि घावों और कैंसर में से दुर्गन्ध हट जाती है। कच्चे हरे फलों का रस मस्सों पर लगाते हैं। शोढल ने अंजीर को दद्रुनाशक बताया है। दाद पर जड़ का लेप करना लाभदायक होता है।

श्वेत कुष्ठ

श्वित्र कुष्ठ में अंजीर का अन्तः तथा बाह्य प्रयोग किया जाता है। श्वेत कुष्ठ की प्रारम्भावस्था में, कहते हैं कि अंजीर के पत्तों के रस का स्थानिक प्रयोग उसको अधिक फैलने से रोकता है। जड़ को घिसकर भी चकत्तों पर लेप करते हैं। चरक अंजीर को गोमूत्र में पीसकर सफ़ेद चकत्तों पर लेप करते हैं। सफ़ेद कुष्ठों में रोगी के शोधन के लिए हलके अनुलोमक पदार्थों का प्रयोग श्रेष्ठ होता है। गुड़ डालकर मीठा किया हुआ अंजीर-फल का शीतकषाय (शर्बत) पिलाना चाहिए।

पारे की भस्म

अंजीर के दूध में पारे को रगड़कर शार्ङ्गधर इसकी भस्म बनाते हैं। अंजीर के दूध में हींग को रगड़ें। गाढ़ा होते-होते जब सूखने लगे तब इसके दो प्याले से बना लें। अंजीर के दूध में ही पारे को कुछ दिन तक रगड़कर इन प्यालों के अन्दर बन्द करके सन्धिबन्धन कर दें। मिट्टी के दो सकोनरों के बीच में इस गोले को रखकर कपड़-मिट्टी करके सुखा लें। इसे मृदुपुट में रखकर फूंकने से पारे की भस्म बन जाती है। सोलह अंगुल गहरे, सोलह अंगुल चौड़े और सात अंगुल गोल गड्ढे में जंगली उपलों को भर देने से मृदुपुट बन जाती है।

चार

अनानास

अनानास कोमोसुस (लिनिअस) मेरिल
Ananas comosus (Linn.) Merrill
पर्याय *अनानास सतीवा* शुल्ट्स पुत्र
Ananas sativa Schultes f.
कुल : ब्रोमेलिआसी Bromeliaceae

ब्रोमेलिआसी कुल में अनानास गण में पांच जाति के पौधे हैं, जो अमेरिका के गरम भागों में पाए जाते हैं। इनमें सबसे प्रसिद्ध और महत्त्वपूर्ण अनानास

चित्र 9 अनानास का पौधा

है। इसके बहुवर्षजीवी पौधे के छोटे तने पर साठ से नब्बे सेण्टीमीटर लम्बे पत्तों का

गुच्छा लगा होता है। पत्तों के किनारे और सिरे कांटेदार होते हैं। फल की सतह ऊबड़-खाबड़ होती है। उसके सिर पर छोटी पत्तियों का मुकुट रखा रहता है।

असम, बंगाल और पश्चिमी तट के साथ-साथ इसकी खेती की जाती है। हवाई और मलय में यह सबसे अधिक परिमाण में पैदा किया जाता है। मध्य अमेरिका, औस्ट्रेलिया और दक्षिण अफ्रीका भी अनानास पैदा करने वाले महत्त्वपूर्ण देश है।

अनानास का अमरीकी नाम अन्नासी या नानास था। यही नाम दुनिया के बहुत-से भाषाओं में अपना लिये गए। कटहल से कुछ मिलता-जुलता होने के कारण संस्कृत में इसका आपनस नाम रख दिया गया। कटहल को संस्कृत में पनस कहते हैं। अंग्रेज़ी में इसे पाइन एप्पल कहते हैं।

कोलम्बस और उसके दल के सदस्य पहले यूरोपियन थे, जिन्होंने अनानास का स्वादिष्ट सुगन्धित फल खाया था। 1493 में वे ग्वाडेलूपे द्वीप पर उतरे। उन्हें यह अजीब और आकर्षक फल लगा। बाद के खोजियों ने अमेरिका के गरम भागों के तटों के नज़दीक सभी जगह इसे उगते देखा। एक उल्लेख के अनुसार, सबसे पहले गोनाकाट्लो हेरनान्देज़ ने 1513 में यूरोपवासियों को इस फल का ज्ञान कराया था। ब्राज़ील का यह मूल पौधा 1594 में पुर्तगालियों द्वारा बंगाल में लाया गया था। दाराशिकोह ने और आईने अकबरी में अबुल फ़जल ने इसका उल्लेख किया है। जिस तेज़ी से यह यूरोप, एशिया और अफ्रीका में फैल गया, वैसा किसी भी फल के इतिहास में नहीं मिलता।

क्रौमबेल को जो भेंट किये गए थे, वे इंग्लैण्ड में पहुंचने वाले सबसे पहले अनानास समझे जाते हैं। उसके बाद उन्नीस जुलाई, 1688 को चार्ल्स द्वितीय को भेंट किये गए अनानास थे। ये बार्बाडोस से भेजे गये थे। इन फलों के बेकार मुकुटों से इंग्लैण्ड में सबसे पहले अनानास उगाये गये थे। एम.ले. कोउर नामक एक डच व्यापारी ने लीडन के नज़दीक इसकी खेती की थी, वह यूरोप में इसकी पहली व्यवस्थित खेती मानी जाती है। 1712 में यह पौधा पहली बार इंग्लैण्ड में फला था।

अनानास की कोई नब्बे क़िस्में हैं। व्यावहारिक दृष्टि से इन्हें तीन समूहों में रखा जा सकता है : क्वीन, केईन और स्पेनिश। क्वीन प्रतिकूल अवस्थाओं को आसानी से सहने वाला पौधा है और ख़ूब फलता है। डेढ़ से दो किलोग्राम

भारी फल जल्दी पकते हैं। और उनमें स्वाद और गन्ध बढ़िया होते हैं। केईन अनानास का फल चिकना, बड़े आकार का और ढाई से तीन किलोग्राम भारी हो जाता है। इसकी खेती में अधिक सावधानी बरती जाती है। हवाई और औस्ट्रेलिया में यह क़िस्म लोकप्रिय है। केईन समूह में बड़े आकार के फल पैदा करने वाली एक क़िस्म क्यू है। इसके फल डिब्बाबन्दी में काम आते हैं। भारत में क्वीन और क्यू क़िस्में लोकप्रिय हैं।

विविध भाषाओं में नाम

अंग्रेज़ी	: पाईन एप्पल (pine apple)।
असम	: अनानास, मतिकटहल।
कन्नड़	: अनानासाहन्नु।
गुजराती, मराठी	: अनानास।
तमिल	: अनाशप्पाझाम (फल)।
तेलुगु	: अनासचेट्टु (पौधा), अनासपंडु (फल)।
बंगाली	: अनरश।
मलयालम	: कैथा, चक्का, अझुदचक्का।
संस्कृत	: आपनस।
हिन्दी	: अनन्नास।

अनानास अनेक प्रकार के जलवायु वाले स्थानों में उगाया जा सकता है, पर उन स्थानों में यह अच्छा पनपता है, जहां जलवायु मृदु, नमीदार और गरम हो। पानी कम हो या अधिक इसकी परवाह नहीं करता। यह उन स्थानों में सबसे बढ़िया फलता है, जहां साल भर में लगभग एक सौ पच्चीस सेण्टीमीटर बारिश पड़ती हो और हर महीने समान परिमाण में पड़ती हो। सूखे इलाक़ों में सिंचाई की ज़रूरत होती है। इसकी वृद्धि के लिए 15.5 से 23.5 अंश शतांश औसत वार्षिक तापमान आदर्श होता है। खुली, बलुई दुमट, पानी के अच्छे निकास वाली भूमि उपयुक्त होती है। मामूली ढलान वाली भूमि हो तो और भी अच्छा है। ज़मीन में पानी भरा रह जाये, तो वह इसकी वृद्धि के लिए हानिकारक है।

यह कल्लों, प्ररोहों और मुकुटों से उगाया जाता है। कल्ले पन्द्रह-बीस महीनों में फलने लगते हैं। प्ररोहों और मुकुटों से उगाये पौधे दो-ढाई बरस में फलते हैं। बोने के लिए बरसात के जुलाई और अगस्त महीने सबसे अच्छे होते हैं।

रोपने की विभिन्न पद्धतियां हैं। दोहरी पंक्तियों में रोपना अधिक पसन्द किया जाता है। इसमें पंक्तियों के बीच का फ़ासला पचास-साठ सेण्टीमीटर रखा जाता है। नियमित रूप से निलाई करके खरपतवार को निकालना आवश्यक होता है। समय-समय पर घने पौधों को निकाल देना चाहिए।

खाद ख़ूब दी जाती है। अनानास के लिए पोटाश और नाइट्रोजन महत्त्वपूर्ण पोषक तत्त्व हैं। ये पशुशाला की खाद और लकड़ी की राख से आसानी से प्राप्त किये जा सकते हैं। कृषि विशेषज्ञों के सुझाव के अनुसार 1:2:3 अनुपात में अमोनियम सल्फ़ेट पोटाश, सल्फ़ेट और सुपर फ़ौस्फेट का छह सौ पिचहतर किलोग्राम मिश्रण अथवा 4:3:4 अनुपात से नीम या एरण्ड की खली, हड्डी का चूरा और लकड़ी की राख का एक हजार बीस किलोग्राम मिश्रण प्रति हेक्टेयर डालना चाहिए।

फल की आंखों का रगं पीताभ-हरा हो जाये अथवा फल के आधार पर नीली झलक आ जाये तो फ़सल तोड़ने योग्य समझी जाती है। कच्चा फल तोड़ लिया जाये तो उसमें रंग, स्वाद और सुरभि भलीभांति नहीं विकसित हो पाते। बाज़ार में हम प्रायः कच्चा अनानास देखते हैं जिसका गूदा सफ़ेद रंग का होता है। प्रति एकड़ औसत पैदावार पन्द्रह से पच्चीस टन हो जाती है। सबसे अधिक पैदावार हवाई में है—सौ टन प्रति हेक्टेयर।

फ़सल तोड़ने के बाद आकार और परिपक्वता के अनुसार फलों को विभिन्न ग्रेडों में छांट लेना चाहिए। समान ग्रेड के फल एक ही पेटी में पैक करने चाहिए। प्रौढ़ हरे फल दस से पन्द्रह अंश शतांश तापमान पर और पिचासी से नब्बे प्रतिशत आर्द्रता पर क़रीब महीने तक ठीक बने रहते हैं।

अनानास के फल में खाने योग्य भाग 65.7, निरर्थक भाग 33.4 और रस 19.2 प्रतिशत होता है। रस में कुल शर्कराएं 4.3 प्रतिशत होती हैं। विश्लेषण की एक रिपोर्ट के अनुसार रस में शर्करा का परिमाण 8-15 प्रतिशत और अम्ल का परिमाण 0.3-0.9 प्रतिशत होता है। फल का संघटन इस प्रकार है : आर्द्रता 86.5 प्रतिशत, वसा 0.1 प्रतिशत, कार्बोहाइड्रेट 12.0 प्रतिशत, प्रोटीन 0.6 प्रतिशत, खनिज पदार्थ 0.5 प्रतिशत, कैल्सियम 0.02 प्रतिशत, फ़ौस्फ़ोरस 0.01 प्रतिशत, लोहा 0.9 प्रतिशत, विटामिन ए साठ अन्तरराष्ट्रीय इकाइयां, विटामिन सी तरेसठ मिलीग्राम प्रति सौ ग्राम।

अनेक उपयोग

अनानास की फ़सल का बड़ा भाग डिब्बाबन्दी में खप जाता है। हवाई और सिंगापुर में अनानास की डिब्बाबन्दी एक महत्त्वपूर्ण उद्योग है। अकेले हवाई में हर साल लगभग दो लाख टन फ़सल डिब्बाबन्दी में काम आ जाती है। डिब्बों में भरने के लिए फलों को काटने के बाद जो क़तरे बच जाते हैं, उनसे रस निकाल लेते हैं। चूने से उपचारित करके इसका सीरप बना लेते हैं। डिब्बाबन्दी के कारख़ानों से निकले क्षेप्य को या तो अनानास की भूसी में परिवर्तित कर लेते हैं जो ढोरों का मूल्यवान् आहार है अथवा सन्धान करके पेट्रोलियम में मिलाने के लिए एल्कोहल बना लेते हैं।

भारत के पश्चिमी तट का अनानास डिब्बाबन्दी के लिए उपयुक्त पाया गया है। कुछ उदाहरणों में इसके गूदे में रेशों की बहुलता खटकती है। कुछ फलों के अन्दर गहरी धंसी आंखों को निकालने के कारण टुकड़ों का स्वरूप कुछ ख़राब हो जाता है। फलों के कटछंट से अनानास का मुरब्बा और सुस्वादु सुगन्धित शर्बत बनाये जा सकते हैं। इस शर्बत को अन्य फल-रसों के साथ मिलाकर विविध स्वादु पेय बनाये जा सकते हैं।

अनानास के पत्तों से पच्चीस से तीस किलोग्राम प्रति टन सफ़ेद चमकीला रेशा निकाला जा सकता है। यह रेशा टिकाऊ है, पानी में ख़राब नहीं होता। बुनाई के काम आ सकता है। इस रेशे के उत्पादन में ख़र्च अधिक पड़ जाता है। रेशे के लिए फ़सल तैय्यार करनी हो तो पौधों को घना और आंशिक छाया में उगाना चाहिए। इससे पत्ते अधिक लम्बे हो जाते हैं। रेशा निकालने के लिए सामान्यतः दो साल की उम्र के पत्ते लिए जाते हैं। फट्टे पर पत्ते को रखकर चाकू से ऊपर की हरी सतह खुरचकर फेंक देने के बाद रेशों को लगभग छह घण्टे भिगोया जाता है, फिर धूप में सुखाया जाता है। रेशों का रंग पूरी तरह से उड़ जाने तक ये प्रक्रियाएं बार-बार दोहराई जाती हैं। तब इसे कंघों में से निकालकर इसका सूत-सूत अलग कर लेते हैं। रेशे निकाल लेने के बाद बचे पदार्थ को काग़ज़ बनाने के काम लाया जा सकता है। अलसी से प्राप्त धागे के मुक़ाबले अनानास का धागा अधिक पक्का, बारीक और चमकीला होता है। यह रेशम के प्रतिनिधि के रूप में इस्तेमाल किया जा सकता है। ऊन और रुई के धागे के साथ मिलाकर काम आ सकता है। फ़िलिपीन्स के एक महीन और महंगे कपड़े का नाम पीना है, यह अनानास के रेशे से बनाया जाता है। इसका धागा गलता नहीं, इसलिए

कण्ठहारों के धागे के लिए इस्तेमाल किया जाता है। चर्मकार इसके रेशे को बंटकर जूते और चमड़ा सीने की डोरी बनाने के काम लाते हैं।

रोग निवारण के लिए

अनानास के सफ़ेद पत्तों के ताज़े रस में चीनी मिलाकर पेट के कीड़े मारने और विरेचन के लिए देते हैं। कच्चा फल और कच्चे फल का रस भी इन कार्यों के लिए उपयोगी है। यह आर्तव उत्सारक और गर्भस्रावक है। भ्रूण हत्या (क्रिमिनल एबोर्शन) करने के लिए और पशुओं का गर्भपात कराने के लिए प्रयोग किया जाता है।

पका फल स्कर्वीनाशक है। पके फल का रस प्रस्वेदक और शीतल है। इसे पीने से खुलकर पेशाब आता है। यह कामला में उपयोगी है। ताज़े रस में एक ऐंज़ाइम ब्रोमेलिन होता है, जो पाचन क्रिया में सहायक होता है। यह पैंसठ अंश शतांश पर या अधिक गरम करने पर नष्ट हो जाता है। पके फल का गूदा पीले से हलके नारंगी रंग का तथा रसीला होता है।

पांच

अनार

पुनिका ग्रानातुम लिनिअस

Punica granatum Linn.

कुल : पुनिकासी Punicaceae

इसके प्रादेशिक भाषाओं के नाम संस्कृत नाम दाडिम से मिलते-जुलते हैं। यह पांच से दस मीटर ऊंचा वृक्ष हो जाता है। अधिकतर झाड़ी के रूप में ही फैल जाता है। इसकी छाल चिकनी और गहरी धूसर होती है। छोटी शाखाएं कभी-कभी

चित्र 10 अनार की फलदार शाखा

कंटीली होती हैं। दो से आठ सेण्टीमीटर लम्बे पत्तों का ऊपर वाला पृष्ठ चिकना होता है। सिन्दूरी या पीले रंग के, चार से पांच सेण्टीमीटर लम्बे और इतने ही

चौड़े सलवटदार पंखड़ियों वाले फूल अधिकतर अकेले या दो से चार एक साथ लगते हैं। गोल, चमड़े जैसे तथा कठीले छिलके वाले फल बीजों से भरे होते हैं।

कहां मिलता है

ईरान, अफ़ग़ानिस्तान और बिलोचिस्तान में इसका मूल उद्भव स्थान माना जाता है। हिमालय की घाटियों में उष्ण स्थान माना जाता है। हिमालय की उष्ण घाटियों में और बाहरी पर्वत श्रेणियों में सात सौ से दो हजार सात सौ मीटर की ऊंचाइयों तक सूखी तंग घाटियों के कंकरीले-पथरीले निक्षेपों में यह जंगली है और झुण्डों में उग आता है।

अनार के फल से मनुष्य अत्यन्त प्राचीनकाल से परिचित था। मध्यपूर्वीय देशों में पांच हजार साल पहले से इसकी खेती की जा रही है। सीरिया के उत्तर में, जाइलीद और माउण्ट कार्मेल क्षेत्रों में जंगली या अर्द्ध जंगली अनार अब भी पाये जाते हैं। यह कौकेशस से अफ़ग़ानिस्तान तक के विभिन्न क्षेत्रों में भी पाया जाता है।

खेती

अनार भारत के प्रायः सभी प्रदेशों में चुने हुए स्थानों में सीमित क्षेत्रों में उगाया जा रहा है। सबसे अधिक महाराष्ट्र में पूना, शोलापुर और सतारा ज़िलों में बोया जा रहा है। गुजरात के घोलका तालुका में इसकी ख़ूब कृषि होती है। उत्तर प्रदेश में अलमोड़ा, अलीगढ़, गढ़वाल, मेरठ और फ़र्रूखाबाद में; तमिलनाडु में ऊथुकुली, माइकेल पट्टी, बेल्लोडु और डिडिगल में; आंध्र प्रदेश में पेनुकोंडा, माडाकासिरा में तथा कर्नाटक राज्य में टुमकुर, कोलार, बंगलौर और मैसूर ज़िलों में अनार की खेती की जाती है।

महाराष्ट्र, गुजरात और दक्षिण भारत में बीजों से नए पौधे तैयार किए जाते हैं। कृषि की अधिक प्रचलित विधि में पक्की टहनी की पच्चीस से पचास सेण्टीमीटर लम्बी क़लमें काटकर नर्सरी की क्यारियों में इस प्रकार रोपते हैं कि एक या दो आंखें ऊपर रह जाएं। एक साल बाद जड़ छोड़ी हुई क़लमों की जड़ों से लिपटी मिट्टी समेत गोला उठाकर बगीचे में स्थाई जगह पर रोप दिया जाता है। ज़मीन अधिक उपजाऊ नहीं तो पौधे 3.5 से 4.5 मीटर के फ़ासले पर लगाए जाते हैं। हलकी और गहरी भूमि में 5.5 मीटर के फ़ासले पर।

अनार के बीजू पौधों को या क़लमों से बनाए पोधों को साठ सेण्टीमीटर गहरे, इतने ही लम्बे-चौड़े गड्ढों में राख मिली पशुशाला की बीस किलोग्राम भलीभांति सड़ी, पुरानी खाद भरकर रोपना चाहिए। इसके बाद हर साल बरसात के शुरू में प्रत्येक पौधे को तीन से छह टोकरी गोबर की पुरानी खाद दी जाती है। फल बड़े हो जाएं तब 2 से 2.5 किलोग्राम मूंगफली की खली देना लाभदायक होता है।

अनार के लिए सिंचाई बहुत लाभदायक है। पेड़ के चारों ओर गोल थांवले बनाकर पानी से भर दिये जाते हैं। फलों की ऋतु में भरपूर और नियमित रूप से पानी देना ज़रूरी होता है, वरना फल चटक जाते हैं।

तने पर फूटने वाली शाखाओं को काट देना चाहिए, जिससे पेड़ सीधा बढ़ जाये। जड़ों से जो नस्से निकलते हैं, उन्हें निकाल देना चाहिए। वृक्ष का फल धारण करने वाला क्षेत्र हर साल आधार से दूर हटता जाता है। वृक्ष के भीतरी भाग में फल नहीं लगते।

पक्षियों, चमगादड़ों, गिलहरियों और छेदक कीड़ों से बचाने के लिए फलों को काग़ज़ व प्लास्टिक की थैलियों, तार, जालियों और टीन के डिब्बों में बन्द कर देते हैं।

पुनरारोपण के बाद प्रायः चार बरस के अनार का वृक्ष फल देने लगता है। फूल आने के बाद छह से सात महीने में फल पकते हैं। छिलके का रंग जब ज़रा-सा पीला होने लगे, तब फल तोड़े जाते हैं। प्रत्येक वृक्ष में सौ से दो सौ तक फल लग जाते हैं।

अनेक क़िस्में

फलों के आकार, छिलकों के रंग और उनकी मोटाई तथा दानों के रंग और स्वाद के आधार पर अनार की अनेक क़िस्में बन गई हैं। इनके फलों का व्यास आठ से बारह सेण्टीमीटर तक हो सकता है। छिलका पतला या मोटा हो सकता है, उनका रंग हलके पीले से गहरा लाल हो सकता है। बढ़िया क़िस्मों में बीज के ऊपर का गूदा मोटा, मांसल और बहुत रसीला होता है। घटिया क़िस्मों में यह पतला होता है। कुछ में इसका रंग सफ़ेद और पारदर्शक से गुलाबी होता है, कुछ में गहरा लाल होता है। स्वाद में यह मीठा, सुगन्धित, खट्टा और फीका हो सकता है।

बीजों का बाहरी आवरण कम या अधिक कठोर होता है। मृदु बीजों वाले

फल को बेदाना अनार कहते हैं। भारत में उगाए जाने वाले अनारों की क़िस्मों में बेदाना और कान्धारी सबसे श्रेष्ठ माने जाते हैं। बेदाने का छिलका कत्थई या श्वेताभ रंग का होता है, जिसके अन्दर मीठे रसवाला गुलाबी आभायुक्त सफ़ेद गूदा और नरम बीज होते हैं। गहरे लाल छिलके वाला कान्धारी अनार का फल आकार में बड़ा होता है। इसमें गहरे गुलाबी या गहरे लाल रंग का मीठा या मामूली खट्टा गूदा होता है। बीज कठोर होते हैं।

विविध भाषाओं में नाम

अंग्रेज़ी	: पोमेग्रेनेट (pomegranate)।
कन्नड़, मराठी	: दालिम्ब।
गुजराती	: दाड़म।
तमिल	: मदुलइ।
तेलुगु	: दानिम्मा।
बंगाली	: दालिम।
मलयालम	: मातलम।

संस्कृत में नाम

वनस्पतिनिघण्टुओं में अनार के कुल पच्चीस नाम आए हैं धन्वन्तरिनिघण्टु (8वीं शती) में आठ राजनिघण्टु (12वीं शती) में बारह, मदनपालनिघण्टु (1374 सन्) में छह, कैयदेवनिघण्टु (1450 सन्) में तेरह और भावप्रकाशनिघण्टु (1550 सन्) में चार नाम और पर्याय निम्नलिखित श्लोकों में आए हैं :

दाडिमो दाडिमीसारः कुट्टिमः फलषाडवः।
स्वादम्लो रक्तबीजश्च करकः शुकवल्लभः॥

धन्वन्तरिनिघण्टु, शतपुष्पादिवर्ग 2;61.

दाड़िमो दाड़िमीसारः कुट्टिमः फलषाडवः।
करको रक्तबीजश्च सुफलो दन्तबीजकः॥
मधुबीजः कुचफलो रोचनः शूकवल्लभः।
मणिबीजस्तथा वल्क-फलो वृत्तफलश्च सः।
सुनीलो नीलपत्रश्च ज्ञेयः सप्तदशाह्वयः॥

राजनिघण्टु, आम्रादिवर्ग 11;73-74.

दाडिमी रक्तकुसुमा दन्तबीजा शुकप्रिया।

मदनपालनिघण्टु, फलादिवर्ग 6;25.

दाड़िमो दाडिमीसारः कुट्टिमः फलषाडवः।
मधुराम्लो रक्तबीजो दन्तबीजः शुकप्रियः॥
करको रक्तकुसुमः सारः स्याद् बालमर्कटः।

कैयदेवनिघण्टु, ओषधिवर्ग 1;305-306.

दाडिमः करको दन्तबीजो लोहितपुष्पकः।

भावप्रकाशनिघण्टु, आम्रादिवर्ग 7;101.

धन्वन्तरिनिघण्टु (8वीं शती)	राजनिघण्टु (12वीं शती)	मदनपालनिघण्टु (1374 सन्)	कैयदेवनिघण्टु (1450 सन्)	भावप्रकाशनिघण्टु (1550 सन्)
1 करक	1 करक		1 करक	1 करक
	2 कुचफल			
2 कुट्टिम	3 कुट्टिम		2 कुट्टिम	
		1 दन्तबीज	3 दन्तबीज	2 दन्तबीज
	4 दन्तबीजक			
3 दाडिम	5 दाड़िम	2 दाडिम	4 दाडिम	3 दाडिम
4 दाडिमीसार	6 दाड़िमीसार		5 दाडिमीसार	
5 फलषाडव	7 फलषाडव		6 फलषाडव	
			7 बालमर्कट	
	8 मणिबीज			
	9 मधुबीज			
			8 मधुराम्ल	
			9 रक्तकुसुम	
		3 रक्तकुसुमा		
6 रक्तबीज	10 रक्तबीज		10 रक्तबीज	
	11 रोचन			
				4 लोहितपुष्पक
			11 वल्कफल	
			12 वृतफल	
			13 शुकप्रिय	
		4 शुकप्रिया		
7 शुकवल्लभ	12 शुकवल्लभ			

5 सुनील
6 सुफल

8 स्वाद्वम्ल

नामों के अर्थ

करक : रसीला फल। अथवा दोषों को नष्ट करने वाला।
कुचफल : तरुणी के स्तनों (कुच) के समान गोल फल।
कुट्टिम : = अनार।
दन्तबीज : इसके बीज दांतों (दन्त) की पंक्ति के समान लगे होते हैं।
दन्तबीजक : =दन्तबीज।
दाड़िम : = अनार।
दाड़िमीसार : = अनारदाना।
फलषाडव : फल का मुरब्बा (षाडव) बनाया जाता है।
बालमर्कट : छिलका उतारा हुआ लाल फल ऐसा लगता है मानो बन्दर (मर्कट) के लाल चेहरे का छोटा (बाल) रूप हो।
मणिबीज : मणि के समान चमकीले बीज वाला फल।
मधुबीज : मीठे (मधु) गूदे से आवृत बीज।
मधुराम्ल : मीठे (मधुर) खट्टे (अम्ल) बीजों वाला फल।
रक्तकुसुम : =रक्तकुसुमा।
रक्तकुसुमा : लाल (रक्त) फूल वाला (कुसुमा)।
रक्तबीज : लाल (रक्त) बीजों वाला फल।
रोचन : रुचिकर फल।
लोहितपुष्पक : लाल (लोहित) फूल वाला (पुष्पक) पौधा।
वल्कफल : मोटे छिलके (वल्क) वाला फल।
वृत्तफल : गोल (वृत्त) फल।
शुकप्रिय : तोतों (शुक) का प्यारा (प्रिय) फल।
शुकप्रिया : =शुकप्रिय।
शुकवल्लभ : तोतों (शुक) का प्रिय (वल्लभ)।
सुनील : गूढ़े (सु) हरे (नील) पत्ते वाला।
सुफल : बढ़िया फल।
स्वाद्वम्ल : खटमिट्ठा फल।

अनार के भेद

राजनिघण्टु (12वीं शती) में अनार के दो भेद बताए हैं – अम्ल (खट्टा) अनार तथा मधुर (मीठा) अनार :

दाडिमं द्विविधमीरितमार्यैरम्लमेकमपरंमधुरञ्च ।

राजनिघण्टु, आम्रादिवर्ग 11;76.

मदनपालंनिघण्टु (1374 सन्) में अनार को अमलवेतस की तरह दो प्रकार का बताया – है 1 स्वादिष्ट और 2 खट्टा :

द्विविधा ह्यम्लवेतवत् ।

मदनपालनिघण्टु, फलादिवर्ग 6;26.

कैयदेवनिघण्टु (1450 सन्) में अनार के तीन भेद बताए गए हैं – 1 मधुर 2 मधुराम्ल तथा 3 अम्ल :

स्वाद्वम्ल मधुरं चाम्लं त्रिविधं दाडिमीफलम् ।

कैयदेवनिघण्टु, ओषधिवर्ग 1;306.

कैयदेवनिघण्टु में अम्ल अनार के भी दो भेद बताए हैं – 1 रूक्षाम्ल और 2 स्निग्धाम्ल :

अम्लं तु द्विविधं ज्ञेयं रूक्षाम्लं स्निग्धचुक्रकम् ।

कैयदेवनिघण्टु, ओषधिवर्ग 1;309.

भावप्रकाशनिघण्टु (1550 सन्) में अनार के तीन भेद बताए हैं – 1 मधुर रस युक्त 2 मधुर तथा अम्लरस युक्त और 3 अम्ल रस युक्त :

तत्फलं त्रिविधं स्वादु स्वाद्वम्लं केवलाम्लकम् ॥

भावप्रकाशनिघण्टु, आम्रादिवर्ग 7;101.

गुण

अनार गुण में स्निग्ध, वीर्य में उष्ण, हृदय के लिए हितकर तथा कफपित्त का शमन करता है। मधुर, अम्ल तथा कषाय रस युक्त है। कास तथा वात विकार को नाशता है। ग्राही, जाठराग्निदीपक, लघु, शीतल, श्रमहर तथा रुचिकारक है। अग्नि को जगाता है। दिल को ताक़त देता है। कण्ठ, मुख सम्बन्धी रोगों को दूर करता है। मल को बांधकर लाता है। मेधावर्धक एवं शुक्रजनक है। ज्वर

तथा मुख की दुर्गन्ध को दूर करता है :

स्निग्धोष्णं दाडिमं हृद्यं कफपित्तविरोधि च ।

धन्वन्तरिनिघण्टु, शतपुष्पादिवर्ग 2;62.

दाडिमं मधुरमल्लकषायं कासवातकफपित्तविनाशि ।
ग्राहि दीपनकरञ्च लघूष्णं शीतलं श्रमहरं रुचिदापि ॥

राजनिघण्टु, आम्रादिवर्ग 11;75.

दाडिमं दीपनं हृद्यं रोचनं नातिपित्तलम् ॥
कषायानुरसं ग्राहि

मदनपालनिघण्टु, फलादिवर्ग 6;24-25.

दाडिमं रोचनं हृद्यं दीपनं नातिपित्तलम् ।
मेध्यं कष्ठास्यरोगघ्नं तर्पणं कफवातजित् ॥
वर्चोविबन्धनं स्निग्धं कषायानुरसं लघु ।

कैयदेवनिघण्टु, ओषधिवर्ग 1;308-309.

तत्तु स्वादु त्रिदोषघ्नं तृड्दाहज्वरनाशनम् ।
हृत्कण्ठमुखगन्धघ्नं तर्पणं शुक्रलं लघु ॥

भावप्रकाशनिघण्टु, आम्रादिवर्ग 7;102.

अम्ल अनार के गुण : अम्ल अनार वात तथा कफ को दूर करने वाला होता है। बल तथा रक्त को जीतता है। रक्त पित्त वर्धक है।

मधुर अनार के गुण : मधुर अनार तापशामक हलका तथा पथ्य है। त्रिदोष को नाशता है।

मधुराम्ल अनार के गुण : यह वातपित्तनाशक है।

तत्र वातकफहारि किलाम्लं तापहारि मधुरं लघु पथ्यम् ॥

राजनिघण्टु, आम्रादिवर्ग 11;76.

तयोः स्वादु त्रिदोषघ्नमम्लं वातबलास्रजित् ।

मदनपालनिघण्टु, फलादिवर्ग 6;26.

मधुरं तु त्रिदोषघ्नं स्वाद्वम्लं वातपित्तनुत ।
असृकपित्तकरं चाम्लं ॥

कैयदेवनिघण्टु, ओषधिवर्ग 1;307.

कषायानुरसं ग्राहि स्निग्धं मेधाबलावहम् ॥
स्वाद्वम्लं दीपनं रुच्यं किञ्चित्पित्तकरं लघु।
अम्लन्तु पित्तजनकमामं वातकफापहम् ॥

भावप्रकाशनिघण्टु, आम्रादिवर्ग 7;103-104.

रोगों में लाभदायक

गूदे समेत बीजों को सुखाने से प्राप्त पदार्थ को अनारदाना कहते हैं। जम्मू के पहाड़ी ढलानों, हिमाचल प्रदेश के चम्बा, कांगड़ा और मण्डी ज़िलों में जंगी वृक्षों से तोड़े फलों से अनारदाना बनाया जाता है। अक्तूबर के मध्य में जब फल पककर भूरे-लाल रंग के हो जाते हैं, तब तोड़ लिये जाते हैं। फल को काटकर गूदे समेत बीजों को छिलके से अलग कर लेते हैं और दस से पन्द्रह दिन धूप में सुखा लेते हैं। इससे इनका रंग लालाभ-भूरा हो जाता है।

अनार के भोज्य भाग में प्रोटीन 1.6, वसा 0.1, तन्तु 5.1, अन्य कार्बोहाइड्रेटस 14.5, खनिज पदार्थ 0.7 और आर्द्रता 78.0 प्रतिशत होती है। यह फल शर्कराओं और विटामिन सी का अच्छा तथा लोहे का साधारण स्रोत है। इसमें कैल्सियम कम मात्रा में होता है।

भलीभांति पके फलों से मीठा, गूढ़े रंग का सुस्वाद रस तैयार किया जाता है। रस से बढ़िया शर्बत बनाये जाते हैं। रस को सन्धान करके मदिरा बनायी जाती है। जंगली अनारों से सिट्रिक अम्ल तथा सोडियम सिट्रेट बनाये जाते हैं।

अनार की कुछ क़िस्मों के फल खट्टे, कुछ खटमिट्ठे और कुछ के मीठे होते हैं। खट्टे फल अनारदाना बनाने के काम आते हैं। अनारदाना क्षुधावर्धक है और दीपक तथा पाचक चूर्णों में डाला जाता है। चटनियों और व्यंजनों को स्वादिष्ट तथा रुचिकर बनाने के लिए प्रयोग किया जाता है। खटमिट्ठा अनार भूख बढ़ाता है और खाने में रुचि पैदा करता है। मीठा अनार शुक्र, बल और बुद्धि बढ़ाने वाला है। मुख तथा गले के रोगों, हृदय के विकारों और ज्वरों में लाभदायक है। जिन लोगों को गरमी अधिक अनुभव होती है और प्यास व्याकुलता करती है, उन्हें अनार का रस सेवन करना चाहिए। यह ख़ून को शुद्ध करता है। मृदु ग्राही होने से यह अतिसार, संग्रहणी और आंतों की शिथिलता में दिया जाता है। फल का छिलका अतिसार और पेचिश के स्तम्भक औषध के रूप में दिया जाता है। छिलके के साथ दालचीनी और लौंग जैसे सुगन्धोद्दीपक द्रव्यों को उबालकर बनाये

काढ़े को इन रोगों में पिलाते हैं। पत्तियों और छोटे फलों को कूटकर निकाला रस तथा छाल का काढ़ा पेचिश के इलाज के लिए दिया जाता है। आंतों के विकारों में इसे पुटपाक विधि से प्रयोग करने का एक तरीक़ा प्रचलित है। छिलके समेत फल को गुंथे हुए आटे के अन्दर लपेटकर भूभल में पका लेते हैं। फिर उसे कूटकर रस निचोड़ लेते हैं। दिन में तीन से चार बार यह रस दो-दो चम्मच की मात्रा में पिलाते हैं।

जड़ की छाल पेट के क़ीड़ों को मारने के लिए उपयोगी है। फीता-कृमियों को मारने में अधिक प्रभावी है। बारह से चौबीस ग्राम की मात्रा में छाल का काढ़ा खाली पेट पिलाया जाता है। उस दिन रोगी को निराहार रखा जाता है। अगले दिन सवेरे विरेचन दिया जाता है। इससे मरे हुए कृमि निकल जाते हैं।

पुष्प कलियों का चूर्ण श्वास प्रणाली की शोथ में उपयोग होता है।

उद्योगों में उपयोग

फल के छिलके, जड़ और तने की छाल चमड़ा कमाने के काम आती है। पत्तियां भी इस काम में लाई जा सकती हैं। अनार का छिलका ऊन और रेशम को रंगने में काम आता है। यह पीताभ भूरे से ख़ाकी आभा प्रदान करता है। फूलों से हलका लाल रंग प्राप्त होता है जो कपड़े रंगने के काम आता है।

लकड़ी हलके पीले रंग की, कठोर, घन-तन्तु और कठारे होती है। प्रति घन मीटर लकड़ी का भार आठ सौ सतानवे किलोग्राम होता है। यह छोटी-छोटी चीज़ें और बक्से बनाने के काम आती है।

बगीचों में इसे शोभा के लिए भी बोया जाता है। तब इसके पौधों को काट-छांटकर झाड़ी के रूप में बनाये रखते हैं। इसकी ख़ूबसूरत बाड़ बनती है।

संस्कृत साहित्य में अनार

वृक्ष, झाड़ी, लता आदि पर फूल व फल आने का निश्चित समय होता है। लेकिन बाग़वानी में कुशल विशेषज्ञों द्वारा समयपूर्व या विलम्ब से अपनी मर्ज़ी के मुताबिक़ फूल-फल पैदा कर लिए जाते थे। इसे दोहद कहते थे। इस प्रयोग में विविध प्रकार के वानस्पतिक तथा जान्तव द्रव्यों द्वारा वृक्ष का सिंचन, लेप और धूपन किया जाता था। वृक्ष के नीचे दी जाने वाली धूनी को दोहद धूपन कहते थे :

तरुगुल्मलतादीनामकाले कुशलैः कृतम् ।
पुष्पादुत्पादितं द्रव्यं दोहदं स्यात्तु तत्क्रिया ॥

शब्दार्णव.

कवियों की गुदगुदाने वाली मधुर कल्पना का दोहद इससे भिन्न था। इसके अनुसार कामिनी रुनझुन बजते हुए कामिनी के मेंहदी रचे लाल पैर के स्पर्श से अशोक पर चटकीले लाल फूलों के गुच्छे खिल जाते थे। योषिता के कुल्ले की बौछार पड़ने से मौलसरी पर मादक सुगन्धी फूल आ जाते थे।

अनार के फलों का आकार बढ़ाने के लिए अनेक प्रयोग किए जाते थे। भेड़ के मांस के काढे से वृक्ष को सींचा जाता था, भेड़ की ऊन तथा मांस के धूएं से वृक्ष पर लगे बालफलों को धूआं दिया जाता था :

मेषामिषाम्बुसंसेकस्तत्केशामिष धूपनम् ।
श्रेयानयं प्रयोगः स्याद् दाडिमीफलवृद्धये ॥

मछली, घी और त्रिफला को सिलबट्टे पर पीसकर बनाये लेप को अनार के वृक्ष पर पोत दिया जाता था। बकरी और भेड़ के मांस को बारीक पीसकर भी लेप किया जाता था और धूनी दी जाती थी :

मत्स्याज्यत्रिफलालेपैर्मांसैराजाविकोद्भवैः ।
लेपिता धूपिता सूते फलान्तालीव दाडिमी ॥

भेड़ के मांस के काढ़े द्वारा सींचने से और उसकी ऊन की धूनी देने से अनार का वृक्ष बड़े-बड़े सुपुष्ट फलों से लद जाता था :

अविकाक्वाथेन संसिक्ता धूपिता तप्तरोमभिः ।
फलानि दाडिमी सूते सुबहूनि पृथूनि च ॥

अनार के फलों को देखकर नल के मन में विचार आया कि औंधे मुंह लटककर, दोहद का धुआं पीते हुए ये इस अभिलाषा से घोर तपस्या कर रहे हैं कि वे भी दमयन्ती के स्तनों के समान उन्नत हो जाएं :

अनार के फलों के ऊपर मुकुट जैसी रचना होती है। कवियों ने उसकी तुलना स्त्रियों के स्तनों के चूचक से की है।

नल ने अनार के पेड़ों पर बड़े-बड़े फल लटके देखे थे। उनकी तुलना उसने दमयन्ती के बड़े स्तनों से की थी। नीचे लटकते हुए बड़े स्तनों जैसा बड़ा हो

जाने की कामना से दोहद के दम घोटने वाले धूएं से संतापित, अनार के फल मानो उलटा लटक कर घोर तप कर रहे थे :

विदर्भसुभ्रूस्तनतुङ्गतापये घटानिवापश्यदलं तपस्यतः ।
फलानि धूमस्य धमानधोमुखान्स दाडिमे दोहदधूपिनि द्रुमे ॥

नैषधचरित, सर्ग 1;82.

नल ने अनार के कांटों की तुलना प्रिय के स्मरण से पैदा होने वाले रोमांच से और प्रिय से बिछड़ी स्त्री के व्यथा रूपी कांटों से की है :

वियोगिनीमैक्षत दाडिमीमसौ प्रियस्मृतें स्पष्टमुदीतकण्टकाम् ।
फलस्तनस्थानविदीर्णरागि हृद्विशच्छुकास्यस्मरकिंशुकाशुगाम् ॥

नैषधचरित, सर्ग 1;83.

भवभूति ने मालती माधव में बन्दर के मुख की तुलना पककर फटे हुए गुलाबी रंग के अनार फल की कांति से की है :

पाकारुणस्फुटित दाडिमकान्तिवक्त्रम् ।

मालतीमाधव, 9;31.

अनार के फलों को तोते ख़ूब खाते हैं। बाण ने कादम्बरी में दिखाया है कि तोतों के झुण्डों ने अनार के फलों को खाना शुरू किया, तो उनसे इतना रस टपका कि वृक्ष के नीचे ज़मीन गीली हो गई थी। विदिशा नगरी के राजा शूद्रक के महल में वैशम्पायन नामक एक तोता पाला हुआ था। सिंहों के नाख़ूनों द्वारा मस्त हाथियों के गण्ड स्थलों को चीरकर निकले ख़ून से सने लाल मोतियों जैसी कान्ति वाले अनार के दानों को कुतर-कुतर खाकर वह तृप्त रहता था।

छह

अमरूद

प्सीदिउम ग्वायावा लिनिअस
Psidium guajava Linn.
कुल : मिर्तासी Myrtaceae

यह अमेरिका के गरम भागों में, सम्भवतः मैक्सिको से पेरु तक के प्रदेश में स्वयं उग आने वाला वृक्ष है। भारत में यह दीर्घकाल से प्राकृतिक बना लिया गया

चित्र 11 अमरूद की पुष्पित शाखा

है। यूल और बर्नेल ने हौब्सन जौब्सन में बताया है कि सन् 1550 में भारत में

अमरूद का प्रयोग हो रहा था। अब यह भारत के प्रायः सभी प्रदेशों में उगाया जा रहा है।

1867 में पण्डित वासुदेव गोडबोले ने जो निघण्टुरत्नाकर प्रकाशित किया उसमें कुछ नये फलों का भी समावेश कर लिया था। उसमें उन्होंने पेरुक के नाम से अमरूद के गुण लिखे थे।

यह मध्यम आकार का सदा हरा वृक्ष है, जो कभी-कभी ख़ासा बड़ा, आठ मीटर ऊंचा पेड़ बन जाता है और कभी मामूली-सा शाखादार झाड़ी के रूप में ही रह जाता है। इसकी छाल चिकनी, गुलाबी-भूरे रंग की होती है जो पतले छिलके में उतरती रहती है।

इसके पत्ते हलके हरे रंग के और फूल सफ़ेद रंग के तथा सुगन्धित होते हैं। फल हरे, हलके पीले और कुछ क़िस्मों में लाल रंग के होते हैं। गूदा क्रीम जैसे सफ़ेद-से पीले रंग का और कुछ क़िस्मों में लाल रंग का होता है। गूदे के अन्दर बहुत सारे छोटे, कठोर बीज न्याविष्ट रहते हैं। फलों की कृषि के विशेषज्ञ बीज रहित अमरूद भी पैदा कर रहे हैं, पर उनकी प्रति वृक्ष फ़सल कम मिलती है।

विविध भाषाओं में नाम

अंग्रेज़ी : कौमन ग्वावा (common guava)।
कन्नड़ : जामफल, सेबे हन्नू।
गुजराती : जमरुद, पेरु।
तमिल : कोय्या।
तेलुगु : एट्टाजामा, टेल्लाजामा।
बंगाली : गूआच्वी, पियारा।
मराठी : जेम्बा, तुपकेल।
मलयालम : कोय्या, पेरा।
संस्कृत : पेरूक।
हिन्दी : अमरूद, सफ़ेद सफरी।

भारत में अमरूद की बहुत-सी क़िस्मों की खेती की जा रही है। लगभग 50,000 हेक्टेयर भूमि में यह बोया जा रहा है, जिसमें से लगभग आधी भूमि तो उत्तर प्रदेश में है। शेष आधा क्षेत्रफल बिहार, महाराष्ट्र, असम, पश्चिम बंगाल, आंध्र प्रदेश और तमिलनाडु में है।

अमरूद का पौधा बहुत आसानी से उग आता है। अच्छे फल प्राप्त करने के लिए पौधों की शुरू के सालों में नियमित गुड़ाई तथा सिंचाई की जानी चाहिए। समुचित खाद देने से फलों का आकार बढ़ जाता है और स्वाद उन्नत हो जाता है।

सिंचाई की जाए तो गरम प्रदेशों में प्रायः सारे साल थोड़े-बहुत फल लगते हैं। भारत में दो या तीन बार फल लगते हैं। उत्तर भारत में बरसात में खिले फूलों पर लगे फल सर्दियों में पकते हैं। यह मुख्य फ़सल लगती है। इसके फल बरसात में पकते हैं, ये घटिया होते हैं। इनमें अक्सर कीड़े पड़ जाते हैं। इस फ़सल को न लिया जाए तो अच्छा है। इसके लिए एप्रिल से मई तक, जब फूल आ रहे हों, पौधों को पानी न दिया जाए तो फूल झड़ जाते हैं। महाराष्ट्र, तमिलनाडु और आन्ध्र प्रदेश में कभी-कभी अक्तूबर में फूलों का तीसरा दौर लगता है।

पौधे रोपने के चौथे साल बाद फल लगने शुरू हो जाते हैं, पर कम संख्या में। आठवें साल से पेड़ पूरी फ़सल देने लगता है और तीस साल तक भरपूर फ़सल देता रहता है। यह बहुत मज़बूत पेड़ है और अच्छी तरह सेवा की जाए तो पचास साल से भी अधिक समय तक अच्छी फ़सल देता रहता है।

फूल लगने के बाद फल पकने में लगभग पांच महीने लग जाते हैं। फल का गहरा हरा रंग बदलकर पीला-सा हरा हो जाये तो समझना चाहिए कि फल पकने लगे हैं। इसी समय उन्हें तोड़कर बाज़ार में भेज दिया जाता है। रात को चमगादड़ तथा बिज्जू, दिन में तोते, बुलबुल आदि अनेक प्रकार के पक्षी और गिलहरियां फलों को खा जाते हैं।

आठ से दस साल की उम्र का या बड़ा बीजू अमरूद का पेड़ 400 से 500 फल दे देता है। जिनका वज़न साठ से अस्सी किलोग्राम होता है। इसी उम्र का क़लमी अमरूद का पेड़ 1,000 से 2,000 तक फल दे देता है, जिनका वज़न 180 से 310 किलोग्राम तक होता है। इलाहाबाद के अमरूद सबसे अधिक मशहूर हो गए हैं। वहां पैंतीस टन अमरूद प्रति हेक्टेयर पैदा हो जाते हैं।

गरम प्रदेशों का सेब

अमरूद को गरम देशों का सेब कहा जाता है। बढ़िया क़िस्म के अमरूद रसीले, मीठे स्वादिष्ट, कब्ज़ को दूर करने वाले, शीतल, तृषाहर, मनःप्रसादकर, हृदय को शक्ति देने वाले, बलदायक और पुष्टिकर होते हैं। यह फल अधिकतर

ताज़ा लिया जाता है। पका फल अधिक दिनों तक नहीं रखना चाहिए। ग्यारह अंश शतांश तापमान पर लगभग एक सप्ताह तक शीत गृहों में रखा जा सकता है। शीत गृहों से निकालने के बाद जल्दी ख़राब हो जाता है। इसलिए यथासम्भव शीत गृहों में नहीं रखना चाहिए।

चित्र 12 अमरूद की फलदार शाखा

अमरूद की डिब्बाबन्दी की जाती है। इसके गूदे से जैम, जैली, मार्मलेड, टौफ़ियां, कैटचप आदि अनेक भोज्य-पदार्थ बनाए जाते हैं। अन्य फलरसों के समान

इसका बोतलबन्द रस शीतपेयों की दुकानों में मिल जाता है। अमरूद का रस बच्चों के लिए टमाटर के रस और सन्तरे के रस का अत्युत्तम प्रतिनिधि है।

विटामिन सी के सबसे बढ़िया नैसर्गिक स्रोतों में एक अमरूद है। सिट्रस (निम्बू वर्ग के फलों) से इसमें चार से दस गुना अधिक विटामिन सी विद्यमान होतो है। इसमें पैक्टीन का पर्याप्त परिमाण होता है। आम और खुमानी की तुलना में अमरूद में विटामिन ए कम होती है। पर अन्य मुख्य पोषक तत्त्वों की दृष्टि से यह बढ़िया फल है। अमरूद का संघटन यह है: प्रोटीन 0.9, स्नेह 0.3, रेशे 5.2, कार्बोहाइड्रेट्स 11.2, खनिज पदार्थ 0.7, और आर्द्रता 81.9 प्रतिशत।

अमरूद के छिलके में विटामिन का परिमाण सबसे अधिक होता है। उससे कम गूदे में होता है। अन्दर के भाग में और कम होता जाता है। फल के पकने के साथ विटामिन सी का परिमाण बढ़ता जाता है और फल जब पूरा पक जाता है, तब सबसे अधिक होता है। पूरा पक चुकने के बाद जब यह नरम होने लगता है, तब विटामिन सी कम होने लगती है। उत्तर प्रदेश के चित्तीदार अमरूद में सबसे अधिक विटामिन पाई जाती है। कुछ अन्वेषकों ने सफ़ेद गूदे वाले फलों की अपेक्षा गुलाबी गूदे वाले फलों में विटामिन सी का अधिक परिमाण बताया है।

गुण

द्विविधं शीतमुष्णं च मधुरं चाम्लमेव च।
गुरु पारावतं ज्ञेयमरुच्यत्यग्निनाशनम्॥

चरकसंहिता, सूत्रस्थान 27;134.

पारावतं समधुरं रुच्यमत्यग्निवातनुत्।

सुश्रुतसंहिता, सूत्रस्थान 46;157.

पेरुकं तुवरं प्रोक्तं स्वाद्वम्लं कफाकारकम्।
शुक्रलं वातपित्तघ्नं शीतलं च रसं मतम्॥

मदनपालनिघण्टु, फलादिवर्ग 6;61.

विटामिन सी की कमी के कारण मसूड़ों का एक रोग हो जाता है जिसे स्कर्वी कहते हैं। इसमें मसूड़े सूज जाते हैं और उनमें से ख़ून बहने लगता है। स्कर्वी के रोगियों को अमरूद के सेवन से लाभ होता है। अमरूद के पेड़ से निकलने वाली गोंद बलवर्द्धक दवा के रूप में प्रयोग की जाती है। इसके फलों का शरीर

पर शामक प्रभाव होता है। परागछत्र मस्तिष्क की गरमी को निकालते हैं।

पत्तों में एक उड़नशील सुगन्धित तेल पाया जाता है। संकोचक गुण के कारण आंतों की शिकायतों में पत्ते उपयोगी होते हैं। बच्चों के दस्तों में इनका सफलता के साथ प्रयोग किया जाता है। आमतौर पर इनका काढ़ा बनाकर पिलाया जाता है। बार-बार दस्तों में आने से या अन्य कारणों से जिन बच्चों की गुदा बाहर निकल आती है, उन्हें यह काढ़ा पिलाया जाता है और इससे उनकी गुदा को धोया जाता है। पत्तों और छाल का काढ़ा हैज़े की उलटियों और दस्तों को रोकने के लिए दिया जाता है। खांसी में पत्ते लाभदायक होते हैं। दुखती आंखों को पत्ते के काढ़े से धोते हैं। घावों और ज़ख़्मों के इलाज के लिए पत्तों का प्रयोग किया जाता है। परागकोश ज़ख़्मों के इलाज के लिए पत्तों का प्रयोग किया जाता है। परागकोश ज़ख़्मों को सुखाते हैं। इसकी राख दाहक है।

अमरूद की कठोर और सम-तन्तु काष्ठ नक़्क़ाशी करने, औज़ार तथा हत्थे बनाने के काम आती है।

सात

अमलोक

दिओस्पिरोस लोतुस लिनिअस़

Diospyros lotus Linn.

कुल : एबेनासी Ebenaceae

यह लगभग चौदह मीटर ऊंचा, पतझड़ी वृक्ष है। इसके फल जामनी रंग के, गोलाकृति या अण्डाकृति, व्यास में 1.5 से 2.0 सेण्टीमीटर होते हैं। बीज एक से आठ, नौकाकृति, चपटे, रंग के, एक सेण्टीमीटर लम्बे, पांच मिलीमीटर चौड़े होते हैं।

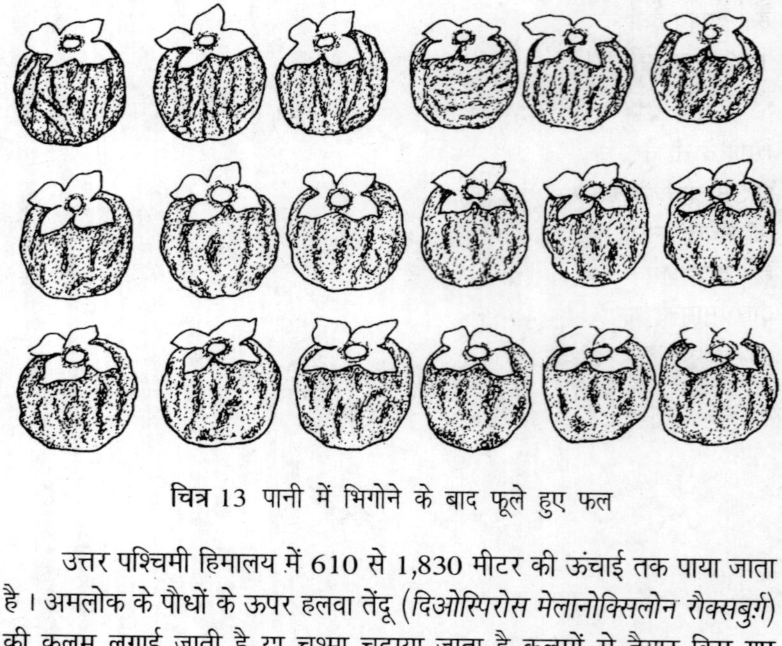

चित्र 13 पानी में भिगोने के बाद फूले हुए फल

उत्तर पश्चिमी हिमालय में 610 से 1,830 मीटर की ऊंचाई तक पाया जाता है। अमलोक के पौधों के ऊपर हलवा तेंदू (*दिओस्पिरोस मेलानोक्सिलोन रौक्सबुर्ग़*) की क़लम लगाई जाती है या चश्मा चढ़ाया जाता है क़लमों से तैयार किए गए ये वृक्ष सैकड़ों साल फल देते रहते हैं। अमलोक के सूखे फल भी बाज़ार में मिलते

हैं। सूखे फलों का रंग काला-सा, उनकी सतह ऊबड़-खाबड़ और गहरी झुर्रीदार होती है। उनके साथ चार पालियों वाला पुष्पकोष लगा रहता है।

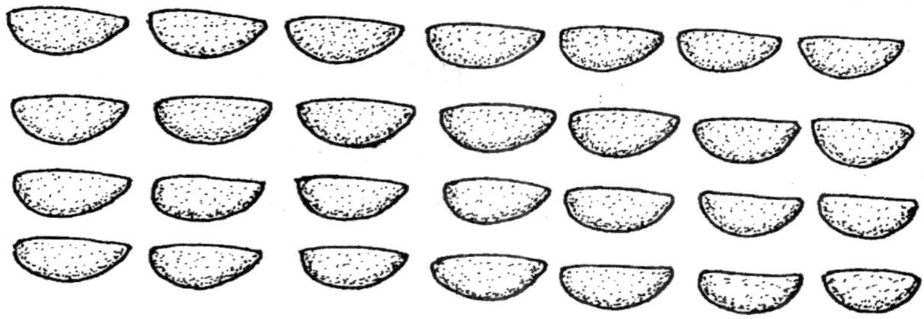

चित्र 14 अमलोक के बीज

वैष्णव देवी (जम्मू-कश्मीर) की यात्रा में भक्त लोग देवी के प्रसाद रूप में अमलोक के सूखे फलों को श्रद्धा से अपने घर ले जाते हैं और इष्टजनों को देते हैं। वैष्णव देवी की दुकानों में सूखे फल 250 ग्राम के पौलीपैक में बिकते हैं जिनमें 156 फल होते हैं।

सूखे फल कठोर होते हैं। उन्हें चबाना कठिन होता है। रात भर पानी में भिगो दें तो वे फूलकर ताज़े फल जैसे मुलायम हो जाते हैं। फल में टैनिक अम्ल, 0.38 प्रतिशत मैलिक अम्ल और 11.25 प्रतिशत इन्वर्ट शूगर होती है। फलों का शर्बत बनाया जाता है। फ्रांस में फलों को अंशतः सड़ाकर काम में लाया जाता है। बीज शमक के रूप में प्रयोग किए जाते हैं। लकड़ी धूसराभ, घने रेशों वाली और मामूली कठोर होती है।

आठ

आड़ू

प्रूनुस पेर्सिका बात्श

Prunus persica Batsch

कुल : रोसासी Rosaceae

आड़ू शब्द संस्कृत के आरुक शब्द का बिगड़ा हुआ रूप है। फलों के गुणों का प्रतिपादन करने वाले संस्कृत के प्राचीन ग्रन्थों में आरुक नाम से ही इसके गुण लिखे हैं। गढ़वाल-हिमालय में इसे आरू कहते हैं। फलों की मण्डियों में कहीं-कहीं इसे शफ़तालू कहते हैं। यह फ़ारसी नाम है। अंग्रेज़ी में इसे पीच (peach) और नेक्टरीन (nectarine) कहते हैं।

संस्कृत में नाम

आयुर्वेद के वनस्पतिनिघण्टुओं में आड़ू के छह नाम आए हैं। जिनमें से धन्वन्तरिनिघण्टु (8वीं शती) में चार, राजनिघण्टु (12वीं शती) में चार, मदनपालनिघण्टु (1374 सन्) में दो और कैयदेवनिघण्टु (1450 सन्) में चार नाम आए हैं :

आरुकं वीरसेनं तु वीरं वीरारुकं तथा।

धन्वन्तरिनिघण्टु, आम्रादिवर्ग 5;32.

आरुकं वीरसेनञ्च वीरं वीरारुकं तथा।

राजनिघण्टु, आम्रादिवर्ग 11;98.

आरुकं वीरसेनं ... ... ।

मदनपालनिघण्टु, फलादिवर्ग 6;44.

आरुकं वीरसेनं च चीना चीनारुकं तथा॥

कैयदेवनिघण्टु, ओषधिवर्ग 1;380.

इन श्लोकों के अन्तर्गत आए नाम और पर्यायों को नीचे तालिका में दिया जा रहा है जिससे पाठक सुगमता से उनका तुलनात्मक अध्ययन कर सकें :

धन्वन्तरिनिघण्टु (8वीं शती)	राजनिघण्टु (12वीं शती)	मदनपालनिघण्टु (1374 सन्)	कैयदेवनिघण्टु (1450 सन्)
1 आरुक	1 आरुक	1 आरुक	1 आरुक
			2 चीना
			3 चीनारुक
2 वीर	2 वीर		
3 वीरसेन	3 वीरसेन	2 वीरसेन	4 वीरसेन
4 वीरारुक	4 वीरारुक		

नामों के अर्थ

आरुक : भूरे रंग का फल।
चीना : चीना आड़ू।
चीनारुक : चीनी आड़ू।
वीर : बलदायक फल।
वीरसेन : बलदायक श्रेष्ठ फल।
वीरारुक : भूरे रंग का श्रेष्ठ फल।

भेद

आयुर्वेद के वनस्पतिनिघण्टुओं में पत्तों, फूलों आदि के रूप, रंग आदि विशेषताओं के आधार पर आड़ू के चार भेद बतए हैं :

विद्याज्जातिविशेषेण तच्चतुर्विधमारुकम् ॥

धन्वन्तरिनिघण्टु, आम्रादिवर्ग 5;32.

तत्र विद्याच्चतुर्जातीः पत्रपुष्पादिभेदतः ॥

राजनिघण्टु, आम्रादिवर्ग 11;98.

तज्जातिभेदाच्चतुर्विधम् ··· ··· ···।

मदनपालनिघण्टु, फलादिवर्ग 6;44.

विद्याज्जातिविशेषण तच्चतुर्विधमारुकम् ।

कैयदेवनिघण्टु, ओषधिवर्ग 1;380.

स्वरूप

आड़ू का मध्यम आकार का वृक्ष आठ मीटर तक ऊंचा चला जाता है। सरदियों में इसके पत्ते झड़ जाते हैं। वसन्त में लाल गुलाबी रंग के फूल तब प्रकट होते

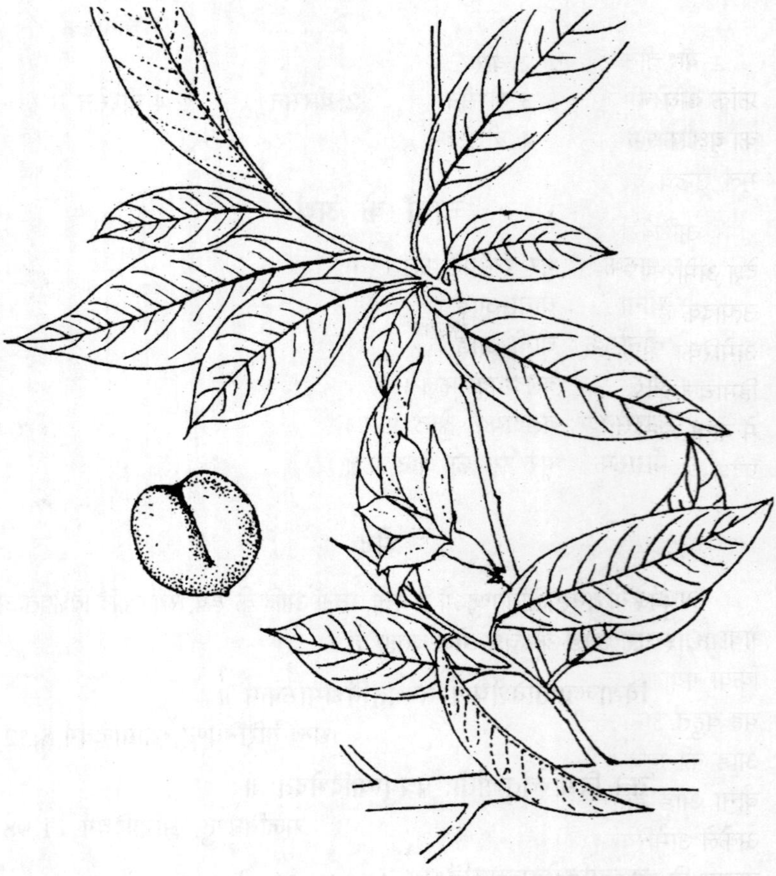

चित्र 15 आड़ू की पुष्पित शाखा एवं फल

हैं जब सारे वृक्ष पर फूल-ही-फूल दिखाई पड़ते हैं। लगभग 2.5 सेण्टीमीटर व्यास में फूलों के गुच्छे खिल जाने से आड़ के बगीचे बहुत सुन्दर और आकर्षक बन जाते हैं। कश्मीरी लोकगीतों में सौन्दर्य की उपमाओं में आड़ू के फूलों का नाम लिया

जाता है। मीठे या खटमिट्ठे गूदे वाले रसीले मखमली रोओं से आवृत पके फल पांच-सात सेण्टीमीटर व्यास के होते हैं। गुठली बहुत कठोर होती है। स्थान की ऊंचाई के अनुसार मई से अक्तूबर तक फल पकते रहते हैं।

किन्नौर में तीस हज़ार जंगली पेड़

यह चीन का मूल निवासी माना जाता है जहां इसकी एक प्रजाति *प्रूनुस देविदिआना* फ्रांक अब भी जंगलों में स्वयंजात मिल जाती है। ख़याल किया जाता है कि आड़ू का वृक्ष फ़ारस होते हुए पश्चिमी देशों में पहुंचा था। कुछ काल तक फ़ारस ही इसका मूल उद्भव देश माना जाता था।

अधिकतर शीतोष्ण प्रदेशों में आड़ू की खेती होती है। इसका सबसे बड़ा उत्पादक देश अमेरिका है जहां सेव के बाद आड़ू का दूसरा महत्त्वपूर्ण स्थान है। अन्य महत्त्वपूर्ण उत्पादक हैं : यूरोप में इटली, फ्रांस और स्पेन; एशिया में चीन और जापान; दक्षिण अमेरिका, अर्जेण्टीना, औस्ट्रेलिया और दक्षिण अफ्रीका। भारत में आड़ू कश्मीर, हिमाचल प्रदेश, पंजाब के अधोपर्वतीय भागों, उत्तर प्रदेश और कुछ हद तक नीलगिरि में बोया जाता है। हिमालय में यह 3,050 मीटर की ऊंचाई तक जंगली है। हिमाचल प्रदेश के किन्नौर क्षेत्र में आड़ू के तीस हज़ार जंगली पेड़ होंगे।

अमेरिका में तीन हज़ार क़िस्में

आड़ू की चिरकाल से खेती की जा रही है और यह बहुत-से देशों में फैलता गया है, इसलिए इसके अनेक रूप बन गए हैं। चीन में एक आड़ू का उद्विकास किया गया है, जिसके फल 0.45 किलोग्राम तक वज़नी होते हैं। निर्यात के लिए यह बहुत उपयुक्त क़िस्म है। उत्तर भारत के मैदानों में कृषि किए जाने वाले शरबती आड़ू की ख़ूब फ़सल आती है और इसके फल भी बढ़िया होते हैं। चीन में एक बौना आड़ू होता है जो पैंतालीस सेण्टीमीटर ऊंचा होने पर ही फलने लगता है। अकेले अमेरिका में आड़ुओं के तीन हज़ार प्रकार मिल जाते हैं। आलू बुखारा और बादाम के साथ आड़ू का संकर किया गया है।

खेती

उत्कृष्ट प्रकार के सुस्वादु आड़ू अधोपर्वतीय क्षेत्रों में अच्छे उगते हैं। गरमियों में झुलसाने वाली लू बहने के कारण मैदानों में आड़ू भलीभांति नहीं पनपता। हिमालय

में इसकी खेती के लिए 850 से 1,700 मीटर की ऊंचाइयों वाले क्षेत्र सबसे अधिक उपयुक्त हैं। नीलगिरि में 1,300 से 1,750 मीटर की ऊंचाई पर उगाया जा रहा है।

यह वृक्ष यद्यपि बहुत भिन्न प्रकार की भूमियों पर पनप सकता है और लाभदायक फ़सल दे सकता है, तथापि इसकी खेती के लिए पानी के अच्छे निकास वाली हलकी, रेतीली, कंकरीली या पथरीली दुमट भूमि सर्वोत्तम होती है।

ताज़े फलों से निकाली गुठलियों को अच्छी तरह धोने के बाद बोकर पौधे तैयार किए जाते हैं। इन्हें उगने में बहुत समय लगता है इसलिए जल्दी उगाने के लिए कभी-कभी गुठली के कठोर आवरण को तोड़कर गिरी ही बो दी जाती है। पुरानी पड़ी गुठलियों के उगने की क्षमता नष्ट हो जाती है। हां, भलीभांति सुखाई और उपचारित गुठलियां शीत संग्रहागारों में चार साल तक या अधिक समय तक भी रखी जा सकती हैं। बीस महीने के पौधे चश्मा चढ़ाने के लिए उपयुक्त होते हैं। कड़वे बादाम या खूबानी के पौधों पर चश्मा चढ़ाने से आड़ू अच्छा पनपता है।

नर्सरी में तैयार किए गए चश्माबन्द पौधों को खेत में पांच से सात मीटर के फ़ासले पर बोना चाहिए। आड़ू के पौधों पर दीमक बहुत जल्दी लगती है। उसके आक्रमण से बचाने के लिए बोने के तुरन्त बाद एल्ड्रिन मिले पानी से पौधों की सिंचाई कर देनी चाहिए। इसके लिए दस लिटर पानी में 10.5 ग्राम के हिसाब से एल्ड्रिन मिलानी चाहिए।

पूरे प्रौढ़ वृक्षों में अधिकतम उत्पादन बरकरार रखने के लिए बढ़ने वाली शाखाओं के सिरों की वार्षिक वृद्धि तीस से पैंतालीस सेण्टीमीटर होनी चाहिए। इस वृद्धि को बनाए रखने के लिए पर्याप्त उर्वरक डालना चाहिए। गरम और सूखे मौसम में तथा फल लगने के बाद फ़सल लेने तक सिंचाई करना ज़रूरी होता है।

आड़ू के पुराने बगीचों में ख़ाली जगह भरने के लिए लगाए गए नए पौधों की वृद्धि कभी-कभी मन्द रह जाती है। पुराने आड़ू वृक्षों की मरी हुई जड़ों के अवशेष में विद्यमान एमिग्डैलिन के सूक्ष्मजीवी विघटन द्वारा भूमि में पैदा हुए कुछ पदार्थों के विषैले प्रभाव के कारण ऐसा होता है। नए पौधों की जड़ों पर नमाटौड, कवक और कीड़ों के आक्रमण से भी उनकी वृद्धि रुक जाती है।

कुछ अपवादों को छोड़कर आड़ू की सभी क़िस्में स्वनिषेचित होती हैं। इसलिए एक खेत में एक ही क़िस्म के पेड़ रोपे जा सकते हैं। अनुभवी फल-उत्पादकों की

राय है कि दो-दो पंक्तियों की पट्टियों में अनेक क़िस्म के पौधे रोपे जाएं तो अधिक बढ़िया फल मिलते हैं। बगीचे में मधुमक्खियों के छत्तों वाली पेटियां रख दी जाएं तो मधुमक्खियां परागीकरण में सहायक होती हैं, दूसरे फूलों के पराग से कृत्रिम परागीकरण किया जाए तो कहीं अधिक फल बैठते हैं।

छंटाई

नए वृक्षों में इस प्रकार छंटाई की जाती है कि मज़बूत टहनियों वाला वृक्ष बन जाए। पुराने वृक्षों में इस उद्देश्य से छंटाई की जाती है कि निचले भाग पर भी फल लगते रहें। एक साल पुरानी शाखाओं के पार्श्वों पर और छोटी ठूंठ जैसी शाखिकाओं पर फल लगते हैं। हर साल नई शाखाएं पैदा करने के लिए सावधानी से उचित छंटाई की जानी चाहिए। दूसरे अनेक फल-वृक्षों की तुलना में आड़ू के वृक्ष में सामान्यतः अधिक वार्षिक छंटाई की ज़रूरत होती है। छंटाई के अलावा, फल बैठने के बाद घने लगे फलों के बीच से कुछ फल तोड़कर विरल कर दिया जाता है। अधिक फलों के भार से टहन्यिों के टूटने का अन्देशा रहता है। विरल कर देने से बने हुए फलों का अच्छा विकास हो जाता है और बाज़ार में उनकी अधिक क़ीमत मिल जाती है। मई-जून में प्राकृतिक रूप से फलों के झड़ जाने के बाद विरलन किया जाना चाहिए।

मई से सितम्बर तक आड़ू की फसल तोड़ी जाती है। नीलगिरि पहाड़ों में मई-जून में फसल तैयार होती है। पेड़ पर से कठोर फल ही तोड़ लिए जाते हैं। परिवहन में और संग्रहागारों में वे भलीभांति पकते रहते हैं। पन्द्रह से बीस साल की अल्प अवधि तक आड़ू के वृक्षों से फल लेना लाभदायक होता है। भारत में प्रति वृक्ष चालीस से अस्सी किलोग्राम पैदावार मिल जाती है।

डिब्बाबन्दी : जल्दी सड़ जाने के कारण आड़ू का परिवहन और भण्डारण मुश्किल है। आड़ू की जिन क़िस्मों में गूदे से गुठली अलग हो जाती है, उनके फल पकने पर मृदु और रसीले होते हैं। ये खाने में खप जाते हैं। जिन आड़ुओं की गुठली के साथ गूदा चिपका रहता है, उनके फल बड़े कठोर गूदे वाले और बिना पकाए प्रायः खाने लायक नहीं होते। चाशनी में पकाने के बाद वे स्वादु बन जाते हैं। ये अधिकतर डिब्बाबन्दी में काम आते हैं। अमेरिका, कैनेडा, औस्ट्रेलिया, जापान, दक्षिण अफ्रीका जैसे देशों में बड़े पैमाने पर इन्हें सुखाया और डिब्बाबन्द किया जाता है। आड़ू के रस से शर्बत और ब्राण्डी जैसे पेय बनाए जा रहे हैं।

डिब्बाबन्दी के लिए दृढ़, सम्यक्तया पके हुए और बड़े आकार के फलों को लेना चाहिए। फलों को कुछ दिन रखना हो तो ठण्डे गोदाम में 0-2 अंश शंताश के तापमान पर रख दिया जाता है। फलों को काटकर हाथ से या मशीन से गुठली निकाल दी जाती है। गरम सज्जीखार या भाप से उपचारित करके छिलका उतार लेते हैं और उन्हें धो लेते हैं। छिले हुए आड़ू के टुकड़ों को गरम पानी या भाप में से गुज़ारते हैं। इससे सज्जीखार के बचे-खुचे अंश निकल जाते हैं और गूदे को भूरा बनाने वाला औक्सिडेस निष्क्रिय हो जाता है। इसके बाद टुकड़ों को छांटकर ग्रेड बनाए जाते हैं और काटकर डिब्बों में भर देते हैं। गुठली निकालने और छिलका उतारने आदि प्रक्रियाओं में फलों का औसत भार तीस से पैंतीस प्रतिशत कम हो जाता है। सज्जीखार के प्रयोग द्वारा छिलका उतारने की प्रक्रिया में फलों में विद्यमान एस्कौर्बिक अम्ल का अधिक परिमाण नष्ट हो जाता है।

रासायनिक संघटन

शर्करा, थायमीन और ऐस्कौर्बिक अम्ल का आड़ू अच्छा स्रोत है। कुछ क़िस्मों में विटामिन ए की पर्याप्त मात्रा होती है। कुनूर के बाज़ारों से लिए गए पके आड़ुओं में आहारोपयोगी पदार्थ (गूदा और छिलका) 88 प्रतिशत थे। विश्लेषण करने पर इसका संघटन यह पाया गया : प्रोटीन 1.2, वसा 0.3, रेशे 1.2, अन्य कार्बोहाइड्रेट्स 10.5, खनिज 0.8 और आर्द्रता 86.0 प्रतिशत। कैल्सियम प्रति 100 ग्राम में 15.0, मैग्नीसियम 21.0, औग्ज़ेलिक अम्ल 1.0, लोहा 2.4, कुल फ़ौस्फ़ोरस 41.0, फाइटिन फ़ौस्फ़ोरस 1.0, सोडियम 2.0, पोटासियम 453.0, तांबा 0.06, गन्धक 26.0, थायमीन 0.02, राइबोफ़्लेविन 0.03, निकोटीनिक अम्ल 0.5 और एस्कौर्बिक अम्ल 6.0 मिलीग्राम। कनूर के आड़ुओं में विटामिन ए नहीं पाई गई। देहली, क्वेटा और पेशावर के पके आड़ुओं में विटामिन ए का मान 100 ग्राम में क्रमशः 450, 1,360 और 1,660 अन्तर्राष्ट्रीय इकाइयां पाया गया।

गिरी, फूल, पत्ते और छाल में कड़वे बादामों सरीखी एक विशिष्ट गंध और स्वाद आता है। इनमें हाइड्रोसायनिक अम्ल निकलता है। गिरी में एमिग्डालिन विद्यमान होता है और इसमें लगभग 0.7 प्रतिशत एक उड़नशील तेल निकलता है जिसमें मुख्यतः हाइड्रोसायनिक अम्ल, बेन्ज़ल्डेहाइड और बेन्ज़ल्डेहाइड सायएनहाइड्रिन पाए जाते हैं। दक्षिण अफ्रीका के विषैले और ओषधीय पौधों में (दि मेडिसिनल ऐंड पौयज़नस प्लाण्ट्स औफ़ साउदर्न अफ्रीका, 1932) वाट और ब्रेयरब्रैण्डविक ने फूलों

की विषालुता को दिखाते हुए बताया था कि इनके प्रयोग से बच्चों में विष-प्रभाव से मौतें हो गई थीं। गुठली की गिरी कड़वे बादाम का उत्तम प्रतिनिधि द्रव्य है। इसमें से एक तेल निकाला जाता है। बादाम के तेल से यह सस्ता होता है और उसके स्थान पर बरता जाता है।

रोग निवारण के लिए : आड़ू के पके हुए फल को आयुर्वेद में मीठा, स्वादिष्ट, जल्दी हज़म होने वाला, हृदय के लिए हितकर, शरीर को पुष्ट करने वाला, मूत्र व उत्पादक अंगों के रोगों को दूर करने वाला, बवासीर, वायुगोला और ख़ून के विकारों को नष्ट करने वाला माना गया है। इसका सेवन शरीर को स्निग्ध रखता है। जिन लोगों को प्यास अधिक लगती है, उन्हें फलाहार में आड़ू खाने चाहिए। पित्त तथा रक्त के प्रकोप को यह शान्त करता है। उष्ण प्रकृति वाले व्यक्तियों में भी भूख को बढ़ाता है। पेशाब खुलकर लाता है। कब्ज़ नहीं होने देता। फलों से आड़ू की शराब चुआई जाती है।

पत्तों में कीटनाशक और उदरकृमिहर गुण माना जाता है। पेट के कीड़ों को मारने के लिए आड़ू के पत्तों को पीसकर निकाला हुआ ताज़ा रस या काढ़ा पिलाते हैं। शिशुओं की गुदा में लगाने से गुदकृमि (चमूने) मर जाते हैं। फूलों में भी पेट के कीड़ों को मारने का गुण कहा जाता है। कान का दर्द और बहरेपन को दूर करने वाली ओषधियों में गुठली की गिरी डाली जाती है। गढ़वाल-हिमालय में भालू जंगली आड़ू के फलों को ख़ूब खाते हैं :

आरुकाणि तु हृद्यानि मेहार्शोनाशनानि च।

धन्वन्तरिनिघण्टु, आम्रादिवर्ग 5;32.

आरुकाणि च सर्वाणि मधुराणि हिमानि च।
अर्शः प्रमेहगुल्मास्रदोषविध्वंसनानि च॥

राजनिघण्टु, आम्रादिवर्ग 11;99.

आरुकं जारकं वातमेहार्शः कफनाशनम्॥

मदनपालनिघण्टु, फलादिवर्ग 6;44.

आरुकं तुवरं भेदि गुरूष्णं कफपित्तकृत॥
पक्वं तु मधुरं नाति गुरूष्णं कफपित्तलम्।
बृंहणं रोचनं शीघ्रं जरा मारुतनाशनम्॥

कैयदेवनिघण्टु, ओषधिवर्ग 1;381,382.

नौ

आम

मांजीफ़ेरा इंदिका लिनिअस
Mangifera indica Linn.
कुल:अनाकार्दिआसी Anacardiaceae

बहुत कम ऐसे फल होंगे जो हमारे देश के लोकगीतों, धार्मिक उत्सवों और साहित्य में आम की तरह घुल-मिल गए हों। भारतीय कवि आम पर सचमुच मुग्ध हैं। वासन्तिक फूलों में आम की मञ्जरियों से कवियों की कल्पनाओं को ख़ूब प्रेरणा मिली है। कालिदास के ये वर्णन देखिए :

चित्र 16 आम का वृक्ष

मञ्जरियों से लदी आमों की डालियां वसन्त के आने पर और भी सुन्दर लगने लगती हैं। वसन्त में पाला तो पड़ता ही नहीं, इसलिए आजकल बौरों से

लदी आम की शाखाओं को झुलाने वाला और कोयल के सन्देशों को चारों ओर फैलाने वाला सुन्दर वासन्ती वायु लोगों का मन हरता हुआ बह रहा है :

आकम्पयन्कुसुमिताः सहकारशाखा विस्तारयन्परभृतस्य वचांसि दिक्षु ।
वायुर्विवाति हृदयानि हरन्नराणां नीहारपातविगमात्सुभगो वसन्ते ॥

ऋतुसंहार, सर्ग 6; 24.

'देखो ! यह नर कोयल आम की मञ्जरियों के रस में मस्त होकर अपनी प्रिया का बड़े प्रेम से प्रसन्न होकर चुम्बन कर रहा है :

पुंस्कोकिलश्चूतरसासवेन मत्तः प्रियां चुम्बति रागहृष्टः ।

ऋतुसंहार, सर्ग 6; 16.

सुन्दर वसन्त ने नई कोंपलों के पंख लगाकर आम की मञ्जरियों के बाण तैयार कर दिए और उन पर उसने जो भौंरे बैठाए वे ऐसे लगते थे मानो उन बाणों पर कामदेव के नाम के अक्षर लिखे हों :

सद्यः प्रवालोद्गमचारुपत्रे नीते समाप्तिम नवचूतवाणे ।
निवेशयामास मधुद्विरेफान्नामाक्षराणीव मनोभवस्य ॥

कुमारसंभव, सर्ग 3; 27.

'लो प्रिय ! फूले हुए आम की मञ्जरियों के पैने बाण लेकर और अपने धनुष पर भौंरों की पांतों की डोरी चढ़ाकर वीर वसन्त सम्भोग करने वाले रसिकों को बेधने आ पहुंचा है' :

प्रफुल्लचूताङ्कुरतीक्ष्णसायको द्विरेफमालाविलसद्धनुर्गुणः ।
मनांसि भेत्तुं सुरतप्रसङ्गिनां वसन्तयोद्धा समुपागतः प्रिये ॥

ऋतुसंहार, सर्ग 6; 1.

'कोयल और मदमाते भौंरों के स्वरों से गूंजते हुए बौर वाले आम के पेड़ों से भरा हुआ और अमलतास के फूलों से रमणीय बना हुआ अपने पैने बाणों से यह फूलों का महीना कामोद्दीपन करने के लिए कामिनी स्त्रियों के मन को बींध रहा है' :

समदमधुकराणां कोकिलानां च नादैः कुसुमितसहकारैः कर्णिकारैश्च रम्यः ।
इषुभिरिव सुतीक्ष्णैर्मानसं मानिनानां तुदति कुसुममासो मन्मथोद्दीपनाय ॥

ऋतुसंहार, सर्ग 6; 29.

'आम की मञ्जरियां खा लेने से जिस नर कोयल का गला मधुर हो गया है, वह जब मीठे स्वर से कूक उठता है तब उसे सुनकर रूठी हुई स्त्रियां अपना रूठना भी भूल जाती हैं' :

> चूताङ्कुरास्वादकषायकण्ठः पुंस्कोकिलो यन्मधुरं चुकूज।
> मनस्विनीमानविघातदक्षं तदेव जातं वचनं स्मरस्य॥

कुमारसंभव, सर्ग 3; 32.

'लाल-लाल कोंपलों के गुच्छों से झुके हुए और मञ्जरियों से लदी हुई सुन्दर शाखाओं वाले आम के पेड़ जब हवा के झोंकों से हिलने लगते हैं तब उन्हें देखकर रमणियों के मन उछलने लगते हैं' :

> ताम्रप्रवालस्तवकावनम्राश्चूतद्रुमाः पुष्पितचारुशाखाः।
> कुर्वन्ति कामं पवनावधूताः पर्युत्सुकं मानसमङ्गनानाम॥

ऋतुसंहार, सर्ग 6; 17.

'अपनी भार्या से दूर रहने के कारण जिसका मन बेचैन हो रहा हो वह यात्री जब बौरों से लदे हुए आम के पेड़ों को देखता है तो अपनी आंखें बन्द करके रोता है, पछताता है, अपनी नाक बन्द कर लेता है कि कहीं मञ्जरियों की भीनी-भीनी महक नाक में पहुंचकर कान्ता की याद न दिला दे, और फूट-फूट कर रोने लगता है' :

> नेत्रे निमीलयति रोदिति याति शोकं घ्राण करेण विरुणद्धि विरौति चोच्चैः।
> कान्तावियोगपरिखेदितचित्तवृत्तिर्दृष्ट्वाऽध्वगः कुसुमितान्सहकारवृक्षान्॥

ऋतुसंहार, सर्ग 6; 28.

'परदेस में पड़ा हुआ यात्री एक तो यों ही विछोह से दुबला-पतला हुआ रहता है, तिस पर जब वह मन्द-मन्द बहने वाले पवन के झोंके से डोलते हुए, सुन्दर, सुनहरे बौरे हुए आम के वृक्षों को देखता है तब कामदेव के बाणों के वार से मूर्च्छित हो जाता है' :

> रुचिरकनककान्तीन्मुञ्चतः पुष्पराशीन्मृदुपवनविधूतान्पुष्पितांश्चूतवृक्षान्।
> अभिमुखमभिवीक्ष्य क्षामदेहोऽपि मार्गे मदनशरनिघातैमेहिमोति प्रवासी॥

ऋतुसंहार, सर्ग 6; 30.

'बौरे हुए आम के पेड़ों से आती हुई सुवासित वायु से मदमस्त कोयल की ऊंची पुकारों से और भोर के कर्ण प्रिय गीतों की गुंजारों से मनस्विनी नारियों

के हृदय भी डिग गए हैं' :

आकम्पितानि हृदयानि मनस्विनीनां वातैः प्रफुल्लसहकारकृताधिवासैः ।
उत्कूजितैः परभृतस्य मदाकुलस्य श्रोत्रप्रियैर्मधुकरस्य च गीतनादैः ॥

ऋतुसंहार, सर्ग 6; 34.

कालिदास ने कई श्लोकों में आम के बौरों पर भौंरों की पांतों के मंडराने की बात लिखी है। निरन्तर कई वर्ष मैं कालिदास की इस कल्पना को आम के बौरों पर मूर्तरूप में देखने का प्रयत्न करता रहा। संस्कृत-काव्यों के अनेक रसिकों के साथ मैं वसन्त में आम की भिन्न-भिन्न क़िस्मों के ऊपर खिले बौरों पर भौंरों की खोज करने गया, परन्तु मुझे कहीं भी ये रसलोलुप दिखाई नहीं दिए। इन

चित्र 17 आम की मञ्जरी

भौंरों की बात तो दूर रही, मधुमक्खियां भी आम्र-मञ्जरियों पर अपना भोजन-मकरन्द या पराग लेने नहीं जातीं। आम्र-पुष्प में परागीकरण अनेक प्रकार के कीट-पतंगों

से सम्पन्न होता है और वे ही उस पर से रस संचित करते हैं।

इसी प्रकार आम के बौर से कोयल क्या, कोई भी पक्षी रस नहीं लेता। उस पर यह भी विचारणीय है कि वसन्तऋतु में उत्तर भारत में कोयल प्रकट होती ही नहीं। बौरों पर जब छोटी-छोटी अम्बियां बैठ जाती हैं और ग्रीष्मऋतु आ जाती है, तभी कोयल का आगमन होता है तथा उसकी कूक सुनाई देती है।

आम के फल और वृक्ष हमारे देश में बड़े पवित्र माने जाते हैं। इसके पत्ते और फूल बहुत से धार्मिक कार्यों में प्रयुक्त होते हैं। पत्तों को सुख और समृद्धि का प्रतीक माना जाता है। अतिथियों के स्वागत में, उत्सवों में, दरवाज़ों और शामियानों पर ये सजाए जाते हैं। सभी धार्मिक संस्कारों में आम की टहनी भी मंगल-कलश और नारियल के साथ यज्ञ-वेदी पर रखी जाती है और केले के पौधों के साथ दरवाज़ों के बाहर स्थापित की जाती है। विवाह-संस्कार और दूसरे मंगलोत्सवों पर किए जाने वाले अग्निहोत्र में तथा दैनिक हवन में आम की सूखी शाखाएं समिधा के रूप में काम आती हैं। यज्ञाग्नि में डाली जाने वाली आहुति आम के पत्तों में लेकर डालते हैं।

वसन्त में आमों की मञ्जरी विष्णु को भेंट की जाती है और शिवरात्रि पर शिवजी पर चढ़ाई जाती है। ज्ञान की देवी सरस्वती की पूजा में पत्तों या फूलों से युक्त शाखाएं समर्पित की जाती हैं। शिवपुराण में आम के पके फलों को देवता पर समर्पित करने का बड़ा पुण्य लिखा है।

संस्कृत में नाम

वनस्पति निघण्टुओं में आम के कुल छियालीस नाम आए हैं। धन्वन्तरिनिघण्टु (8 वीं शती) में नौ, राजनिघण्टु (12 वीं शती) में तेईस, मदनपालनिघण्टु (1374 सन्) में आठ, कैयदेवनिघण्टु (1450 सन्) में बाईस और भावप्रकाशनिघण्टु (1550 सन्) में नौ नाम और पर्याय निम्नलिखित श्लोकों में आए हैं :

आम्रश्चूतो रसालश्च कीरेष्टः मदिरासखः।
कामाङ्गः सहकारश्च परपुष्टो मदोद्भवः॥

धन्वन्तरिनिघण्टु, आम्रादिवर्ग 5; 1.

आम्रः कामशरश्चूतो रसालः कामवल्लभः।
कामाङ्ग सहकारश्च कीरेष्टो माधवद्रुमः॥

भृङ्गाभीष्टः सीधुरसो मधूली कोकिलोत्सवः।
वसन्तदूतोऽम्लफलो मदाढ्यो मन्मथालयः॥
मध्वावासः सुमदनः पिकरागो नृपप्रियः।
प्रियाम्बुः कोकिलावासः स प्रोक्तस्त्रिकराह्वयः॥

राजनिघण्टु, आम्रादिवर्ग 11; 9-11.

आम्रश्चूतो रसालोऽसौ सहकारोऽतिसौरभः।
माकन्दः पिकबन्धुः स्याद्रसालः कामवल्लभः॥

मदनपालनिघण्टु, फलादिवर्ग 6; 6.

आम्रश्चूतश्चैत्रवृक्षो वनपुष्पोत्सवः स्मृतः।
सहकारो मन्मथः स्यात् कामाङ्ग श्यामतैलकः॥
शिलीष्टः सुपथामोदः शिष्टः पिकमहोत्सवः।
मनोरथो मद्यसहो माकन्दः शौण्डिकप्रियः॥
पिण्डीफलो रसालः स्यात् पुरपुष्टोऽतिसौरभः।
कान्तः कोकिलबन्धुश्चस्यात् समन्वितकार्यपि॥

कैयदेवनिघण्टु, ओषधिवर्ग. 1; 334-336.

आम्रश्चूतो रसालश्च सहकारोऽतिसौरभः।
कामाङ्गो मधुदूतश्च माकन्दः पिकवल्लभः॥

भावप्रकाशनिघण्टु, आम्रादिवर्ग 6; 1

इन श्लोकों के अन्तर्गत लिखे गए नाम-पर्यायों को नीचे तालिका में दिया जा रहा है जिससे पाठक सुगमता से उनका तुलनात्मक अध्ययन कर सकें

धन्वन्तरिनिघण्टु (8वीं शती)	**राजनिघण्टु** (12वीं शती)	**मदनपालनिघण्टु** (1374 सन्)	**कैयदेवनिघण्टु** (1450 सन्)	**भावप्रकाशनिघण्टु** (1550 सन्)
		1 अतिसौरभ	1 अतिसौरभ	1 अतिसौरभ
	1 अम्लफल			
1 आम्र	2 आम्र	2 आम्र	2 आम्र	2 आम्र
	3 कामवल्लभ	3 कामवल्लभ		
	4 कामशर			
2 कामाङ्ग	5 कामाङ्ग		3 कामाङ्ग	3 कामाङ्ग
3 कीरेष्ट	6 कीरेष्ट			
			4 कोकिलबन्धु	
	7 कोकिलावास			

	8 कोकिलोत्सव			
4 चूत	9 चूत	4 चूत	5 चूत	4 चूत
			6 चैत्रवृक्ष	
	10 नृपप्रिय			
5 परपुष्ट				
		5 पिकबन्धु		
			7 पिकमहोत्सव	
	11 पिकराग			
				5 पिकवल्लभ
			8 पिण्डीफल	
			9 पुरपुष्ट	
	12 प्रियाम्बु			
	13 भृङ्गाभीष्ट			
	14 मदाढ्य			
6 मदिरासख				
7 मदोद्भव				
			10 मद्यसह	
				6 मधुदूत
	15 मधूली			
	16 मध्वावास			
			11 मनोरथ	
			12 मन्मथ	
	17 मन्मथालय			
		6 माकन्द	13 माकन्द	7 माकन्द
	18 माधवद्रुम			
8 रसाल	19 रसाल	7 रसाल	14 रसाल	8 रसाल
			15 वनपुष्पोत्सव	
	20 वसन्तदूत		16 शिलीष्ट	
			17 शिष्ट	
			18 शौण्डिकप्रिय	
			19 श्यामतैलक	
			20 समन्वितकारी	
9 सहकार	21 सहकार	8 सहकार	21 सहकार	9 सहकार
	22 सीधुरस			
			22 सुपथामोद	
	23 सुमदन			

नामों के अर्थ

अतिसौरभ : बहुत सुगन्ध वाला फल।

अम्लफल : बाल्यावस्था में खट्टा (अम्ल) फल।

आम्र : आम का वृक्ष।

कामवल्लभ : कामदेव (काम) का प्रिय (वल्लभ)।

कामशर : कामदेव (काम) का बाण (शर)।

कामाङ्ग : कामदेव (काम) का बाण (अङ्ग)

कीरेष्ट : तोतों (कीर) का प्रिय (इष्ट)।

कोकिलबन्धु : कोयल (कोकिल) का प्रिय (इष्ट)।

कोकिलावास : कोयल (कोकिल) जिस पर रहती है (आवास)।

कोकिलोत्सव : कोयलें (कोकिल) बौरे हुए आम के पेड़ पर ख़ुशियां (उत्सव) मनाती हैं।

चूत : जिस फल को निचोड़ने से रस चूता है।

चैत्रवृक्ष : मन्दिरों (चैत्र) के परिसर में लगाया जाने वाला पेड़ (वृक्ष)।

नृपप्रिय : राजाओं (नृप) को पसन्द (प्रिय) फल।

परपुष्ट : कोयल (परपुष्ट) का प्रिय फल।

पिकराग : कोयल (पिक) का प्रिय (राग) फल।

पिकबन्धु : कोयल (पिक) का प्रिय (बन्धु)।

पिकमहोत्सव : बौरे हुए आम के पेड़ पर कोयलें (पिक) ख़ूब (महा) प्रसन्न (उत्सव) होती हैं।

पिकवल्लभ : कोयल (पिक) का प्रिय (वल्लभ) फल।

पिण्डीफल : गोल-लम्बोतरा (पिण्डी) फल।

पुरपुष्ट : नगरों (पुर) के बगीचों में उगाया जाने वाला (पुष्ट) वृक्ष।

प्रियाम्बु : मीठे (प्रिय) रस वाला (अम्बु) फल।

वसन्तदूत : वसन्त के आगमन की सूचना देने वाला (दूत) वृक्ष।

भृङ्गाभीष्ट : भौंरों (भृङ्ग) की प्रिय (अभीष्ट) मञ्जरी वाला वृक्ष।

मदाढ्य : जिस फल का प्रचुर (आढ्य) रस (मद) पीने से मस्त हो जाते हैं।

मदिरासख : मद्य (मदिरा) जैसे आह्लादकारी रस से युक्त (सख)।

मदोद्भव : जिस फल में से मस्त कर देने वाला प्रिय (मद) रस निकलता है (उद्भव)।

मधूली : मीठा रस (मधु) देने वाला (ली) फल।

मद्यसह : आह्लादकारी (मद्य) रस वाला (सह) फल।

मध्वावास : भौंरे (मध्वक) जिसके फूलों पर आते हैं (आवास)।

मनोरथ : इच्छाओं (मनोरथ) को पूरा करने वाला।

मन्मथ : कामदेव (मन्मथ) का प्रिय।

मन्मथालय : कामदेव (मन्मथ) का घर (आलय)।

माकन्द : आम का वृक्ष।

माधवद्रुम : शहद के समान (माधव) मीठे फल वाला पेड़ (द्रुम)।

रसाल : रस से भरा हुआ फल।

वनपुष्पोत्सव : आम के वृक्ष पर फूल आने पर मानो जंगल (वन) में फूलों का उत्सव (पुष्पोत्सव) मनाया जा रहा है।

शिलीष्ट : जिस वृक्ष की लकड़ी चौखट के नीचे (शिलि) लगाई जाती (इष्ट) है।

शिष्ट : ऊंचे तबके के लोग (शिष्ट) जिस फल को पसन्द करते हैं।

शौण्डिकप्रिय : शराबियों (शौण्डिक) का मनचाहा (प्रिय) फल।

श्यामतैलक : आम का वृक्ष।

समन्वितकारी : जिसका सेवन पाचन क्रियाओं को नियमित (समन्वित) करता है (कारी)।

सहकार : आम के बीजू पौधे की क़लमी आम के साथ (सह) क़लम बांधकर तैयार किया (कार) वृक्ष।

सीधुरस : मीठे (सीधु) रस वाला फल।

सुपथामोद : जिस वृक्ष को सड़कों (पथ) के किनारे लगाने से राहगीरों को प्रसन्नता (आमोद) मिलती है।

सुमदन : कामदेव (मदन) का प्रिय।

गुण

आम के कच्चे फल के गुण : आम के कच्चे छोटे फल रस में कषाय, कटु, अम्ल और गुण में रूक्ष, वातशामक तथा रक्तपित्त को करने वाले होते हैं। कण्ठ रोग नाशक तथा जठराग्निवर्द्धक हैं। प्रमेह, कफ, घाव को जीतने वाले, त्रिदोष नाशक, रूक्ष तथा रुचिकारक हैं :

बालं कषायं कट्वम्लं रूक्षं वातास्रपित्तकृत्।
सम्पूर्ण माममल्लं च रक्तपित्तकफप्रदम्॥

धन्वन्तरिनिघण्टु, आम्रादिवर्ग 5; 2.

आम्रः कषायाम्लरसः सुगन्धिः कण्ठामयघ्नोऽग्निकरश्च बालः।
पित्तप्रकोपानिलरक्तदोषप्रदः पटुत्वादि रुचिप्रदश्च॥
बालं पित्तानिलकफकरं तच्च बद्धास्थि तादृक्।

राजनिघण्टु, आम्रादिवर्ग 11; 12-13.

आम्रो ग्राही प्रमेहास्रकफपित्तव्रणाञ्जयेयत्।
तत्फलं बालमत्यम्लं रूक्षं दोषत्रयास्रजित्॥

मदनपालनिघण्टु, फलादिवर्ग 6; 7.

बालं तस्य फलं रूक्षं कषायकटुकाम्लकम्॥
वातपित्तास्रकृद् यत्तु बद्धास्थि कफपित्तकृत।

कैयदेवनिघण्टु, ओषधिवर्ग 1; 339.

आमं बालं कषायाम्लं रुच्यं मारुतपित्तकृत्।
तरुणं तु तदत्यम्लं रुक्षं दोषत्रयास्रकृत्॥

भावप्रकाशनिघण्टु, ओषधिवर्ग 6; 4.

आम के कम पके फल : आम के कम पके फल हृदय के लिए लाभदायक, कान्ति देने वाले, रक्त, मांस और बलवर्धक हैं। बृंहण और गुण में गुरु होते हैं :

हृद्यं वर्णकरं रुच्यं रक्तमांस बलप्रदम्।
कषायानुरसं स्वादु वातघ्नं बृंहणं गुरु॥

धन्वन्तरिनिघण्टु, आम्रादिवर्ग 5; 3.

आम के पूर्ण पके फल

आम के पूर्ण पके फल पित्त का अवरोध करने वाले, शुक्रवर्धक, गुरु, बलदायक तथा अजीर्णकारक हैं। त्रिदोष को दूर करने वाले हैं। मधुर, गुरु और पुष्टिदायक

चित्र 18 आम के कच्चे फल

हैं। तृप्तिकारक, कान्तिवर्धक और धातु को बढ़ाने वाले होते हैं। प्यास तथा थकावट को शान्त करते हैं। दिल को ताक़त देते हैं। रुचिकारक हैं। आयु को बढ़ाने वाले, व्रणविकार में हितकर तथा जठराग्निवर्धक हैं :

पित्तावरोधि संपक्वमाम्रं शुक्रविवर्धनम् ।
मधुंर बृंहण बल्यं गुरु विष्टम्भयजीर्णकृत् ॥

धन्वन्तरिनिघण्टु, आम्रादिवर्ग 5; 4.

पक्वं दोषत्रितयशमनं स्वादु पुष्टिं गुरुञ्चे।
दत्ते धातुप्रचयमधिकं तर्पणं कान्तिकारि
ख्यातं तृष्णाश्रमशमकृतौ चूतजातं फलं स्यात्॥

राजनिघण्टु, आम्रादिवर्ग 11; 13.

पक्वं तु मधुरं वृष्यं स्निग्धं हृद्यं बलप्रदम्।
गुरु वातहरं रुच्यं वर्ण्यं शीतमपित्तलम्।
पक्वाम्रं जनयेदायुर्मांसशुक्रबलप्रदम्।

मदनपालनिघण्टु, फलादिवर्ग 6; 8, 10.

पक्वं तु मधुरं साम्लं गुरु स्निग्धमूपित्तलम्॥
वातघ्नं बृहणं रुच्यं हृद्यं मांसबलप्रदम्।
कषायानुरसं व्रण्यं कफशुक्रविवर्धनम्॥

कैयदेवनिघण्टु, ओषधिवर्ग 1; 340-341.

पक्वं तु मधुरं वृष्यं स्निग्धं बलसुखप्रदम्।
गुरु वातहरं हृद्यं वर्ण्यं शीतमपित्तलम्॥
कषायानुरसं वह्निश्लेश्मशुक्रविवर्द्धनम्॥

भावप्रकाशनिघण्टु, आम्रादिवर्ग 6; 5.

वृक्ष पर ही पके हुए आम के गुण : वृक्ष पर ही पका हुआ आम मधुर तथा अम्ल रस युक्त, गुरु, अत्यन्त वातनाशक तथा पित्त को प्रकुपित करने वाला होता है :

तदेव वृक्षसम्पक्वं गुरु वातहरं परम्।
मधुराम्लरसं किञ्चिद्भवेत्पित्तप्रकोपणम्॥

भावप्रकाशनिघण्टु, आम्रादिवर्ग 6; 6.

कृत्रिम रीति से पकाए आम के गुण : रुचिजनक, बल, वीर्यकारक, लघु, शीतल, सारक तथा वात-पित्त नाशक होते हैं। चूसा जाय तो अत्यन्त रुचि जनक, बल, वीर्यकारक, लघु, शीतल, शीघ्र हज़म होने वाला, सारक एवं वात-पित्त नाशक है :

आम्रं कृत्रिमपक्वञ्च तद्भवेत्पित्तनाशनम्।
रसस्याम्लस्य हीनस्तु माधुर्याच्च विशेषतः॥
चूषितं तत्परं रुच्यं बलवीर्यकरं लघु।
शीतलं शीघ्रपाकि स्याद्वातपित्तहरं सरम्॥

आम के रस के गुण : आम का रस हृदय के लिए हितकर सुगन्धित, स्निग्ध एवं रुचिकर होता है। त्वचा के लिए हितकर, प्रलेपन, केशवृद्धिकर, रूक्षता और मलीनता को दूर करता है :

रसस्तस्य सरः स्निग्धो रोचनो बलवर्णकृत् ॥

मदनपालनिघण्टु, फलादिवर्ग 6; 8.

तद्रसो गालितो बल्यो गुरुर्वातहरः सरः ।
अहृद्यस्तर्पणोऽतीव बृंहणः कफवर्द्धनः ॥

भावप्रकाशनिघण्टु, आम्रादिवर्ग 6; 9.

आमचूर के गुण : आमचूर अम्ल तथा कषाय रस युक्त, मल का भेदन करने वाला, वात तथा पित्त को दूर करने वाला होता है :

शुष्काम्रं तु कषायाम्लं भेदनं कफवातजित् ॥

मदनपालनिघण्टु, फलादिवर्ग 6; 10.

आम्रमामं त्वचाहीनमातपेऽतिविशोषितम् ।
अम्लं स्वादु कषायं स्याद्भेदनं कफवातजित् ॥

भावप्रकाशनिघण्टु, आम्रादिवर्ग 6; 4.

आम के छिलके के गुण : आम का छिलका ग्राही तथा दाह को दूर करता है। रुचिकारक, ग्राही तथा शीतल है :

आम्रत्वचा कषाया रुच्यं संग्राहि शिशिरं ।

राजनिघण्टु, आम्रादिवर्ग 11; 23.

ग्राहिणी त्वक् च दाहनुत् ।

कैयदेवनिघण्टु, ओषधिवर्ग 1; 343.

आम की गुठली के गुण : आम की गुठली कषाय, मधुर तथा संग्राही है। कृमि तथा वात को उत्पन्न करती है। वमन, अतिसार एवं हृदय के दाह को दूर करने वाली है :

आम्रबीजं कषाय स्याच्छर्द्यतीसारनाशनम् ।
ईषदम्लञ्च मधुरं तथा हृदयदाहनुत ॥

भावप्रकाशनिघण्टु, आम्रादिवर्ग 6; 17.

रूक्षश्चूतस्य संग्राही कृमि वातप्रकोपणः ॥

कषायमधुरो मज्जा,

कैयदेवनिघण्टु, ओषधिवर्ग 1; 343.

आम के बौर के गुण : आम का बौर रुचिकारक और जठराग्नि दीपक है। अतिसार, प्रमेह, रक्तदोष तथा कफ-पित्त को दूर करता है। अम्लरस युक्त तथा पित्तवर्धक है :

पुष्पं तु रुचिदीपनम् ॥

राजनिघण्टु, आम्रादिवर्ग 11; 23.

आम्रपुष्पमतीसारं प्रमेहं दुष्टशोणितम् ॥
कफपित्तहरं शीतं रुचिकृद् ग्रादि वातलम् ।

कैयदेवनिघण्टु, ओषधिवर्ग 1; 338.

आम्रपुष्पमतीसारककफपित्तप्रमेहनुत् ।
असृग्दुष्टिहरं शीतं रुचिकृद ग्राहि वातलम् ॥

भावप्रकाशनिघण्टु, आम्रादिवर्ग 6; 2.

आम की कोंपल के गुण : आम की कोंपल कफपित्तनाशक एवं रुचिकारक है :

कफपित्तप्रशमनं रुच्यमाम्रस्य पल्लवम् ।

कैयदेवनिघण्टु, ओषधिवर्ग 1; 338.

आम्रस्य पल्लवो रुच्यः कफपित्तविनाशनः ॥

भावप्रकाशनिघण्टु, आम्रादिफलवर्ग 6; 18.

अमावट के गुण : अमावट प्यास, वमन, वात तथा पित्त का नाशक, सारक तथा रोचक होता है। सूर्य की किरण से सूखकर परिपक्व होने से लघु होता है :

आम्रावर्त्तस्तृषाच्छर्दिवातपित्तहरः सरः ।
रुच्यः सूर्याशुभिः पाकाल्लघुश्च स हि कीर्त्तितः ॥

भावप्रकाशनिघण्टु, आम्रादिफलवर्ग 6; 16.

दूध के साथ खाए आम के गुण : दूध के साथ खाने पर आम वातपित्त नाशक, रोचक, बृंहण, बलवर्धक, वीर्यवर्धक, गुरु, शीतल तथा वर्ण को उत्तम करता है :

वातपित्तहरं रुच्यं बृंहणं बलवर्द्धनम् ।
बृष्यं वर्णकरं स्वादु दुग्धाम्र गुरु शीतलम् ।

भावप्रकाशनिघण्टु, आम्रादिवर्ग 6; 11.

कहां मिलता है

आम गर्म एशिया का निवासी है। परन्तु अब पुरानी और नई दुनिया के गर्म और समशीतोष्ण प्रदेशों में बहुत अधिक बोया जा रहा है। यह अक्सर मनुष्य के निवासों के निकट देखा जाता है। लेकिन कभी-कभी दूर वनों में भी मिल जाता है। सिक्किम, असम के कुछ भाग, ख़ासी पहाड़ी, सतपुड़ा श्रेणी और पश्चिमी घाटों में यह देशीय है। हिमालय की तलहटी में और अण्डेमन द्वीपों में भी यह स्वयं उग आने वाला वृक्ष बताया जाता है। भारतीय प्रायद्वीप में बहुत पहले ही आम की खेती फैल गई थी और अब तो मैदानों में सब जगह विस्तृत रूप से बोया जा रहा है। ब्रिटिश सेन्ट्रल अफ्रीका में भारत से आम ले जाया गया था। क्यूबा में आम यद्यपि बाहर से लाया गया है परन्तु वहां भी यह बहुत होता है। क्यूबा के पूर्वीय हिस्सों में जंगलों में स्वयं उग आता है। नीग्रोजनों का यह प्रिय फल है।

स्वरूप

शाखाओं के सिरों पर लम्बी मञ्जरियों में छोटे, मैले, पीले रंग के तीव्र सुरभिवान् पुष्प बड़ी संख्या में प्रकट होते हैं। ये फूल उभयलिंगी या एकलिंगी हो सकते हैं। एक ही फूल में जब नर और मादा दोनों प्रकार के अंग विद्यमान होते हैं तब उसे उभयलिंगी फूल कहते हैं। एक फूल में जब नर या मादा में से किसी एक प्रकार के अंग विद्यमान हों तब उसे एकलिंगी फूल कहते हैं। एक ही पुष्पगुच्छ में नर और उभयलिंगी फूल दोनों मिले-जुले पाए जाते हैं। आम के पत्तों और बौरों को जब तोड़ें या मसलें तब उनमें से तेज़ मधुर गंध आती है।

लोकप्रिय फल

फलों को मीठा बनाने के उद्देश्य से वृक्ष की जड़ में दूध और गुड़ देते हैं। कहा जाता है कि अधपका आम यदि दो अंगुल लम्बी डण्ठल के साथ वृक्ष से उतारा जाए और डण्ठल के टूटे हुए किनारे पर पिघला मोम लगाकर मक्खन या शहद में रख दिया जाए तो फल का स्वाद दो-तीन महीने तक ठीक बना रहेगा और रंग तो साल भर ठीक रहेगा।

फलों के अलावा यह सौन्दर्य और छाया के लिए भी बोया जाता है। सड़कों के किनारों पर और छायादार कुंज तथा वीथियां बनाने के लिए, शोभा के लिए, मेलों और उत्सवों तथा शिविर-स्थानों के लिए यह प्रायः बोया जाता है। सामान्यतः

बीजू क़िस्म अच्छी समझी जाती है। बीजू आम का पेड़ बहुत बड़ा हो जाता है और ख़ूब फैलता है। बीजों से उगने वाले को बीजू आम और क़लमों के द्वारा पैदा होने वाले को क़लमी आम कहते हैं। क़लमी आमों में अल्फ़ान्ज़ो, दसहरी, लंगड़ा, माल्दा आदि क़िस्में अधिक बोई जाती हैं।

आम भारत का सबसे लोकप्रिय फल है। इसकी पांच सौ से अधिक क़िस्में इस समय बोई जा रही हैं। भारत में फलों की खेती के लिए कुल जितनी ज़मीन है उसके साठ प्रतिशत में आम बोया जाता है। भारत हर साल सत्तर लाख टन आम पैदा करता है जिसमें से बीस लाख टन उत्तर प्रदेश में और सत्रह लाख टन आन्ध्र प्रदेश में पैदा किया जाता है। निर्यात किए जाने वाले आमों में सत्तर प्रतिशत अल्फ़ान्ज़ो आम जो मुख्यतः महाराष्ट्र, गोआ और गुजरात में पैदा किया जाता है। आम और बौर भारत के विभिन्न प्रदेशों में अलग-अलग समय में आता है। अमेरिका और यूरोप के देशों में भी आम की उन्नत क़िस्मों की मांग निरन्तर बढ़ रही है। पके और कच्चे आमों से बनाए अचार, चटनी, मुरब्बे, स्क्वैश, शर्बत आदि अनेक पदार्थ डिब्बों में और बोतलों में बन्द किये जा रहे हैं।

फूलों से आम का इत्र स्रवित किया जाता है। स्यामी लोग आम की मञ्जरी को खाते हैं। जावा के लोग बहुत कोमल लाल किसलयों को खाते हैं। ढोर पत्तों और मृदु शाखाओं को शौक़ से खाते हैं।

पीले स्फटिकमय पदार्थ के रूप में पत्तों में एक रंग होता है, यह सुपीतिक अम्ल है। भूतकाल में यह रंग बिहार में प्यूरी या प्योरी के नाम से और कलकत्ते में पेरी रंग के नाम से प्रसिद्ध था। यह गायों के माध्यम से प्राप्त किया जाता था। गायों को केवल आम के पत्ते खिलाए जाते थे। उनका मूत्र मृत्पात्रों में इकट्ठा कर लिया जाता था। इस मूत्र से अन्ततोगत्वा प्योरी बनाया जाता था। यह पीत गैरिक के रंग का होता है और लकड़ी की चीज़ों को पेंट करने में प्रयुक्त होता है। यह कपड़े रंगने के काम का नहीं होता क्योंकि यह सूत को एक विशिष्ट अप्रिय गन्ध दे देता है। पशुओं को केवल आम के पत्ते खिलाने से उनकी आयु क्षीण हो जाती है, इसलिए मूत्र से रंग निकालने की प्रथा बन्द हो गई।

छाल में एक पीला रंग होता है। चटाइयों और कपड़ों पर नील से जो नीला रंग बढ़ता है वह आम की छाल के प्रयोग से हरे में बदल जाता है। रुई, ऊन और रेशम, छाल से रंगे जाते हैं। छाल में सत्रह प्रतिशत टैनिन होता है। चर्म-संस्कार में यह कम ही प्रयुक्त होती है।

लकड़ी के उपयोग

आम की लकड़ी मैली, धूसर वर्ण और स्थूल-वयन होती है जिसके ऊपर अधिक गहरे रंग के धब्बे या विरेखाएं पड़ी रहती हैं। पुराने वृक्षों का काष्ठ कठोर और अल्प आयु के वृक्षों का मृदु होता है। प्रति घन मीटर (0.028 घन मीटर) का भार लगभग उन्नीस किलोग्राम होता है। पानी के अन्दर पूर्णतया डूबी रहने वाली बल्लियों, फट्टों के लिए यह बहुत उपयुक्त है।

सस्ते तख़्तों, दरवाज़ों तथा खिड़कियों की चौखटों, चाय की पेटियों, संवेष्टन की पेटियों, सस्ते उपकरणों (फ़र्नीचर), किश्तियों, खोदकर बनाई जाने वाली डोंगियों, मसूला नौकाओं, चप्पुओं, कूप-रचनाओं, चलनी के ढांचों, कूर्ज-पृष्ठों, हलों, जुओं, गाड़ी के ठोस पहियों, टांगे की छतों के ढांचों, पहियों की नेमियों और स्तर काष्ठों (प्लाई वुडों) के लिए लकड़ी उपयोगी है। मैसूर में मकानों के लिए काष्ठ का प्रयोग किया जाता है। देवी-देवताओं की मूर्तियां बनाने के लिए लकड़ी काम आती है।

कच्ची अम्बी को, जब तक उसमें गुठली कठोर न हुई हो अकबर की रसोई में मांस के विशेष प्रकार के गाढ़े शोरबे को स्वादु बनाने के लिए डाला जाता था।

आम की गुठली के उपयोग

आम की गुठली आमतौर पर बेकार समझकर फेंक दी जाती हैं। विश्लेषण करने पर पता लगा कि इसकी गिरी में काफ़ी मात्रा में प्रोटीन और कार्बोहाइड्रेट होते हैं। प्रोटीन में तो यह मक्का, जौ, जई, बाजरा और ज्वार जैसे अनाजों का मुक़ाबला करती है।

गुठली की गिरी को सुखाकर और पीसकर रख लेना चाहिए। पशुओं को जो खली या दाना दिया जाता है उसमें इस चूरे को भी पानी से गीला करके थोड़ी मात्रा में मिला देना चाहिए। धीरे-धीरे जब यह पशुओं के मुंह लग जाए तो इसकी मिकदार बीस से पच्चीस प्रतिशत तक बढ़ाई जा सकती है।

प्रयोगों से ज्ञात हुआ है कि पशु इसके स्वाद को पसन्द करते हैं और इससे उनका स्वास्थ्य और वज़न बढ़ता है। छोटे, बड़े और दुधारू पशुओं को भी इससे फ़ायदा होता है। तीन सौ इक्यासी किलोग्राम सूखी गिरी में जितना प्रोटीन होता है उतना ही 4.50 टन बाजरे या 3.19 टन जौ या 3.19 टन ज्वार या 3.99 टन मक्का अथवा तीन टन जई में पाया जाता है। चूहों को गेहूं या मक्की के

आटे की जगह आम की गुठली की गिरी का आटा खिलाकर भी कुछ प्रयोग किये गये हैं। कुटी हुई गिरी को पन्द्रह मिनट तक उबालकर उसमें से टैनिक एसिड निकाल दिया जाता है फिर ताज़े पानी से दो बार धो लिया जाता है। जब आम की गिरी का आटा और गेहूं का आटा बराबर मात्रा में चूहों को तीन पुश्तों से भी अधिक समय तक खिलाया गया तब देखा गया कि उनकी बढ़त और प्रजनन-शक्ति में कोई अन्तर नहीं पड़ा बल्कि आम की गिरी खाने वाले चूहों में रोग निरोधन की शक्ति ज़्यादा थी, क्योंकि उनकी ख़ुराक में विटामिन ए के तत्त्व अधिक मात्रा में थे चूहों पर किए गये इन प्रयोगों की सफलता को देखते हुए यह कहा जा सकता है कि मनुष्यों की ख़ुराक में भी आम की गिरी का उपयोग किया जा सकता है और गेहूं या किसी दूसरे अनाज के आटे में गिरी का पांच प्रतिशत आटा मिलाकर खाया जा सकता है। देखा गया है कि दस महीने तक आम की गुठली का भण्डारण करने पर भी उसमें कोई ख़राबी नहीं आती है। ग़रीबों के भोजन के रूप में अनेक जगहों पर खाई जाती है।

दूध देने वाली भैंसों, बैलों और बछड़ों को अलग-अलग तीन दलों में बांट दिया गया। इन पशुओं को जो चारा दाना दिया गया उसमें पच्चीस प्रतिशत आम की गुठली की गिरी थी। चार महीने तक यही ख़ुराक ज़ारी रखने के बाद देखा गया कि सभी दलों के पशुओं का स्वास्थ्य ठीक रहा और बछड़ों की बढ़त सन्तोषजनक हुई। गांव में सूअरों को आम की गुठली खिलाने का रिवाज़ तो था ही, गांव के लोग अन्य पशुओं के खाद्य के रूप में आम की गुठली की गिरी की उपयोगिता को जान गये हैं, और आम के मौसम में उत्साह से आम की गुठलियां बटोरा करते हैं और अपने पशुओं को खिलाते हैं। 'आम के आम और गुठली के दाम' इस कहावत का ठीक अर्थ लोग समझ गये हैं।

आजकल जो आम की गुठलियां बेकार जाती हैं, यदि उन्हें इकट्ठा किया जा सके तो लगभग पन्द्रह लाख मन गिरी सुलभ हो सकेगी। इस गिरी का खाद्य के रूप में उचित उपयोग करके प्रति वर्ष राष्ट्र के लगभग पन्द्रह करोड़ रुपये बचाए जा सकते हैं।

गुठली में पैंसठ से सत्तर प्रतिशत मण्ड (स्टार्च) होता है जो कई उद्योगों में काम आता है। कलफ़ बनाने के लिए गुठलियों को पांच से दस गुने पानी में चौबीस घण्टे भिगोकर पीसकर छान लिया जाता है। फिर इसके दूधिया पानी में कुछ रासायनिक पदार्थ मिलाकर पत्ते गरम करके निथरने दिया जाता है। ऊपर का पानी निथारकर

तलछट में पोटाशियम परमैगनेट मिलाकर ख़ूब हिलाया जाता है और फिर सल्फ़र डाइऑक्साइड में इसका रंग उड़ा दिया जाता है। इसके बाद उसे धोकर साफ़ कर लिया जाता है।

गुठली का मक्खन

आम की सूखी गिरी में छह से बारह प्रतिशत स्नेह होता है। क्रीम रंग का यह स्नेह कमरे के तापमान पर मक्खन के समान ठोस रहता है और 34.5 अंश शतांश पर पिघल जाता है। मक्खन सदृश होने के कारण इसे आम की गुठली का मक्खन (mango kernel butter) कह देते हैं। स्नेह के इस ठोस प्रभाग को अलग करने के लिए विलायक निस्सारण (solvent extraction) और शुक्ता प्रभाजन (acetone fractionation) द्वारा गिरी से मक्खन प्राप्त किया जाता है। यह उपज भौतिक और रासायनिक गुणों में कोको बटर फ़ैट (coco butter fat) से बहुत मिलती है। जिसकी बेकरी और मिठाई उद्योगों में बहुत खपत है। कोको बटर भारत में पैदा नहीं किया जा रहा और आयात किया जाता है जिसमें बहुत विदेशी मुद्रा ख़र्च होती है। राष्ट्रीय बचत को बढ़ावा देने के लिए आम की गिरी के मक्खन का उत्पादन करना अभीष्ट है जिससे वह महंगे बटर फ़ैट का स्थान ले सकें। भारत में हर साल तीस हज़ार टन आम की गिरी का मक्खन पैदा करने की क्षमता है।

दवादारु में उपयोग

आम की गुठली की गिरी दस्तों में और पाचन संस्थान के रोगों में लाभदायक है। इसका चूर्ण बनाकर दो से तीन ग्राम की मात्रा में दिन में तीन-चार बार खिलाया जाता है। कच्चे आम का छिलका दही में पीसकर हैज़े में खिलाते हैं। छिलके को पीसकर शहद के साथ ख़ूनी पेचिश में देते हैं। फल का छिलका तथा पेड़ की भीतरी छाल पेट के कृमियों को निकालने के लिए उपयोगी है। गर्भाशय से होने वाले रक्तस्राव एवं श्वेत प्रदर में ख़ूनी बवासीर में, रक्त निष्ठीवन में, प्रमेह और मधुमेह में गिरी का चूर्ण दिया जाता है। छाल के काढ़े से घावों को धोया जाता है।

दस

आमड़ा

स्पोन्दिअस पिन्नाता (लिनिअस पुत्र) कुर्ज़

Spondias pinnata (Linn. f.) Kurz

कुल : अनाकार्दिआसी Anacardiaceae

स्वरूप : छोटा, सुगन्धित, पर्णपाती वृक्ष, ऊंचाई सत्ताईस मीटर तक, काण्ड सोलह मीटर तक शाखारहित, घेरा 2.5 मीटर; छाल मोटी, सुगन्धित, चिकनी, धूसर; पत्ते असमपक्षवत् (imparipinnate), बीस से साठ सेण्टीमीटर लम्बे; पर्णक पांच से तेरह, बाईस से अट्ठाईस सेण्टीमीटर लम्बे, अण्डाकृति-दीर्घायत, आम सदृश गन्ध

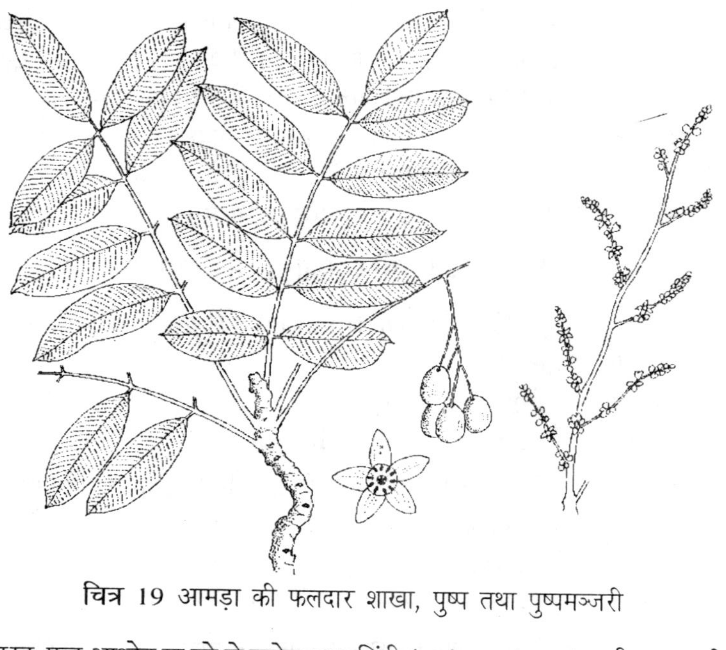

चित्र 19 आमड़ा की फलदार शाखा, पुष्प तथा पुष्पमञ्जरी

से युक्त; फूल आश्वेत या हरे-से सफ़ेद, उभयलिंगी (polygamous), बड़ी, अवसानीय मञ्जरियों में; फल पीला-हरा या गूढ़ा जैतूनी-हरा, पीले एवं काले, चिकने चिह्नों से

युक्त, चार से सात सेण्टीमीटर लम्बा; बीज एक से तीन, एक पूर्ण, लम्बगोल, दीर्घवृत ।

प्राप्ति स्थान

लगभग सारे भारत में जंगली या खेती किया हुआ पाया जाता है । हिमालय में क़रीब 1,500 मीटर तक मिलता है । अण्डेमन में भी मिलता है ।

बाढ़ बनाने के लिए और छाया के लिए पेड़ उगाया जाता है, पर्णपाती और प्रायः शुष्क वनों में यद्यपि व्यापक रूप से मिलता है परन्तु कहीं भी बहुतायत से या झुण्डों में नहीं पाया जाता । यह उन प्रदेशों में उगता है जहां छाया में अधिकतम तापमान अड़तीस से अड़तालीस अंश और सर्वथा न्यूनतम (absolute minimum) एक से सोलह अंश तथा वर्षापात 75 तथा 175 सेण्टीमीटर के बीच या अधिक होता है । यह प्रकाश पसन्द करता है, लेकिन पाले के लिए संवेदनशील है । काटने पर इसके ठूंठों से शाखाएं फूटती हैं ।

कृषि : अक्टूबर-नवम्बर में फल पकते हैं । वर्षा ऋतु में गुठलियां सुगमता से उग आती हैं । ढका न जाए तो भ्रूणमूल (radicle) सूख सकती है अथवा उसे पक्षी या कीड़े खा जाते हैं । कृषि के लिए बीजों और क़लमों से पौधे तय्यार किए जाते हैं । नर्सरी में गुठलियों से उगाकर तय्यार किए पौधों को स्थानान्तर करने की अपेक्षा गुठलियों को सीधा खेत में बोना अच्छा रहता है । सितम्बर में गुठलियां बोते हैं । क़रीब 8 सेण्टीमीटर ऊंचा हो जाने पर पौधों को सावधानी से स्थानान्तरित करते हैं । लगभग पांच साल बाद फलने लगते हैं । छोटे पौधों को पानी की धाराओं के पास या सदानीरा नालों के साथ उगाना अच्छा होता है ।

विविध भाषाओं और स्थानों में नाम

अंग्रेज़ी	:	वाईल्ड मैंगों (wild mango), हौग-प्लम (hog-plum)।
अण्डेमन	:	गुए ।
असमिया	:	अमर, आम्रतेंगा ।
उड़िया	:	अम्बुला, आमड़ो, अमरातको ।
कन्नड़	:	अमतेकये, अम्बट्टेमार, पुण्डि, गूडामते, कादामते, मरहुन्सिए, वृक्षाम्ल ।
गुजराती	:	रानम्ब ।
तमिल	:	कोतामारा, कटमारा ।
तेलुगु	:	अदवीमामिडि, कोण्डामामिडि, इवुरुमामिडि, तोउरामामिडि ।
नेपाल	:	आम्र ।

पंजाब	:	बहम्ब, अम्बाड़ ।
बंगाली	:	आमना, आमर, आम्ब्र ।
मराठी	:	रान-आम्बा, अम्ब, अन्बाड़ा ।
मलयालम	:	कताम्बोलम, अम्बझम, मनपुली, पुलिमन ।
मुण्डारी	:	अम्बरु, अरबाड़ ।
लेप्चा	:	रंचि लिंग ।

संस्कृत में नाम

आयुर्वेद के वनस्पतिनिघण्टुओं में आनड़ा के कुल इक्कीस नाम आए हैं । जिनमें से धन्वन्तरिनिघण्टु (8वीं शती) में आठ, राजन्घिण्टु (12वीं शती) में आठ, मदनपालनिघण्टु (1374 सन्) में छह, कैयदेवनिघण्टु (1450 सन्) में सात और भावप्रकाशनिघण्टु (1550 सन्) में पांच नाम आए हैं :

आम्रातकः पीतनकः कपिचूतोऽम्लवाटकः ।
शृङ्गी कपी रसाढ्यश्च तनुक्षीरः कपिप्रियः ॥

धन्वन्तरिनिघण्टु, आम्रादिवर्ग 5; 9.

आम्रातकः पीतनकः कपिचूतोऽम्लवाटकः ।
शृङ्गी कपिरसाढ्यश्च तनुक्षीरः कपिप्रियः ॥

राजनिघण्टु, आम्रादिवर्ग 11; 169.

आम्रातकश्चाम्रवटः फलो मोदः फलः कपि ।

मदनपालनिघण्टु, फलादिवर्ग 6; 93.

आम्रातकस्तनुक्षीरो वर्षपाकी फलीशकः ॥
कपिचूतश्चाम्रवटो दुष्फनोऽथ कपीतन ।

कैयदेवनिघण्टु, ओषधिवर्ग 1; 409-410.

आम्रातकः पीतनश्च मर्कटाम्रः कपीतनः ।
आम्रात ··· ··· ··· ॥

भावप्रकाशनिघण्टु, आम्रादिवर्ग 6; 19.

धन्वन्तरिनिघण्टु (8वीं शती)	राजनिघण्टु (12वीं शती)	मदनपालनिघण्टु (1374 सन्)	कैयदेवनिघण्टु (1450 सन्)	भावप्रकाशनिघण्टु (1550 सन्)
1 अम्लवाटक	1 अम्लवाटक			

		1 आम्रवट	1 आम्रवट	
				1 आम्रात
	2 आम्रातक	2 आम्रातक	2 आम्रतक	2 आम्रातक
2 कपि		3 कपि		
3 कपिक्षीर				
4 कपिचूत	3 कपिचूत		3 कपिचूत	
	4कपिप्रिय			
	5 कपिसाढ्य			
			4 कपीतन	3 कपीतन
5 तुनक्षीर	6 तनुक्षीर		5 तनुक्षीर	
				4 पीतन
6 पीतनक	7 पीतनक			
		4 फल		
		5 फली		
			6 फलीशक	
				5 मर्कटाम्र
		6 मोद		
7 रसाढ्य				
			7 वर्षापाकी	
8 शृङ्गी	8 शृङ्गी			

नामों के अर्थ

अम्लवाटक : खट्टा (अम्ल) गोल फल (वाटक)।

आम्रवट : आम (आम्र) सदृश गोल फल (वट)।

आम्रात : आम जैसा फल।

आम्रातक : आमड़े का वृक्ष।

कपि : कपिप्रिय।

कपिक्षीर : बन्दरों (कपि) से व्याप्त वृक्ष, जिसकी वाह्य काष्ठा सफ़ेद (क्षीर) होती है।

कपिचूत : बन्दरों (कपि) का प्रिय आम (चूत) सदृश फल।

कपिप्रिय : बन्दरों (कपि) का प्रिय फल (प्रिय)।

कपिसाढ्य : फल खाने वाले बन्दरों (कपि) से।

कपीतन	:	पीला-हरा फल।
तनुक्षीर	:	जिसकी रस काष्ठ सफ़ेद (क्षीर) होती है।
पीतन	:	पीला-हरा फल।
पीतनक	:	=पीतन।
फल	:	खाने योग्य फल।
फली	:	=फलीशक।
फलीशक	:	शक्ति प्रदान करने वाला फल।
मर्कटाम	:	बन्दरों (मर्कट) का प्रिय आम सदृश फल।
मोद	:	तृप्ति प्रदान करने वाला।
रसाढ्य	:	स्वरस (रस) से भरपूर (आढ्य)।
वर्षापाकी	:	बरसात (वर्षा) में पकने वाला (पाकी) फल।

विश्लेषण

फल के भक्ष्य भाग का विश्लेषण इस प्रकार है : आर्द्रता 90.3, प्रोटीन 0.7, वसा 3.0, रेशे 1.0, कार्बोहाइड्रेट्स 4.5 और खनिज पदार्थ 0.5 प्रतिशत; प्रति 100 ग्राम में कैल्सियम 36.0, फ़ौस्फ़ोरस 11.0, लोहा 3.9, थिआमीन 0.02, रिबोफ़्लेविन 0.02, निकोटिनिक अम्ल 0.3 और विटामिन सी 21.0 मिलीग्राम, विटामिन ए 450 अन्तर्राष्ट्रीय इकाइयां। फल के एक नमूने में सूक्रोज़ 2.9, ग्लूकोज़ 1.7 और फ्रक्टोज़ 1.8 प्रतिशत पाई गई। शुष्क भार के अनुसार प्रति किलोग्राम में 0.45 से 0.61 मिलीग्राम आयोडिन पाई गई।

गुण

कच्चे फल के गुण : कच्चा आमड़ा रुचिकारक, स्वादु, सारक, कषाय-अम्ल, गुरु तथा उष्ण है। वातनाशक तथा कण्ठ को हर्षित करने वाला है। कफ एवं रक्त विकार कारक होता है।

पके फल के गुण : पका आमड़ा स्वादु, शीतल, स्निग्ध होता है। यह रस में मधुर-कषाय, गुण में गुरु तथा वीर्य में शीत है। यह शुक्र, रक्तपित्त, कफ, अग्नि तथा अल्पवात वर्धक होता है। विष्टम्भि तथा बलकारक है। सन्तर्पण करता है। दाह तथा क्षय को नाश करता है।

पत्ते के गुण : आमड़ा के पत्ते ग्राही, दीपन तथा रोचक हैं :

आम्रातकफलं वृष्यं पिचारस्रकफवह्निकृत् ।
शीतं कषायं मधुरं किञ्चिन्मारुतकृद्गुरु ॥
धन्वन्तरिनिघण्टु, आम्रादिवर्ग 5; 10.

आम्रातकं कषायाम्लमामहृत् कण्ठहर्षणम् ।
पक्वन्तु मधुराम्लाढ्यं स्निग्धं पित्तकफावहम् ॥
राजनिघण्टु, आम्रादिवर्ग 11; 170.

आम्रातमामवातघ्नं गुरुष्णं रुचिकृत्सरम् ।
पक्वं स्वादु हिमं वृष्यं मरुत्पित्तक्षयारस्रजित् ॥
मदनपालनिघण्टु, फलादिवर्ग 6; 93.

आम्रातमम्लं वातघ्नं रुच्यं पित्तकफारस्रकृत् ॥
सरं गुरुष्णं पक्वं तु स्वादुपाकरसं हिमम् ।
तर्पणं श्लेष्मलं स्निग्धं वृष्यं विष्टंभि बृंहणम् ॥
गुरु बल्यं मरुत्पित्तदाह क्षतक्षयारस्रजित् ।
आम्रातकप्रवालं तु ग्राहि दीपनरोचनम् ॥
कैयदेवनिघण्टु, ओषधिवर्ग 1; 410-412.

आम्रातमम्लं वातघ्नं गुरुष्णं रुचिकृत्सरम् ॥
पक्वन्तु तुवरं स्वादु रसे पाके हिमं स्मृतम् ।
तर्पणं श्लेष्मलं स्निग्धं वृष्यं विष्टम्भि बृंहणम् ॥
गुरु बल्यं मरुत्पित्तक्षतदाहक्षया स्रजित् ॥
भावप्रकाशनिघण्टु, आम्रादिवर्ग 6; 19-20.

विविध उपयोग

हरे फल की सब्ज़ी बनाते हैं। व्यञ्जनों को स्वादिष्ट बनाने के लिए यह उनके साथ पकाया जाता है। यह चटनी, दमपुख़्त (stews), अचार और जैम बनाने के काम आता है।

फल संग्राही और स्कर्वीरोधक है। जिगर के रोगों और बदहज़्मी में हितकर है। विषैले बाणों से बने घावों में प्रतिविष के रूप में हरा या सूखा फल खाया जाता है। फूल खट्टे हैं और खाए जाते हैं। ढोर, हिरण, बन्दर और गिलहरियां फलों को चाव से खाते हैं।

पत्तों के उपयोग : पत्ते सुगन्धित, अम्लीय और संग्राही है। व्यञ्जनों को ज़ायकेदार और ख़ुशबूदार बनाने के लिए डाले जाते हैं। कान के दर्द में फलों का और पत्तों का रस डालते हैं।

छाल के उपयोग : छाल सुगन्धित, संग्राही और तापहर है, पेचिश और अतिसार में उपयोगी है, उलटियां रोकने के लिए दी जाती है। जोड़ो और पेशियों के आमवात में छाल को पीसकर लेप किया जाता है। पूयमेह (gonorrhoea) में छाल का काढ़ा पिलाते हैं। मासिक स्राव को नियमित करने के लिए जड़ उपयोगी है। ट्रेनिंग के लिए छाल काम आती है

लकड़ी के उपयोग : रसकाष्ठ स्फ़ेद या आधूसर सफ़ेद होती है। अन्तःकाष्ठ गुलाबी-धूसर से धूसर होती हैं। लकड़ी मैले-से रंग की, सीधे रेशों वाली, बहुत स्थूल-वयन (caarse textured), हलकी होती है। प्रतिघन मीटर का भार 336 से 689 किलोग्राम होता है। आपेक्षिक गुरुत्व 0.33 से 0.48 होता है। मज़बूत नहीं होती। सुखाते हुए प्रकाष्ठ में न दरारें पड़ती हैं, न वह फटती हैं, न ऐंठकर मुड़ जाती है। भट्टियों में इसे झटपट सुखाया जा सकता है। यदि वायु-शुष्क करना हो तो हरी गेलियों को चीर लेना चाहिए। चीरे हुए फट्टों को छत के नीचे खुले-चट्टों में रखना चाहिए।

खुले में प्रकाष्ठ जल्दी नष्ट हो जाती है। यह अधिक उपयोगी नहीं है। छत के नीचे मामूली टिकाऊ है। दीमकें इस पर जल्दी हमला कर देती हैं। चीरी हुई प्रकाष्ठ पर छेदक (borer) हमला नहीं करते।

पैकिंग की पेटियां, चाय की पेटियां और प्लवों (floats), डोगियां तथा नौकाएं बनाने में लकड़ी काम आती है। दियासलाई की तीलियों के लिए उपयुक्त है, लेकिन दियासलाई की डिब्बियों के लिए नहीं। उच्चकोटि की प्लाइवुड के लिए उपयोगी नहीं है।

गोंद के उपयोग : वृक्ष से स्वादहीन, आपीत या आरक्तवभ्रु निलम्बी (stalactiform), चिकने और चमकीले सतह वाली गोंद स्रावित होती है। यह कीकर की गोंद के सदृश होती है, लेकिन रंग में गूढ़ी होती है। पानी के साथ इसका चिपचिपा लेस (gelatinous mucilage) बनता है, यह पूर्ण विलेय नहीं है। यह उपशमक (demulcent) के रूप में और धूपन के काम आती है। चिपकाने के लिए इस्तेमाल की जाती है।

ग्यारह

आलू बुखारा

प्रूनुस दोमेस्तिका लिनिअस

Prunus domestica Linn.

कुल : रोसासी Rosaceae

छोटा वृक्ष। वसन्त में नग्न शाखाओं पर जब सफ़ेद फूल लद जाते हैं, तब वृक्ष बहुत सुन्दर बन जाता है। पहाड़ों और मैदानों में फलों के लिए बोया जाता

चित्र 20 आलू बुखारा की फलदार शाखा

है। फल गोल, रंग श्वेत-पीला-लाल; स्वाद खटमीठा। इसकी मूल जन्मभूमि बुखारा

समरकन्द है। अब हिमालय में कश्मीर से गढ़वाल तक ख़ूब बोया जा रहा है।

विविध भाषाओं में नाम

अंग्रेज़ी : कौमन प्लम (common plum)।
गुजराती : अलूचा।
बंगाली : अलूचा।
संस्कृत : आलूक।

संस्कृत में नाम

आयुर्वेद के मदनपालनिघण्टु (1374 सन्) में आलू बुखारा के पांच नाम आए हैं: अल्लू, आल्लूक, भल्लू, भल्लूक, रक्तफल :

आल्लूकमल्लूर्भल्लूकं भल्लू रक्तफलं तथा।

मदनपालनिघण्टु, फलादिवर्ग 6; 66.

युनानी मत के अनुसार आलू बुखारा शीतल, स्निग्ध, मृदु रेचक, दाह-प्रशमन है। पैत्तिक शिरःशूल, पित्तज्वर, वमन, तृषा, कामला, दाह, हृल्लास और पित्त प्रधान रक्तविकार में दिया जाता है। तृषा तथा हृल्लास में फल मुंह में रखकर चुसाते हैं और इसका शर्बत बनाकर पिलाते हैं।

फल खट्टा-मीठा, रसीले गूदे से युक्त होता है। सूखा आलू बुखारा पानी में भिगोकर ज्वर में प्यास, जलन और बेचैनी को कम करने के लिए पिलाते हैं।

बारह

आंवला

एंब्लिका ओफ़िफ़चिनालिस गेर्तनर
Emblica officinalis Gaertner
कुलः एउफ़ोर्बिआसी Euphorbiaceae

देवताओं का प्रिय होने से भारतवासी आंवले के वृक्ष को बहुत पवित्र मानते हैं। पत्र, पुष्पमालाएं आदि चढ़ाकर इसकी पूजा करते हैं (गरुड़पुराण, अध्याय 215)। उनका विश्वास है कि आंवला सब पापों को दूर कर देता है (स्कन्दपुराण)।

आंवले के वृक्ष के बारे में एक पौराणिक गाथा इस प्रकार प्रसिद्ध है (गरुड़पुराण, अध्याय 215)। भगवती और लक्ष्मी एक बार तीर्थयात्रा को निकलीं। भगवती ने लक्ष्मी से कहा, 'देवि! आज मैं स्वकल्पित किसी नवीन द्रव्य से हरि की पूजा करना चाहती हूं। लक्ष्मी ने उत्तर दिया कि त्रिलोचन को भी किसी नए पदार्थ से पूजने की हमारी इच्छा है। फिर दोनों की आंखों से निर्मल अश्रुजल भूमि पर गिरा। उसी से माघ मास के शुक्ल पक्ष की एकादशी को आंवले की उत्पत्ति हुई। इस वृक्ष को देखकर देव और ऋषि आनन्दोल्लसित हो उठे। तुलसी और बिल्व के समान ही यह पवित्र माना जाता है। इसके पत्तों से शिव और विष्णु दोनों की पूजा होती है। माघ मास की एकादशी को इसकी उत्पत्ति होने से उस दिन विष्णु देव की इससे पूजा करने से देव प्रसन्न होते हैं।

यह कथा गरुड़पुराण के इक्कीसवें अध्याय में विस्तार से लिखी गई है। पुराणकार ने इसमें माघ मास के साथ आंवले का विशेष सम्बन्ध स्थापित किया है। मैंने इस पर आयुर्वेदिक दृष्टि से विचार किया और माघ मास में आंवले के महत्त्व को जानना चाहा। क़रीब नवम्बर में आंवला बाज़ार में बिकने आ जाता है। प्रायः मार्च के अन्त तक बिकता रहता है और उसके बाद हरे आंवलों का मौसम समाप्त हो जाता है। मौसम के अन्तिम दिनों के आंवले को चैती आंवला कहते हैं। मौसम के आरम्भ काल नवम्बर में जो आंवला बिकता है वह रस और वीर्य से सम्यक्तया भरपूर नहीं होता। माघ में जाकर यह पकने लगता है और

आधे चैत तक यह इसी अवस्था में रहता है। यही काल है जिसमें आंवले के अन्दर रसायन और शक्ति देने वाले गुणों का बाहुल्य होता है। माघ मास में आंवले के अन्दर गुणों का परिपाक होने लगता है। हमारी सम्मति में इसीलिए पुराणकार ने इस मास के साथ आंवले के विशेष महत्त्व का प्रतिपादन किया है। वृक्ष के प्रति पूज्य भाव होने से लोग इसको भलीभांति सींचते रहेंगे जिससे फलों के लिए आवश्यक पोषण उन्हें मिलता रहेगा।

बौद्धों के साथ आंवले का विशेष सम्बन्ध है। महाराज अशोक ने मरते समय भिक्षु संघ को आधा आंवला ही दान दिया था :

अड्ढामलकमत्तरस भन्ते इस्सरतं गतो।

उसी का अनुसरण करते हुए मूलगन्ध कुटी बिहार, वाराणसी के निर्माण के समय तत्कालीन वायसराय ने सोने का आधा आंवला भेंट किया था। आंवले ने लोकोक्ति में स्थान प्राप्त कर लिया है। संस्कृत के *हस्तामलकवत्* मुहावरे का हम दैनिक भाषा में बहुत प्रयोग देखते हैं। तुलसीदास ने भी इस मुहावरे का प्रयोग किया है :

जानहि तीनि काल निज ज्ञाना। करतलगत आमलक समाना॥

रामचरितमानस।

शंकराचार्य के एक शिष्य का नाम हस्तामलक था इसीलिए उसके हाथ में रखे हुए आंवले के समान शास्त्र उपस्थित थे। छान्दोग्योपनिषद् में कहा गया है कि जिस प्रकार मुट्ठी में रखे दो आंवलों को मुट्ठी अनुभव कर रही होती है उसी तरह वाणी और नाम को मन अनुभव करता है।

घरेलू चिकित्सा में अनुमान से औषध लेने के लिए आंवले को परिमाण मान लिया करते थे। बच्चों को दी जाने वाली दवा का परिमाण बताते हुए कश्यप ने लिखा है कि विडंग से बढ़ाते हुए आंवले से अधिक मात्रा में ओषधि नहीं दी जानी चाहिए।

कौटिल्य (321-298 ईस्वी पूर्व) ने आंवले को खट्टे फलों में गिनाया है। इसका सिरका भी बनाया जाता था।

वैशम्पायन ने राजा शूद्रक को बताया था कि उसने पके आंवले के फलों को जी भरकर स्वाद से खाया था।

ह्वेनत्सांग (629-645) ने लिखा है कि पुंछ (कश्मीर) में 'ईख भी बहुत होती

है, परन्तु अंगूर नहीं होते। आंवला, गूलर और मोच इत्यादि फल अच्छे तथा अधिक बोये जाते हैं। इनके जंगल के जंगल लगे हुए हैं। इनका स्वाद बहुत उत्तम होता है।' (ह्वेनत्सांग का भ्रमण वृत्तांत, अध्याय 3, पृष्ठ 163)।

माघ ने पहाड़ों पर चढ़ते रहने के कारण अत्युन्नत स्तनों वाली, आश्चर्य से फैलाए हुए नेत्रों से हरि को देखती हुई पहाड़ी स्त्रियों का निवास आमलकी वन में बताया है :

शैलाधिरोहाभ्यसनाधिकोद्धुरैः पयोधरैरामलकीवनाश्रिताः।
तं पर्वतीयप्रमदाश्चचायिरे विकासविस्फारितविभ्रमेक्षणाः॥

शिशुपालवध, सर्ग 12; 51.

मलक्का नदी और नगर का नाम विश्वास किया जाता है कि संस्कृत के मूल शब्द आमलक से निकला है। पश्चिमी मलेशिया से मदोएरा के पूर्व तक यह नाम सामान्य रूप से व्यवहृत होता है।

प्राप्ति-स्थान

समस्त उष्ण भारत में हिमालय के साथ-साथ जम्मू से पूर्व की ओर तथा दक्षिण की ओर श्रीलङ्का तक सब जगह जंगलों में स्वयंजात या बोया हुआ मिलता है। भारत और म्यांमार के बहुत से भागों में पतनशील पत्तों वाले जंगलों में प्रायः होता है। हिमालय में, गढ़वाल और कुमाऊ में 1,616 मीटर की ऊंचाई तक मिलता है। शुष्क प्रदेशों में और पंजाब के उत्तर-पश्चिमी भाग में रावी के पश्चिम की ओर नहीं मिलता। म्यांमार, श्रीलङ्का, चीन और मलय प्रायद्वीपों में होता है। वहां इसकी अक्सर खेती भी की जाती है। दक्षिण-पूर्व एशिया के उष्ण प्रदेशों में मलय से तिमूर तक पाया जाता है।

परिचय

यह छोटा-सा, मध्यमाकार, नौ से बारह मीटर ऊंचा, पतनशील पत्तों वाला (deciduous) वृक्ष है। तना 1.80 से 2.70 मीटर ऊंचा है। छाल चिकनी, हरिताभ-धूसर या हलकी भूरी, पतली, एक सेण्टीमीटर से कुछ कम मोटी, छोटे, अनियमित गोल छिलकों में उतरती है। छाल के अन्दर का भाग लाल होता है। छिलका उतरने पर नीचे पीले रंग की नवीन छाल आ जाती है। लकड़ी लाल और कठोर होती है। काष्ठमज्जा (heart wood) नहीं होती। छिद्र छोटे और मध्यम

आकार के, एक सदृश फैले हुए, प्रायः अर्द्ध-विभक्त, माध्यमिक रेखाएं (medullary rays) चौड़ी और दो रेखाओं के बीच का अन्तर सामान्यतया छिद्रों के लम्ब अक्ष व्यास से अधिक बड़ा होता है। प्रति घन मीटर लकड़ी का भार 22.05 से 23.62 किलोग्राम तक होता है।

पत्ते पंख सदृश-समाकार (feathery oblong), हलके हरे, छोटी-छोटी शाखाओं पर पास-पास लगे हुए, 1.25 सेण्टीमीटर लम्बे, किनारे मोटे, लगभग वृन्त-रहित होते हैं। नवम्बर या दिसम्बर में पत्ते गिरना आरम्भ होते हैं और फ़रवरी या मार्च से मार्च-एप्रिल तक वृक्ष पत्र-रहित होते हैं। तब नए अंकुर प्रकट होते हैं।

पीताभ या हरिताभ-पीत, सूक्ष्म पुष्प छोटी शाखाओं पर नए पत्तों के अक्षों में, घने गुच्छों में, मार्च से मई तक निकलते हैं और मधुमक्खियों के झुंडों से व्यस्त रहते हैं। मधुमक्खियों की जातियों में सबसे अधिक भुनगा मक्खी और उससे कम लाडवा फूलों पर नज़र आती हैं। भुनगा की पिछली टांगें पराग से लदी हुई मिलती हैं। चट्टानी मक्खी (*Apis dorsata* Fabr.) इन फूलों पर बहुत कम दीखती है।

चित्र 21 आंवला की पुष्पित शाखा और फल

फूलों में नर अधिक और मादा कम होते हैं। दोनों जाति के फूल एक ही शाखा पर लगे होते हैं। नर पुष्पों का वृन्त छोटा और मादा पुष्प लगभग वृन्त-रहित होते हैं।

पत्ते और फूल धारण करने वाली, छोटी, स्वल्पजीवी शाखाएं अनियमित, ग्रन्थिल (tubercular) उभारों से एक साथ तीन निकलती हैं। इनकी लम्बाई दस से बीस सेण्टीमीटर होती है। ये प्रायः रोमश होती हैं और पत्तों के गिरने के साथ गिर जाती हैं। इनकी आकृति संयुक्त पक्षाकार (compound pinnate) पत्तों की तरह होती है।

फल मांसल, गोल और ऊपर तथा नीचे से चपटे होते हैं। फलों का व्यास 1.25 से दो सेण्टीमीटर, वर्ण पीताभ-हरित, लम्बाई के रुख छः रेखाओं वाले, चिकने, स्वाद में खट्टे, ग्राही और कसैले होते हैं। फल के अन्दर छः रेखाओं वाली अस्थिमयी गुठली होती है। गुठली के अन्दर तीन कोष्ठ होते हैं, जिनमें चार या छः गहरे-भूरे, चिकने, त्रिकोण बीज पड़े होते हैं। 1,800 या 1,900 बीजों का भार अट्ठाईस ग्राम होता है। फल दिसम्बर से फ़रवरी तक या इससे भी अधिक देर में पकते हैं। पकने पर फल का रंग लालिमा लिए हुए हरित-पीत-सा हो जाता है। पके हुए फलों को धूप में रखने से गूदा सूखकर फट जाता है और अन्दर से बीज बाहर निकल पड़ते हैं।

कृषि

देहरादून की परीक्षाएं बताती हैं कि बीजों की उत्पादन शक्ति का तुलनात्मक प्रतिशत कम है और बीज देर तक अपनी जीवनी शक्ति क़ायम नहीं रखते। एक साल तक रखे बीज उगने में सफल नहीं हो सके।

नर्सरी में लगभग मार्च में बीज बोये जाते हैं। पानी नियमित रूप से देना चाहिए। पहले कुछ मास धूप और ज़ोर की बारिश से रक्षा करनी चाहिए। निराई नियमित होती रहे तो पहली बरसात में पौधे इतने बड़े हो जाते हैं कि पृथक् करके नियत स्थान पर लगाये जा सकें। जड़ों को नंगा न होने देने का पूरा ध्यान रखना चाहिए क्योंकि पुनरारोपण के लिए पौधे बहुत नाज़ुक होते हैं। सबसे अच्छा उपाय यह होता है कि बरसात के आरम्भ में बीजों को नियत स्थान पर बोया जाये और निराई का ध्यान रखा जाय। प्रथम बरसात में ही अधिक घने उगे हुए पौधों में से कमज़ोर पौधों को निकाल फेंकना चाहिए और जहां पर बीच में अधिक खाली स्थान छूट गया हो वहां स्टौक में रखे हुए नये मज़बूत पौधों को लगा देना चाहिए।

उपयुक्त अवस्थाओं में छोटे पौधों की वृद्धि होती है। पौधों के बीच में उग आने वाले विजातीय घास-पात को उखाड़ डालने पर और पानी न दिये जाने पर

पौधों की प्रथम चार साल में अधिकतम ऊंचाई इस प्रकार थी : पहले साल अस्सी सेण्टीमीटर; दूसरे साल 2.10 मीटर; तीसरे साल 2.88 मीटर; चौथे साल 4.95 मीटर।

घास-पात निकालना वृद्धि में बहुत सहायता करता है और घास-पात की उपस्थिति वृद्धि को रोकती है। घास-पात न निकाले गये खेतों में पहले तीनों सालों में अधिकतम वृद्धि इस प्रकार थी : पहले साल 12.50 सेण्टीमीटर; दूसरे साल 1.10 मीटर; तीसरे साल 2.05 मीटर।

छोटे पौधे छाया या किसी प्रकार के दबाव को बरदाश्त नहीं करते और जब कई छोटे पौधे एक साथ बोये गये हों तब एक या दो सबल पौधे तेज़ी से बढ़कर अन्य पौधों को दबा लेते हैं। पहले कुछ मासों में ये ज़रा नाज़ुक रहते हैं।

आंधी का इन पर बहुत असर होता है और ज़ोर की वर्षा से इनके बह जाने या मारे जाने का भय रहता है। कीड़ों, चूहों और गिलहरियों के हमले की सम्भावना रहती है। छोटे पौधों की वृद्धि सन्तोषजनक तथा शीघ्र होती है, परन्तु बाद में यह कुछ मन्द हो जाती है।

शार्ङ्गधर ने कैथ के वृक्ष को बेल में परिणत करने की विधियां लिखी हैं। इनमें आंवले की जड़ में पकाये दूध से कैथ के बीजों को प्रभावित करना होता है (बृहत्संहिता, अध्याय 55; 26)।

प्राकृतिक उत्पत्ति

प्राकृतिक अवस्थाओं में, शीत ऋतु के कुछ भाग में फल वृक्ष से गिरते हैं। ऊपर के मांसल आवरण के सूख जाने पर और अन्दर की कठोर गुठली-सहित फट जाने पर बीज बाहर निकल पड़ते हैं। हिरण फलों को खा लेते हैं। जुगाली करते समय कठोर गुठली ज़मीन पर गिर पड़ती है और पड़ी-पड़ी सूखकर फट जाती है जिससे बीज ज़मीन पर बिखर पड़ते हैं। अंकुरोत्पत्ति वर्षा ऋतु के आरम्भ में हो जाती है, परन्तु बहुत अधिक उदाहरणों में प्राकृतिक उत्पत्ति कम ही देखने में आती है। इसका कारण सम्भवतः कुछ तो यह है कि बीजों की जननशक्ति बहुत उच्च नहीं है, परन्तु मुख्यतया यह है कि प्रारम्भिक अवस्थाओं में पौधे बहुत अधिक नाज़ुक होते हैं और कीड़ों से खाये जाने के सर्वथा योग्य होते हैं। प्राकृतिक अवस्थाओं में पौधे की वृद्धि सम्भवतः धीमी होती है।

पाले और तेज़ आंधी दोनों का पौधे पर शीघ्र असर पड़ता है। तीव्र पाले में फल सफ़ेद-से हो जाते हैं जैसे कि उबाले गये हों। भारतीय प्रायद्वीप में 1899-1900 में आंवले के पेड़ों को आंधी से असाधारण हानि हुई थी। इसी तरह 1913-14 के शुष्क सालों में हानि हुई थी। अनेक वृक्ष मारे गये थे, तने से नीचे की ओर दरारें पड़ जाना एक दूरव्यापी हानि थी। वृक्ष की पतली छाल धूप से नाममात्र ही रक्षा कर पाती है।

वृक्ष के तने को ज़मीन से थोड़ा ऊंचे से काट लिया जाए तो कटे हुए स्थान से बहुत-सी नवीन शाखाएं निकल आती हैं। महीने के अनुसार इन शाखाओं की संख्या कम या अधिक होती है। एप्रिल से सितम्बर तक विभिन्न मासों में काटने पर नवीन शाखाओं की संख्या इस प्रकार थी — एप्रिल 100, मई 95, जून 90, जुलाई 100 और सितम्बर 100। एक साल पुरानी नवीन शाखाओं की औसत ऊंचाई का माप 2.22 मीटर था।

विविध भाषाओं और स्थानों में नाम

अंग्रेज़ी : एम्ब्लिक माइरोबैलेन (emblic myrobalan), इण्डियन गूज़-बेरी (Indian gooseberry)।

अरबी : आमलज़।

असमिया : आमलकी।

कन्नड़ : नेल्लिकाय।

गुजराती : आम्बला।

जर्मनी : जिब्राक्लिशर आमलाबौम (gebrakchlicher amlab-aum)।

तमिल : नेलि।

फ़ारसी : आमला।

फ्रेंच : फ़ाइलेन्थे एम्ब्लिक (phylanthe emblic), एम्ब्लिक औफ़ि-सिनल (emblic officinal)।

बंगाली : आमलकी।

मराठी : आवला।

म्यांमार : शब्जु।

सिंहाली : नेल्लि।

हिन्दी : आमला।

संस्कृत में नाम

वनस्पतिनिघण्टुओं में आंवले के कुल इकतालीस नाम आए हैं। धन्वन्तरिनिघण्टु (8वीं शती) में आंवला के आठ, राजनिघण्टु (12वीं शती) में पन्द्रह, मदनपालनिघण्टु (1374 सन्) में पांच, कैयदेवनिघण्टु (1450 सन्) में अट्ठाईस और भावप्रकाशनिघण्टु (1550 सन्) में बारह नाम और पर्याय निम्नलिखित श्लोकों में आए हैं :

वयस्थाऽऽमलकं वृष्यं जातीफलरसं शिवम् ।
धात्रीफलं श्रीफलं च तथाऽमृतफलं स्मृतम् ॥

धन्वन्तरिनिघण्टु, गुडूच्यादिवर्ग 1; 215.

आमलकी वयःस्था च श्रीफला धात्रिका तथा ।
अमृता च शिवा शान्ता शीताऽमृतफला तथा ॥
जातीफला च धात्रेयी ज्ञेया धात्रीफला तथा ।
वृष्या वृत्तफला चैव रोचनी शरभूह्वया ॥

राजनिघण्टु, आम्रादिवर्ग 11; 156-157.

धात्रीफलाऽमृतफलाऽऽमलकं श्रीफलं शिवम्।
तद्वद्धात्रीफलं वृष्यं विशेषाद्रक्तपित्तजित् ॥

मदनपालनिघण्टु, हरीतक्यादिवर्ग 1; 26.

(श्रीफला पर्वकीटाख्या कोरङ्गामलकी शिवा)
जातीफलरसा सीधुरसा सीधुफला तथा ।
वयःस्था चामृतफला तिष्या तिष्यफलाऽमृता ॥
धात्री वृष्या वृष्यफला दिव्या धारा मृतोद्भवा ।
धात्रीफलं शीतफलं तिष्यं रसफलं स्मृतम् ॥
श्रीफलञ्चामृतफलं कोलञ्चामलकं शिवम् ।
शृङ्गी धात्री चामलकी शुक्तिः शुष्कामलक्यपि ॥

कैयदेवनिघण्टु, ओषधिवर्ग 1; 235-237.

वयस्यामलकी वृष्या जातीफलरसं शिवम् ।
धात्रीफलं श्रीफलं च तथामृतफलं स्मृतम् ॥
त्रिष्वामलकमाख्यातं धात्री तिष्यफलाऽमृता ॥

भावप्रकाशनिघण्टु, हरीतक्यादिवर्ग 1; 38.

इन श्लोकों के अन्तर्गत आये नाम और पर्यायों को नीचे तालिका में दिया जा रहा है जिससे पाठक सुगमता से उनका तुलनात्मक अध्ययन कर सकें :

धन्वन्तरिनिघण्टु (8वीं शती)	**राजनिघण्टु** (12वीं शती)	**मदनपालनिघण्टु** (1374 सन्)	**कैयदेवनिघण्टु** (1450 सन्)	**भावप्रकाशनिघण्टु** (1550 सन्)
1 अमृतफल		1 अमृतफल	1 अमृतफल	1 अमृतफल
	1 अमृतफला		2 अमृतफला	
	2 अमृता		3 अमृता	2 अमृता
			4 अमृतोद्भवा	
2 आमलक		2 आमलक	5 आमलक	3 आमलक
	3 आमलकी		6 आमलकी	4 आमलकी
			7 कोरङ्ग	
			8 कोल	
3 जातीफलरस				5 जातीफलरस
			9 जातीफलरसा	
	4 जातीफला			
			10 तिष्यफला	6 तिष्यफला
			11 तिष्यरसफल	
			12 तिष्या	
			13 दिव्याधारा	
	5 धात्रिका			
			14 धात्री	7 धात्री
4 धात्रीफल		3 धात्रीफल	15 धात्रीफल	8 धात्रीफल
	6 धात्रीफला			
	7 धात्रेयी			
			16 पर्वकीटा	
	8 रोचनी			
5 वयःस्था	9 वयःस्था		17 वयःस्था	
				9 वयस्या
	10 वृत्तफला			

6 वृष्य				
			18 वृष्यफला	
	11 वृष्या		19 वृष्या	10 वृष्या
	12 शान्ता			
7 शिव		4 शिव	20 शिव	11 शिव
	13 शिवा		21 शिवा	
			22 शीतफल	
	14 शीता			
			23 शुक्ति	
			24 शुष्कामलक	
8 श्रीफल		5 श्रीफल		12 श्रीफल
	15 श्रीफला		25 श्रीफला	
			26 शृङ्गी	
			27 सीधुफला	
			28 सीधुरसा	

इन नामों में से बहुत-से ऐसे हैं जिन्हें कैयदेव तथा अन्य लेखकों ने एक से अधिक लिङ्गों में भी लिखा है। उनको यहां नहीं दिया गया।

नामों के अर्थ

उत्पत्तिबोधक नाम :

आमलकी : अमलात् कात् अश्रुजलात् आगमत्, भगवती और लक्ष्मी के ज़मीन पर गिरे अश्रुजल से उत्पन्न वृक्ष।

परिचयज्ञापक नाम :

आमलक : कुछ खट्टा फल।
आमलकी : अम्ल रसयुक्त।
कोरङ्ग : अम्ल रसयुक्त।
कोल : बेर के समान गोल।
जातीफला : जायफल जैसी आकृति के फल।
जातीरसफला : जायफल जैसी आकृति के फल।
वृत्तफल : बेर के समान गोल।
वृन्तफला : बहुत छोटे वृन्तों पर फल लगते हैं।

शोभनी : सुन्दर फल।
शृंगी : सूखे फल की फांकें सींग के रंग की और सींग की तरह मुड़ी हुई होती हैं।
श्रीफल : सुन्दर फल अथवा जिससें लक्ष्मी का निवास है ऐसा फल।
सीधुफला : मद्य जैसा ईषद् अम्ल कषाय फल।
सीधुरसा : मद्य जैसा ईषद् अम्ल कषाय फल।

गुणप्रकाशक नाम :

अमृतफल : अमृत रूप फल।
अमृता : अमृत रूप फल।
अमृतोद्‌भवा : अमृत रूप फल।
आम्लकी : आमलते, मल धारणे, शरीर में धातुओं को धारण करने वाला फल।
तिष्या : नित्यमामलके लक्ष्मीः इति श्रवणात् तिष्यं मंगल्यं फलमस्याः; मंगलकारक फल।
तिष्यफला : नित्यमामलके लक्ष्मीः इति श्रवणात् तिष्यं मंगल्यं फलम् अस्याः; मंगलकारक फल।
तिष्यरसफला : नित्यमामलके लक्ष्मीः इति श्रवणात् तिष्यं मंगल्यं फलमस्याः; मंगलकारक फल।
दिव्याधारा : दिव्य आधार वाला; जिसके सेवन से दिव्य गुण आते हों।
धात्रिका : आयु धारण कराने वाले फल।
धात्री : आयु धारण कराने वाले फल।
धात्रीफला : आयु धारण कराने वाले फल।
धात्रेयी : आयु धारण कराने वाले फल।
वयस्था : आयुष्कारक फल।
वृष्यफला : इसके फल वृष्य होते हैं।
वृष्या : इसके फल वृष्य होते हैं।
शान्ता : पिपासा शान्त करने वाला शीतफल।
शिवा : कल्याणकारी।
शीतफला : पिपासा शान्त करने वाला शीतफल।
शीता : पिपासा शान्त करने वाला शीतफल।

वनस्पतिशास्त्र के आधुनिक विद्वान् इसे *एंब्लिका ओफ़्फ़िचिनालिस* गेर्तनर (*Emblica officinalis* Gaertner) कहते हैं। भारतीय नाम आमला या आंवला का लेटिन भाषा में रूपान्तर करने से ***एंब्लिका*** शब्द बना है। लेटिन में *ओफ़्फ़िचिनालिस* का अर्थ दवा में उपयोगी है। कुछ काल पूर्व आधुनिक वनस्पतिशास्त्र में आंवले को *फ़ील्लांतुस एंब्लिका* लिनिअस (*Phyllanthus emblica* Linn.) कहते थे।

लेटिन या अंग्रेज़ी के एंब्लिका शब्द की निष्पत्ति यूल और बुर्नेल ने पुरानी पर्शियन के अमलग शब्द से मानी है। गार्सिया ने लिखा है, अरब चिकित्सक आंवले को एम्बेल्गि कहते थे।

उपयोगी भाग : हरा और सूखा फल, बीज, पत्ते, मूल, छाल और फूल।

संग्रह : फाल्गुन-चैत्र में पूर्ण पक जाने पर वृक्ष पर से फलों को तोड़ लें और अच्छी तरह सुखाकर शुष्क, वायु रहित कनस्तरों में रखें।

मात्रा : ताज़े फल का स्वरस चौदह से अट्ठाईस घन सेण्टीमीटर, सूखे फल का चूर्ण ढाई से चार ग्राम।

रासायनिक संघटन

यह सुविदित है कि फलों के पकने पर उनमें टैनिन एसिड की प्रतिशत घट जाती है। आंवला जब छोटा होता है तब पूरी तरह से कसैला होता है। जब पक जाता है तब भक्ष्य हो जाता है और स्वादु लगता है। अपक्व आंवले के शुष्क गूदे में पैंतीस प्रतिशत टैनिन एसिड होता है, परन्तु पके हुए फल में अत्यल्प परिमाण में मिलता है। फल के गूदे में गैलिक एसिड, निर्यास, शर्करा, एल्ब्युमिन, कोशाधु (सेलूलोज़) और खनिज पदार्थ भी होते हैं।

भारत और कंबोडिया में टैनिन देने वाला यह अच्छा वृक्ष है। टैनिन निकालने के लिए फल, पत्ते और छाल सब समान रूप में प्रयुक्त होते हैं। भारत में किए गए विश्लेषण में गुठली में 6 प्रतिशत, फल के छिलके में 26 से 30 प्रतिशत, सम्पूर्ण फल में 19 प्रतिशत, छोटी शाखाओं की छाल में 19 से 24 प्रतिशत और पत्तों में 23.7 प्रतिशत टैनिन था। जावा में विभिन्न स्रोतों से प्राप्त की गई छाल में यह प्रतिशत 12.8 से 24 तक था।

गुठली रहित फल का गूदा 100 अंश शतांश पर सुखाया गया है। इसका संघटन निम्नलिखित ज्ञात हुआ : ईथर निस्सार (गैलिक एसिड, आदि) 11.32,

एल्कौहलिक निस्सार (टैनिन, शर्करा, आदि) 36.10, जलीय निस्सार (गोंद, आदि) 13.75, सोडा निस्सार (एल्ब्युमिन, आदि) 13.08, अपरिष्कृत सेलुलोज़ 17.80, खनिज पदार्थ 4.12, और नमी 3.83।

टैनिन निकालने के बाद फेहलिंग से गूदे के कषाय की परीक्षा में दस प्रतिशत ग्लूकोज़ पाया गया। विश्लेषण करने पर बीजों में एक स्थिर तेल और गन्ध वाला रेज़िन पाया गया है। बीजों में कोई क्षाराभ (एल्कलौयड) प्राप्त नहीं हुआ। पत्तों में अठारह प्रतिशत टैनिन एसिड होता है और थोड़े परिमाण में उड़नशील तेल या स्निग्ध पदार्थ होता है।

गुण

आंवला हलका, शीतल और रूक्ष है। भोजन में रुचि उत्पन्न करने वाला यह फल जी-मचलाने और उलटियों को रोकता है। पेट में गुड़गुड़ आवाज़ होने

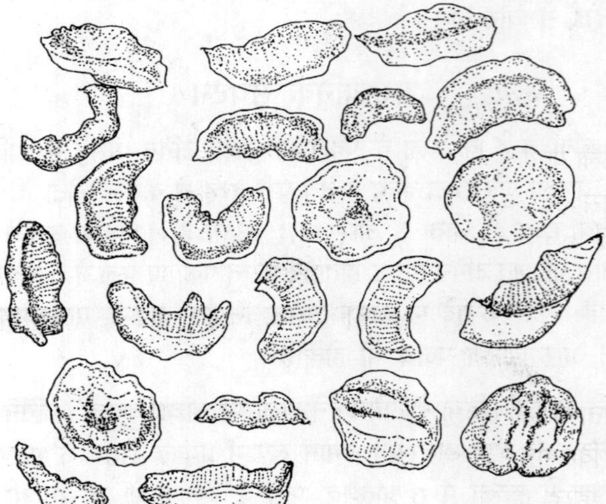

चित्र 22· सूखे आंवले की फाड़ियां

की अवस्था में, अफ़ारे में और मलबन्ध में गुणकारी है। अत्यन्त शीतल होने से प्यास और शरीर की गर्मी तथा जलन को शान्त करता है। पसीना लाता है, बुख़ार तथा उसकी दाह को शान्त करता है, पित्तनाशक होने से पैत्तिक रोगों में

गुणकारी है। बहते हुए ख़ून को बन्द करने का (रक्तपित्तनाशक) गुण इसमें विशेष रूप से कहा जाता है। कफनाशक है। शरीर में बढ़ी हुई चर्बी को घटाता है। कफ-पित्त के रोगों में यह परम गुणकारी है। आंखों तथा बालों के लिए हितकारी, टूटी हुई हड्डियों को जोड़ने वाला और शोफ (इडीमा) नाशक है। अमृत के समान गुणकारी यह फल थकान दूर करता है, मूत्र तथा प्रजनन संस्थान के रोगों में लाभ करता है, वीर्य बढ़ाता है और अत्यन्त वृष्य रसायन है। लवण रस को छोड़कर शेष सब रस आंवले में होते हैं।

सूखे आंवले के गुण

तिक्त, अम्ल, कटु, मधुर तथा कषाय रसयुक्त है। त्रिदोषनाशक है, पित्त और कफ को विशेष रूप से नष्ट करता है। चरबी (मेदरोग) को घटाता है, विष प्रभावों को हटाता है। टूटी हुई हड्डियों को जोड़ने वाला, आंखों तथा बालों के लिए हितकर, शरीर की धातुओं में वृद्धि करके कान्ति उत्पन्न करने वाला है।

आंवले के बीजों के गुण

भावमिश्र कहते हैं कि फल में जो गुण या प्रभाव होते हैं वही गुण उसकी गुठली या बीजों में समझने चाहिए। आंवले के बीज मधुर, कषाय, वायु तथा पित्तनाशक, प्यास और वमन को शान्त करने वाले हैं। बुख़ार, खांसी, दमा और प्रदर को नष्ट करते हैं। पुंस्त्वशक्ति को बढ़ाते हैं।

आंवले और हरड़ के गुणों में अन्तर

आंवले के गुण हरड़ के समान ही हैं। दोनों के गुणों में अन्तर यह दिखाया जाता है कि आंवला शीत वीर्य है, हरड़ उष्ण वीर्य। इसमें अम्ल रस विशेष रूप से विद्यमान रहता है, हरड़ में कषाय रस प्रबल है। यह मुख्यतया पित्त-कफनाशक है, हरड़ वात-कफनाशक है।

त्रिदोषहर होने में हेतु : अम्ल रसयुक्त होने से वायु को, मधुर रसयुक्त तथा शीतल होने से पित्त को और रूक्ष तथा कषाय रसयुक्त होने से आंवला कफ को दूर करता है।

विपरीत क्यों नहीं ? : मदनपाल ने यहां शंका उठाई है कि अम्ल रसयुक्त होने से आंवला पित्त को क्यों नहीं पैदा करता ? मधुर और शीत होने से कफ

को प्रकुपित क्यों नहीं करता ? रूक्ष तथा कषाय रसयुक्त होने से वायु को क्यों नहीं दूषित करता ? इसका समाधान वे करते हैं कि रस आदि हेतुओं के अतिरिक्त भी इसमें विशेष सामर्थ्य है जिसके कारण यह त्रिदोषघ्न है।

निर्मितियां आमलकी तेल

आमलकी स्वरस चार किलोग्राम, तिल तेल एक किलोग्राम; मन्द अग्नि पर तेल सिद्ध करें। छारण-पत्र (filter paper) में छानकर मनोनुकूल गन्ध डाल दें। यह तेल प्रतिदिन सिर पर लगाया जाता है। सिर के दाह और शूल को शान्त करता है।

आमलक्यावलेह

आंवला के पचास लीटर स्वरस में एक किलोग्राम खाण्ड डालकर मन्दाग्नि पर पकाएं। मैल को निथार कर फेंक दें और गाढ़ा होने पर आग से उतारकर निम्नलिखित ओषधियों के चूर्ण को मिला दें– पिप्पली तीन सौ ग्राम, मुलहठी चालीस ग्राम, द्राक्षा तीन सौ ग्राम, सोंठ पन्द्रह ग्राम और वंशलोचन चालीस ग्राम। ठण्डा होने पर तीन सौ ग्राम शहद मिला लें।

मात्रा : छह से बारह ग्राम।

रोग : पाण्डु, कामला, पित्तरोग, शुक्रमेह आदि।

आमलकी खण्ड

छह सौ ग्राम कूष्माण्ड (पेठे) को पिचानवे ग्राम घी में भूनें। इसमें आमलकी स्वरस, कूष्माण्ड स्वरस और शर्करापानक प्रत्येक दो सौ मिलीलिटर डालकर पाक करें। पाक हो जाने पर निम्नलिखित ओषधियों का चूर्ण डाल दें — पिप्पली, जीरा, सोंठ प्रत्येक पच्चीस ग्राम; कालीमिर्च बारह ग्राम, धनिया, तालीस पत्र, चतुर्जातक, मोथा प्रत्येक तीन ग्राम। शीतल हो जाने पर सौ ग्राम शहद मिला दें।

मात्रा : छह से बारह ग्राम।

रोग : वमन, हृदयशूल, मूर्च्छा, अम्लपित्त, पित्तजन्य उदरशूल, कमरदर्द, रक्तपित्त, खांसी, दमा, आदि।

धात्र्यारिष्ट

दो हज़ार ताज़े आंवलों को कुण्डी-सोटे में पीसकर रस निकालें। इसमें पिप्पली चूर्ण एक सौ नब्बे ग्राम और खाण्ड पांच किलोग्राम मिलाकर पाक करें। खाण्ड घुल जाने पर उतार लें। ठण्डा होने पर आंवले के रस में अष्टमांश मधु मिलाकर घी से चिकना किये हुए घड़े में रख दें। उचित काल बाद अरिष्ट बन जाने पर छानकर प्रयोग करें।

मात्रा : पन्द्रह से तीस मिलीलिटर।

रोग : कामला, पाण्डु, हृद्रोग, कास, हिक्का आदि।

आमलाद्य लोह

आमला, पिप्पली और मिश्री, प्रत्येक बारह ग्राम, लोह भस्म पैंतीस ग्राम का चूर्ण बनायें।

मात्रा : दो सौ चालीस मिलीग्राम।

रोग : रक्तपित्त, अम्लपित्त, अग्निमान्द्य आदि।

धात्री लोह (1)

आंवले का चूर्ण सात सौ तीस ग्राम, लोह भस्म तीन सौ पैंसठ ग्राम, मुलहठी का चूर्ण एक सौ नब्बे ग्राम, सबको आंवले के स्वरस से सात भावनाएं दें। सुखाकर शुष्क पात्र में बन्द करके रखें (रसेन्द्रसारसंग्रह, शूलरोगचिकित्सा; 16-23)।

मात्रा : तीन सौ पैंसठ से सात सौ तीस मिलीग्राम।

रोग : रक्तपित्त, अग्निमान्द्य, अफ़ारा, पेट में गुड़गुड़ होना, पित्त के रोग।

अनुपान : घी और शहद।

धात्री लोह (2)

तीन सौ पैंसठ ग्राम जौ को डेढ़ लिटर पानी में पौन लिटर पानी शेष रहने तक पकाएं। इस क्वाथ में मण्डूर भस्म तीन सौ पैंसठ ग्राम, आंवले का स्वरस पौन लिटर, दही तीन सौ पैंसठ ग्राम, दूध पौन लिटर, विदारी कन्द का स्वरस, गन्ने का रस पौन लिटर डालकर पकाएं। पाकशेष काल में जीरा, धनिया, छोटी

इलाइची, तेजपत्र, दालचीनी, गज पिप्पली, मोथा, हरड़, अभ्रक भस्म, लोह भस्म, सोंठ, मिरच, पिप्पली, रेणुका, हरड़, बहेड़ा, आंवला, तालीश पत्र, नागकेसर, कुटकी, मुलहठी, रास्ना, असगन्ध और लाल चन्दन प्रत्येक का पांच सौ अस्सी मिलीग्राम चूर्ण मिलाएं ।

मात्रा : आधे से एक ग्राम ।

रोग : शूल, अम्लपित्त आदि ।

अनुपान : दूध ।

धात्री षट्पलक घृत

घी डेढ़ किलोग्राम, आंवले का स्वरस बारह किलोग्राम, कल्कार्थ—पिप्पली, पिप्पलीमूल, चव्य, चित्रक, सोंठ, यवक्षार प्रत्येक छियानवे ग्राम, पाकार्थ — जल बारह किलोग्राम । सिद्ध करके खाण्ड और सैन्धव मिलाकर प्रयोग करें (भैषज्यरत्नावली, गुल्मरोगाधिकार 2; 84) ।

मात्रा : तीन ग्राम ।

रोग : गुल्म रोग ।

आमलक घृत

प्रशस्त भूमि में उत्पन्न और अपने स्वाभाविक गन्ध, वर्ण और रस से युक्त आंवले के स्वरस और पुनर्नवा के क़ल्क से छह किलोग्राम घी को यथाविधि सिद्ध करें । आंवले का स्वरस चौबीस लिटर और पुनर्नवा का कल्क डेढ़ किलोग्राम लेना चाहिए । सिद्ध होने पर घृत को छान लें । फिर इसी प्रकार आंवले के स्वरस और पुनर्नवा के कल्क से पकाएं । फिर छान लें । इस प्रकार सौ बार पकाएं । फिर घी को छानकर विदारीकन्द के स्वरस और जीवन्ती के कल्क से पूर्वोक्त विधि से सौ बार पकाएं । इसमें भी प्रत्येक बार विदारी कन्द स्वरस पच्चीस किलोग्राम और जीवन्ती का कल्क डेढ़ किलोग्राम लेना चाहिए । तदनन्तर घी को छानकर पुनः घी से चौगुने दूध, बला और अतिबला क्वाथ और शतावरी के कल्क द्वारा पूर्वोक्त विधि से पकाएं । प्रत्येक बार दूध पच्चीस किलोग्राम, बला और अतिबला भी इतना ही और शतावरी का कल्क डेढ़ किलोग्राम लेना चाहिए । इसी प्रकार प्रत्येक प्रकार के पाक को एक हज़ार बार भी कर सकते हैं । घृत सिद्ध हो जाने पर चतुर्थांश

खाण्ड और मधु मिलाएं। खाण्ड और मधु का मिलित परिमाण डेढ़ किलोग्राम होना चाहिए जिसमें आधा किलोग्राम शहद और इतनी ही खाण्ड होनी चाहिए (चरक., चिकित्सास्थान, अध्याय 1; प्राणकामीय रसायनपाद; 4-6)।

इस प्रकार दो विधियों से पाक हुआ, सौ बार पके हुए को शतपाक और हज़ार बार सिद्ध को सहस्रपाक कहते हैं। शतपाक की अपेक्षा सहस्रपाक अधिक गुणकारी होता है। यदि तीनों प्रकार से क्रमशः एक-एक बार पाक किया जाए तो इसे एक पाक कहते हैं। यह सबसे न्यून गुण वाला होता है। शतपाक इससे अधिक और सहस्रपाक इससे भी अधिक गुणवान् होता है। खाण्ड और मधु मिला लेने के बाद घृत को सोने या चांदी के अथवा घृत से भावित दृढ़ मृत्पात्र में रखें। कुटि प्रावेशिक विधि से अग्निबल के अनुसार इस घृत का प्रातःकाल सेवन करें। घी पच जाने पर दूध और घी से शाली या साठी के चावल खाएं।

मात्रा : छह ग्राम।

रोग : इस घृत को तीन साल पर्यन्त नियमित सेवन करने से बुढ़ापा दूर होकर सौ साल आयु होती है। मस्तिष्क उद्बुद्ध होता है। स्मृति शक्ति बढ़ती है। एक बार सुनी हुई बात भूलता नहीं। सब रोग दूर होते हैं। बल और पौरुष बढ़ता है। शरीर सुडौल होता है, शरीर स्वस्थ और चित्त प्रसन्न रहता है। वाणी गम्भीर और प्रभावशाली होती है। लैंगिक विकार दूर होते हैं। सेवन करने वाला स्त्री-सहवास के योग्य होता है और उसकी सन्तानें बहुत पराक्रमी होती हैं।

आमलक चूर्ण रसायन

छह किलोग्राम आंवले के चूर्ण को एक हज़ार आंवलों के स्वरस से इक्कीस बार भावना दें। इसमें शहद और घी प्रत्येक सवा ग्यारह किलोग्राम, पिप्पली चूर्ण सात सौ पचास ग्राम, खाण्ड डेढ़ किलोग्राम मिलाएं और घी से भावित मृत्पात्र में रख छोड़ें। प्रावृट् ऋतु में इसे राख के ढेर में गाड़ दें। वर्षा ऋतु समाप्त होने पर निकाल लें (चरक., चिकित्सास्थान, अध्याय 1, प्राणकामीय रसायनपाद; 8)।

मात्रा : बारह से चौबीस ग्राम।

रोग : ठीक सात्म्य भोजन करता हुआ मनुष्य इसे सेवन करे तो उसके पास बुढ़ापा नहीं आता और उसकी आयु सौ साल होती है। उत्कृष्ट रसायन है।

हरीतक्यादि योग

दस किलोग्राम आंवले के चूर्ण को आंवलों का रस पिलाकर सुखाएं और इसमें चतुर्थांश तीक्ष्ण लोहे की भस्म मिलाएं। इसमें हरड़, बहेड़ा, आंवला, हल्दी, शालपर्णी, वचा, वायविडंग, गिलोय, सोंठ, मुलैठी और पिप्पली मिलाएं। सफ़ेद खैर के कल्क से सिद्ध किए गए दूध से निकाला घी तथा मधु और खाण्ड मिलाकर इसे प्रातः कुटि प्रावेशिक विधि से सेवन करें (चरक., चिकित्सास्थान, अध्याय 1, अभयामलकीय रसायनपाद; 75-76)।

मात्रा : तीन सौ साठ से एक हजार दो सौ मिलीग्राम। दिन में इसे अनेक बार आवश्यकतानुसार दे सकते हैं।

रोग : तीन वर्ष तक इस रसायन के निरन्तर सेवन से वृद्धावस्था से उन्मुक्त होकर सौ साल आयु होती है। सब रोग दूर हो जाते हैं। कोई कृमि तथा अन्य जीव इस रसायनसेवी के शरीर पर आक्रमण नहीं कर सकते अर्थात् उनकी रोग प्रतिरोधक शक्ति इतनी बढ़ जाती है कि कृमि उसमें रोग उत्पन्न नहीं कर सकते।

पथ्य : औषध पच जाने पर सायंकाल मूंग की दाल के रसे या दूध के साथ ख़ूब घी डालकर शालि या साठी के चावल खाएं।

च्यवनप्राश

बिल्व, श्योनाक, अरणी, गाम्भारी और पाटला की जड़ की छाल प्रत्येक 95 ग्राम। बलामूल, शालपर्णी, पृश्निपर्णी, मुद्गपर्णी, माषपर्णी, पिप्पली, गोखरू, छोटी कटेली, बड़ी कण्टकारी, काकड़ा शृंगी, भुईं आंवला, मुनक्का, जीवन्ती, पुष्करमूल, अगर, हरड़, गिलोय, ऋद्धि, जीवक, ऋषभक, कचूर, मोथा, पुनर्नवा, मेदा, छोटी इलायची, लाल चन्दन, नीलोत्पल, विदारी कन्द, बांसे की जड़, काकोली और काकनासा प्रत्येक 95 ग्राम। आंवले पांच सौ (साढ़े पांच किलोग्राम), इन्हें पचास लिटर जल में पकाएं। आंवले को कपड़े में ढीली पोटली बांधकर डालना चाहिए। क्वाथ बन जाने पर आंवले की पोटली निकाल लें। क्वाथ को वस्त्रपूत कर लें। अन्दर की ओषधियों को फेंक दें। आंवले में से गुठली निकालकर उन्हें हाथ से अच्छी तरह कुचल दें। कपड़े में छानकर रेशे फेंक दें। छानी हुई आंवले की पीठी को तिल-तेल और घी के एक किलोग्राम यमक में भूनें। घी और तेल प्रत्येक पांच सौ ग्राम लें। भुन जाने पर उतारकर अलग रख लें। छाने हुए क्वाथ में साढ़े चार किलोग्राम खाण्ड घोलें और आग पर रख मैल निकाल दें। आंवले की भूनी हुई पीठी में

इस खाण्ड मिश्रित क्वाथ को डालकर आग पर चढ़ाएं। हलकी-हलकी आग से पकाएं। लेह की तरह सिद्ध हो जाने पर उतार लें। भूनते और पकाते समय लकड़ी के खौंचे से लगातार हिलाते रहना चाहिए जिससे पात्र के तले में औषध लगकर जल न जाए। शीतल हो जाने पर साढ़े पांच सौ ग्राम शहद, 380 ग्राम वंशलोचन, 190 ग्राम पिप्पली, दालचीनी, छोटी इलायची, तेजपत्र और नाग केसर प्रत्येक पचीस ग्राम मिलाकर आलोडित कर लें (चरक., चिकित्सास्थान, अध्याय 1, अभयामलकीय रसायनपाद; 60-72)।

चरकसंहिता में पठित क्वाथ्य द्रव्यों की संख्या योग रत्नाकरोक्त संख्या एक समान ही है। परन्तु योगरत्नाकर में मुद्गपर्णी, माषपर्णी और काकनासा न पढ़कर वृद्धि, क्षीर काकोली और महामेदा ये अष्टवर्गोक्त द्रव्य विशेष पढ़े गए हैं। शार्ङ्गधरसंहिता ने क्वाथ्य द्रव्यों में क्षीरकाकोली और महामेदा दो द्रव्य अधिक पढ़े हैं। इससे मिलित क्वाथ्य द्रव्यों की मात्रा 3.50 किलोग्राम हो जाती है। चरक ने क्वाथ बन जाने की पहचान लिखी है : 'जब ओषधियों का सारा रस क्वाथ में आ जाए'। चक्रपाणि ने 'गतरसानि' की टीका करते हुए चतुर्थांश बचा लेने के लिए कहा है। अष्टांगहृदय में भी पादशेष रस से चतुर्थांश बचाने का अभिप्राय है। शार्ङ्गधरसंहिता में अष्टमांश बचाने का विधान है। इसके अतिरिक्त आंवले की पीठी को भूनने के लिए शार्ङ्गधर ने तेल का पाठ नहीं किया और साढ़े पांच सौ ग्राम घी के स्थान पर साढ़े छह सौ ग्राम घी लेने के लिए कहा है। इसी प्रकार प्रक्षेप में दालचीनी, छोटी इलायची, तेजपत्र और नाग केसर को पृथक्-पृथक् बारह ग्राम लेने के लिए कहा है जबकि चरक संहिता में इनकी मात्रा चौबीस ग्राम है।

मात्रा : बारह से चौबीस ग्राम।

रोग : कास, श्वास, स्वरभंग, छाती व फेफड़े के रोग, हृद्रोग, वातरक्त और वीर्य दोषों को दूर करता है। वृद्धों के अंगों को बल देता है और बालकों के अवयवों को बढ़ाता है। इसके सेवन से मेधा, स्मृति, कान्ति, दीर्घ आयु, निरोगता, इन्द्रियों की सबलता देहाग्नि की दीप्ति, वर्ण की निर्मलता आदि गुण पुरुष में आते हैं। कुटी प्रावेशिक विधि से इसे प्रयोग करने वाला वृद्ध पुरुष भी बुढ़ापे के चिह्नों से रहित होकर नवयौवन को प्राप्त करता है। प्राचीन अनुश्रुति के अनुसार अत्यन्त वृद्ध च्यवन ऋषि इसके सेवन से जवान हो गए थे, इसलिए इसका नाम च्यवनप्राश रसायन रखा गया है।

इस उपयोगी रसायन को वाग्भट ने अष्टांगहृदय (रसायन अध्याय 39; 33-1) में, हारीत ऋषि ने हारीतसंहिता (क्षयरोगचिकित्सा 9; 46-62) में और चक्रपाणि ने चक्रदत्त (यक्ष्माचिकित्सा; 46-3) में भी लिखा है।

ब्राह्म रसायन

एक हज़ार (1.660 किलोग्राम) आंवलों को दूध की ऊष्मा में स्विन्न करें। स्विन्न करने की विधि निम्नलिखित है —दूध-भरी पतीली के ऊपर एक हाण्डी रखें। इस हाण्डी के तल में अनेक छोटे-छोटे छिद्र होने चाहिए। कपड़-मिट्टी से सन्धि-बन्धन करके हाण्डी में आंवलों को डाल दें। पतीली के नीचे आग जलाएं। दूध के वाष्प बनकर उठेंगे और वे आंवलों को स्विन्न करेंगे। दूध इतना डालना चाहिए कि उबालने पर ऊपर की हाण्डी में न चला जाए। तब भी उबाल आता मालूम दे तो पतीली के बाह्य पृष्ठ पर ठंडे पानी में भीगा कपड़ा रख दें, उबाल शान्त हो जाएगा। ऊपर की हाण्डी के मुख को ढक्कन से ढक देना चाहिए। स्विन्न हो जाने पर आंवलों की गुठली निकाल फेंकें और शेष भाग को छाया में सुखा लें। चूर्ण करें। आंवलों के इस चूर्ण को हज़ार ताज़े आंवलों का स्वरस पिलाएं। रस डालकर रख दें और रोज़ घोटते रहें। रस सूख जाने पर इसका अष्टमांश निम्नलिखित द्रव्यों का चूर्ण मिलाएं—शालपर्णी, पुनर्नवा, जीवन्ती, नागबला, ब्राह्मी, मण्डूकपर्णी, शतावरी, शंखपुष्पी, पिप्पली, बच, वायविडंग, कौंच बीज, गिलोय, लाल चन्दन, अगर, मुलहठी, मदार के फूल, नीला कमल, श्वेत कमल, मालती के फूल, गुलाब की पंखड़ियां और जूही के फूल। फिर इस चूर्ण में साठ लिटर ताज़े नागबला का रस डालकर छाया में सुखाएं। सूख जाने पर पीस लें। एक भाग मधु तथा दो भाग घी मिलाकर राब के सदृश बना लें। घृत-भावित स्वच्छ और दृढ़ घड़े में बंद कर दें। भूमि में गड्ढा खोदकर सोलह अंगुल उपलों की राख बिछा दें, उस पर घड़ा रख दें। घड़े के चारों ओर गड्ढे को उपलों की राख से भर दें। घड़े के मुख के ऊपर तथा चारों ओर बारह-बारह, सोलह-सोलह अंगुल राख आ जानी चाहिए। पन्द्रह दिन बाद घड़े को निकालकर उसमें सोना, चांदी, प्रवाल, ताम्र और फ़ौलाद की सम भाग में मिश्रित भस्मों का अष्टमांश डाल दें। ओषधि सेवन करते समय भी इसी अनुपात में भस्में मिलाई जा सकती हैं। इस रसायन को कुटी प्रावेशिक विधि से सेवन करना चाहिए (चरक., चिकित्सास्थान, अध्याय 1, अभयामलक रसायनपाद; 56-69)।

आमलकावलेह

पूर्ण गुणयुक्त एक हज़ार (1.660 किलोग्राम) आंवलों को ढाक की ताज़ी गीली लकड़ी की बनाई गई द्रोणी में भर दें। द्रोणी का ढक्कन भी ढाक की लकड़ी का बना हो और मुख पर ठीक बैठ जाता हो कि वाष्प बाहर न निकल सके। आंवलों से भरी हुई बन्द द्रोणी को उपलों की आग पर रखें। द्रोणी की गीली लकड़ी और आंवले के जलीय भाग के वाष्प से आंवले स्विन्न हो जायेंगे। स्विन्न हो जाने पर आग से उतारकर खोल लें और ठण्डा हो जाने पर गुठली और रेशे निकाल फेंकें। आंवलों को कुचलकर कपड़े में से हथेली द्वारा मलकर छानने पर रेशे पृथक् हो जाते हैं। छने हुए आंवलों में पिप्पली चूर्ण और छिलके-रहित वायविडंग प्रत्येक छह किलोग्राम, खाण्ड नौ किलोग्राम, तिल तेल, घी और शहद प्रत्येक बारह किलोग्राम यथा-विधि मिलाकर घी से भावित पवित्र और मज़बूत पात्र में रखें। इक्कीस दिन पड़ा रहने के बाद प्रयोग करें (चरक., चिकित्सास्थान, अध्याय 1, प्राणकामीयपाद; 10)।

मात्रा : छह से बारह ग्राम।

रोग : इसके नियमित सेवन से बुढ़ापा दूर होता है और आयु सौ वर्ष होती है। उत्कृष्ट रसायन है।

आमलकायस ब्राह्म रसायन

माघ व फाल्गुन मास में सर्वगुण युक्त आंवलों को वृक्ष पर अपने हाथ से तोड़कर इकट्ठा कर लें। गुठलियां निकालकर छाया में सुखा लें। इस शुष्क चूर्ण को आंवले के स्वरस की इक्कीस भावना दें। प्रत्येक भावना के बाद चूर्ण को छाया में सुखाएं। पूर्णतया सूख जाने के बाद स्वरस डालना चाहिए; इक्कीस बार भावित यह चूर्ण छह किलोग्राम लें। जीवक, ऋषभक, मेदा, महामेदा, काकोली, क्षीर काकोली, मुद्गपर्णी, माषपर्णी, जीवन्ती, मुलहठी, सारिवा, राजक्षवक, बला, श्वेतबला, पीतबला, वन कपास, विदारी कन्द, विधारा, खस, शालि, साठी के चावल, गन्ना, इक्षुबालिका, दाभ, कुश, सरकण्डा, गुन्द्रा, इत्कट (तृणभेद), जटामांसी, कुलिंग, गिलोय, हरड़, आंवला, रास्ना, श्वेत अपराजिता, जीवन्ती, शतावरी, मण्डूकपर्णी, शालपर्णी, पुनर्नवा और चन्दन, अगर, धव, आबनूस, खदिर, शीशम, असन, इनके मध्य काष्ठों (heart wood) के छोटे-छोटे टुकड़े और हरड़, बहेड़ा, बच, चव्य, चित्रक, वायविडंग ये सब द्रव्य मिलाकर छह किलोग्राम लें। इन्हें साठ लिटर जल में सिद्ध करें। बारह लिटर जल शेष रहने पर कपड़े में छान लें। इस क्वाथ में पहले से तैयार

किया हुआ आंवलों का उपयुक्त चूर्ण डाल दें। इसको उपलों की आग से या फाड़े हुए बांस की आग से अथवा सरकण्डे व तेज़बल की अग्नि से धीरे-धीरे तब तक पकाएं जब तक क्वाथ सूख न जाए। बहुत तेज़ आग न दें अन्यथा औषध के जल जाने का भय रहता है। क्वाथ भाग उड़ जाने पर औषध को निकालकर लोहे के पात्र में फैलाकर सुखा लें। अच्छी प्रकार सूख जाने पर काले मृग के चर्म पर रखी सिल पर चूर्ण को भली प्रकार बारीक पीस लें और लोहे के पात्र में रख छोड़ें। प्रयोग के समय इस चूर्ण का आठवां भाग लोहभस्म मिला लें (चरक., चिकित्सास्थान, अध्याय 1; 2-7)।

मात्रा : चूर्ण बीस ग्राम, लोह भस्म दो सौ चालीस मिलीग्राम।

रोग : यह रसायन बुढ़ापे और रोग के असर को दूर करता है। बुद्धि को कुशाग्र करता है। इन्द्रियों को बल देता है। आयु दीर्घ करता है। इस रसायन को ब्रह्मा ऋषि ने बनाया था। वशिष्ठ, कश्यप, अंगिरा, जमदग्नि, भरद्वाज, भृगु और अन्य अनेक महर्षियों ने इस रसायन का सेवन किया था जिससे रोग और बुढ़ापे के कष्टों से मुक्त होकर वे सुख से तप करते रहे थे।

अनुपान : मधु और घृत।

केवलामलक रसायन

इस रसायन को सेवन करने वाला एक साल तक केवल दूध पर निर्वाह करता हुआ गौओं के बीच में रहे और वहां जितेन्द्रिय ब्रह्मचारी रहता हुआ मन में गायत्री मंत्र का ध्यान करता रहे। एक साल बाद पौष, माघ व फाल्गुन की किसी शुभ तिथि में प्रयोग आरम्भ करे। प्रयोग से पूर्व तीन दिन उपवास करे। फिर स्नान आदि से शुद्ध होकर आंवले के वन में किसी बड़े फल वाले आंवले के वृक्ष पर चढ़कर शाखा में लगे हुए फल को हाथ से पकड़कर ओउम् का जाप करे। तब आंवले को खाए। महर्षि चरक कहते हैं कि जितने आंवले खाएगा उतने ही हज़ार साल युवा होकर जीवित रहेगा। यदि भरपेट खाकर तृप्त हो जाए तो अमर सदृश ही हो जाता है अर्थात् उसकी आयु बहुत दीर्घ हो जाती है और कान्ति, लक्ष्मी, वेद और सरस्वती स्वयं उस मनुष्य के पास उपस्थित हो जाती हैं (चरक., चिकित्सास्थान, अध्याय 1, करप्रतिचीय रसायनपाद; 8-13)।

लकड़ी

जंगलों में आंवलों के वृक्षों को काटकर लकड़ी ले ली जाती है। जड़ से इसकी फिर नई शाखाएं निकल आती हैं, बड़ा होने पर उन्हें फिर काट लिया जाता है। इस प्रकार ईंधन के लिए इसमें से पर्याप्त लकड़ी निकल आती है। लकड़ी की बल्लियां अच्छी बनती हैं। कृषि के औज़ार और फ़र्निचर बनाने के लिए उपयोगी है। यह घटिया इमारती लकड़ी है। सुखाते हुए मुड़ जाती है और दरारें पड़ जाती हैं। पानी में यह टिकाउ होती है। इसलिए कुएं संबंधी प्रयोजन में काम में लाई जा सकती है। लकड़ी की छोटी क़तरनें और छोटी शाखाएं गदले पानी में डालने से पानी साफ़ हो जाता है इसलिए कूप-वृत्तों को बनाने में इसका उपयोग बहुत किया जाता है।

शार्ङ्गधर की सम्मति में कुएं का पानी कड़वा, खारा, बेस्वाद, गदला और दुर्गन्धयुक्त हो तो आंवले के चूर्ण को कुएं में डालने से पानी निर्मल, मीठा, सुगन्धित तथा गुणकारी हो जाता है (बृहत्संहिता, अध्याय 54; 121-122)।

टैनिन, चर्मकर्म में

टैनिन के उत्पादन के लिए वृक्ष का विशेष महत्त्व कहा जाता है, परन्तु लकड़ी की दृष्टि से यह निश्चित रूप से कम मांग वाला वृक्ष है। रंगने और कमाने के लिए छाल की मांग बढ़ सकती है। वृक्ष से अधिक लाभ लेने की विधि यह है कि कुछ बड़ा होने पर वृक्ष को काट दिया जाये। फिर जड़ से नयी शाखाएं निकलेंगी, उनसे छाल और ईंधन दोनों प्राप्त किए जा सकते हैं।

फल, पत्ते और छाल सब में टैनिन होने से ये भारत के विभिन्न भागों में चर्मकर्म के लिए प्रायः हरड़ आदि किसी पक्के टैनिन पदार्थ के साथ मिलाकर प्रयुक्त होते हैं। बंगाल के चर्मकार कमाने के लिए पत्तों को बहुत अच्छा समझते हैं। त्रावनकोर में छाल चर्मकर्म में काम आती है। भारत में किए गए वैज्ञानिक परीक्षणों के अनुसार उत्तम चमड़ा प्राप्त करने के लिए निम्नलिखित मिश्रण चर्मकर्म में अच्छा रहता है। आंवले की छोटी शाखाओं की छाल पचास प्रतिशत, ककरौंदे की तीस प्रतिशत, धौरा या बाकली (*Anogeissus latifolia* Roxb. *आनोजेइस्सुस लतिफ़ोलिआ* रौक्सबुर्ग) की बीस प्रतिशत। इस मिश्रण से रंगा हुआ चमड़ा लालिमा लिए हुए भूरा होता है।

कपड़ा रंगने के लिए

कपड़ा रंगने में आंवले के विभिन्न भागों का उपयोग होता है। फलों से प्राप्त रंग काला-सा भूरा होता है। फल अकेला बहुत कम प्रयुक्त होता है। बहेड़े और हरड़ की तरह काला रंग प्राप्त करने के लिए यह प्रायः लोहे के लवणों के साथ

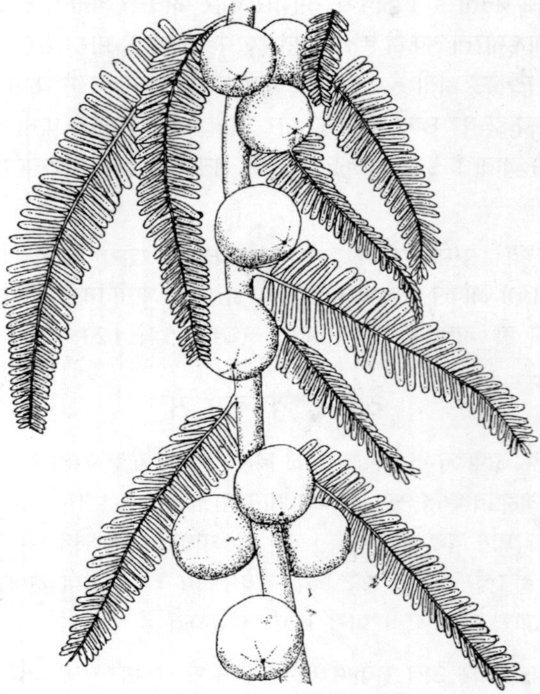

चित्र 23 आंवले की फलदार शाखा

या अन्य वृक्ष की छालों के साथ प्रयोग में आता है। यह रंग को अधिक गूढ़ा कर देता है। टसर और मलबेरी पर इससे सुन्दर, हलके-भूरे रंग प्राप्त किए गए हैं। रुई पर बहुत बढ़िया रंग नहीं देता। छाल और पत्ते भी प्रयुक्त होते हैं और वही रंग देते हैं। पत्तों में हलके मैले और भूरे-से पीले रंग के रंजक पदार्थ स्वल्प परिमाण में होते हैं। ये पानी में विलेय हैं। टसर, रेशम, मलबेरी और ऊन पर इस रंग की छायाएं प्राप्त की जाती हैं और लौह लवणों के साथ रंग काले में बदल जाता है। हौंगकौंग में चीनी लोग पत्तों को रंगने के लिए इस्तेमाल करते

हैं। जावा में इनसे चटाइयां रंगी जाती हैं। शिवसागर ज़िले में हरड़, जामुन और अमरूद की छाल के साथ आंवले की छाल मिलाकर काला रंग बनाते हैं। मलय में फल भोजनों में मसाले के रूप में काम आता है। भारत की तरह मलय में भी इसका अचार और मुरब्बा डाला जाता है। डच ईस्ट इण्डीज़ में भी यह इसी तरह प्रयुक्त होता है। मुरब्बा बनाने के लिए भारत में बनारसी आंवले ने बहुत ख्याति प्राप्त की है। यह आंवला क़लमें बांधकर तैयार किया जाता है। सामान्य आंवलों की अपेक्षा आकार में बनारसी आंवला लगभग तिगुना या चार गुना बड़ा होता है। मुरब्बा बनाने के लिए ताज़े हरे फलों को एक-दो दिन चूने के पानी में डुबो रखें फिर सादे जल में उबालें। ज़रा-सा मृदु हो जाने पर काष्ठ की शलाका से छिद्र कर दुगुनी या तिगुनी खाण्ड की चाशनी में डालें। जब फल पानी छोड़ दें तो आग पर रखकर जल भाग उड़ा दें। आंवलों के अन्दर अच्छी तरह चाशनी चली जाने पर मुरब्बा बन गया समझें।

सूखे फल मैल साफ़ करने वाले समझे जाते हैं, इसलिए साबुन के स्थान पर सिर धोने के काम आते हैं। रात को इन्हें पानी में भिगोकर रख देते हैं और अगले दिन इस पानी से सिर धोते हैं। यह बालों को मुलायम और लम्बा करता है, ऐसा विश्वास प्रचलित है।

चारा : कुछ पशु फलों को चाव से खाते हैं। पत्ते अच्छा चारा समझे जाते हैं।

गोंद : वृक्षों में से एक गोंद निकलती है। यह उपयोगी नहीं होती।

विड लवण बनाने के लिए

आंवले का प्रयोग विड लवण के निर्माण में किया जाता है। निर्माण विधि यह हैं छब्बीस किलोग्राम सांभर नमक को सौ ग्राम ग्राम सूखे आंवलों के साथ मिला लें। इसमें से चौथाई पदार्थ को तंग मुंह के गोल मृत्पात्र में डालकर भट्ठी में एक घंटे तक आंच देते हैं। पात्र के अन्दर का पदार्थ गरम हो जाने पर बचे हुए पदार्थ को भी धीरे-धीरे मिलाते हैं। सारा पदार्थ डाल चुकने के बाद इसे लगभग छह घण्टे की तेज़, लाल आंच दी जाती है। उसके बाद भट्ठी और पात्र स्वयं ठण्डे होने दिए जाते हैं। बरतन को तोड़ने से 22.400 किलोग्राम विड नमक प्राप्त हो जाता है।

प्रभाव तथा चिकित्सा में उपयोग

भारतीय चिकित्सा का आंवला महत्त्वपूर्ण पदार्थ है। प्राचीनतम लेखक चरक, सुश्रुत से लेकर आधुनिक लेखकों तक ने इसे बहुत महत्त्व दिया है। अनेक योगों में यह महत्त्वपूर्ण भाग लेता है और बहेड़े तथा हरड़ के साथ मिलाकर त्रिफला रूप में यह प्रायः सब रोगों में, विभिन्न रूपों में प्रयुक्त किया जाता है।

ताज़ा फल तृषाशामक, मूत्रल और अनुलोमक होता है। शुष्क फल ग्राही और पाचक होता है। फूल शीतल और सारक होते हैं। छाल में पके फल की ग्राहकता होती है।

हकीम इसे आयुर्वेदिक चिकित्सकों की तरह प्रयोग करते हैं। वे इसे ग्राही, तृषाशामक, हृदय और शरीर के दोषों को शुद्ध करने वाला समझते हैं। शीतल और ग्राही गुण के कारण वे इसे बाह्य प्रयोग में भी काम में लाते हैं।

रसायन

आंवले का रसायन रूप में उपयोग राजा भोज लिखते हैं– आंवले के चूर्ण को घी, शहद और तेल मिलाकर एक महीने तक खाने से वाक्पटुता, शरीर में कान्ति और नवयौवन आता है। आंवले के चूर्ण को पानी, घी या शहद के अनुपान से रात्रि में सेवन करते रहने से उदराग्नि बढ़ती है; नाक, कान तथा आंख स्वस्थ रहते हैं और जवानी प्राप्त होती है। बुढ़ापे के प्रभाव से बचने के लिए आंवले के रस में शहद, मिश्री और घी मिलाकर सेवन करना चाहिए।

गरुड़पुराण के अनुसार इसके पानी से स्नान करते रहने से स्वस्थ रहता हुआ मनुष्य सौ साल तक लक्ष्मी सम्पन्न होकर जीवित रहता है। उसके बाल सफ़ेद नहीं होते। पुराणकार आंवले में सदा लक्ष्मी का निवास मानते हैं।

निर्बल बच्चों को

शारीरिक और मानसिक दृष्टि से निर्बल बच्चों को छह से बारह ग्राम च्यवनप्राश प्रतिदिन प्रातःकाल गाय के दूध से सेवन कराया गया और प्रत्येक उदाहरण में आश्चर्यजनक उन्नति देखी गई। रेडियोमाल्ट और विभिन्न ब्राण्डों के कौड-लिवर औयल आदि यद्यपि आजकल शक्तिजनक ओषधियों के रूप में बहुत अधिक प्रयुक्त हो रहे हैं, परन्तु बालक जितनी सुगमता से च्यवनप्राश को लेते हैं उतना दूसरी

चीज़ों को नहीं लेते। कौड लिवर औयल (मछली का तेल) की अपेक्षा बच्चों के लिए यह अधिक सात्म्य पड़ता है। अरुचिकर गन्ध और स्वाद के कारण मछली के तेल से उत्पन्न होने वाले जी मचलाना आदि लक्षण च्यवनप्राश के सेवन में नहीं उत्पन्न होते।

मुख, गला, दांत

पित्त प्रकोप के कारण मुख में छाले पड़ गए हों या मुखपाक हो तो मूल की छाल को घिसकर शहद से लेप करने से लाभ होता है। पत्तों के कषाय से गरारे करने से भी आराम आ जाता है। आंवले और पिप्पली को डालकर पकाई हुई यवागू गले के रोगों के लिए हितकर होती है (चरक., चिकित्सास्थान, अध्याय 2; 60)।

आंवले में विटामिन-सी प्रचुर परिमाण में होती है इसलिए स्कर्वी में यह बहुत उपयोगी होता है। जिन बच्चों के दांत कमज़ोर हों, ठीक तरह न निकलते हों, बहुत भंगुर हों या शीघ्र ही कीड़ों से खाए जाते हों, उन्हें रोज़ ताज़े आंवले खाने चाहिए या इसके च्यवनप्राश आदि योग नियम से सेवन करने चाहिए। आंवलों को चबाने से या दांतों पर घिसने से दन्त-रोगों में लाभ होता है (हारीतसंहिता, दन्तरोग चिकित्सा, अध्याय 46; 12)।

विटामिन सी का प्रचुर स्रोत

आंवले में जितनी अधिक मात्रा में विटामिन-सी रहता है उतना सम्भवतः किसी अन्य फल में नहीं। ताज़े आंवले के रस में नारंगी की अपेक्षा बीस गुणा अधिक विटामिन-सी रहता है। एक आंवले में डेढ़-दो संतरों (बड़ी नारंगी) के बराबर विटामिन-सी रहता है। प्रति 100 ग्राम आंवले में 600 मिलीग्राम विटामिन-सी रहता है।

फलों और सब्ज़ियों को गरम करने, पकाने या सुखाने से उनके विटामिन का अधिकांश या प्रायः सम्पूर्ण अंश नष्ट हो जाता है। परन्तु आंवला इस विषय का अपवाद है। पकाने पर भी इसका सब विटामिन नष्ट नहीं होता। इसके तीन कारण हैं। एक तो आंवले में इतना विटामिन-सी रहता है कि कुछ नष्ट होने पर भी काफ़ी विटामिन बचा रह जाता है। दूसरे, आंवले में खटास होती है और खटास विटामिन-सी की बहुत कुछ रक्षा करती है, उसको नष्ट नहीं होने देती।

तीसरे, आंवले में कुछ अन्य पदार्थ भी हैं जो विटामिन-सी की रक्षा करते हैं। इसीलिए आंवले के मुरब्बे में भी कुछ विटामिन-सी रह जाता है। आंवले को सुखाकर रखने से भी बहुत कुछ विटामिन-सी बचा रहता है।

सुखाने की अच्छी विधि

सुखाने की एक रीति यह है कि इसे हलके हाथ से कूटकर छोटे टुकड़ों में कर लिया जाए और धूप में डालकर झटपट सुखा लिया जाए। सूख जाने पर गूदे को बारीक पीस लिया जाए। इस प्रकार बनाए चूर्ण में प्रति ग्राम दस से सोलह मिलीग्राम विटामिन-सी रहता है। विशेष रीतियों से सुखाने पर विटामिन-सी की और अधिक मात्रा सुरक्षित रह जाती है। चूर्ण के रखे रहने पर धीरे-धीरे विटामिन नष्ट होता रहता है, विशेषकर यदि चूर्ण नमी वाले या गरम स्थान में पड़ा रहे। परन्तु फिर भी साधारण रीति से रखा रहने पर आंवला चूर्ण महीनों तक उपयोगी सिद्ध होता है। चूर्ण को यथासम्भव सूखे और ठण्डे स्थान में रखना चाहिए।

आंवले को रखने की एक और विधि यह है कि इसमें नमक मिला दिया जाए। इसके लिए आंवलों को पहले खौलते पानी में छह-सात मिनट तक डुबो देना चाहिए और फिर उन्हें नमक के ख़ूब गाढ़े घोल में रख देना चाहिए। इस रीति से आंवले का विटामिन-सी बहुत कुछ सुरक्षित रह जाता है। जब आंवलों को बहुत देर तक उबाला जाता है फिर घी या तेल में डाला जाता है और नमक-मसाला डाला जाता है, तब अधिकांश विटामिन नष्ट हो जाता है।

युद्ध काल का आवश्यक पदार्थ

आंवला चूर्ण से बनी टिकियां फ़ौजी सिपाहियों को विटामिन-सी प्रदान करने के काम में आ रही हैं। 1914-18 की लड़ाई में मेसोपोटामिया तथा अन्य क्षेत्रों में, जहां हरी साग-सब्जियों की कमी थी या जहां वे मिल ही नहीं सकती थीं, अनेक सिपाहियों को स्कर्वी रोग हो गया था। गत समर में आंवला चूर्ण की टिकियों के प्रयोग के कारण कहीं भी स्कर्वी न हो पाया और इस प्रकार सैनिकों का स्वास्थ्य सुरक्षित रहा। सन् 1940 में जब हिसार में दुर्भिक्ष से आक्रान्त क्षेत्र में स्कर्वी प्रचण्ड रूप धारण कर रहा था तब ताज़ा आंवला इस रोग का अचूक इलाज सिद्ध हुआ था।

आहार सम्बन्धी उपयोगिता

भारत सरकार की रिपोर्ट (हेल्थ बुलेटिन नम्बर 23) में आंवले की आहार सम्बन्धी उपयोगिता को बताते हुए इसमें निम्नलिखित द्रव्यों का संघटन बताया गया है : प्रोटीन 0.5 प्रतिशत, वसा (ईथर एक्स्ट्रैक्ट्स) 0.1 प्रतिशत, खनिज पदार्थ 0.7 प्रतिशत, रेशा 3.4 प्रतिशत, कार्बोहाइड्रेट्स 14.1 प्रतिशत, कैल्सियम 0.5 प्रतिशत, फ़ौस्फ़ोरस 0.2 प्रतिशत, जलीयांश 81.2 प्रतिशत। प्रति सौ ग्राम में लोहा 1.2 मिलीग्राम होता है। प्रति सौ ग्राम में ऊष्मा उत्पन्न करने की क्षमता उनसठ है। प्रति अट्ठाईस ग्राम में सत्रह ऊष्मा इकाइयां होती हैं।

लाभप्रद व्यवसाय

बड़े पैमाने पर फल-संरक्षण का काम करने वाले लोगों तथा स्क्वैश आदि फल-पेयों के निर्माताओं को मैं सलाह दूंगा कि यदि वे आम, सन्तरा आदि के स्क्वैश की तरह आंवले के स्क्वैश को भी बाज़ार में रखें तो जनता में इसकी अच्छी मांग

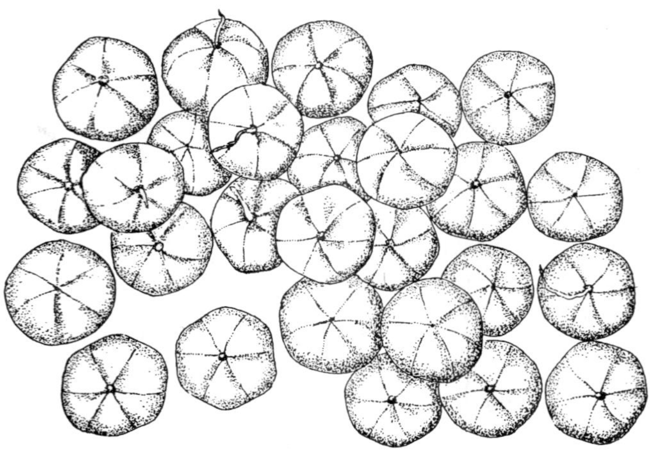

चित्र 24 आंवला के फल

पैदा हो जायेगी और निर्माताओं के लिए यह अच्छे मुनाफ़े का धंधा होगा। आंवला हमारे देश के अधिकतर भूभाग में जंगल में स्वयं पैदा होता है। इसकी उत्पत्ति इतनी अधिक है कि पूरी पैदावार का हम ठीक तरह उपयोग नहीं कर पाते। जिन प्रदेशों में यह होता है वहां से पास के शहरों और मण्डियों में बिकने आ जाता

है। अचार, मुरब्बे तथा दवाओं में प्रयोग किए जाने के बाद जो पैदावार बचती है वह सुखाकर रख ली जाती है। हमारा विश्वास है कि इन उपयोगों के बाद भी पैदावार का एक बड़ा भाग नष्ट हो जाता है। स्क्वैश के रूप में यदि इसका प्रयोग आरम्भ कर दिया जाये तो विश्वास है कि सारी पैदावार का हम पूरा लाभ उठा सकेंगे जिससे हमारी राष्ट्रीय सम्पत्ति में भी वृद्धि होगी।

आंवला स्क्वैश की लोकप्रियता

हमारे देश में फलों, शाक-सब्जियों की जो सामान्य कमी है उसके कारण सर्वसाधारण को जीवन के लिए आवश्यक खाद्य पदार्थ विटामिन-सी भी पर्याप्त नहीं मिल रहा है। इसी कमी को पूरा करने के लिए हमारे पास सबसे अधिक सस्ता और बहुत बड़े पैमाने में मिलने वाला आंवला फल है। भारत सरकार का जंगल-विभाग गत महायुद्ध में इसी प्रयोजन के लिए फ़ौजियों को आंवला देता रहा है। यह आंवला सूखी शक्ल में जाता था और इसका यह रूप भोजन की अपेक्षा दवा अधिक प्रतीत होता था। आंवला दवा के साथ-साथ एक महत्त्वपूर्ण भोजन भी है। इसके ताज़े रस को सुरक्षित करके जो स्क्वैश बनाए जाएंगे उनका भोजनों के रूप में हमारे घरों में, होटलों और रेस्तराओं में बहुत उपयोग होगा। ताज़े आंवलों का स्वाद खट्टा होता है। इसकी खटास में जो हलका-सा कसैलापन होता है उसकी अपनी विशेषता है। पंजाबी की एक प्रसिद्ध कहावत का आशय है कि वृद्धजनों की बात का और आंवले के स्वाद का बाद में ही महत्त्व पता चलता है। प्रकट रूप में आंवला खट्टे और कसैले स्वाद वाला एक फल है, परन्तु यह कहावत इसमें छिपी उस मिठास की ओर संकेत करती है जिसका स्वाद बाद में आया करता है। आंवले के ताज़े रस का रंग बहुत सुन्दर सफ़ेदी लिए हरा-सा होता है। स्वाद, रूप, रंग और सस्तापन तथा मांग आदि सभी दृष्टियों से आंवले के स्क्वैश तथा दूसरे प्रकार के पेय अच्छे लोकप्रिय होंगे, ऐसी सम्भावना है।

भोजन में

भोजन के आदि, अन्त या मध्य में किसी समय भी आंवला खाया जा सकता है। भोजन में पांच-सात मिनट पहले खाया गया आंवला पाचक रसों को उत्तेजना देकर भूख बढ़ाने का काम करेगा। बीच में खाने से यह भोजन को पचाने में सहायता देगा। अजीर्ण में आंवले के अनेक योगों का प्रयोग किया जाता है। क्षुधा-उत्तेजक रूप में आंवले का मुरब्बा और अचार खाया जाता है। भोजन के बाद जिन लोगों

को सुपारी आदि खाने की आदत है वे आंवले को निम्नलिखित विधि से तैयार करके नियमित रूप से सेवन कर सकते हैं :

वृक्ष पर पके हुए ताज़े आंवलों को फ़रवरी-मार्च में लें। चाकू से फांकें काट लें। गुठली फेंक दें। फांकों के समान चीनी तोल लें। शीशे के मर्तबान में दोनों को मिलाकर धूप में रख दें। यह पानी छोड़ देगा। कुछ महीनों तक धूप में पड़ा रहने दें तो पानी उड़ जाएगा। आंवले की सूखी फांकों में चीनी भलीभांति रम गई होगी। सम्यक्तया सूख जाने पर ढक्कन लगाकर मर्तबान को रख लें। जब तक धूप में सूखने के लिए रखा जाय मुंह के ऊपर पतला कपड़ा बांध देना चाहिए जिससे धूल और मक्खियां अन्दर न जा सकें।

गुण

आंवला खट्टा होने से वायु को, मीठा तथा शीतल होने से पित्त को, रूक्ष तथा कसैला होने से कफ को हरता है; त्रिदोषघ्न है। दाह, पित्त के रोग, रक्तपित्त, वमन, पिपासा, प्रमेह, मधुमेह में दिया जाता है। यह आंखों के लिए हितकर, बालों को मज़बूत करने वाला, चरबी को छांटने वाला, टूटी हुई हड्डियों को जोड़ने वाला, शोफघ्न, ज्वरहर, वृष्य रसायन है :

कषायं कटु तिक्ताम्लं स्वादु चामलकं हिमम्।
रसं त्रिदोषहृद् वृष्यं ज्वरघ्नं च रसायनम्॥
हन्ति वातं तदम्लत्वात्पित्तं माधुर्यशैत्यतः।
कफं रूक्षकषायत्वात्फलं धात्र्यास्त्रिदोषजित्॥

धन्वन्तरिनिघण्टु, गुडूच्यादिवर्ग 1; 216-217.

आमलकं कषायाम्लं मधुरं शिशिरं लघु।
दाहपित्तवमीमेह शोफघ्नं च रसायनम्॥

राजनिघण्टु, आम्रादिवर्ग 11; 158.

अम्लत्वात्पवनं हन्ति पित्तं माधुर्य्यशैत्यतः।
कफं रूक्षकषायत्वात्तस्मात्किमधिकं फलम्॥

मदनपालनिघण्टु, हरीतक्यादिवर्ग 1; 27.

तद्वद् धात्री स्वेदमेदोहराम्ला शुक्रला हिमा।
भग्नसंधानकृत् केश्या पिपासाकफपित्तहृत्॥

तन्मज्जा तुवरः स्वादुस्तृट्छर्द्यनिलपित्तहा।
हन्ति वातं तदम्लत्वात् पित्तं माधुर्यशैत्यतः॥
कफं रूक्षकषायत्वात् फलेभ्योऽभ्यधिकं मतम्।
चक्षुष्यं सर्वदोषघ्नं वृष्यमामलकीफलम्॥

कैयदेवनिघण्टु, ओषधिवर्ग 1; 238-240.

हरीतकीसमं धात्रीफलं किन्तु विशेषतः।
रक्तपित्तप्रमेहघ्नं परं वृष्यं रसायनम्॥
हन्ति वातं तदम्लत्वात्पित्तं माधुर्यशैत्यतः।
कफं रूक्षकषायत्वात्फलं धात्र्यास्त्रिदोषजित्॥
यस्य यस्य फलस्येह वीर्यं भवति यादृशम्।
तस्य तस्यैव वीर्य्येण मज्जानमपि निर्दिशेत्॥

भावप्रकाशनिघण्टु, हरीतक्यादिवर्ग 1; 39-41.

महास्रोतस् के रोग

महास्रोतस् पर आंवले का शामक और अनुलोमक प्रभाव होता है। आमाशय में पित्तप्रकोप के कारण अम्लपित्त हो जाने पर प्रातःकाल आमलकीखण्ड दिया जाता है अथवा भोजन के पीछे छह ग्राम आमलकी चूर्ण पानी के साथ दिया जाता है। खट्टी डकारों के साथ अम्लयुक्त आमाशयिक रस मुख में आता है और गले में दाह पैदा करता है, अम्लपित्त के ये लक्षण इसके सेवन करने से तीन दिन में दूर हो जाते हैं। पैत्तिक शूल में आंवले के रस में चीनी मिलाकर देने से शीघ्र आराम आ जाता है। पैत्तिक गुल्म (वायुगोला) के रोगियों को आंवले के काढ़े में खाण्ड मिलाकर सेवन कराना प्रशस्त समझा जाता है। आंवले के ताज़े रस में शहद और पिप्पली मिलाकर चाटने से हिचकी बन्द हो जाती है। वातिक वमन में आंवले के रस में चन्दन को घिसकर शहद से चटाते हैं।

शुष्क फल अतिसार और प्रवाहिका में ग्राही रूप में बहुत दिया जाता है। ग्रहणी और अतिसार में तीन ग्राम धात्री चूर्ण दिन में तीन बार दिया जाता है। चिरस्थायी प्रवाहिका में ताज़े आंवले ख़ूब खाने चाहिए। ताज़े फल का रस अतिसार प्रवाहिका में ग्राही, लेपक और बलदायक रूप में दो से पांच मिलीलिटर की मात्रा में तीन-चार बार पिलाया जाता है। पर्शिया में आंवले को उदर-कृमिहर रूप में इस्तेमाल करते हैं।

हस्तिचिकित्सक आमले के वृक्ष की छाल को हाथी की आमाशय सम्बन्धी सब शिकायतों की चिकित्सा समझते हैं।

जिगर के रोग

आमले का चूर्ण यकृत् और आमाशय के लिए बहुत गुणकारी है। सूखे आंवलों का चूर्ण लोहे की भस्म के साथ पाण्डु, कामला और अजीर्ण के लिए उपयोगी औषध समझा जाता है। आंवले के चूर्ण को लोहभस्म, सोंठ, काली मिरच, पिप्पली और हल्दी के साथ एकत्र मिलाकर घी, शहद और खाण्ड के साथ मिलाकर कामला तथा हलीमक में देने से लाभ देखा गया है (रसेन्द्रसारसंग्रह, पाण्डुरोगचिकित्सा; 2)।

श्वास-संस्थान

श्वास-संस्थान के लिए आंवला और उसके च्यवनप्राश आदि योग विशेष गुणकारी समझे जाते हैं। पुरानी खांसी और ज़ुकाम में च्यवनप्राश का प्रयोग बहुत होता है। पुरातन कास में च्यवनप्राश उत्तेजक क्रियाशील कफनिस्सारक का काम करता है और फेफड़ों को शक्ति देता है। सर्दियों में ज़ुकाम और खांसी की प्रवृत्ति वाले लोगों के लिए इसका सेवन लाभदायक सिद्ध हुआ है। दूध में पकाए आंवले के चूर्ण को घी मिलाकर खांसी में देने से लाभ होता है (अष्टांगहृदय, चिकित्सास्थान, अध्याय 3)। आंवले के स्वरस में शहद और पिप्पली मिलाकर चटाने से वेदनानुगामी श्वास में लाभ होता है। ताज़ा फल फेफड़ों की शोथ में सेवन कराया जाता है।

क्षय, रक्तपित्त, नक्सीर

क्षय की प्रवृत्ति वाले मनुष्यों को प्रतिदिन च्यवनप्राश सेवन से लाभ होता है। क्षय की प्रारम्भिक अवस्था में भी इसके उप्योग से बहुत लाभ होता देखा गया है। कैल्सियम, लोह, लवण तथा अनेक शक्तिप्रद वानस्पतिक ओषधियों का मिश्रण होने से च्यवनप्राश सब अंगों को पुष्टि देता है और इसका नियमित सेवन शरीर में रोग प्रतिरोधक शक्ति पैदा करता है। पहले जो आमलकी के योग दिए गए हैं उन सबकी यह उपयोगिता है इसीलिए वे योग रसायन कहे जाते हैं।

ख़ून आने (रक्तपित्त) में खाण्ड मिले आंवले के चूर्ण की फंकी दी जाती है। नासा रक्तस्राव (नकसीर) में आंवले के योग पित्तप्रकोप के शमन के लिए दिए जाते हैं। आमलकी शीत कषाय से नासिका का सेवन किया जाता है और

घी में भूने हुए आंवले के कल्क का सिर पर लेप किया जाता है। चक्रपाणि का अनुभव है कि यह लेप नाक से आते हुए रुधिर को इस प्रकार रोक देता है, जैसे जलधारा के वेग को बांध रोकता है (चक्रदत्त, रक्तपित्तचिकित्सा)। जिन्हें नकसीर फूटने की शिकायत हो जाया करती है उन्हें ताज़े आंवले या आंवले का रस सेवन करना चाहिए। आंवलों का मौसम न हो तो तीन ग्राम सूखे आंवलों को सोते समय आठ गुने पानी में भिगोकर सुबह जल निथार लें और शहद मिलाकर पी जाया करें।

मदात्यय

शराब अधिक पीने से होने वाले (मदात्यय) रोगों में आंवले के चूर्ण में चीनी मिलाकर फंकी लेनी चाहिए।

मस्तिष्क और सिर के रोग

सिर पर चोट लगने के कारण सिर में रक्त-संचय हो जाए तो आंवले के कल्क को घी के साथ मिलाकर क्षत स्थान पर और सिर पर लेप कर देते हैं (हारीतसंहिता, चिकित्सास्थान, अध्याय 42)। गरमियों में सिर के रक्त-संचय को हटाने के लिए आंवले का तेल लगाया जाता है। मस्तिष्क के रक्त-संचार में कुछ बाधा हो, सिर व नेत्रों में जलन अनुभव होती हो तथा सिरदर्द की प्रवृत्ति और विचारों में गड़बड़ी रहती हो तो आंवले का तेल सिर पर मलने से लाभ होता है। कुछ ही दिनों में जलन शान्त हो जाती है और मस्तिष्क की विचार शक्ति ठीक हो जाती है।

सात सौ साठ ग्राम तिल के तेल और आंवले के डेढ़ लिटर रस में पुण्डरीक काष्ठ, मुलहठी, पिप्पली, लाल चन्दन, नीलोफ़र प्रत्येक बारह ग्राम का कल्क डालकर विधिपूर्वक तेल पका लें। सिर के सब रोगों में यह नाक के अन्दर टपकाने से लाभ करता है (चरक., चिकित्सास्थान, अध्याय 26; 276-277)। सिर पकना आदि सिर के बाहरी रोगों में आंवला, अमलतास के कोमल पत्ते, लाख और पनवाड़ के बीजों का लेप करने से शीघ्र लाभ होता है (राजमार्तण्ड, शिरोरोगाधिकार 1; 11)।

बालों के लिए

भीतरी और बाहरी प्रयोगों में आंवला बालों के लिए हितकर है। आंवले के जल से सिर धोना बहुत गुणकारी है। आमलकी तेल के दैनिक व्यवहार से

बाल झड़ने बन्द हो जाते हैं। आंवला, पद्म, केसर और मुलहठी के चूर्ण में शहद मिलाकर सिर पर लेप करने से केशों की पुष्टि होती है, उनकी जड़ें मज़बूत होती हैं, और वे काले भी हो जाते हैं (चरक., चिकित्सास्थान, अध्याय 26; 276-277)। आंवले को आम की गुठली के साथ पीसकर सिर पर लेप करने से बाल घने और लम्बे होते हैं (राजमार्तण्ड, शिरोरोगाधिकार 1; 11)।

हृदय के रोग

बाहरी तथा भीतरी प्रयोग में शीतल होने से आंवला पित्त को शान्त करता है। पित्त प्रकोप से हृत्कम्प और हृदय-शूल हो तो आंवले से बनाई दवाएं देनी चाहिए। पैत्तिक रोगों में आंवले के मुरब्बे का उपयोग किया जाता है, प्रतिदिन प्रातः दूध से लिया जाता है और भोजनों में भी खाया जाता है।

आंवला कोलेस्ट्रोल को कम करता है। प्रयोग के लिए पन्द्रह स्त्री-पुरुषों को प्रतिदिन पचास ग्राम ताज़ा आंवला खिलाया गया था। चार सप्ताह के बाद जांच करने पर उनकी कोलेस्ट्रोल में इकत्तीस प्रतिशत कमी पाई गई। इसलिए हृदय के रोगियों के लिए यह लाभदायक फल है। वे हर रोज़ पचास ग्राम ताज़ा आंवला खाएं तो दिल के दौरे से बच सकते हैं।

ज्वर

मलय में पत्तों का कषाय ज्वर में देते हैं और शिरोवेदना या शिरोभ्रम में पत्तों का कल्क माथे पर रखते हैं। पिपासा शान्ति के लिए मूल का फाण्ट बनाकर दिया जाता है। ज्वर में पसीना लाने के लिए भी बीजों का फाण्ट दिया जाता है। छोटा नागपुर में आंवले के कल्क को गरम करके खसरे की फुन्सियों पर लेप करते हैं। विसर्प ज्वर (एरिसिपलिस) में आंवले का रस घी मिलाकर देना चाहिए। रोगी को मलबन्द हो तो इसी में त्रिवृत मूल चूर्ण मिलाकर देने से लाभ होता है। विष विकारों में रोगी को दिए जाने वाले शाक के रसों को स्वादु बनाने के लिए आंवले का रस डालकर खट्टा कर लेते हैं।

मूत्रमार्ग के रोग

मूत्रमार्ग में आंवला पित्त प्रकोप को शान्त करता है। शर्करा मिश्रित शुष्क फल का चूर्ण मूत्रमार्ग की दाह, मूत्रकृच्छ्र आदि पैत्तिक रोगों में लाभकारी है। कफज

मूत्रकृच्छ्र में आंवले के साथ छोटी इलाइची खाने से लाभ होता है। ताज़े फलों का रस मधु के साथ बीस से साठ मिलीलिटर की मात्रा में मूत्रल रूप में दिया जाता है। आंवले के कषाय में भी मधु या खाण्ड मिलाकर देने से स्वादु शीतल पेय बन जाता है और यह मूत्रल का काम करता है। कोंकण में ताज़ी छाल का रस शहद और हल्दी के साथ पूयमेह (गनोरिया, सूज़ाक) में दिया जाता है। पूयमेह के रोगियों के लिए ताज़े फल प्रतिदिन खाना लाभदायक है। तीस ग्राम सूखे आंवले रात को दो सौ पचास मिलीलिटर पानी में भिगोकर सुबह जल निथार लें। इसमें शहद डालकर पीना सूज़ाक, मूत्रकृच्छ्र और दाह को शीघ्र दूर करता है। यह पेय अच्छा मूत्रल है और शीतल होने से मूत्रमार्ग की दाह आदि को भी शान्त करता है। साफ़ किशमिश या मुनक्कों को रात-भर पानी में भिगोकर सुबह उन्हें हाथ से कुचल डालें। इसमें आंवले का स्वरस और शहद मिलाकर पीएं। ताज़े आंवले न मिल सकें तो सूखे आंवलों का शीत कषाय बनाया जा सकता है। मधुमेह के रोगी इस उत्तम स्वादु और बलदायक शर्बत को प्रतिदिन तीन बार एक-एक गिलास पी सकते हैं। यह पेशाब खुलकर लाता है जिससे मूत्र-प्रणाली का प्रक्षालन हो जाता है। मूत्र-रक्तस्राव में फलों का कषाय लाभदायक है। पेशाब जब कठिनाई से आता हो और उसके साथ ख़ून भी निकलता हो तब आंवले के रस को गन्ने के रस और शहद के साथ लेना चाहिए (बंगसेनसंहिता, मूत्रकृच्छ्राधिकार)।

मूत्र के दोषों से पीड़ित रोगियों के लिए सुश्रुत ने बताया है कि आंवलों को गन्ने की तरह पीसकर उन्हें ख़ूब सारा रस पी लेना चाहिए (सुश्रुत., उत्तरतन्त्र, अध्याय 58)। मूत्राशय के क्षोभ में बस्ति प्रदेश पर फलों के कल्क का लेप उपयोगी होता है। इस कल्क में नीलोफ़र, केसर और गुलाब की पंखड़ियां भी मिलाई जा सकती हैं। पेशाब रुक जाने की अवस्था में बस्ति प्रदेश पर इस लेप को लगाने से लाभ होता है।

मधुमेह, प्रमेह

मधु मिश्रित आमलकी स्वरस मधुमेह में लाभकारी होता है। मधुमेही की पिपासा शान्ति के लिए ताज़े फलों को चूसना उत्तम तृषाशामक का कार्य करता है। बीजों का फाण्ट भी मधुमेह में दिया जाता है। मधुमेह धनिकों का रोग समझा जाता है। वे यदि अपनी आरामतलबी की आदतें बदलकर सादा खान-पान और रहन-सहन इख़्तियार कर लें तो आंवला अधिक लाभ पहुंचा सकता है। सुश्रुत

कहते हैं कि चाहे कितना भी धनी हो उसे मुनियों की तरह श्यामाक व नीवार धानों पर निर्वाह करते हुए और आमलकी फलों का भोजन करते हुए हिरणों के साथ रहना चाहिए।

आंवले के रस में पिसी हुई हल्दी और शहद मिलाकर चरक प्रमेहों में देते हैं। आंवले के स्वरस को शहद के साथ हारीत सब प्रकार के प्रमेहों के निवारण के लिए निरन्तर चिरकाल तक सेवन करने की सिफ़ारिश करते हैं। पन्द्रह मिलीलिटर आंवले के रस को प्रतिदिन शहद के साथ सेवन से शुक्रमेह और बहुमूत्रता नष्ट होती है। बहेड़े के साथ फलों के कषाय का अन्तःप्रयोग उत्पादक अंगों के स्राव में अत्युत्तम ग्राही कार्य करता है।

स्त्रियों के प्रजनन अंगों के रोग

रक्तप्रदर में आंवले के योग पित्त-प्रकोप की शान्ति के लिए दिए जाते हैं। छह-सात ग्राम आंवले का कल्क बनाकर शहद के साथ प्रदर में आते हुए ख़ून को रोकने के लिए और गर्भाशय से होते हुए रक्तस्राव को बन्द करने के लिए दिया जाता है। श्वेत प्रदर में आंवले के बीज को पानी के साथ रगड़कर शहद या खाण्ड मिलाकर देते हैं। ताज़े आंवले के चूर्ण को भी शहद के साथ श्वेत प्रदर में देने से लाभ होता है। योनि में गरमी और जलन रहती हो तो ताज़े फल के रस में मिश्री या शहद मिलाकर निरन्तर पीना चाहिए। सूखे या ताज़े आंवले को जल में पीसकर वस्ति भाग पर किया गया लेप वस्तिशूल, योनिशूल, मूत्रनिग्रह और दाह को दूर करता है।

तीन किलोग्राम घी में उनचास किलोग्राम आंवले के रस और मुलहठी के कल्क को डालकर विधिपूर्वक घृत पाक करें। यह सिद्ध घी छह ग्राम की मात्रा में पैत्तिक प्रकृति वाले मृगी के रोगी को दिया जाता है।

गठिया, बवासीर

गठिया (वातरक्त) के सब प्रकारों में रोगी को आंवले के रस में पुराना घी पकाकर पीने के लिए देना चाहिए। ख़ूनी बवासीर के रोगी को भोजनों में आंवले को विविध रूपों में खाना चाहिए और पित्तप्रकोप की शान्ति के लिए आंवले के योगों का सेवन करना चाहिए। बवासीर के रोगी को लस्सी पर रहते हुए आंवले का प्रयोग करना प्रशस्त समझा जाता है।

ज़ख़्म

सूखे आंवले के कषाय से क्षत स्थानों को धोने से ख़ून बहना बन्द हो जाता है। इसकी पट्टी कर दी जाय तो ज़ख़्म साफ़ होकर धीरे-धीरे ठीक हो जाता है। बड़ौदा में आंवले का रस दुर्गन्धित व्रणों पर उत्तम लेप समझा जाता है। गौज़ को रस में भिगोकर व्रणों पर रखें और पट्टी बांध दें। आवश्यकतानुसार यह दिन में दो बार या प्रतिदिन एक बार गौज़ बदलकर नई पट्टी बांधी जा सकती है। कुष्ठहर दस ओषधियों में चरक ने आंवले का पाठ किया है।

आंख के रोग

नेत्रों में रक्तसंचय को हटाने के लिए आमलकी शीत कषाय से नेत्र धोए जाते हैं। सूखे आंवलों को रात भर पानी में भीगा रहने दें। प्रातः छानकर इससे आंख धोएं। नेत्राभिष्यन्द में इससे बहुत लाभ होता है। इस शीत कषाय को ठण्डा या गरम जैसा आंख को सुखकर प्रतीत हो वैसा प्रयोग किया जा सकता है। आंवले के रस को आंखों में डालने से नूतन अभिष्यन्द में लाभ होता है। नेत्रपटल शोथ (conjunctivitis) में पत्तों के कल्क का बाह्य प्रयोग होता है। आंवले के क्वाथ से आंखों में परिषेचन करने से आंखों के विकारों में लाभ होता है। वृक्ष पर लगे हुए आंवले को सुई से चीरा देने से निकले हुए रस को आंखों में डालने से सम्पूर्ण आंखों के रोग दूर हो जाते हैं। आंवले के रस में काला सुरमा, शहद और घी को कुछ दिन घोटें। रस सूख जाने पर इसे पित्तज और रक्तज नेत्र रोग में आंजते हैं (चरक., सूत्रस्थान, अध्याय 26; 258)। आंवला, सेन्धा नमक और पिप्पली को सम परिमाण में थोड़ी-सी काली मिरच मिलाकर घोटें। बहुत बारीक हो जाने पर शहद मिलाएं। यह रसक्रिया अंधेपन और पटल को नष्ट करती है (चरक., सूत्रस्थान, अध्याय 26; 259)।

तेरह

इमली

तमरिन्दुस इंदिका लिनिअस
Tamarindus indica Linn.
कुल : केसलपिनिआसी Caesalpiniaceae

इतिहास : इमली का मूल देश पूर्वीय उष्णकटिबन्धीय अफ्रीका में अविसीनिया से दक्षिण की ओर ज़ाम्बेज़ी (Zambazi) तक है। अब यह गरम देशों में सब जगह बोया जा रहा है।

चित्र 25 इमली की पुष्पित शाखा एवं फली

भारत से अरबों ने इसका चिकित्सा में प्रयोग सीखा । इमली का अंग्रेज़ी नाम

अरबी के तमर हिन्द शब्द से बना है जिसका अर्थ भारतीय खजूर होता है। इससे पता चलता है कि मध्यकालीन व्यापार में यह भारत से प्रवेश पाई होगी। भारत में इसके फल का गूदा, बीज, पत्ते और लकड़ी काम में आते हैं।

इंग्लैण्ड में इमली के फल ईस्ट और वेस्ट इण्डीज़ दोनों से बड़े परिमाण में आयात किए जाते हैं।

प्राप्ति स्थान

इमली का वृक्ष भारत में सभी जगह बोया जाता है। मध्य प्रदेश और दक्षिण भारत में परती ज़मीनों और जंगलात की भूमियों पर ख़ुद उग आता है। हरिद्वार में प्रायः जंगली है।

देहरादून और सहारनपुर ज़िलों में सब जगह उगाया जाता है। हरिद्वार के आसपास प्राकृतिक अवस्था में स्वयं उग आता है। पंजाब में इमली के वृक्ष कम होते हैं।

परिचय

चौबीस से सत्ताईस मीटर ऊंचा वृक्ष; छाल गूढ़ी-धूसर रंग की, जिस पर लम्बाई के रुख़ दरारें पड़ी होती हैं। पत्ते पक्षाकृति, 5 से 12.5 सेण्टीमीटर लम्बे; पत्तियां दस से बीस जोड़ों में अभिमुख, बहुत छोटे वृन्तों से युक्त; फूल मई-जून में, समूहों में, मैले-सफ़ेद और लाल धारियों से चित्रित; फली 7.5 से 20 सेण्टीमीटर लम्बी, 2 से 2.5 सेण्टीमीटर चौड़ी, चपटी, मामूली-सी पिचकी हुई, अनेक बीजों से युक्त; कच्ची फली खट्टी; पकने पर गूदा भूरा-लाल, ज़रा-सी मिठास लिए हुए खट्टा हो जाता है। ऊपरला छिलका अनियमित आकार के टुकड़ों में फटकर उतर जाता है। बीज 1.25 सेण्टीमीटर व्यास के, पिचके हुए, गूढ़े-भूरे या काले रंग के, चमकीले, चिकने, अन्दर से सफ़ेद रंग के; फूल खिलने के दस-ग्यारह महीने बाद, मार्च-एप्रिल में फली पकती है।

फल, पत्तियां और फूल तीनों खट्टे होते हैं परन्तु तुलना में सबसे अधिक खटास फली में और सबसे कम फूल में रहती है।

विविध भाषाओं में नाम

अंग्रेज़ी : टैमरिण्ड ट्री (tamarind tree)।

असमी : तेतुलि।

उड़िया	:	तेंतुलि, कोन्या।
कन्नड़	:	हुलि, आम्ली।
गुजराती	:	आंब्ली, आम्ली।
तमिल	:	पुलि, अमिलम।
तेलुगु	:	चिन्ताचेट्टु, सिन्ताचेट्टु (वृक्ष), चिन्तापण्डु (फल)।
पंजाबी	:	इम्बली।
बंगाली	:	तेंतुल, अंवली।
मराठी	:	चिंच, चिचा।
मलयालम	:	पुलि, अमलम।
हिन्दी	:	आमली, अंबली।

संस्कृत में नाम

आयुर्वेद के निघण्टुओं में इमली के इक्कीस नाम आए हैं, जिनमें से धन्वन्तरिनिघण्टु (8वीं शती) में दस, राजनिघण्टु (12वीं शती) में नौ, मदनपालनिघण्टु (1374 सन्) में पांच और कैयदेवनिघण्टु (1450 सन्) में बारह और भावप्रकाशनिघण्टु (1550 सन्) में दस नाम और पर्याय आए हैं :

अम्लिका चुक्रिका चुक्रा साम्ला शुक्ताथ शुक्तिका।
अम्लिका चिञ्चिका चिञ्चा तिन्तिडीका सुतिन्तिडी॥

धन्वन्तरिनिघण्टु, आम्रादिवर्ग 5; 27.

चिञ्चा तु चुक्रिका चुक्रा साम्लिका शाकचुक्रिका।
अम्ली सुतिन्तिडी चाम्ला चुर्क्रका च नवाभिधा॥

राजनिघण्टु, आम्रादिवर्ग 11; 162.

अम्लिका चुक्रिका चिञ्चा तिन्तिडी शुक्तिचन्द्रिका।

मदनपालनिघण्टु, फलादिवर्ग 6; 86.

चिञ्ची चिञ्चाम्लिकम्लीका शुक्ता चण्डा च चुक्रिका।
अम्ला स्तम्भनिका चुक्रा तिन्तिडी तिन्तिणी तथा॥

कैयदेवनिघण्टु, ओषधिवर्ग 1; 363.

अम्लिका चुक्रिकाऽम्ली च चुक्रा दन्तशठाऽपि च।
अम्ला च चिञ्चिका चिञ्चा तिन्तिडीका च तिन्तिडी॥

भावप्रकाशनिघण्टु, आम्रादिवर्ग 6; 142.

इन नाम और पर्यायों को नीचे तालिका में दिया जा रहा है ताकि पाठक सुगमता से उनका तुलनात्मक अध्ययन कर सकें :

धन्वन्तरिनिघण्टु (8वीं शती)	राजनिघण्टु (12वीं शती)	मदनपालनिघण्टु (1374 सन्)	कैयदेवनिघण्टु (1450 सन्)	भावप्रकाशनिघण्टु (1550 सन्)
1 अम्ला	1 अम्ला		1 अम्ला	1 अम्ला
2 अम्लिका	2 अम्लिका	1 अम्लिका	2 अम्लिका	2 अम्लिका
	3 अम्ली			3 अम्ली
			3 अम्लीका	
			4 चण्डा	
3 चिञ्चा	4 चिञ्चा	2 चिञ्चा	5 चिञ्चा	4 चिञ्चा
4 चिञ्चिका				5 चिञ्चिका
			6 चिञ्ची	
5 चुक्रा	5 चुक्रा		7 चुक्रा	6 चुक्रा
6 चुक्रिका	6 चुक्रिका	3 चुक्रिका	8 चुक्रिका	7 चुक्रिका
	7 चुक्रीका			
		4 तिन्तिडी	9 तिन्तिडी	8 तिन्तिडी
7 तिन्तिडीका				9 तिन्तिडीका
			10 तिन्तिणी	
				10 दन्तशठा
	8 शाकचुक्रिका			
8 शुक्ता			11 शुक्ता	
9 शुक्तिका				
		5 शुक्तिचन्द्रिका		
10 सुतिन्तिडी	9 सुतिन्तिडी			
			12 स्तंभनिका	

नामों के अर्थ

अम्ला : अम्लिका।
अम्लिका : खट्टी फली।
अम्ली : अम्लिका।
अम्लीका : अम्लिका।
चण्डा : बहुत खट्टी फली।
चिञ्चा : इमली।
चिञ्चिका : चिञ्चा।

चिञ्ची	: चिञ्चा।
चुक्रा	: खट्टी फली।
चुक्रिका	: चुक्रा।
चुक्रीका	: चुक्रा।
तिन्तिडी	: खट्टाफल।
तिन्तिडीका	: तिन्तिडी।
तिन्तिणी	: तिन्तिडी।
दन्तशठा	: दांतों को खट्टा कर देने वाली।
शाकचुक्रिका	: सब्जियों को खट्टा बनाने वाला फल।
शुक्ता	: खट्टा फल।
शुक्तिका	: शुक्ता।
शुक्तिचन्द्रिका	: चन्द्रमा की कला के समान वक्र खट्टा फल।
सुतिन्तिडी	: ख़ूब खट्टी फली।
स्तंभनिका	: ग्राही फली

गुण

पत्ते के गुण

इमली का पत्ता शोथनाशक तथा रक्तविकार की व्यथा को दूर करता है :

चिञ्चापत्रञ्च शोफघ्नं रक्तदोषव्यथापहम्।

राजनिघण्टु, आम्रादिवर्ग 11; 166.

सूखी छाल के गुण

इमली की सूखी छाल का क्षार शूल तथा मन्दाग्नि को नष्ट करता है :

तस्याः शुष्कत्वचाक्षारं शूलमन्दाग्निनाशनम्॥

राजनिघण्टु, आम्रादिवर्ग 11; 166.

फूल के गुण

इमली के फूल मधुर, कषाय, अम्लरस एवं रुचिकारक होते हैं। कफ, वात

एवं प्रमेह को नष्ट करते हैं। विशद, अग्निदीपक और लघु होते हैं :

तिंतिणीकुसुमं स्वादु कषायाम्लं रुचिप्रदम् ॥
कफमारुतमेहघ्नं विशदं दीपनं लघु ।

कैयदेवनिघण्टु, ओषधिवर्ग 1; 364.

नए फल के गुण

इमली के नए फल वात, कफ वर्धक होते हैं। वे यदि एक वर्ष तक रखे रहें तो वात, पित्त नाशक होते हैं :

वातश्लेष्मकरं ज्ञेयं नवं तिन्तिडिकाफलम् ॥
सम्वत्सरस्थितं तत्तु पितघ्नमनिलापहम् ।

कैयदेवनिघण्टु, ओषधिवर्ग 1; 367.

कच्चे फल के गुण

इमली का कच्चा फल अत्यन्त अम्लपित्तकारक, लघु, रक्तविकार कारक, वात का शमन करने वाला, वस्ति को शुद्ध करने वाला तथा भारी है :

अम्लिकायाः फलं चाम्लमत्यन्तं पित्तकृल्लघु ।
रक्तकृद् वातशमनं बस्तिशुद्धिकरं परम् ॥

धन्वन्तरिनिघण्टु, आम्रादिवर्ग 5; 28.

अम्लिकायाः फलं त्वाममत्यम्लं लघु पित्तकृत् ।

राजनिघण्टु, आम्रादिवर्ग 11; 164.

अम्लिकाऽऽमा गुरुर्वातहरा पित्तकफस्रजित् ॥

मदनपालनिघण्टु, फलादिवर्ग 6; 86.

तिन्तिडीकफलं बालमसृक्पित्तबलासकृत् ॥

कैयदेवनिघण्टु, ओषधिवर्ग 1; 365.

अम्लिकाऽम्ला गुरुर्वातहरी पित्तकफास्रकृत् ।

भावप्रकाशनिघण्टु, आम्रादिवर्ग 6; 143.

इमली का पका फल

इमली का पका फल रस में मधुर, तथा अम्ल होता है। मल का भेदन करता

है। विष्टम्भी और वातशामक होता है। यह रुचिवर्द्धक है। शोथ तथा पाककारक है। लेप करने से व्रण विकार का नाश करता है। सारक, रूक्ष तथा बस्ति को शुद्ध करता है। फल के छिलके की भस्म कसैली, उष्ण, कफनाशक और वातहर है :

पक्वं तु मधुराम्लं च भेदिविष्टम्भि वातजित्।
त्वग्भस्म स्यात्कषायोष्णं कफघ्नं त्वनिलापहम्॥

धन्वन्तरिनिघण्टु, आम्रादिवर्ग 5; 29.

... ... **पक्वा तु मधुराम्लिका।**
वातघ्नी पित्तदाहास्रकफदोषप्रकोपणी॥
पक्वचिञ्चाफलरसो मधुराम्लो रुचिप्रदः।
शोफपाककरो लेपाद्व्रणदोष विनाशनः॥

राजनिघण्टु, आम्रादिवर्ग 11; 163-165.

पक्वा तद्वत्सरा रुच्या बह्निबस्ति विशुद्धिकृत।

मदनपालनिघण्टु, फलादिवर्ग 6; 87.

चिञ्चाम्लोष्णा गुरुर्वातहरी पित्तकफास्रदा।
तद्वत पक्वा सरा रूक्षा रुच्याग्निवस्तिशुद्धिकृत्॥

कैय्यदेवनिघण्टु, ओषधिवर्ग 1; 363,366.

पक्वा तु दीपनी रूक्षा सरोष्णा कफवातनुत्॥

भावप्रकाशनिघण्टु, आम्रादिवर्ग 6; 143.

सूखी इमली के गुण

सूखी इमली भारी तथा रुचि को उपजाने वाली है। अग्नि तथा बस्ति की शुद्धि करती है। दिल को ताक़त देती है। श्रम, भ्रम, तृषा तथा ग्लानि को हरती है। हलकी, हृद्य तथा कफनाशक है :

शुष्का हृद्या श्रमभ्रान्तितृष्णाक्लमहरा लघुः॥

मदनपालनिघण्टु, फलादिवर्ग 6; 87.

हृद्या कफघ्नी शुष्कैवं तट्क्लमश्रमजिल्लघुः।

कैयदेवनिघण्टु, ओषधिवर्ग 1; 366.

उपयोग

बीजों को पीसकर बनाई लेई पुस्तकों की जिल्दबन्दी में और प्लाइवुड उद्योग में तख़्तों को जोड़ने के लिए उपयोगी है।

बाहरी लकड़ी पीताभ-सफ़ेद, कठोर और घन-तन्तु (close-grained) होती है। बहुत पुराने पेड़ों में से स्वल्प परिमाण में आबनूस जैसी गूढ़ी जामनी-भूरी अन्तःकाष्ठ निकलती है जो बहुत टिकाऊ होती है। वार्षिक चक्र अस्पष्ट होते हैं। प्रतिघन फुट का भार लगभग 33.75 किलोग्राम होता है। पहिए, हथोड़ियां, मुद्गर, धान कूटने के ऊखल, तेल और गन्ना पेरने के कोल्हू आदि बनाने में काम आती है। ख़राद के लिए बहुत बढ़िया है।

रुई धुनने वालों के पास एक मुठिया होता है। यह इमली की जड़ से बनाया जाता है। यह काले रंग का और एक-दो किलोग्राम तक वज़नी होता है। धुनकों के अनुसार इमली की जड़ से बना मुठिया इतना मज़बूत होता है कि पुश्त-दर-पुश्त काम आता रहता है। इसमें एक विशेष गुण होता है कि तांत पर लगातार चोट करते रहने से भी गरम नहीं होता जबकि दूसरी लकड़ियों से बना मुठिया गरम हो जाता है। वृक्ष से मैला-काला गोंद निकलता है जो किसी काम नहीं आता। पत्तों से पीला रंग बनाया जाता है।

विवाह आदि उत्सवों पर बारी इमली की पत्तियों से बड़ी-बड़ी पत्तलें बनाकर लोगों को दिखाता है और पुरस्कार मांगता है।

भोजनों में उपयोग

कच्चा फल खट्टा होता है। पके फल का स्वाद मिठास लिए हुए खट्टा होता है। चिकित्सा की अपेक्षा भोजनों में फल का उपयोग अधिक होता है। उत्तर प्रदेश, पंजाब आदि के गांवों में जैसे सालभर के उपयोग के लिए गुड़ आदि चीज़ें रख ली जाती हैं। वैसे ही बंगाल के देहातों में इमली को घड़ों में भरकर रख लेते हैं। दाल, सब्ज़ी और चटनियों में फलों का उपयोग होता है। उड़ीसा और दक्षिण बंगाल में चावलों के साथ इमली का रसा पीते हैं। खट्टी होने से कोमल पत्तियों की चटनी बनाई जाती है। बच्चे कोमल पत्तियों और फूलों को चाव से खाते हैं। सखाराम अर्जुन (बौम्बे ड्रग्स, 1879) के अनुसार इमली की एक क़िस्म से लाल इमली प्राप्त की जाती है। यह पोषक होती है और सूखे खजूरों की तरह खाई जाती है।

गरमियों में उपयोग

पका फल तृषाशामक है। सरसांव (sun stroke) में इमली के शीतपेय का उपयोग किया जाता है।

पन्ना इमली का लोकप्रिय पेय है। इसे बनाने के लिए 560 मिलीमीटर पानी में तीस मिलीग्राम पकी इमली का गूदा घोलें। गूदे को पहले धोकर साफ़ कर लें। पानी में भिगोकर रख दें। सुबह मलकर गूदे को पानी में घोल लें। कपड़े में छानकर बीज और तन्तुओं को अलग कर दें। इसमें चीनी मिलाने से स्वादिष्ट पेय बन जाता है। इस पेय को उत्तर प्रदेश में पन्ना कहते हैं। पीने वाले अपनी रुचि के अनुसार इसमें ज़रा-सा नमक, कालीमिरच और जीरा मिला लेते हैं। देहातों में यह शक्कर या गुड़ से बनाया जाता है, शहरों में खाण्ड या चीनी से तय्यार किया जाता है।

गरमियों में गरमी और लू के असर से बचने के लिए इसका उपयोग करते हैं। शौक़ीन लोग इसे बरफ़ में ठण्डा करके शीतपेयों की तरह दिन में दो-तीन बार पी लेते हैं। सुन्दर रंग के इस स्वादु और सस्ते पेय ने अमीरों के घरों में भी अच्छी प्रतिष्ठा प्राप्तकर ली है। यद्यपि यह ग़रीबों का पेय है परन्तु आकर्षक डिज़ाइनों वाले शीशे के छोटे-छोटे चमकदार गिलासों में परोसा हुआ सम्पन्न भोजनालयों में नारंगी रस के ग्लास से कम लुभावना नहीं दीखता। बोतलों में भरकर स्वादु पेयों को बेचने वाले व्यापारी इमली के रस स्वादु शर्वत को बड़े पैमाने पर बाज़ारों में रख सकते हैं।

बूंदी और आलू डालकर जिस तरह दही का रायता बनाते हैं उसी तरह इसके रस में बूंदी और आलू डालकर भोजनों में व्यञ्जन के रूप में रोटी के साथ गरमियों में अधिक खाया जाता है।

जिन लोगों के शरीर से दुर्गन्ध आती है उन्हें शोढल बताते हैं कि इमली के बीजों को पीसकर शरीर पर लेप करना चाहिए :

परिणततिन्तिडीकान्वितपूतिकरञ्जोत्थबीजं वा।
लेपात् ··· ··· ··· अपनयति॥

गदनिग्रह।

जलीय प्रदेशों में प्रचुर उपयोग

इमली दीपन पाचन होने से क्षार तथा लवणयुक्त जलवायु के कारण उत्पन्न

होने वाले विकारों को दूर रखती है। किसी बंगाली पण्डित के उद्भट श्लोक जगत् को आयुष्य प्रदान करने वाली प्राणवायु क्षार भूमि में प्राणों को हरती है और सबको जीवन प्रदान करने वाला जल भी यहां जीवन ले लेता है। परन्तु आश्चर्य है कि यमदूतिका (इमली) ऐसे जलवायु में प्राणों को देने वाली होती है :

जगत् प्राणो हरेत् प्राणान् जीवनं जीवनं हरेत्।
क्षारभूमौ किमाश्चर्यं प्राणदा यमदूतिका॥

कोशों में या आयुर्वेद के ग्रन्थों में मुझे इमली का यमदूतिका पर्याय नहीं मिला। मालूम होता है कि अत्यन्त खटास के कारण इसे यमदूतिका कह दिया है। एक अन्य उद्भट श्लोक का भाव है मक्खन और दूध का उपभोग करने वाले गोकुलवासी कृष्ण भी कभी-कभी लस्सी को स्वाद से पीते हैं, किसी विशेष समय में इमली भी पञ्चामृत का-सा लाभकर देती है :

जनयति समयविशेषे चिञ्चापि पञ्चामृता ऽऽमोदम्।

जलवायु की ख़राबी के कारण होने वाले प्रभावों से बचने के लिए ही समुद्र के किनारे के देश बंगाल, चेन्नई, महाराष्ट्र और उड़ीसा में–क्षार भूमियों में–इमली के बिना भोजन नहीं किया जाता।

महास्रोतस् के रोग

पकी इमली को रात भर पानी में भिगोने के बाद मसलकर छान लें। गुड़ घोलकर दालचीनी, इलायची और कालीमिरच का चूर्ण मिला दें। भोजन में अरुचि होने पर चक्रपाणि इसे मुख में धारण करवाते हैं :

इसे पीने से भी भोजन में रुचि पैदा होती है।

अम्लिकागुडतोयञ्च त्वगेला मरिचान्वितम्।
अभक्तच्छन्दरोगेषु शस्तं कवलधारणम्॥

चक्रदत्त, अरोचक चिकित्सा।

पकी फली के छिलके को जलाकर क्षार बनाते हैं। यह मूत्रल है। इसे मन्दाग्नि और पेट के दर्द में देते हैं। यह पाचकाग्नि को तीव्र करता है :

... ... चिञ्चा ... ... ।
... ... चेति क्षारा अष्टौ प्रकीर्त्तिताः।
... ... अजीर्णस्य च पाचकाः॥

भावप्रकाश।

भावमिश्र ने गुल्म में भी इमली के क्षार का उपयोग किया है :

... ... चिञ्चा ... ... ।
... ... चेति क्षारा अष्टौ प्रकीर्त्तिताः ।
एते गुल्महराः क्षाराः ... ... ॥

भावप्रकाश ।

पीसे हुए बीज ग्राही हैं और डिसेण्ट्री में प्रयोग किए जाते हैं । बंगाल में पुरानी इमली घरों में रख छोड़ते हैं । आम प्रवाहिका और रक्त प्रवाहिका में रस का शर्वत पिलाते हैं । आग्निदीपक और सामक होने पर यह आम मल का पाचन और अनुलोमन करता है ।

स्कर्वी

निम्बू, सन्तरे आदि के अभाव में स्कर्वी रोग को दूर करने के लिए इमली का गूदा देने से लाभ होता है । विटामिन सी के अभाव के कारण पैदा होने वाली स्कर्वी को यह रोकता भी है और स्कर्वी पैदा हो गई हो तो उसे दूर भी करता है । यह ध्यान रखना चाहिए कि इससे यदि दस्त अथवा आंतों में ऐंठन अनुभव होने लगे तो इसका प्रयोग बन्द कर देना चाहिए । ये लक्षण न प्रकट हो तो यह मूल्यवान् स्कर्वीनाशक पदार्थ है । जिसका मल्लाहों को और समुद्र-यात्रियों को उपयोग करना चाहिए । जेलों में इसे राशन का अंग बनाने के लिए एडवर्ड जोहन वेअरिंग (1875) ने सिफ़ारिश की थी ।

मलेरिया तथा अन्य ज्वर

इमली को पानी में घोलकर बुख़ारों और पित्त विकारों में देते हैं । यह कब्ज और दाह को दूर करती है । पुराने मलेरिया बुख़ार में जब जिगर और तिल्ली बढ़ी हुई हों, कच्ची इमली का कषाय देते हैं । बंगाल में बाउल सम्प्रदाय के गुरु हरिनाम देकर इमली के शर्वत के साथ भात खाने का पथ्य बतलाते हैं; तब बुख़ार छूट जाता है । पैत्तिक ज्वरों में वमन को रोकने और दाह को शान्त करने के लिए इमली का शीतकषाय मीठा करके पिलाते हैं मसूरिका ज्वर में चक्रपाणि ने इमली के पत्तों का शीतकषाय पिलाने से लाभ देखा है :

निशा चिञ्चाच्छदे शीतवारिपीते तथैव तु ॥

चक्रदत्त, मसूरिका चिकित्सा ।

शोथ

बेअरिंग के अनुसार ज्वर सम्बन्धी तथा शोथ सम्बन्धी विकारों में इमली का शर्वत रुचिकर और लाभदायक पेय साबित होता है। इसमें ज़रा-सी ख़राबी यह है कि कुछ रोगियों की आंतों पर यह अनुलोमक का कार्य करता है, परन्तु कब्ज़ रहने वाले रोगियों के लिए इसका यह गुण वाञ्छनीय भी होता है।

पत्तियों को पीसकर सूजन पर लगाने से पीड़ा शान्त होती है। हारीत बताते हैं कि शोथ में इमली के पत्तों से बार-बार संस्वेदन कराना चाहिए :

संस्वेदनक्रिया कार्या सा कार्या च पुनः पुनः।
अथवा तिन्तिडीच्छदैः ... ... ॥

हारीतसंहिता।

इसी प्रकार चोट लग जाने पर या हड्डी टूट जाने पर सौवीर कांजी और तिल के तेल में इमली के फल का गूदा मिलाकर पसीना दिया जाता है :

अम्लिकाफलकल्कैः स्रौवीरतैलमिश्रितैः स्वेदात्।
भग्नाभिहतरुजाछनैः ... ... ॥

भावप्रकाश।

कान और आंख के रोग

कान के दर्द में इमली के ताज़े फल के स्वरस में पकाया तेल डालने से आराम आ जाता है :

चिञ्चाफलस्वरससाधिततैलमग्न्यम्।
कर्णे स शूलिनि रहस्य पराङ्मुखे च॥

आंख दुखने पर इमली के फूलों को पीसकर बांधते हैं।

इमली के रस में कालीमिरच को घिसकर जरा-सा घी मिला लें। इसे रात को आंखों में आंजने से वातजनित कण्डू और तिमिर ठीक हो जाते हैं :

चिञ्चास्वरसनिघृष्टं मरिचं सायन्तने तथा साज्यम्।
अक्षिनिषिक्तं शमयति कण्डूं तिमिरञ्च वातोत्थम्॥

वैद्यमनोरमा।

इमली के पत्तों के रस में ज़रा-सा पानी मिलाकर कांसे के बरतन में घिसकर पलकों पर लेप करने से राग, आंखों से पानी आना और तोद रोग अच्छे हो जाते

हैं :

चिञ्चापत्रस्वरसं पयसा संयोज्य घर्षितं कंसे ।
लिप्तं बहिर्नयनयोः शमयति रागाश्रुतोदसंरम्भान् ॥

वैद्यमनोरमा ।

फोड़े : पत्तों की पुल्टिस ब्रणपाचन का कार्य करती है । एन्सले के अनुसार बीजों को पानी में पीसकर बनाई हुई पेस्ट दूषित फोड़ों पर पूयस्राव को बढ़ाने के लिए लगाई जाती है । नाड़ीव्रण पर शोढल इमली के फल को पीसकर लेप करते हैं :

पिष्टं चिञ्चाफलं लेपान्नाडीव्रणहरं परम् ॥

गदनिग्रह ।

पत्तों के रस का लेप खुजली में लगाया जाता है :

चिञ्चापत्ररसं वा कण्डूतिनाशनमन्विच्छन् प्रलिम्पेत् ।

वृक्ष के नीचे न सोएं ? : इमली की छाया यद्यपि घनी होती है, परन्तु सामान्य विश्वास के अनुसार इस वृक्ष के नीचे आवास अच्छा नहीं होता । कहा जाता है कि इमली के पत्तों से, रात को एक अम्ल निकलता है । गैम्बल के अनुसार इमली के वृक्षों के नीचे गाड़े गए तम्बुओं पर यादि एक-दो दिन तक ऊपर से गिरे हुए पत्ते रहने दिए जाएं तो उनका कपड़ा जल्दी ही गल जाता है ।

विविध रोगों में

नए जुकाम में इमली का पानी पिलाने से जब कफ (बल्गम) पक जाए तब उसे सिर का विरेचन करने वाले द्रव्यों का प्रयोग करके निकाल देना चाहिए :

नवे प्रतिश्याये शस्तो यूषश्चिञ्चाफलोद्भवः ।
ततः पक्वं कफं ज्ञात्वा हरेच्छीर्षविरेचनैः ॥

चक्रदत्त, नासारोगचिकित्सा ।

वायु के रोगों में इमली के पत्तों का या छाल का लेप गरम करने से लाभ होता है :

तिन्तिडीकदलैः सिद्धं तालमण्डिकया सह ।
पिष्ट्वा सुखोष्णमयालेपं दद्यद्वातरु जापहम् ॥

बंगसेनसंहिता, वातव्याधिचिकित्सा ।

स्तब्धगात्रमनिलान्महाबलादम्हष्टधान्यतिलवातहास्थिमिः ।
लिप्तमाशु वशमानयेच्छनैः तिन्तिणीत्वगनलेन तापितैः ॥

इमली के पन्द्रह ग्राम बीजों को रात भर पानी में भिगोकर छिलका उतार दें। सफ़ेद गिरी को दौरी डण्डे में रगड़कर दूध बना लें। प्रमेह और श्वेतप्रदर में इसे पीने से लाभ होता है :

पूर्व तोये वासरं वासितानां चिञ्चास्थीनां दुग्धकल्कीकृतानाम् ।
पीत्वा स्यातां सुन्दरीपुरुषौ द्राक् अस्थिस्नात्वात्सोमरोगाञ्च मुक्तौ ॥

वैद्यमनोरमा ।

बीजों में से फूटते हुए नए अङ्कुर को कांजी के साथ कांसे के बरतन में रगड़कर बालकों के कुकूणक रोग में लेप करते हैं :

काञ्जिकायससम्पिष्टं कंसाभ्यां घर्षितं बहिर्लिप्तम् ।
चिञ्चास्थ्यङ्कुरमचिराद्‌बालस्य कुकूणकं जयति ॥

वैद्यमनोरमा ।

इमली के पत्तों के शाक में दही, अनारदाना, धनियां और सोंठ डालकर पका लें। आचार्य चरक बवासीर के रोगी को यह शाक खिलाया करते थे :

तथाम्लिकाम् ... ... शाकम् ।
दधिदाढिमसिद्धानि भृष्टानि यमकेऽपि ।
धान्यनागरयुक्तानि शाकान्येतानि दापयेत् ॥

चरकसंहिता, चिकित्सास्थान ।

गूदे में पर्याप्त मात्रा में विद्यमान टार्टरिक अम्ल मूत्रमार्ग में पथरी को बनने और बढ़ने से रोकता है। दक्षिण भारत के भोजनों में इमली ख़ूब खाई जाती है। शायद इसलिए मध्य और उत्तरी प्रदेशों की तुलना में दक्षिण भारत में मूत्राश्मरी के रोगियों की संख्या कम होती है।

इमली का फल खाने से धतूरे और शराब का नशा उतर जाता है। एक पुराने वैद्य फनियर सांप के विष को उतारने के लिए इमली के पत्तों के रस में अड़तालीस ग्राम नमक मिलाकर पिलाने का आदेश देते हैं :

लवणार्धपलोपेतः चिञ्चापल्लवजो रसः ।
कुडवप्रमितः पीतो विषं हन्ति फणाभृताम् ॥

चौदह

उन्नाव

ज़िज़िफुस यूयूबा मिलर
Ziziphus jujuba Miller
कुल : राम्नासी Rhamnaceae

स्वरूप : बारह मीटर तक ऊंचा, पतझड़ी वृक्ष, कभी-कभी यह ऊंची झाड़ी ही रह जाती है। पत्ते अण्डाकृति से दीर्घवृत्त-अण्डाकृति या लगभग भालाकृति, 2.5 से 5 सेण्टीमीटर लम्बे, कुण्ठाग्र-क्रकची; कांटे प्रायः दो, उनमें से एक अधिकतर प्रतिवर्तित मुड़ा हुआ; फल लम्बोतरे से अण्डाभ या लगभग गोल, तीन सेण्टीमीटर या कम लम्बा। पंजाब में रोपा हुआ तथा नैसर्गित (naturalized) है। विश्वास किया जाता है कि यह जाति उत्तर चीन की मूलवासी है। वहां से यह 2,500 से 3,000 साल पहले पश्चिम एशिया में सम्प्रविष्ट की गई थी। ग्रीक और रोमवासी इसे बार्बरी (उत्तर अफ्रीका) और स्पेन ले गए। जहां-जहां यह बोया जाता था, वहां बाद में प्राकृतिक बन गया। भारत में इसे सम्प्रविष्ट करने का कोई प्रामाणिक उल्लेख नहीं मिलता।

विविध भाषाओं और स्थानों में नाम

अंग्रेज़ी : कौमन जुजुबा (common jujuba)।
कश्मीर : कित्नी, बेरी कोन्कम्बेर।
पंजाब : अम्लाई, सिंगली, सिम्ली बरारी।
मुम्बई : रंबोर, उनाब।
हिन्दी : पित्नी-बेर, कण्डीयारी, कण्डीका, सिंगली, वन बेर।

उपयोग

भारत में यह व्यापारिक फसल के रूप में नहीं बोया जा रहा। लेकिन चीन में यह महत्त्वपूर्ण फल है। वहां इसे चीन की खजूर (Chinese dates) कहते हैं और अधिकतर शान तुङ् प्रान्त से बाहर भेजी जाती है। भारत में रक्षक बाड़ें

बनाने के लिए इसे झाड़ों के रूप में रोपा जाता है। इसकी शाखाओं पर लाख का कीड़ा पाला जाता है। कृषि-जात पेड़ों के फल पोषक, छाती के रोगों में लाभदायक

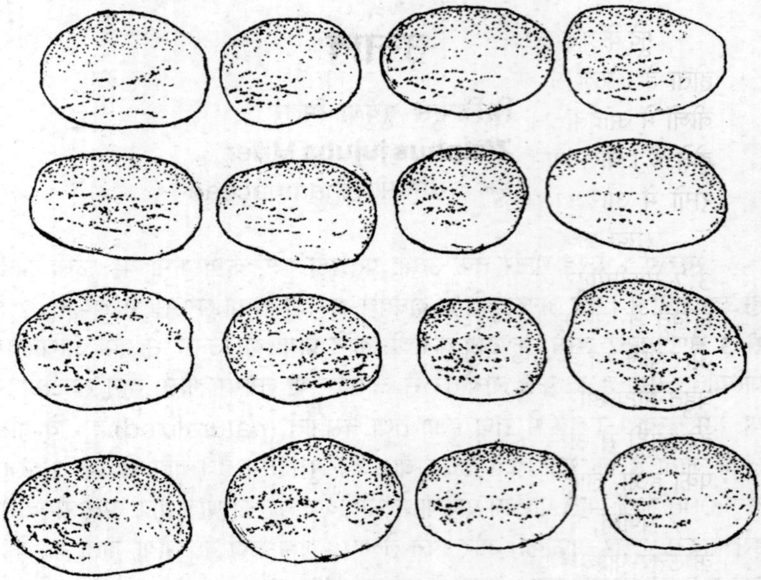

चित्र 26 उन्नाव के फल

और त्वचा को मृदु करने वाले हैं। ये ताज़े तथा सुखाकर खाए जाते हैं। इनका मुरब्बा बनाया जाता है। फलों को गोदकर चाशनी में इन्हें इस प्रकार पकाते हैं कि छिद्रों में चाशनी भर जाती है। तब ये रसीले बेर जैसे, फ़ारस की खजूरों जैसे मृदु बन जाते हैं। ताज़े और सूखे बेरों के गूदे का संघटन इस प्रकार है :

संघटन	ताज़ा गूदा प्रतिशत	सूखा गूदा प्रतिशत
आर्द्रता	65.4	16.2
प्रोटीन	1.2	4.4
वसा	0.3	–
रेशे	1.3	3.3
अपचायक शर्कराएं	11.9	39.2
इक्षु शर्करा	12.2	20.8

सिट्रिक अम्ल	0.4	1.2
पेक्टीन	0.4	–
राख	0.9	2.3

गूदे के प्रति दस ग्राम में साठ मिलीग्राम कैरोटीन और अच्छे परिमाण में विटामिन-सी होता है। फल में दस प्रतिशत टैनिन होता है। ये मांसवर्धक तथा शक्तिप्रद हैं। बीजों में आर्द्रता 21.3, प्रोटीन 2.3, वसा 0.4, रेशे 2.2 और राख 1.3 प्रतिशत होते हैं। बीज शामक हैं; अनिद्रा में खिलाए जाते हैं। पत्ते अनुलोमक हैं; गले के रोगों में और खुजली में प्रयोग किए जाते हैं।

सूखा फल आयात किया जाता है। चीन से जो उन्नाव आते थे वे 2.5 से 3.7 सेण्टीमीटर लम्बे और दो सेण्टीमीटर व्यास के होते थे। सूखे हुए बेर के समान दिखते थे; उनका छिलका लाल, ख़ूब झुर्रीदार; गूदा गुठली से चिपका हुआ, मीठा और पीले रंग का; गुठली लम्बी, बहुत बड़ी और झुर्रीदार, आगे से नोकीले, आवरण बहुत मोटा और कठोर; बीज लम्बोतरा, चपटा और बादामी रंग का होता है। फ़ारस की खाड़ी से आने वाले उन्नाव इससे कुछ छोटे होते हैं। बढ़िया उन्नाव बड़ा, ख़ूब पका हुआ, लाल, गूदेदार तथा स्वादिष्ट होता है और उसमें कसैलापन नहीं होता।

पंजाब, पंजाब-हिमालय में 1,980 मीटर की ऊंचाई तक पश्चिमी पाकिस्तान के उत्तर-पश्चिम सीमा प्रान्त बिलोचिस्तान, फ़ारस और चीन में मिलता है। खांसी, ज़ुकाम, गले तथा छाती की अकड़न के लिए उपयोगी है। रक्तज एवं पित्तज ज्वरों में और मसूरिका ज्वर में प्यास बुझाने तथा बुख़ार की बेचैनी को कम करने के लिए फाण्ट पिलाते हैं। पत्ते को चबाने से पांच से बीस मिनट तक स्वाद लेने की शक्ति ख़त्म हो जाती है। फल और पत्ते पशुओं का चारा हैं। अन्तःकाष्ठ कंघे बनाने में तथा ख़राद में काम आती है। छाल में छह प्रतिशत टैनिन होता है।

पन्द्रह

एवोकाडो

पेर्सेआ अमेरिकाना मिलर
Persea americana Miller
कुल : लाउरासी **Lauraceae**

बड़ा वृक्ष, ऊंचाई पन्द्रह से अठारह मीटर; पत्ते लम्बगोल या दीर्घायत-भालाकार, चालीस सेण्टीमीटर तक लम्बे; फूल छोटे, हरिताभ, घने स्तवकों में; फल बड़े, 8.3 से अठारह सेण्टीमीटर लम्बे, सात से 10.5 सेण्टीमीटर चौड़े, नाशपाती के आकार के, मध्य से आधार की ओर सकरे होते हुए गोल या अण्डाकार होते हैं। इनका रंग पीला हरा, हरा, गूढ़ा लाल-भूरा या जामनी होता है। छिलका पतला या कठीला होता है। विभिन्न क़िस्मों के फल एप्रिल से अक्टूबर तक पकते हैं। पके फलों का गूदा जमे हुए मक्खन जैसा सख़्त या मृदु, स्वादिष्ट, मीठा-सा, क्रीम वर्ण का पीले-क्रीम रंग का, या चमकीला पीला, या हरा-सा पीला होता है। बीज एकाकी, वर्तुलाकार या नोकीला, छह सेण्टीमीटर व्यास का।

मध्य अमेरिका का मूल निवासी है। सम्भवतः 1819 में भारत में सम्प्रविष्ट किया गया था। कुछ कृषि विशेषज्ञों के विचार में यह दक्षिण भारत में नौवीं शताब्दी में आ गया था। हैदर अली के राजकीय लाल बाग़ के पौधों की सूची में *पेर्सेआ ग्रातिस्सीमा* गेर्तनर पुत्र *(Persea gratissima* Gaertner f.) नाम मिलता है।

कहां पाया जाता है

फलों के लिए यह बंगलौर, नन्दी पहाड़ियों, कोउर्तलम, नागेरकोयल, शेवारौय्स, निचली पल्नी और नीलगिरि की पादगिरियों में बोया जा रहा है। पूना में भी उगाया गया है।

तमिलनाडु के कल्लार तथा बुर्लिअर बगीचों में इसकी आठ क़िस्में उगाई जाती हैं और बंगलौ़र में लगभग चौदह क़िस्में।

कुछ मरु क्षेत्रों को छोड़कर एवोकाडो भारत के उष्णकटिबन्धी और उपोष्ण-

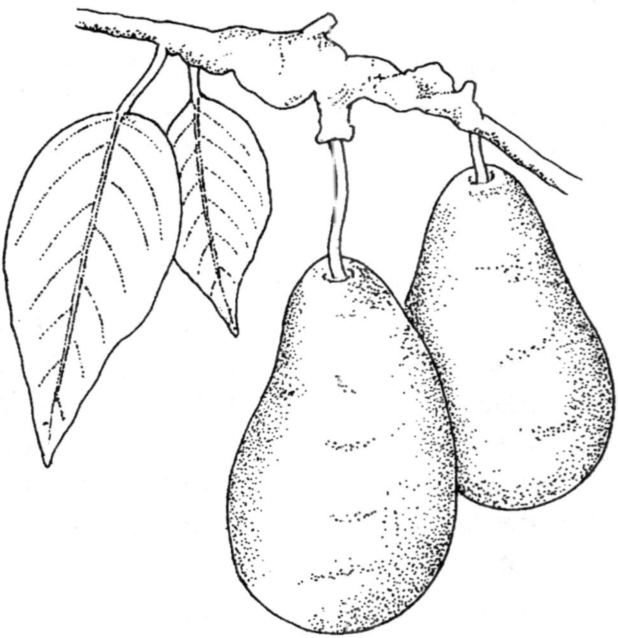

चित्र 27 एवोकाडो की फलदार शाखा

कटिबन्धी भागों में, जहां मौनसून में पिचहत्तर सेण्टीमीटर से 180 सेण्टीमीटर के बीच वर्षा होती है। उगाया जा सकता है।

खेती

बोने के लिए बीज स्वस्थ और ज़ोरदार पेड़ों के पूर्ण पक्व फलों से लेने चाहिए। फलों से निकालने के बाद इन्हें यथासम्भव शीघ्र बो देना चाहिए। गमलों में उगाये हुए पौधों की ऊंचाई बीस से तीस सेण्टीमीटर हो जाने पर उन्हें बगीचों में स्थानान्तरित कर देना चाहिए। बीजों से उगाये पौधे यद्यपि तेज़ी से बढ़ते हैं और बलवान् होते हैं, लेकिन उनके फल अपने जनक वृक्षों के फलों जैसे बढ़िया नहीं होते और उनकी शक्ल भी वैसी नहीं होती। फल स्वरूप इन्हें वर्धी प्रजनन (vegitative propagation) से उगाना चाहिए। दाब क़लमों से भी उगाया जाता है।

एवोकाडो को आमतौर पर छत्तीस सेण्टीमीटर लम्बे, छत्तीस सेण्टीमीटर चौड़े और छत्तीस सेण्टीमीटर गहरे गड्ढों में बोया जाता है। पेड़ों के बीज का फ़ासला आठ से दस मीटर रखा जाता है। हवाओं से होने वाली क्षति से बचाने के लिए छोटे वृक्षों के साथ डण्डे बांध देते हैं। उगाने के सात से दस साल तक छंटाई की ज़रूरत नहीं होती। भूमि में विद्यमान आर्द्रता और गरमी की प्रखरता को ध्यान में रखते हुए छह से दस दिन के अन्तर से सिंचाई करनी चाहिए। दस साल के वृक्षों में, फूल आने से पहले, पैंतालीस किलोग्राम फ़ार्मशाला का खाद, 4.5 किलोग्राम रेण्डी की खली और 0.9 किलोग्राम सूपरफ़ौस्फ़ेट देने से अच्छा लाभ होता है।

बोने के बाद एवोकाडो में क़रीब पांच साल बाद फल आने शुरू होते हैं। और लगभग पच्चीस साल तक लगते रहते हैं। कल्लार और बुर्लिअर में मार्च-एप्रिल में पेड़ फूलता है। कभी-कभी नवम्बर- दिसम्बर में दुबारा फूल आ जाते हैं। इनके फल क्रमशः अगस्त-सितम्बर और मई-जून में पकते हैं। लम्बे फल वाली क़िस्में गोल फलवाली क़िस्मों से पन्द्रह दिन पहले पकती हैं। फल पिच्चासी ग्राम से लेकर 1,000 ग्राम तक या अधिक भारी होते हैं। पेड़ों पर लगे-लगे फल नरम नहीं होते। गोल फलों के छिलके का रंग ज़रा-सा बदलकर फीका पीला हो जाने पर और लम्बे फलों में गूढ़ा हो जाने पर फल तोड़ लिए जाते हैं।

दक्षिण भारत में प्रति वृक्ष 100 से 120 फल लगते हैं। अमेरिका और अन्य जगहों पर औसत पेड़ एक मौसम में 45 से 67.5 किलोग्राम फल पैदा करता है; कुछ पेड़ों पर 1,200 तक फल लग जाते हैं।

तोड़ने के बाद अपक्व फल चार-पांच दिन में नरम हो जाते हैं और उसके बाद ये अच्छे नहीं रहते। इसलिए ये सामान्यतया ताज़े ही खाये जाते हैं। उत्तर भारत में यह फल नहीं देखा जाता।

रासायनिक संघटन

केरल के फलों में औसत 10.6 प्रतिशत छिलका, उनहत्तर प्रतिशत गूदा और 20.5 प्रतिशत बीज होता है। फल को सलाद के रूप में खाते हैं; इसमें काली मिर्च, नमक या मीठा मिला लेते हैं। इसे आइसक्रीमों में भी डालते हैं। अधिकतर फलों की तुलना में एवोकाडो फल बहुत पौष्टिक है। इसमें स्नेह की प्रचुरता होती है और प्रोटीन, खनिज तथा विटामिन पर्याप्त मात्रा में होते हैं। नीलगिरि के फलों

में आर्द्रता 73.6, प्रोटीन 1.7, स्नेह 22.8, कार्बोहाइड्रेट्स 0.8 और खनिज पदार्थ 1.1 प्रतिशत होते हैं। प्रति सौ ग्राम में कैल्सियम दस, फ़ौस्फ़ोरस अस्सी, लोहा 0.7, और एस्कौर्बिक अम्ल तेरह मिलीग्राम होते हैं। प्रति सौ ग्राम ताज़े फलों में विटामिन ए (कैरोटीन के रूप में) साठ से सत्तर, थिआमीन सौ, रिबोफ़्लेविन 170, एस्कौर्बिक अम्ल 8,000, विटामिन डी दस, बिओटिन दस, जिकोटिनेमाइड एक, टोकोफ़ेरोल तीन और विटामिन के आठ माइक्रोग्राम होते हैं। प्रति सौ ग्राम में पैण्टोथीनिक अम्ल 850, फ़ौलिक अम्ल चौंतीस और पीरिडोक्सीन 610 माइक्रोग्राम होते हैं।

उच्चकोटि का तेल

गूदे में (शुष्क आधार पर) छियासठ से चौरासी प्रतिशत वसीय तेल (fatty oil) होता है। बढ़िया फलों की छंटाई के बाद बचे हुए फलों या क्षतिग्रस्त फलों से कैलिफ़ोर्निया और मध्य अमेरिका के कुछ देशों में कुछ परिमाण में एवोकाडो तेल निकाला जाता है। यह निर्जलित गूदे को पीड़कर अथवा अशुष्क गूदे को पानी के साथ पीसकर सेण्ट्रिफ़्यूगल मशीन द्वारा प्राप्त किया जाता है। यह गाढ़ा, हलकी गन्ध वाला होता है। इसका स्वाद हिजली बादाम सरीखा होता है। इसकी क़ीमत ऊंची होती है। यह प्रसाधन द्रव्यों के निर्माण में काम आता है। यह सलाद के साथ खाने वाला उच्चकोटि का तेल है। यह बढ़िया क़िस्म के साबुनों में और फ़ार्मेसी उद्योग में काम आता है।

गूदे से तेल निकालने के बाद बचा हुआ चूरा पशुओं के आहार और खाद के लिए प्रयोग किया जाता है। विलायक निस्सारण से प्राप्त गूदे का तेल हरे रंग का होता है। उसका आपेक्षिक गुरुत्व 0.9082, अम्ल मान 2.41, साबुनीकरण मान 184.9, आयोडीन मान 85.5, एसिटिक मान 22.5 होता है। इसमें 1.9 प्रतिशत साबुन न बनने वाला भाग होता है। वसीय अम्लों में 26.9 प्रतिशत घनीभूत (saturated) अम्ल होते हैं जिनमें पामीटिक और स्टीरिक अम्ल हैं। 71.6 प्रतिशत अघनीभूत (unsaturated) अम्ल होते हैं जिनमें ओलीक और कुछ लिनोलिक हैं। तेल में लेसिथिन और विटामिन ए, डी और इ होते हैं।

पत्तों में 0.5 प्रतिशत हरा-सा पीला उड़नशील तेल होता है। यह गन्ध और स्वाद में खमचुम (*Artemisia dracunculus* Linn.) से प्राप्त तेल के सदृश होता है। तेल का मुख्य घटक मिथाइल चविकोल है। पत्तों में भेषजोपयोगी क्षाराभ

पाये जाते हैं। पत्ते खाने से ख़रगोश मर जाते हैं।

सूखे छिलके और बीजों के निष्कर्ष जीवाणुरोधी हैं। आहारद्रव्यों के परिरक्षण के लिए जड़ों से एक जीवाणुरोधी निकालने की प्रक्रिया को पेटेण्ट कराया गया है। छाल में से 3.5 प्रतिशत उड़नशील तेल निकलता है जिसमें सौंफ़ जैसी गन्ध आती है। इसका मुख्य घटक मिथाइल चविकोल है और इसमें थोड़ी मात्रा में एनिथोल भी होता है।

लकड़ी के उपयोग

अन्तःकाष्ठ गुलाबी-सी या हलकी लाल-सी भूरी होती है। रसकाष्ठ मोटी, क्रीम रंग की या फीकी भूरी-सी होती है। प्रति घन मीटर लकड़ी का भार 560 से 640 किलोग्राम होता है। यह बहुत टिकाऊ नहीं होती। इस पर काम करना बहुत आसान होता है। यह व्यापारिक महत्त्व की नहीं है।

चित्र 1. काग़ज़ी अख़रोट

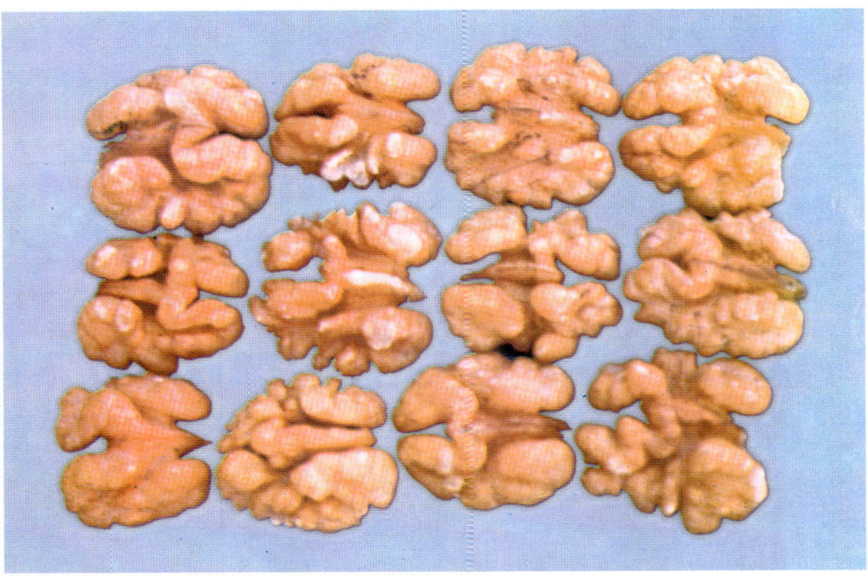

चित्र 2. काग़ज़ी अख़रोट की गिरियां

चित्र 3. काले अंगूरों का गुच्छा

चित्र 4. अनारदाना

चित्र 5. अञ्जीर के फल

चित्र 6. आड़ू के फल

चित्र 7. सिन्दूरी आम

चित्र 8. आम की एक क़िस्म के फल

चित्र 9. आम की मोतीदाना क़िस्म

चित्र 10. लाल आंवले की फलदार शाखा

चित्र 11. आंवले का मुरब्बा

चित्र 12. इमली के बीज

चित्र 13. इमली का फूल

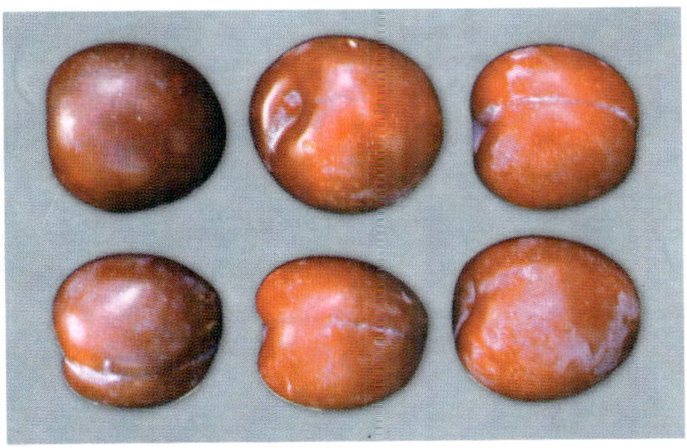

चित्र 14. आलूबुखारा के फल

चित्र 15. एवोकाडो का कटा फल

चित्र 16. काजू का वृक्ष

चित्र 17. केले का फूल, कच्चे फल और भीतरी भाग

चित्र 18. केले के पके फलों का गुच्छा

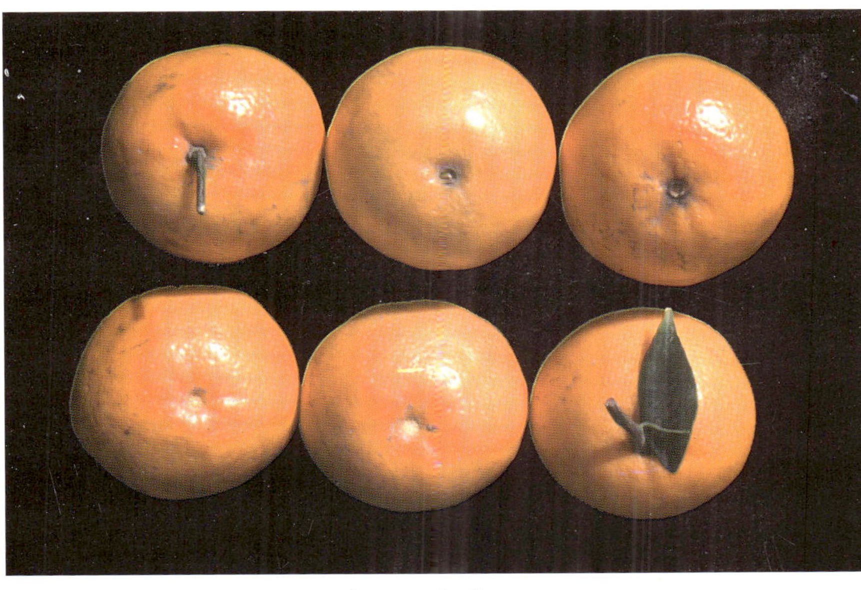

चित्र 19. कीनू के फल

चित्र 20. जंगली खजूर के फल

चित्र 21. पिण्ड खजूर

चित्र 22. खुमानी के फल

सोलह

कठजामुन

सिज़िजिउम हेईनेआनुन वालिश एक्स गैम्बल
Syzygium heyneanum Wallich ex Gamble
कुल : मिर्तासी Myrtaceae

झाड़ी, कदाचित् चार से पांच मीटर ऊंची, या छोटा वृक्ष ; पत्ते 7.5 से 10 सेण्टीमीटर लम्बे, 2 से 2.5 सेण्टीमीटर चौड़े, लम्बगोल-भालाकार, अरोमिल, चमकीला, सुस्पष्ट चिह्नित, आधार पतला होता हुआ; फूल सात मिलीमीटर चौड़े, सफ़ेद, अवृन्त या छोटे-से वृन्त वाले, पुष्पस्तवक की शाखाओं के सिरों पर छोटे मुण्डों में। फल लम्बगोल, 1.3 सेण्टीमीटर लम्बा, जिसके शीर्ष पर प्यालेनुमा पुष्पकोश लगा रहता है। धाराओं के पाटों में या नदियों के किनारे उगता है। बिहार, उड़ीसा, मध्य प्रदेश, महाराष्ट्र और कर्नाटक में पाया जाता है।

संस्कृत में नाम

आयुर्वेद के वनस्पतिनिघण्टुओं नें कठजामुन के कुल छब्बीस नाम आए हैं। धन्वन्तरिनिघण्टु (8वीं शती) में छह, राजनिघण्टु (12वीं शती) में आठ, मदनपालनिघण्टु (1374 सन्) में छह, कैयदेवनिघण्टु (1450 सन्) में तेरह और भावप्रकाशनिघण्टु (1550 सन्) में चार नाम और पर्याय निम्नलिखित श्लोकों में आए हैं :

वेतसी काकजम्बूश्च नादेयी शीतवल्लभा।
भ्रमरेष्टा नीलवर्णा ··· ··· ··· ॥

धन्वन्तरिनिघण्टु, आम्रादिवर्ग 5; 77.

काकजम्बूः काकफला नादेयी काकवल्लभा।
भृङ्गेष्टा काकनीला च ध्वाङ्क्षजम्बूधनप्रिया॥

राजनिघण्टु, आम्रादिवर्ग 11; 28.

क्षुद्रजम्बूर्वीरपत्रा मेघाभा कामवल्लभा ॥
नादेयी स्यात्क्षुद्रफला ··· ··· ··· ।

मदनपालनिघण्टु, फलादिवर्ग 6; 11-12.

क्षुद्रजम्बूः नीलपत्रा मेधाभा शीतपल्लवा ।
अलिप्रिया मेघवर्णा वैदेशी वैदिशोऽल्पकः ॥
काकजम्बूः क्षुद्रफला नादेयी गन्धपल्लवा ।
काकप्रियो शीरपत्री ··· ··· ··· ॥

कैयदेवनिघण्टु,ओषधिवर्ग 1; 347-348.

क्षुद्रजम्बूः सूक्ष्मपत्रा नादेयी जलजम्बुका ।

भावप्रकाशनिघण्टु, आम्रादिवर्ग 6; 70.

इन श्लोकों के अन्तर्गत आए नाम और पर्यायों को निम्न तालिका में दिया जा रहा है जिससे पाठक सुगमता से उनका तुलनात्मक अध्ययन कर सकें :

धन्वन्तरिनिघण्टु (8वीं शती)	**राजनिघण्टु** (12वीं शती)	**मदनपालनिघण्टु** (1374 सन्)	**कैयदवनिघण्टु** (1450 सन्)	**भावप्रकाशनिघण्टु** (1550 सन्)
			1 अलिप्रिया	
			2 अल्पक	
			3 उशीरपत्री	
1 काकजम्बू	1 काकजम्बू		4 काकजम्बू	
	2 काकनीला			
			5 काकप्रिया	
	3 काकफला			
	4 काकवल्लभा	1 काकवल्लभा		
		2 क्षुद्रजम्बू	6 क्षुद्रजम्बू	1 क्षुद्रजम्बू
		3 क्षुद्रफला	7 क्षुद्रफला	
			8 गन्धपल्लवा	
				2 जलजम्बुका
	5 धनप्रिय			
	6 ध्वांङ्क्षजम्बू			
2 नादेयी	7 नादेयी	4 नोदयी	9 नादेयी	3 नादेयी
			10 नीलपत्रा	
3 नीलवर्णा				
	8 भृङ्गेष्टा			

4 भ्रमरेष्टा

11 मेघवर्ण

5 मेघाभा 12 मेघाभा

6 वीरपत्रा

5 वेतसी

13 वैदेशी

6 शीतवल्लभा

4 सूक्ष्मपत्रा

नामों के अर्थ

अलिप्रिया : भौंरों (अलि) का प्रिय। फूलों से भौंरे रस लेते हैं।
अल्पक : छोटे फल वाला (अल्पक) छोटा पौधा।
उशीरपत्री : कठजामुन।
काकजम्बू : = काकप्रिया।
काकनीला : कौए (काक) जैसे गूढ़े हरे पत्तो वाला (नीला)।
काकप्रिया : कौओं (काक) का प्रिय फल।
काकफला : = काकफला।
काकवल्लभा : कौओं (काक) का प्रिय (वल्लभा) फल।
क्षुद्रजम्बू : छोटा (क्षुद्र) जामुन (जम्बू)।
क्षुद्रफला : छोटे (क्षुद्र) फल वाला (फला) जामुन।
गन्धपल्लवा : सुगन्धित (गन्ध) पत्तों वाला (पल्लवा)।
जलजम्बुका : जलीय (जल) भूमियों में पैदा होने वाला जामुन (जम्बुका)।
ध्वाङ्क्षजम्बू : कौओ (ध्वाङ्क्ष) का प्रिय जामुन (जम्बू)।
नादेयी : नदियों के किनारे उगने वाला।
नीलपत्रा : गूढ़े हरे (नील) पत्तों वाला (पत्रा)।
नीलवर्णा : गूढ़े हरे (नील) रंग के (वर्णा) पत्तों वाला।
भृङ्गेष्टा : भौंरों (भृङ्ग) का प्रिय (इष्टा)।
भ्रमरेष्टा : भौंरों (भ्रमर) का प्रिय (इष्टा)।
मेघवर्ण : सफ़ेद बादल (मेघ) के रंग (वर्ण) वाला फल।
मेघाभा : बादल (मेघ) की झांईं (आभा) वाला फल।
वीरपत्रा : कठ जामुन।

वेतसी : कठ जामुन।
वैदेशी : कठ जामुन।
शीतवल्लभा : ठंडे स्थानों (शीत) को पसन्द करने वाली (वल्लभा)।
सुक्ष्मपत्रा : कठ जामुन।

गुण

कठजामुन कसैली, खट्टी, तिक्तरस, पाक में मधुर, भारी, रुक्ष और शीतल होती है। दाहशामक, संग्राही, रुचिवर्धक, अतिसारनाशक, पित्तहर है। रुधिरस्राव को बन्द करती है। थकान दूर करती है। वीर्य को पुष्ट करती है, बल बढ़ाती है। फेफड़े और गले से कफ को निकालती है :

हृत्कण्ठकर्षणं चान्यत् कषायं क्षुद्रजाम्बवम् ॥

धन्वन्तरिनिघण्टु, आम्रादिवर्ग 5; 78.

काकजम्बूः काषायाम्ला पाके तु मधुरा गुरुः।
दाहश्रमातिसारघ्नी वीर्य्यपुष्टिबलप्रदा ॥

राजनिघण्टु, आम्रादिवर्ग 11; 29.

क्षुद्रजम्बूफलं तद्वद्विशेषाद्दाहनाशनम्।

मदनपालनिघण्टु, फलादिवर्ग 6; 13.

शीता तिक्तरसा दाहशमनी जलजंबुका॥

कैयदेवनिघण्टु, ओषधिवर्ग 1; 351.

जम्बूः संग्राहिणी रूक्षा कफपित्तास्रदाहजित्॥

भावप्रकाशनिघण्टु, आम्रादिवर्ग 6; 70.

फल खाये जाते हैं। जुलाई-अगस्त में पकते हैं। लकड़ी जामुन की लकड़ी से मिलती है। पत्तों को *रोसेनशेल्दिएल्ला* एउजेनिए पैच. *(Rosenschldiella eugeniae* Patch.) संक्रामित कर देता है जिससे कृष्ण-लाञ्छन (tar-spot) के प्रविकार (lesion) पड़ जाते हैं।

सतरह

कमरख

आवेर्रोआ करांबोला लिनिअस
Averrhoa carambola Linn.
कुल : आवेर्रोआसी Averrhoaceae

यह 7.5 से 10 मीटर ऊंचा शोभाकारी वृक्ष है। छाल चिकनी और गूढ़े धूसर रंग की होती है। शाखाएं घनी और निलम्बी होती हैं। पत्ते असमपक्षवत्;

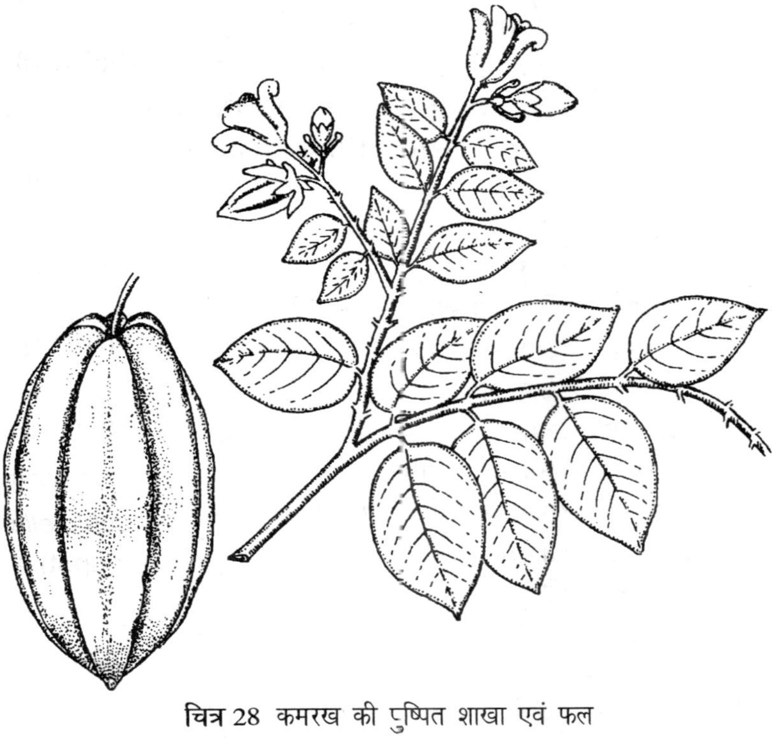

चित्र 28 कमरख की पुष्पित शाखा एवं फल

पत्रक पांच से ग्यारह, 4 से 7.5 सेण्टीमीटर लम्बे, अण्डाकृति लम्बगोल, अखण्ड,

आधार तिरछा; पत्रवृन्त छोटे और मज़बूत। शाखिकाओं के साथ और मुख्य काण्ड के साथ भी छोटी शाखाओं वाले गुच्छों में छोटे, अनेक, चमकीले जामनी और सफ़ेद फूल लगते हैं। कभी-कभी धरातल के ज़रा ऊपर ही काण्ड से फूल निकलने लगते हैं।

फल 7.5 सेण्टीमीटर तक लम्बा, तीन से पांच तीखी पर्शुकाओं से युक्त फांकों वाला, पका फल तेज़ गन्ध वाला, पीले-से रंग का या गूढ़े अम्बरी रंग का, अर्द्ध-पारदर्शक दीखने वाला, चौड़ाई के रुख़ काटने पर स्पष्ट रूप से ताराकृति; बीज आठ से दस, गूदे से आवृत, पीले या हलके भूरे, चमकीले, पतले, पिचके हुए, 1.2 सेण्टीमीटर तक लम्बे।

विविध भाषाओं और स्थानों में नाम

अंग्रेज़ी : करम्बोला ट्री (carambola tree), करम्बोला एप्पल (karambola apple), कोरोमण्डल गूज़बेरी (coromandal gooseberry), चाइनीज़ गूज़बेरी (Chinese gooseberry), स्टार फ्रूट (star fruit)।

असमिया : कोर्दोइ।

उर्दू : कमरख।

कन्नड़ : कमराक्षी।

कूकी : थेर-रूहेइ-ओल।

ख़ासी : दिएङ्-सोह-त्रेङ्।

गारो : अमरेङ्गा।

गुजराती : तमरक, कमरख।

तमिल : तमरत्तई, ताम्रत्ता।

तेलुगु : कमारक-करमेल, तमरत्स।

बंगाली : कमरक, कमरङ्ग।

मणिपुर : हेइनोहजोम।

मराठी : कर्मरे, कमरख।

मलयालम : चतुर्पुली, पुलिच्छी।

संस्कृत : कर्मर, धाराफल, बृहद्दल।

हिन्दी : करमल, कमरख।

संस्कृत में नाम

आयुर्वेद के वनस्पतिनिघण्टुओं में कमरख के कुल पन्द्रह नाम आए हैं। राजनिघण्टु (12वीं शती) में आठ, मदनपालनिघण्टु (1374 सन्) में चार, भावप्रकाशनिघण्टु (1550 सन्) में चार नाम आए हैं

कर्मारः कर्मरकः पीतफलः कर्मरश्च मुद्गरकः।
मुद्गरफलश्च धाराफलकस्तु कर्मारकश्चैव॥

राजनिघण्टु, आम्रादिवर्ग 11;108.

कर्मरङ्गं नागफलं भव्य पिच्छिलबीजकम्।

मदनपालनिघण्टु, फलादिवर्ग 6;85.

कर्मरङ्गं शिरालं च बृहदम्लं रुजाकरम्।

भावप्रकाशनिघण्टु, आम्रादिवर्ग 6;14.

इन श्लोकों के अन्तर्गत आए नाम और पर्यायों को नीचे तालिका में दिया जा रहा है जिससे पाठक सुगमता से उनका तुलनात्मक अध्ययन कर सकें :

राजनिघण्टु (12वीं शती)	मदनपालनिघण्टु (1374 सन्)	भावप्रकाशनिघण्टु (1550 सन्)
1 कर्मर		
2 कर्मरक		
	1 कर्मरङ्ग	1 कर्मरङ्ग
3 कर्मार		
4 कर्मारक		
5 धाराफलक		
	2 नागफल	
	3 पिच्छिलबीजक	
6 पीतफल		
		2 बृहदम्ल
	4 भव्य	
7 मुद्गरक		
8 मुद्गरफल		
		3 रुजाकर
		4 शिराल

नामों के अर्थ

कर्मर : कर्मरङ्ग।
कर्मरक : कर्मरङ्ग।
कर्मरङ्ग : पीतल के बरतनों को चमकाकर उनके रंग (रङ्ग) के निखारने के काम (कर्म) आने वाला फल।
कर्मार : = कर्मरङ्ग।
कर्मारक : = कर्मरङ्ग।
धाराफलक : फाड़ीदार (धारा) फल।
नागफल : हाथियों (नाग) को खिलाया जाने वाला फल।
पिच्छिलबीजक : तैलीय बीज वाला या लसीले (पिच्छिल) गूदे में लिपटे बीज वाला (बीजक)।
पीतफल : पका फल पीला (पीत) होता है।
बृहदम्ल : बहुत (बृहद्) खट्टा (अम्ल) फल।
भव्य : सुन्दर (भव्य) वृक्ष।
मुद्गरक : = मुद्गरफल।
मुद्गरफल : मूंगरी (मुद्गर) जैसा फल।
रुजाकर : (यह रुजाहर हो सकता है जिसका अर्थ रोगों को दूर करने वाला है)।
शिराल : फाड़ियों (शिरा) वाला (ल)।

कहां मिलता है

वृक्ष मोलक्कास (इण्डोनेशिया) का मूलवासी है। भारत में, विशेषकर केरल में चिरकाल से पाया जाता है। यह जंगली रूप में नहीं मिलता। बहुत-से स्थानों में खेती किया हुआ या प्राकृत बना हुआ मिलता है।

यह गरम और आर्द्र जलवायु पसन्द करता है। गहरी, समृद्ध भूमि में अच्छा पनपता है, लेकिन पानी के अच्छे निकास वाली किसी भी ज़मीन में उग आता है। समृद्ध भूमि में यह तेज़ी से बढ़ता है और अधिक बढ़िया फ़सल देता है। रेतीली और चिकनी मिट्टी वाली भूमियों में भी यह सफलता से उगाया गया है। अधिक चूने वाली ज़मीन में जिंक का छिड़काव करने से वृक्षों की सामान्य वृद्धि होती है। भारत में पाला-मुक्त प्रदेशों में यह सर्वत्र उगाया जा सकता है। पहाड़ियों

के निचले ढलानों पर 1,200 मीटर की ऊंचाई तक उगाया जाता है। बहुत नीचे तापमान पर छोटे वृक्षों को क्षति पहुंचने का अन्देशा रहता है।

खेती

ताज़े बीजों को बोना अच्छा रहता है। क्योंकि, पुराने बीजों में जीवनक्षमता कम हो जाती है। बीजों से उगाए वृक्षों मे पांच साल बाद फल लगने शुरू हो जाते हैं। क़लमों, दाब क़लमों या चश्मा चढ़ाकर तैयार किए पौधे दस महीनों में फल देने लगते हैं। चश्मा चढ़ाने के लिए अच्छी पकी, चिकनी, जामनी-सी लकड़ी ली जानी चाहिए जिसमें पत्ते भी लगे हों।

बीजों द्वारा, चश्मों द्वारा, क़लमों या दाब क़लमों द्वारा तैयार किए पौधे खेतों में छह से 9 मीटर के फ़ासले पर लगाए जाते हैं। छोटे पौधे नाज़ुक होते हैं, पहले साल उनकी अधिक निगरानी की जाती है। वृक्षों की भीतरी सूखी टहनियों को काटकर निकाल देना चाहिए। गरम जगहों में पेड़ हर साल फूलता है। उत्तरी भारत में मुख्यतया सरदियों में और बरसात में फलता है।

कमरख की दो क़िस्में हैं : मीठी और खट्टी। भारतीय क़िस्में आमतौर पर खट्टी होती हैं, उनमें अम्ल पदार्थ अधिक होते हैं। खट्टी क़िस्में मुख्य रूप से चीन में बोई जाती हैं। भारत में मिलने वाली मीठी क़िस्मों में बेस्वाद फल लगते हैं। खट्टी क़िस्में दक्षिण भारत में लोकप्रिय हैं और खाने-पकाने में इमली की जगह काम आता है।

मीठी क़िस्मों के फल आमतौर पर छोटे होते हैं और पकने पर भी गूढ़े हरे रहते हैं इसकी तुलना में खट्टी क़िस्मों के फल पारभासी पीले रंग के होते हैं। खट्टी क़िस्म के पुष्पगुच्छ का मुख्य दण्ड हरा-सा होता है और शाखाएं हलकी गुलाबी-सी होती हैं। मीठी क़िस्म का दण्ड गूढ़ा जामनी और शाखाएं जामनी-सी होती हैं।

वृक्ष हर साल पचास से सौ किलोग्राम फल दे देते हैं। दक्षिण भारत में जनवरी-फ़रवरी और सितम्बर-अक्तूबर में अधिक परिमाण में पैदावार प्राप्त होती हैं। उत्तर भारत में सरदियों या वसन्त में फल पकते हैं।

रासायनिक संघटन

हैदराबाद और फ़िलिपीन्स के फलों के प्रति सौ ग्राम भक्ष्य पदार्थ का रासायनिक

संघटन इस प्रकार है :

आर्द्रता, 91.1, 90 ग्राम; प्रोटीन 0.7, 0.4 ग्राम; वसा 0.1, 0.7 ग्राम; रेशे 0.8, 0.9 ग्राम; अन्य कार्बोहाइड्रेट्स 6.1, 7.7 ग्राम; खनिज 0.4, 0.3 ग्राम; कैल्सियम 4.0, 7.0 मीलीग्राम, फ़ौस्फ़ोरस 11.0, 16.0 मिलीग्राम; लोहा⋯, 1.0 मिलीग्राम; कैरोटीन⋯, 45 अन्तर्राष्ट्रीय इकाइयां; थिआमीन 0.12, 0.03 मिलीग्राम; रिबोफ़्लेविन⋯, 0.02 मिलीग्राम; निआसिन⋯, 0.3 मिलीग्राम; विटामिन सी, 23.0, 35.0 मिलीग्राम। कमरख फलों की मीठी और खट्टी क़िस्मों के रस की परीक्षा के परिणाम क्रमशः ये थे: रस की प्राप्ति 66.0, 66.7 प्रतिशत; कुल विलेय ठोस 6.5, 6.5; अम्लीयता (अजल सिट्रिक अम्ल के रूप में) 0.41, 1.01 प्रतिशत; प्रति 100 ग्राम में फ़ौस्फ़ोरस 3.25, 1.93 और एस्कौर्बिक अम्ल 10.4, 15.4 मिलीग्राम।

औग्ज़ेलिक अम्ल के कारण फल में अम्लीयता होती है। अपक्व खट्टे फलों में इसका परिमाण एक प्रतिशत ऊंचा चला जाता है। मीठे, पके हुए फलों में अम्लता कम होती है। इसलिए वे खाने योग्य होते हैं। राजस्थान के सूखे फलों के बाज़ार के नमूने में औग्ज़ेलिक अम्ल 397 और कैल्सियम 58 मिलीग्राम प्रतिशत 100 ग्राम पाया गया। बीजों में वसीय तेल की प्रचुरता होती है। कौला लम्पर के बीजों के एक नमूने में आर्द्रता 4 और प्रोटीनें 14 प्रतिशत थीं। पेट्रोलियम ईथर निष्कर्षण से इसमें से 73.9 प्रतिशत फीके पीले रंग का तेल प्राप्त हुआ, जिसकी विशेषताएं थीं : अम्ल मान 0.6, आयोडीन मान 81.6 और साबुनीकरण मान 197.7। इसमें साबुन न बनने वाला पदार्थ 2.96 प्रतिशत था। तेल के वसीय अम्ल का संघटन यह है : पाल्मिटिक 21.3, स्टीरिक 8.2, ओलेइक 45.8, लिनोलेइक 22.3 और अन्य 2.4 प्रतिशत। तेल का संघटन कमोबेश मूंगफली के तेल के समान ही है। तेल की खली में 50 प्रतिशत से अधिक प्रोटीनें होती हैं।

गुण : कमरख अम्ल रस युक्त, उष्ण वीर्य, वातनाशक तथा कफपित्त को जीतने वाला है। यह शीतल संग्राही तथा स्वादु है और मल को बांधता है। पका कमरख मधुर तथा अम्ल रसयुक्त है और बल, पुष्टि तथा रुचिवर्धक है :

कर्मारकोऽम्ल उष्णश्च वातहृत्पित्तकारक :
पक्वस्तु मधुराम्लः स्यात् बलपुष्टिरुचिप्रदः ॥

राजनिघण्टु, आम्रादिवर्ग 11;109.

कर्मरङ्गं हिमं ग्राहि स्वाद्वम्लं कफपित्तजित् ॥

मदनपालनिघण्टु, फलादिवर्ग 6;85.

कर्मरङ्गं हिमं ग्राहि स्वाद्वम्लं कफवातहृत् ॥

भावप्रकाशनिघण्टु, आम्रादिवर्ग 6;141.

उपयोग : खट्टी क़िस्म के बड़े फल स्क्वैश, जेली के परिरक्षित (jelly preserres) और बेहतर क़िस्म की कैंडी बनाने में उपयोग किए जाते हैं। पकाने पर गूदा चीमड़ (tough) हो जाता है और उसमें अप्रिय कड़वा स्वाद आ जाता है। फलों में पीले रंग का, अत्यल्प उड़नशील तेल होता है। जिसमें फल की गन्ध का आभास नहीं होता। फल के क़तरे काटकर सलादों और फ्रूट चाटों में मिलाते हैं। मीठी क़िस्म के फलों में ज़रा-सी खटास होती है। इनके रस से ताज़गी देने वाले तृषाहर पेय बनाए जाते हैं। इण्डोनेशिया में फूल सलादों में डाले जाते हैं।

कमरख वृक्ष के सभी भागों में ओषधीय गुण होते हैं। विष उतारने के लिए जड़ का अन्तः-प्रयोग किया जाता है। सिरदर्द, छोटी माता, दाद और खुजली में पत्तों और कोंपलों को पीसकर लगाते हैं। पत्तों का काढ़ा मुखकोप और गलशोथ में, तथा उलटियों को रोकने के लिए इस्तेमाल किया जाता है। पत्ते और कोंपल स्कर्वीरोधी हैं।

फूल कृमिहर हैं। फल अनुलोमक, स्कर्वीरोधी, ज्वरहर, प्रवाहिकाहर और शोथशामक हैं। फलरस ख़ूनी बवासीर की अच्छी दवा है। बुख़ारों में लगने वाली प्यास और बुख़ारों की बेचैनी को शान्त करने के लिए दिया जाता है। फ़िलिपीन में यह जिगर की दर्द में पिलाया जाता है। इसकी टहनी घरों में इस विश्वास के साथ रखी जाती है कि खसरे की बीमारी से बचाव रहेगा। दूध बढ़ाने के लिए बीज दिए जाते हैं। बड़ी मात्रा में ये आर्त्तवोत्सारी का कार्य करते हैं और गर्भपात करा देते हैं। ये फाण्ट, काढ़े या टिंक्चर के रूप में काम आते हैं। ये मामूली-से विषैले और वामक होते हैं। दमा, कामला और शूल के इलाज में ये लाभदायक हैं।

कमरख की लाल-से रंग की, लकड़ी भवन निर्माण के लिए और फ़र्निचर बनाने के लिए उपयोगी है। इसके रेशे सीधे और घने होते हैं। यह मामूली कठोर होती है। प्रति घन मीटर का भार 608 किलोग्राम होता है। बगीचों में वायुरोधी के रूप में इसे लगाया जाता है। कच्चे फल का गूदा लिनन पर लगे जंगार के धब्बों को मिटाने में काम आता है। पीतल के बरतनों को यह चमका देता है।

अठारह

करौंदा

करिस्सा करंदस लिनिअस

Carissa carandas Linn.

कुल : अपोसिनासी Apocynaceae

देशीय, सदाहरी झाड़ी या छोटा वक्र वृक्ष, तीन मीटर तक ऊंचा, शाखाएं द्वि पंक्तिक, कांटे तीखे, मज़बूत, सादे या जोड़ों में, दो से चार सेण्टीमीटर लम्बे, कक्षीय, छाल पीताभ भूरी, वर्गाकार टुकड़ों में उतरती हुई; पत्ते चर्मश, हलके हरे,

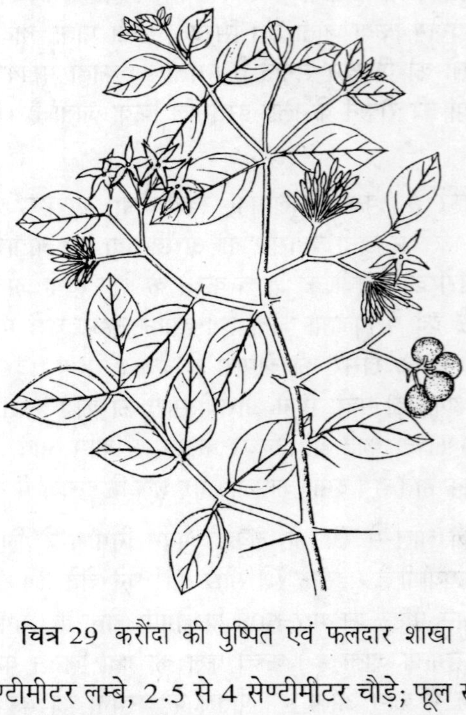

चित्र 29 करौंदा की पुष्पित एवं फलदार शाखा

चार से पांच सेण्टीमीटर लम्बे, 2.5 से 4 सेण्टीमीटर चौड़े; फूल सफ़ेद या गुलाबी, हलकी सुगन्ध वाले, अवसानीय गुच्छों में; फल गोल, जामनी या गुलाबी और सफ़ेद,

सामान्यतया आठ बीजों से युक्त होते हैं।

भारत में सर्वत्र, म्यांमार, श्रीलङ्का और मलक्का में मिलता है। अधिकतर रेतीली या चट्टानी भूमि पर जंगली अवस्था में उगता है। उष्णकटिबन्धी शुष्क प्रदेशों में रोपने के लिए उपयुक्त वृक्ष है। यह किनारे और निकम्मी भूमियों में सफलतापूर्वक उग आता है। फलों के बगीचों में चारों ओर घनी बाढ़ बनाने के लिए उपयोगी है। सुन्दर कंटीली बाढ़ बनाता है और इसे किसी भी ऊंचाई तक काट-छांटकर सधाया जा सकता है।

विविध भाषाओं में नाम

उड़िया : करक्का।
कन्नड़ : करिजिगे, करेकायी।
गुजराती : कर मदा।
तमिल : कलक्के, कर वन्दे, करइक्काय।
तेलुगु : बाफा, वाका, करवन्दे, वक्काया।
बंगाली : करचा, करमचा।
मराठी : करवंदे, करवंद।
मलयालम : करक्का, करवंद।

संस्कृत में नाम

वनपतिनिघण्टुओं में करौंदा के कुल सत्रह नाम आये हैं। धन्वन्तरिनिघण्टु (8वींशती) में सात, राजनिघण्टु (12वीं शती) में सात, मदनपालनिघण्टु (1374 सन्) में तीन, कैयदेवनिघण्टु (1450 सन्) में दस और भावप्रकाशनिघण्टु (1550 सन्) में चार नाम और पर्याय निम्नलिखित श्लोकों में आए हैं :

करमर्दकमाविग्नं सुषेणं पाणिमर्दकम्।
कराम्लं करमर्दं च कृष्णपाकफलं मतम्॥

धन्वन्तरिनिघण्टु, आम्रादिवर्ग 5; 92.

करमर्दः सुषेणश्च कराम्लः करमर्द्दकः।
अविग्नः पाणिमर्द्दश्च कृष्णपाक फलो मुनिः॥

राजनिघण्टु, आम्रादिवर्ग 11; 207.

करमर्दी सुषेणा स्यादन्या कृष्ण फला मता।

मदनपालनिघण्टु, फलादिवर्ग 6; 89.

कृष्णपाकफला प्रोक्ता सुषेणा करमर्दिका।
वनेक्षुद्रा क्षीरफेना साम्लपुष्पा च तत्फलम्॥
पाणिमर्दकमाविग्नं कराम्लं स्थलमर्कटम्॥

कैयदेवनिघण्टु, ओषधिवर्ग 1; 371-372.

करमर्दः सुषेणः स्यात्कृष्णपाकफलस्तथा।
तस्माल्लघुफला या तु सा ज्ञेया करमर्दिका॥

भावप्रकाशनिघण्टु, आम्रादिवर्ग 6; 81.

इन श्लोकों के अन्तर्गत लिखे गए नामों और पर्यायों को नीचे तालिका में दिया जा रहा है जिससे पाठक सुगमता से उनका तुलनात्मक अध्ययन कर सकें :

धन्वन्तरिनिघण्टु (8वीं शती)	राजनिघण्टु (12वीं शती)	मदनपालनिघण्टु (1374 सन्)	कैयदेवनिघण्टु (1450 सन्)	भावप्रकाशनिघण्टु (1550 सन्)
	1 अविग्न			
1 आविग्न			1 आविग्न	
2 करमर्द	2 करमर्द			1 करमर्द
3 करमर्दक	3 करमर्दक			
			2 करमर्दिका	2 करमर्दिका
		1 करमर्दी		
4 कराम्ल	4 कराम्ल		3 कराम्ल	
5 कृष्णपाकफल	5 कृष्णपाकफल		4 कृष्णपाकफल	3 कृष्णपाकफल
		2 कृष्ण फला		
			5 क्षीरफेना	
	6 पाणिमर्द			
6 पाणिमर्दक			6 पाणिमर्दक	
			7 वनेक्षुद्रा	
			8 साम्लपुष्पा	
7 सुषेण	7 सुषेण			4 सुषेणं
		3 सुषेणा	9 सुषेणा	
			10 स्थलमर्कट	

नामों के अर्थ

अविग्न : जिस पौधे को बाढ़ में लगाने से पशुओं के प्रवेश से होने वाले कष्टों (विग्न = विघ्न) का निवारण (अ) हो जाता है।

आविग्न : जिसके कंटीले घने पौधे से फल तोड़ने में कांटे चुभने का बहुत (आ) ख़तरा (विग्न=विघ्न) बना रहता है।

करमर्द : जिसके तीखे कांटे वाले पौधे में घुसने वाले के हाथ (कर) आदि अंगों को ऐसा कष्ट होता है मानो वे कुचल (मर्द) दिए गए हैं।

करमर्दक : जिसके तीखे कांटे वाले पौधे में घुसने वाले के हाथ (कर) आदि अंगों को ऐसा कष्ट होता है मानो वे कुचल (मर्दक) दिए गए हैं।

करमर्दिका : जिसके तीखे कांटे वाले पौधे में घुसने वाले के हाथ (कर) आदि अंगों को ऐसा कष्ट होता है मानो वे कुचल (मर्दक) दिए गए हों।

करमर्दी : जिसके तीखे कांटे वाले पौधे में घुसने वाले के हाथ (कर) आदि अंगों को ऐसा कष्ट होता है मानो वे कुचल (मर्दी) दिए गए हैं।

कराम्ल : करोति अम्लम्.; खट्टा (अम्ल) करने वाला (कर) फल।

कृष्णपाकफल : जिसका पका हुआ (पाक) फल काले (कृष्ण) रंग का होता है।

कृष्णफला : काले (कृष्ण) फल वाला (फला)।

क्षीरफेना : जिसमें से दूधिया (क्षीर) रस निकलता है (फेना)।

पाणिमर्द : जिसके तीखे कांटे वाले पौधे में घुसने वाले के हाथ (पाणि) आदि को ऐसा कष्ट होता है मानो वे कुचल (मर्द) दिए गए हैं।

पाणिमर्दक : जिसके तीखे कांटे वाले पौधे में घुसने वाले के हाथ (पाणि) को ऐसा कष्ट होता है मानो वे कुचल (मर्द) दिए गए हैं।

वनेक्षुद्रा : जंगल में (वने) जिसका फल छोटा (क्षुद्रा) होता है।

साम्लपुष्पा : खटास (अम्ल) से (स) भरपूर (पुष्पा) फल।

सुषेण : कृष्ण और इन्द्र के कारगर अस्त्र (सुषेण) के समान जिसके

कांटे तीखे कारगर अस्त्र जैसा काम करते हैं।

सुषेणा : कृष्ण और इन्द्र के कारगर अस्त्र (सुषेणा) के समान जिसके कांटे तीखे कारगर अस्त्र जैसा काम करते हैं।

स्थलमर्कट : भूमि (स्थल) का बन्दर (मर्कट); पौधे के कांटे चुभने से व्यक्ति परेशान होता है, बन्दर की तरह उछलने-कूदने लगता है।

गुण

करमर्दक के गुणों को प्रतिपादित करने वाले निम्नलिखित श्लोक वनस्पति-निघण्टुओं में आए हैं। इनमें यह भी बताया गया है कि इसे किन-किन रोगों के निवारण के लिए इस्तेमाल किया जा सकता है :

अम्लं तृष्णापहं रुच्यं पित्तकृत्करमर्दकम्।
पक्वं च मधुरं शीतं रक्तपित्तहरं मतम्॥

धन्वन्तरिनिघण्टु, आम्रादिवर्ग 5; 93.

करमर्दः सतिक्ताम्लोः बालो दीपनदाहकः।
पक्वस्त्रिदोष शमनोऽरुचिघ्नो विषनाशनः॥

राजनिघण्टु, आम्रादिवर्ग 11; 208.

करमर्दी गुरुष्णाम्लं रक्तपित्तकफप्रदम्।
तत्पक्वं मधुरं रुच्यं लघु पित्तसमीरजित्॥

मदनपालनिघण्टु, फलादिवर्ग 6; 89.

करमर्दं गुरूष्णाम्लं रुच्यं पित्तकफास्रकृत्॥
तृड्वातजित् सरं पक्वं लघु स्वादु कफाप्रजित्।
शुष्कं पक्वदप्यामं पक्वमप्यार्द्रमामवत्॥

कैयदेवनिघण्टु, ओषधिवर्ग 372-373.

करमर्दद्वयं त्वाममम्लं गुरु तृषाहरम्।
उष्णं रुचिकरं प्रोक्तं रक्तपित्तकफप्रदम्॥
तत्पक्वं मधुरं रुच्यं लघु पित्तसमीरजित्॥

भावप्रकाशनिघण्टु, आम्रादिवर्ग 6; 82.

आयुर्वेद में उपयोग

करौंदे का फल रस में अम्ल, तिक्त एवं मधुर, पाक में गुरु, वीर्य में शीत, लघु, अग्नि दीपक, अरुचि नाशक, तृषाहर, विष को नष्ट करने वाला, पित्त एवं वायु नाशक और त्रिदोष शामक है।

आधुनिक उपयोग

फलों में विटामिन सी प्रचुर परिमाण में होता है। पके फल स्कर्वीरोधक, शीतल, तृशाशामक हैं। रक्त पित्त शामक तथा हृदय के लिए हितकर हैं। पित्त के रोगों में उपयोगी हैं। जड़ें कड़वी हैं। आमाशय के कार्य को सुधारती हैं। आंतों के कृमियों को नष्ट करती हैं। जड़ों का एल्कौहलीय निष्कर्ष हृदय को शक्ति देता है, रक्त के ऊंचे दबाव को कम करता है। जड़ों में कैरिस्सोन, कैरिण्डोन और कैनिनोल होते हैं। जलीय विलेय घटक में ग्लूकोसाइड होता है जिससे यह हृदय को शक्ति देने का कार्य करता है। जड़ों और तने की छाल में क्षाराभ पाए जाते हैं। जड़ें कीटनाशक हैं। बार-बार आने वाले बुख़ारों की आरम्भिक अवस्थाओं में पत्तों का काढ़ा दिया जाता है।

अपरिपक्व फल खट्टे और ग्राही होते हैं। ये अचार बनाने के काम आते हैं। पके फल मीठे, खाने योग्य होते हैं। व्यंजनों, पुडिंग और जेलियों के लिए विशेष रूप से उपयुक्त होते हैं। फूलों से एक हलके पीले रंग का उड़नशील तेल निकलता है।

उन्नीस

काजू

अनाकार्दिउम ओच्चिदेन्ताले लिनिअस
Anacardium occidentale Linn.
कुल : अनाकार्दिआसी Anacardiaceae

काजू (*Anacardiaceae*) गण (*genus*) में आठ जातियां (*species*) हैं। ये झाड़ियां और वृक्ष हैं। गरम अमेरिका में उगती हैं। इनमें से एक एशिया में प्राकृत बन गई है।

स्वरूप

स्थूल और वक्र तने वाला छोटा या मध्यम आकार का सदाहरा वृक्ष जो कभी-कभी बारह मीटर तक ऊंचा चला जाता है। पत्ते दस से बीस सेण्टीमीटर लम्बे, सात से बारह सेण्टीमीटर चौड़े, चर्मश, कठोर, अग्रभाग गोल, नाड़ियों के, दस से बारह जोड़े, निचले पृष्ठ पर, नाड़ियां अधिक स्पष्ट, एक ही वृक्ष पर एकलिंगी और उभयलिंगी दोनों प्रकार के फूल लगते हैं। फूल एक सेण्टीमीटर लम्बे, पीले रंग के जिन पर गुलाबी रंग की धारियां पड़ी रहती हैं, पन्द्रह से पच्चीस सेण्टीमीटर लम्बी सीखों पर पुष्पदल आठ से बारह मिलीमीटर लम्बे। पुंकेसर प्रायः नौ, सभी फलित, अन्यों से एक अधिक बड़ा। दिसम्बर से एप्रिल तक फूल निकलते हैं।

मार्च से जून तक फल पकते रहते हैं। अप्रौढ अवस्था में बहुत कसैले होते हैं। फल वृक्काकृति, 2.5 सेण्टीमीटर लम्बा नट होता है जो 5 से 7.5 सेण्टीमीटर लम्बे वृन्त पर लगता है; वृन्त फूलकर नाशपाती के आकार का गूदेदार फल बन जाता है जो पकने पर मृदु, रसीला और स्वादु हो जाता है जिसका छिलका पतला, चमकीले पीले से लेकर शोण वर्ण का होता है। इसे काजू फल (cashew apple) कहते हैं। नट आधूसर-हरा, कठोर, चिकनी और चमकीली, तैलीय, फलभित्ति वाला, जिसमें आरक्त-बभ्रु, पतली झिल्ली के अन्दर, टेढ़ी, सफ़ेद गिरी रहती है।

विविध भाषाओं में नाम

अंग्रेज़ी : कैश्यू (cashew), कैश्यूनट ट्री (cashewnut

tree) ।

कन्नड़ : गेरा बीजा, जिडिवाटे, केम्पु गीरा बीजा ।
गुजराती : काजू ।
तमिल : मुण्डीरी कोट्टई ।
तेलुगु : जिडि आंती, जिडिममि-डीविट्टु, मुंता ममिडी विट्टु ।
बंगाली : हिजली-बादाम ।
मराठी : काजू, काजू चेबी ।
मलयालम : अण्डिपारप्पु, काशुमावु, कुशुनन्दी, पारांकी मावु ।
संस्कृत : काजूतक

पौधे का अधिक महत्त्वपूर्ण भाग दृढ़फल (nut) है जिसके अन्दर बीज रखा रहता है । इसी बीज को काजू (कैश्यू नट) कहते हैं । यह सामान्यतया भूनने के बाद खाया जाता है । भूने जाते हुए दृढफलों में से उठता हुआ धुआं बहुत कोपकारी (irritating) होता है ।

पुर्तगालियों द्वारा लाया गया

उष्णकटिबन्धी अमेरिका का मूलवासी है । सोलहवीं शताब्दी के उत्तरार्द्ध में पुर्तगालियों ने इसे भारत में सम्प्रविष्ट किया था । क्रिस्तावाओ दा कोस्ता के अभिलेख के अनुसार यह कोचीन में 1578 में उगाया जा रहा था । इससे संकेत मिलता है कि यहां से यह भारत के अन्य भागों तथा सम्भवतः दक्षिण-पूर्व एशिया में भी फैला ।

अब यह भारत के तटवर्ती ज़िलों में, विशेषकर पश्चिमोत्तर में रतनगिरि और उत्तर कन्नड़ ज़िलों में, मुम्बई गोवा, दक्षिण कन्नड़ और मलाबार ज़िलों में, दक्षिण भारत में चेन्नई, कोचीन और त्रावनकोर में, चिटागोंग और अण्डेमन द्वीप में प्राकृत बन गया है और खेती किया जा रहा है । समुद्रतट पर यह समूहरोही (gregarious) वृक्ष है ।

काजू के वृक्ष जंगल लगाने के काम आते हैं । जो बंजर और नंगी भूमियां किसी भी अन्य प्रकाष्ठीय जाति के लिए उपयुक्त नहीं हैं उनमें इसके जंगल लगाए जाते हैं । तटवर्ती टीलों को कृषि योग्य बनाने के लिए वहां उगे हुए ताड़ के झुरमुटों में काजू के अधोवन लगाए जाते हैं । तेज़ हवाओं को रोकने के लिए काजू के वृक्षों को फल-वाटिकाओं की सीमा पर पास-पास लगाया जाता है । मुख्यतया इसे बीजों से उगाया जाता है । आठ महीने तक बीज प्रजननक्षम रहते हैं; अस्सी से सौ फ़ीसदी

तक बीज उग आते हैं।

काजू उत्पादन के क्षेत्र

काजू अधिकतर मुम्बई और कन्याकुमारी के बीच समुद्र तटवर्ती ज़िलों में होता

चित्र 30 काजू की फलदार शाखा

है। काजू के बाग़ान छोटे भी होते हैं और बड़े भी। बड़े आठ-आठ सौ एकड़ तक फैले हुए होते हैं।

काजू के पौधे में सूखे का सामना करने की प्रबल शक्ति होती है। भूमि की सतह समुद्री सतह के बराबर हो या 2,60 मीटर ऊंची हो, वर्षा पिचासी सेण्टीमीटर होती हो या 325 सेण्टीमीटर सभी प्रकार के जलवायु और मिट्टी में काजू का पौधा फूलता-फलता है।

काजू का वृक्ष वट वृक्ष के आकार का होता है। इसमें तीसरे-चौथे वर्ष से फल आने लगते हैं और तीस से चालीस वर्ष तक आते रहते हैं। नवम्बर से फ़रवरी तक इसमें फूल लगते हैं, और फल मार्च से मई तक पकते हैं। वृक्षों से जो काजू नीचे गिर जाते हैं उन्हें बीन लिया जाता है, क्योंकि वही काजू की फ़सल होती है।

काजू के पौधों की बुवाई बहुत ढंग से की जाती है। छह-छह मीटर की दूरी पर गड्ढे खोदकर बीज बोए जाते हैं। अब ऐसे नए तरीक़े निकल आए हैं, जिनसे अधिक फल देने वाले काजू के वृक्षों की संख्या तेज़ी से बढ़ाई जा सकती है।

रेतीले स्थानों पर यह सबसे अच्छा पनपता है। इसलिए रेतीले टीलों को कृषियोग्य बनाने के उद्देश्य से बोए जाने वाले वृक्षों में यह महत्त्वपूर्ण वृक्ष है।

ग्रन्थताल (palmyra) के झुरमुटों में अधोवन (underwood) के रूप में यह उगाया जाता है। इसके प्रजनन का सर्वोत्तम तरीक़ा यह है कि सीधा खेतों में नियत स्थानों में बीज बो दिए जाएं।

भारत संसार में काजू का सबसे बड़ा उत्पादक देश है। काजू की गिरी और इसके छिलके के तेल का नब्बे प्रतिशत अन्तर्राष्ट्रीय व्यापार भारत के हाथ में है। भारतीय काजू के सबसे बड़े खरीददार अमेरिका और ब्रिटेन हैं। लगभग पिचहत्तर प्रतिशत काजू इन्हीं देशों को जाता है। काजू की गिरी के उत्पादन में तेज़ी से वृद्धि हुई है।

भारत काजू का सबसे बड़ा उत्पादक होने पर भी इसमें आत्मनिर्भर नहीं है। भारत में जो उत्पादन हो रहा है उससे यहां के कारख़ानों को साल में आठ से दस महीने ही चालू रखा जा सकता है, इसलिए पूर्वी अफ्रीका से काजू मंगाने की ज़रूरत पड़ती है।

भण्डारित करना

बिना भुनी काजू की गिरियां लगभग दो महीने बाद बिगड़ने लगती हैं। इसलिए इन्हें भूनकर रखा जाता है। भूनने की पुरानी रीति में ढाई किलोग्राम गिरियों को धातु की एक मीटर तक लम्बी, साठ सेण्टीमीटर चौड़ी थाली में रखकर भट्टी में रखा जाता है। भट्टी में पत्थर का कोयला जलाया जाता है। पांच मिनट बाद थाली

बाहर निकाल ली जाती है, अच्छी तरह हिलाई जाती है और फिर पांच मिनट के लिए गरम की जाती है। यह क्रिया तीन-चार बार दोहराई जाती है। इतने से गिरियां लगभग अधभुनी हो जाती हैं। अब गिरियों को एक बाल्टी में उलट देते हैं और उसमें तीन चम्मच तरल पैराफ़ीन डालकर अच्छी तरह हिलाते हैं। गिरियां फिर थाली में डाली जाती हैं और उन्हें पांच मिनट तक भट्ठी में रख देते हैं। इसके बाद गिरियों पर नमक का घोल छिड़ककर अच्छी तरह मिला देते हैं। इस घोल में पांच चम्मच नमक, दो चम्मच बबूल का गोंद और दस चम्मच पानी होता है। इसके बाद गिरियों को तब तक गरम किया जाता है जब तक कि उनमें से कुछ नमी नहीं निकल जाती और उनका रंग हलका किशमिशी नहीं हो जाता।

इन गिरियों को अब साधारणतया सौ ग्राम या एक सौ पच्चीस ग्राम के डिब्बों में बन्द कर देते हैं। इस प्रकार भूनी हुई गिरियां भी साधारण वातावरण में साधारण तापमान पर लगभग दो महीने ही टिकती हैं। उसके बाद ख़राब होने लगती हैं।

काजू की गिरियों को अधिक समय तक बिना बिगड़े भण्डारित करने की समस्या काजू के व्यापार की दृष्टि से यह महत्त्वपूर्ण समस्या है। मैसूर की केन्द्रीय खाद्य अनुसन्धानशाला में उसका समाधान खोजने के लिए परीक्षण किए गए हैं। गिरियों को भूनने की एक विधि निम्नलिखित हैं :

दो किलोग्राम कच्ची गिरियों को एक आयताकृति धातु की थाली में रखते हैं। इसमें अस्सी ग्राम मूंगफली का जमाया हुआ तेल डालते हैं और थाली को कई बार तेज़ी से हिलाते हैं। थाली को अब भट्ठी में रखते हैं और बीस-पच्चीस मिनट तक, जब तक कि गिरियों का रंग हलका किशमिशी नहीं हो जाता, उसमें रहने देते हैं। अब थालियों में से गिरियों को बाल्टी में उलट देते हैं। उसमें पांच चम्मच पिसा नमक डालते देते हैं और ख़ूब अच्छी तरह मिला देते हैं। इस प्रकार भुनी और नमक लगाई गिरियां अब डिब्बों में बन्द कर देते हैं। इस विधि से भूनी हुई काजू गिरियां साधारण वातावरण में साधारण तापमान पर छह महीने तक बिना बिगड़े रखी जा सकती हैं।

व्यापार की दृष्टि से यह छह महीने का समय भी सन्तोषजनक नहीं है। इसलिए इस समस्या पर खोजबीन चालू रही और एक नई विधि विकसित की गई। इस विधि के अनुसार तैयार की गई गिरियां जब साधारण वातावरण में पैक की जाती हैं तब वे साधारण ताप पर एक वर्ष से भी अधिक समय तक बिना बिगड़े रखी जा सकती हैं। भूनने की विधि यह है :

दो किलोग्राम कच्ची काजू गिरियों के घान को मूंगफली के जमाए हुए तेल में

160-180 शतांश ताप पर सत्तर से नब्बे सेकिण्डों तक तलते हैं। पात्र में तेल पर्याप्त होना चाहिए। तली हुई गिरियों को सेण्ट्रीफ़्यूगल मशीन में रखकर घुमाते हैं और फ़ालतू तेल निकाल देते हैं। इसके बाद गिरियों को पिघले हुए डालडा में एक मिनट के लिए डुबोते हैं। डालडा में तेल के भार का 0.05 से 0.1 प्रतिशत तक गमगायक अथवा 0.02 से 0.05 प्रतिशत तक ब्यूटाइलेटिड हाइड्रौक्सी एनीसोल और 0.002 से 0.02 प्रतिशत तक एस्कौर्बिक अम्ल मिला होता है। डालडा में से निकालने के बाद डालडा के आधिक्य को सैण्ट्रीफ़्यूज़ द्वारा अलग कर लेते हैं। इस क्रिया में डालडा माल के भार पर लगभग 1.8 प्रतिशत ख़र्च होता है। अब गिरियों के भार के अनुसार एक से दो प्रतिशत तक साधारण नमक मिलाते हैं और गिरियों को यथोचित पात्रों में भर देते हैं।

छंटाई में साबुत काजू एक तरफ़ कर देते हैं तथा टूटे हुए काजू दूसरी तरफ़। साबुत काजुओं को उनकी क़िस्मों के अनुसार छह श्रेणियों में छांटते हैं। औसतन 4,300 किलोग्राम काजुओं से एक टन गिरी निकलती है। सत्तर प्रतिशत साबुत, बीस प्रतिशत टुकड़े, आठ प्रतिशत घटिया क़िस्म के तथा दो प्रतिशत रद्दी काजू निकलते हैं।

रासायनिक संघटन

काजू फल अधिपक्व सेव सदृश दीखता है। इसमें रेशे युक्त गूदा होता है। यह पोषक तथा रसीला है। इसमें बढ़िया विशिष्ट स्वाद और मनोहारी सुगन्ध होती है। कच्चा फल खट्टा और अत्यधिक संग्राही होता है। पूर्ण पक्व फल मीठा और मामूली-सा संग्राही होता है। इसका रस स्वादिष्ट पेय के रूप में प्रयोग किया जाता है। इसमें प्रचुर एस्कौर्बिक अम्ल और दस से बारह प्रतिशत शर्कराएं, अधिकतर डेक्स्ट्रोज़ होती है। इसको सन्धान कर शराब बनाई जाती है जिसमें 8.3 प्रतिशत एल्कौहल होता है। शराब को आसुत करके ब्राण्डी बनाते हैं।

संग्राही तत्वों को निकालकर काजू-फल रस, शर्बत, कैण्डी और अचार बनाने के काम आता है। ताज़ा फल सिरका उद्योग में प्रयोग किया जाता है। काजू-फल का अवशेष पक्टीन निकालने में उपयोग किया जा सकता है। काजू-फल के प्रति 100 ग्राम में आर्द्रता 86.3, प्रोटीन 0.2, वसा 0.1, रेशे 0.9, कार्बोहाइड्रेट्स 12.3, खनिज 0.2 ग्राम होते हैं। प्रति 100 ग्राम में कैल्सियम 10, फ़ौस्फ़ोरस 10, लोहा 0.2, थिआमीन 23, रिबोफ़्लेवीन 0.05, निआसीन 0. 4, विटामिन सी 180 मिलीग्राम होती है। फल में मैलिक अम्ल होता है। गिरियों के प्रति 100 ग्राम में आर्द्रता 5.9, प्रोटीन 21.2, वसा 46.9, रेशे 1.3, कार्बोहाइड्रेट्स 22.3,

खनिज 2.4 ग्राम होता है। प्रति 100 ग्राम खनिज पदार्थ में कैल्सियम 50, फ़ौस्फ़ोरस 450, लोहा 5 मिलीग्राम होता है। प्रति 100 ग्राम में थिआमीन 0.63, रिबोफ़्लेवीन 0.16, निआसीन 1.2, विटामिन सी 1.2 मिलीग्राम होते हैं।

कोशमय फलभित्ति काले, दाहक, तैलीय रस से परिपूर्ण होती है। यह रस प्रबल चर्मरक्तकर (rubefacient) और छाला डालने वाला है। जोसेफ़ और सद्बोरो (जर्नल, इण्डियन इन्स्टिटयूट औफ़ साइन्स, 1923, 5,133) ने दिखाया है कि तैलीय रस में फ़िनोलिक कार्डोल एनाकार्डिक अम्ल और एक ईथर विलेय पदार्थ है जिसमें तेल के कैन्थैरिडीन-सदृश प्रभावों का होना माना जाता है।

भिलावे के रस के समान ही काजू के रस के गुण हैं। वैड्डेल्ल (लौयन्स मेडिकल जूरिस्प्रुडेन्स फौर इण्डिया, 1928) ने यह भेद दिखाया है कि भल्लातक रस के घोल में एल्कौहलिक पोटासियम हाइड्रेट मिलाया जाए तो यह उजले हरे में परिवर्तित हो जाता है, जबकि काजू रस का एल्कौहलिक घोल पोटासियम हाइड्रेट की प्रक्रिया से आरक्त-बभ्रु (reddish-brown) रंग में परिणत होता है।

काजू की गिरी के निष्पीडन से हलका पीला स्थिर तेल चालीस प्रतिशत तक प्राप्त होता है।

विषालुता

परपीडन के लिए भारत में काजू का उग्र रस बहुत कम प्रयोग किया जाता है। ऐसे उदाहरण तो मिल जाते हैं कि लोगों ने काजू गिरी को खाने के इरादे से फल को दांतों से काटा जिसके परिणाम स्वरूप ओठों पर वेदनाकारी छाले निकल आए। वाट और ब्रेयर-ब्रैण्डविज्क (दि मेडिसिनल ऐण्ड पौयज़न्स प्लाण्ट्र औफ़ साउदर्न अफ्रीका, 1932) ने दिखाया है कि भल्लातक निस्सार से लिप्त वनीला पौड्स को उतारने वाले गोदी कर्मचारियों की त्वचा में एक विकार पैदा हो जाया करता है जिसे वनीला खुजली कहते हैं। यह सम्भवतः कार्डोल के संतापन से उत्पन्न हो जाती है।

विषलक्षण

बैसिनेर (अमेरिकन जर्नल औफ़ फ़ार्मेसी, 1882, 131) के अनुसार कार्डोल की अल्पमात्रा के त्वचा के नीचे इंजेक्शन शीत-रुधिर प्राणियों में अंशघात (paresis) पैदा कर देता है जिसका अनुगमन शाखाओं का स्तम्भ (paralysis), जड़ता (stupor), श्वसन का स्तम्भ, और धनुस्तम्भीय अंगग्रह (tenanic spasms)

करते हैं। उष्ण-रुधिर प्राणियों में बड़ी मात्राएं प्रायः घातक नहीं होतीं, परन्तु जड़ता, शाखाओं का स्तम्भ और अतिसार पैदा हो जाते हैं और यदि मृत्यु हो जाए तो आंतों की श्लेष्मकला में रक्त संकुलता उपस्थित होती है।

कार्डोल का मुख्यतया मूत्र में और अंशतः मल में भी उत्सर्जन होता है। तूलियर की एक छोटी-सी कतरन त्वचा पर लगाए तो यह चौदह घण्टों में छाले उठा देता है।

पौष्टिक गिरी

काजू की गिरी पौष्टिक नट के रूप में खाई जाती है। इसे कच्चा, भूनकर, तलकर तथा नमक मिलाकर खाते हैं। नमकीन काजू छह महीने तक ज़रा भी ख़राब नहीं होते। खीर, हलुआ, केक, बरफ़ी, अनेक प्रकार की मिठाइयों और व्यंजनों में भी काजू डालते हैं। काजू स्वादिष्ट तो होते ही हैं, पौष्टिक भी होते हैं। काजू-फल स्कर्वीरोधी है। रस मूत्रल है, गुर्दे के रोगों तथा हैज़े की उग्र अवस्था में दिया जाता है।

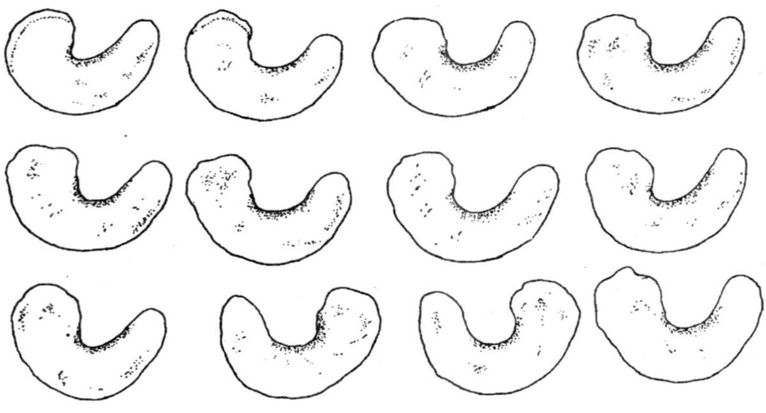

चित्र 31 काजू की गिरियां

गिरियों में चालीस से तैंतालीस प्रतिशत तेल निकलता है। यह बादाम तेल के बराबर और जैतून तेल से अधिक पौष्टिक होता है। क्षोभक विषों के प्रभाव को निरस्त करने के लिए पिलाया जाता है। छिलके का तेल मृदु रेचक होता है; अंकुश कृमियों के इलाज में प्रयोग किया जाता है। तलवों, पैरों की बिवाइयों, कीलों, मस्सों और कुष्ठ-व्रणों पर लगाया जाता है।

विविध उपयोग

मूल विरेचक है। छाल रसायन और ग्राही है। छाल से प्राप्त विराल (tar) प्रतिसंतापक (काउण्टर इरिटेण्ट), चर्मरक्तकर (रूवीफ़ेशियेण्ट) और छाला डालने वाला है। फल अतिसारहर है।

बादाम के समान काजू भी पौष्टिक होता है। मेवे में 21.2 प्रतिशत प्रोटीन तथा 46.9 प्रतिशत चर्बी के अतिरिक्त फ़ौस्फ़ोरस, लोहा तथा विटामिन ए, बी तथा बी 2 भी रहते हैं।

काजू का सेव (उसके फूल का फूला हुआ डंठल) विटामिन सी से परिपूर्ण होता है। लोग इसे भी खाते हैं या फिर दवा के रूप में काम में लाते हैं। सबसे ऊपर का छिलका ईंधन की तरह जलाया जाता है और गिरी के ऊपर की हलकी परत को मुरग़ियां और बत्तखें चाव से खाती हैं।

काजू रस के चिकित्सा सम्बन्धी गुण वैसे ही हैं जैसे कि छाल से प्राप्त विराल (tar) के हैं। अण्डेमन द्वीपों में यह तथा छाल का रस मत्स्य-रज्जुओं को रंगने तथा परिरक्षित करने में प्रयुक्त होता है। पानी के विनाशकारी प्रभाव से यह जालों को बचाए रखता है।

अमिट स्याही के रूप में विराल (tar) की मांग है। कपड़ों पर नाम लिखने की स्याही के रूप में छाल के रस का प्रयोग होता है।

छाल में से चमकीले पीले रंग की गोंद निकलती है जो बबूल की गोंद के सदृश है। यह कीट प्रत्यपसारी है। इस गुण के कारण इसे बबूल की गोंद के स्थान पर जिल्दबन्दी में बरतते हैं। पानी में गोद पूर्णतया विलेय नहीं है। कीटों और दीमकों के आक्रमण से बचाने के लिए दृढफल के काष्ठमय छिलके से प्राप्त काले रस को प्रकाष्ठों (timber), काष्ठों, शहतीरियों, फ़र्शों, नौकाओं, पुस्तकों, आदि पर पोत देते हैं।

छाल से पीला रंग निकाला जाता है। छाल का निष्कर्ष उच्च तनाव और रक्त शर्करा को कम करता है। कलियों और कोमल पत्तों का चर्मरोगों में लेप करते हैं। बीजों में विद्यमान रेज़िनी रस को मानसिक विकार, दुर्बलता, दिल की धड़कन और वातजन्य हृदयावरण शोथ में देते हैं।

छिलके में चौबीस से छब्बीस प्रतिशत टैनिन होता है। छिलके के निष्कर्ष से कमाए चमड़े में अच्छा ख़ासा रंग आता है। छिलके का तेल मच्छरों के डिम्बों को मारने की दवाओं में डाला जाता है। छाल का दूधिया रस हवा में पड़ा रहने से

काला पड़ जाता है। यह कपड़ों पर निशान लगाने के लिए अमिट स्याही के रूप में काम आता है। छाल से फीके पीले से लेकर आरक्त रंग की स्वाद रहित गोंद निकलती है। पानी में अंशतः विलेय है। बबूल गोंद के विकल्प रूप में प्रयोग की जाती है। दवाओं, सौन्दर्य-प्रसाधनों; वस्त्र, काग़ज़, स्याही उद्योग तथा जिल्दसाज़ी में काम आती है। यह कृमिनाशक है।

काजू नट के छिलकों को भूनने से पच्चीस से तीस प्रतिशत तेल प्राप्त होता है। व्यापार में इसे काजू नट के छिलकों का तेल (cashewnut shell liquid) कहते हैं। यह गूढ़ा-भूरा, चिपचिपा तेल है, प्राकृत फ़ीनोल्स का अच्छा स्रोत है। अधिकतर और्गेनिक विलेयकों में आसानी से घुल जाता है।

नौकाओं तथा जालों के परिरक्षण के लिए और लकड़ी को दीमक से बचाने के लिए इसका उपयोग किया जाता है। यह विसंवाहक वार्निशों, रेज़िनों, पेण्टों, फट्टों के अभिलागियों (adhesive), प्लाईवुड के अभिलागियों, डाकघर की मोहर लगाने की स्याही आदि में काम आता है। कलियों और कोमल पत्तों की सब्ज़ी बनती है। ये हरी खाद के रूप में उपयोग किए जाते हैं। छिलके के नाशक आसवन (डिस्ट्रक्टिव डिस्टिलेशन) प्राप्त दाहक तेल (स्टोव इनैमल पेण्ट), बनाने में काम आता है।

भिलावे के छिलके के रस के साथ काजू के कवच का रस मिलाकर अर्द्धठोस से ठोस के बीच में अनेक प्रकार के उद्यास (रेज़िन्स) बनाए जाते हैं। ये उद्यास इनेमल्स, वार्निशेज़, जलरोधक रचनाएं और मोलिडंग पाउडर्स बनाने में प्रयुक्त होते हैं।

काष्ठ आरक्तबभ्रु वर्ण की होती है। यह मामूली कठोर है। घने रेशे वाली और प्रति घन मीटर 608 किलोग्राम भारी होती है। पैकिंग पेटियां, चाय पेटियां तथा नौकाएं बनाने के लिए बहुत अच्छी लकड़ी है। जलावन के लिए इसकी मांग है। काजू के अभिसंस्कार की फ़ैक्टिरियों में भुने हुए नटों का बाहरी छिलका ईंधन के रूप में काम आता है। यह चाय की पेटियों, नील के बक्सों और अन्य प्रकार की पैकिंग पेटियां बनाने में काम आती है। नौकाओं को बनाने तथा जलाने का कोयला बनाने में भी इसका प्रयोग किया जाता है।

काजूफल की चटनी

काजूफल से चटनी तैयार करने के लिए फल को दो प्रतिशत नमक के घोल में तीन दिन डुबोकर रखते हैं। इसके बाद उसे धोकर नमक निकाल देते हैं। अब उसे पांच-सात मिनट तक पांच किलोग्राम दबाव पर भाप में रखते हैं। फिर फल

को सादे पानी में धोते हैं, काटकर उसकी फांकें बनाते हैं और अवाञ्छित हिस्सों को अलग कर देते हैं। इन फांकों में नमक, चीनी और मसाले डालकर सामान्य रीति से चटनी बना लेते हैं। चटनी बनाने का एक नुस्खा इस प्रकार है :

फल की फांकें तीन किलोग्राम, चीनी तीन किलोग्राम, नमक 150 ग्राम, दरदरा पिसा हुआ जीरा, काली मिर्च और इलायची प्रत्येक चौदह ग्राम, छिली और कसी हुई अदरक चालीस ग्राम, दरदरी पिसी हुई दालचीनी और धनिया प्रत्येक सात ग्राम, ग्लेशियल एसिटिक अम्ल सत्तर ग्राम या इसी के तुल्य सिरका, जीरा, कालीमिर्च, इलायची, अदरक, दालचीनी और धनिया कपड़े की ढीली पोटली में बांधकर पकते समय मिश्रण में डाल देते हैं।

चिकित्सा में उपयोग

पुर्तगाल में फल तथा फलभित्ति (pericarp) अधिकृत (officinal) है।

पोषक : गिरी पोषक, उपशमक (demulcent) और उपसान्त्वक (emollient) है। गिरी से प्राप्त स्थिर तैल भी पोषक तथा उपसान्त्वक है और इन गुणों में यह बादाम के तेल के समान समझा जाता है। भेषजीय कार्यों में इसे जैतून और बादाम के तेलों के प्रतिनिधि रूप में बरत सकते हैं। सेव या फूला हुआ डण्ठल बहुत रसीला होता है। यह खाया जाता है। इसमें विटामिन सी की प्रचुरता होती है। इसका रस स्वादिष्ट पेय बनता है। किण्वन (फ़र्मेण्टेशन) से इसका सिरका बनाया जाता है। इससे एक शराब भी चुआई जाती है जिसकी काजू मदिरा के नाम से प्रसिद्धि है।

उदर विकारों में

मिश्रण के रूप में गिरी उन सब प्रयोजनों के लिए लाभकारी है जहां बादाम का मिश्रण दिया जाता है। जिन रोगियों को निरन्तर और चिरस्थायी वमन से निर्बलता बहुत बढ़ गई हो उन्हें पोषक भोजन के रूप में काजू की प्रत्येक मिश्रण मात्रा में दो-तीन बूंद हलका हाइड्रोसाइनिक अम्ल मिलाकर देते हैं। फलभित्ति का निष्कर्ष (tincture) यूरोप में पेट के कीड़ों को निकालने के लिए देते हैं। गोल्ड कोस्ट में छाल और पत्ते दन्तवेदना और व्रणयुक्त मसूड़ों को ठीक करने के लिए प्रयुक्त होते हैं।

रक्तभार के लिए : छाल का निष्कर्ष (tincture) या निस्सार (extract) यदि मुखद्वारा दिया जाए तो ब्लडप्रेशर को कम करता है (ब्राज़ील मेडिको, 195,

305; केमिकल ऐब्सट्रैक्ट, 1951, 10396)।

त्वचा के रोग

छाल से प्राप्त विराल (tar) तथा काजू का रस दद्रु कुष्ठ, मस्सों और दुराग्रही व्रणों पर लगाया जाता है। यह प्रबल चर्मरक्तकर और उद्स्फोटक है इसलिए बड़ी सावधानी से प्रयोग किया जाना चाहिए। त्वचा पर गोदने के लिए काजूरस काम आता है। काजू गिरी का तेल लेपों तथा बाह्य प्रयोग की दवाओं के लिए अच्छा माध्यम है।

विषहरण के लिए

वाग्भट के अनुसार सर्पदंश की चिकित्सा के लिए अभिस्तावित बहुसंख्यक निर्मितियों के संघटन में काजू वृक्ष की छाल और पुष्पस्तवक सम्मिलित किए जाते हैं। म्हस्कर और कायस् ने दिखाया है कि सर्पदंश की प्रतिविषीय चिकित्सा में छाल और पुष्पस्तवक निरुपयोगी है।

मुख द्वारा लिए गए क्षोभक विषों के लिए तेल यान्त्रिक तथा रासायनिक प्रतिविष का कार्य करता है। आमाशय और आंतों की अन्तस्तरण कला पर लेप के रूप में छा जाने से यह विष के क्षोभक कार्य के प्रभाव को कला पर नहीं होने देता। यह विष के आचूषण को रोकता है। यदि विष क्षारीय हुआ तो उसके साथ मिलकर यह साबुन बन जाता है जिससे विष निष्फल हो जाता है।

बीस

कीनू

चित्रुस स्पीसीज़
Citrus sp.
कुल : रुतासी Rutaceae

दृढ़ता से उगने वाला वृक्ष; काण्ड ऊंचे; शाखिकाएं अनेक, लम्बी, पतली, कण्ट रहित, ऊपर की ओर जाती हुईं; पत्रावली घनी, पत्ते मद्धम बड़े, स्थूल रूप से भाला-कृति; फल मण्डलाकृति, मामूली चपटा, आठ से नौ सेण्टीमीटर व्यास का, इतना ही लम्बा, भार 225 ग्राम, आधार और शीर्ष दोनों ज़रा से अवनत; छिलका सुन्दर, नारंगी रंग का, चमकीला, दृढ़, चर्मल, कसकर सटा हुआ, लेकिन आसानी से उतर जाता है; फाड़ियां दस से बारह, आसानी से अलग नहीं होतीं; गूदा चमकीला, सुनहरी पीला, प्रभूत रस वाला, मुख में जल्दी घुलने वाला, सुगन्धित, स्वादिष्ट, मधुर-अम्ल; बीज पच्चीस से सत्ताईस होते हैं ।

पंजाब की निचली पहाड़ियों, राजस्थान, उत्तर प्रदेश, कोडईकनाल (तमिलनाडु) और कुर्ग में खेती किया जाता है । पंजाब में इसकी पैदावार भी अधिक है और इसके फल भी बढ़िया क़िस्म के होते हैं । यह किंग औरेंज और विलो-लीफ़ मैण्डेरिन के संकर से बना है ।

इक्कीस

कीवी

आक्तीनीदिआ कीनेन्सिस प्लांख़ोन
Actinidia chinensis Planchon
कुल : आक्तीनीदिआसी Actinidiaceae

अनुकूल अवस्थाओं में एकलिंगी, ज़ोरदार वल्लरी, ऊंचाई पन्द्रह मीटर तक, घेरा तीस सेण्टीमीटर तक; पत्ते 7.5 से 12.5 सेण्टीमीटर लम्बे, लम्बे वृन्त वाले, पत्रफलक चौड़ाई लिए लम्बगोल, अण्डाकृति से तेकर गोलाकृति, कदाचित् तीक्ष्णाग्र

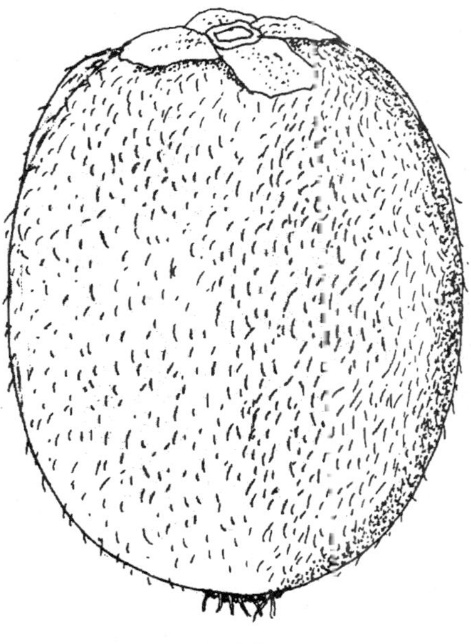

चित्र 32 कीवी का फल

या ज़रा-सी लम्बी नोकवाला; फूल कक्षीय गुच्छों मे या कदाचित् एकाकी, व्यास में पांच सेण्टीमीटर तक, निलम्बी, क्रीम रंग के; फल 2.5 से 5.0 सेण्टीमीटर लम्बे,

आकृति में गोल से लेकर अण्डाकृति या लम्बोतरे, छिलका रफ़, भूरा-सा, छोटे कैड़े बालों से आवृत; गूदा प्रायः फीका हरा; बीज जामनी-काले। चीन का मूल पौधा है। चीन में इसे यांग-ताओ (yang-tao) कहते हैं।

बेल्जिअम, फ्रांस, जर्मनी, इंग्लैंड, रूस, जापान, न्यूज़ीलैंड और अमेरिका में यह पौधा सफलतापूर्वक उग रहा है। न्यूज़ीलैंड में इसके अनेक अधिक अच्छे भेद विकसित कर लिए गए हैं।

भारत में सम्प्रविष्ट किया गया

भारत में यह बंगलौर के लाल-बाग़ में सम्प्रविष्ट किया गया था। लेकिन यह प्रयोग असफल रहा। 1963 में न्यूज़ीलैंड से एल्लीसोन संतति (allison strain) के कुछ पौधे प्राप्त किए गए थे और उन्हें उत्तरी पहाड़ियों (हिमाचल प्रदेश) में 2,600 मीटर की ऊंचाई पर बोया गया था। नए जलवायु के अनुकूल बनने में इन्हें कुछ समय लग गया। और अन्ततः 1969 में ये फूलने और फलने लगे।

मई में पौधा फूलता है और नवम्बर में फल पकते हैं। फलने के पहले साल की पैदावार कम थी; लगभग पचास फल लगे थे। अनुवर्त्ती मौसमों में बढ़कर प्रति पौधे लगभग 500 फल लगने लगे।

कृषि

आर्थिक दृष्टि से लाभदायक खेती के लिए क़लमों से पौधे उगाए जाते हैं। इन्हें बगीचे में स्थायी स्थानों पर केवल प्रसुप्तावस्था में स्थानान्तरण करना चाहिए। पंक्तियों में 7.5 से 9.0 मीटर के फ़ासले पर लगाना चाहिए। पंक्तियों की आपसी दूरी 4.2 से 5 मीटर रखनी चाहिए।

नर और मादा फूल अलग-अलग पौधों पर लगते हैं। अधिकतम प्रभावशाली परागीकरण के लिए पर्याप्त संख्या में नर पौधों को रोपना ज़रूरी है। ये समान दूरी पर रोपे जाते हैं और उनके चारों ओर मादा पौधे लगाए जाते हैं। मादा और नर पौधों के अनुपात की औसत 6:1 होनी चाहिए।

बीजों से भी आसानी से पौधे उग आते हैं। अनुभवी फलोत्पादक बीजों से प्रजनन की सलाह नहीं देते। क्योंकि फूलने तक पौधों के लिंग का पता नहीं चलता। केवल आधार (root-stocks) बनाने के लिए बीजों से पौधे उगाना लाभदायक है जिन पर चुनिन्दा और बढ़िया सन्तति के पौधों की क़लमबन्दी की जाती है।

खेती के लिए गहरी, उपजाऊ, पानी के अच्छे निकास वाली रेतीली-दुमट की सिफ़ारिश की जाती है । जलक्रान्ति (water-logged) और कठोर भूमि नहीं होनी चाहिए ।

शुरू सरदियों के पालों से फलों के नुकसान नहीं होता । बल्कि, इनसे फलों में बढ़िया सुगन्ध और स्वाद विकसित हो जाते हैं । लेकिन बेल की वृद्धि के दौरान किसी समय और फूलने के समय पाला पड़ जाए तो बहुत हानि होती है । बेलों को बाड़ों या लता मण्डपों (pergolas) पर चढ़ाया जाता है ।

फल सामान्यतया चालू मौसम की वृद्धि के प्ररोहों पर लगते हैं । नियमित फ़सलें और बढ़िया फल प्राप्त करने के लिए साल में दो बार छंटाई करते हैं । एक बार, गरमियों में जब बेलों की तेज़ी से वृद्धि हो रही होती है । फिर सरदियों में जब बेलें प्रसुप्त अवस्था में होती हैं ।

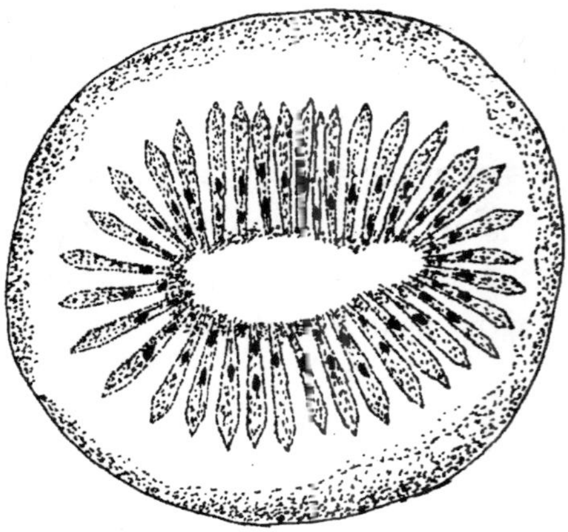

चित्र 33 कीवी का कटा फल

फल जब दृढ़ हों तभी तोड़ लेते हैं और खाने से पहले सात से दस दिन तक पकने और मुलायम होने देते हैं । बेल को गम्भीर बीमारियां नहीं लगतीं, लेकिन एक पत्ते खाने वाली सुण्डियां बेलों पर आक्रमण करती हैं जिसे कीटनाशकों के प्रयोग से नियन्त्रित किया जा सकता है ।

शीत भण्डारण में फल क़रीब आठ सप्ताह तक रखे जा सकते हैं । समूचा फल या उसके कतरे काटकर परिरक्षित करते हैं । मूल्यवान् सलादों में फल डालते

हैं। आईस-क्रीमों को सजाने के लिए फलों का इस्तेमाल करते हैं। इनसे शराब, जैम, मार्मालेड्ड आदि अनेक उत्पाद बनाए जाते हैं।

रासायनिक संघटन

कैलिफ़ोर्निआ के ताज़े फल के भक्ष्य भाग का विश्लेषण निम्नलिखित है : आर्द्रता 81.2, प्रोटीन 0.79, वसा 0.07, कार्बोहाइड्रेट्स 17.5 और राख 0.45 प्रतिशत। 100 ग्राम कैल्सिअम 16.0, मैग्नीसिअम 30.0, फ़ौस्फ़ोरस 64.0 और लोहा 0.51 मिलीग्राम। इसमें निम्नलिखित विटामिनें विद्यमान होती हैं : थिआमीन 0.02,रिबोफ़्लेविन0.05, निआसिन 0.5, विटामीन सी 105.0 मिलीग्राम प्रति 100 ग्राम और विटामिन ए 175 अन्तर्राष्ट्रीय इकाइयां। ताज़े फल के भक्ष्य भाग के प्रति 100 ग्राम में 66 उष्मा इकाइयां होती हैं। ताज़े फलों में विटामिन सी का परिमाण नारंगियों की तुलना में दोगुना होता है। एक भारतीय नमूने के प्रति 100 ग्राम फल में 300 मिलीग्राम तक विटामिन सी पाई गई। फलों में एक प्रोटिओलीटिक एन्ज़ाइम, एक्टिनिडिन, भी पाया जाता है। यह मांस को मृदु बनाने के लिए इस्तेमाल किया जाता है। पपीता और नाशपाती के रसों जैसे रसों (bland juices) के साथ संमिश्रण (bland) करने में फल का रस काम आता है। यह नाश्ते के पेय में दिया जाता है। ताज़ा हरे-से रंग का फल का गूदा डेज़र्ट (dessert) के रूप में परोसा जाता है। पत्तों का इथानोलिक (ethanolic) निष्कर्ष ग्राम-पौज़िटिव (gram-positive) वेक्टीरिआ को मारने में सक्रिय होता है।

बाईस

केला

मूसा पारादिसिआका लिनिअस
Musa paradisiaca Linn.
कुल : मूसासी Musaceae

सत्यनारायण की कथा के नैवेद्य में पाठकों ने केले और कसार का प्रसाद खाया होगा। धार्मिक पर्वों पर स्त्रियां मन्दिर में केले भेंट करती हैं।

केरल के कवियों ने कदलीफल की महिमा का गुणगान किया है। शिव और गणेश की पूजा में केला भेंट करते हैं। ओणम और अयिल्या भकम् पर्वों पर केरल में केन्द्रन केले के गुच्छे बड़े आदमियों को भेंट किए जाते हैं। दक्षिण भारत में मन्दिर के हाथियों को कदलीफल खिलाकर श्रद्धालु देवियां अपने को धन्य समझती हैं। काशी में हनुमान् मन्दिरों में, हरिद्वार जैसे तीर्थ स्थलों में और अन्यत्र भी कपि-संकुल इलाक़ों में श्रद्धालु लोग केले के टोकरे ले जाते हैं और रामभक्त हनुमान् जी के अवतारों को खिलाकर पुण्य प्राप्त करते हैं

ग़रीब और अमीर हर आदमी को केला आसानी से मिल जाता है। इस सस्ते, स्वादिष्ट, सुगन्धित और सरस फल को बच्चे और बूढ़े शौक़ से खाते हैं। दांतों के बग़ैर भी इसके मृदु गूदे को मुंह में घोलकर निगल जाते हैं। छह महीने के शिशु को अन्न प्राशन संस्कार से पहले ही केला खिलाने लगते हैं।

विविध भाषाओं में नाम

अंग्रेज़ी : एडिबल बनाना (edible banana), प्लैण्टेन (plantain)।
कन्नड़ : बले।
तमिल : वाझई।
तेलुगु : अनाटी, अरानी।
मलयालम : वाझा।
संस्कृत : कदली, रम्भा।

संस्कृत में नाम

आयुर्वेद के निघण्टुओं में केले के उनतालीस नाम आए हैं। धन्वन्तरिनिघण्टु (8वीं शती) में आठ, राजनिघण्टु (12वीं शती) में सोलह, मदनपालनिघण्टु (1374 सन्) में दस, कैयदेवनिघण्टु (1450 सन्) में उन्नीस, और भावप्रकाशनिघण्टु (1550 सन्) में पांच नाम और पर्याय आए हैं :

कदली सुकुमारा च रम्भा स्वादुफला मता।
दीर्घपत्रा च निःसारा मोचा हसितविषाणिका॥

धन्वन्तरिनिघण्टु, करवीरादिवर्ग 5;68.

कदली सुफला रम्भा सुकुमारा सकृत्फला।
मोचा गुच्छफला हस्ति-विषाणी गुच्छदन्तिका॥
काष्ठीरसा च निःसारा राजेष्टा बालकप्रिया।
ऊरुस्तम्भा भानुफला बनलक्ष्मीश्च षोडश॥

राजनिघण्टु, आम्रादिवर्ग 11;36-37.

कदली ग्रन्थिनी मोचा रम्भा वीराऽऽयतच्छदा।
वारणा वारणबुसाऽम्बुसारांशुमती फला॥

मदनपालनिघण्टु, फलादिवर्ग 6;22.

कालीरसा हस्तिबुसा रम्भा वीरांशुमत्फला।
चर्मण्वती कानुफला मोचा हस्तिविषाणिका॥
बृहत्पुष्पा मुक्तसारा ग्रन्थिनी सुकुमारिका।
काष्ठालिका हस्तिविषा कदली दीर्घपत्रिका॥
पालशिका मृत्युपुष्पा।

कैयदेवनिघण्टु, ओषधिवर्ग 1;280-281.

कदली वारणा मोचाऽम्बुसारांऽशुमतीफला।

भावप्रकाशनिघण्टु, आम्रादिवर्ग 6;33

इन श्लोकों के अन्तर्गत आए नाम और पर्यायों को नीचे तालिका में दिया जा रहा है जिससे पाठक सुगमता से उनका तुलनात्मक अध्ययन कर सकें :

धन्वन्तरिनिघण्टु (8वीं शती)	राजनिघण्टु (12वीं शती)	मदनपालनिघण्टु (1374 सन्)	कैयदेवनिघण्टु (1450 सन्)	भावप्रकाशनिघण्टु (1550 सन्)
		1 अम्बुसरा		1 अम्बुसारा
		2 अंशुमतीफला		2 अंशुमतीफला
			1 अंशुमत्फला	
		3 आयतच्छदा		
	1 उरुस्तम्भा			
1 कदली	2 कदली	4 कदली	2 कदली	3 कदली
			3 कानुफला	
			4 कालीरसा	
			5 काष्ठलिका	
	3 काष्ठीरसा			
	4 गुच्छदन्तिका			
	5 गुच्छफला			
		5 ग्रन्थिनी	6 ग्रन्थिनी	
			7 चर्मण्वती	
2 दीर्घपत्रा				
			8 दीर्घपत्रिका	
3 निःसारा	6 निःसारा			
			9 पलाशिका	
	7 बालकप्रिया		10 बृहत्पुष्पा	
	8 भानुफला			
			11 मुक्तसारा	
			12 मृत्युपुष्पा	
4 मोचा	9 मोचा	6 मोचा	13 मोचा	4 मोचा
5 रम्भा	10 रम्भा	7 रम्भा	14 रम्भा	
	11 राजेष्टा			
	12 वनलक्ष्मी			
		8वारणबुसा		
		9 वारणा		5 वारणा
		10 वीरा	15 वीरा	
	13 सकृत्फल			
6 सुकुमारा	14 सुकुमारा			
			16 सुकुमारिका	
	15 सुफला			

7 स्वादुफला

17 हस्तिविषा

8 हस्तिविषाणिका

18 हस्तिविषाणिका

16 हस्तिविषाणी

19 हस्तिबुसा

नामों के अर्थ

उरुस्तम्भा : जांघ (उरु) के सदृश काण्ड वाला (स्तम्भा)।
गुच्छफला : जिसके फल गुच्छे में लगते हैं।
दीर्घपत्रा : लम्बे (दीर्घ) पत्तों वाला (पत्रा)।
दीर्घपत्रिका : = दीर्घपत्रा।
बृहत्पुष्पा : बड़े (बृहत्) फूल वाला (पुष्पा) पौधा।
बालकप्रिया : बच्चों (बालक) का प्रिय फल।
राजेष्टा : राजाओं की पसन्द का (इष्टा) फल।
वनलक्ष्मी : जंगल (वन) की शोभा (लक्ष्मी)।
सकृत्फल : एक बार (सकृत्) ही फल देने वाला।
सुकुमारा : मुलायम गूदे वाला या कोमल पत्तों वाला सुन्दर पौधा।
सुकुमारिका : = सुकुमारा।
सुफला : सुगन्धित (सु) फल वाला पौधा या ख़ूब फल धारण करने वाला पौधा।
स्वादुफला : स्वादिष्ट (स्वादु) फल वाला पौधा।

केले के भेद

सुगन्धा कृष्णारम्भा च शैलरम्भा यथोत्तरम्।
निन्दिताः ... ... ॥

कैयदेवनिघण्टु, ओषधिवर्ग 1;291.

माणिक्यमर्व्यामृतचम्पकाद्या भेदाः कदल्या बहवोऽपि सन्ति।
उक्ता गुणास्तेष्वधिका भवन्ति निर्दोषता स्याल्लथुता च तेषाम् ॥

भावप्रकाशनिघण्टु, आम्रादिवर्ग 6;35.

आश्चर्य है कि झोपड़ियों और महलों में सर्वत्र सुलभ इस फल को अतीत काल में हमारे पुरखों ने नहीं खाया था। केले को संस्कृत में कदली, रम्भा और

मोच कहते हैं। भारतीय साहित्य के सबसे पुराने ग्रन्थों, वेदों और ब्राह्मण ग्रन्थों में हमें ये शब्द ही नहीं मिलते। पूर्ववर्ती संस्कृत साहित्य में केले के लिए कदली शब्द प्रयोग होता था। बाद में रम्भा शब्द का भी प्रयोग होने लगा और फिर मोच शब्द का भी। परवर्ती लेखकों ने आवश्यकतानुसार केले के लिए नए-नए अर्थवाही शब्दों को घढ़कर कोष समृद्ध किया। कुछ नाम देखिए : वनलक्ष्मी (जंगल की शोभा), उरुस्तम्भा (जांघ जैसे काण्ड वाला), सुकुमारा (कोमल पत्तों और काण्ड वाला), सुफला (ख़ूब फल धारण करने वाला), गुच्छ फला (जिस वृक्ष में फल गुच्छों में लगते हैं), बालकप्रिया (बच्चों के प्यारे फल वाला वृक्ष)।

रामायण काल में और कालिदास के ज़माने में (पांचवी शती) लोग बन केले के वृक्ष से परिचित हो गए थे, पर इसके फल को खाने में काम नहीं लाते थे।

गोदावरी के किनारे पर्णकुटी बनाने से पहले लक्ष्मण और सीता ने उस जंगल का सर्वे किया था। वहां अशोक, अमलतास जैसे शोभावृक्ष, जामुन, कटहल, कदम्ब जैसे फलदार पेड़ उगे थे। आहारोपयोगी धान्य लहलहा रहे थे। वाल्मीकि ने यहां की उपयोगी वनस्पतियों में केले का उल्लेख नहीं किया।

संस्कृत साहित्य में स्त्री की जांघों की तुलना कदलीस्तम्भ, कदलीगर्भ, करभ (हाथी के बच्चे) की जांघ और हाथी की सूंड से की जाती है।

कदली काण्ड और कदलीगर्भ तो वस्तुतः बहुत मृदु और कोमल होते हैं जो छुरी से आईसक्रीम के समान आसानी से कट जाते हैं। कालिदास ने रावण के वध का ज़िक्र करते हुए लिखा है : 'राम ने अर्धचन्द्रमुख वाले बाणों से रावण के सिर ऐसी सरलता से काट दिए, मानो उन्हें केले का स्तम्भ काटने का मज़ा आ रहा था' :

अर्धचन्द्रमुखैर्बाणैश्चिच्छेद कदली सुखम् ॥

रघुवंश, सर्ग 12;96.

मारीच का वध करके श्रीराम लौट आते हैं और पर्णकुटी में सीता को न पाकर हैरान हो जाते हैं। इस सदमे से वे बावले-से हो जाते हैं और उसकी तलाश में निकल पड़ते हैं। आम, जामुन जंगल के सभी वृक्षों से भी सीता का अता-पता पूछते हैं। इन वनस्पतियों में भी केला नहीं है। हां, सीता की तलाश के प्रसंग में महर्षि वाल्मीकि ने शोक से हतबुद्धि धर्मात्मा श्री राम को सामान्य कामातुर आदमी के समान चित्रित किया है। रतिक्रीडा के सुखद क्षणों में खोए हुए वे कहते हैं :

'कदली स्तम्भ जैसी अपनी दोनों जांघों को तूने भले ही कदली से लपेट रखा है, पर मैं उन्हें साफ़ देख रहा हूं। हे देवि! अब तू उन्हें छिपा नहीं सकती'।

कदलीकाण्डसदृशो कदल्या संवृतावुभौ।
ऊरू पश्यामि ते देवि नासि शक्ता निगूहितुम्॥

रामायण, अरण्यकाण्ड 63;4.

वाल्मीकि के इस श्लोक में यह नहीं पता चलता कि जांघ को लपेटने के लिए केले की छाल का या केले की छाल के रेशे से बनाए कपड़े का प्रयोग किया गया था। चूंकि आवरण के नीचे श्रीराम को सुन्दर जांघें साफ़ दिखाई देती थीं, इसलिए मैं समझता हूं कि सीता ने केले के रेशे से बनाया महीन कपड़ा पहना था। जंगल के क़बीले कदली वस्त्र बनाते थे जिसे कदली कहते थे। क्षुमा (अलसी) के रेशे से बने कपड़े क्षौम और रेशमी कपड़े के समान यह नगरवासियों को तो उपलब्ध नहीं था, जंगली क़बीलों में इसका प्रचलन था। क़बीले के मुखिया श्रीराम को भेंट कर जाते थे।

कुमारसम्भव में कालिदास कहते हैं कि हाथी की सूण्ड खुरदरी होती है, जबकि पार्वती की जांघें चिकनी और कोमल हैं, कदली स्तम्भ शीतल होता है जबकि पार्वती की जांघें गरम हैं। इसलिए पार्वती की सुन्दर जांघों की इनसे तुलना ही क्या!

नागेन्द्रहस्तास्त्वचि कर्कशत्वादेकान्तशैत्यात्कदली विशेषाः।
लब्ध्वापि लोके परिणाहि रूपं जातास्तदूर्वोरुपमान बाह्याः॥

कुमारसम्भव, सर्ग 1; 36.

प्रसन्नराघव के लेखक जयदेव को करभ की जांघ से सीता की तुलना की बात जंची नहीं। वह कहता है, 'केला केला ही है, करभ (हाथी का बच्चा) करभ ही है और हाथी की सूंड सूड ही है। तीनों लोकों में सीता की जांघों के बराबर कोई चीज़ नहीं':

कदली कदली करभः करभः करिराजकर करिराजकरः।
भुवनत्रितयेऽपि विमर्ति तुलाभिदमूरुयंग न चमूरुदृशः॥

प्रसन्नराघव, अंक 1;37.

विरह-कृश यक्ष अपनी पत्नी के बारे में मेघदूत को बताता है: 'मोतियों के जाल वाला जो हार वह सदा पहना करती थी, भाग्य के फेर से उसे भी उसने छोड़ दिया होगा। ताज़े कदली गर्भ जैसी गोरी उसकी बाईं जांघ पर रतिक्रीडा में मेरे नाख़ूनों

की जो खरोंचें लग जाती थीं, उसके निशान भी मिट गए होंगे। सम्भोग के बाद मैं उसकी बाईं जांघ को दबाया करता था, उसे जब तुम मेरा सन्देश दोगे तब वह फड़क उठेगी।' स्त्री की बाईं जांघ का फड़काना इष्ट-प्राप्ति का लक्षण होता है :

वामश्चास्याः कररुहपदैर्मुच्यमानो मदीयैः
र्मुक्ताजालं चिरपरिचितं त्याजितो दैवगत्या।
संभोगान्ते मम समुचितो हस्तसंवाहनानां
यास्यत्यूरुः सरसकदलीस्तम्भगौरश्चलत्वम् ॥

मेघदूत, उत्तरमेघ; 38.

असार संसार के रहस्यों की व्याख्या करने वाली अध्यात्मपरक सामरहस्योपनिषत् में कदली काण्ड की वही लौकिक उपमा दी है जो कालिदास ने मेघदूत में दी है। उपनिषत्कार राधा की जांघों को कदली काण्ड के समान सुन्दर देखता है :

कदलीकाण्डरुचिरावूरु शोभामभ्येत।

साभरहस्योपनिषत्, पृष्ठ 245.

श्रृंगार रस के कवि जयदेव ने गीत गोविन्द में राधा की जांघों को केले के स्तम्भ से भी अधिक सुन्दर बताया है। वे लिखते हैं, 'हे सुन्दरि ! तेरी आंखें मद से भरी हैं, मुख चन्द्रमा की द्युति को मात करता है, चाल लोगों के मन को चुरा लेती है और जांघें केले के स्तम्भ के सौन्दर्य को भी जीत लेती हैं' :

दृशो तव मदालसे वदनभिन्दुसंदीपकम्
गतिर्जनमनोरमा विजितरम्भमूरुद्वयम्।

गीतगोविन्द, सर्ग 10;6.

नैषधीय चरित में दमयन्ती के अनुपम सौन्दर्य के वर्णन में केले का उल्लेख किया गया है : 'दमयन्ती की भौंहें ऐसी सुन्दर हैं जिससे वह दूसरी चित्रलेखा नामक अप्सरा लगती है। नाक हूबहू तिलोत्तमा नामक अप्सरा जैसी है। कदली स्तम्भ जैसी जांघें ऐसी सुन्दर हैं मानो दूसरी रम्भा अप्सरा हो' :

भ्रू श्चित्रलेखा च तिलोत्तमाख्या नासा च रम्भा यदूरुसृष्टिः।
दृष्टा ततः पूरयतीयमैकानेकाप्सरः प्रेक्षणकौतुकानि ॥

नैषधीयचरित, 7; 92.

तेज़ आंधी में जंगल के कांपते हुए कदली वृक्षों को वाल्मीकि ने अनायास ही उखड़कर गिरते देखा था। उन्होंने लङ्का में अशोक वाटिका के अन्दर विपदाओं

में घिरी सीता की तुलना ऐसे कदली वृक्षों से की है। वे लिखते हैं : 'कामोन्मत्त रावण अशोक वाटिका में सीता के पास गया। रूप-यौवन-सम्पन्न और सुन्दर गहनों से सजे रावण को देखकर सीता आंधी में कांपते हुए कदली वृक्ष के समान कांपने लगी' :

ततो दृष्ट्वैव वैदेही रावणं राक्षसाधिपम्।
प्रावेपत वरारोहा प्रवाते कदली यथा॥

रामायण, सुन्दरकाण्ड 19;2.

रावण के मनोरथ पूरे नहीं हुए तो राक्षसियों ने उसे डराया-झंझावात में जैसे कदली वृक्ष गिर पड़ता है, वैसे ही देव कन्या के समान सीता कांपने लगी। उसकी देह पीली पड़ गई' :

सा वेपमाना पतिता प्रवाते कदली यथा।
राक्षसीनां भयत्रस्ता विवर्णवदनाभवत्॥

रामायण, सुन्दरकाण्ड 25;8.

कालिदास के समय पहाड़ी बाग़-बगीचों की बाड़ केले के समान वृक्षों से बनाई जाती थी।

अलकापुरी से निर्वासित यक्ष रामगिरि पर्वत पर निवास कर रहा था। सैकड़ों मील दूर अलकापुरी में वियोग के दिन काटती हुई अपनी पत्नी की याद उसे सताती थी। आषाढ़ के पहले दिन बादल उठने लगे तो अलकापुरी की तरफ़ उड़ान भरने वाले थे। यक्ष ने एक बादल को अपना सन्देशवाहक बना लिया। उसे अपने घर की पहिचान बताते हुए कहा : उसमें बावड़ी के किनारे पहाड़ पर मनोरंजन के लिए पार्क है। पहाड़ का शिखर सुन्दर नीलाभ मणियों से बनाया गया है। सुनहरी केले के वृक्षों से उसकी बाड़ बनाई गई है जिससे पार्क की शोभा बढ़ गई है :

क्रीडाशैलः कनककदलीवेष्टनप्रेक्षणीयः॥

मेघदूत, उत्तरमेघ, 17.

मांगलिक अवसरों पर सजावट

केले के वृक्षों से तोरण, यज्ञ वेदिकाएं, विवाह मण्डप, वार्षिक रथ यात्रा के समय रथों की सजावट की जाती है। केला सुख, समृद्धि और उर्वरता का प्रतीक माना जाता है। विश्वास किया जाता है कि केले का पौधा जैसे दीर्घजीवी होता है

और भूमि के नीचे चारों और फैली बहुत-सी जड़ों से एक के बाद एक लगातार नए पौधे पैदा करता रहता है, उसी तरह जिस घर में केला रखा जाता है वह धन-धान्य, समृद्धि और सन्तति से भरपूर रहता है।

अच्छा वर पाने की अभिलाषा से लड़कियां बृहस्पतिवार का व्रत रखती हैं और उस दिन केले के वृक्ष की पूजा करती हैं।

मांगलिक अवसरों पर केले के वृक्ष से सजावट करने की प्रथा उपनिषदों के समय से मिल जाती है। शिवोपनिषत् में इसका विधान इस प्रकार है : 'शिव की रथ यात्रा के समय रथ में शिव की प्रतिमा स्थापित कर फूलों के हार से सजाकर एक तरफ़ केले का पौधा बांध देना चाहिए जिसके पत्ते रथ की पताका के समान लहराते हों।'

कदल्यर्घध्वजैर्युक्तं महाच्छत्रं महाध्वजम् ।
पुष्पमालापरिक्षिप्तं सर्वशोभासमन्वितम् ॥

शिवोपनिषत्, अध्याय 6; 138.

ध्यान बिन्दु उपनिषत् में सर्वज्ञानमय शिव की उपमा केले के फूल से दी है। केले के फूल और कमल के फूल की तुलना करते हुए बताया गया है कि केले के फूल को ढकने वाले पत्ते तो कमल की पंखड़ियों के समान हैं पर केले का फूल औंधे मुंह लटका रहता है जबकि कमल का फूल ऊर्ध्वमुख होता है। केले का डण्ठल ऊपर और फूल नीचे होता है और कमल का डण्ठल नीचे और फूल ऊपर होता है :

अब्जपत्रमधः पुष्पमूर्ध्वनालमधोमुखम् ।
कदलीपुष्पसंकाशं सर्ववेदमयं शिवम् ॥

ध्यानबिन्दूपनिषत्, श्लोक 33.

वन केले को सुधारकर खाने योग्य बनाने में सैकड़ों साल लग गए थे। छठी शताब्दी में भारत में केले की उन्नत क़िस्में उगाई जाने लगी थीं। इनके बढ़िया फल धार्मिक समारोहों में और व्रतों में खाए जाते थे। मणियों से जड़े सोने के पात्र में घी, दूध, दही के मिश्रण में केले के टुकड़े मिलाकर और कपूर से सुवासित कर दयानिधि पशुपति शिव की पूजा में आदि शंकराचार्य भक्तिभाव से भेंट करते थे :

रत्नैः कल्पितमासनं हिमजलैः स्नानं च दिव्याम्बरम् ।
नानारत्नविभूषितं मृगमदामोदाङ्कितं चन्दनम् ॥
जातीचम्पकबिल्वपत्ररचितं पुष्पं च धूपं तथा ।

दीपं दैवदयानिधे पशुपते हृत्कल्पितं गृह्यताम् ॥
सौवर्ण मणिखण्डरत्नरचिते पात्रेघृतं पायसम् ।
भक्ष्यं पंचविधं पयोदधियुतं रम्भाफलं पायसम् ॥
शाकानाभयुतं रुचिकरं कर्पूरखण्डोज्ज्वलम् ।
ताम्बूलं मनसा भया विरचितं भक्त्या प्रभो स्वीकुरु ॥
छत्रं चामरर्योर्युगं यजनकं चादर्शकं निर्मलम् ।
वीणाभेरीमृदंगकाहलक कला गीतं च नृत्यं तथा ॥

शिवमानसपूजा स्तोत्र.

श्री स्कन्दपुराण के रेवाखण्ड में सत्यनारायण के व्रत की कथा और उसके माहात्म्य का वर्णन है । कथा की समाप्ति पर आगन्तुकों को पके केले की फली और गेहूं के आटे को घी में भूनकर चीनी से मीठा किया हुआ कसार नैवेद्य के रूप में प्रसाद दिया जाता था । यह पौराणिक परम्परा अब भी निबाही जा रही है :

रम्भाफलं घृतंक्षीरं गोधूमस्य च चूर्णकम् ॥

स्कन्दपुराण, रेवाखण्ड, अध्याय 2;39.

ततः प्रसन्नहृदयः सुपक्वं कदलीफलम् ॥
शर्कराघृतदुग्ध गोधूमस्य च चूर्णकम् ।

स्कन्दपुराण, रेवाखण्ड, अध्याय 3;66-67.

चार हज़ार साल पुराना

कुछ विद्वानों का मत है कि मनुष्य के सबसे पहले भोज्य-पदार्थों में केला रहा होगा और उसने जब खेती करना शुरू किया तब उसके शुरू के पौधों में केला था । विश्वास किया जाता है कि 4,000 साल से भी पहले केलों का मूल उद्भव दक्षिण पूर्वीय एशिया में हुआ था । भारत और म्यांमार से ये पश्चिम की ओर फैल गए । एसीरिया में ये ईसा से 1100 साल पहले ज्ञात थे । ईसा के 650 साल बाद अरब इन्हें इजिप्ट ले गए थे ।

युनान, रोम और अरब के लेखकों ने इसे भारत का विलक्षण फल लिखा था । प्लानी ने लिखा है कि केला भारत में साधु-महात्माओं का फल है । एलेक्जेण्डर ने 326 ईसवी पूर्व में सिन्धु घाटी में केले के वृक्षों का उल्लेख किया है ।

वनस्पतिशास्त्र में *मूसासी* कुल में लगभग दस गण हैं जिनमें शाकीय पौधों

की अस्सी जातियां हैं। ये सब गरम देशों की मूल निवासी हैं।

मूसासी कुल के अन्तर्गत कदली गण में लगभग तीस जातियां हैं। ये पश्चिम में अफ्रीका से लेकर पूर्व पोलिनेशियायी द्वीप-समूह तक आर्द्र उष्ण प्रदेशों में व्यापक रूप से पाई जाती हैं। कदली गण की क़रीब चौदह जातियों का भारत में मिलने का उल्लेख है। शोभा-पादप के रूप में तीन या चार विदेशी जातियां भारत में बोई जा रही हैं।

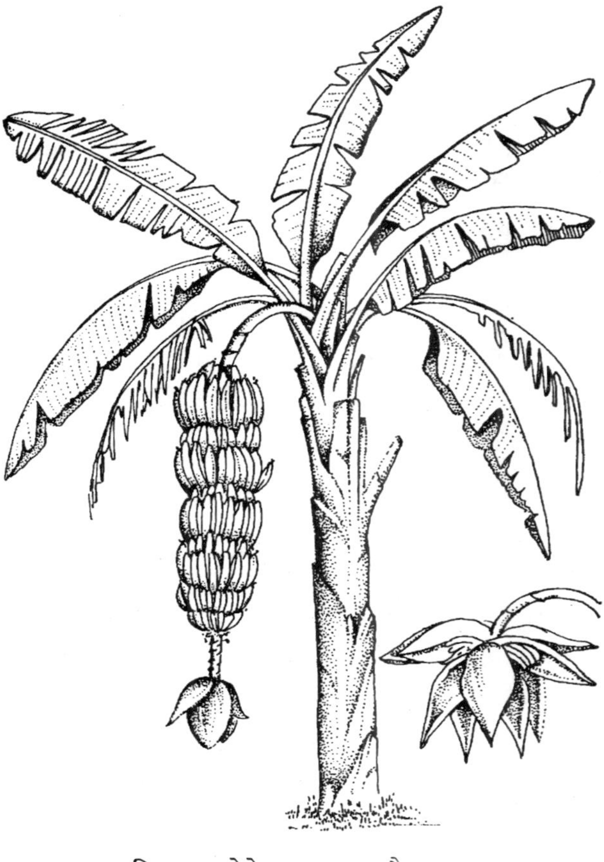

चित्र 34 केले का फलदार पौधा, फूल

केले को संस्कृत में मोचा भी कहते हैं। मोचा का अरबी रूपान्तर मौज़ाह और लेटिन रूपान्तर मूसा हो गया। कुछ विद्वान् मूसा शब्द की निष्पत्ति के बारे में बताते हैं कि 63-14 ईस्वी पूर्व में रोम के पहले सम्राट औकटेवियस ओगस्टस

के चिकित्सके एण्टोनियस मूसा के नाम पर इस पौधे को यह नाम दिया गया था।

कदली गण में तरु-सदृश शाकीय पौधे हैं जिनका मोटा मृदु तना लम्बे पत्तों के एक-दूसरे के ऊपर लिपटने से बना होता है।

केले को अंग्रेज़ी में बनाना, प्लेण्टेन, एडमस फ़िग और फ़िग औफ़ इण्डिया कहते हैं। यूरोप और अमेरिका में प्लेण्टेन शब्द से घटिया क़िस्म के केलों का ग्रहण होता है जो आग पर पकाकर खाए जाते हैं। केले का लेटिन नाम *मूसा पारादिसिआका* लिनिअस है और इसका पर्याय *मूसा सपिएन्तुम* लिनिअस है।

संस्कृत साहित्य में केले की अनेक क़िस्मों का वर्णन मिलता है। पहाड़ों में उगने वाले केले को गिरि कदली कहते थे। जिस केले के फल काठ जैसे कठोर रहते हैं उसे काष्ठ कदली कहते थे। सुनहरी छिलके वाले केले को सुवर्ण कदली, कनक कदली और हेम कदली कहते थे। लाल-से रंग के छिलके वाले केले को रक्त कदली कहते थे।

इस शाकीय वृक्ष का तना छह मीटर तक ऊंचा चला जाता है। मोटे मृदु, हरिताभ तने के सिरे के पास बहुत-से, 1.20 से 1.50 सेण्टीमीटर लम्बे पत्ते निकलते हैं। खेती किए हुए पौधों के पत्ते इससे भी अधिक बड़े होते हैं

हलकी हवा चलते रहने से पत्ते फट जाते हैं। इससे फ़सल पर बुरा असर नहीं पड़ता। हां, तेज़ हवा से पौधे जड़ से ही उखड़ जाते हैं।

आसान खेती

प्ररोहों द्वारा केला आसानी से उगाया जा सकता है। यह तेज़ी से बढ़ता है। एक बार फलने के बाद पौधे को काट दिया जाता है और नए प्ररोहों को बढ़ने दिया जाता है। घने उगे प्ररोहों में से कुछ काटकर विरल कर देना चाहिए। वन कदली की उत्पत्ति के बारे में एक विचित्र विश्वास रहा है।

ब्रह्मसूत्र शंकर भाष्य की भाभती टीका के अनुसार जंगल की आग से जले बेंत के बीजों से केले के काण्ड पैदा हो जाते हैं :

यथा दावाग्निदग्धानां वेत्रबीजानां कदलीकाण्डजनकत्वम्।

संस्कृत की पाठशालाओं में छात्रों को यह पढ़ाया जाता है। उन्हें पढ़ाने वाले आचार्य इस असम्भव बात की व्याख्या नहीं कर पाते। मेरे ख़याल में टीकाकार

शायद यह कहना चाहते हैं कि जंगल में बेंत के बीज जहां गिरते हैं वहां बेंत का इतना घना जंगल उग आता है कि उसमें केले जैसा सुगमता से उग आने वाला पौधा भी नहीं उग पाता। जंगल की आग से बीज सहित बेंत का भस्मसात् हो जाने पर केले के पौधे उग आते हैं।

पौधा जब एक साल या पन्द्रह महीने का हो जाता है तब मुकुट के केन्द्र से एक पुष्पदण्ड निकलकर नीचे लटकता है। इस पर जामनी लाल रंग के मोटे दृढ़ निपत्र के अन्दर एक के नीचे एक कई सघन चक्रों में घने गुच्छों में पुष्प-कलिकाएं लगती हैं। निपत्र ऊपर की ओर लिपट जाते हैं और गिर पड़ते हैं। इसके नीचे दुहरी पंक्तियों में फूलों के समूल निकल आते हैं। फूल एकलिंगी होते हैं। दण्ड के सिरे पर नर फूल लगते हैं। मादा फूल जल्दी ही अंगुलियों जैसे फलों में परिणत हो जाते हैं जिन्हें हिन्दी में छीम्बी या फली और अंग्रेज़ी में फ़िंगर (अंगुली) कहते हैं। फलियां एक-दूसरे से सटकर चक्र में लगती हैं। एक चक्र में दस से चौबीस तक फलियां लगती हैं। चक्र को हिन्दी में गुच्छा, घार का घोर और अंग्रेज़ी में हैण्ड (हाथ) कहते हैं। एक डण्डी पर छह से बीस तक चक्र लगते हैं जो दण्ड के चारों ओर चूड़ी की तरह लगे रहते हैं। अनेक चक्रों वाले केले के सम्पूर्ण गुच्छे को केले का चरखा, घवद और गहर कहते हैं।

गुच्छे पूरी तरह बन जाने पर अनुपजाऊ फूलों वाली कलियों को फलों के अन्तिम पुंज से कुछ सेण्टीमीटर आगे काट दिया जाता है। ऐसा करने से फलों का भार बढ़ जाता है।

फलों के बोझ से पौधे का सिरा गिरने का अन्देशा हो तो उनके नीचे बल्ली की टेक लगा देते हैं।

केरल में नारियल के पत्तों से बुनी टोकरियों से फलों को ढक देते हैं। इससे फल मौसम के बुरे प्रभाव से बचे रहते हैं और उनका रंग सुन्दर हलका हरा हो जाता है। फलों को टाट से पूरी तरह ढक देने से वे तुषार, शीत, आंधी, अधिक गरमी, लू, धूल और पक्षियों के हमले से बचे रहते हैं।

खेती किए पौधों के फलों में बीज नहीं होते। जंगली पौधों के फल बहुत-से काले बीजों से भरे रहते हैं।

केले की जंगली क़िस्में प्रकट रूप में पूर्वीय हिमालय, छोटा नागपुर, चिटागोंग, मलय में देशीय हैं।

फलों के रूप में खाए जाने वाले केलों की बंगाल में चम्पा, चीनी चम्पा और मर्तबान क़िस्में सर्वोत्तम मानी जाती हैं। चीनी चम्पा आदमी के अंगूठे से अधिक बड़ा नहीं होता। सुगन्ध और स्वाद में इसके मुक़ाबले के कम ही केले हैं। इसका छिलका पतली झिल्ली जैसा होता है। बंगाल में अच्छे ख़ासे परिमाण में खेती की जाने वाली एक जाति काबुली केला है जिसे चीन का बौना केला भी कहते हैं। इसका लेटिन नाम *मूसा कावेन्दीसीई लैम्ब.* है। इसका मज़बूत मोटा तना 1.80 मीटर से अधिक बड़ा नहीं होता जिस पर साठ से नब्बे सेण्टीमीटर लम्बे छह से आठ पत्ते लगते हैं। छरहरे, पतली छाल वाले, लगभग दस सेण्टीमीटर लम्बे फल बड़े गुच्छों में लगते हैं। एक चरखे में 250 फल लग जाते हैं। पके फल का छिलका हलका हरा होता है। नाज़ुक स्वाद वाला यह केला पकने के बाद बहुत जल्दी ख़राब हो जाता है। हरी छाल वाली एक क़िस्म की फलियां टिकाऊ होती हैं, जिसके चरखे में 108 फलियां लगती हैं और उसका वज़न लगभग सत्ताईस किलोग्राम है। बड़ी क़िस्म के एक केले की फली पच्चीस सेण्टीमीटर तक लम्बी और 3.75 सेण्टीमीटर व्यास की हो जाती हैं।

कदली स्तम्भ के मध्य भाग को कदली गर्भ कहते हैं। जिसमें पत्तों के भ्रूण (अंकुर) विद्यमान होते हैं। फ़सल लेने के बाद पौधे को व्यर्थ का बीज समझकर फेंक दिया जाता है। इससे भ्रूण नष्ट हो जाता है। भारतीय दार्शनिकों ने असार संसार की तुलना निस्सार कदली गर्भ से की है :

कदलीगर्भवन्निःसारे जलबुद्धुदवचंचले।

सुबलोपनिषत्, खण्ड 8.

कदलीगर्भ इवासारम्

मैत्रायाण्युपनिषत्, प्रपाठक 4.

संसार में केले की वार्षिक उपज 3,6000 से 38,000 मीट्रिक टन है। केला पैदा करने वाले प्रधान देश हैं — ब्राज़ील, भारत, पनामा, केन्या, इण्डोनेशिया, थाइलैण्ड, अरुण्डी, इक्वेडोर, कोलम्बिया, फ़िलिपीन्स, मैक्सिको और तज़ानिया। विश्व के केला उत्पादक देशों में भारत का तीसरा स्थान है। भारत बत्तीस हज़ार से चौंतीस हज़ार टन केला हर साल पैदा करता है। फलों की कृषि में भारत में आम के बाद केले का स्थान है। देश में फलों की पैदावार के लिए जितनी भूमि है उसके 1/5 भाग में (लगभग 2,26,400 हेक्टेयर भूमि में) केला बोया जाता है। इसकी खेती के लिए सर्वाधिक अनुकूल अवस्थाएं केरल, तमिलनाडु, महाराष्ट्र

और पश्चिम बंगाल के तटवर्ती क्षेत्रों में है। इन सभी क्षेत्रों में तथा कुछ हद तक दक्षिण भारत में निचली पल्नी की पहाड़ी ढलानों पर, शेवाराय, विन्नाडु तथा नीलगिरि में और असम की पहाड़ियों में 800 मीटर की ऊंचाई तक यह वर्षा पोषित फ़सल के रूप में बोया जाता है। भारत के अन्य भागों में इसकी खेती को पानी देना ज़रूरी होता है, ख़ासकर दिसम्बर से मार्च तक। यद्यपि यह 380 सेण्टीमीटर या अधिक वर्षा को भी सहन कर लेता है तथापि इसकी खेती के लिए 175 से 250 सेण्टीमीटर तक सुवितरित वार्षिक वर्षा अच्छी होती है। कम-से-कम पच्चीस मिलीमीटर बारिश हर सप्ताह पड़ती रहे तो फ़सल में सन्तोषजनक वृद्धि होती रहती है।

पके केले में कार्बोहाइड्रेट्स प्रचुर परिमाण में और खनिज तथा विटामिनें अच्छे परिमाण में पाई जाती हैं। प्रोटीन और वसा का परिमाण पोषक दृष्टि से अत्यन्त कम है। केले में टैनिन का परिमाण अधिक होता है, इसलिए इसे पचाना कठिन होता है। केले में कैल्सियम तथा लोहा पर्याप्त परिमाण में, पोटाशियम, मैग्नीशियम, सोडियम और फ़ौस्फ़ोरस प्रचुर परिमाण में होते हैं। 100 ग्राम पके केले के विश्लेषण में निम्नलिखित मान पाए गए : सोडियम 34.8, पोटाशियम 401.1, कैल्सियम 9.0, मैग्नीशियम 28.0, मैगनीज़ 0.8, ताम्र 0.2, लौह 0.6, फ़ौस्फ़ौरस 31.0, गन्धक 10.0, क्लोरीन 125 और सिलिका 23.8 मिलीग्राम। आयोडीन, एलुमीनियम, यशद, कोबाल्ट और आर्सीनक अल्प परिमाण में पाए गए। इसकी राख क्षारीय होती है। 100 ग्राम हरे केले में कैल्सियम 10, फ़ौस्फ़ोरस 30, लोहा 0.6, पोटाशियम 382 और सोडियम 67 मिलीग्राम होते हैं। केले में विटामिन ए, बी तथा बी 2, निआसिन और एस्कौर्बिक अम्ल होते हैं।

केले के विशिष्ट सुरभि और सुस्वाद फल पकने के साथ विकसित होते हैं। फल और सब्ज़ी दोनों दृष्टियों से केला महत्त्वपूर्ण फ़सल है। केरल के कुछ क्षेत्रों में, प्रशान्त महासागर के द्वीपों में और अफ़्रीका के गरम भागों में केला मनुष्य का मुख़्य आहार है। पका केला तो फल के रूप में खा लिया जाता है, कच्चे केले की सब्ज़ी और आहारोपयोगी अनेक चीज़ें बनाई जाती हैं।

चिप्स

आलू के चिप्स के समान केले के चिप्स बनाए जाते हैं। इसके लिए पूर्ण विकसित पर अपरिपक्व फल लेने चाहिए। इनके पतले कतरे काटकर तलकर खाते हैं। इस प्रयोजन के लिए नेन्द्रन, मोंथन, संब्राणी मोंधन और काइयों क़िस्में अधिक पसन्द

की जाती हैं। तले हुए नेन्द्रन चिप्स दो से तीन महीने तक अच्छे बने रहते हैं। स्टेनलेस स्टील के चाकू से कतरे काटें तो उनका रंग हलका पीला रहता है। उन्हें अम्लीय जल में डुबोकर ताज़े पानी से धो लेते हैं। फिर एक घण्टे तक सल्फ़र डाइऑक्साइड की धूनी देकर धूप में या सूखने के घरेलू उपकरणों में साठ से तिरसठ अंश शतांश के तापमान पर सुखा लिया जाता है। कतरों का विश्लेषण करने पर निम्नलिखित मान मिले : कार्बोहाइड्रेट 86.6, प्रोटीन 5.4, वसा 0.5, आर्द्रता 1.5, रेशे 2.4 और राख 2.6 प्रतिशत। 100 ग्राम में 377 कैलोरियां होती हैं।

आटा और चूर्ण

केले का आटा कच्चे फलों से और चूर्ण पके फलों से बनाया जाता है। आटे में स्टार्च की और चूर्ण में शर्कराओं की प्रचुरता होती है। आटा बनाने के लिए केले के सूखे कतरों को मशीन में पीसकर छननियों में छान लेते हैं। ताज़े फल का 12.5 से 27.55 प्रतिशत आटा निकल आता है। आयुर्वेद के चिकित्सक केले के आटे को पौष्टिक, बलदायक, संग्राहक आहार बताते हैं।

तमिलनाडु के पांच क़िस्मों के केले के आटे का विश्लेषण किया गया। इनमें कार्बोहाइड्रेट 79.6-83.3, प्रोटीन 2.8-4.9, ईथर निष्कर्ष 0.4-0.9, रेशे 0.7-1.4, आर्द्रता 10.2-10.9 और राख 2.0-3.0 प्रतिशत पाये गए।

मलाबार के केले का आटा शिशुओं का भोजन है। यह लप्सी बनाकर खिलाया जाता है। इस प्रयोजन के लिए कुन्नन और नन्द्रन क़िस्म के केले अधिक पसन्द किए जाते हैं। आटे से सेवियां और केक बनाए जाते हैं। यह अनेक प्रकार की मिठाइयां और स्वादिष्ट सुगन्धित आहार बनाने में काम आता है। गेहूं के आटे के साथ मिलाकर इससे ब्रेड और बिस्कुट बनाए जाते हैं।

केले का चूर्ण

पके फलों के गूदे को फेंटकर सुखा लिया जाता है। सूखे पदार्थ को बारीक पीसकर बीस छिद्रों वाली छननी में छान लेते हैं। अधिपक्व पवन केले के चूर्ण के विश्लेषण से निम्नलिखित मान प्राप्त हुए : कुल शर्कराएं 68.8, स्टार्च 7.2, प्रोटीन 5.0, ईथर निष्कर्ष 0.4, कच्चे रेशे 1.5, कैल्सियम पेक्टेट के रूप में पेक्टिन 2.5, सिट्रिक अम्ल के रूप में अम्लता 2.2 और राख 3.1 प्रतिशत। दूध में केले का चूर्ण मिलाकर माल्ट मिले दूध के समान पिया जा सकता है।

सूखा पका केला

फल को छीलकर लम्बाई के रुख़ दो भागों में काट लें। प्रत्येक भाग के तीन सेण्टीमीटर लम्बे टुकड़े काट लें। इन्हें लचीला और मृदु हो जाने तक धूप में सुखा लें। यह उपज तीन से चार महीने तक ठीक बनी रहती है। केले के टुकड़ों को सोडियम कार्बोनेट के एक प्रतिशत घोल में पन्द्रह मिनट तक भिगोकर, पानी में धोकर, सल्फर डाइऑक्साइड की एक घण्टा धूनी देकर, सुखाने वाली कैबिनेट में पचपन से साठ अंश पर सुखा लिया जाए तो अधिक समय तक टिकने वाला सुन्दर पदार्थ प्राप्त होता है। इसे बनाने के लिए सामान्यतया रसीली क़िस्में अधिक पसन्द की जाती हैं। महाराष्ट्र में एजेली और तमिलनाडु में पेय कुन्नन तथा चक्करकेलि क़िस्में ली जाती हैं। इस विधि से सुखाया केला मीठा और स्वादिष्ट होता है। इसमें पचास प्रतिशत अथवा अधिक अपचायक शर्कराएं होती हैं। इसे उसी रूप में और पुडिंग बनाकर खाते हैं। पेयों में मिलाकर प्रयोग करते हैं।

दक्षिण भारत में पका केला पंचामृतम्, पाकप्रथमन और रसायनम जैसी मिठाइयां बनाने के काम आता है। पंचामृतम् में केले के गूदे के साथ शहद, घी, मिश्री और सुगन्धित मसाले मिलाए जाते हैं। यह स्वादिष्ट पदार्थ मन्दिरों में भोग लगाने के काम आता है और भक्तों को प्रसाद के रूप में दिया जाता है। रसायनम् बनाने के लिए गूदे के टुकड़ों में चीनी और ज़रा-सा घी मिला देते हैं। गूदे के टुकड़ों में पच्चीस से तीस प्रतिशत चीनी मिलाकर और सिट्रिक अम्ल से अम्लित करके डिब्बाबन्दी की जा सकती है।

एल्कोहल युक्त पेयों को बनाने के लिए केले का गूदा प्रयुक्त होता है। सन्धान करने में केले का आटा माल्ट की जगह इस्तेमाल किया जा सकता है। केले के गूदे और छिलके को कुचलकर सन्धान द्वारा सिरका बनाया जाता है।

गुण

केले के सामान्य गुण

मोचं स्वादूनि सकषायाणि स्निग्धशीतगुरुणि च।

चरकसंहिता, सूत्रस्थान 27;44.

मौचं स्वादुरसं प्रोक्तं कषायं नातिशीलम्।
रक्तपित्तहरं वृष्यं रुच्यं श्लेष्मकरं गुरु॥

सुश्रुतसंहिता, सूत्रस्थान 46;181.

कदली मधुरा शीता रम्या पित्तहरा मृदुः।

धन्वन्तरिनिघण्टु, करवीरादिवर्ग 4;69.

कदली योनिदोषाश्मरक्तपित्तहरा हिमा।

मदनपालनिघण्टु, फलादिवर्ग 6;23.

मोचा गुर्वी हिमा स्निग्धा स्वाद्वी पित्तास्रनाशनी॥
योनिदोषहरास्रघ्नी

कैयदेवनिघण्टु, ओषधिवर्ग 1;282-283.

कच्चे फल के गुण

बालं फलं मधुरमल्पतया कषायं।

राजनिघण्टु, आम्रादिवर्ग 11;38.

तृड्रक्तपित्ताक्षिगदप्रमेहान् फलं कदल्यास्तरुणं निहन्ति।
सांग्राहिकं तिक्तकषाय रूक्षं रक्तातिसारं शमयेज्ज्वरञ्च॥

कैयदेवनिघण्टु, ओषधिवर्ग 1;287.

मोचाफलं स्वादु शीतं विष्टम्भि कफकृद् गुरु॥
स्निग्धं पित्तास्रतृड्दाहक्षतक्षयसमीरजित्।

भावप्रकाशनिघण्टु, आम्रादिवर्ग 6;33,34.

अधपके फल के गुण

ईषत्कषायमधुरं मध्यमं कदलीफलम।
गुर्वग्निसादकृत् त्वक् तु कटुतिक्तरसा लघुः॥

कैयदेवनिघण्टु, ओषधिवर्ग 1;288.

पके फल के गुण

कदल्यास्तु फलं स्वादु कषायं नाति शीतलम्॥
रक्तपित्त हरं वृष्यं रुच्यं कफकरं गुरु।

धन्वन्तरिनिघण्टु, करवीरादिवर्ग 4;699,70.

रम्भापक्वफलं कषायमधुरं बल्यञ्च शीतं तथा ।
पित्तं चास्रविमर्दनं गुरुतरं पथ्यं न मन्दानले ।
सद्यः शुक्रविवृद्धिदं क्लमहरं तृष्णापहं कान्तिदं
दीप्ताग्नौ सुखद कफामयकरं सन्तर्पणं दुर्जरम् ॥

राजनिघण्टु, आम्रादिवर्ग 11; 39.

तत्फलं मधुरं शीतं विष्टम्भि कफकृद्गुरु ।
स्निग्धं पित्तास्रतृड्दाहक्षतक्षयसमीरजित् ॥

मदनपालनिघण्टु, फलादिवर्ग 6; 24.

मोचं पक्वं स्वादु पाके सकषायं हिमं गुरु ।
मांसलं श्लेष्मलं रुच्यं वृष्यं विष्टम्भि बृंहणम् ॥
स्निग्धं क्षतक्षयक्षुत्तृड्वातपित्तास्रदाहजित् ।

कैयदेवनिघण्टु, ओषधिवर्ग 1; 289.

पक्वं स्वादु हिमं पाके स्वादु वृष्यञ्च बृंहणम् ॥
क्षुत्तृष्णानेत्रगदहृन्मेहघ्नं रुचिमासकृत ॥

भावप्रकाशनिघण्टु, आम्रादिवर्ग 6; 34.

फूल के गुण

पुष्पं तदप्यनुगुणं

राजनिघण्टु, आम्रादिवर्ग 11; 38.

कदलीकुसुमं तिक्तं कषायं ग्राहि दीपनम् ।
उष्णवीर्यं बलासघ्नं तादृशा स्तत् सटादयः ॥

कैयदेवनिघण्टु, ओषधिवर्ग 1; 286.

पत्ते के गुण

पर्णञ्च शूलशमकं कदलीभवं स्यात् ।

राजनिघण्टु, आम्रादिवर्ग 11; 38.

जल के गुण

रम्भातोयं शीतलं ग्राहि तृष्णाकृच्छान् मेहान् कर्णरोगातिसारान् ॥
अस्थिस्राव स्फोटक रक्तपित्तं दाहं हन्यादस्रयोनि विशेषात् ॥

कैयदेवनिघण्टु, ओषधिवर्ग 1;285.

कन्द के गुण

कन्दस्तु वातलोरुक्षः शीतोऽसृक्कृमिकुष्ठनुत् ॥

धन्वन्तरिनिघण्टु, करवीरादिवर्ग 4;70.

क्रिमिहारि कन्द

राजनिघण्टु, आम्रादिवर्ग 11;38.

तत्कन्दः शीतलो बल्यः केश्यः पित्तकफास्रजित् ॥

मदनपालनिघण्टु, फलादिवर्ग 6;23.

बल्यः कदल्याः कन्दः स्यात् कफपित्तहरो गुरुः ॥
वातलो रक्तशमनः कषायो रूक्षशीतलः ।
कर्णशूलं रजोदोषं सोमरोगं नियच्छति ॥

कैयदेवनिघण्टु, ओषधिवर्ग 1;283,284.

नाल के गुण

पित्तापहं शिशिररुच्यमथापि नालम् ।

राजनिघण्टु, आम्रादिवर्ग 11;38.

काण्ड के गुण

तत्काण्डं गुरु शीतलम् ।

कैयदेवनिघण्टु, ओषधिवर्ग 1;283.

केले का फल हलका अनुलोमक है । फल के विद्यमान शर्कराएं आंतों में ग्राम पौज़िटिव या अम्लीय वर्गों के सूक्ष्म जीवों की वृद्धि करती हैं और ग्राम-नेगेटिव सूक्ष्म जीवों को ह्रास करती हैं । अतिसार और प्रवाहिका (डिसेण्ट्री) के निवारण में और आंतों के ज़ख़्मों को भरने में फल मदद करता है । केले का चूर्ण कुक्षि रोग, संग्रहणी और बच्चों की कार्बोहाइड्रेट असहिष्णुता के उपचार में लाभदायक है । प्रौढ़ लोगों

की आंतों की कुछ बीमारियों में भी यह दिया जाता है। शिशुओं के भोजन का यह उपयोगी घटक है। पके फल से बनाया शर्बत शिशुओं को दूध के साथ पिलाना चाहिए।

पका फल मधुमेह, पेशाब में ख़ून आना, गुर्दों की सूजन, गठिया, उच्च रक्तचाप और हृदय के रोगों में उपयोगी बताया जाता है। मधुमेह में कच्चे फल और फलों की सब्ज़ी उपयोगी होती है। पके फल, जड़ और तने में स्कर्वीनाशक गुण है। अतिसार और पेचिश में फलों और तने का रस दिया जाता है। हैज़े में यह प्यास को शान्त करता है। दही के साथ फूलों का रस पेचिश में दिया जाता है। पका फल मृदु उपशमक और ग्राही के रूप में पेचिश में पथ्य के रूप में खिलाया जाता है।

केले कां कन्द कषैला, रूक्ष, शीतवीर्य और बलवर्द्धक है। यह कृमि, त्वचा के रोग, मासिक स्राव के विकार, श्वेत प्रदर और कान के दर्द को दूर करता है। केले का स्वरस ग्राही, शीतवीर्य, दाहशामक, पिपासाहर है। मूत्र के विकार, रक्त प्रदर, कान के रोग और हड्डियों के स्थान च्युत होने की अवस्थाओं में लाभकारी है।

जड़, तना, रेशे और पुष्पकलिकाओं के गुण

रसदार सब्ज़ियों में नमक की जगह राख के घोल का प्रयोग किया जाता है। केले की जड़ पित्त के विकार, अजीर्ण, त्वचा के रोग, रक्त विकार और कान के दर्द की दवा है। तने का रस विकारों, त्वचा के रोगों और कान के रोगों में, हिस्टीरिया और मृगी जैसे वातनाड़ियों के रोगों में दिया जाता है। यह पसीना लाता है और प्यास शान्त करता है।

खांसी, क्षय, पित्तविकार, पेचिश और व्रणों में फल हितकर माने जाते हैं। रक्त निष्ठीवन में तने का रस लाभकारी है।

ज़हरीले जीवों के काटने और डंक मारने पर केले का रस लगाया जाता है।

जले हुए स्थान को और छालों को कोमल पत्तों से लपेट देने से जलन शान्त होती है।

अम्लपित्त और शूल के पत्तों का क्षार दिया जाता है। जड़ और जड़ का क्षार तथा पौधे के पंचांग का क्षार उदरकृमिहर है चीन में फले हुए पौधे के स्तम्भ सूअरों को गुरदे के कृमि निकालने के लिए दिये जाते हैं।

केले के पंचांग को काटकर सुखाकर जला लेते हैं। प्राप्त राख को पानी में

घोलकर चौबीस घण्टे स्थिर पड़ा रहने देते हैं। मलिनताएं तल में बैठ जाती हैं। स्वच्छ पानी को निथारकर खुले बरतन में पानी उड़ जाने तक आंच देते हैं। पात्र के तल में प्राप्त मैले-से सफ़ेद रंग के चूर्ण को कदली क्षार कहते हैं।

आयुर्वेद के अनुसार तना गुरु और शीतल है। इसके भीतरी कोमल भाग को थोर कहते हैं। इसे उबालकर सब्ज़ी बनाते हैं। नये पोधों के कल्लों की और फूलों की भी सब्ज़ी बनाई जाती है। रसे वाली सब्ज़ियों में फूल डाल दिये जाते हैं। केले के बीज चेचक में लाभकारी कहे जाते हैं। बीजों की मालाएं बनाई जाती हैं।

ताज़े तने में बढ़िया क़िस्म की पांच प्रतिशत तक स्टार्च होती है। इसे निकालकर खाने के काम में लाया जा सकता है। उपादेयता की दृष्टि से इस स्टार्च को धान और कन्दों की स्टार्च के बीच में रखा जाता है। पानी में इसकी पारदर्शक लेई बन जाती है जो वस्त्र-उद्योग में परिसज्जा के लिए काम आती है। स्टार्च निकालने के लिए तनों को लम्ब-अक्ष में चीरकर गन्ना पेरने के कोल्हू में रस निकाल लिया जाता है।

पौधों के कल्ले, हरा तना, पत्ते, और जड़ ढोरों और भेड़ों का सरस चारा है। तने की बाहरी परतें हाथियों को खिलाई जाती हैं। पत्तों के डण्ठलों की कुट्टी काटकर उसे कुचल डालते हैं। इसे पलवार के रूप में खिलाया जाता है। डण्ठलों और पत्तों की खाद बनाई जाती है।

केले का छिलका फल का 8.2 से 46.9 प्रतिशत होता है। यह प्रतिशतता केले की क़िस्म और पकने की अवस्था पर निर्भर करती है। छिलका पशुओं को खिलाया जाता है। इसकी पोषक उपादेयता की तुलना अच्छे क़िस्म के सूखे चारे से की जा सकती है। केले का छिलका पेक्टिन का अच्छा स्रोत है। फलों की सब्ज़ी बनाई जाती है।

केले के तने की कतरनों पर नाइट्रिक अम्ल की क्रिया से काग़ज़ बनाने की लुगदी बनायी जाती है। यह टिश्यू पेपर, स्टेंसिल पेपर, क्राफ़्ट पेपर और दूसरे उच्चकोटि के काग़ज़ बनाने में अधिक उपयोगी है। लगभग एक हेक्टेयर केले के बगीचे से 1.85 टन तक लुगदी प्राप्त की जा सकती है। केले के डण्ठलों से गत्ता बनाने की विधि भी विकसित की गई है। केले के रेशों से मछली पकड़ने के जाल, रस्सी, चटाई और मोटा काग़ज़ बनाया जाता है। एक तने से आठ से सत्तर ग्राम तक रेशे निकल जाते हैं। कुछ क़िस्मों के रेशे अच्छे मज़बूत होते हैं। केले के रेशों को सुपारी के रेशों के साथ मिलाकर बढ़िया क़िस्म का काग़ज़ बनाया जाता है।

रेशे निकालने हों तो पौधे को काटने के बाद तने से परतों को तुरन्त अलग कर लेना चाहिए। खुण्डे चाकू से खुरचकर गूदा अलग कर लिया जाता है। इसके बाद भी रेशों में कुछ गूदा लगा रह जाता है। क्षारीय साबुन के घोल में उबालने से वह अलग हो जाता है। रेशों को धोकर सूखने डाल देते हैं। गीले रेशों को धूप में फैलाने से उनका रंग भूरा-सा पीला पड़ जाता है जिसे आसानी से विरंजित नहीं किया जा सकता। पोटाशियम या सोडियम कार्बोनेट के एक प्रतिशत घोल से उपचारित करके रेशों को मुलायम बनाया जा सकता है। कच्चे सूखे रेशे लगभग सत्तर प्रतिशत प्राप्त होते हैं। उपचारित रेशे अलसी के रेशों जैसे मुलायम और काफ़ी मज़बूत होते हैं। तने की बाहरी परत से 2.2 प्रतिशत और अन्दर की परतों से दो प्रतिशत रेशे मिलते हैं। हाथों से चाकू द्वारा खुरचकर एक दिन में 1.80 किलोग्राम रेशे निकाले जा सकते हैं।

फ़िलिपीन मूल की केले की एक जाति रेशे के लिए उपयोगी है। इसे हिन्दी में सन-केला, संस्कृत में शण कदली, अंग्रेज़ी में मनीला हेम्प (Manila hemp) और लेटिन में *मूसा तेक्सतिलिस* नीस (*Musa textilis* Nees) कहते हैं। इसका पौधा क़रीब 6.5 मीटर ऊंचा होता है। बड़े आकार के पत्तों का ऊपरी पृष्ठ चमकीला हरा और निचला नीलाभ होता है। इसका फल मुड़ा हुआ, 5 से 7.5 सेण्टीमीटर लम्बा और काले बीजों से भरा हुआ रहता है। फल खाने योग्य नहीं होता। फ़िलिपीन मूल का यह पौधा भारत में कहीं-कहीं बगीचों में बोया जाता है। इसके तने में से और पत्तों के डण्ठलों से निकलने वाले उपयोगी रेशे के कारण फ़िलिपीन में यह बहुत बोया जाता है। सन-केले के रेशों से बने रस्सों को मनीला रज्जु और काग़ज़ को मनीला पेपर कहते हैं। इसकी जड़ कीड़ों की दवा के रूप में काम आती है।

पुष्प-कलिकाओं को ढकने वाले निपत्रों और काण्ड की ऊपरी परतों को ताज़ा या सुखाकर फूलों, मालाओं, पान के बीड़ों और फलों को लपेटने में काम लाते हैं। उनकी पतली लम्बी पट्टियां काटकर सुखाकर पैकेट बांधने के लिए प्रयोग किया जाता है। पत्ते के डण्ठल से नुस्वाद और दवाएं रखने की छोटी डिब्बियां बनाते हैं। पत्तों से किसानों के छाते बनाए जाते हैं।

पत्तों की राख, तने की परतें और फल का छिलका रंगने में काम आते हैं। फल का छिलका चमड़ा कमाने और उसे काला रंगने के काम आता है। केले के पत्तों और तने का रस कपड़ों पर काला दाग़ लगा देता है। यह पक्का होता है और धोने से नहीं छूटता। इसको निशान लगाने की स्याही के रूप में बरत सकते हैं।

पत्तों और उनके डण्ठलों को सुखाकर जला लेते हैं। प्राप्त राख से साबुन की जगह कपड़े धोते हैं।

भारत में पत्तलों के लिए केले के पत्तों का बहुत व्यापक उपयोग किया जाता है। तमिलनाडु के कुछ ज़िलों में उत्पादक केले की उन क़िस्मों की खेती करते हैं, जिनसे फलों के अलावा पत्ते की फ़सल भी काटी जा सके। नल्ला, बोंथा, मोंथन, पूवन, रसथली और एलवज्झई क़िस्में पत्तों को अधिक उन्नत करने के लिए प्रति पौधा 0.5 किलोग्राम मूंगफली की खली की अधिक मात्रा दी जाती है। रोपने के आठ महीने के बाद प्रत्येक पौधे से छह महीने तक लगभग बीस पत्ते हर महीने काटे जा सकते हैं। फल और पत्ते दोनों के लिए पौधे बोए गए हैं तो पहले साल फल ले लिए जाते हैं और दूसरे साल पेड़ों से पत्तों की फ़सल काटी जाती है। फलों की फ़सल की अपेक्षा पत्तों की फ़सल में प्रायः अधिक आमदनी होती है।

तेईस

खजूर

फ़ेनिक्स दाक्तिलिफ़ेरा लिनिअस

Phoenix dactylifera Linn.

कुल : आरेकासी Arecaceae

पौधे का स्वरूप : जंगली खूजर लगभग बारह मीटर ऊंचा एकलिंगी वृक्ष है। इसका तना सीधा और पत्तों के डण्ठलों के पुराने ठूंठों से आवृत होता है। तने के शिखर पर घने मुकुट के रूप में पत्ते लगते हैं। ऊपर के पत्ते लगभग सीधे खड़े और नीचे के पत्ते बड़ी शान से लटकते हुए होते हैं। दो से पांच मीटर तक लम्बे पत्ते गूढ़े हरे और सिरे पर एक नोकीला कांटा धारण करते हैं। खजूर का पत्ता संयुत पर्ण है। जिसमें बारह से छत्तीस सेण्टीमीटर लम्बी, डेढ़ से दो सेण्टीमीटर चौड़ी, कंटीली नोक वाली बहुत सी पत्तियां लगी होती हैं। आधार की पत्तियां आठ सेण्टीमीटर तक लम्बे, तिकोने, नालीदार कांटों में परिवर्तित हो गई होती हैं। हम देखते हैं कि कुछ खजूरों पर फल आते हैं और कुछ पर नहीं। इसका कारण यह है कि खजूर में नर और मादा फूल अलग-अलग वृक्षों पर निकलते हैं। मादा फूल वाले वृक्षों पर ही खजूरें लगती हैं। पत्तों के बीच में नर और मादा दोनों प्रकार के फूल गुच्छों में प्रकट होते हैं। सुगन्धित, सफ़ेद नर फूल छोटे चपटे पुष्पदण्ड (peduncle) पर साठ से नब्बे सेण्टीमीटर लम्बे समूह में लगते हैं। पृथुपर्ण शूकीछद (spathe) चर्मश, लगभग कठीला होता है जो फूल खिलने पर दो नौकाकार भागों में फट जाता है। मादा शूकी (spikes) पृथुपर्ण तीस से साठ सेण्टीमीटर लम्बे, अलग-अलग समूहों में लगे हुए होते हैं। मादा फूलों का पृथुपर्ण शूकीछद (spathe) और स्थूल मञ्जरी (spadix) नर फूल के समान होती है। संस्कृत कवियों को खजूर के फूलों की शोभा ने आकृष्ट किया था। राजशेखर ने लिखा है कि वसन्त के प्रभाव से खजूर के पुष्पगुच्छ खिल उठे हैं। आदि कवि वाल्मीकि ने खर्जूर पुष्पों की उपमा इस प्रकार दी है – चावलों से भरे हुए, सोने के रंग वाले, कुछ झुके हुए शालियों के सिरे खजूर के फूलों सरीखे शोभायमान हो रहे हैं। हरे पत्तों के बीच में चमकीले नारंगी रंग के हज़ारों पत्तों के बोझ से

झुके हुए बहुत से गुच्छों के कारण मादा वृक्ष जून में दर्शनीय होता है। हरिद्वार में बरसात के आरम्भ में फल पक जाते हैं। फल लगभग दो सेण्टीमीटर लम्बा पीला, पकने पर लाल भूरे रंग का होता है। मीठा गूदा स्वल्प मात्रा में होता है। एक मीटर लम्बे चपटे, अवनत मोटे डण्ठल के सिरे पर घने पतले लम्बायमान लम्बी सीखों (spikes) पर फल गुच्छों में लगते हैं।

चित्र 35 खजूर की फलदार शाखा

मांगलिक फल

सूखी खजूर को छुहारा कहते हैं। छुहारा भारत में सर्वत्र मांगलिक फल माना जाता है। विवाह तथा दूसरे मांगलिक अवसरों पर पूजा के पदार्थों में तथा भेंट दिए जाने वाले पदार्थों में छुहारा भी होता है। ऐसे प्रसंगों में मुंह चोलने के लिए छुहारा देते हैं। कुछ मांगलिक समारोहों में मौली में पिरोकर इसे कलई में बांध्रते हैं और इसका बनाया कण्ठहार पहनते हैं। देवी-देवताओं की पूजा में छुहारे के हारों से मूर्ति का श्रृंगार किया जाता है। किसी बहिन का भाई परदेश गया हो तो वह छुहारे को भाई बनाकर उसे भैयादूज का टीका लगा देती है। इस छुहारे को वह सम्हालकर रख छोड़ती है और भाई के मिलने पर उसे सगुन के रूप में देती है। हिन्दुओं के कर्मकाण्ड से छुहारा सम्बद्ध है। हिन्दू संस्कृति के आधारभूत, प्रत्येक हिन्दू के जीवन से सम्बद्ध, सोलह संस्कारों में किए जाने वाले यज्ञों में इसकी आहुति दी जाती है। आर्यसमाज के प्रवर्तक महर्षि दयानन्द सरस्वती ने पवित्र यज्ञाग्नि में हवि देने के लिए जो सामग्री उपदिष्ट की है उसमें मधुर द्रव्यों के अन्तर्गत छुहारे का परिगणन किया है। ईसाइयों और मुसलमानों के पवित्र ग्रन्थों में वर्णित खजूर ने भारतीय मुसलमानों को भी प्रभावित किया है। इसलिए हम अलीगढ़ मुसलिम विश्वविद्यालय की मुद्रा

पर खजूर के वृक्ष को अंकित देखते हैं।

पिण्ड खजूर

पिण्ड खजूर का पेड़ छत्तीस मीटर तक ऊंचा चला जाता है। तने पर पत्रवृन्तों के आधारों के अवशेष लिपटे रहते हैं। तने के आधार से मूल रोहों (root suckers) का एक घना समुदाय उठा होता है।

इसके फल दो से छह सेण्टीमीटर तक लम्बे होते हैं। पके फलों का रंग लाल सा या पीला-सा भूरा होता है। गूदा मोटा और मीठा होता है। गुठली पतली और एक पार्श्व में गहरी दरार वाली लम्बोतरी होती है। मूलरोह (root suckers) अधिक लम्बे, पत्ते और अधिक गूदे वाले तथा मीठे फल—पिण्ड खजूर की ये विशेषताएं इसे जंगली खजूर (*फ़ेनिक्स सिलबेस्त्रिस*) से पृथक् करती हैं। खजूर के पेड़ से निकलने वाला गोंद लाल डलों में होता है। बाज़ार में यह छुहारे की गोंद के नाम से बिकता है।

प्राप्ति स्थान

भारत और पाकिस्तान में जंगली खजूर का वृक्ष बहुत से भागों में देशीय है। कुछ स्थानों पर इसके घने जंगल बन गए हैं। अनेक जगहों पर यह बोया जाता है। अवर बंगाल में यह एक साधारण वृक्ष है। हरिद्वार और उसके आस-पास यह साधारणतया जंगली मिल जाता है। मुलतान में खजूर काफ़ी पैदा होती है। मुलतानी भाषा में इसे गिदोडा, डोका और पिण्ड कहते हैं।

लेटिन नाम : खजूर का औद्भिदी नाम *फ़ेनिक्स* (*Phoenix*) है। यह ग्रीक शब्द है जिसका अर्थ जामनी है। प्रारम्भिक लेखकों ने खजूर के फल का रंग जामनी सा समझा था। खजूर (*Phoenix*) गण (*genus*) में ग्यारह जातियों के वृक्ष और झाड़ियां हैं जो अफ्रीका और एशिया की मूल निवासी हैं। इनमें से लगभग दस जातियां भारत में पाई जाती हैं। इस गण के दो मुख्य वृक्ष हैं पिण्ड खजूर और खजूरी। पिण्ड खजूर तो वह खजूर है जिसका फल बड़ा, गुच्छेदार और खाने योग्य होता है। इसका औद्भिदी नाम है *फ़ेनिक्स दाक्तिलिफेरा* (*Phoenix dactylifera* Linn.) खजूरी जंगली खजूर है और जहां-तहां भारत में सर्वत्र स्वयं उगी हुई दीख पड़ती है। इसका औद्भिदी नाम है *फ़ेनिक्स सिल्वेस्त्रिस* रौक्सबुर्ग़ (*phoenix sylvestris* Roxb.)।

तना मज़बूत होता है

छाया की दृष्टि से यह पेड़ बेकार है। इसलिए एक सन्त ने खजूर के लम्बे

चित्र 36 जंगली खजूर का वृक्ष

पेड़ की निरर्थकता को इन शब्दों में अभिव्यक्त किया है :

बड़ा हुआ तो क्या हुआ, जैसे पेड़ खजूर।
पंछी को छाया नहीं, फल लागे अति दूर॥

खजूर का तना इतना पक्का होता है कि उसके साथ हाथी जैसे बलशाली पशु भी बांधे जाते हैं। कालिदास से रघु की दिग्विजय का वर्णन करते हुए लिखा है कि नागकेसर के फूलों पर बैठे हुए भौंरों को जैसे ही खजूर के तने से बंधे रघु की सेना के हाथियों के कपोलों से टपकते हुए मद की गन्ध मिली कि वे उन्हें छोड़कर इन पर आ टूटे। जंगली खजूर (*फ़ेनिक्स सिल्वेस्त्रिस*) की लकड़ी का पानी की नालियां बनाने में उपयोग होता है। भवन निर्माण में तथा अन्य प्रयोजनों में भी यह प्रयुक्त होती है। ख़राद के लिए यह उपयोगी है। प्रतिघन फुट लकड़ी का भार लगभग 17.55 किलोग्राम है। गांव वाले अपनी झोपड़ियों में बल्लियों तथा शहतीरों के रूप में तने का उपयोग करते हैं। पिण्ड खजूर का तना दरवाज़ों, दरवाज़ों की चौखटों, शहतीरियों, फट्टे, पानी की नालियों और पुलों आदि बनाने के काम आता है। खजूर की लकड़ी ईंधन के रूप में जलाई जाती है।

नीरा — तृषाहर पौष्टिक पेय

नीचे के कुछ पत्तों को काटकर पत्तों की जड़ में से नीरा प्राप्त की जाती है। तने में एक गहरा फच्चराकृति गड्ढा खोद देते हैं। इस गड्ढे के आधार पर बांस का नलकीनुमा एक छोटा सा टुकड़ा लगा देते हैं। इसके नीचे लटकती हुई एक हाण्डी तने से बंधी रहती है। गड्ढे में से रिसता हुआ स्राव बांस की नलकी में टपकता हुआ हाण्डी में इकट्ठा होता जाता है। भोर होते ही प्रतिदिन इस रस को निकालकर ताड़ी के केन्द्र में ले जाया जाता है। इस प्रयोजन के लिए काम लिए जाने वाले सभी पेड़ों का सरकार से लाइसेन्स लेना पड़ता है। ऐसे पेड़ों पर धातु का एक छोटा लेबल लगा रहता है जो यह दिखाता है कि इसका कर दिया जा चुका है।

खजूर के रस को खजूरी कहते हैं। महात्मा गांधी ने इसे नीरा नाम दिया था। यह विटामीनों में बहुत समृद्ध है। तड़के सूर्योदय से पूर्व ही इसे पी लिया जाए तो यह ऊष्मानिवारक, शीतल, मूत्रल, तृषाहर और पौष्टिक पेय होता है। अनेक लोग नीरा को प्रतिदिन प्रातःकाल नियम से पीते हैं। चैत्र में नीरा अधिक स्वादिष्ट और मधुर होती है। अपने उपयोगी गुणों के कारण यह चैती नीरा बहुत अधिक प्रशंसित है। रखा रहने से इसमें खटास और मादकता पैदा हो जाती है। गांव वाले भपके में खींचकर इसकी मदिरा तैयार कर लेते हैं। कैयदेव ने खजूरी की शराब को मादक, पित्तकर, रुचिकर, दीपन, बलकारक, वीर्यवर्द्धक तथा वातकफहर

बताया है। डौक्टर देसाई के मत में रोगी को मद्य देने की आवश्यकता होने पर इस मदिरा का प्रयोग कराना अन्य मद्यों की अपेक्षा अधिक प्रशस्त होता है।

खजूर गुड़ – चीनी से बढ़िया

रस को पकाकर गुड़ बनाया जाता है। गन्ने की चीनी की तुलना में यह अधिक पौष्टिक है और मलबन्ध नहीं होने देता। इस गुड़ का परिष्कार करके खाण्ड बनाई जाती है। ताड़ी और गुड़ में प्रयोग किए जाने के कारण भारत के कुछ भागों में इस वृक्ष का आर्थिक महत्त्व बहुत बढ़ गया है। बंगाल में रस अधिकतर ताड़ी बनाने के काम आता है। देहात के सभी वृक्ष इस प्रयोजन के लिए काम आ रहे हैं जिससे वहां खजूर के सभी वृक्ष टेढ़े-मेढ़े तनों वाले दीखते हैं। अजनबी आदमी इन्हें देखकर सोच सकता है कि खांचों वाले टेढ़े-मेढ़े तने की यह कोई नई जाति की खजूर तो नहीं है। ऐसे प्रदेशों के बगीचों में ही सीधे-सच्चे तने वाले वृक्ष मिलते हैं। जंगली खजूर का वृक्ष पचास-साठ साल तक जीवित रहता है। जब वह आठ वर्ष का होता है तब उसमें से रस निकालना शुरू कर देते हैं। यह रस या नीरा निकालने का उपक्रम बरसात के बाद अक्टूबर से आरम्भ होता है और मई तक चलता है। वृक्ष सामान्यतया प्रतिवर्ष चार-छह महीने नीरा दे देता है और पच्चीस से चालीस बरस तक देता रहता है। एक वृक्ष से प्रतिदिन औसतन 2.5 किलोग्राम नीरा मिल जाती है। नीरा में इक्षु शर्करा (सूक्रोज़) का औसत परिमाण दस प्रतिशत होता है। नीरा के भार का रस से पन्द्रह प्रतिशत गुड़ बनता है। एक वृक्ष से एक मौसम में अधिक-से-अधिक पच्चीस किलोग्राम गुड़ मिल सकता है। नीरा निकालने वाले एक आदमी प्रतिदिन बीस से चालीस वृक्षों से नीरा इकट्ठी कर सकता है जिसमें से सात-आठ किलोग्राम गुड़ मिल सकता है। एक दिन नीरा लेने के बाद वृक्ष को तीन दिन आराम दिया जाता है। फालतू ज़मीनों में खजूर के पेड़ रोपे जाकर उनसे नीरा निकालने तथा गुड़ बनाने के उद्योग के विकास की बहुत सम्भावनाएं हैं। प्रति एकड़ में खजूर के पांच सौ पेड़ उगाए जा सकते हैं। कहते हैं कि कौआ और छोटा तोता ये दो पक्षी ताड़ी को शौक़ से पीते हैं। यह भी कहा जाता है कि तोतों पर इसका नशीला प्रभाव भी देखा जाता है।

घरेलू सामग्रियों के बनाने में

पिण्ड खजूर और जंगली खजूर के पत्तों से चटाइयां, पंखे, टोकरियां, थैले,

झाड़ू आदि बुनी जाती है। छतों की आच्छादन सामग्री में ये काम आते हैं। पत्तों के डण्ठलों को गीला करके पीट लेते हैं, प्राप्त रेशों को बटकर रस्सियां बनाते हैं। कुएं से पानी निकालने की डोरियों के लिए यह रेशा प्रशंसित है। डण्ठलों से काग़ज़ भी बनता है। पत्तों से नरम रेशे प्राप्त किए जा सकते हैं। पत्तों के डण्ठलों की छड़ियां और टोकरियां बनती हैं। गांव के छोटे बच्चे इन डण्ठलों का उपयोग हौकी स्टिक के रूप में करते हैं। इनका निचला सिरा चपटा होता है जो गेंद को चोट करने के लिए उपयुक्त होता है।

पत्ते के डण्ठल का आधार बोरे जैसा होता है जो तने को आवेष्टित करता है। इसकी रचना तन्तुमय जाल के समान होती है। इसे कवल या खजूर का बोकला कहते हैं। इससे प्राप्त रेशे के रस्से बनते हैं। बैलों के ऊपर रखी जाने वाली काठियों में इसे भरते हैं। पिण्ड खजूर के पके फल का गुड़ बनाकर चमड़े पर लेप करते हैं।

राजप्रासादों का आहार

संसार के विभिन्न भागों में पिण्ड खजूर न केवल स्वादिष्ट मेवे के रूप में प्रयुक्त होती है; अपितु मिस्र, अरब और ईरान में मनुष्य और पशु दोनों का प्रमुख आहार पदार्थ है। पिण्ड खजूर उत्तम पोषक आहार है जिसमें ए, बी, डी विटामिन पाए जाते हैं। कालिदास के समय पिण्ड खजूर राजप्रासादों में बहुत पसन्द किया जाने वाला आहार था। राजा दुष्यन्त शकुन्तला को मिलने के लिए छटपटा रहे हैं तो माढव्य हंसकर कहता है कि जैसे कोई पिण्ड खजूर खाते-खाते ऊब कर इमली पर टूट पड़े वैसे ही आप भी रनिवास की एक-से-एक बढ़कर सुन्दरियों को भुलाकर इस तापस कन्या पर लट्टू हो गए हैं।

जंगली खजूर का फल भी पिण्ड खजूर के सदृश होता है, परन्तु इसमें गुठली बड़ी होती है, गूदा मात्रा में स्वल्प तथा कम मधुर होता है। भारत के कुछ रेगिस्तानी प्रदेशों में स्थानीय लोगों का यह मुख्य आहार है। दुर्भिक्ष में यह घटिया फल खा लिया जाता है। पके फल प्रायःकर बाज़ार में बिकने नहीं आते। पक्षी और बच्चे इन्हें खा लेते हैं। दिग्विजय यात्रा के प्रसंग में चन्द्रापीड राजा ने शिव सिद्धाश्रम में खजूरों से लदे हुए जो वृक्ष देखे थे उन पर बेखटके पक्षी आते थे और पके फलों को अपनी चोंच मार-मार कर खण्डित कर देते थे। पक्षियों को उड़ाया ही न जाता था। मुलतान में खजूर की ऐसी क़िस्म भी होती है जिसमें बीज नहीं

होता। इस क़िस्म को वहां खस्सी कहते हैं। यह ताज़ी और सूखी दोनों रूप में बाज़ार में बिकती है। मुलतान में खजूर को सुखाने का एक तरीक़ा यह है कि

चित्र 37 जंगली खजूर के फलों का गुच्छा

अधपकी खजूरों को चीरकर टोपी और गुठली अलग कर, दो टुकड़े कर लेते हैं।

इसे सुखा लेते हैं। मुलतान में यह चिरवा के नाम से बिकती है।

आहार में विविध उपयोग

खजूर बहुल प्रदेशों में दैनिक भोजनों के अन्दर अनेक प्रकार से इसका प्रयोग होता है। पकी खजूरों की गुठलियां निकालकर आटे में गूंध लेते हैं, इसकी रोटी स्वादिष्ट बनती है। कुछ देशों में खजूरों की केक बनती है। छुहारों को चक्की में पीसकर बनाया आटा सत्तू की तरह यों ही फांक लिया जाता है। इस आटे की रोटियां भी सेकी जाती हैं। व्यंजन के अभाव में ग़रीब लोग पके खजूरों के साथ ही रोटी खा लेते हैं; जैसे उत्तर प्रदेश में गुड़ या प्याज़ के साथ रोटी खाकर गुज़ारा कर लेते हैं।

खजूर के छोटे पौधों के काण्ड को भूमि में से खोदकर बाहर का मोटा छिलका उतार लेते हैं। अन्दर से काण्ड मृदु गूदे के रूप में निकलता है। यह गोल और तीस से साठ सेण्टीमीटर लम्बा कन्द दीखता है। मलाई की बरफ़ के समान इसके कतरे काट कर लोग बड़े शहरों में बेचते हैं। दिल्ली और हरिद्वार में इसे खोदकर लाने वाले इसके अभिज्ञान को रहस्य बनाकर रखते हैं। इसके गुणों को बढ़ा-चढ़ा कर बखान करते हुए वे इसे अमरकन्द, शिवकन्द आदि नामों से बेचते हैं। वे इसे चित्रकूट की उपज बताते हैं। यह प्यास को शान्त करता है। मुलतान में इस सफ़ेद गूदे को कच्चे नारियल के सदृश मानते हैं इसलिए इसे भी गरी कहते हैं। इसका अचार भी डाला जाता है। पिण्ड खजूर वृक्ष के नए-नए मुलायम पत्ते बड़े चाव से खाए जाते हैं। पिण्ड खजूर के ताज़े पुष्प-शीर्षों को आसुत करके निकाला हुआ सुगन्धित इत्र शर्बतों के बनाने में काम आता है।

पशुओं का आहार

घटिया क़िस्म की जो खजूरें हर साल ईराक और दूसरे देशों में बची रहती हैं उनका उपयोग पशुओं के आहार के लिए किया जाने लगा है। गुठली सहित पशुओं के आहार में सम्मिलित कर ली जाती हैं। ईराक की पांच हज़ार टन निकम्मी खजूरें जर्मनी में पशुओं के लिए काम आ रही है। अमेरिकी कृषि-विभाग के पशु-आहार सम्बन्धी विशेषज्ञों का अनुमान है कि पश्चिमी देशों में पशुओं के आहार के लिए डेढ़ लाख टन खजूरों की खपत हो सकती है। गुठली ऊंट और बकरी का भोजन है। पानी में भिगोकर गुठली को नरम कर लेते हैं और तब ढोरों को खिलाते

हैं। पत्तों की कुट्टी काटकर पशुओं को हरे चारे के रूप में दी जाती है।

नकली कुतरा सुपारी बनाने के लिए खजूर की गुठलियां काम आती हैं। गुठलियों के कुतरे को रंग देने से यह बिलकुल सुपारी का कुतरा लगता है और

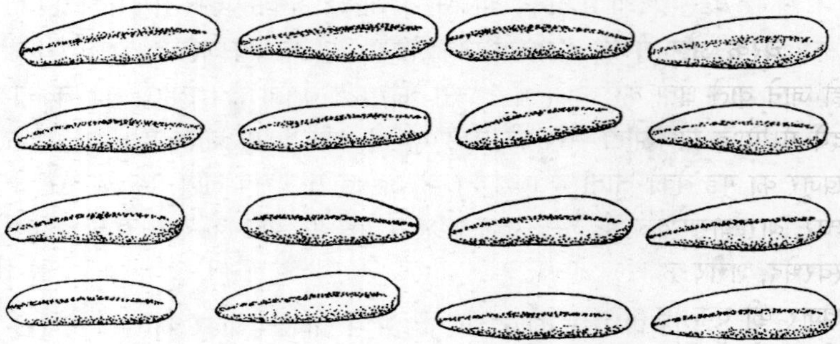

चित्र 38 खजूर की गुठलियां

असली कुतरा सुपारी के नाम से बेच दिया जाता है। गुठलियों को बींधकर कुछ जगहों पर माला बनाते हैं।

शरीर को पुष्ट करने वाला

महर्षि चरक ने खजूर को मधुर, शरीर को पुष्ट करने वाला, पुंस्त्वशक्ति को बढ़ाने वाला, देर से पचने वाला, शीतल फल बताया है। छुहारे का गोंद पौष्टिक वीर्यवर्धक है। छुहारे के फल को चूर्ण करके शहद के साथ पुष्टि के लिए खिलाते हैं। छुहारे की गुठली को पीसकर दूध के साथ पीने से शरीर पुष्ट होता है और वीर्य की वृद्धि होती है। छुहारों को रात भर दूध में भिगोकर घियाकस कर लें। गुठली फेंक दें। लुगदी को हथेली से पीसकर आटा बना लें। गुलाब जामुन के आकार के छोटे-छोटे लड्डू बनाएं। इनके बीच में तालमखाना भरें। घी में हलकी आंच पर तलें। चार गुने शहद में इन्हें इक्कीस दिन रखकर पुष्टि के लिए सेवन करें। सुश्रुत ने खजूर को हृदय के लिए हितकर बताया है। हृदय के रोगों में इन्हें पथ्य के रूप में दिया जा सकता है।

जो लोग पित्त प्रकृति के हैं और अधिक गरमी अनुभव करते हैं, खजूरों के सेवन से उनका दाह शान्त होगा, हृदय बलवान् होगा, तृप्ति होगी और शीतलता आएगी। प्यास बुझाने के लिए बीज खाए जाते हैं। बुखारों में फल उपयोगी माना

जाता है। अपामार्ग की जड़ के साथ गुठली को पीसकर पान के साथ बुख़ार में खाया जाता है।

क्षय के निवारण के लिए

चरक और सुश्रुत ने क्षय में खजूर को उपयोगी आहार माना है। क्षय में हो जाने वाले क्षतों को भरने में यह सहायता देता है। खांसी, छाती के रोग और दमे में पिण्ड खजूर खिलाई जाती है। ये कफ को निकालती है। सूखी खांसी में खजूर का गुड़ बहुत लाभदायक माना जाता है। क्षय, शोष, खांसी, श्वास का कष्ट, ज्वर, बार-बार प्यास लगाना, पसलियों का दर्द, खाने में अरुचि, थूक में ख़ून आना, स्वरभेद, शरीर का सूख जाना, आदि क्षय के लक्षणों की शान्ति के लिए गोविन्ददास खजूर की एक निर्मित एलादि गुटिका का प्रयोग प्रशस्त समझते हैं। इस गुटिका को बनाने के लिए आठ पिण्ड खजूरें; मुनक्का, मुलहठी और मिश्री बयानबे ग्राम; पिप्पली अड़तालीस ग्राम; छोटी इलायची, तेजपत्र और दालचीनी ग्यारह ग्राम लेकर इन्हें पीसकर बेर के बराबर गोलियां बना लेते हैं। मुख में रखकर इन्हें चोष्यवटी के समान धीरे-धीरे चूसते हैं।

योगरत्नाकर और गदनिग्रह दोनों ही के राजयक्ष्माधिकार में खर्जूरासव नाम से एक निर्मिति का उल्लेख है। गदनिग्रह के खर्जूरासव में तो खर्जूर प्रधान द्रव्य नहीं है। उनतालीस घटकों में खजूर भी एक घटक है। गदनिग्रह की निर्मिति में सबसे पहले खजूर का पाठ है इसलिए इसका नाम खर्जूरासव रखा गया है। इसके अतिरिक्त योगरत्नाकर की निर्मिति में खजूर मुख्य पदार्थ है। इसे बनाने की विधि यह है – तेरह किलोग्राम पानी में चार किलोग्राम गुठली निकाली खजूरें पकाएं। खजूरें जब घुल जाएं तब उतार लें। मसलकर छान लें। इसमें हाऊबेर और धाय के फूल छह-छह छटांक मिलाकर चौदह दिन घड़े में बन्द पड़ा रहने दें। सन्धान हो जाने पर निकाल लें और छानकर बोतलों में भर लें। कफ के रोगों में, निमोनिया, श्लेष्मज्वर आदि छाती से सम्बद्ध रोगों में रोग के बाद की निर्बलता को दूर करने के लिए चौंतीस ग्राम की मात्रा में खर्जूरासव को भोजन के बाद दोनों समय पिलाते हैं।

सुश्रुत के अनुसार खजूर रक्तपित्त को दूर करती है। नाक या किसी अन्य अंग से ख़ून बहने की अवस्थाओं (रक्तपित्त) में गोविन्ददास खजूर की एक निर्मिति एलादि गुटिका का प्रयोग लाभदायक समझते हैं। छुहारों को कूटकर चूर्ण बना लें।

शहद के साथ चाटने से रुधिर के विकारों को दूर करता है। उन्माद में फल लाभदायक ओषध माना जाता है।

पेट के रोगों के लिए फल उपयोगी हैं। यह उपशमक (demulcent) और आरेचक (lexative) हैं। पिण्ड खजूर के वृक्ष से प्राप्त गोंद अतिसार में प्रयुक्त होती है। एक किलोग्राम नमक को चार किलोग्राम निम्बू के रस में घोलें। इसमें दो किलोग्राम स्वस्थ मोटे छुहारे डालें। पिप्पली, कालीमिरच, छोटी इलायची, अकरकरा, प्रत्येक 583 मिलीग्राम, काला और सफ़ेद जीरा दोनों तीस ग्राम, तेजपत्र 220 ग्राम, जायफल और जावित्री तेईस ग्राम, सोंठ 187 ग्राम, नमक 280 ग्राम, गुठली निकाले हुए और मोटे कूटे हुए छुहारे 566 ग्राम इन सबको निम्बू के दो किलोग्राम रस में भावना दें। तीन-चार दिन ढका पड़ा रहने दें। फिर इसे खरल में रगड़कर निम्बू में डुबोए हुए छुहारों की गुठली निकालकर उनमें पीठी की तरह भर दें। मर्तबान में एक-दूसरे के ऊपर इन छुहारों को चिनकर सारा रस उसमें डाल दें। पन्द्रह दिन तक रखा रहने के बाद प्रतिदिन एक छुहारा खाने से अरुचि, जी मचलना, उलटी आना, अफ़ारा, पेट के दर्द, ग्रहणी के रोग नष्ट होते हैं; डकार साफ़ आता है। पेट के रोगियों को ऐसा लगता है मानो कोई चमत्कार हो गया हो। छुहारे की चटनी दावतों का आवश्यक अंग बन गया है। काला नमक, इमली, गुड़, जीरा आदि मसाले डालकर यह बनाई जाती है। दावतों में खाए गए गरिष्ट भोजनों को पचाने में यह सहायक होती है।

विविध रोगों में

खजूर के पत्तों के काढ़े को रातभर रखकर शहद के साथ पीने से कोष्ठ के क्रिमियों के समूह मर जाते हैं। जिनके मल में क्रिमि आया करते हैं उन्हें खजूर के पत्तों के काढ़े में निम्बू का रस मिलाकर सेवन करना चाहिए। जनन-मूत्रीय (genito-urinary) संहति के रोगों में पिण्ड खजूर की गोंद दी जाती है। सूज़ाक (गनोरिया) और पुराने बिगड़े हुए उपदंश (gleet) में तने के भीतर का नरम गूदा उपयोगी होता है। अंजनहारी पर खजूर की गुठली को पानी में घिसकर लेप करते हैं। दांत की दर्द को दूर करने के लिए जड़ का प्रयोग किया जाता है।

चौबीस

ख़रबूज़ा

कुकुमिस मेलो लिनिअस

Cucumis melo Linn.

कुल : कुकुर्बिटासी Cucurbitaceae

वर्षायु, आरोही या सर्पणशील बेल, पत्ते बड़े मृदु रोओं से युक्त; फल गोल अण्डाभ या दीर्घवृत्त, आकार तथा रंग भिन्न-भिन्न। छिलका मृदु या कठोर, पीला, हरा, क्रीम या नारंगी रंग का होता है। गूदे का रंग सफ़ेद, क्रीमी-पीला, नारंगी या हरा होता है।

भेद

फल की आकृति और आकार, छिलके की मोटाई, रंग और चिह्न, भीतरी गूदे के स्वाद, गन्ध और रंग के अनुसार अनेक भेद और नस्लें बन गई हैं।

विविध भाषाओं में नाम

अंग्रेज़ी	:	मस्क मेलन (musk melon), स्वीट मेलन (sweet melon)
गुजराती	:	ख़रबुज़ा।
तमिल	:	मुलम्पझम।
तेलुगु	:	खर्बूजादोसा, पुतज्ञाकोवा।
पंजाबी	:	खरबुजा।
बंगाली	:	खरमुज।
मराठी	:	खरमुज।

संस्कृत में नाम

आयुर्वेद के वनस्पतिनिघण्टुओं में ख़रबूज़े के तेरह नाम आए हैं जिनमें से

राजनिघण्टु (12वीं शती) में नौ तथा मदनपालनिघण्टु (1374 सन्) में चार :

अथ खरबुजा मधुफला षड्रेखा वृत्तकर्कटीतिक्ता।
तिक्तफला मधुपाका वृत्तेर्वारुश्च षण्मुखानवधा॥

राजनिघण्टु, मूलकादिवर्ग 7; 200.

खर्बूजं फलराजः स्यादमृताह्वं दशाङ्गुलम् ॥

मदनपालनिघण्टु, फलादिवर्ग 6; 53.

नामों के अर्थ

अमृताह्व : अमृत के समान मीठा और गुणकारी।
ख़रबुज़ा : ख़रबूज़ा।
खर्बूज : ख़रबूज़ा।
तिक्तफला : ईषत् (तिक्त) फल।
तिक्ता : तिक्तफला।
दशांगुल : दस (दश) उंगली (अंगुल) लम्बा फल।
फलराज : फलों का राजा।
मधुपाका : विपाक में मधुर।
मधुफला : मीठा (मधु) फल।
वृत्तेर्वारु : गोल (वृत्त) ककड़ी (एर्वारु)।
वृत्तकर्कटी : गोल (वृत्त) ककड़ी (कर्कटी)।
षड्रेखा : छह (षड्) रेखाओं वाला।
षण्मुखा : छह (षण्) फांकों वाला (मुखा)।

कृषि

विश्व के गर्म भागों में रसमय फलों के लिए व्यापक रूप से बोया जा रहा है। भारत में सर्वत्र, विशेषकर उत्तर-पश्चिमी क्षेत्रों के गरम और सूखे भागों में खेती किया जाता है।

ख़रबूज़े को सिंचाई की बहुत ज़रूरत होती है। इसे प्रायः नदी की रेतीली भूमि में बोते हैं जहां कोई अन्य फ़सल नहीं उगती। नदी का पानी उतर जाने पर भूमि को खण्डों में विभक्त कर लेते हैं। इनमें ख़ूब खाद डालते हैं। प्रायः जनवरी से मार्च तक बीज क़तारों में या गड्ढों में 1.20 से 1.50 मीटर के फ़ासले पर

बोते हैं। सूखे मौसम में पौधे की सिंचाई की जाती है। फल पकने से पहले सिंचाई बन्द की जाती है। तीन-चार महीने में फल तोड़ने योग्य हो जाते हैं। बेल पर

चित्र 39 ख़रबूज़ा

पूरी तरह पके फल तोड़े जाते हैं।

रासायनिक संघटन

फल में पैंतालीस से अस्सी प्रतिशत गूदा होता है। यह मृदु, कस्तूरी-सदृश सुगन्ध वाला और स्वादिष्ट होता है। फलों की डिब्बाबन्दी की जा सकती है। इनका शर्बत और जैम बनाया जाता है। फल में प्रोटीन 0.6, कार्बोहाइड्रेट्स 5.4, वसा 0.2, कच्चे रेशे 0.5, राख 0.6, कैल्सियम 0.016 और फ़ौस्फ़ोरस 0.015 प्रतिशत होती है। प्रतिमिलीग्राम में लोहा 3.9 मिलीग्राम और ताम्बा 0.6 मिलीग्राम होता है। प्रति 100 ग्राम में विटामिन-सी 25 मिलीग्राम होती है।

पंजाब के ख़रबूज़े की एक क़िस्म के बीजों की गिरी में तेल 40.0, प्रोटीनें

22.7 और फ़ौस्फेट 0.75 प्रतिशत होते हैं। सहारनपुर के ख़रबूज़ों की गिरी में तेल 43.75, प्रोटीनें 37.1 और फ़ौस्फ़ेट 1.02 प्रतिशत हाते हैं। तेल की खली में आर्द्रता 11.56, प्रोटीनें 66.0, कच्चे रेशे 4.03, कार्बोहाइड्रेट्स 9.29 और राख 9.12 प्रतिशत होती है।

गुण

ख़रबूज़ा भारी, स्निग्ध, स्वादु तथा शीतल है। कच्चा ख़रबूज़ा स्वाद में तिक्त होता है। इसके बाद की अवस्था में मधुर होता है। अधपकी अवस्था में यह, अमृत के समान होता है और संतर्पणकारक एवं पुष्टिप्रद है। पका ख़रबूज़ा थोड़ा अम्ल रस युक्त हो जाता है। यह दाह एवं श्रमनाशक तथा मूत्रशोधक है। पित्तहर, उन्मादहर, कफकारक एवं वीर्यवर्धक है। मूत्रल, बलदायक, वातहर तथा कोष्ठ को शुद्ध करता है। जो ख़रबूज़ा खटमिठा होता है और रस में खारा होता है, वह रक्तपित्त तथा मूत्रकृच्छ्र को पैदा करता है :

तिक्तं बाल्ये तदनु मधुरं किञ्चिदम्लं च पाके।
निष्पक्वं चेत्तदमृतसमं तर्पणं पुष्टिदायि।
वृष्य दाहश्रमविशमनं मूत्रशुद्धिं विधत्ते
पित्तोन्मादापहरकफदं खर्बुजं वीर्य्यकारि॥

राजनिघण्टु, मूलकादिवर्ग 7; 201.

खर्बूज मूत्रलं बल्यं कोष्ठशुद्धिकरं गुरू।
स्निग्धं स्वादुकरं शीतं वृष्यं पित्तानिलापहम्॥
तेषु यच्चाम्लमधुरं सक्षारं च रसाद्भवेत्।
रक्तपित्तकरं तत्तु मूत्रकृच्छ्रकरं परम॥

मदनपालनिघण्टु, फलादिवर्ग 6; 43-44.

उपयोग

बीज और गूदा मूत्रल हैं। एग्ज़ीमा में गूदा लाभदायक है।

बीजों की गिरी में प्रचुर तेल होता है। गिरी भक्ष्य है। बादाम और पिस्ते के विकल्प में खाई जाती है।

पच्चीस

खिरनी

मानिल्कारा हेक्सांद्रा (रौक्सबुर्ग़) डुबर्ड
Manilkara hexandra (Roxb.) Dubard
कुल : सापोतासी Sapotaceae

ख़ूब फैलने वाला, बड़ा, क्षीरी वृक्ष; गरमियो में फल पकते हैं । पका फल पीला,

चित्र 40 खिरनी की फलदार शाखा

क़रीब दो सेण्टीमीटर लम्बा और मीठा होता है । यह खाया जाता है । फल सुखाया भी जाता है ।

विविध भाषाओं में नाम

उड़िया	:	खीरकुली, खीरी।
कन्नड़	:	बाकुला।
गुजराती	:	रेयन, खिरनी।
तमिल	:	पल्ला, पलई।
तेलुगु	:	मञ्जिपल, पल।
बंगाली	:	खिर खेजूर।
मराठी	:	रञ्जना, रेयन, राइनी।
मलयालम	:	पल।

संस्कृत में नाम

आयुर्वेद के वनस्पतिनिघण्टुओं में खिरनी के इकत्तीस नाम आए हैं। धन्वन्तरिनिघण्टु (8वीं शती) में आठ, राजनिघण्टु (12वीं शती) में पन्द्रह, मदनपालनिघण्टु (1374 सन्) में नौ, कैयदेवनिघण्टु (1450 सन्) में सात तथा भावप्रकाशनिघण्टु (1550 सन्) में चार :

क्षीरी चोक्तस्तु राजन्यः स क्षीरशुक्लको नृपः।
राजदनो दृढस्कन्धः कपीष्ट प्रियदर्शनः॥

धन्वन्तरिनिघण्टु, आम्रादिवर्ग 5; 83.

राजादनो राजफलः क्षीरवृक्षो नृपद्रुमः।
निम्बबीजो मधुफलः कपीष्टो माधवोद्भवः॥
क्षीरी गुच्छफलः प्रोक्तः शुकेष्टो राजवल्लभः।
श्रीफलोऽथ दृढस्कन्धः क्षीरशुक्लस्त्रिपञ्चधा॥

राजनिघण्टु, आम्रादिवर्ग 11; 70-71.

क्षीरी क्षत्रियराजाह्वा राजादनफलाशिनौ।
राजन्यः स्तम्भनोऽन्योऽश्वचिबुको मुचिलिण्टकः॥

मदनपालनिघण्टु, फलादिवर्ग 6; 34.

राजादनो दृढस्कन्धो मालाशी वानरप्रियः।
फलाध्यक्षो गुरूस्कन्धः क्षत्रियः प्रियदर्शनः॥

कैयदेवनिघण्टु, ओषधिवर्ग 1; 386.

राजादनः फलाध्यक्षो राजन्या क्षीरिकाऽपि च ॥

भावप्रकाशनिघण्टु, आम्रादिफलवर्ग 6; 86.

इन श्लोकों के अन्तर्गत लिखे गए नाम पर्यायों को नीचे तालिका में दिया जा रहा है, ताकि पाठक सुगमता से इनका तुलनात्मक अध्ययन कर सकें :

धन्वन्तरिनिघण्टु (8वीं शती)	राजनिघण्टु (12वीं शती)	मदनपालनिघण्टु (1374 सन्)	कैयदेवनिघण्टु (1450 सन्)	भावप्रकाशनिघण्टु (1550 सन्)
		1 अश्वच्चिबुक		
1 कपीष्ट	1 कपीष्ट	2 क्षत्रिय		
	2 क्षीरवृक्ष			
	3 क्षीरशुक्ल			
2 क्षीरशुक्लक				
				1 क्षीरिका
3 क्षीरी	4 क्षीरी	3 क्षीरी		
	5 गुच्छफल			
			1 गुरूस्कन्ध	
			2 दृढफल	
4 दृढस्कन्ध	6 दृढस्कन्ध			
	7 निम्बबीज			
5 नृप				
	8 नृपद्रुम			
6 प्रियदर्शन			3 प्रियदर्शन	
			4 फलाध्यक्ष	2 फलाध्यक्ष
		4 फलाशी		
	9 मधुफल			
	10 माधवोद्भव			
		5 मुचिलिण्टक	5 मालाशी	
7 राजन्य		6 राजन्य		3 राजन्य
	11 राजफल			
	12 राजवल्लभ			
8 राजादन	13 राजादन	7 राजादन	6 राजादन	4 राजादन
		8 राजाह्व		

7 वानरप्रिय

14 शुकेष्ट

15 श्रीफल

9 स्तंभन

नामों के अर्थ

कपीष्ट	:	वन्दरों (कपि) का प्रिय (इष्ट) फल ।
क्षत्रिय	:	राजाओं (क्षत्रिय) का प्रिय फल ।
क्षीरवृक्ष	:	जिस पेड़ (वृक्ष) के अंगों को तोड़ने से दूध (क्षीर) निकलता है ।
क्षीरशुक्ल	:	जिस वृक्ष के अंगों को तोड़ने से सफ़ेद (शुक्ल) दूध (क्षीर) निकलता है ।
क्षीरशुक्लक	:	= क्षीर शुक्ल ।
क्षीरिका	:	= क्षीरवृक्ष ।
क्षीरी	:	=क्षीरवृक्ष ।
गुच्छफल	:	जिसके फल गुच्छों में लगते हैं ।
गुरूस्कन्ध	:	भारी (गुरू) काण्ड (स्कन्ध) वाला वृक्ष ।
दृढफल	:	मज़बूत (दृढ) फल ।
दृढस्कन्ध	:	मज़बूत (दृढ) काण्ड (स्कन्ध) वाला वृक्ष ।
निम्बबीज	:	फल के बीज नीम (निम्ब) की निमोली (बीज) जैसे होते हैं ।
नृप	:	= नृपवृक्ष ।
नृपद्रुम	:	जिस वृक्ष (द्रुम) का फल राजाओं (नृप) को प्रिय है ।
प्रियदर्शन	:	सुन्दर (प्रिय) दिखने (दर्शन) वाला फल ।
फलाध्यक्ष	:	बढ़िया फल ।
फलाशी	:	भक्ष्य फल ।
मधुफल	:	मीठा (मधु) फल ।
माधवोद्‌भव	:	मधु के समान मीठा (माधव) फल उद्‌भव ।
मालाशी	:	माला के मनके जैसे खाए जाने वाले (आशी) फल ।

राजन्य	:	= राजफल ।
राजफल	:	राजाओं का प्रिय फल ।
राजवल्लभ	:	राजाओं का प्रिय (वल्लभ) फल ।
राजादन	:	राजाओं द्वारा खाया जाने वाला (अदन) फल ।
राजाह्व	:	= राजफल
वानरप्रिय	:	= कपीष्ट ।
शुकेष्ट	:	तोतों (शुक) का प्रिय (इष्ट) फल ।
श्रीफल	:	सुन्दर (श्री) फल ।
स्तंभन	:	संग्राही फल ।

गुण

खिरनी शीतल, स्निग्ध, कषाय, गुरू, मधुर तथा अम्लविपाक युक्त है । यह वीर्य में शीत, रूचिकारक, वातनाशक तथा तृप्तिकारक है । हृदय के लिए हितकर तथा प्रमेहनाशक है । संग्राही, रेचक, शुक्रजनक, विष्टम्भक तथा धातुवर्धक है । मद, भ्रान्ति, मूर्च्छा तथा मोह को दूर करती है । त्रिदोष, दाह, तृषा, रक्तविकार तथा पित्त का नाश करती है । क्षत तथा क्षय रोग को दूर करती है :

राजादनो रसे स्वादुः पाकेऽम्लः शीतलस्तथा ।
रुचिकारी भवेद् वातनाशनश्च प्रकीर्तितः ॥

धन्वन्तरिनिघण्टु, आम्रादिवर्ग 5; 84.

राजादनी तु मधुरा पित्तहृद् गुरूतर्पणी ।
वृष्या स्थौल्यकरी हृद्या सुस्निग्धा मेहनाशकृत् ॥

राजनिघण्टु, आम्रादिवर्ग 11; 72.

क्षीरवृक्षफलं शीतं स्निग्ध गुरू बलप्रदम् ।
तृष्णामूर्च्छामदभ्रान्तिक्षयदोषत्रयास्रजित् ॥

मदनपालनिघण्टु, फलादिवर्ग 6; 35.

राजादनं हिमं स्निग्धं कषायं मधुरं गुरू ।
स्वाद्वम्लपाकं संग्राहि वृष्यं विष्टंभि बृंहणम् ॥
रोचनं मासलं हन्ति दोषत्रयमदभ्रमान् ।

मूर्च्छामोहतृषादाहरक्तपित्तक्षतक्षयान् ॥

कैयदेवनिघण्टु, ओषधिवर्ग 1; 388-389.

क्षीरिकायाः फलं वृष्यं बल्यं स्निग्धं हिमं गुरू।
तृष्णामूर्च्छामदभ्रान्तिक्षयदोषत्रयास्रजित् ॥

भावप्रकाशनिघण्टु, आम्रादिवर्ग 6; 86.

उपयोग

बीजों में से खाने योग्य तेल निकाला जाता है। पत्ते ढोरों के चारे के रूप में काम आते हैं। छाल ज्वरहर है, इसमें टैनिन होता है। इसकी लकड़ी मज़बूत और सघन तन्तुओं वाली होती है। यह गन्ना पेरने और तेल निकालने के कोल्हुओं, बल्लियों, शहतीरियों, गाड़ियों और कृषि उपकरण बनाने के काम आती है। हथौड़ों, रोलरों, औज़ार के दस्तों, फ़र्निचर, छड़ियों के लिए उपयुक्त है।

छब्बीस

खुमानी

प्रूनुस आर्मेनिआका लिनिअस
Prunus armeniaca Linn.
कुल : रोसासी Rosaceae

लगभग दस मीटर ऊंचा वृक्ष। फूल सफ़ेद या गुलाबी रंग के; क़रीब 2.5 सेण्टीमीटर चौड़े होते हैं।

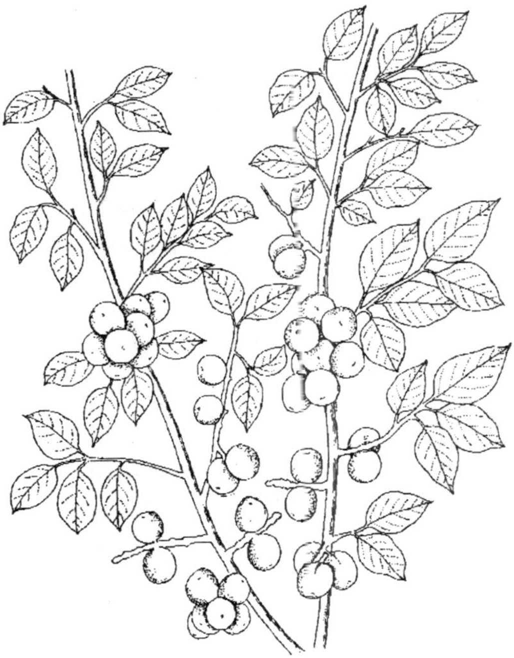

चित्र 41 खुमानी के फलदार शाखा

कश्मीर, हिमाचल प्रदेश, गढ़वाल, कुल्लू और कुमाऊं में 1,829 से 2,743 मीटर तक बोया जाता है।

विविध भाषाओं में नाम

अंग्रेज़ी : कौमन एप्रिकौट (common apricot)
पंजाबी : चुली, सारी, हरी।
हिन्दी : कुश्मीयारु, खुबानी, ज़र्दालु।

रासायनिक संघटन

गिरी में स्निग्ध तेल (fatty oil), इथीरिअल तेल, एन्जाइम्स (enzymes) और एमिग्डेलीन (amygdalin) होते हैं। फल में लाइकोपीन (lycopin), कैरोटीन और विटामिन ए होते हैं।

गुण

खुमानी मधुर, गुरू और स्निग्ध है। बृंहण, बल्य तथा विष्टम्भी है। दाह तथा रक्तविकार नाशक है। वातपित्तकफ का नाश करती है। कैयदेव के अनुसार यह कफपित्त बढ़ाती है। क्षत तथा क्षयरोग का नाश करती है :

... ... उरुमाणप्रभृतीनि।
पित्तेश्लेष्महराण्याहुः स्निग्धोष्णानि गुरूणि च।
बृहणान्यनिलघ्नानि बल्यानि मधुराणि च॥

सुश्रुतसंहिता, सूत्रस्थान 46; 188.

गुरूष्णस्निग्धमधुराः सोरुमाणा बलप्रदाः।

चरकसंहिता, सूत्रस्थान 27; 157.

सोरुमांण गुरू स्निग्धं मधुरं रसपाकयोः॥
वीर्योष्णं बृंहणं बल्यं वातघ्नं कफपित्तलम्
दाहक्षतक्षयहरं विष्टम्भ्यस्रप्रसादनम्॥

कैयदेवनिघण्टु, ओषधिवर्ग 1; 507-508.

उपयोग

ताज़े और सूखे फल खाने के लिए बाज़ार में आते हैं। बीज की गिरी में से निकाला हुआ तेल पकाने, जलाने और बालों में लगाने के काम आता है। गिरी मीठी और कड़वी दोनों प्रकार की होती है। मीठी गिरी बादाम जैसी होती है।

सत्ताईस

गलगल

चित्रुस आउरांतिउम लिनिअस इन्क्लूडिंग
चित्रुस आउरांतिउम वैरा. **बिगारादिआ** औफ़ वाट
Citrus aurantium Linn. including
citrus aurantium var. **bigaradia** of Watt
कुल : रुतासी Rutaceae

मझोले आकार का कंटीला वृक्ष; पत्रवृन्त चौड़ा, पंखदार; फूल बड़े, सफ़ेद और सुगन्धित; फल गोल, खुरदरे, नारंगी रंग के; छिलका सुगन्धित, कड़वा और चरपरा;

चित्र 42 गलगल के फूल

गूदा खट्टा और मामूली-सा कड़वा। यह बगीचों में बोया जाता है। इसकी एक क़िस्म

में फल लम्बोतरे और चिकने होते हैं। ये अचार के काम आते हैं। खुरदरे छिलके वाले फल चाट की दुकानों में नज़र आते हैं। अत्यधिक खट्टा और कड़वा होने से यह फल के रूप में अकेला अथवा भोजनोपरान्त मीठी डिश के रूप में नहीं

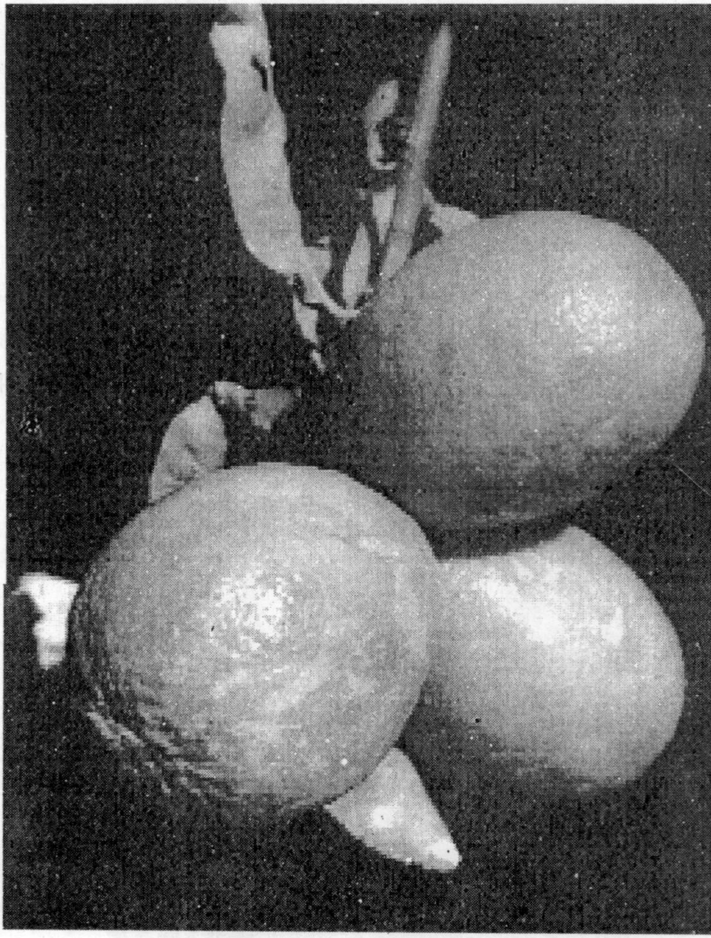

चित्र 43 गलगल की फलदार शाखा

खाया जाता। यह मिठाइयां, मार्मालेड, मदिराएं और अन्य पेय बनाने के काम आता है। रस से विशिष्ट पेय बनाया जा सकता है। इसमें ए और बी-1 विटामिन बहुतायत में होते हैं। छिलका पाचक है। स्वाद को उन्नत करने में उपयोगी है।

विविध भाषाओं एवं स्थानों में नाम

अग्रेज़ी : सावर (sour), बिटर (bitter) सेविल्ले (seville), बिगाराडे औरेंज (bigarade orange)

कन्नड़ : हेराले।

तमिल : नारंगम, नरत्तइ।

तेलुगु : मल्लिकानारंगी।

मलयालम : कर्ना।

हिन्दी : खट्टा।

फूल, फल और पत्तों से उड़नशील नेल निकाला जाता है जो सुगन्ध व्यापार में बहुत मूल्यवान् है। ताज़े फूलों से 2 उपयोगी उत्पाद प्राप्त होते हैं – नेरोलि बिगारेड (neroli bigarade) का तेल और नारंग कुसुम अर्क।

पत्तों और नए प्ररोहों के आसवन ने पेटिग्रेन (petigrain) का तेल प्राप्त होता है। यह कुछ हद तक नेरोलि तेल ने मिलता-जुलता है। लकड़ी कठोर है, खराद के और अलमारियां बनाने के कान आती है।

अट्ठाईस

गुलाब जामुन

सिज़िजिउम यांबोस लिनिअस

Syzygium jambos Linn.

कुल : मिर्तासी Myrtaceae

यह सदाहरा सुंदर वृक्ष नौ मीटर या अधिक ऊंचा हो जाता है। पत्ते अभिमुख, भालाकृति 12.5 से 20.0 सेण्टीमीटर लम्बे, चमकीले, लम्बोतरी नोक वाले, आधार

चित्र 44 गुलाब जामुन की पुष्पित शाखा

सकरा, पत्रवृन्त छह मिलीमीटर लम्बे, फूल हरे-सफ़ेद, 7.5 से 10.0 सेण्टीमीटर व्यास के अवसानीय गुच्छों में, 4.50 सेण्टीमीटर लम्बे, आपीत-हरे, बहुसंख्य परागदण्ड **(stamens)** फूल के सौन्दर्य में वृद्धि कर देते हैं। पके फल मण्डलाकृति या पिचके

हुए, 2.5 से 5.0 सेण्टीमीटर व्यास के, फीके पीले से लेकर गुलाबी सफ़ेद, रसीले, स्वादिष्ट, गुलाब जैसी नाज़ुक गन्ध वाले, फल के सिरे पर चार पुष्पकोष-पालियों (calyx lobes) का स्थायी मुकुट लगा रहता है। बीज एक या दो, धूसर वर्ण रसीले, फल-भित्ति (pericarp) की गुहा (cavity) में।

विविध भाषाओं में नाम

अंग्रेज़ी : जम्बोसादे (jambosade), मलय ऐप्पल (Malay apple), रोज़-ऐप्पल (rose apple)।
असमी : गोलापजाम।
उड़िया : गोलाबजामली।
कन्नड़ : पन्नेराले।
तमिल : पेरुनवल, पन्नीरकोय्या, साम्बुनवल।
तेलुगु : जम्बुनीरीडु।
बंगाली : गुलाबजाम, जामरुल, गोलपीजामुक, बंगाली जामुक, बोमा जामुक।
मराठी : गुलाबजाम्ब ।
मलयालम : जाम्बवम, मलक्काचम्पा।

प्राकृतिक पुनरुत्पादन

यह वृक्ष मलय और म्यांमार का मूलवासी है। अब भारत के बहुत-से भागों में शोभा वृक्ष के रूप में बोया जा रहा है। मुख्य रूप से सिक्किम की तराई में पाया जाता है। कुछ जगहों पर जंगली बन गया है।

यह नमीदार जगहों पर तथा दक्षिण भारत के शुष्क भागों में 1,350 मीटर की ऊंचाई तक भी खेती किया जाता है उत्तर बंगाल, असम, मणिपुर और नागा पहाड़ियों में पाया जाता है। नहरों, नालों और तड़ागों के पार्श्वों में यह बेहतर पनपता है। दीर्घकालीन सूखा इसके लिए हानिकारक है। बीजों द्वारा प्राकृतिक पुनरुत्पादन होता है। ज़मीन पर गिरने के बाद जल्दी उग आते हैं। बीज बहुभ्रूणी (poly embryonic) होता है। इसमें से एक या दो पौधे उगते हैं। वर्षा ऋतु में मूल पौधों (parent-trees) के नज़दीक नए पौधे मिल जाते हैं। वे नम और छायादार जगहों पर पनपते हैं, धूप में जल्दी मर जाते हैं।

गुलाब जामुन में *कप्नोदिउम एउजेनिआरुम कुक* (*capnodium eugeniarum* Cooke) धूमिल फफूंद (sooty mould) पैदा करता है। पत्तों पर अनेक प्रकार के रस प्रदायक (sap-feeders) और एक पर्णपातक (defolitor) पाए गए हैं।

चित्र 45 गुलाब जामुन के फल

गूटी (air-layering) द्वार पौधे तय्यार करने की एक सुद्धृत (improved) तकनीक विकसित की गई है। पश्चिम बंगाल में जुलाई में गूटियों से अच्छे पौधे तय्यार हो जाते हैं जो अक्तूबर-नवम्बर में रोपे जा सकते हैं।

पौधा फ़रवरी से एप्रिल तक फूलता है। जून से अगस्त तक फल पकते हैं और तुरन्त गिर जाते हैं। दक्षिण भारत में फूल और फल इससे पहले आ जाते हैं।

फल छोटे सेव जितने बड़े, कुञ्चित रक्तपीत (crisp-fleshed), गुलाब की सुगन्ध वाले और स्वादरहित होते हैं। खिले हुए फूलों कोनेफ़्थौक्सी एसिटिक अम्ल, 2, 4, 5 ट्रिकोरोफेनोक्सी एसिटिक अम्ल और नेफ़्थालीन एसिटिक जैसे नियामक वृद्धि growth regulators) से उपचारित करके बीजरहित गूदे वाले फल प्राप्त किए जाते हैं।

रासायनिक संघटन

फल के 100 ग्राम भक्ष्य गूदे में आर्द्रता 89.1 ग्राम, प्रोटीन 0.7 ग्राम, वसा 0.2 ग्राम, रेशे 1.2 ग्राम, अन्य कार्बोहाइड्रेट्स 9.7 ग्राम और खनिज पदार्थ 0.3 ग्राम होते हैं। गूदे के प्रति 100 ग्राम में कैल्सियम 10, मैग्नीसियम 4, फ़ौस्फ़ोरस 30, लोहा 0.5, सोडियम 14.1, पोटासियम 50, ताम्र 0.01 और गन्धक 13 होते हैं। गूदे के 100 ग्राम में विटामिन ए 235 अन्तर्राष्ट्रीय इकाइयां, थिआमीन 0.01 मिलीग्राम, रिबोफ़्लेविन 0.05 मिलीग्राम, निकोटीनिक अम्ल 0.4 मिलीग्राम, विटामिन सी 3 मिलीग्राम और फ़ौलिक अम्ल 2.95 माइक्रोग्राम होते हैं।

ताज़े तोड़े हुए फल के रस में एलानीन एस्पार्टिक अम्ल, सिस्टीन, ग्लूटामीन, थ्रेओनीन और टाइरोसीन पाए जाते हैं।

वाष्प-आसवन से पत्तों से 0.18 प्रतिशत पीले रंग का, विशिष्ट गन्ध का, उड़नशील तेल निकलता है। इसका अम्ल मान 0.47, शुक्तलन (acetylation) के बाद साबुनीकरण मान 55.2 होता है।

पत्तों और छाल में जाम्बोसीन (jambosine) क्षाराभ, टैनिन और ओलिओरेज़िन (oleoresin) पाए जाते हैं।

उपयोग

फल ताज़ा खाया जाता है। यह ख़स्ता, प्रिय सुगन्ध वाला और लगभग स्वादरहित होता है। यह चीनी से आवेष्टित फल (candid fruits), जेलियां और स्पैस बनाने के काम आते हैं। छाल ग्राही है। पत्तों को उबालकर बनाए पानी से दुखती आंखों को धोते हैं। जिगर के रोगों में फल का प्रयोग किया जाता है।

उनतीस

चकोतरा

चित्रुस ग्रांदिस (लिनिअस) ओसबेक

Citrus grandis (Linn.) Osbeck

कुल : रुतासी Rutaceae

सुरभियुक्त छोटा वृक्ष । फल क्रिकेट की गेंद से दो-ढाई गुणा बड़ा; खटमिट्ठा । पटियाला (पंजाब), उत्तर प्रदेश, महाराष्ट्र, मैसूर, कुर्ग और तमिलनाडु में बोया जाता

चित्र 46 चकोतरा की पुष्पित शाखा

है। बरसात की समाप्ति पर फल बाज़ार में आ जाते हैं।

भेद

चकोतरा के दो भेद हैं– खट्टा चकोतरा और मीठा चकोतरा। कैयदेव ने खट्टे चकोतरा का नाम देवजूता भी लिखा है :

अन्यात्यम्ला देवजूतान्या स्वादुर्मधुकर्कटी ॥

कैयदेवनिघण्टु, ओषधिवर्ग 1; 262.

विविध भाषाओं में नाम

अंग्रेज़ी	:	फ़ौरबिडन फ्रूट (forbidden fruit), प्युमेलो (pummelo), शैड्डौक (shaddock)।
असमिया	:	रबाब-टेंगा।
कन्नड़	:	चकोत्रे, सक्कोता।
गुजराती	:	चकोत्रु।
तमिल	:	पम्बलिमासु।
तेलुगु	:	मम्पलमसम।
बंगाली	:	चकोत्रा, महानिम्बू, सदफल।
मराठी	:	पनिस, पपनासा।
मलयालम	:	बम्प्लिमस।
हिन्दी	:	महानिम्बू, सदाफल।

संस्कृत में नाम

आयुर्वेद के वनस्पतिनिघण्टुओं में चकोतरा के सत्रह नाम आए हैं। धन्वन्तरिनिघण्टु (8वीं शती) में चार, राजनिघण्टु (12वीं शती) में आठ, मदनपालनिघण्टु (1374 सन्) में छह, कैयदेवनिघण्टु (1450 सन्) में दस और भावप्रकाशनिघण्टु (1550 सन्) में दो :

... ... **मधुकर्कटी।**
मधुवल्ली च विज्ञेया वर्द्धमाना महाफला ॥

धन्वन्तरिनिघण्टु, आम्रादिवर्ग 5; 25.

मधुरबीजपूरो मधुपर्णी मधुरकर्कटी मधुवल्ली।
मधुकर्कटी मधुरफला महाफला वर्द्धमाना च ॥

राजनिघण्टु, आम्रादिवर्ग 11; 154.

मधुकर्कटिका स्वादुलुङ्गी घण्टालिका घटा।

मदनपालनिघण्टु, फलादिवर्ग 6; 79.

घण्टालिका स्वादुलुंगी मधुरा मधुवल्लिका॥
मधुपर्णी स्वादुमज्जा वर्द्धमाना महाफला॥

कैयदेवनिघण्टु, ओषधिवर्ग 1; 262-263.

बीजपूरोऽपरः प्रोक्तो मधुरा मधुकर्कटी॥

भावप्रकाशनिघण्टु, आम्रादिवर्ग 6; 133.

इन श्लाकों के अन्तर्गत लिखे गए नाम-पर्यायों को नीचे तालिका में दिया जा रहा है ताकि पाठक सुगमता से इनका तुलनात्मक अध्ययन कर सकें :

धन्वन्तरिनिघण्टु (8वीं शती)	**राजनिघण्टु (12वीं शती)**	**मदनपालनिघण्टु (1374 सन्)**	**कैयदेवनिघण्टु (1450 सन्)**	**भावप्रकाशनिघण्टु (1550 सन्)**
		1 घटा		
		2 घण्टालिका	1 घण्टालिका	
		3 मधुकर्कटिका		
1 मधुकर्कटी	1 मधुकर्कटी		2 मधुकर्कटी	1 मधुकर्कटी
	2 मधुपर्णी		3 मधुपर्णी	
	3 मधुरकर्कटी			
	4 मधुरफला			
	5 मधुरबीजपूर			
			4 मधुरा	2 मधुरा
			5 मधुवल्लिका	
2 मधुवल्ली	6 मधुवल्ली			
3 महाफला	7 महाफला		6 महाफला	
		4 लुङ्गी		
4 वर्द्धमाना	8 वर्द्धमाना		7 वर्द्धमाना	
		5 स्वादु		
			8 स्वादुमज्जा	

नामों के अर्थ

घटा : छोटे घड़े सदृश फल।
घण्टालिका : घण्टी जैसे लटकते हुए फल वाला पौधा।
मधुकर्कटिका : मधुकर्कटी।
मधुकर्कटी : मीठी (मधु) ककड़ी (कर्कटी)।
मधुपर्णी : मीठी सुगन्ध (मधु) वाले पत्तों का (पर्णी) वृक्ष।
मधुकर्कटी : = मधुकर्कटी।
मधुरफला : मीठे (मधुर) फल वाला (फला) पौधा।
मधुरबीजपूर : बीजों से भरा (पूर्ण) मीठा (मधुर) फल।
मधुरा : = मधुरफला।
मधुवल्लिका : =मधुवल्ली।
मधुवल्ली : छोटा वृक्ष (वल्ली) जिसके फूलों से शहद की मक्खियां शहद (मधु) सञ्चित करती हैं।
महाफला : बड़े (महा) फल वाला (फला) पौधा।
वर्द्धमाना : शरीर को पुष्ट करने वाला फल।
स्वादु : = स्वादुमज्जा।
स्वादुमज्जा : स्वादिष्ट (स्वादु) गूदे (मज्जा) वाला फल।
स्वादुलुंगी : स्वादिष्ट (स्वादु) गूदे (लुंगी) वाला फल।

गुण, उपयोग

चकोतरे का फल मधुर, गुरू और स्वादिष्ट होता है। यह आहार में रुचि पैदा करता है। यह शीतल दाहनाशक, रक्तपित्तहर, त्रिदोषहर और वृष्य फल है। खांसी, दमा हिचकी, क्षय, सिर चकराना आदि रोगों में लाभदायक है। इसकी जड़ हैजे में और कान की शोथ में दी जाती है :

मधुकर्कटिका स्वादुः शीता पित्तास्त्रजिद्गुरुः।
एषा त्रिदोषजिद् वृष्या रुचिकृच्चैव दुर्जरा॥

धन्वन्तरिनिघण्टु, आम्रादिवर्ग 5; 26.

मधुकर्कटी मधुरा शिशिरा दाहनाशनी।
त्रिदोषशमनी रुच्या वृष्या च गुरूदुर्जरा॥

राजनिघण्टु, आम्रादिवर्ग 11; 155.

मधुकर्कटिका शीता रक्तपित्तहरा गुरुः ।
तन्मूलं तु विषूचीघ्नं कर्णशोथविनाशनम् ॥
मदनपालनिघण्टु, फलादिवर्ग 6; 79.

मधुकर्कटिका स्वाद्वी रोचनी शीतला गुरु ॥
रक्तपित्तक्षयश्वासकासहिध्माभ्रमान् जयेत् ।
तस्मादल्पान्तरगुणो देवजूतावनोद्भवे ॥
कैयदेवनिघण्टु, ओषधिवर्ग 1; 263-264.

मधुकर्कटिका स्वाद्वी रोचनी शीतला गुरुः ।
रक्तपित्तक्षयश्वासकासहिक्का भ्रमापहा ॥
भावप्रकाशनिघण्टु, आम्रादिवर्ग 6; 133.

फल के छिलके में से तेल निकाला जाता है, जिसमें लाइमोनीन, पाइनीन,

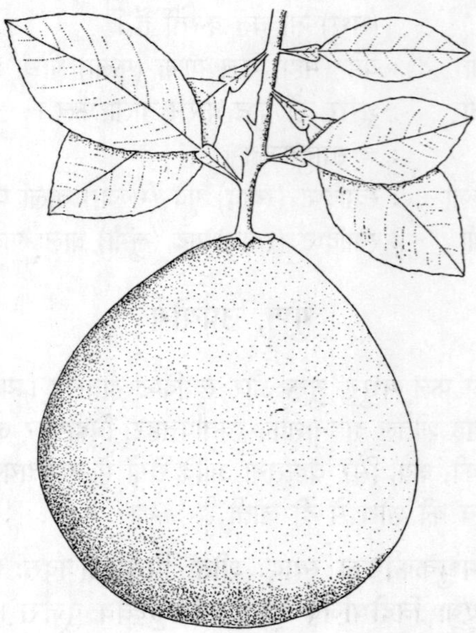

चित्र 47 चकोतरा की फलदार शाखा

लिनालू, जेरानिओल आदि होते हैं। फल से स्क्वैश आदि स्वादु पेय तय्यार किए जाते हैं। मृगी और खांसी के दौरे में पत्ते गुणकारी हैं।

तीस

चाल्ता

दिल्लेनिआ इंदिका लिनिअस
Dillenia indica Linn.
कुल : दिल्लेनिआसी Dilleniaceae

यह नौ से चौबीस मीटर ऊंचा, 1.80 मीटर घेरे वाला, घने छायादार, गोल मुकुट वाला, सदाहरा, सुन्दर वृक्ष है। इसकी छाल बाहर से आरक्त-धूसर और भीतर से लाल होती है। यह कठोर टुकड़ों में उतरती है। पत्ते लम्बगोल-भालाकार,

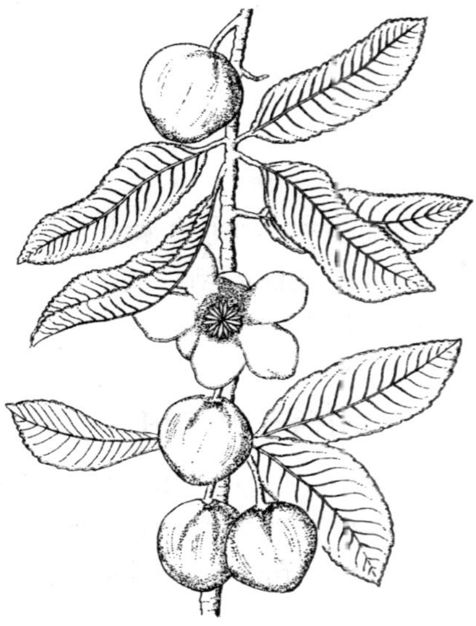

चित्र 48 चाल्ता की पुष्पित एवं फलित शाखा

बीस से पैंतीस सेण्टीमीटर लम्बे, पांच से दस सेण्टीमीटर चौड़े, नुकीले सिरे वाले होते हैं। इनके किनारे तीखे दांतों जैसे कटे रहते हैं। फूल बड़े, 7.5 से 20 सेण्टीमीटर व्यास के, सुन्दर, सफ़ेद, सुगन्धित होते हैं। ये टहनियों के सिरे पर अकेले लगते हैं। पुष्पकोश के दल (sepals) फीके-हरे, गोल, मोटे, मांसल, झिल्लीदार

किनारे वाले होते हैं और फल को ढके रहते हैं। फल गोल, हरे रंग का, बड़ा, 7.5 से 12.5 सेण्टीमीटर व्यास का, बाहर से कठोर और भीतर से गूदेदार होता है। चिपचिपे, सुगन्धित गूदे में वृक्काकार, अनेक छोटे बीज न्याविष्ट होते हैं। फल पांच पालियों वाले, मोटे, मांसल आवरण से ढके रहते हैं। जून और जुलाई में फूलों की मीठी सुगन्ध से बगीचे महक उठते हैं। फल सर्दियों में पकते हैं।

विविध भाषाओं में नाम

असमिया : औतेंगा, चालिता।
उड़िया : यूवु।
कन्नड़ : बेट्टा कन्निगल।
गुजराती : ओर्ट फल, करमल, करम बेल।
तमिल : यूवा।
तेलुगु : पेठ्ठक लिङ्ग, यूवा।
नेपाली : रामफल।
फ़ारसी : चकी नीव।
बंगाली : चालते।
मराठी : करम बेल, करमल।
मलयालम : चालिता, पुन्ना, ओर्ची ते झाड़, ओंचीटे फल।
व्यापार में : दिल्लेनिआ (dillenia)
हिन्दी : ओट, चालता, चाल्ता।

संस्कृत में नाम

वनस्पतिनिघण्टुओं में चाल्ता के कुल चौदह नाम आए हैं धन्वन्तरिनिघण्टु (8वीं शती) में सात, राजनिघण्टु (12वीं शती) में सात और कैयदेवनिघण्टु (1450 सन्) में ग्यारह नाम और पर्याय निम्नलिखित श्लोकों में आए हैं :

भवं भव्यं भविष्यञ्च भावनं वक्त्रशोधनम्।
तथा पिच्छिलबीजं च तच्च रोमफलं मतम्॥

धन्वन्तरिनिघण्टु, आम्रादिवर्ग 5; 33.

भव्यं भवं भविष्यञ्च भावनं वक्त्रशोधनम्।

तथा पिच्छलबीजञ्च तच्च लोमफलं मतम् ॥

राजनिघण्टु, आम्रादिवर्ग 11; 96.

भवं भव्यं भविष्यञ्च भावनं मुखशोधनम् ।
रोमाञ्चकम् कर्णफलं पिच्छिलं कर्मरङ्गकम् ॥
मधुराम्लं रोमफलं तथा पिच्छिलबीजकम् ।

कैयदेवनिघण्टु, ओषधिवर्ग 1; 331.32.

इन श्लोकों के अन्तर्गत लिखे गए नाम और पर्यायों को नीचे तालिका में दिया जा रहा है जिससे पाठक सुगमता से उनका तुलनात्मक अध्ययन कर सकें :

धन्वन्तरिनिघण्टु (8वीं शती)	राजन्घिण्टु (12वीं शती)	कैयदेवनिघण्टु (1450 ईस्वी)
		1 कर्णफल
		2 कर्मरङ्गक
	1 पिच्छल बीज	
1 पिच्छिल बीज		
		3 पिच्छिल बीजक
2 भव	2 भव	4 भव
3 भविष्य	3 भविष्य	5 भविष्य
4 भव्य	4 भव्य	6 भव्य
5 भावन	5 भावन	7 भावन
		8 मधुराम्ल
		9 मुखशोधन
6 रोमफल		10 रोमफल
		11 रोमाञ्चक
	6 लोमफल	
7 वक्त्रशोधन	7 वक्त्रशोधन	

नामों के अर्थ

कर्णफल : कान (कर्ण) में पहने हुए गहने के समान लटकने वाला फल ।
कर्मरङ्गक : चमड़ा (कर्म=चर्म) कमाने में (रङ्गक) जिसकी छाल काम आती है ।

पिच्छल बीज : पिच्छिल बीजक।

पिच्छिल बीज : पिच्छिल बीजक।

पिच्छिल बीजक : जिसके बीज लेसदार (पिच्छिल) गूदे में धंसे होते हैं।

भव : सुन्दर (भव) वृक्ष।

भविष्य : जिसके खट्टे गूदे से बनाए हुए अचार, चटनी, जेली आदि पदार्थ चिरकाल (भविष्य) तक सुरक्षित रहते हैं।

भावन : मनोहारी (भावन) वृक्ष।

मधुराम्ल : खट (अम्ल) मिट्ठा (मधुर) फल।

मुखशोधन : मुंह (मुख) को शुद्ध करने वाला (शोधन)।

रोमफल : जिस फल के अन्दर रोमश (रोम) किनारों वाले बीज होते हैं।

लोमफल : जिस फल के अंदर रोमश (लोम) किनारों वाले बीज होते हैं।

वक्त्रशोधन : मुख (वक्त्र) शुद्ध करने वाला (शोधन)।

कहां मिलता है

उपहिमालयी क्षेत्र के आर्द्र तथा सदाहरे जंगलों में, कुमाऊं और गढ़वाल से पूर्व की ओर असम तथा बंगाल तक, और दक्षिण की ओर मध्य तथा दक्षिण भारत में पाया जाता है। नेपाल, श्रीलङ्का म्यांमार और मलय प्रायद्वीप समूह में भी मिलता है। जंगल में नदियों के किनारे यह आम देखा जाता है। भारतीय बगीचों में यह ख़ूबसूरत पत्तों और आकर्षक फलों के लिए अक्सर बोया जाता है।

यह छाया को सहन करने वाला पौधा है। इसकी घनी छाया में उगे हुए छोटे पौधे ख़ूब तगड़े देखे गए हैं। गहरी उपजाऊ भूमि में, नमीदार जगहों में यह बहुत अच्छा पनपता है। ठूंठ-प्ररोहों द्वारा इसका सन्तोषजनक पुनरुत्पादन हो जाता है। प्राकृतिक अवस्थाओं में इसकी उत्पत्ति बीजों द्वारा होती है। जंगली हाथियों द्वारा खाये फलों से फेंके हुए बीज दूर-दूर तक फैल जाते हैं। जंगल की धाराओं में उतराते हुए फल दूर तक बह जाते हैं। ज़मीन पर पहुंचने पर फल सूखते हैं और सड़ते हैं। दीमकें गूदे को खा लेती हैं। गूदे का स्थान मिट्टी ले लेती है। बीज पर इसका बुरा प्रभाव नहीं होता। बारिश शुरू होने पर यह उग आता है। बीजजातों को बारिश का पानी बहा ले जाता है, अनुकूल जगह वे जड़ जमा लेते हैं।

कृत्रिम पुनरुत्पादन में मई के लगभग बीज बक्सों में या नर्सरी की क्यारियों में बोए जाते हैं। गिरे हुए फलों से विकसित हो गए बीजजातों को भी इकट्ठा करके नर्सरी की क्यारियों में बोया जाता है। पहली बरसात शुरू होने पर एक साल की उम्र के 7.5 से 10 सेण्टीमीटर ऊंचे बीजजातों को स्थानान्तरित कर देते हैं। पौधों की वृद्धि अधिक तेज़ नहीं है।

दवादारू में

फल बल्य, अनुलोमक है और पेट की पीड़ाओं में दिया जाता है। फल के रस में चीनी और पानी मिलाकर शर्बत बना लेते हैं, बुख़ारों में इसे शीतल पेय के रूप में और खांसी में कफ-मिक्चर के रूप में देते हैं। छाल और पत्ते ग्राही हैं।

गुण

भव्य के गुणों को प्रतिपादित करने वाले निम्नलिखित श्लोक आयुर्वेद के शास्त्रों में आए हैं। इनमें यह भी बतलाया गया है कि इसे किन-किन रोगों के निवारण के लिए इस्तेमाल किया जा सकता है :

मधुराम्लकषायं च विष्टम्भि गुरु शीतलम्।
पित्तश्लेष्मकरं भव्यं ग्राहि वक्त्रविशोधनम्॥

चरकसंहिता, सूत्रस्थान 27; 131.

हृद्यं स्वादु कषायाम्लं भव्यमास्यविशोधनम्।
पित्तश्लेष्महरं ग्राहि गुरु विष्टम्भि शीतलम्॥

सुश्रुतसंहिता, सूत्रस्थान 46; 156-157.

भव्यमम्लं च वातघ्नं पिच्छिलं वक्त्रशोधनम्।

धन्वन्तरिनिघण्टु, आम्रादिवर्ग 5; 33.

भव्यमम्लं कटूष्णञ्च बालं वातकफापहम्।
पक्वन्तु मधुराम्लञ्च रुचिकृत्सामशूलहृत्॥

राजनिघण्टु, आम्रादिवर्ग 11; 97.

भव्यं स्वादु कषायाम्लं रुक्षं गुर्वास्यशोधनम्।
विशदं रोचनं हृद्यं शीतलं ग्राहि वातलम्।
भव्यमम्लञ्च वातघ्नं पिच्छिलं वक्त्रशोधनम्॥

कैयदेवनिघण्टु, ओषधिवर्ग 1; 332-333.

ऊपर उद्धृत किए गए श्लोकों के अनुसार आयुर्वेद में बाल भव्य फल अम्ल तथा कटु रस वाला है तथा वात विकार को दूर करता है। पका फल मधुर तथा अम्ल रस से युक्त होता है और यह रुचिकारक तथा आमशूल को नष्ट करता है। खट्टा फल वातनाशक, पिच्छिल तथा मुखशोधक होता है। बुख़ार और खांसी में फल का शर्बत दिया जाता है। छाल और पत्तों में टैनिन होता है। कषाय, अम्ल रस युक्त विष्टंभि, रूक्ष, गुरु, विशद, हृदय के लिए हितकर, शीतवीर्य, ग्राही, कास, अरुचि, तृष्णा, रक्त अतिसार में इसका उपयोग करते हैं।

अधिक शराब पीने से होने वाले रोगों में चाल्ते से खट्टा किए हुए पेय पिलाते हैं (चरक., चिकित्सास्थान 14; 136)।

विविध उपयोग

मांसल पुष्पकोशों में रुचिकर खट्टा स्वाद होता है। ये कच्चे या पकाकर खाए जाते हैं। सब्ज़ियों को स्वादिष्ट बनाने के लिए इन्हें डालते हैं। इनसे जैम और जैली बनाते हैं। इनके रस से मीठा, शीतल पेय बनाते हैं।

पुष्पकोश में (सूखे भार के आधार पर) टैनिन 0.37, ग्लूकोज़ 2.92 और मैलिक अम्ल 0.51 प्रतिशत होते हैं। छाल और पत्तों में (सूखे भार के आधार पर) क्रमशः लगभग दस प्रतिशत और नौ प्रतिशत टैनिन होता है। छाल चमड़ा कमाने में काम आती है। टसर रेशम के कीड़ों को हरे पत्ते खिलाए जाते हैं।

लकड़ी के उपयोग

लकड़ी फीके-लाल रंग की या आरक्त-भूरी, सफ़ेद चिह्नों से चित्रित, ख़ासी टिकाऊ, मामूली कठोर, प्रति घन फुट अठारह किलोग्राम भारी होती है। इसके रेशे कुछ ऐंठे हुए होते हैं। सुखाते हुए यह फट सकती है। इसे दीमक खा जाती हैं। फट्टों, कड़ियों और भीतरी कार्यों में लकड़ी काम आती है। इससे दस्ते, नलिकादण्ड (gun-stocks) और किश्तियों के तल बनाए जाते हैं। यह चप्पुओं तथा टेलीफ़ोन के खम्भे बनाने में उपयोग की जा सकती है। रक्षित पदार्थों से उपचारित रेलवे स्लीपर सौ साल तक अच्छी हालत में रहते हैं। बढ़िया अलमारियां बनाने में यह उपयोगी है। ख़राद और प्लाईवुड के लिए उपयुक्त नहीं है। यह ईंधन तथा कोयला बनाने के लिए अच्छी लकड़ी है। इसका ऊष्मा मान ऊंचा है।

इकतीस

चिलगोजा

पीनुस जेरार्दिआना वालिश

Pinus gerardiana Wallich

कुल : पीनासी Pinaceae

स्वरूप : छोटा या मध्यम आकार का वृक्ष, कभी-कभी चौबीस मीटर तक ऊंचा और 3.5 मीटर घेरे वाला हो जाता है। शाखाएं कुछ-कुछ उद्रोही, प्रायः चक्राकृति

चित्र 49 चिलगोजे का शंकुफल

नहीं होतीं। छाल धूसर पतले, अनियमित शल्कों में उतरती हुई; पत्ते सूच्याकृति,

पांच से दस सेण्टीमीटर लम्बे, कठोर, गूढ़े-हरे, तीन पत्ते गुच्छों में एक साथ लगते हैं; नर शंकु 7.5 से 13 मिलीमीटर लम्बे; मादा शंकु लम्ब गोल अण्डाभ, पकने पर पन्द्रह से तेईस सेण्टीमीटर लम्बे, दस सेण्टीमीटर चौड़े; छिलके मोटे, कठीले, लगभग 3.8 सेण्टीमीटर लम्बे, 2.5 सेण्टीमीटर चौड़े, बीज बेलनाकृति, नोकीले सिरे वाले, 2 से 2.5 सेण्टीमीटर लम्बे गूढ़े-भूरे।

प्राप्ति स्थान

उत्तर-पश्चिम हिमालय की भीतरी सूखी घाटियों में गढ़वाल से पश्चिम की ओर 1,800 से 3,000 मीटर की ऊंचाइयों पर पाया जाता है। अफ़ग़ानिस्तान तथा बिलोचिस्तान में और चिनाब, रावी तथा सतलुज नदियों की ऊपरी घाटियों में मिलता है। भारत में यह झुण्डों में उगता है। इसके कमोबेश खुले जंगल बन जाते हैं।

यह सहनशील वृक्ष है और काफ़ी सरदी तथा सूखा बर्दाश्त कर लेता है। प्रकाश पसन्द करता है और तेज़ हवाओं में दृढ़ रहता है। इसमें सूखी, बंजर, चट्टानी पहाड़ी के बाज़ुओं वाली उथली ज़मीन में उगने की क्षमता है जिससे यह ज़मीन को परिरक्षित करने में मदद करता है। प्राकृतिक आवास में यह सामान्यतया मौनसून के प्रभाव वाले इलाक़े से बाहर सूखे क्षेत्रों में पाया जाता है। वहां वर्षा तो कम होती है, लेकिन सरदियों में ख़ूब बरफ़ गिरती है।

विविध भाषाओं और स्थानों में नाम

अंग्रेज़ी	:	चिलगोजा पाइन (chilgoza pine)।
उत्तर-पश्चिम हिमालय	:	चिरि, गुनोबेर, प्रिता।
संस्कृत	:	निकोचक।
हिन्दी	:	न्योज़ा (बीज)।

संस्कृत में नाम

आयुर्वेद के वनस्पतिनिघण्टुओं में चिलगोजा के पांच नाम आए हैं। मदनपालनिघण्टु (1374 सन्) में चार और कैयदेवनिघण्टु (1450 सन्) में तीन :

निकोचकं चारुफलमङ्कोठं गलकोजकम्।

मदनपालनिघण्टु, फलादिवर्ग 6; 63.

अंकोलफलसंकाशमङ्कोटं च निकोचकम् ।

कैयदेवनिघण्टु, ओषधिवर्ग 1; 506

नामों के अर्थ

अंकोठ	:	अंकोलफलसंकाश ।
अंकोलफलसंकाश	:	अंकोल फल के सदृश ।
गलकोजक	:	शंकुफल के छिलकों के अन्दर (गल) बीज होते हैं ।
चारुफल	:	स्वादुफल ।
निकोचन	:	शंकुफल के अन्दर बन्द बीज ।

फसल

मई-जून में फूल आते हैं । अगले साल सितम्बर-अक्टूबर में शंकुफल (cones) पकते हैं । पेड़ की उम्र और उसके आकार के अनुसार प्रति वृक्ष 28 से 129 शंकुफल लगते हैं । प्रति शंकुफल में औसत तैंतीस बीज होते हैं । 2.5 मीटर घेरे

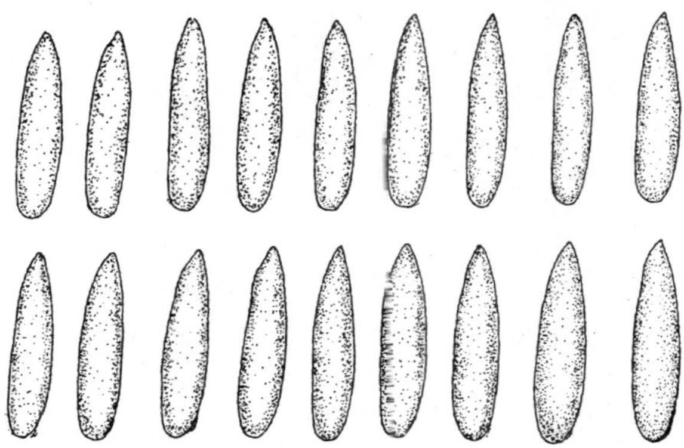

चित्र 50 चिलगोजा के फल

वाले एक पेड़ में 400 शंकुफल लगने का रिकौर्ड है । औसत सौ बीजों का भार तीस से पैंतीस ग्राम होता है । बीजों को चिलगोजा कहते हैं । खिल जाने से पहले ही पके और हरे शंकु फलों को तोड़ लेते हैं । इन्हें गरम करने पर छिलके खिल जाते हैं । हिलाने से बीज बाहर निकल आते हैं । सरदियों के इस्तेमाल के लिए चिलगोजों को जमा कर लेते हैं । बीजों की अच्छी फ़सल वाले साल फ़ालतू बीजों

को मैदानों के बाज़ारों में बिकने भेज देते हैं। अफ़ग़ानिस्तान से हर साल बड़े परिमाण में भारत में चिलगोजे आयात किए जाते हैं।

रासायनिक संघटन

बीजों में 65 से 70 प्रतिशत गिरी होती है। गिरियां तैलीय होती हैं और इनमें मज़ेदार नाज़ुक स्वाद होता है। गिरियों में आर्द्रता 7.5, प्रोटीन 15.9, वसा

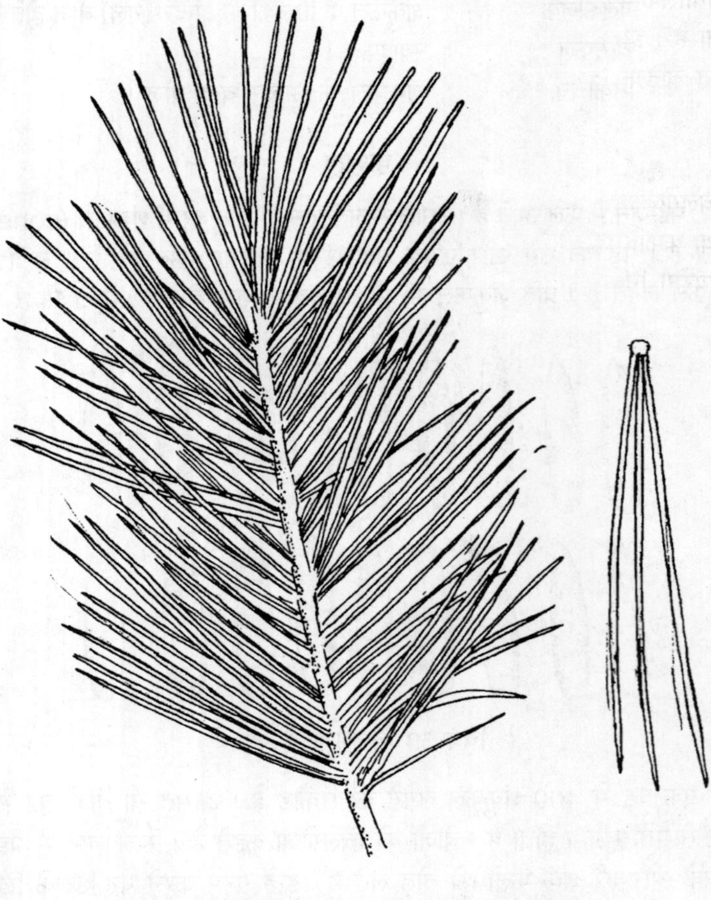

चित्र 51 चिलगोजा के पत्तों वाली टहनी एवं तीन पत्ते

49.9, कार्बोहाइड्रेट्स 21.6, रेशे 2.2 और खनिज पदार्थ 2.9 प्रतिशत होते हैं।

खनिज पदार्थों के प्रति 100 ग्राम में कैल्सियम 90.8, फ़ौस्फ़ोरस 92.4 और लोहा 2.4 मिलीग्राम होते हैं। इसमें 1.73 प्रतिशत तक पेक्टिन होती है। गिरियों में 50 प्रतिशत तक पारदर्शक, फीके-पीले रंग का उच्च वसीय तेल होता है। इसका अम्लीय मान 5.3, साबुनीकरण मान, 192.4 आयोडीन मान 119.7, एसिटिक मान 3.5 और हेहनर मान 94.8 होता है

तेल का वसीय अम्ल संघटन है : पामीटिक 3.7, स्टीरिक 1.2, ओलीक 52.3 और लिनोलिक 42.8 प्रतिशत। पेड़ को चुआने से अच्छी क़िस्म का ओलिओरेज़िन निकलता है। इसके प्रति 100 किलोग्राम में लगभग पैतीस लिटर फीके-पीले रंग का बहुत बढ़िया तारपीन का तेल मिलता है।

गुण

चिलगोजा भारी, स्निग्ध, उष्ण, मधुर, विस्टम्भी तथा बृंहण है। बल, मांस, शुक्र तथा कफपित्तवर्धक है। वातहर, दाहशामक, तथा रक्तविकारनाशक है। क्षत और क्षयरोग निवारक है :

> **निकोचकं गुरु स्निग्धं वृष्योष्णं स्वादु बृंहणम्।**
> **रक्तप्रसादनं बल्यं वातघ्नं कफपित्तकृत्।**
>
> मदनपालनिघण्टु, फलादिवर्ग 6; 64.

> **... ... ... निकोचकम्।**
> **... गुरु स्निग्धं मधुरं रस पाकयो॥**
> **वीर्योष्णं बृंहणं बल्यं वातघ्नं कफपित्तलम्।**
> **दाहक्षतक्षयहरं विष्टम्भ्यस्रप्रसादनम्॥**
>
> कैयदेवनिघण्टु, ओषधिवर्ग 1; 507-508.

> **... ... ... निकोचका।**
> **गुरूष्णस्निग्धमधुराः बलप्रदाः॥**
> **वातघ्ना बृंहणा वृष्याः कफपित्ताभिवर्धनाः।**
>
> चरकसंहिता, सूत्रस्थान 27; 157-158.

> **पित्तश्लेष्महराण्याहुः स्निग्धोष्णानि गुरूणि च।**
> **बृंहणान्यनिलघ्नानि बल्यानि मधुराणि च।**
>
> सुश्रुतसंहिता, सूत्रस्थान 46; 188.

उपयोग

दूरदराज़ के पहाड़ी इलाक़ों में चिलगोजे की गिरियां आहार का महत्त्वपूर्ण पदार्थ है। कच्चे और भूने हुए बीजों की गिरियां खाई जाती हैं। बीज दीपक, पाचक और कफनिस्सारक हैं। ज़ख़्मों पर गिरियों का तेल लगाया जाता है। सिर के रोगों में

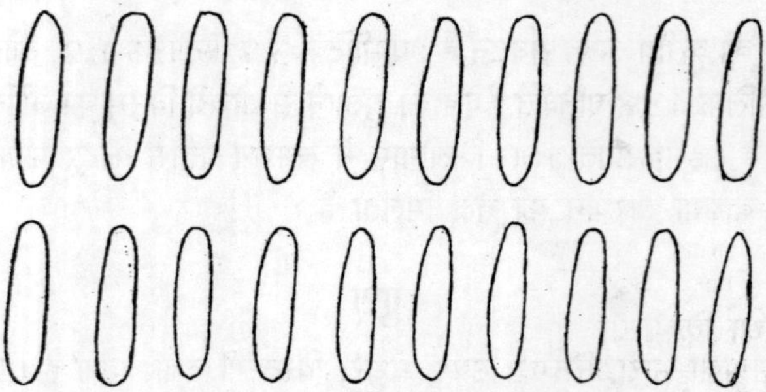

चित्र 52 चिलगोजा की गिरियां

तेल की मालिश करते हैं। शंकुफलों से सफ़ेद रेज़िन निकलता है जिसे स्थानीय लोग लकड़ी के बर्तनों की दरारों में भरते हैं। लकड़ी प्रति घन मीटर 705 से 753 किलोग्राम भारी होती है। यह आपीत-बभ्रु, कठोर और टिकाऊ होती है। मशालों के रूप में या ईंधन के रूप में जलाने के काम आती है। छाल से टोकरियां और डोल बनाए जाते हैं।

बत्तीस

चीकू

आक्रास ज़पोता लिनिअस
Achras zapota Linn.
कुल : सपोतासी Sapotaceae

आधा किलोग्राम के फल : बाज़ार में यह फल चीकू और सपोटा के नाम से बिकता है। इस वृक्ष के मेक्सिकन नाम से इसके ज़पोटा नाम पड़े हैं। अंग्रेज़ी में इसे सपोटा प्लम, सपोडिल्ला प्लम, अमेरिकन बुल्ली, आस्ट्रेलियन क्रैनबेरी, मेज़बेरी, नीसबेरी, रफ़ चाफ़, ज़पोटे और चीकू कहते हैं। इसका संस्कृत नाम गुडालु है। गुडालु का अर्थ है — आलू के रूप रंग वाला गुड़ जैसा मीठा फल। फलों का आकार बहुत भिन्न-भिन्न होता है। फल गोलाकृति या अण्डाकृति हो सकता है। छिलका पतला, खुरदरा, गेरुए-भूरे रंग का होता है। कुछ फल दस सेण्टीमीटर व्यास के होते हैं। अमेरिका में कुछ क़िस्मों के फल लगभग आधा-आधा किलोग्राम के हो जाते हैं। फल के नरम गूदे में छह से बारह कठोर, काले चमकीले, लगभग दो सेण्टीमीटर लम्बे बीज न्याविष्ट होते हैं। अमेरिका में कुछ क़िस्मों के फल लगभग बीज रहित होते हैं।

भारत में चीकू मुख्यतया फलों के लिए खेती किया जा रहा है। चीकू की लगभग सारी फ़सल ताज़े फल के रूप में खा ली जाती है। कच्चा फल ग्राही होता है। पका फल मधुर सुगन्धित और स्वादिष्ट होता है। इसका गूदा पीताभ-भूरा, मृदु, मधुर और तृप्तिदायक होता है। अन्य फलों के साथ मिलाकर जैम बनाने के काम आता है। औद्योगिक ग्लूगोज, पेक्टीन और प्राकृतिक फल जेलियों के उत्पादन में कच्चे माल के रूप में उपयोगी है। इसके कतरों की डिब्बाबन्दी की जाती है। गूदे से शर्बत और हलवा बनाया जाता है।

पौष्टिक उपादेयता

भलीभांति पका चीकू स्वादिष्ट होता है। सामान्यतः इसका मीठा गूदा खाया

जाता है और छिलका छीलकर फेंक दिया जाता है। पोषक उपयोगिता की दृष्टि से गूदे की अपेक्षा छिलका अधिक पोषक है। इसलिए वह भी खाया जा सकता है। चीकू शर्कराओं का अच्छा स्रोत है जो बारह से चौदह प्रतिशत होती हैं। इनमें सेक्रोज़

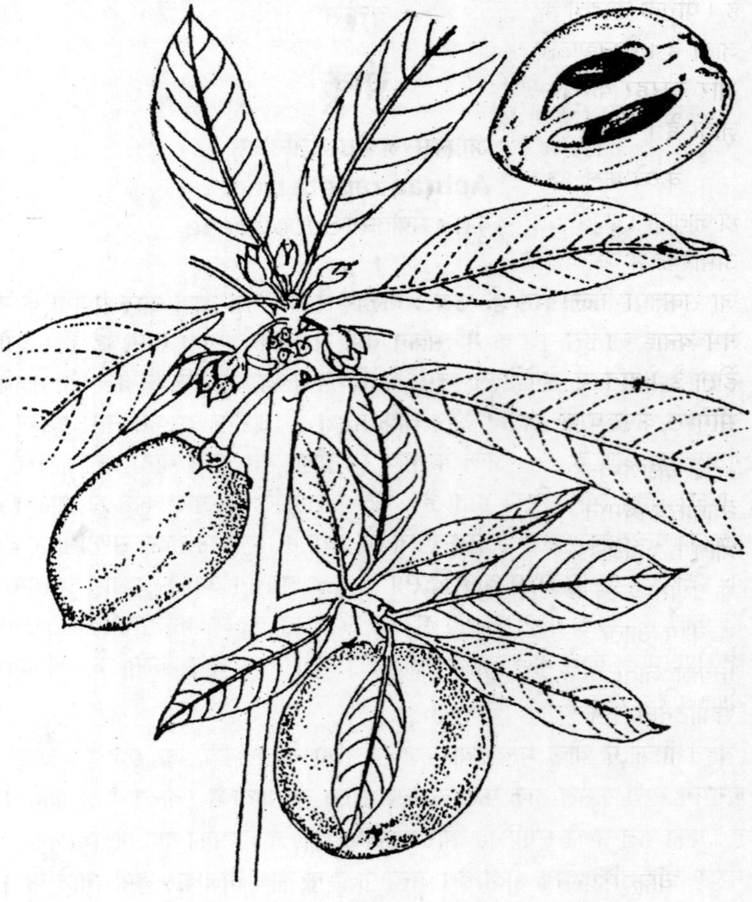

चित्र 53 चीकू की पुष्पित एवं फलदार शाखा

6.0, डेक्स्ट्रोज़ 3.7 और लेवुलोज़ 3.4 प्रतिशत होती है। पके चीकू के 100 ग्राम गूदे में 73.7 ग्राम नमी, 21.4 ग्राम कार्बोहाइड्रेट, 0.7 ग्राम प्रोटीन, 1.1 ग्राम स्नेह, अट्ठाईस मिलीग्राम कैल्सियम, सत्ताईस मिलीग्राम फ़ॉस्फ़ोरस, दो मिलीग्राम लोहा और छह मिलीग्राम एस्कोर्बिक अम्ल होता है।

विविध उपयोग

तटवर्ती प्रदेशों में फल को रात-भर घी में डुबो छोड़ते हैं और सुबह खाते हैं। पैत्तिक उपद्रवों को और बुख़ार के दौरों को रोकने के लिए यह अत्युत्तम समझा जाता है। वेस्टइण्डीज़ में बीज सारक और मूत्रल माने जाते हैं। छाल बलदायक और ज्वरहर के रूप में ख्यात है। छाल का काढ़ा अतिसार और मलेरिया में दिया जाता है।

कच्चे फल और छाल में से दूध निकलता है जो हवा में पड़ा रहने से ठोस हो जाता है। दूध में बीस-पच्चीस प्रतिशत गटा पर्चा सदृश पदार्थ होता है। उष्णकटिबन्धी अमेरिका में दूध के लिए वृक्ष चुआया जाता है। तीन साल में एक बार वृक्ष चुआया जा सकता है जिसमें 2.70-3.60 किलोग्राम गोंद निकल आती है। इससे च्युइंग गम बनाई जाती है। च्युंइग गम के एक टुकड़े में लगभग पन्द्रह प्रतिशत चिकल होता है। दांत के शल्य कर्म में यह काम आता है, छोटे पदार्थों को जोड़ने में यह सीमेण्ट के रूप में बरता जाता है।

दक्षिण-पूर्व मेक्सिको, ग्वाटेमाला, ब्रिटिश होण्डुरास और अन्य देशों में इससे व्यापारिक पैमाने पर चिकल पैदा किया जा रहा है। छाल में 11.8 प्रतिशत टैनीन होता है। दक्षिण लूजोन के मछियारे इसे पोत पटों और मछली पकड़ने के उपकरणों में प्रयोग करते हैं। संकोचक, बलदायक और ज्वरहर के रूप में छाल चिकित्सा में काम आती है। बीज मूत्रल और दस्तावर हैं। इसमें से पचास प्रतिशत गिरी निकल जाती है, जिसमें बीस प्रतिशत तेल निकलता है। गिरी में 0.08 प्रतिशत सेपोटिनीन नामक कड़वा पदार्थ होता है। चीकू की लकड़ी रक्ताभ-भूरी, कठोर और बहुत टिकाऊ होती है।

खेती

चीकू मेक्सिको और मध्य अमेरिका का मूल वृक्ष है। अब गरम प्रदेशों में सर्वत्र व्यापक रूप से बोया जा रहा है। वेस्टइण्डीज़ में यह देर से खेती किया जा रहा है। ओवीडो वहां 1513 से 1525 तक रहा है। उसने इसे सब फलों में सर्वोत्तम बताया था। स्पेनिश इसे शुरू के दिनों में फ़िलीपीन ले गए थे। वहां से यह मलेशिया और अन्य देशों में फैल गया। मालूम नहीं कि भारत में यह कब आया। महाराष्ट्र में यह पहली बार 1898 में घोलवा गांव में बोया गया था। अब महाराष्ट्र, गुजरात, आन्ध्र प्रदेश, कर्नाटक, तमिलनाडु, केरल, उत्तर प्रदेश, पश्चिम बंगाल, पंजाब और

हरियाणा इसे व्यापारिक परिमाण में उगा रहे हैं।

यह गरम और आर्द्र मौसम को पसन्द करता है। यह उन जगहों में पनपता है, जहां अधिकतम तापमान चौंतीस अंश शतांश से ऊपर और न्यूनतम तापमान ग्यारह अंश शतांश के नीचे नहीं जाते। दक्षिण भारत में यह पहाड़ों पर 1000 मीटर की ऊंचाई तक उगाया जा रहा है, लेकिन 500 मीटर से ऊंचे अच्छा नहीं उगता। यह गरम और सूखी ग्रीष्म ऋतु पसन्द नहीं करता। जिन जगहों पर तापमान जमाव-बिन्दु तक थोड़े समय के लिए चला जाता है वहां यह उगाया जा सकता है। 100 से 150 सेण्टीमीटर वाले बारिश के स्थानों में यह पनपता है। यह विविध प्रकार की भूमियों में उग आता है। रेतीली ज़मीन पर उगे वृक्षों को आंधियां उखाड़ डालती हैं। ज़मीन में से पानी की निकासी भलीभांति न हो या अवमृदा में कठोर पट्टी मौजूद हो तो वहां वृक्षों की अच्छी वृद्धि नहीं होती। ज़मीन में या सिंचाई के पानी में लवणों की उपस्थिति को यह सहन कर लेता है।

कमोबेश सारा साल फूल आते रहते हैं। वैसे अधिकतर फूल मई और जून में खिलते हैं, बरसात के अन्त में भी फूल आते हैं। फूल छोटे, लगभग एक सेण्टीमीटर व्यास के, मैले-सफ़ेद रंग के छोटे वृंत्तों पर पत्तों के बीच में लगते हैं।

दाब क़लमों द्वारा और आंख लगाकर तैयार किए गए वृक्षों पर बढ़िया और अधिक फल लगते हैं। खिरनी के पौधों पर खूंटी लगाकर तैयार किए गए वृक्ष कहीं अधिक तगड़े होते हैं और अधिक फ़सल देते हैं।

चीकू के पेड़ बगीचे में आठ से नौ मीटर की दूरी पर लगाने चाहिए। बरसात शुरू होने से पहले मई में पौधे गड्ढों में बो देने चाहिए। तेज़ हवाओं और तेज़ धूप से बचाने के लिए उन्हें घास या नारियल के पत्तों द्वारा ढक दिया जाता है। पेड़ों की कटाई-छंटाई करने की कम ही जरूरत पड़ती है। छोटे वृक्षों को ख़ूब सींचना चाहिए। लेकिन उनके नीचे पानी नहीं खड़ा रखना चाहिए। भारत के पश्चिम तट पर भारी वर्षा हो जाती है, इसलिए वहां सिंचाई की ज़रूरत नहीं होती। पूर्वीय तट पर केवल सूखे महीनों में पानी दिया जाता है। तटवर्ती गुजरात में वृक्षों के चारों और 0.5 मीटर ऊंची मिट्टी चढ़ा दी जाती है, जिससे नमी बनी रहे और तेज़ हवाओं के झोंकों में पेड़ झुक न जाएं। मिट्टी की ढेरी के चारों ओर बनाए आंवले में पानी दिया जाता है।

चीकू के पेड़ों को काफ़ी मात्रा में खाद देना चाहिए। भरपूर खाद न मिलने

से कुछ सालों बाद फ़सल कम होने लगती है। पुराने बगीचों में सुपर फ़ोस्फेट डालने से फलों का आकार बढ़ जाता है।

बीजों से उगाए वृक्षों में देर से फल आते हैं। पेबन्दी चीकू के वृक्ष तीन साल बाद फल देने लगते हैं और तीस साल तक देते रहते हैं। उसके बाद फ़सल में कमी होने लगती है। प्रति प्रौढ़ वृक्ष पर 1,500 से 3,000 फल लग जाते हैं। क्रिकेट बौल जैसी क़िस्म में केवल 500 फल ही लगते हैं।

चीकू की फ़सल के दो मुख़्य मौसम हैं। पहले मौसम के फल मार्च से मई तक और दूसरी के सितम्बर-अक्टूबर में आते हैं। गरमियों में पकने वाले सामान्यतः अधिक मधुर होते हैं। मुम्बई क्षेत्र में फ़सल का मुख़्य मौसम दिसम्बर से मार्च तक रहता है। बंगाल में बारामासिया क़िस्म सबसे अच्छी मानी जाती है।

फलों को तब तोड़ना चाहिए जब उनकी सतह पर अच्छी चमक आ जाए, लेकिन वे नरम न पड़े हों। चीकू का परिवहन सुगम है तोड़ने के बाद रखे रहने से यह जल्दी खराब नहीं होता। तोड़े हुए फल भलीभांति पक जाते हैं। पर, जब तक पूरा पक न जाए फल ग्राही होता है और खाने लायक नहीं होता। अधिक कच्चे फल तोड़ लिए जाएं तो उनके डण्ठल से निकले दूध के जम जाने से फलों की शक्ल खराब हो जाती है। ग्यारह अंश शतांश से 13.3 अंश शतांश तापमान पर फल ठीक तरह पक जाते हैं। पके फल शीत भाण्डागारों में 0 अंश शतांश से 1.6 अंश शतांश तापमान पर छह सप्ताह तक और सख़्त फल 1.6 अंश शतांश से 3.3 अंश शतांश पर 8 सप्ताह तक रखे जा सकते हैं।

बहुत अनुकूल अवस्थाओं में वृक्ष तेईस मीटर ऊंचा चला जाता है। भारत में यह छह से नौ मीटर ऊंचा होता है। फलों के व्यापार की दृष्टि से चीकू को जहां उगाना लाभप्रद नहीं है, वहां यह बगीचों में शोभादायक वृक्ष के रूप में बोया जा सकता है। खुरदरी, गूढ़ी, भूरी छाल वाला, सकरे चमकीले, चर्मश पत्तों के घने मुकुट वाला, यह सुन्दर सदाहरा वृक्ष है।

तेंतीस

चेरी

प्रूनुस आविउम लिनिअस
Prunus avium Linn.
कुल : रोसासी Rosaceae

सीधा खड़ा या स्तूपाकृति, चौबीस मीटर तक ऊंचा वृक्ष; पत्ते लम्बगोल-अण्डाकृति छह से पन्द्रह सेण्टीमीटर लम्बे, तीक्ष्णाग्र, क्रकचित्; फूल सफ़ेद, लम्बे वृन्त वाले, गुच्छों में, नए पत्तों के साथ निकलते हैं; फल गोल, चिकने, पीले, लाल या लगभग काले, 0.6 से 1.25 सेण्टीमीटर व्यास के, गूदा मृदु या दृढ़, मीठा या कड़वा।

विविध भाषाओं में नाम

अंग्रेज़ी : स्वीट चेरी (sweet cherry)।
कन्नड़, हिन्दी : गिलास।
संस्कृत : एलवालुक

दो किस्में

बाज़ार में यह फल सामान्यतया चेरी के नाम से लोकप्रिय है। मीठे और खट्टे फलों को मीठी चेरी और खट्टी चेरी कहते हैं।

मीठी चेरी का सामान्यतया इस प्रकार वर्गीकरण किया गया है :

1 वैरा. **आविउम** (मज्ज़र्ड) [var. **avium** (Muzzard)]। यह मीठी चेरी की जंगली क़िस्म है जिसमें छोटे, जामनी-काले रंग के मीठे फल लगते हैं।

2 वैरा. **यूलिआना** (लिनिअस) शबलर एवं मार्टेन्स [var. **juliana** (Linn.) Schubler & Martens]। इसे अंग्रेज़ी में हार्ट चेरी (heart cherry) और जीन चेरी (gean cherry) कहते हैं। इसके फल हृदयाकृति मृदु

गूदे वाले, मीठे, आरक्त या नीरंग रस वाले होते हैं।

कहां पाया जाता है

यह पश्चिमी एशिया, दक्षिणी तथा मध्य यूरोप का मूलवासी है। जर्मनी, फ्रांस, चेकोसलोवाकिया, पोलैंड तथा इटली और कुछ अन्य दक्षिण यूरोपीय देश तथा अमेरिका में भी चेरी-कृषि एक महत्त्वपूर्ण उद्योग है। भारत में यह कश्मीर, शिमला के पहाड़ों और कुल्लू घाटियों में बोई जा रही है। 1,500 से 2,000 मीटर की ऊंचाइयों पर अथवा इससे ऊपर यह वृक्ष अच्छा पनपता है।

खेती

यह वसन्त ऋतु के शुरू में खिलता है। सरदी तथा पाले से फूलों की बहुत क्षति हो सकती है। फूल आने तथा फल पकने की अवधि में बारिश नहीं होनी

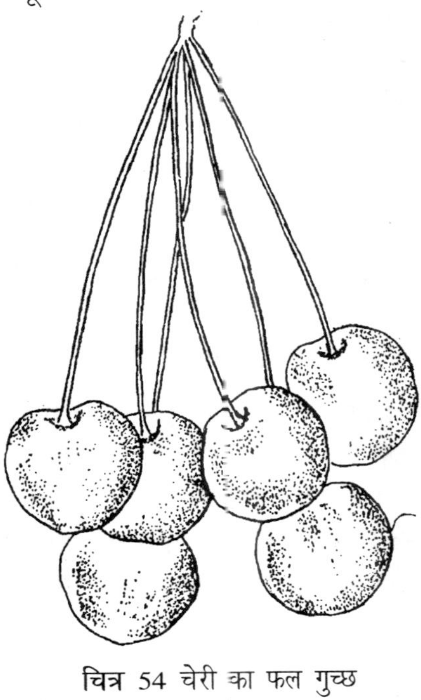

चित्र 54 चेरी का फल गुच्छ

चाहिए। अन्यथा, फल बनने में बाधा पड़ सकती है और पकने से पहले फल फट सकते हैं। भूमि पानी के अच्छे निकास वाली, गहरी, उपजाऊ तथा अच्छी

आर्द्रता वाली होनी चाहिए।

चेरी चश्मा लगाने या भेंट क़लम (grafting) द्वारा उगाया जाता है। जनवरी में क़लमें बांधी जाती हैं।

चेरी के वृक्ष ख़ासे बड़े हो जाते हैं। ये 7.5 से 9.0 मीटर या अधिक दूरी पर बोए जाते हैं। सिंचाई की सुविधाएं उपलब्ध हों तो नए रोपे पौधों को एक या दो साल तक पानी देना चाहिए। फूल आने से पहले तथा फल बैठने के बाद प्रति वृक्ष पिचहत्तर किलोग्राम खेत की खाद तथा तीन से चार किलोग्राम अमोनियम सल्फ़ेट डालनी चाहिए।

फसल का संग्रह

मई के शुरू से जुलाई के शुरू तक चेरी की विविध क़िस्मों के फलों की फ़सलें पकने लगती हैं। हलका लाल रंग होने पर फल तोड़ लेते हैं। दृढ गूदे वाले फल पूरा पकने पर काले रंग के हो जाते हैं, फिर इनका रंग चमकीला गूढ़ा लाल हो जाता है, तब इन्हें तोड़ते हैं। फलों को वृन्त समेत तोड़कर दो से चार किलोग्राम की समाई की छोटी टोकरियों में अथवा 4.5 से 9.0 किलोग्राम समाई के बक्सों में पैक करते हैं।

चौथे या पांचवें साल चेरी के पेड़ों पर फल लगना शुरू हो जाते हैं। लेकिन पूरी पैदावार दस साल बाद मिलती है। ये चालीस से साठ साल तक फल देते रहते हैं। प्रति वृक्ष औसत वार्षिक पैदावार नौ से अठारह किलोग्राम होती है।

परिरक्षित करना

चेरी की मीठी क़िस्में (*Prunus avium* Linn.) खाने और खट्टी क़िस्में (*Prunus cerasus* Linn.) पकाने के काम आती हैं। ये फल बहुत जल्दी ख़राब हो जाते हैं। इसलिए इन्हें बड़े परिमाण में डिब्बाबन्दी द्वारा, लवणाम्बु द्वारा, हिमीकरण (freezing) द्वारा अथवा धूप में सुखाकर परिरक्षित कर लिया जाता है। मीठी चेरी की छोटी क़िस्मों को तथा खट्टी चेरी की अधिकतर क़िस्मों के फलों को डिब्बाबन्दी से पहले गड्ढे में रखते हैं। खाने में काम आने वाले फल गड्ढों में रखने से अधिक आकर्षक हो जाते हैं और इनमें एक विशिष्ट स्वाद आ जाता है। फलों को सीरप में ऐसे डिब्बों में बन्द किया जाता है जिनमें संक्षरण न हो।

नमकीन चेरी, टौफ़ी

1.5 प्रतिशत सल्फ़र डायोक्साइड तथा 0.9 प्रतिशत कैल्सियम कार्बोनेट या हाइड्रोक्साइड के घोलों द्वारा अधिकतर फलों की नमकीन चेरियां बना लेते हैं। टौफ़ियां बनाने के लिए नमकीन चेरियों को साफ़ कर उपयुक्त रंग से रंगा जाता है, चीनी की उत्तरोत्तर गाढ़ी चाशनी में तब तक उपचारित किया जाता है जब तक फल में विद्यमान पानी का स्थान पर्याप्त परिमाण में चाशनी ले ले। सूख जाने पर इसके ऊपरी तह को ग्लेज़ कर लेते हैं।

चेरी रस, सीरप, मदिरा

चेरी रस ताज़ी या हिमीकृत चेरियों से निकाला जाता है। खट्टी चेरियों से निकाले रस में खटास बहुत अधिक होती है, उसमें चीनी की चाशनी मिलाने की ज़रूरत होती है। मीठी चेरियों से निकाले रस में खटास की कुछ कमी होती है, रंग भी फीका होता है। मीठी और खट्टी चेरियों की क़िस्मों से निकाले रस को समुचित अनुपात में मिलाने से आकर्षक उत्पाद बन जाता है। इसमें सामान्यतया चीनी की चाशनी मिलाने की ज़रूरत नहीं होती।

चेरी रस को गाढ़ा करके चेरी सीरप बनाया जाता है। किण्वित (fermented) मीठी चेरियों को आसुत करने से प्राप्त मदिरा में एल्कौहल का उच्च परिमाण होता है।

रासायनिक संघटन

चेरियों में शर्कराएं तथा एस्कौर्बिक अम्ल काफ़ी उच्च परिमाण में होते हैं। विटामिन ए तथा अधिकांश खनिज पर्याप्त परिमाण में होते हैं। समूचे फल में 94 से 95 प्रतिशत गूदा होता है। अमेरिका में उगाई चेरियों का औसत संघटन इस प्रकार है : आर्द्रता 83.0, प्रोटीन 1.1, वसा 0.5, रेशे 0.3, अन्य कार्बोहाइड्रेट्स 14.5 तथा खनिज पदार्थ 0.6 प्रतिशत; प्रति 100 ग्राम में कैल्सियम 18 मिलीग्राम, फ़ौस्फ़ोरस 20 मिलीग्राम, लोहा 0.4 मिलीग्राम, विटामिन ए 620 अन्तर्राष्ट्रीय इकाइयां, थिआमीन 0.05 मिलीग्राम, रिबोफ़्लेविन 0.06 मिलीग्राम, निआसिन 0.4 मिलीग्राम तथा एस्कौर्बिक अम्ल 8.0 मिलीग्राम।

चेरियों के परिपाक काल में शर्कराओं तथा अन्य ठोस पदार्थों की वृद्धि हो जाती है और अम्लता, टैनिन तथा कसैलेपन में कमी आ जाती है। वृद्धि की सभी अवस्थाओं में एन्ज़ाइम्स इन्वर्टेज़ तथा एमिलेज़ पाए जाते हैं।

भारतीय मीठी चेरियों की ब्लैक हार्ट तथा गवर्नर वुड क़िस्मों के चौबटिया (अलमोड़ा) से प्राप्त नमूनों का औसत संघटन, क्रमशः इस प्रकार था : आर्द्रता 77.0, 80.5 विलेय ठोस; अधिकतर शर्कराएं 19.5, 16.5 तथा कुल अम्ल (मैलिक रूप में) 0.50, 0.69 प्रतिशत; प्रति 100 ग्राम में एस्कौर्बिक अम्ल 19.8, 17.5 मिलीग्राम।

चेरियों में मुख्य अम्ल मैलिक होता है। अल्प परिमाण में सिट्रिक, टार्टारिक तथा सुक्किनिक अम्ल भी पाए जाते हैं। चेरियों की शर्कराओं में मुख्यतया ग्लूकोज़ तथा फ्रक्टोज़ होती हैं और सूक्रोज़ अल्प होती है। पेक्टिक पदार्थ कम परिमाण में होते हैं। चेरी रस को स्वादु तथा सुगन्धित बनाने वाले घटक मिथाइल एन्थ्रानिलेट और मिथाइल सैलिसिलेट हैं। चेरी के छिलके को रंगीन बनाने वाला मुख्य पदार्थ केरासायनिन है जो सायनिडिन का डिग्लूकोसाइड है।

मीठी चेरी की गुठलियों में उन्नीस से तैंतीस प्रतिशत गिरियां होती हैं जिनसे 35.3 से 43.3 प्रतिशत भक्ष्य तेल निकलता है। खट्टी चेरी की गुठलियों में भी इसी प्रकार का तेल होता है। छाल में सोलह प्रतिशत टैनिन होते हैं।

उपयोग

फ्रूट सलादों, फ्रूट कौकटलों, आइसक्रीमों और भूने हुए तथा तले हुए पदार्थों के साथ नमकीन चेरियां खाई जाती हैं। कार्बन डायोक्साइड युक्त चेरी रस मज़ेदार पेय होता है। मीठी चेरी और खट्टी चेरी के काण्डों में एक गैर-विषैला पदार्थ होता है जो कुछ प्रकार के हृदय रोगों में उपयोगी है। फल के डंठल बलदायक तथा संग्राहक होते हैं।

प्रतिघन मीटर लकड़ी का भार 528 से 785 किलोग्राम होता है। ताज़ी काटी लकड़ी हलके लाल या गुलाबी रंग की होती है। खुली पड़ी रहने पर महागनी सदृश आकर्षक बन जाती है। यह उच्चकोटि का फ़र्निचर बनाने के लिए उपयुक्त है।

चौंतीस

चेस्टनट

कास्तानेआ सतीवा मिलर
Castanea sativa Miller
कुल : फ़ागासी Fagaceae

पतनशील पत्तों वाला, मध्यम आकार का, पन्द्रह से चौबीस मीटर ऊंचा वृक्ष;

चित्र 56 चेस्टनट की पुष्पित शाखा और फल एवं बीज

पत्ते 12.5 से 25 सेण्टीमीटर लम्बे, पांच से दस सेण्टीमीटर चौड़े; पत्रवृन्त 0.7

से 2.5 सेण्टीमीटर लम्बा; मार्च में तीव्र सुगन्ध वाले फूल खिलते हैं। फल जुलाई-अगस्त में पकते हैं। फल व्यास में 1.25 से 7.5 सेण्टीमीटर, घने कांटों से आवृत, पकने पर दो से चार कपाटियों में फट जाता है। बीज एक से तीन तक।

प्राप्ति स्थान

पश्चिम एशिया, यूरोप और उत्तरी अफ्रीका का मूलवासी है। हिमालय के बहुत-से भागों में पंजाब, उत्तर-पश्चिमी सीमा प्रान्त, दार्जिलिंग और ख़ासी पहाड़ियों में उगाया जा रहा है।

रासायनिक संघटन

पके फल सर्दियों के शुरू में बाज़ार में आते हैं। इन्हें भूनकर दूध में पकाकर खाते हैं। गिरी और उसका आटा खाने के काम आता है। गिरी में 29.34 पानी, 32.64 स्टार्च और अन्य पौलीसैकराइड, 21.6 स्पक्रोस, 10.9 प्रोटीन, 1.84 वसा और 2.25 प्रतिशत राख होती है। आटे में 13 पानी, 8.1 प्रोटीन, 3.62 वसा, 73.2 नाइट्रोजन रहित निष्कर्ष, 2.1 सेलुलोज और 2.05 प्रतिशत राख होती है। पत्ते बल्य और कसैले हैं। इनका काढ़ा खांसी और श्वास के कष्टों में पिलाते हैं। पत्तों में 46.0 आर्द्रता, 8.0 प्रोटीन, 8.1 ईथर निष्कर्ष, 18.5 अशोधित तन्तु, 60.9 नाइट्रोजन रहित निष्कर्ष और 4.4 प्रतिशत राख होते हैं।

उपयोग

लकड़ी, छाल और पत्तों में टैनिन पाया जाता है। प्रति घन मीटर लकड़ी का भार 592 से 864 किलोग्राम होता है। यह टिकाऊ है, कीड़ों और फफूंद के आक्रमण को सहन कर लेती है। फ़र्निचर और निर्माण-कार्यों में उपयोगी है।

पैंतीस

जामुन

सिज़िजिउम कुमिनीई (लिनिअस) स्कील्स
Syzygium cuminii (Linn.) Skeels
कुल : मिर्तासी **Myrtaceae**

जामुन का वृक्ष बड़ा, सदाहरा, 30 मीटर तक ऊंचा और 3.6 मीटर घेरे वाला होता है। इसका स्कन्ध 15 मीटर तक शाखारहित होता है। छाल भूरी या

चित्र 56 जामुन का वृक्ष

आधूसर, ख़ासी चिकनी, 2.5 सेण्टीमीटर तक मोटी; पत्ते भालाकृति, दीर्घायत-लम्बगोल

या अण्डाकृति-दीर्घायत, 7.5 से 15 सेण्टीमीटर लम्बे, 4 से 6.5 सेण्टीमीटर चौड़े, चर्मश, ग्रन्थियों से चिह्नित, चिकने, चमकीले; फूल हरिताभ-सफ़ेद, सुगन्धित; फल दीर्घवृत्ताभ या लम्बगोल, 2.5 सेण्टीमीटर तक लम्बा, पकने पर काला, जामनी-से रसीले गूदे वाला; बीज एकाकी, फल की शक्ल जैसा, एक से दो सेण्टीमीटर लम्बा।

विविध भाषाओं और स्थानों में नाम

अंग्रेज़ी : जामन (jaman), जाम्बोलन (jambolan), ब्लैक प्लम (bla ck plum)।

अण्डेमन : थाब्ये, जामुन।

उड़िया : जामो।

कन्नड़ : नेराले।

गुजराती : जम्बु, जामली।

तमिल : नेरेदम, नवल, सम्बल।

तेलुगु : नीरीदु।

नेपाल : कालाजाम।

पंजाबी : जम्मु।

बंगाली : जाम, कालाजाम।

मराठी : जामन, जाम्बुल।

मलयालम : नवल, पेरिन्नारल।

मुण्डारी : दिन्किकुदा।

लेप्चा : फोबेरकुंग।

संस्कृत : जम्बु।

अनेक प्रकार

फलों के रंग और आकार के अनुसार जामुन के अनेक प्रकार बन गए हैं।

कुछ सुध्द्रत जातियों (improved races) में फलों का गूदा जामनी (purple) से लेकर नीललोहित (violet) रंग का या सफ़ेद रंग का होता है। बीज रहित फल भी विकसित कर लिए गए हैं। भारत में आमतौर पर दो प्रकार (types) मिलते हैं।

राज जामुन या रा जामुन : चश्मा चढ़ाए हुए या क़लमों से उगाए हुए

जामुन के पेड़ों में समुन्नत, लम्बगोल, गूढ़े जामनी या आनील रंग के फल लगते हैं। इनमें गूदा गुलाबी, आधूसर रंग का, रसीला, मीठा होता है, गुठलियां छोटी होती हैं। आयुर्वेद के वनस्पति निघण्टुओं में इस प्रकार का राज जम्बु, महाजम्बु आदि नामों से वर्णन किया गया है और इसके गुण लिखे गए हैं।

जंगली जामुन : जंगली जामुन जो पेड़ों से गिरे हुए पके फलों की गुठलियों से स्वयं उग आते हैं अथवा उगाए जाते हैं। इनके फल अपेक्षाकृत छोटे होते हैं, इनमें गूदा कम होता है, खटास की प्रधानता होती है, गुठली बड़ी होती है।

जमोआ : जामुन के इस जंगली प्रकार के फल मटर के दाने से दुगने बड़े होते हैं। इसमें गूदा अल्प परिमाण में और गुठली अधिक होती है। गूदा ग्राही और खट्टा होता है। जामुन की फ़सल समाप्त होने पर जमोआ की फ़सल आती है। फल बड़े गुच्छों में और प्रचुर परिमाण में लगते हैं। जामुन के फलों की तुलना में ये फल घटिया होते हैं। इसका संस्कृत नाम क्षुद्र जम्बु है।

उपर्युक्त तीनों टाइप के जामुन के वृक्ष सड़कों के किनारे छाया और शोभा के लिए लगाए जाते हैं। ऊंचाई और विस्तार में तीनों प्रकार के वृक्ष एक समान होते हैं।

पुनरुत्पादन

सारे भारत में 1,800 मीटर की ऊंचाई तक पाया जाता है। फलों को पक्षी और चमगादड़ अपने साथ दूर-दूर ले जाते हैं। जमीन पर गिरी गुठलियों से बरसात में नए पौधे उगते हैं। कृत्रिम प्रजनन के लिए अगस्त में बीज बोते हैं। सड़क के किनारे वृक्ष बारह मीटर के फ़ासले पर बोते हैं। हवाओं को रोकने के लिए छह मीटर की दूरी पर बोते हैं। बीजों से उगाए पेड़ों में आठ से दस वर्ष में और चश्मा चढ़ाए हुए या क़लमों से उगाए पेड़ों में छह से सात बरस में फल लगने लगते हैं। साठ से सत्तर बरस तक फल आते रहते हैं। मार्च में फूल आने शुरू होते हैं और मई तक आते रहते हैं। कुर्ग, नीलगिरि और कोडईकनाल में इसे छायातरु के रूप में कौफ़ी के बगीचों में बोया जाता है।

रासायनिक संघटन

समूचे फल में पिचहत्तर प्रतिशत भक्ष्य गूदा निकलता है। इसके प्रति सौ ग्राम में आर्द्रता 83.1, प्रोटीन 0.7, वसा 0.3, कच्चे रेशे 0.9, अन्य कार्बोहाइड्रेटस

14 और राख 0.4 मिलीग्राम होते हैं। प्रति 100 ग्राम भक्ष्य गूदे में कैल्सियम 15, मैंगनीज़ 35, फ़ौस्फ़ोरस 15, लोहा 0.1 मिलीग्राम होते हैं। 100 ग्राम गूदे में विटामिन ए 80 अन्तर्राष्ट्रीय इकाइयां, थिआमीन 0.03 मिलीग्राम, रिबोफ्लेविन 0.01 मिलीग्राम, निकोटिनिक अम्ल 0.2 मिलीग्राम, विटामिन सी 18 मिलीग्राम और कोलीन (choline) 7 मिलीग्राम होते हैं। पके फल में ग्लूकोज़ और फ्रक्टोज़ मुख्य शर्कराएं होती हैं। सूक्रोज़ की अत्यल्प मात्रा भी नहीं होती। मेलिक अम्ल मुख्य अम्ल है फल के भार का 0.59 प्रतिशत पाया जाता है। थोड़े परिमाण में

चित्र 57 जामुन की पुष्पित शाखा

औग्ज़ेलिक अम्ल होता है। फलों में गैलिक अम्ल और टैनिन मौजूद होने के कारण ये संग्राहक होते हैं। फल का जामनी रंग अंशतः एक और शायद दो, सायनिडिन डिग्लाइकोसाइड्स (cyanidin diglycosides) की उपस्थिति के कारण है। गूदेदार फलभित्ति के ऊपर मोम में स्टीरोल और उड़नशील तेल होते हैं।

फूलों में ओलीनोलिक अम्ल पाया जाता है। बीजों में प्रोटीन और कैल्सियम की ख़ासी प्रचुरता होती है। बीजों में अपरिष्कृत प्रोटीन 8.5, ईथर निष्कर्ष 1.18, कच्चे रेशे 16.9, राख 21.72, कैल्सियम 0.41 और फ़ौस्फ़ोरस 0.17 प्रतिशत होते हैं। बीजों में टैनिन लगभग 19 प्रतिशत, एल्लागिक अम्ल, गैलिक अम्ल 1-2 प्रतिशत, एक ग्लाइकोसाइड (जम्बोलीन), निशास्ता और थोड़े परिमाण में (0.05 प्रतिशत) फीके पीले रंग का एक उड़नशील तेल होता है।

सरदियों में संग्रह किए गए पत्तों में अपरिष्कृत प्रोटीन 9.1, ईथर निष्कर्ष 4.3, अपरिष्कृत रेशे 17, राख 6, कैल्सियम 1.3, फ़ौस्फ़ोरस 0.19 और टैनिन 6.6 प्रतिशत पाई गई। पत्तों के वाष्प आसवन से आह्लादकारी गन्ध का एक उड़नशील तेल प्राप्त हुआ। तने की छाल में बेटुलिनिक अम्ल, 10 से 12 प्रतिशत टैनिन, गैलिक अम्ल, एल्लागिक अम्ल तथा मीरिसेटिन और एक रेज़िन पाया जाता है।

संस्कृत में नाम

वनस्पतिनिघण्टुओं में जामुन के पांच नाम आए हैं। धन्वन्तरिनिघण्टु (8वीं शती) में दो तथा राजनिघण्टु (12वीं शती) में पांच नाम आए हैं:

जम्बूः सुरभिपत्रा च ⋯ ⋯ ⋯।

धन्वन्तरिनिघण्टु, आम्रादिवर्ग 5;76.

जम्बूस्तु सुरभिपत्रा नीलफला श्यामलामहास्कन्धा।

राजनिघण्टु, आम्रादिवर्ग 11;24.

नामों के अर्थ

ज़म्बू : जामुन।
नीलफला : नीले-काले (नील) रंग के फल वाला (फला) वृक्ष।
महास्कन्धा : बड़े (महा) काण्ड वाला (स्कन्धा) वृक्ष।
श्यामला : काले रंग के फल वाला वृक्ष।
सुरभिपत्रा : सुगन्धित (सुरभि) पत्तों वाला (पत्र) वृक्ष।

संस्कृत के काव्यों में

गणेश की पूजा में पत्ते और फल रखे जाते हैं। फलों के कृष्ण वर्ण का होने

के कारण कुछ लोग कहते हैं कि भगवान् श्रीकृष्ण को ये प्रिय हैं। बौद्ध लोग इसे पवित्र मानते हैं।

सीता के चले जाने पर रामचन्द्र उन्हें तलाश करते हुए जामुन के पेड़ से पूछते हैं, जाम्बूनद के समान प्रभा वाली मेरी प्यारी सीता को यदि तूने देखा है, तो हे जामुन के वृक्ष! मुझे निःशंक होकर कह दे :

यदि दृष्टा त्वया जम्बो जाम्बूनदसमप्रभा।
प्रियां यदि विजानासि निःशङ्क कथयस्व मे॥

रामायण, अरण्यकाण्ड 3, सर्ग 60;19.

उर्वशी की खोज करते हुए पुरुरवा को जामुन के झुरमुट में बैठी हुई मतवाली कोयल मिलती है। वे उससे पूछते हैं कि उर्वशी कहां गई। परन्तु राजा की बात अनसुनी करके वह कोयल पकी हुई राज-जम्बुओं के फल का रस पीने में उसी प्रकार आंख मूंद कर लगी हुई है, जैसे कोई मतवाला अपनी प्यारी के ओठों का रस पीने में लगा हो :

महदपि परदुःखं शीतलं सम्यगाहुः प्रणयमगणयित्वायन्ममापद्गस्तस्य।
अधरमिव मदान्धा पातुमेषा प्रवृत्ता फलमभिमुखपाकं राजजम्बूद्रुमस्य॥

विक्रमोर्वशीय, अङ्क 4;27.

कालिदास ने यहां प्यारी के ओठों से राज-जम्बुओं की उपमा ख़ूब दी है। रसीले गूदे वाले पके जामुनों का ओठों के साथ संस्पर्श वैसा ही गुदगुदा, मृदु और स्निग्ध होता है, जैसे कि युवती के अधरों का।

किरातार्जुनीय का वर्णन देखिए — अर्जुन का तप भंग करने के लिए अप्सराओं और काम ने संसार को नवीन-सा बना दिया। लोगों के व्यथित मनों को चुराने वाली पके हुए जामुनों को खाकर प्रसन्न हुई यह युवती कोमल मधुर कंठ से नए-नए रमणीय आलाप छेड़ रही है :

व्यथितमपि भृशं मनो हरन्ती परिणतजम्बुफलोपभोगदृष्टा।
परभृतयुवतिः स्वनं वितेने नवनवयोजितकण्ठरागसम्यम्॥

किरातार्जुनीय, 10;22.

निलम्बित शाखाओं को देखकर संस्कृत कवियों की कल्पना में जामुन एक नाज़ुक लता का रूप धारण कर लेती है। भरद्वाज के आश्रम में राजा भरत का स्वागत करने के महर्षि वाल्मीकि की कल्पना में जामुन के वृक्षों ने मतवाली स्त्रियों

का रूप धारण कर लिया था :

शिंशपाऽऽमलकीजम्बूर्याश्चान्याः कानने लताः ।
प्रमदाविग्रहं कृत्वा भरद्वाजाश्रमेऽवसन् ॥

रामायण, आयोध्याकाण्ड 2, सर्ग 91;51.

संस्कृत का एक कवि कहता है, हे जम्बूलते ! तू सुन्दर कविता के समान सुकोमल है, रसिक के समान मन को हरने वाली है और बटोहियों के लिए तो सचमुच प्रिया के तुल्य है । तेरी उपस्थिति से पथिकों का रास्ता मज़े से कट जाता है :

जम्बूलते सुकवितेव सुकोमलासि पान्थप्रियासि रसिकेव मनोहरासि ॥

सन्देश ले जाने वाले मेघ को विरही यक्ष ने कहा था, 'हाथियों के सुगन्धित मद से सुवासित, जामुन के कुञ्जों में बहते हुए रेवा (नर्मदा) के जल को पीकर आगे बढ़ना' :

तस्यास्तिक्तैर्वनगजमदैर्वासितं वान्तवृष्टिर्जम्बूकुञ्जप्रतिहतरयं तोयमादाय गच्छेः ।

मेघदूत, पूर्वमेघ; 21.

मेघ ! दशार्ण देश के पास पहुंचने पर तुम्हें बगीचों की बाड़ें केवड़े के फूलों से उजली बनी दिखाई देंगीं, वहां के जंगल पकी हुई काली जामुनों से लदे मिलेंगे :

त्वय्यासन्ने परिणतफलश्यामजम्बूवनान्ताः

मेघदूत, पूर्वमेघ; 25.

राजा नल शिकार पर निकले हुए हैं । बरसात के दिन हैं । मृगया-वन-पालक (फ़ौरेस्ट गार्ड) उन्हें पके हुए जामुन-फलों के लदने से श्यामवर्ण में परिणत हो गए जंगलों को बताता है :

पच्यमानजम्बूफलश्यामलितवनान्तररुचि ।

नलचम्पू

सीता-वियोगी श्रीराम ने वन में जामुन के वृक्षों की शाखाओं को कोयले के चूरे के समान काले, सुपर्याप्त रस से भरपूर फलों से लदा हुआ देखा था । काले-काले फलों से लदी हुई शाखाएं ऐसी दीखती थीं मानो काले-काले भौरों के झुण्ड उन शाखाओं को पीने में लगे हुए हैं :

अङ्गारचूर्णोत्करसंनिकाशैः फलैः सुपर्याप्तरसैः समृद्धैः ।
जम्बूद्रुमाणां प्रविभान्ति शाखा निपीयमाना इव षट्पदौघैः ॥
रामायण, किष्किन्धाकाण्ड 4, सर्ग 28;30.

नदी-तालाबों के तटों पर उगने वाली जल-जम्बुओं को नीचे लटकती शाखाओं से जो अंधेरा-सा बन जाता है, उसका वर्णन बाणभट्ट (7वीं शती) ने किया है :

अन्तरालम्बितजलजम्बूप्रवालाहितान्धकारम् ।
कादम्बरी, उत्तर, पृष्ठ;487.

नदियों के किनारे उगी हुई जामुनों का भवभूति ने वास्तविक चित्रण किया

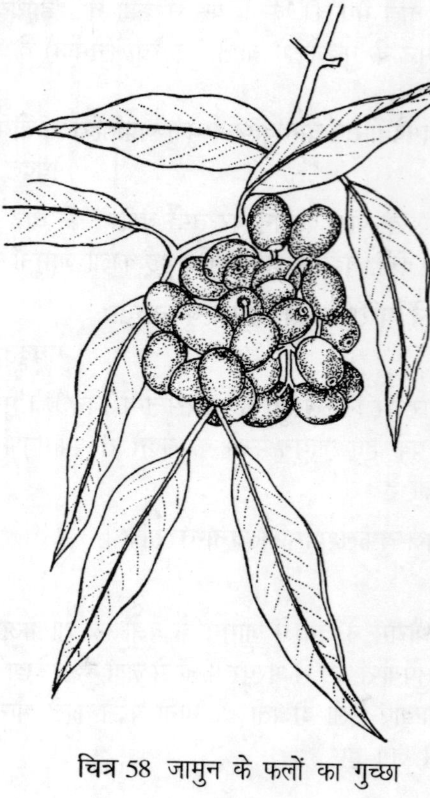

चित्र 58 जामुन के फलों का गुच्छा

है । श्रीराम द्वारा वध किए गए शूद्रमुनि शम्बूक जब दिव्ययोनि में प्रकट होते हैं,

तब वह श्रीराम को वन के दृश्य दिखाते हुए कहते हैं, फलों के गुच्छों के पक जाने से श्यामवर्ण वाले जामुन घने वृक्षों पर से तेज़ प्रवाह वाली नदियों में टपकते हुए ख़ूब शब्द पैदा कर रहे हैं :

फलभरपरिणाहश्यामजम्बूनिकुञ्जस्खलनमुखरभूरिस्रोतसोनिर्झरिण्यः ॥

नदी-तट की जामुन के प्रसंग में हमें विष्णु शर्मा के सदा फलने वाले उस महान् जामुन वृक्ष का स्मरण आता है, जो किसी समुद्र के उपकण्ठ पर खड़ा था। उसके नीचे कराल मुख नामक मगरमच्छ आकर अपने मित्र लाल मुंहे बन्दर से अमृत तुल्य जामुन के फल खाया करता था। कराल मुख की पत्नी को वे जामुन अधिक पसन्द आए। अमृततुल्य इन जामुनों को प्रतिदिन खाने वाले बन्दर का अमृतमय हृदय खाकर और जरा-मरण रहित होकर भोगों को भोगने की इच्छा में उसने वानर का हृदय ही खाना चाहा था।

तोता, गुरसल, मैना, धनेश, कोयल आदि पक्षी पके जामुन को शौक़ से खाते हैं। लाल और पीले भूंड पके फलों से रस को चूसते हैं। बन्दर, लंगूर, गीदड़, रीछ, गाय आदि जंगली जानवरों का यह भोजन है। कहते हैं कि सांप भी जामुन खाता है। असम में बगीचों के मालिक जे. एच. मिचेल ने जो अजगर मारा था, उसके पेट में मुट्ठी भर जामुन मिले थे। वैशम्पायन तोते ने राजा शूद्रक को बताया था कि मैंने मस्त छवि के सदृश नील पाटलवर्ण कसैले मीठे जामुन के फलों का रस रज कर पिया है :

आमत्तकोकिललोचनच्छविः नीलपाटलः कषायमधुरः प्रकाममापीतो जम्बूफलरसः।

कादम्बरी, पूर्व, पैरा;16.

फूलों से शहद

मधु-मक्खियों को फूल प्रचुर मकरन्द प्रदान करते हैं। मधु की लोभी मधुमक्खियों के झुंड-के-झुंड भन-भन करते हुए प्रातः-सायं पुष्पगुच्छों पर व्यस्त रहते हैं। उत्तर भारत में चट्टानी मधुमक्खी (*Apis dorsata* Fabr) द्वारा जामुन फूलने के मौसम में संचित किया शहद अधिकतर जामुन के फूलों का होता है। मधुमक्खियों के छत्तों में इस मौसम में 2.3 से 4.9 किलोग्राम शहद जामुन के फूलों का होता है। पश्चिमी घाटों में इकट्ठा किया गया शहद हर साल तीस से चालीस प्रतिशत जामुन के फूलों से मिल जाता है। जामुन का शहद अम्बरी रंग का और स्वादु

होता है। इसे परिरक्षित करने की समुचित सावधानियां न बरती जाएं तो यह कुछ महीनों में किण्वित (ferment) हो जाता है।

फल के गुण और उपयोग

पके फल भारत में सभी जगह खाए जाते हैं। ये मामूली-से खट्टे, भूख बढ़ाने वाले, भोजन में रुचि पैदा करने वाले और संग्राहक होते हैं। गरमी को शान्त करते हैं, आमाशय तथा जिगर को शक्ति देते हैं। वायु को पैदा करने वाले पदार्थों में चरक जामुन के फलों को सबसे अग्रणी मानते हैं। चरक और सुश्रुत दोनों इसे कफपित्तहर, संग्राहक, मधुर, रुचिप्रद, कफनाशक फल मानते हैं। यूनानी हकीमों के मत में जामुन दूसरे दर्जे में शीतल और रुक्ष, जिगर को बल देने वाले और गरमी को शान्त करने वाले हैं।

जामुन को नमक के साथ खाते हैं। मिट्टी के कुज्जे में जामुन डालकर नमक छिड़क देते हैं। कुज्जे के मुख पर पत्ता रखकर हिलाते हैं, जिससे जामुन की सतह मामूली-सी फट जाय। इस प्रक्रिया से सब फलों में एक समान नमक लग जाता है। महर्षि वाल्मीकि कहते हैं भौंरों के समान काले और रस से परिपूर्ण जामुन के फल पेट भरकर खाए जाते हैं :

रसाकुलं षट्पदसंनिकाशं प्रयुज्यते जम्बुफलं प्रकामम्।

रामायण, किष्किन्धाकाण्ड 4 सर्ग 28;19.

गुण

जामुन का फल कषाय, मधुर, ईषत् अम्ल, स्वादु, गुरु, शीतल, रुक्ष, संग्राहक, आहार में रुचि पैदा करने वाला, भोजन को पचाने वाला है। यह अतिसारहर, कफनिस्सारक है। खांसी और दमे को दूर करता है। थकान, दाह, कफ एवं पित्त के रोगों और गले के रोगों में हितकर है। व्रणशोधक, कृमिहर, रक्तस्रावहर और शोषनाशक है। अधिक मात्रा में खाए हुए जामुन के फल वायु, कब्ज़ और अफ़ारा पैदा करते हैं :

जाम्बवं वातलं ग्राहि स्वाद्वम्लं कफपित्तजित्।

धन्वन्तरिनिघण्टु, आम्रादिवर्ग 5;78.

जम्बूः कषायमधुरा श्रमपित्तदाहकण्ठार्त्तिशोषशमनी क्रिमिदोषहन्त्री ।
श्वासातिसारकफकासविनाशनी च विष्टम्भिनी भवति रोचनपाचनी च ॥

राजनिघण्टु, आम्रादिवर्ग 11;25.

जम्बूः संग्राहिणी रूक्षा कफपित्तव्रणास्रजित् ॥

मदनपालनिघण्टु, फलादिवर्ग 6;12,13.

जम्बू रुक्षा कषायाम्ला कफापित्तातीसारजित्
जाम्बवं मधुर साम्लं कषायं गुरु शीतलम् ॥
संग्राहि रोचनं रूक्षं कण्ठयं कफपित्तजित् ।
विष्टंभिलेखनं वातविबन्धाऽध्मानकृ ऽ भृशम् ॥

कैयदेवनिघण्टु, ओषधिवर्ग 1;349, 350.

विविध रोगों में उपयोगी

स्वाद और रंग के पोर्ट से मिलता-जुलता एक अल्कोहलिक पेय गोआ में इससे बनाया जाता है। फलों से एक प्रानुत मदिरा चुआई जाती है। फलों से स्क्वैश जेली, जैम और सिरका बनाया जाता है। सिरका जठराग्निदीपक, वातहर और मूत्रल है। फलों का आसव मधुमेह, अतिसार, संग्रहणी और आंव में दिया जाता है। पत्तों का रस स्तम्भन है; रक्त मिश्रित आंव अत्यार्तव और रक्तस्रावयुक्त रोगों में दिया जाता है।

फल और सिरके का प्रयोग आमाशय तथा जिगर को शक्ति देने, भूख बढ़ाने, पैत्तिक दस्तों को बन्द करने और दाह शान्त करने के लिए किया जाता है। जामुन के सिरके को एक चम्मच भर लेकर उतना ही पानी मिलाकर प्रातःकाल प्रतिदिन खाली पेट बढ़ी हुई तिल्ली और जिगर में पिलाते हैं। आंतों में जिन्हें गड़गड़ाहट की शिकायत रहती है, उन्हें भी यह लाभ करता है।

जामुन के कोमल पत्ते उलटियों को रोकते हैं। चरक ने वमन रोकने के लिए कोंपलों का प्रयोग किया है। फल और बीज पाचक हैं। पेचिश (प्रवाहिका) में छाल का काढ़ा दिया जाता है। अतिसार, संग्रहर्ण और आंव में फलों का आसव दिया जाता है। आंव के साथ ख़ून आ रहा हो, तो पत्तों का रस देते हैं। अतिसार में बीजों का प्रयोग हितकर होता है। जामुन के बीज, आम के गुठली की गिरी और घी में सेंकी हुई जौ हरड़ का चूर्ण बनाकर पुराने दस्तों में देने से लाभ होता है। पशुओं के दस्त, आंव और मरोड़ों में कोंपलों का प्रयोग हितकर होता है।

खांसी और दमे में छाल उपयोगी है। दस्तों, पेचिश और कण्ठव्रण में छाल का काढ़ा और बीजों का चूर्ण दिया जाता है। मुंह पकने पर कोंपलों को तीन

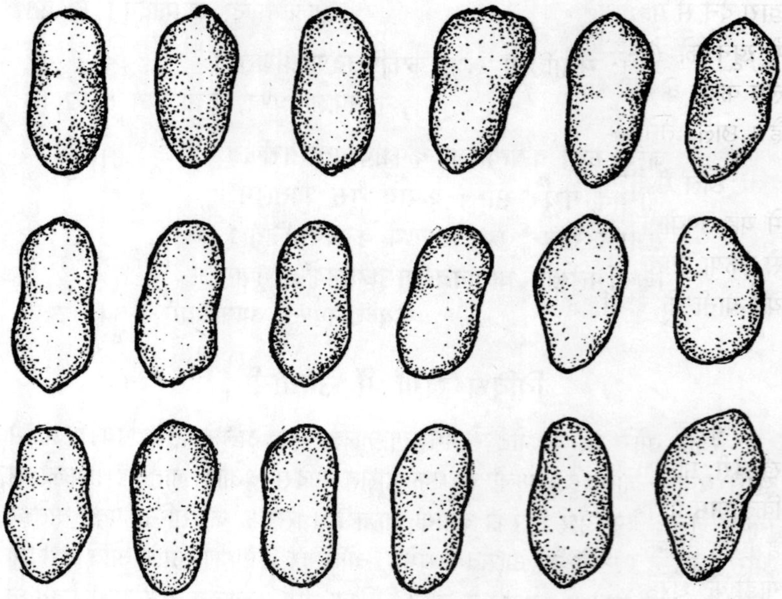

चित्र 59 जामुन की गुठलियां

से चार दिन चबाने से आराम आ जाता है। बच्चों के मुखपाक में कोंपलों का रस निकालकर मुंह में डालते हैं। फल खाने से दांत और मसूड़े मज़बूत होते हैं। इसकी दातुन अच्छी बनती है। गोविन्ददास बताते हैं कि जामुन के कोमल पत्ते, आम के कोमल पत्ते, कैथ, कपास का फल इन्हें समभाग में लेकर पीसें। निचोड़कर रस निकालें। इसमें शहद मिलाकर कान में डालने से कान का बहना बन्द हो जाता है। फल बलदायक समझा जाता है। जामुन के पके फलों को खाने से स्तम्भन शक्ति बढ़ती है। स्तम्भन के लिए बीज भी दिए जाते हैं। पत्तों का रस अच्छा स्तम्भक माना जाता है। मधुमेह में बीज लाभदायक माने जाते हैं। मधुमेह में जिगर की बिगड़ी हुई क्रिया को ये सुधारते हैं, जिससे शर्करा के पाचन में सहायता मिलती है। बार-बार तथा अधिक मात्रा में आने वाले पेशाब को जामुन का प्रयोग कम करता है। मधुमेह में फलों का आसव दिया जाता है। कुत्तों पर

किए गए परीक्षणों से ज्ञात होता है कि बीजों के जलीय निष्कर्ष को त्वचा के नीचे सुई द्वारा डालने से रुधिर में अवस्थित शर्करा में बहुत कमी आ जाती है, मुख द्वारा देने से यह प्रभाव नहीं दिखाई देता। अत्यार्तव आदि रुधिर स्राव युक्त अवस्था में ख़ून को रोकने के लिए कोमल पत्तों का रस पिलाते हैं। उपदंश के व्रणों पर लेप करने के लिए जामुन के पत्तों आदि से पकाए एक तेल की प्रशंसा की जाती है। छाल, तने, पत्ते, कलियों और फूलों के निष्कर्ष जीवाणुहर हैं।

छाल में तेरह से उन्नीस प्रतिशत टैनिन होता है। रंगने और चमड़ा कमाने में यह उपयोगी है। मंजीठ और गोरन के साथ मिलाकर इसका प्रयोग विशेष रूप से किया जाता है। इससे रंगे हुए मत्स्य-जालों की आयु बढ़ जाती है, क्योंकि यह पानी के दुष्प्रभावों से जाल को परिरक्षित करता है।

लकड़ी के उपयोग

काष्ठ मैली, आरक्त-धूसर वर्ण से लेकर आबभ्रु-धूसर वर्ण की होती है। खुरदरी, मामूली कठोर, दृढ़, ख़ासी टिकाऊ लकड़ी का भार लगभग 641 से 1,345 किलोग्राम प्रतिघन मीटर होता है। पानी के अन्दर यह विशेष रूप से टिकाऊ रहती है। यह दीमकों के हमले से बची रहती है। भवन-निर्माण में, बल्लियों, शहतीरों, गाड़ी के धुरों, गाड़ी के पहियों, जुओं, किश्तियों, खात-नौकाओं, चप्पुओं, किश्तियों के मस्तूलों, कृषि के उपकरणों, धान कूटने के ऊखलों, नीमचक आदि कुएं के प्रयोग की विविध सामग्रियों के लिए; तक्षण, ख़राद और उपस्कर (फ़र्निचर) के लिए लकड़ी बहुत अधिक प्रयोग की जाती है। ईंधन के लिए अत्युत्तम लकड़ी है।

पशुओं के लिए स्वास्थ्यवर्धक

यह कहना कठिन है कि हमारे देश में प्रति वर्ष जामुन के कितने बीज इकट्ठे किए जा सकते हैं। यदि मान लिया जाए कि एक बड़े पेड़ से औसतन 120 किलोग्राम बीजों का संग्रह किया जा सकता है, तो निश्चय ही देश भर में प्रत्येक फ़सल में लाखों टन बीज इकट्ठे हो जाएंगे।

भारतीय पशु चिकित्सा अनुसंधानशाला, इज्ज़तनगर में पशुओं को जामुन के बीज खिलाने के सम्बन्ध में परीक्षण किए गए हैं। पेड़ों के नीचे पड़े बीजों को अच्छी तरह धो लिया जाता है। मिट्टी पूर्णतया अलग हो जाने पर उन्हें लगभग दस दिन तक धूप में सुखा लेते हैं। तब इन्हें वायुरहित कनस्तरों में भरकर रख

लेते हैं। ये बीज बारह महीने तक बिना बिगड़े रखे जा सकते हैं। धोने और सुखाने की प्रक्रिया में एक लाभ यह भी होता है कि बीजों से निकलने वाली विशिष्ट गन्ध चली जाती है।

इन गन्ध रहित बीजों को अनाज या खली के साथ मिलाकर पशुओं को दिया जाता है। पशु इन्हें बड़े चाव से खाते हैं। थोड़ी-थोड़ी मात्रा में पशु इसके स्वाद को पसन्द करने लगते हैं। बीजों का परिमाण उनकी सानी में पन्द्रह से बीस प्रतिशत तक किया जा सकता है।

इस प्रकार के परीक्षण पशु-चिकित्सा अनुसंधानशाला और उसके पास के गांव में किए गए हैं। जामुन के बीजों को दाने और खली के साथ बीस प्रतिशत तक मिलाकर बछड़ों, कमाऊ बैलों और दुधारू गाय-भैसों को खिलाया गया। पशुओं ने इन्हें चाव से खाया और उनका स्वास्थ्य अच्छा रहा। जामुन के बीज पशुओं के लिए उत्तम और स्वास्थ्यवर्द्धक खाद्य हैं।

दो आदमी एक दिन में आठ घंटे काम करके मौसम में जामुन के 1,140 किलोग्राम तक बीज इकट्ठे कर लेते हैं। सूखने पर इनका भार लगभग 266 किलोग्राम रह जाता है। अनुमान किया जाता है कि संग्रह करने, धोने, सुखाने और ढोने आदि का सब ख़र्च मिलाकर, बीजों पर लगभग दस रुपया प्रति अड़तीस किलोग्राम लागत आती है। फ़ुरसत के समय यदि बीज इकट्ठे किए जाते हैं तो उन पर कुछ भी ख़र्च नहीं पड़ता। हर साल पेड़ों के नीचे पड़े-पड़े नष्ट हो जाने वाले लाखों टन बीजों को इकट्ठा करने से होने वाले लाभों को हमारे ग्रामीण भाई समझ जाएं, तो हम सचमुच मिट्टी में बिखरी दौलत को बटोर कर देश का बड़ा कल्याण कर रहे होंगे।

ढोरों, भेड़ों और बकरियों के लिए पत्ते स्वादिष्ट चारा हैं। टसर रेशमी कीड़ा पत्तों को खाता है। ये हरी खाद के रूप में काम आते हैं।

संस्कृत में नाम

राजजम्बूर्महाफला ... ...।
सुरभी स्यान्महाजम्बूर्महास्कन्धा प्रकीर्तिता॥

धन्वन्तरिनिघण्टु, आम्रादिवर्ग 5;76.

राजार्हा राजफला शुकप्रिया मेधमोदिनी नवाह्व॥

महाजम्बू राजजम्बूः स्वर्णमाता महाफला।
शुकप्रिया कोकिलेष्टा महानीला बृहत्फला॥

राजनिघण्टु, आम्रादिवर्ग 11;24,26.

महाजम्बू राजजम्बूर्महास्कन्धा बृहत्फला।

मदनपालनिघण्टु, फलादिवर्ग 6;11.

महाजम्बूः श्यामपत्रो महास्कन्धो महारसः॥
कुमारिका गन्धपत्रा जम्बूर्नीलाञ्जनच्छदा।
बृहत्फला राजजम्बूः सुफला सुप्रतिष्ठिता॥

कैयदेवनिघण्टु, ओषधिवर्ग 1;345, 346.

फलेन्द्रा कथिता नन्दी राजजम्बूर्महाफला।
तथा सुरभिपत्रा च महाजम्बूरपि स्मृता॥

भावप्रकाशनिघण्टु, आम्रादिवर्ग 6;69.

इन श्लोकों के अन्तर्गत आए नाम और पर्यायों को नीचे तालिका में दिया जा रहा है जिससे पाठक सुगमता से उनका तुलनात्मक अध्ययन कर सकें :

धन्वन्तरिनिघण्टु (8वीं शती)	**राजनिघण्टु** (12वीं शती)	**मदनपालनिघण्टु** (1374 सन्)	**कैयदेवनिघण्टु** (1450 सन्)	**भावप्रकाशनिघण्टु** (1550 सन्)
			1 कुमारिका	
	1 कोकिलेष्टा			
			2 गन्धपत्रा	
			3 जम्बू	1 नंदी
			4 नीलाञ्जनच्छदा	
				2 फलेन्द्रा
	2 बृहत्फला	1 बृहत्फला	5 बृहत्फला	
1 महाजम्बू	3 महाजम्बू	2 महाजम्बू	6 महाजम्बू	3 महाजम्बू
	4 महानीला			
2 महाफला	5 महाफला			4 महाफला
			7 महारस	
			8 महास्कन्ध	
3 महास्कन्धा		3 महास्कन्धा		
	6 मेघमोदिनी			
4 राजजम्बू	7 राजजम्बू	4 राजजम्बू	9 राजजम्बू	5 राजजम्बू
	8 राजफला			

9 राजार्हा

10 श्यामपत्र
11 सुप्रतिष्ठिता
12 सुफला

5 सुरभि

6 सुरभिपत्रा

10 स्वर्णमाता

नामों के अर्थ

कोकिलेष्टा : कोयलों (कोकिल) का प्रिय (इष्ट) फल।
गन्धपत्रा : सुगन्धित (गन्ध) पत्तों वाला (पत्र) वृक्ष।
जम्बू : जामुनी रंग के रस वाला।
नंदी : आह्लदकारी फल।
नीलाञ्जनच्छदा : गूढ़े (अञ्जन) नीले (नील) पत्ते वाला (च्छदा) वृक्ष।
फलेन्द्रा : फलों (फल) का राजा (इन्द्रा)।
बृहत्फला : बड़े (बृहत) फल वाला (फला) वृक्ष।
महाजम्बू : बड़ी (महा) जामुन (जम्बू)।
महानीला : गूढ़े (महा) नीले पत्तों वाला (नीला)।
महाफला : = बृहत्फला।
महारस : बहुत (महा) रसीला (रस)।
महास्कन्धा : बड़े (महा) काण्ड वाला (स्कन्धा)।
मेधमोदिनी : मन (मेध) प्रसन्न करने वाला।
राजजम्बू : (मोदिनी) फल।
राजफला : राजाओं (राज) की पसन्द का फल (फला)।
राजार्हा : = राजार्हा।
शुकप्रिया : तोतो (शुक) का प्रिय फल (प्रिया)।
श्यामपत्र : गूढ़े हरे (श्याम) पत्तों वाला (पत्र)।
सुप्रतिष्ठिता : बढ़िया (सु) फल के रूप में जो प्रसिद्ध (प्रतिष्ठिता) है।
सुफला : सुगन्धित (सु) फल वाला (फला)।
सुरभि : सुगन्धित (सुरभि) पत्तों और फलों वाला।
सुरभिपत्रा : = गन्धपत्रा।

गुण

महाजम्बूरुष्णा समधुरकषाया श्रमहरा
निरस्यत्यास्यस्थं भटिति जडिमानं स्वरकरी।
विधत्ते विष्टम्भं शमयति च शोष वितनुते।
श्रमातीसारार्त्तिश्वसितकफकासप्रशमनम् ॥

राजनिघण्टु, आम्रादिवर्ग 11;27.

राजजम्बूफलं स्वादु विष्टम्भि गुरु रोचनम्।

मदनपालनिघण्टु, फलादिवर्ग 6;13.

महत्तन्मधुरं स्निग्धं गुरु विष्टंभि रोचनम्।

कैयदेवनिघण्टु, ओषधिवर्ग 1;351.

राजजम्बूफलं स्वादु विष्टम्भि गुरु रोचनम् ॥

भावप्रकाशनिघण्टु, आम्रादिवर्ग 6;69.

राजजम्बु का फल स्वादिष्ट, रुचिकर, उष्ण, स्निग्ध, भारी, मधुरकषाय रस होता है। मुख की विरसता को दूर करता है। कण्ठ, शुद्ध कर स्वर सुधारता है अतिसार, खांसी, सांस के रोगों को नष्ट करता है। कफहर है। थकान उतारता है।

छत्तीस

झड़बेर

जीज़िफ़ुस नूम्मुलारिआ (बर्मन पुत्र) वाइट एवं आर्नेट
Ziziphus nummularia (Burman f.) Wight & Arnett
कुल : राम्नासी Rhamnaceae

कंटीली, छोटी झाड़ी; शाखाएं मटिया-जामनी- सी या धूसर-मखमली, अनुपत्री; कांटे जोड़ों में; पत्ते अण्डाकृति से वर्तुलाकृति, नीचे से घने रोओं से आच्छादित, क्रकचित्; फूल पाण्डुर-पीत, बहुशाखी, गुच्छों में; फल लाल या काला, गोल, एक सेण्टीमीटर व्यास का होता है।

प्राप्ति स्थान

पंजाब और राजस्थान में तथा प्रायद्वीपीय भारत में, दक्खन और कोंकण से दक्षिण की तरफ़, लगभग 900 मीटर की ऊंचाई तक पाई जाती है। भारत के शुष्क और अर्ध-शुष्क इलाक़ों तथा चारण भूमियों में बहुतायत से उगती है। राजस्थान की घास-भूमियों की वनस्पतियों में लगभग चौदह प्रतिशत झड़बेर सूखे इलाक़ों में होती है। यह खेतों में भी बहुधा उग आती है, क्योंकि किसान इसे फ़सलों के साथ उगने देते हैं जो चारे के लिए काम आ जाती है। अत्यधिक चराई से ख़राब हो गई भूमि, नीची भूमि, चट्टानों वाली भूमि और अर्ध-चट्टानी भूमि में बोई जा सकती है। कम उर्वर और कम नमी वाली नाकस मिट्टी में कम लागत में रोपे जाने वाले पेड़ों एवं झाड़ियों में झड़बेर जैसे सहिष्णु पौधे कम ही होंगे। जड़ों के गहरे फैलाव के कारण उथली भूमियों में और सूखी-से-सूखी जगहों में पनप जाती है।

विविध भाषाओं और स्थानों में नाम

अंग्रेज़ी : वाइल्ड जुजुबे (wild jujube)।
गुजराती : चन्यावोर, अद्‌वाउबोर्डी, खेत्रबोर्डी।
तमिल : कोरगोड़ी।
तेलुगु : नीलारेगु।

दिल्ली : बड़बेर, कोकेड़ बेर, झड़बेर।
पंजाब : बल, बिराड़, कोक्नी-बेर, झड़बेरी, मलाबेर, मल्ला।
मराठी : गंगड़, जंगलड़, जंगलबेर।
मुम्बई : चनीबोर।
राजस्थान : बोरड़ी, पला।
हिन्दी : झड़बेरी, झाड़ियाबेर।

जड़ के कल्लों और बीजों से प्रकृति में स्वयं उग आता है। नई जगहों में बीज बोना या नर्सरी में तैयार किए गए पौधे का पुनरारोपण, दोनों ही तरीके कारगर हैं। तीस प्रतिशत बीज उगते हैं। सात दिन में बीज उग आते हैं। नर्सरी में गमलों में उगाए एक साल उम्र के पौधे पुनरारोपण में अच्छे रहते हैं। प्रायः सौ-फ़ीसदी बड़े हो जाते हैं। रेतीली भूमि में साठ सेण्टीमीटर गहरे और इतने ही लम्बे-चौड़े गड्ढों में पौधे बोए जाते हैं। छोटे पौधों को चरने वाले पशुओं से बचाना पड़ता है। एक बार जम जाने के बाद ये अधिक चरे जाने की परवाह नहीं करते। जड़ के कल्लों के ज़रिए ख़ूब उग आते हैं। पौधे जब कठोर, कठीले और कंटीले बन जाते हैं तब केवल भेड़-बकरियां ही इन्हें चर पाती हैं। सरदियों में लाल फल आने पर पत्ते झड़ जाते हैं। इन्हें इकट्ठा कर सुखा लेते हैं और ढोरों, ऊंटों तथा भेड़-बकरियों को खिलाने के लिए स्टोर कर लेते हैं।

उपयोग

इनमें पचनशील, अपरिष्कृत प्रोटीन तथा खनिज प्रचुर परिमाण में होते हैं। झाड़-झंखाड़ वाली भूमियां जानवरों के चरने की दृष्टि से सामान्यतया निर्बल होती हैं और उन पर निर्भर करने वाले जानवर मरियल से रहते हैं। लेकिन झड़बेर प्रधान भूमियों में चरने वाले जानवरों का स्वास्थ्य अच्छा होता है और भारवाही पशुओं की बोझा ढोने की क्षमता उन्नत होती है। आसपास की घासें सूख जाने पर भी इन पत्तों का चारा बहुतायत में मिलता रहता है। तेज़ हवाओं द्वारा उड़ाई जाने वाली रेत और मिट्टी को रोकने में झाड़ सहायक होते हैं। अपने दायरे के अन्दर और चारों तरफ़ मिट्टी को जमा होने में सहायता देते हैं। सूक्ष्म जीवों के पनपने योग्य अवसर प्रदान करते हैं। बहुवर्षजीवी घासों की बढ़िया जातियों को उगने में अनुकूल अवस्थाएं बनाते हैं।

ये झाड़ बाड़ बनाने और जलाने के काम आते हैं। फल खाए जाते हैं।

एक किलोग्राम में 2,260 फल चढ़ते हैं। बड़े शहरों में इनकी ऊंची क़ीमत होती है। फलों के गूदे को सुखाकर हाज़्मे का स्वादिष्ट चूर्ण बनाया जाता है। खाज और त्वचा के अन्य रोगों में पत्ते लाभदायक हैं। खांसी-ज़ुकाम में सूखे पत्तों का धुआं अन्तःश्वास में लिया जाता है। फल शीतल हैं और यकृत् रोगों में हितकर हैं।

रासायनिक संघटन

गुजरात, बिहार और पंजाब में झड़बेर पर लाख का कीड़ा पाला जाता है। हिरना मूसा की तीन जातियों की आहार सम्बन्धी आदतों में पाया गया है कि वे झड़बेर के बीजों और गूदे को चाव से खाते हैं। उन्हें नियन्त्रित करने के लिए विष की घातक मात्रा के साथ बीजों को तर कर उनकी जगहों में रख देते हैं। इस लुभावने आहार को खाकर वे मर जाते हैं। साल के तीन मौसमों में पत्तों में पोषक तत्त्वों का संघटन इस प्रकार था :

पोषक घटक	वर्षा ऋतु	शीत ऋतु	ग्रीष्म ऋतु
अपरिष्कृत प्रोटीन	14.24	14.62	14.70
ईथर निष्कर्ष	3.16	5.23	5.91
अपरिष्कृत रेशे	20.60	11.74	8.20
नत्रजन-मुक्त निष्कर्ष	51.78	57.76	60.70
कैल्सियम	1.70	2.17	2.07
फ़ौस्फ़ोरस	0.19	0.16	0.16

शाखिकाओं की छाल में बारह प्रतिशत टैनिन होता है। अन्तःकाष्ठ बहुत कठोर और गूढ़े रंग की होती है। इसका ऊष्मा मान ऊंचा है। इसलिए यह बढ़िया ईंधन का काम करती है। इसका ऊंचे दरजे का कोयला बनता है। गुठलियों की सिमरनी और गले में पहनने की मालाएं बनाई जाती हैं। ये रुद्राक्ष की मालाओं के सदृश दीखती हैं।

सैंतीस

तरबूज़

चित्रुल्लुस लानातुस (थुनबर्ग) मात्सुमुरा एवं नकाई
Citrullus lanatus (Thunberg) Matsumura & Nakai
कुल : कुकुर्बितासी Cucurbitaceae

यह धरती पर फैलने वाली या आरोही, दृढ़रोमी, द्विलिंगी, एकवर्षायु लता है। काण्ड कोणदार, रोमश; प्रतानियां दो-तीन में विभक्त; पत्ते अण्डाकृति या अभ्यण्डा-

चित्र 60 तरबूज़ के फलों की ढेरी

कृति सोलह सेण्टीमीटर तक लम्बे, पालियां द्विपक्षवत् फटी हुईं; फूल पीले, एकाकी या जोड़ों में, लम्बे वृन्त पर; फल वर्तुल या लम्बगोल, गोल सिरों वाले, साठ सेण्टीमीटर तक लम्बे; छिलका हरा, क्रीम वर्ण, चितकबरा, धारीदार, कठोर; गूदा मृदु, स्पंजी, रसीला, आरक्त गुलाबी या फीका गुलाबी, मीठा, जंगली क़िस्मों में कभी-कभी कड़वा;

बीज बहुसंख्य, छह से दस मिलीमीटर लम्बे, काले, गुलाबी, भूरे, सफ़ेद या पीले।

विविध भाषाओं और स्थानों में नाम

उड़िया, उर्दू, कन्नड़, गुजराती, बंगाली और मराठी में तरबूज़ को कलिङ्गड़, तरबूच, तरबूज और तरमूज कहते हैं।

अंग्रेज़ी : watermelon वाटरमेलन।
असम : तुर्मुज।
तमिल : पोइयचविरल, तरबुज़पलम्।
तेलुगु : करुम्बोजा, पुचकाअयइ।
पंजाबी : हदवाना, मतीरा, तरबूज़।
मलयालम : थन्निमथन।
राजस्थान : मतीरा।
संस्कृत : कलिङ्ग।

संस्कृत में नाम

कालिङ्गं कृष्णबीजं स्यात्कलिङ्गं फलवर्तुलम्।

मदनपालनिघण्टु, शाकादिवर्ग 7;9.

कालिन्दकं स्यात् कालिङ्गं कृष्णबीजं प्रकीर्तितम्।

कैयदेवनिघण्टु, ओषधिवर्ग 1;535.

कालिन्दं कृष्णबीजं स्यात्कालिङ्गञ्च सुवर्त्तुलम्।

भावप्रकाशनिघण्टु, आम्रादिवर्ग 6;43.

निघण्टुओं में तरबूज़ के निम्नलिखित नाम आए हैं : कलिङ्ग, कालिङ्ग, कालिन्द, कृष्णबीज (काले बीज वाला)। फलवर्तुल (गोल फल), सुवर्त्तुल (सुन्दर गोल फल)।

खेती

अफ्रीका का मूलवासी है। दक्षिण अफ्रीका के कलहारी रेगिस्तान में तरबूज़ का उद्भव माना जाता है। वहां इस गण की पांचों जातियां जंगली उगती हैं, क्योंकि भारत में यह चिरकाल से खेती किया जा रहा है, इसलिए भारत इसका दूसरा उद्भव केन्द्र है।

सूखे मौसम में इसे प्रायः नदियों के आर्द्र, रेतीले पाटों में बोया जाता है। पहाड़ों में 1,500 मीटर की ऊंचाई तक उगाया जाता है। राजस्थान जैसे सूखे प्रदेशों में 1.8 X 1.8 मीटर के फ़ासले पर, रेत में, पन्द्रह सेण्टीमीटर गहरे बीज बोए जाते हैं। लताओं का जीवन-काल आठ से दस सप्ताह है। बरसात में ये आठ से दस मीटर और गरमियों में चौदह मीटर तक लम्बी हो जाती हैं। तरबूज़ की बीज रहित क़िस्में विकसित कर ली गई हैं। हौर्मोन्स या वर्धनिकों (auxins) के प्रयोग से बीज रहित फल प्राप्त किए जा सकते हैं। कृषित क़िस्मों के फल 1.5 से बीस किलोग्राम भारी होते हैं। इनकी प्रति हेक्टेयर पैदावार 561 क्विंटल तक होती है। 55 से 125 दिन में फल पकते हैं।

बंगलोर में तरबूज़ की एक क़िस्म तय्यारी की गई है जिसमें फल लम्बोतरे मृदंग आकृति के, एक से सात किलो वज़नी होते हैं। इन्हें पारिवारिक उपयोग के

चित्र 61 बंगलौरी तरबूज़

फल समझा जाता है। बड़े तरबूज़ों को एक बारी में समूचा एक परिवार में इस्तेमाल नहीं किया जा सकता। कुछ अंश खाने के बाद कटा हुआ फल रखा रहता है। जबकि, बंगलोर का तरबूज़ काटने के बाद परिवार में समूचा फल काम आ जाता है। खादर में उगाए भारी-भरकम तरबूज़ों के मार्केट में आने से महीनों पहले बंगलोरी तरबूज़ मार्केट में आ जाता है। इसमें बीज छोटे और कम होते है। यह लोकप्रिय

फल है।

तरबूज़ के खेतों में खरपतवार के रूप में इन्द्रायण उग आती है। तरबूज़ के साथ उसका झट संकर हो जाता है और संकर फल पैदा होते हैं जो बहुत कड़वे होते हैं। राजस्थान में इन्हें तस्तुम्बा कहते हैं। बेल से तोड़े हुए तरबूज़ छायादार, ठण्डे स्थान में पन्द्रह से बीस दिन तक स्वस्थ रखे जा सकते हैं। उसके बाद बीजों के चारों ओर का गूदा नरम पड़ने लगता है।

रासायनिक संघटन

फल में अठहत्तर प्रतिशत खाने योग्य भाग होता है। इसमें आर्द्रता 95.8, प्रोटीन 0.2, वसा 0.2, रेशे 0.2, कार्बोहाइड्रेट्स 3.3 और खनिज 0.3 प्रतिशत होते हैं। प्रति 100 ग्राम में कैल्सियम 11, फ़ौस्फ़ोरस 12, लोहा 7.9, मैग्नेसियम 13, सोडियम 27.3, पोटाशियम 160, ताम्बा 0.05, गन्धक 42, क्लोरीन 21, थिआमीन 0.02, रिबोफ़्लेविन 0.04, निआसिन 0.1, विटामिन-सी 1 और औग्ज़ेलिक अम्ल 11 मिलीग्राम होते हैं। तरबूज़ में मुख्य शर्करा सूक्रोज़ होती है। बाहरी गूदे में 1.16 से 1.42 प्रतिशत पेक्टिन होती है जिसमें 84.6 प्रतिशत गैलेक्टुरोनिक (galacturonic) अम्ल होता है। इसमें जेली बनने की उच्च क्षमता होती है।

बीजों में आर्द्रता 5.4, प्रोटीन 19.7, अपरिष्कृत रेशे 32, कुल राख 2.3 प्रतिशत होते हैं। बीजों की प्रोटीन अच्छी पोषक है और लोबिया [*Vigna unguiculata* (Linn.) Walpers] का पूरक बन सकती है। गिरियों का विश्लेषण : आर्द्रता 4.3, प्रोटीन 34.1, वसा 52.6, रेशे 0.8, कार्बोहाइड्रेट्स 4.5 और खनिज 3.7 प्रतिशत। प्रति 100 ग्राम में कैल्सियम 100, फ़ौस्फ़ोरस 937, लोहा 7.4, थिआमीन 0.1, रिबोफ़्लेविन 0.2 और निआसिन 1.3 मिलीग्राम। मूंगफली और तिल के समान उच्च श्रेणी के तिलहनों से गिरियों की तुलना की जा सकती है।

विविध उपयोग : तरबूज़ का ताज़ा गूदा खाया जाता है। ग्रीष्म ऋतु के गरम महीनों में शीतल गूदे का सेवन गरमी शान्त करता है, प्यास बुझाता है। शरीर के लिए ज़रूरी द्रव की आपूर्ति करता है। सन्धान करके रस से मद्य बनाई जाती है। इससे मधु सदृश एक शर्बत बनाया जाता है। रसीले गूदे की डिब्बाबन्दी और बोतलबन्दी की जाती है। अमेरिका और रूस में यह आहार के साथ पेय रूप में इस्तेमाल किया जाता है। पोटासियम की अधिक मात्रा के कारण यह मूत्रल का काम करता

है। गुरदे के रोगों में तरबूज़ लाभदायक होता है। सन्तरे, अंगूर और अनानास में तरबूज़ का पैंसठ से अस्सी प्रतिशत रस या गूदा मिलाया जाता है।

कटा हुआ तरबूज़ जल्दी दूषित हो जाता है। यह आंतों के पराश्रयी शुक्राणुओं की वृद्धि के लिए अत्युत्तम जीवाधार (substratum) बन जाता है। दूषित रस में ये तेज़ी से संख्या-वृद्धि करते हैं और विषालुता पैदा करते हैं। दूषित तरबूज़ खाने से सारा परिवार या बहुत-से लोग ख़ास-विष के शिकार बन सकते हैं।

छोटे, कोमल फलों की सब्ज़ी बनती है। इनके जैम, जेली, मीठे अचार और मार्मालेड आदि बनाए जाते हैं। इन्हें नमकीन पानी में भी परिरक्षित किया जाता है। रूस में इनमें हौप मिलाकर बीअर बनाई जाती है। फ़ालतू बचे फलों को काटकर टुकड़े कर लेते हैं। इन्हें मधुमक्खियों की कौलोनियों में जगह-जगह रख देते हैं। वे इसका रस पीती हैं।

अफ़्रीका के कुछ भागों में बीजों को मूंगफली के समान खाया जाता है। पकाए हुए नमकीन बीज क्षुधावर्धक के रूप में खाए जाते हैं। गिरियां शर्बत बनाने के काम आती हैं। लोकप्रिय ताज़गी देने वाले शीतल पेय सरदाई में गिरियां डाली जाती हैं। मिठाइयों में इनकी अच्छी खपत है। इन्हें भूनकर बनाया चूर्ण शोर्वों को गाढ़ा करने और उनके स्वाद को उन्नत करने के लिए मिलाया जाता है। गिरियों में कार्बोहाइड्रेट की मात्रा कम होती है; ये मधुमेही के आहार के लिए उपयुक्त हैं। नाइज़ेरिया में इन्हें सन्धान करके आहार द्रव्यों को ज़ायकेदार बनाने के लिए प्रयोग किया जाता है। बीजों में प्रोटीन की प्रचुरता होती है, नाइज़ेरिया में ये प्रोटीन के पूरक रूप में बरते जाते हैं। इन्हें भूनकर अन्य अनाजों के साथ खाते हैं। बाजरे के आटे के साथ बीजों के आटे को मिलाकर राजस्थान में एक रोटी बनाते हैं जिसे सोगड़ा कहते हैं।

तरबूज़-गिरियों के तेल में, प्रचुर परिमाण में असंपृक्त अम्ल (unsaturated acids) होते हैं। इसलिए यह हृदय के रोगियों के लिए उपयुक्त है। तेल में आह्लादकारी गन्ध और स्वाद होता है। इसे सीधा पकाने के तेल के रूप में काम लाया जा सकता है। तेल के वसीय अम्ल (fatty acids) के संघटन से पता चलता है कि इसका प्रयोग निरापद है। प्रकट रूप में इसमें कोई हानिकारक पदार्थ नहीं दिखाई देता। यह अत्युत्तम खाद्य तेल है। तेल निकालने के बाद बचे हुए बीजों के आटे में प्रोटीन का उच्च परिमाण 66.2 प्रतिशत होता है। यह सोयाबीन, मूंगफली और सूर्यमुखी के बीजों के आटे से अधिक है। समूचे बीजों में तेल का बहुत उच्च परिमाण होने

से और तेल निकाले हुए आटे में प्रोटीन की अधिकता होने से तरबूज़ को बीजों के लिए उगाना भी लाभप्रद है।

नाइज़ेरिया के देहातों में बीजों को पीसकर *प्लेउरोतुस तूबेर्रेजिउम* (*Pleurotus tuberregium*) नामक मशरूम में मिलाते हैं और इससे मांस के विकल्प रूप में प्रयोग किए जाने वाले खाद्य पदार्थ बनाते हैं। दुधारू पशुओं को बीजों की खली खिलाई जाती है। खली में से बीज के छिलके अलग कर लिए जाएं तो इससे मनुष्य के खाने योग्य आटा बनाया जा सकता है। इसे अनाजों के आटे में मिलाकर प्रयोग किया जा सकता है। आंतों के कीड़े मारने में बीज कद्दू के बीजों से अधिक प्रभावशाली हैं।

फ़िलिपीन्स में पत्ते ज्वरहर के रूप में प्रयोग किए जाते हैं। फल-रस शीतल पेय है; मूत्रकृच्छ्र और पेशाब के अन्य रोगों में दिया जाता है। छिलके को सुखाकर बनाई भस्म को व्रणों पर लगाते हैं। बीज शीतल, स्नेहन, आन्त्रकृमिहर, रेचक और मूत्रल हैं। इन्हें कैन्सर और मूत्र रोगों में इस्तेमाल किया जाता है। आंतों के कीड़े मारने में बीज कद्दू के बीजों से अधिक प्रभावशाली हैं। बीजों का तेल रोशनी के लिए जलाया जाता है। कलपुर्ज़ों को चिकना रखने के लिए उनमें डाला जाता है। रोगन और साबुन बनाने के काम आता है।

गुण : तरबूज़ के कच्चे फल ग्राही, शीतल और गुरु होते हैं। दृष्टिशक्ति, पित्त तथा शुक्र को नष्ट करने वाले होते हैं। पके फल किञ्चित उष्ण, क्षारीय, पित्तजनक होते हैं। कफ और वात का शमन करते हैं। तरबूज़ के पत्ते तिक्त, आहार में रुचि पैदा करने वाले एवं रक्तस्थापन होते हैं :

कालिङ्ग ग्राहि दृक्पित्तशुक्रहृच्छीतलं गुरु।
पक्वं तु सोष्णं सक्षारं पित्तलं कफवातजित्॥

मदनपालनिघण्टु, शकादिवर्ग 7;9.

कालिङ्गं ग्राहि दृक्पित्तशुक्रहृच्छीतलं गुरु॥
पक्वंतु पित्तलं सोष्णं सक्षारं कफवातजित्।
कालिङ्गपत्र रुचिरं स्थापनं तिक्तमुच्यते॥

कैयदेवनिघण्टु, ओषधिवर्ग 1;535-536.

कालिन्दं ग्राहि दृक्पित्त शुक्र हृच्छीतलं गुरु॥
पक्वं तु सोष्णं सक्षारं पित्तलं कफवातजित्।

भावप्रकाशनिघण्टु, आम्रादिवर्ग 6;43.

अड़तीस

दुरिअन

दुरिओ ज़िबेतिनुस लिनिअस

Durio zibethinus Linn.

कुल : बौम्बाकासी Bombacaceae

सदाहरा, बड़ा वृक्ष, ऊंचाई सत्ताईस मीटर तक, पत्ते लम्बगोल, लम्बी नोक वाले, निचली सतह सुनहरे घने रोओं से आवृत; फूल बड़े, आश्वेत, बाहरी गुच्छों में; फल अण्डाभ या किंचित् मण्डलाकृति । पन्द्रह से तीस सेण्टीमीटर लम्बा, कटहल के फल के समान कंटीली, कठीली सतह से आवृत; फल में पांच कोष्ठ होते हैं जिनमें क्रीम रंग के, दृढ़ बीज-चोल (aril) में लिपटे बड़े आकार के बीज रहते हैं ।

फल का गूदा (बीज-चोल) मीठा और स्वादु होता है । इसमें उग्र गन्ध आती है जो पनीर, सड़े हुए प्याज़ और शलगम की गन्धों से मिश्रित गन्ध जैसी होती है ।

कृषि

मलय और ईस्ट इण्डीज़ में पौधे की खेती की जाती है । बोर्निओं में भिन्न प्रकार के दुरिअन मिलते हैं । इनमें कुछ दुर्गन्ध रहित फल लगते हैं, कुछ का गूदा पीला या नारंगी होता है । सम्भवतः ये दुरिअन की अलग जातियां हैं ।

भारत के अनेक स्थानों पर पौधे को उगाने की कोशिशें की गई हैं । नीलगिरि पहाड़ियों की कम ऊंचाइयों पर और पश्चिम तट के कुछ भागों में सफलता मिली है । यह कछार (alluvial) भूमि या दुमट भूमि में बढ़िया पनपता है । किसी नाले या जल प्रवाह के किनारे बोया जाए और साथ के पहाड़ी ढलान पर घनी वनस्पतियों की छाया हो तो यह ख़ूब बड़ा हो जाता है और प्रचुर फल देता है ।

पके फलों से निकाले बीजों को तुरंत बोकर पौधे तय्यार किए जाते हैं । छोटे पौधों को बगीचे में दस से चौदह मीटर के फ़ासले पर स्थानान्तरित करते हैं । भेंटक़लम (inarching) द्वारा और चश्मा चढ़ाकर चुनी हुई क़िस्मों के नए पौधे तय्यार किए जाते हैं ।

मार्च-एप्रिल में पौधा फूलता है। जुलाई से सितम्बर तक फल पकते हैं। भारतीय अवस्थाओं में, बीजजात (seedlings) रोपने के नौ से बारह साल बाद फल लगने शुरू होते हैं मलय में सात साल के बाद फलने लगते हैं।

फल का भार दो से चार किलोग्राम होता है। एक पेड़ से साल में चालीस से पचास फल मिल जाते हैं। उत्पादन में बहुत कमी-बेसी होती है। कुछ पेड़ों पर फल नहीं लगते। फल भिन्न-भिन्न आकृति, आकार और स्वाद वाले होते हैं। बीजों के चारों ओर कस्टर्ड-सदृश मीठे गूदे को कुछ लोग चाव से खाते हैं। उग्र गन्ध के कारण कुछ लोग नापसन्द करते हैं। पकने के साथ-साथ गन्ध उग्र होती जाती है।

विश्लेषण

मोटी शाखाओं पर लगे फल खाने में बेहतर होते हैं। फल के भार के अनुसार लगभग एक-तिहाई गूदा निकलता है। गूदे में सकल शर्कराएं लगभग बारह प्रतिशत और इतना ही स्टार्च होता है। भक्ष्य भाग का विश्लेषण इस प्रकार है : आर्द्रता 58.0, अपरिष्कृत प्रोटीन 2.8, वसा 3.9, सकल कार्बोहाइड्रेट्स 34.1, खनिज पदार्थ 1.2, कैल्सियम 0.01 और फ़ौस्फ़ौरस 0.05 प्रतिशत। प्रति 100 ग्राम में लोहा 1.0 मिलीग्राम; प्रति 100 ग्राम में कैरोटीन (विटामिन ए की अन्तर्राष्ट्रीय इकाइयां) 20, और विटामिन सी 25 मिलीग्राम। गन्धक के एक समान तथा ब्यूटिरिक अम्ल से सम्बद्ध एक पदार्थ की मौजूदगी के कारण गूदे में दुर्गन्ध आती है।

उपयोग

पका फल जल्दी ख़राब हो जाता है। इसे बहुत दूर के बाज़ारों में नहीं भेजा जा सकता। कच्चे फल की सब्ज़ी बनाते हैं। बीज भक्ष्य हैं, भूनकर चेस्टनट की तरह खाए जाते हैं। फल पुनर्यौवन प्रदान करने वाला समझा जाता है। मलय में पत्ते, जड़ें और फल का छिलका दवादारू में काम आते हैं।

लकड़ी फीके लाल-भूरे रंग की होती है। प्रति घन फुट लकड़ी का भार 151 किलोग्राम होता है। यह मुलायम होती है। टिकाऊ नहीं होती। दीमकों से खाई जाती है। मलय के झोपड़ियों के भीतरी भागों में इस्तेमाल की जाती है।

उनतालीस

नारियल

कोकोस नूचिफ़ेरा लिनिअस
Cocos nucifera Linn.
कुल : आरेकासी Arecaceae

'नारियल का ऊंचा पेड़, उस पर फलों की विपुलता देखते ही तोता प्रसन्न हो गया। धान के पके खेतों को छोड़कर वह मूर्ख नारियल के पेड़ पर जा बैठा। खाने की लालसा से वह फलों को तोड़ने की कोशिश करने लगा। उसकी अभिलाषा ही न केवल चूर्ण हुई, चोंच भी चूरा बन गई।' संस्कृत के कवि की इस अन्योक्ति में नारियल के दृढ़ कवच की निन्दा की गई है, परन्तु विष्णु शर्मा ने इधर ध्यान न देकर कवच के अन्दर विद्यमान मीठी गिरी और मीठे रस की प्रशंसा की है। हितोपदेश में वे लिखते हैं, 'सज्जन, नारियल के समान अन्दर से मीठे और हित करने वाले होते हैं, पके लाल बेरों के समान नहीं, जो बाहर से ही मनोहर दीखते हैं।'

कालिदास के समय नारियल की एक शराब (आसव) का बहुत प्रचलन था। दिग्विजय की यात्रा में रघु ने कलिंग नरेश को जीतकर महेन्द्र पर्वत पर शिविर लगाया था। 'रघु के वीर सैनिकों ने पर्वत पर पान के पत्ते बिछाकर मदिरालय बनाया और वहां नारियल की मदिरा के साथ-साथ उन्होंने शत्रुओं का यश भी पी लिया :'

ताम्बूलीनां दलैस्तत्र रचिताऽऽपानभूमयः।
नारिकेलासवं योधाः शात्रवं च पपुर्यशः॥

रघुवंश, सर्ग 4;42.

विविध भाषाओं में नाम

अंग्रेज़ी : कोकोनट (coconut)।
कन्नड़ : तेंगु।
तमिल : तेन्नाइमरम्, तेंकइ।

तेलुगु : कोवरिचेट्टु, नारिकेलमु, तेंकाय।
बंगाली : दाब, नारिकेल।
मराठी : नारल, नरेल।
मलयालम : थेन्ना, थेंगा, नारिकेलम।

कामदेव का मूर्त्तरूप

एक पुराने लेखक शोढल ने अपनी गदनिग्रह पुस्तक के रसायनवाजीकरण अधिकार में नारियल के एक आसव का विवरण दिया है। शोढल का कहना है कि परम श्रेष्ठ शम्भू की कृपा से उन्हें इस नारियल आसव का ज्ञान हुआ था।

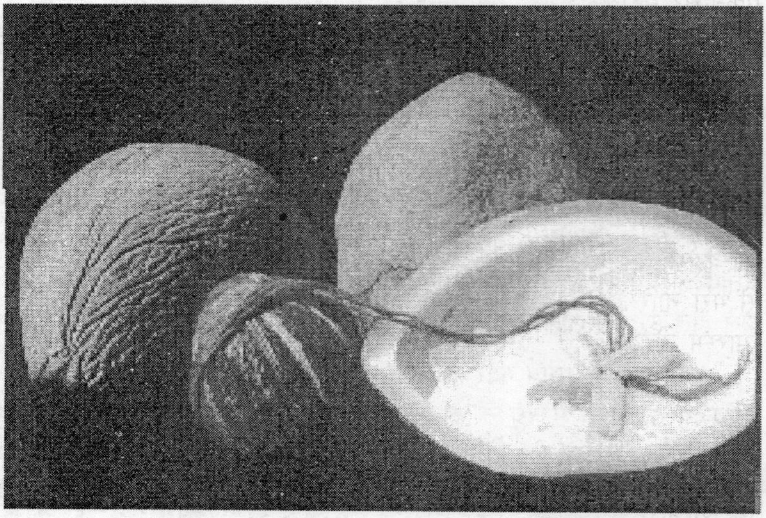

चित्र 62 मांगलिक कार्यों में सर्वत्र गोला काम आता है

इसे तैयार करने की विधि इस प्रकार है–कच्चे नारियल का जल तेरह लिटर, ईख का रस साढ़े छह लिटर, सिम्बल की मूसली का रस पन्द्रह मिलीलिटर और दशमूल का काढ़ा पन्द्रह मिलीलिटर लेकर चिकने घड़े में डालें। इसमें सोंठ, कालीमिर्च, पिप्पली, तेजपत्र प्रत्येक 195 ग्राम, धाय के फूल 665 ग्राम, तगर, लौंग प्रत्येक तीस ग्राम डालकर किण्वन के लिए रख दें। आसव तैयार हो जाने पर केसर 200 मिलीग्राम, सफ़ेद चन्दन तीस ग्राम मिलाकर सुगन्धित कर लें। पन्द्रह से तीस मिलीलिटर की मात्रा में इसका नियमपूर्वक सेवन करने से शरीर की झुर्रियां

मिट जाती हैं, पके बाल काले हो जाते हैं, बूढ़ा जवान बन जाता है, नपुंसक भी पौरुष-सम्पन्न बन जाता है, यह कामदेव का मूर्त्तरूप है।

हिन्दुओं के मांगलिक प्रसंगों की सामग्री में नारियल प्रमुख है। विवाह में तथा दूसरे ऐसे प्रसंगों में मंगलघट पर नारियल को स्थापित करते हैं। विवाह से पूर्व जब लड़के की शादी तय हो जाती है, तब मंगनी की रस्म को पूरा करने के लिए नारियल (गोला) भेजा जाता है। वर-यात्रा के समय यदि मार्ग में दूसरी बरात सामने से आ जाए तो दोनों पक्ष के बराती नारियल का आदान-प्रदान करके एक-दूसरे के लिए ससम्मान मार्ग दे देते हैं। बरात जब गांव में पहुंचती है, तब कन्या पक्ष के लोग सबसे पहले नारियल भेंट करके स्वागत करते हैं। विवाह-संस्कार में वर की झोली में भी नारियल डालते हैं।

वधू के सुहाग की कामना के निमित्त सहेलियां और रिश्ते की स्त्रियां मौली में खोपा और कौड़ियां पिरोकर वधू की कलाई में बांधती हैं।

हिन्दू स्त्रियां अपने पति की दीर्घायु तथा उत्तम स्वास्थ्य के लिए कार्त्तिक मास की कृष्णा चतुर्थी के दिन एक व्रत रखती हैं, जिसे 'करवा चौथ' कहते हैं। पानी से भरा नारियल तोड़कर और उसकी गिरी खाकर इस पवित्र व्रत का अनुष्ठान आरम्भ होता है।

सुन्दर वृक्ष

चौबीस मीटर से तीस मीटर तक ऊंचा, मोटा, शाखारहित यह वृक्ष है। फूले हुए आधार पर काण्ड को मूलकों का समुदाय घेरे रहता है। ऊपर जाकर काण्ड कुछ अनियमित रूप से मुड़ जाता है। अन्य ताड़ों के समान इसके सारे काण्ड पर झड़े हुए पत्तों के डण्ठलों के चिह्न देखे जा सकते हैं। काण्ड में मुड़ने की क्षमता बहुत अधिक होती है। ज़ोर की आंधियों में नारियल के पेड़ बहुत झुके हुए दीख पड़ते हैं। मज़बूत, कठोर डण्ठलों पर 3.60 से 5.40 मीटर लम्बे, धनुषाकृति, चमकीले हरे पंखसदृश पत्तों का मुकुट काण्ड के पतलेपन को पराभूत करके अपना सौन्दर्य बिखेर रहा होता है। साठ से नब्बे सेण्टीमीटर लम्बे तलवार की आकृति वाले चर्मश पर्ण पंख के समान चपटे होते हैं और समान दूरी पर लगे रहते हैं। लचीली चटाई जैसा एक पदार्थ पत्तों के आधार को घेरे रहता है। इसकी एक सतह चिकनी होती है। इसके अन्दर तन्तु पास-पास बने हुए होते हैं। मुकुट के बाहरी पत्तों के अक्षों से निकलती हुई साठ सेण्टीमीटर लम्बी शाखाओं

पर बहुत-सी सीखों पर घने गुच्छों में छोटे फूल लगते हैं। नर और मादा फूल एक ही गुच्छे में पाए जाते हैं। मादा फूल पुष्पगुच्छ आधार के पास होते हैं और नर से काफ़ी बड़े होते हैं। पुष्पगुच्छ एक पत्र-आवरण में बन्द रहता है।

चित्र 63 नारियल के फलदार वृक्ष का एक भाग

नारियल का फल पकने पर मनुष्य के सिर के बराबर होता है। इस तिकोने फल का बाहरी कठोर आवरण हरा या पीला-सा होता है। बाहर के तन्तुमय स्तर के अन्दर कठोर कवच होता है, जिसके भीतर एल्ब्यूमिन्स का आस्तरण, बीज तथा हलके दूधिया रंग का मीठा जल विद्यमान होता है। कवच के एक सिरे पर तीन छिद्रों के चिह्न होते हैं। दो चिह्नों में सूराख़ करने से अन्दर का पानी बाहर आ जाता है। एक छिद्र के सम्मुख भ्रूण पड़ा रहता है।

खेती

इस अतिशय उपयोगी पौधे को उगाने के लिए बहुत कम देखभाल की ज़रूरत होती है। पौधे बीज से उगाए जाते हैं। फलों को रोपणियों (नर्सरियों) में जनवरी से एप्रिल तक बोते हैं। फल के भीतर ही बीज का भ्रूण अंकुरित हो जाता है। बीजजात पहले फल के अन्दर विद्यमान एल्ब्यूमिन्स को आत्मसात कर लेता है और समूचे कवच को भर देता है। तब गिरी मृदु पड़ जाती है और जड़ें कवच

की दीवारों से बाहर निकल पड़ती हैं। एक साल बाद पौधों को नब्बे सेण्टीमीटर गहरे खोदे हुए गड्ढों में पुनरारोपित कर देते हैं। एक मास में एक के हिसाब से नए पत्ते निकलते हैं। वृद्धि के तीसरे वर्ष में गिरने लगते हैं। पच्चीस और तीस वर्ष के बीच में पौधा पूर्ण उन्नत हो जाता है। तब इसमें लगभग अट्ठाईस पत्ते

चित्र 64 नारियल के वृक्षों का झुरमुट

पैदा हो गए होते हैं। फलों की सामान्यतया बारह शाखाएं होती हैं। एक ही समय में कुछ में सूखे और कुछ में पके फल लगे होते हैं। गेंद के आकार तक पहुंच जाने पर अधिकतर फल गिर पड़ते हैं, कुछ ही परिपक्वता तक पहुंच पाते हैं। ऐसा होने पर भी अकेला पेड़ साल भर में एक सौ फल तो पैदा कर ही देता है। फल मुख्यतया मार्च से जुलाई तक निकलते हैं और प्रायः एक वर्ष बाद पकते हैं।

नारियल की मणियां

नारियल की फलभित्ति में कभी-कभी पथरीली मणियां पाई जाती हैं। दो हज़ार या इनसे भी अधिक नारियलों को तोड़ने पर किसी एक में यह मणि निकलती

है। रोगों का उपचार करने और भूत-प्रेतों को भगाने के उद्देश्य से मलय के आदिवासी इसे बहुत सम्भालकर रख लेते हैं। मलय देश की यात्राओं में डौक्टर सिड्ज हिकसन को बहुत प्रयत्न करने पर दो नारिकेल रत्न मिले थे। इनमें से एक चौदह मिलीमीटर व्यास का पूर्ण गोला था। दूसरा आकृति में छोटा था और अनियमित रूप से नाशपाती की आकृति का था। दोनों रत्नों का पृष्ठ चिकना था। गोल रत्न को काटकर दो टुकड़े कर लिए गए। एक टुकड़े का रासायनिक विश्लेषण करने पर उसमें कैल्सियम कार्बोनेट पाया गया। उसमें किसी अन्य लवण या वानस्पतिक तन्तु का अत्यल्प अंश भी नहीं पाया गया। वाल्टर विलियम स्कौट (1900) ने कैम्ब्रिज के जाति विद्या (एथ्नोलौजिकल) संग्रहालय को जो नारिकेल-मणि भेंट दी थी, उस पर गाढ़े रंग के एक छल्ले का निशान बना हुआ था। उन्हें बताया गया था कि नारियल की आंख के छिद्र पर चिपका रहने से यह निशान पड़ जाता है। थिसेल्टन डायर ने इस पथरीली रचना की बनावट की तुलना बांस में बन जाने वाले वंशलोचन से की है।

संस्कृत में नाम

आयुर्वेद के निघण्टुओं में नारियल के कुल चौंतीस नाम आए हैं। धन्वन्तरिनिघण्टु (8वीं शती) में सात; राजनिघण्टु (12वीं शती) में पन्द्रह, मदनपालनिघण्टु (1374 सन्) में आठ, कैयदेवनिघण्टु (1450 सन्) में पन्द्रह, भावप्रकाशनिघण्टु (1550 सन्) में आठ नाम और पर्याय आए हैं :

नारिकेलो रसफलः सुतुङ्गः कूर्चशेखरः।
तालवृक्षो दृढफलो लाङ्गली दक्षिणात्यकः॥

धन्वन्तरिनिघण्टु, आम्रादिवर्ग 5;67.

नारिकेलो रसफलः सुतुङ्गः कूर्चशेखरः।
दृढनीली नीलतरुर्मङ्गल्योच्चतरुस्तथा॥
तृणराजः स्कन्धतरुर्दाक्षिणात्यो दुरारुहः।
लाङ्गली त्रयम्बकफलस्तथा दृढफलस्थितिः॥

राजनिघण्टु, आम्रादिवर्ग 11;47, 48.

नारिकेलो दृढफलो महावृक्षो महाफलः।

तृणराजस्तृणफलस्तृणाह्वो दृढबीजकः ॥

मदनपालनिघण्टु, फलादिवर्ग 6;14.

नालिकेरो लतावृक्षो दृढबीजो महाफलः ।
तुङ्ग स्कन्धफलश्चोच तृणराजः सुतुङ्गकः ॥
दृढवृक्षो दृढफलो लाङ्गली कूर्चकेशरः ।
दृढनीरस्त्र्यक्षफलो दाक्षिणात्यः सदाफलः ॥

कैयदेवनिघण्टु, ओषधिवर्ग 1;265,266.

नारिकेलो दृढफलो लाङ्गली कूर्चशीर्षकः ।
तुङ्गः स्कन्धफलश्चैव तृणराजः सदाफलः ॥

भावप्रकाशनिघण्टु, आम्रादिवर्ग 6;38.

इन श्लोकों के अन्तर्गत आए नाम और पर्यायों को नीचे तालिका में दिया जा रहा है जिससे पाठक सुगमता से उनका तुलनात्मक अध्ययन कर सकें :

धन्वन्तरिनिघण्टु (8वीं शती)	**राजनिघण्टु** (12वीं शती)	**मदनपालनिघण्टु** (1374 सन्)	**कैयदेवनिघण्टु** (1450 सन्)	**भावप्रकाशनिघण्टु** (1550 सन्)
	1 उच्चतरु			
			1 कूर्चकेशर	
				1 कूर्चशीर्षक
1 कूर्चशेखर	2 कूर्चशेखर			
			2 चोच	
2 तालवृक्ष				
			3 तुङ्ग	2 तुङ्ग
		1 तृणफल		
	3 तृणराज	2 तृणराज	4 तृणराज	3 तृणराज
		3 तृणाह्व		
			5 त्र्यक्षफल	
	4 त्र्यम्बकफल			
3 दक्षिणात्यक	5 दाक्षिणात्य		6 दाक्षिणात्य	
	6 दुरारुह			
			7 दृढनीर	
4 दृढफल	7 दृढफल	4 दृढफल	8 दृढफल	4 दृढफल
	8 दृढफलस्थिति			
			9 दृढबीज	

		5 दृढबीजक		
			10 दृढवृक्ष	
	9 नारिकेल	6 नारिकेल		5 नारिकेल
	10 नीलतरु			
	11 मङ्गल्य			
		7 महाफल		
		8 महावृक्ष		
5 रसफल	12 रसफल			
			11 लतावृक्ष	
6 लाङ्गली	13 लाङ्गली		12 लाङ्गली	6 लाङ्गली
			13 सदाफल	7 सदाफल
7 सुतुङ्ग	14 सुतुङ्ग			
			14 सुतुङ्गक	
	15 स्कन्धतरु			
			15 स्कन्धफल	8 स्कन्धफल

नामों के अर्थ

उच्चतरु : ऊंचा (उच्च) वृक्ष (तरु)।

कूर्चकेशर : कूची (कूर्च) के रेशों (केशर) जैसा जाल जिसके सिरों पर होता है।

कूर्चशीर्षक : वृक्ष के सिरे पर (शीर्षक) कूची (कूर्च) के रेशों जैसी जाली होती है।

कूर्चशेखर : वृक्ष के शिखर पर (शेखर) कूची (कूर्च) के रेशों जैसी जाली होती है।

चोच : जिसके सिरे पर वल्कल जैसी जाली होती है।

तालवृक्ष : ताड़ (ताल) के समान ऊंचा पेड़ (वृक्ष)।

तुङ्ग : ऊंचा वृक्ष।

तृणफल : नारियल (तृण) का फल।

तृणराज : वनस्पतियों (तृण) का राजा (राज), नारियल का पेड़।

तृणाह्व : तृण (नारियल) नाम वाला (आह्व)।

त्र्यक्षफल : तीन (त्रि) आंखों वाला (अक्ष) फल।

त्र्यम्बकफल : तीन (त्रि) आंखों वाला (अम्बक) फल।

दक्षिणात्यक : = दाक्षिणात्य।
दाक्षिणात्य : दक्षिण दिशा (दक्षिणा) में मिलने वाला (त्य)।
दुरारुह : जिस वृक्ष पर चढ़ना (आरुह) मुश्किल (दुर्) है।
दृढनीर : फल के मज़बूत (दृढ) खोल में पानी (नीर) भरा रहता है।
दृढफल : मज़बूत (दृढ) फल।
दृढफलस्थिति : वृक्ष पर मज़बूती (दृढ़) से लगा हुआ (स्थिति) फल।
दृढबीज : मज़बूत (दृढ) फल को ही बीज के रूप में बोया जाता है।
दृढबीजक : = दृढबीज।
दृढवृक्ष : मज़बूत (दृढ) पेड़ (वृक्ष)।
नारिकेल : नारियल।
नीलतरु : गूढ़े हरे (नील) पत्तों वाला वृक्ष (तरु)।
मङ्गल्य : मङ्गलकारी (मङ्गल्य) फल।
महाफल : बड़ा (महा) फल।
महावृक्ष : विशाल (महा) पेड़ (वृक्ष)।
रसफल : पानी (रस) से परिपूर्ण फल।
लतावृक्ष : पेड़ वृक्ष के काण्ड प्रायः बेल (लता) सदृश मुड़े हुए होते हैं।
लाङ्गली : नारियल
सदाफल : हमेशा (सदा) फलने वाला (फल)।
सुतुङ्ग : बहुत (सु) ऊंचा (तुङ्ग) वृक्ष।
सुतुङ्गक : = सुतुङ्ग।
स्कन्धतरु : लम्बे काण्ड (स्कन्ध) वाला वृक्ष (तरु)।
स्कन्धफल : काण्ड (स्कन्ध) के साथ फल के गुच्छे लगते हैं।

गुण

नारियल स्वादु, मधुर, शीतल, स्निग्ध और गुरु है। पित्त के रोगों को नष्ट करने वाला। पाचक, अग्नि बढ़ाने वाला, तृप्तिप्रदायक, बल-मांसवर्धक, वृष्य, बृंहण, वातहर, दाहविनाशक, श्लेष्मल, ज़ख़्मों को भरने वाला, रुधिरस्थापक, क्षयरोगनाशक

और मूत्राशयशोधक है :

बृंहणस्निग्धशीतानि बल्यानि मधुराणि च ॥

चरकसंहिता, सूत्रस्थान 27;130.

नालिकेरं गुरु स्निग्धं पित्तघ्नं स्वादु शीतलम् ।
बलमांसप्रदं हृद्यं बृहणं बस्तिशोधनम् ॥

सुश्रुतसंहिता, सूत्रस्थान 46;180.

नारिकेलं गुरु स्निग्धं पित्तकृत् स्वादु शीतलम् ।
बलमांसप्रदं वृष्यं बृंहणं वस्तिशोधनम् ॥

धन्वन्तरिनिघण्टु, आम्रादिवर्ग 5;68.

नारिकेलो गुरुः स्निग्धः शीतः पित्तविनाशनः ।

राजनिघण्टु, आम्रादिवर्ग 11;49.

नारिकेलफलं शीतं दुर्जरं बस्तिशोधनम् ।
विष्टम्भि बृंहणं वृष्यं वातपित्तास्रदाहजित् ॥

मदनपालनिघण्टु, फलादिवर्ग 6;15.

नालिकेरं हिमं स्निग्धं स्वादुपाकरसं गुरु ।
तर्पणं पाचनं वृष्य बृंहणं बलमांसकृत ॥
विष्टंभि दुर्जरं हृद्यं श्लेष्मलं बस्तिशोधनम् ।
दाहक्षतक्षयहरं वातपित्तास्रनाशनम् ॥

कैयदेवनिघण्टु, ओषधिवर्ग 1;268, 269.

नारिकेलफलं शीतं दुर्जरं वस्तिशोधनम् ।
विष्टम्भि बृंहणं बल्यं वातपित्तास्रदाहनुत् ॥

भावप्रकाशनिघण्टु, आम्रादिवर्ग 6;39.

कच्चे फ़ल के गुण

अधपका नारियल का फल तृषाशामक है। शरीर के सूखेपन को दूर करता है। देर से पचता है :

अर्द्धपक्वस्तृषाशोष-शमनो दुर्जरः परः ॥

राजनिघण्टु, आम्रादिवर्ग 11;49.

जल के गुण

नारियल का पानी लघु, मधुर, स्वादु, शीतल, स्निग्ध, पाक में गुरु, जठराग्नि उद्दीपक, आहार को पचाने वाला, तृषाशामक, श्रमहर, दाहनिवारक, बलदायक, वृष्य, वीर्यवर्धक, हृदय के लिए हितकर, मूत्राशय शोधक, शोषनिवारक और पित्तहर है। ज़ुकाम दूर करता है :

नारिकेलसलिलं लघु बल्यं शीतलं च मधुरं गुरु पाके
पित्तपीनसतृषाश्रमदाहशान्ति शोत्रशमनं सुखदायि।
पक्वमेतदपि किञ्चिदिहोक्तं पित्तकारि रुचिदं मधुरं च
दीपनं बलकरं गुरु वृष्यं वीर्य्यवर्द्धनमिदं तु वदन्ति॥

राजनिघण्टु, आम्रादिवर्ग 11;50.

तस्याम्भः शीतलं हृद्यं दीपनं शुक्रलं लघु।

मदनपालनिघण्टु, फलादिवर्ग 6;16.

तस्योदकं हिमं स्निग्धं मधुरं वस्ति शोधनम्।
दीपनं शुक्रलं हृद्यं लघु तृड्दाहपित्तनुत्॥

कैयदेवनिघण्टु, ओषधिवर्ग 1;270.

तस्याम्भः शीतलं हृद्यं दीपनं शुक्रलं लघु।
पिपासापित्तजित्स्वादु वस्तिशुद्धिकरं परम्॥

भावप्रकाशनिघण्टु, आम्रादिवर्ग 6;41.

छिलके के रस के गुण

नारियल के छिलके का रस, मधुररस, मधुरविपाक, रक्तपित्तघ्न, कफनाशक है। मन्दाग्नि, अफ़ारा और ग्रहणी रोगी को दूर करता है :

स्वादुपाकरसो रक्तपित्तघ्नः कफनाशनः।
ग्रहणीदीपनानाहहितस्तद्वल्कजो रसः॥

कैयदेवनिघण्टु, ओषधिवर्ग 1;275.

दूध के गुण

नारियल का दूध उष्ण, स्निग्ध, गुरु, पाक में मधुर, रुचिकारक, बलदायक और वृष्य है। खांसी, वातगुल्म और बलास को नष्ट करता है। किञ्चित पित्तवर्धक

तथा दाहकारक है :

वृष्यं स्निग्धं नारिकेलस्य दुग्धमीषत् कुर्यात् पित्तदाहौ गुरु स्यात् ।
उष्णं हन्याद् वातगुल्मं बलासं बल्यं रुच्यं कासहृत् स्वादु पाके ॥

कैयदेवनिघण्टु, ओषधिवर्ग 1;270.

घी के गुण

नारियल का घी रस और पाक में मधुर, पित्तहर, वातहर, बलवर्धक, बृंहण और बालों के लिए हितकर है। ताज़ा घी रुचिकारक और हृदय के लिए हितकर है। पुराना घी मधुर, तिक्तरस, अरुचिकर और गुरु वातनाशक है। खुजली और त्वचा के चकत्ते दूर करता है :

नालिकेरोद्भवं सर्पिर्बृंहणं बलवर्द्धनम् ।
केश्यं पित्तानिलहरं मधुरं रसपाकयोः ॥
हृद्यं रुच्यं नवं प्रोक्तं पुराणं गुरु वातनुत् ।
तिक्तमहृद्यं मधुरं कंडूकोठहरं परम् ॥

कैयदेवनिघण्टु, ओषधिवर्ग 1;272,273.

तेल के गुण

नारियल का तेल मधुररस, स्वादुपाक, पित्तहर, वातनाशक, रक्तपित्तहर, कफनाशक, बलवर्धक, बृंहण, दांतों के लिए हितकर, और केशवर्धक है :

नालिकेरोद्भवं तैलं बृंहणं बलवर्द्धनम् ।
केश्यं पित्तानिलहरं दन्त्यं मधुरमेव च ॥

कैयदेवनिघण्टु, ओषधिवर्ग 1;274,275.

शर्करा के गुण

नारियल की शर्करा मधुर तथा वातनाशक है :

शर्करा नालिकेरस्य मधुरा वातपित्तजित् ।

कैयदेवनिघण्टु, ओषधिवर्ग 1;276.

पुष्प के गुण

नारियल का फूल रक्तपित्त, प्रमेह तथा रक्तातिसार को दूर करता है। यह उत्तम रक्तस्रावरोधक है। सोमरोग को दूर करता है। कब्ज करने वाला है :

नालिकेरप्रसूनं तु रक्तपित्त प्रमेहनुत् ॥
रक्तातिसारं हरति महालोहितनाशनम् ।
शीतलं सोमरोगघ्नं विबन्धं कुरुते भृशम् ॥

कैयदेवनिघण्टु, ओषधिवर्ग 1;276,277.

ताड़ी के गुण

नारियल की ताड़ी अतिस्निग्ध, तुरन्त नशा करने वाली, गुरु और वृष्य है। यह दुपहर बाद खट्टी हो जाती है। कफपित्तकर, वातशामक और कृमिनाशक होती है :

नालिकेरतरुतोयमतीव स्निग्धमाशुमदकृद् गुरु वृष्यम् ।
साम्लभावमुपयात्यपराह्णश्लेष्मपित्तकरवात कृमिघ्नम् ॥

कैयदेवनिघण्टु, ओषधिवर्ग 1;279.

शिर की मज्जा के गुण

नारियल के शिर की मज्जा कषाय, रस और पाक में मधुर, स्निग्ध, गुरु, वातपित्तहर, कफवर्धक, बृंहण, शुक्रवर्धक, रक्तस्रावरोधी है :

तत्पादपशिरोमज्जा शुक्रला वातपित्तजित् ॥

मदनपालनिघण्टु, फलादिवर्ग 6;16.

तद्द्रुमस्य शिरोमज्जा मधुरो रसपाकयोः ।
वातपित्तास्रशमनः शुक्रश्लेष्मविवर्द्धनः ॥

कैयदेवनिघण्टु, ओषधिवर्ग 1;278.

नारिकेलस्य तालस्य खर्जूरस्य शिरांसि तु ।
कषायस्निग्धमधुरबृंहणानि गुरुणि च ॥

भावप्रकाशनिघण्टु, आम्रादिवर्ग 6;42.

खुबर के गुण

नारियल का खुबर, स्निग्ध, गुरु, दुष्पच, दाह तथा विष्टम्भकारक और रुचिप्रद है। बल एवं वीर्यवर्धक है :

खुबरं नारिकेलस्य स्निग्धं गुरु च दुर्जरम्।
दाहविष्टम्भदं रुच्यं बलवीर्य्यविवर्द्धनम् ॥

राजनिघण्टु, आम्रादिवर्ग 11;51.

विविध उपयोग

जहां से पुष्प शाखाएं निकलती हैं, वहां एक जाली-सी होती है। वह थैले और आवरणों को बनाने में काम आती है। ताड़ी छानने में भी इनका उपयोग होता है। पत्तों को जलाने से प्राप्त राख में क्षार की प्रचुरता रहती है। पकने से पहले ही जो फल पेड़ से गिर पड़ते हैं, वे भी व्यापार में काम आ जाते हैं। उनसे चिकने फट्टे बना लिए जाते हैं, जो व्यापारिक नाम *कोकोनाइट* के अन्तर्गत बेचे जाते हैं। ये तख़्ते मज़बूत होते हैं। इन पर वार्निश और रंग-रोग़न किया जा सकता है। रेल के डिब्बों के अन्दर की दीवारों और छतों के नीचे लगाने के लिए इन्हें काम में लाया जाता है। ध्वनि और ताप के विसंवाहकों, के रूप में भी इनका प्रयोग होता है। सूखी गिरी को गोला, खोपा या कोपरा कहते हैं। इससे निकाला हुआ तेल व्यापार और उद्योग में बहुत उपयोगी है। मोमबत्ती, साबुन, केश तेल और भोज्य पदार्थों के निर्माण में यह व्यापक रूप से इस्तेमाल किया जाता है। प्रकाश के लिए भी इसका उपयोग होता है। तेल निकालने के बाद गिरी का बचा हुआ फोक (खली) मुर्ग़ियों और ढोरों को मोटा बनाने वाले भोजन के रूप में दिया जाता है। ताड़ के छोटे पौधों और अन्य फ़सलों में भी यह खली खाद के लिए डाली जाती है।

छिलकों से निकाले हुए तन्तुओं को *नारियल की जटा* (कौयर) कहते हैं। इसका व्यापारिक महत्त्व बहुत अधिक है। यह पानी में तो टिकाऊ है ही, समुद्र जल में भी ख़राब नहीं होता। इस गुण के कारण यह ताज़े पानी और समुद्र के अन्दर काम आने वाली रस्सियों और रस्सों के निर्माण में प्रचुर उपयोग में आ रहा है। नारियल जटा से बने जहाज़ों के रस्से लचीले होते हैं और समुद्र में बहुत अच्छे चलते हैं। सोफ़ा सेट, हौस्पिटल के गद्दों, तांगा आदि वाहनों के गद्दों में,

चित्र 23. गलगल के फल

चित्र 24. चेस्टनट के फल

चित्र 25. गुलाब जामुन की फलदार शाखा

चित्र 26. तरबूज़ के कटे, साबुत फलों की ढेरी

चित्र 27. झड़बेर के फल

चित्र 28. फ़ालसा के फल

चित्र 29. फूट का फल

चित्र 30. पपीते का फल

चित्र 31. कच्चे सफ़ेद शहतूत की फलदार शाखा

चित्र 32. बादाम के हरे फल

चित्र 33. बादाम की गिरियां

चित्र 34. मूंगफली की पुष्पित बेल

चित्र 35. मूंगफली के फल

चित्र 36. नारंगी का फलदार वृक्ष

चित्र 37. सेब का हरे फलों से लदा वृक्ष

चित्र 38. लाल फलों से लदा सेब का वृक्ष

चित्र 39. पीला सेब

काठियों आदि में भरने के प्रयोग में यह काम आता है। इसके रेशे के पायदान और कूचियां (ब्रुश) बनते हैं। इसकी जटाओं को बंटकर बनाई हुई रस्सियों से निर्मित चटाइयों, गलीचों, दरियों और टाटों को कमरे में बिछाने का रिवाज़ ख़ूब बढ़ रहा है। नारियल के रेशे से अब कठोर तख़्ते भी बनने लगे हैं।

कवच गठीला, दृढ़ और हलके भूरे रंग का होता है। सोडे के घोल में धोकर इस पर तेल मल दें तो यह चिकना, चमकीला, गाढ़ा भूरा या काला पड़ जाता है। इसके औद्योगिक, व्यापारिक और घरेलू प्रयोग बहुत अधिक हैं। इस पर पच्चीकारी की जा सकती है, लाख का सुन्दर काम किया जा सकता है और धातुओं के पत्तरों से इसे मढ़ा जा सकता है।

घरों में ईंधन की जगह कवच बड़े परिमाण में जलाया जाता है। जहां नारियल अधिक पैदा होता है, वहां यह छोटे-मोटे कारख़ानों में भट्टियों के झोंकने में काम आ जाता है। कवच को जलाकर एक काला रोग़न बनाया जाता है।

लकड़ी के उपयोग

नारियल की लकड़ी भीतर से आरक्त-बभ्रु वर्ण की और मुलायम होती है। परन्तु बाहर से कठोर तथा लाल रंग की होती है, जिस पर सुन्दर धारियां पड़ी होती हैं, इस पर पौलिश अच्छी चढ़ती है। ख़राद पर यह अच्छी रहती है। व्यापार में इस लकड़ी को *पोर्क्यूपाइन वुड* कहते हैं।

इसकी लकड़ी कड़ियों, खेत की बल्लियों, भाले के हत्थों, छत पर पाटने के गट्टुओं, भवन-निर्माण के विभिन्न प्रयोजनों, महिलाओं की कामदार मंजूषाओं, हाथ की छड़ियों, गहनों और चित्र-विचित्र पदार्थों के बनाने में काम आती है। इसका कोयला बनाया जाता है। इसके उपस्कर (फ़र्निचर) बहुत सुन्दर चित्रित और टिकाऊ बनते हैं। पुलों और छोटी किश्तियों को बनाने में इसकी लकड़ी उपयोगी है।

नारियल की लकड़ी के बुरादे को चूने के साथ मिलाकर एक तापरोधक सीमेंट बनाया जाता है, जिस पर पौलिश बहुत बढ़िया चढ़ती है। यह संगमरमर से मिलता-जुलता होता है। पर्णकों की पसलियों (सीखों) से मांस भूनने की शलाकाएं, बुनने की सलाइयां, दांत कुरेदने की सलाइयां, कंघे-कंघियां और झाड़ुएं बनाई जाती हैं। फूलों को धारण करने वाले छोटे डण्ठलों की दातुनें बनाते हैं। झोपड़ियों को छतने के काम में पत्तों का विस्तृत उपयोग किया जाता है। इनकी चटाइयां और मशालें

बनाई जाती हैं। दक्षिण भारत में और श्रीलङ्का में ग़रीब लोगों की झोपड़ियां पूर्णतया नारियल की विविध उपजों से ही निर्मित होती हैं।

चिकित्सा में उपयोग

दीपन, पाचन और कोष्ठवातप्रशमन के लिए नारियल का मद्य लाभदायक है। पुराने नारियल का स्वरस मलस्रंसक है। कच्चे नारियल का पानी मूत्रजनन और मूत्रविरजन है। जिन लोगों के गुरदे पर्याप्त मात्रा में मूत्र नहीं बनाते, उनको प्रतिदिन नारियल का पानी पीना चाहिए। इससे वृक्क क्रियाशील होते हैं और मूत्र की मात्रा बढ़ जाती है। कच्चे नारियल की गिरी को पीसकर निकाला हुआ दूध (स्वरस) मूत्र की उत्पत्ति को बढ़ाने के लिए दिया जाता है। जिन लोगों को गरमी के कारण पीले या लाल रंग का मूत्र कष्ट से स्वल्प मात्रा में आता है, उन्हें नारियल के पानी के प्रचुर सेवन से लाभ होता है। नारियल का तेल कफनाशक है। नारियल की गिरी पित्तनाशक, स्निग्ध, गुरु, स्वादु, मधुर, शीतल, बल-मांस को बढ़ाने वाली, बृंहण (पोषक) शक्ति को पुष्ट करने वाली, हृदय को बल देने वाली और वस्तिशोधक है। पुराने नारियल का स्वरस पौष्टिक है।

सूखे गोले के सिर पर से छोटी-सी टोपी उतारकर उसमें ईसबगोल भर दें। टोपी को बिठाकर गीले आटे से संधिबंधन कर दें। खुले घी में इसे हलकी आंच पर तल लें। ठंडा हो जाने पर कूट लें। आटे को भूनकर इसमें मिलाकर पंजीरी बना लें। जिन लोगों को सिरदर्द बना रहता है, उन्हें इसे खाने से लाभ होता है।

कच्चे नारियल के अन्दर छिद्र के ऊपर जो भ्रूण होता है, उसे लोक भाषा में *नारियल का फूल* कहते हैं। पुत्र-प्राप्ति की आकांक्षा से स्त्रियां उसे खाती हैं। नारियल का मद्य ज्वरहर और निद्रा लाने वाला है। कौड लिवर औयल के प्रतिनिधि रूप में नारियल का तेल काम आता है। यह शोषघ्न है। क्षय रोग में इसका प्रयोग करने की सिफ़ारिश की जाती है। देशी चिकित्सक क्षय के रोगियों को नारियल की ताड़ी या नीरा पीने की सलाह देते हैं। प्रतिदिन प्रातःकाल यह पी जाए तो सामान्य स्वास्थ्य में सुधार करती है।

गत महायुद्ध में सुदूर पूर्व में युद्धबन्दी जब विटामिन की न्यूनता से कष्ट पा रहे थे तब नारियल की नीरा सेवन करने से ठीक हो गए थे। इसमें विटामिन बी विद्यमान होता है। पर्णकों के आधार पर विद्यमान ऊन सदृश घनरोम रक्तरोधी

के रूप में उपयोगी होते हैं। मेदोवृद्धि में खोपे का तेल खाने से मेद कम होता है। नारियल का तेल कृमिनाशक है और ज़ख़्मों पर लगाने से उन्हें जल्दी भर देता है।

नारियल के कवच को जलाकर पाताल यंत्र से निकाला हुआ तेल त्वचा के रोगों को नष्ट करता है। नारियल का तेल बालों के लिए हितकर है। लम्बे चलने वाले ज्वरों में तथा निर्बल कर देने वाले अन्य रोगों में जब सिर के बाल झड़ जाते हैं तब नारियल के तेल की सिर पर मालिश करने से लाभ होता है। केश तेल के रूप में नारियल का तेल दुनिया भर के लोग प्रयोग कर रहे हैं।

चालीस

नाशपाती

पीरुस पीरीफ़ोलिआ (बर्मन पुत्र) नकाई वैरा.
कुल्ता (माकिनो) नकाई
Pyrus pyrifolia (Burman f.) Nakai var.
culta (Makino) Nakai
कुल : रोसासी Rosaceae

छोटा वृक्ष, ऊंचाई नौ से पन्द्रह मीटर; पत्ते अण्डाकृति-लम्बगोल, दस से पन्द्रह सेण्टीमीटर लम्बे, सात से दस सेण्टीमीटर चौड़े, बहुत गूढे-हरे; फूल सफ़ेद, फल

चित्र 65 नाशपाती की पुष्पित शाखा

लगभग नौ सेण्टीमीटर चौड़ा, अधिकतर सेब की शक्ल का, तने वाले सिरे पर गड्ढा;

गूदा कठोर होता है।

विविध भाषाओं और स्थानों में नाम

अंग्रेज़ी	: जापानीज़ पीअर (Japanese pear), कण्ट्री पीअर (country pear)।
चैन्नई	: बेड़ीकाई।
संस्कृत	: टङ्क।

प्राप्ति स्थान

चीन और जापान मूलवासी है। वहां से अनेक देशों में संप्रविष्ट हुई। शायद भारत में भी वहां से आई। पंजाब के मैदानों और पहाड़ों में तथा असम की ख़ासी पहाड़ियों में उगाई जाती है। ख़ासी पहाड़ियों में यह प्राकृत बन गई है। नीलगिरि पहाड़ियों में इसे देसी नाशपाती कहते हैं, वहां यह प्रायः अर्द्धजंगली है।

देशी नाशपाती कठोर और दानेदार गूदे के कारण यह घटिया क़िस्म की मानी जाती है। अधिकतर रसोई में डिब्बाबन्दी के काम आती है। इसकी क़ीमत कम होती है। पौधे पर प्रचुर परिणाम में फल लगते हैं, इसलिए कम क़ीमत होने पर भी इसे बोना लाभदायक है। अन्य नाशपातियों की अपेक्षा यह भण्डारण और परिवहन से कम प्रभावित होती है। देशी नाशपाती के फल कड़क बनावट के होते हैं। इनमें शर्कराओं की प्रचुरता होती है। इनका स्वाद ताज़गी देने वाला और मीठा होता है।

संस्कृत में नाम

मदनपालनिघण्टु (1374 सन्) में नाशपाती के तीन नाम आए हैं तथा कश्मीरी नाशपाती के दो नाम आए हैं :

अमृताह्वं रुचिफलं लघुबिल्वं फलाकृति।

मदनपालनिघण्टु, फलादिवर्ग 6; 60.

कश्मीरी नाशपाती के नाम

अन्यदम्भः फलं भिन्नं महत्सिञ्चितिकाफलम्।

मदनपालनिघण्टु, फलादिवर्ग 6; 59.

नामों के अर्थ

अंभःफल	:	रसीला (अंभः) फल।
अमृताह्व	:	अमृत नाम वाला (आह्व) फल।
महत्सिञ्चितिकाफल	:	बड़े (महत्) सेब (सिञ्चितिका) जैसा फल।
रुचिफल	:	स्वादु फल।
लघुबिल्वफलाकृति	:	छोटे (लघु) बेल फल (बिल्वफल) की शक्ल (आकृति) वाला फल।

रासायनिक संघठन : इनके प्रति 100 ग्राम में आर्द्रता 86.0 प्रोटीन 0.2 वसा 0.1, खनिज 0.3, रेशे 1.0, अन्य कार्बोहाइड्रेट्स 12.4 ग्राम होते हैं। प्रति 100 ग्राम में कैल्सियम 6, फ़ौस्फ़ोरस 10 और लोहा 1.0 मिलीग्राम होते हैं। देशी नाशपाती के 100 ग्राम के एक नमूने में मैग्नीसियम 11, सोडियम 0.6, पोटासियम 135 और गन्धक 16 मिलीग्राम थे। कुल फौस्फ़ोरस का 66 प्रतिशत फ़ाइटीन फौस्फ़ोरस होता है। लोहा सर्वथा अघुलनशील रूप में होता है। देसी नाशपाती पेक्टिन का अच्छा स्रोत है। इनमें कैल्सियम पेक्टेट के रूप में 9.25 प्रतिशत पेक्टिन होती है। पेक्टिन में जेली अच्छी बनती है।

गुण

नाशपाती स्वादिष्ट, खट्टी, लघु तथा गर्म है। यह रुचिवर्धक तथा वीर्यवर्धक है। तीनों दोषों का नाश करती है :

अमृतं गुरु वातघ्नं स्वाद्वम्लं रुचिशुक्रकृत्।

मदनपालनिघण्टु, फलादिवर्ग 6; 60.

अमृतफलं लघु वृष्यं सुस्वादु त्रीन्हरेद्दोषान्।

भावप्रकाशनिघण्टु, आम्रादिवर्ग 6; 127.

कश्मीरी नाशपाती के गुण : काश्मीर की नाशपाती स्वादिष्ट, अम्लरसयुक्त तथा रुचिवर्धक है। यह वातनाशक तथा वीर्यवर्धक है। सेव के सामान गुण करती है :

अमृतं गुरु वातघ्नं स्वाद्वम्लं रुचिशुक्रकृत्।
अपरं सेवगुणकृद्विशेषात्तुवरं हिमम्॥

मदनपालनिघण्टु, फलादिवर्ग 6; 59.

इक्तालीस

निम्बू

चित्रुस आउरांतिफोलिआ (क्रिस्टमन) स्विंगल
Citirus aurantifolia (Christmann) Swingle
कुल : रुतासी Rutaceae

औद्भिदी (बौटनी) के आधुनिक विद्वान् हमें बताते हैं कि लगभग चार सौ साल पहले इंग्लैण्ड में निम्बू नहीं उगता था। कहते हैं कि कोलम्बस को अटलाण्टिक महासागर की यात्राओं में केनारी द्वीप में निम्बू के वृक्ष मिले थे। वहां से ले जाकर उसने इन्हें अमेरिका में उगाया था। नैसर्गिक अवस्था में निम्बू के प्राप्त होने का मूल स्थान म्यांमार या कोई अन्य पूर्वीय देश माना जाता रहा है। परन्तु अब पुरातत्त्व सम्बन्धी कुछ ऐसे प्रमाण मिले हैं जिनके आधार पर यह विश्वास किया जाता है कि यूरोप और इटली में निम्बू सोलह सौ वर्ष पूर्व भी पाया जाता था और मध्य एशिया में तो यह हज़ारों साल पहले विद्यमान था। गरम प्रदेशों के मूल निवासी इस पौधे को हिमालय की शीतल घाटियों में कैसे उगाया जाए इस सम्बन्ध में हमें रूस का एक सफल परीक्षण ध्यान में रखना चाहिए।

हिम प्रदेश में निम्बू

निम्बू गण के पौधे गरम जलवायु पसन्द करते हैं। सोवियत संघ के अधिक प्रदेशों की जलवायु निम्बू के उद्यानों के लिए कठोर है। सोवियत संघ के केवल अर्द्धोष्ण कटिबन्धों में जौर्जिया, काला सागरीय तट तथा क्रास्नोदर प्रदेश में निम्बू गण के वृक्षों के बगीचे पहले से लगाए हुए हैं और वे फलों से लदे रहते हैं। इधर, मध्य एशियाई सोवियत जनतन्त्रों में भी निम्बू लगाने का काम आरम्भ हो गया है। औका नदी के ढालुआ तट पर पावलोवो (गौकी क्षेत्र) नाम के एक नगर में निम्बू पैदा करने की जो कहानी भी आई बेरेज़िन (सोवियत संघ के विचार और समाचार, 20 अक्टूबर, 1956) ने लिखी है वह रोचक है। पावलोवो में जाड़ों में तापमान शून्य से चालीस अंश शतांश नीचे चला जाता है। गरम जलवायु

में पनपने वाले निम्बू के पौधे वहां सफलता से बढ़िया फ़सलें दे रहे हैं। यह नगर रूसी धातुशोधन उद्योग के सबसे पुराने केन्द्रों में एक है और अच्छे चाकुओं, कांटों, कैंचियों तथा सेफ्टीरेज़र ब्लैडों के साथ-साथ निम्बुओं के लिए भी प्रसिद्ध हो गया है।

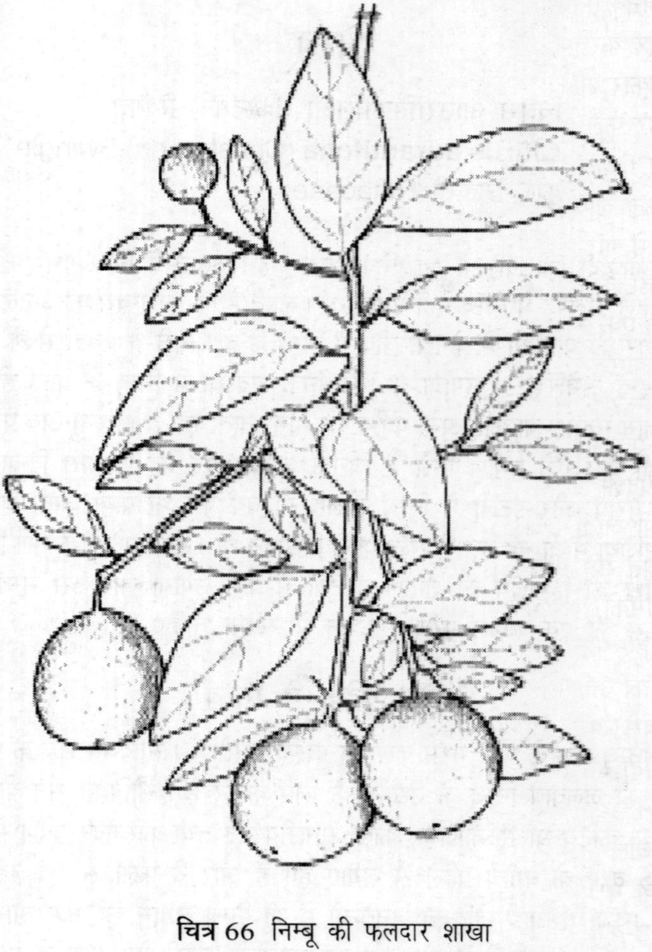

चित्र 66 निम्बू की फलदार शाखा

पावालोवो निवासी अपने घरों के अन्दर निम्बू उगाते हैं, बाहर उद्यानों में नहीं। इन फलों को देखकर यह कहा जा सकता है कि घरों के अन्दर उगाए हुए

निम्बू वृक्षों के ये फल उन फलों से घटिया नहीं है जो दक्षिणी भागों में पैदा होते हैं। यहां प्रश्न उठता है कि पावलोवो में निम्बू पहुंचा किस तरह ? कोई डेढ़ सौ वर्ष पूर्व पावलोवो के कारीगरों का एक दल अपना माल बेचने के लिए दक्षिण में दूर तक निकल गया। वहां उन्होंने उन सुगन्धित फलों के विषय में जानकारी प्राप्त की जिनके विषय में स्थानीय निवासी कहते थे कि वे लोगों की बहुत सी बीमारियां दूर करते हैं।

इस प्रकार औका पर स्थित रूसी शहर में व्यापारियों के साथ निम्बू आ गए। घर के अन्दर फूल-पौधे उगाने के शौक़ीन लोगों ने निम्बू के बीज फूल के गमलों में गाड़ दिए। बीज उग आए, कई वर्षों के बाद बड़े-बड़े वृक्षों में रुपान्तरित हो गए और फल लाए। इन फलों के बीज सावधानी से चुने गए और पुनः एक बार गमलों में गाड़ दिए गए। इस प्रकार पच्चासों वर्षों तक घर के अन्दर निम्बू की एक पीढ़ी के बाद दूसरी पीढ़ी उगाई गई।

लेकिन एक आश्चर्यजनक बात हुई। पौधे नूतन परिस्थितियों के, जिनमें जाड़े के दिनों में कमरों के अन्दर अपर्याप्त रोशनी शामिल है, अभ्यस्त हो गए। बाद में घर के अन्दर शौक़िया बाग़वानी करने वालों द्वारा की गई कंटाई के फलस्वरूप पावलोवो में एक नए क़िस्म का निम्बू उगाया गया। अब सोवियत संघ के मध्यवर्ती एवं उत्तरी प्रदेशों में घरों के अन्दर निम्बू पैदा करने के लिए यह सबसे अच्छी क़िस्म समझी जाती है।

सोवियत संघ में घर के अन्दर निम्बू पैदा करने का व्यापक प्रसार हुआ है। सोवियत श्रमिकों, कर्मचारियों और सामूहिक किसानों के बहुत से घरों में पीले रंग के पके हुए फलों से अलंकृत निम्बू के वृक्ष देखे जा सकते हैं; विशेषकर जाड़ों में जब देश का अधिकांश भाग बर्फ से ढक जाता है निम्बू के शाखादार वृक्ष कमरे के लिए सबसे अच्छे अलंकार बने होते हैं।

पावलोवो का निम्बू वृक्ष ठिगना होता है, और इसके फल समय से पहले ही पकते हैं। उद्यानों में ये केवल वसन्त में ही मौल आते हैं;परन्तु घर के अन्दर उगाए जाने वाले निम्बू वृक्ष सालभर मौलते रहते हैं। पावलोवो के कुछ निम्बू उगाने वाले सरदियों में पौधों के विकास और मौलने में तेज़ी लाने के लिए गमलों की मिट्टी को कुछ-कुछ गर्म करते हैं। यह उल्लेख है कि पावलोवो का निम्बू सालभर तक कमरे के अन्दर नहीं रखा जाता। ग्रीष्म के गर्म दिनों में उसे कमरे से बाहर उद्यान में, आलिन्द पर, या खिड़की के ऊपर रखते हैं। यह प्रक्रिया इसकी पैदावार के लिए अत्यन्त उपयोगी सिद्ध होती है।

पावलोवो के इस निम्बू वृक्षों की उत्पत्ति क़लमों द्वारा की जाती है। कुछ शौक़ीन उत्पादक दाब क़लम से नए पौधे तैयार करते हैं। दाब क़लमों से तैयार किए गए पौधों में कक्ष फल शीघ्र पकते हैं। इसके लिए एक साल की सबसे पुष्ट बीस-तीस सेण्टीमीटर लम्बी शाखा चुन ली जाती है। सुविकसित कली के नीचे एक अंगूठी की शक्ल में शाखा की छाल उतार ली जाती है। काटे हुए स्थान पर गीली सेवार रख दी जाती है और उसे हलके-फुलके ढंग से रस्सी से बांध देते हैं। बीस-तीस दिनों के बाद शाखा के काटे हुए स्थान में जड़ें निकल आती हैं। शौक़िया बाग़वानी करने वाले रासायनिक उर्वरक का, विशेषकर घुले हुए रूप में नाईट्रोजन युक्त खाद का प्रयोग करते हैं।

छंटाई

रूप रंग, आकार-प्रकार को देखकर निम्बुओं की छंटाई करके उन्हें मार्केट के लिए विभिन्न ग्रेडों में अलग-अलग पैक किया जाता है। गहरे रंग से लेकर चमकदार पीले रंग तक पांच रंग निम्बुओं में पाए जाते हैं। जिन देशों में पैदावार बहुत अधिक है वहां छंटाई के कार्य के लिए मशीनों की सहायता ली जाती है। इस मशीन में बिजली की आंख के सामने निम्बू का निरीक्षण और छंटाई बड़ी सावधानी तथा शीघ्रता से हो जाती है। औक्स नार्ड (कैलिफोर्निया) स्थित कारख़ाने में छह मशीनें प्रतिदिन 11,28000 निम्बुओं की छंटाई दक्षता से कर रही है।

निम्बू का तेल

निम्बू के ताज़े छिलकों के निष्पीडन से यह तेल प्राप्त किया जाता है। रंग में यह हलका पीला या हरी-सी झाईं लिए हुए पीला द्रव होता है। इसमें निम्बू की विशिष्ट गन्ध आती है। इसका स्वाद ईषत् कटु होता है। इस तेल के मुख्य घटक हैं – निम्बुकेन्थ (limonene), निम्बुषु (citral) पांच-छह प्रतिशत और द्विर्पचन्य (dipentene)।

मिलावट

बाज़ार तेल में हीन गुण तथा अल्प मूल्यों के तेलों की मिलावट की जाती है। विश्लेषण की परीक्षाएं बताती हैं कि मिलावट के द्रव्य प्रायःकर तासीन का तेल तथा दूसरे स्थिर तेल हैं। जब आप निम्बू तेल ख़रीदें तब उसकी असलियत

की पहिचान के लिए निम्नलिखित परीक्षाओं की जांच कर लें।

प्रमाप और परीक्षाएं

प्रमाप (स्टैण्डर्ड) निम्बू तेल का 20 डिग्री पर आपेक्षिक गुरुत्व 850-856 होता है। प्रकाश आवर्तन (optical rotation) छियासठ से बयासी तक भुजयनांक (refrective index) 1,4750। नब्बे प्रतिशत वाली सुषव के बारह भाग में मिलाने से यह उसके साथ विलीन हो जाता है। बिजलीयित सुषव (dohydrated alcohol) दक्षु, नीखम्रल (chloroform), मण्डलसुषव (amyl alcohol), धूपन्य (benzene) और हिम्प शुक्तिक अम्ल (glacial acetic acid) के साथ सभी अनुपातों में घुल जाता है। उड़नशील तेल है। खुला रहने से उड़ जाता है। यदि दीर्घकाल तक खुला पड़ा रहे तो इसका सत्तानवे प्रतिशत भाग उड़ जाएगा, तल में तीन प्रतिशत ही अवशिष्ट रहेगा। प्रकाश में यह ख़राब हो जाता है। इसलिए इसे शीशियों या दूसरे आधानों में अच्छी तरह बन्द करके, प्रकाश से बचाकर ठण्डे स्थान में भण्डारण करना चाहिए।

उपयोग

इस तेल में पाचन शक्ति को उन्नत करने का गुण विद्यमान है। आहार द्रव्यों को सुस्वादु बनाने तथा सुगन्धित करने के लिए इसका मुख्य उपयोग कारख़ानों में तथा घरों में विस्तृत रूप से किया जा रहा है। दस भाग सुषव में एक भाग निम्बू का तेल मिलाकर जो घोल बन जाता है उसे निम्बुसार या निम्बू का सत (essence of lemon) कहते हैं। इसी रूप में यह तेल रसोई के उपयोग में आका जाता है। पाचन शक्ति की ख़राबियों को ठीक रखने के लिए निम्बू तेल को विशुद्ध रूप में देना हो तो एक से तीन बूंद तक दे सकते हैं। आहार द्रव्यों में इसे अतिस्वल्प मात्रा में मिलाया जाता है। पचास-साठ गैलन पानी में एक दो बूंद ही मिलाएं तो इसमें इसका स्वाद और सुरभि आ जाते हैं।

निम्बू के छिलकों का शर्बत

ताज़े निम्बू के छिलकों के बारीक कतरे बनाकर तीस ग्राम। साठ प्रतिशत वाले तीस ग्राम सुषव में इसे सात दिन पड़ा रहने दें। फिर निचोड़कर छान लें। पावित (filtrate) में पुनः सुषव मिलाकर छप्पन ग्राम बना लें। इसमें निम्बविक

अम्ल (साइट्रिक एसिड) का चूर्ण दो ग्राम घोल दें। चीनी की गाढ़ी चाशनी इसमें मिलाकर 560 ग्राम आयतन बना लें। पाचन सम्बन्धी कष्टों में इसे तीस से एक सौ बीस बूंद तक थोड़े से पानी में घोल कर देते हैं।

प्रभावशाली कवच

ऐटम और हाइड्रोजन बम के विस्फोट में जो विकिरण होता है उसके विनाशात्मक प्रभाव से जीव जन्तुओं को बचाने के लिए निम्बू का छिलका प्रभावशाली कवच का कार्य करता है। अमेरिका में किए गए परीक्षणों में विस्फोट के प्रभाव क्षेत्र में ऐसे चूहे रखे गए थे जिन्हें निम्बू के छिलकों के भोजन पर पाला गया था। ये चूहे विकिरण के दुष्प्रभावों से बचे रहें। इससे वैज्ञानिकों को एक नई दिशा में सोचने का अवसर मिला है।

बयालीस

पपीता

करीका पपाइआ लिनिअस
Carica papaya Linn.
कुल : करीकासी Caricaceae

यह छोटा मृदुकाष्ठ वृक्ष है। 3 से 7.50 मीटर तक ऊंचाई प्राप्त कर लेता है। शाखारहित लम्बा तना और सिरे पर गहरे खण्डों वाले तथा लम्बे डण्ठल वाले पत्तों के मुकुट से यह ताड़-सदृश आकृति का पौधा दीखता है। पत्ते बड़े और लगभग सात बड़े खण्डों में विभक्त होते हैं, जो फिर अनेक छोटे खण्डों में विभक्त हो जाते हैं। पत्तों का खोखला डण्ठल पत्तों से अधिक लम्बा होता है। छाल चिकनी, पतली, उस पर गिरे हुए पत्तों के लगने के निशानों के अवशेष बने रहते हैं।

नर-मादा फूल

फूल हलके पीले, सुगन्धित और मांसल होते हैं। नर फूल लम्बी, पतली, लटकती हुई सीकों पर आसपास सटकर गुच्छों में लगते हैं। फूलता हुआ नर पपीता प्रिय दृश्य होता है। पत्तों के डण्ठलों के बीच में से हलके पीले या क्रीम रंग की कई दर्जन धाराएं-सी नीचे गिरती हुई भली दीखती हैं। मादा फूल कुछ बड़े और सामान्यतः तने के अन्दर से ही निकलते हैं। कभी-कभी छोटी सीकों पर छोटे गुच्छों में निकलते हैं। मादा फूल की पंखड़ियां एक साथ मिलकर पतली नाल बनाती हैं, जिसके मुख पर पांच तंग खण्ड बने रहते हैं। नर फूलों में दस परागदण्ड होते हैं, जो पांच-पांच के दो चक्रों में पंखड़ियों से बनी नाल के मुख पर लगते है। मादा फूलों में प्रायः पांच अल्प विकसित परागदण्ड होते हैं जो पंखड़ियों के आधार में लगते हैं। उभयलिंगी फूलों में अधिकतर पांच अवन्ध्य परागदण्ड होते हैं। मादा और उभयलिंगी दोनों प्रकार के फूलों में एक अण्डाकृति अण्डाशय होता है।

नर और मादा फूल भिन्न-भिन्न वृक्षों पर निकलते हैं। उभयलिंगी पपीतों में नर और मादा दोनों प्रकार के फूल पैदा होते हैं। इन पर फल भी बैठते हैं। उभयलिंगी

फूलों वाले कुछ वृक्ष केवल कुछ ही मौसमों में फल धारण करते हैं, क्योंकि अन्य मौसमों में मादा अंग की अपेक्षा नर अंग अधिक उन्नत होते हैं, इसलिए फूल बन्ध्या

चित्र 67 पपीते के नर फूलों की लटकती हुई मञ्जरियां, नीचे तीन फल लगे हैं

रहते हैं। परिणामतः इन पौधों के तने कुछ स्थान पर तो फलते हैं, फिर बांझ रहते हैं, उसके बाद फिर फलते हैं, यही चक्र चलता रहता है। उभयलिंगी स्थिति से

गुज़रकर कई पपीते अपना लिंग बदल लेते हैं। लिंग बदलने वाले नर 500 ग्राम तक के फल धारण करते हैं।

फल मुकुट के पास पत्तों के डण्ठलों से सटकर लगते हैं। बीज की क़िस्म, भूमि, ऋतु, जलवायु और कृषि करने के तरीक़ों के अनुसार इनकी संख्या, आकार और आकृति में बहुत भेद रहता है। ये गोल या बेलनाकृति हो सकते हैं। उभयलिंगी फूलों से बने फल आकृति में प्रायः ठीक गोल होते हैं। आरम्भिक अवस्था में फलों में से चिपचिपा क्रीम जैसा गाढ़ा दूध निकलता है। पपीते के कुछ भेदों में ज़मीन के साठ सेण्टीमीटर ऊपर से फल लगने शुरू हो जाते हैं।

विविध भाषाओं में नाम

अंग्रेज़ी : पपाय (papaya), पपवा ट्री (papaw tree)।
कन्नड़ : परंगिमोरा।
गुजराती : पपयी, पोपइयुन।
तमिल : पप्पई, पप्पाली।
तेलुगु : बोप्पयि।
बंगाली : पपेय, पप्पइया।
मराठी : पपाया।
मलयालम : कप्पांग, कप्पालम, पप्पायम।
संस्कृत : एरण्ड कर्कटी।

गरम मध्य अमेरिका, मेक्सिको की खाड़ी के तटों, ब्राज़ील और वेस्टइण्डीज़ का यह देशीय वृक्ष समझा जाता है। वर्तमान समय में यह संसार के सब गरम तथा उपोष्ण देशों में विशेषतः भारत, श्रीलङ्का, हवाई, फ़िलिपीन्स, दक्षिण अफ़्रीका और औस्ट्रेलिया में उगाया जा रहा है। भारत में यह चेन्नई, मुम्बई, बंगाल, बिहार और अन्य प्रदेशों में सफलतापूर्वक उगाया जा रहा है, परन्तु कहीं पर भी बाक़ायदा बड़ी खेती के रूप में नहीं बोया जाता। भारत के शुष्क भागों में अधिक अच्छी तरह नहीं उगता। जहां बारिश अधिक पड़ती है और साथ ही जलवायु गरम है, वहां यह अच्छा पनपता है।

पानी के अच्छे निकास वाली किसी भी ज़मीन में यह उग आता है। सूखे या अवृष्टि का अच्छा मुक़ाबला कर लेता है, परन्तु तुहिन और तेज़ हवाओं से प्रभावित हो जाता है। पन्द्रह से पच्चीस बरस तक जीवित रह सकता है, परन्तु

इसकी आर्थिक उपयोगिता तीन से पांच वर्ष बाद घट जाती है।

स्थानान्तरण

सामान्यतः बीजों से उगाया जाता है। कर्तनों और रोपणों (ग्राफ़्टिंग्स) से वर्धि-प्रजनन भी सम्भव है। परन्तु इन विधियों से संतोषजनक परिणाम नहीं प्राप्त हुए। नर्सरी की क्यारियों में बीजों से पौधे निकलकर जब बाईस से तीस सेण्टीमीटर लम्बे हो जाए तब खेतों से 2.5 से 3 मीटर के अन्तर पर बोने चाहिए।

दुर्भाग्यवश नर पौधे फूल खिलने तक पहचाने नहीं जा सकते। इसलिए स्थानान्तर करते समय प्रायः दो या तीन पौधे ही गढ़े में रोपे जाते हैं। बड़े होने पर उनमें यदि दो पौधे भी नर निकल जाए तो एक मादा बच ही जाता है। तीनों मादा निकल आएं तो दो निर्बल पौधों को उखाड़ देते हैं। उभयलिंगी फूलों के पराग से मादा फूलों को निषेचन किया जाए तो नर पौधों की उत्पत्ति समाप्त की जा सकती है। यद्यपि उभयलिंगी फूलों का पराग मादा फूलों को फलीभूत करने के लिए काफ़ी होता है, फिर भी मादा और उभयलिंगी के बगीचे में कुछ नर पौधे लगाना अभीष्ट होता है।

तेज़ी से बढ़ने वाले और भारी तादाद में फलने वाले कुछ वृक्षों में पपीता एक है। प्रायद्वीप प्रदेश में यह एक बरस में और उत्तर भारत में डेढ़ बरस में फलने लगता है। प्रायद्वीप प्रदेश में साल के सब समयों में फूलता रहता है और सब मौसमों में फल पकते रहते हैं। गरमियों की फ़सल के फल अधिक स्वादिष्ट होते हैं। उत्तर भारत की जलवायु में जनवरी में शुरू करके लगभग पांच महीने फल देता है। विभिन्न प्रदेशों में पैदावार प्रति वृक्ष प्रतिवर्ष 30 से 150 फल तक भिन्न-भिन्न होती है। प्रत्येक फल का भार 500 ग्राम से 9 किलोग्राम तक बैठता है। अनेक बार फल इतनी बहुतायत में लगते हैं कि उन्हें तोड़कर विरल करना होता है, जिससे एक-दूसरे से भिंचकर फलों की आकृति विकृत न हो जाए और प्रत्येक फल भलीभांति अपना पूरा विकास प्राप्त कर सके।

पेड़ पर ही फल को सम्यक्तया पकने दिया जाए तो अच्छा है। फल जब पूरा पकने को होता है तब हरियल, कौवे आदि पक्षी चोंच मारकर फल को ख़राब कर देते हैं। पक्षियों, चमगादड़ों और कस्तूरी विडालों द्वारा आर्थिक हानि पर्याप्त होती है। इस विनाश से बचाने के लिए फलों के चारों ओर जाली या कपड़ा बांध देना चाहिए।

फल तोड़ने में सावधानी ज़रूरी

मौसम के अनुसार पपीते को वृक्ष पर से उतारने में ज़रा सावधानी रखने की आवश्यकता होती है। ग्रीष्म ऋतु में गरमी और लू के कारण धूप के सम्पर्क में आने वाला बाहर का छिलका पीला पड़ जाता है। काटने पर आप देखेंगे कि फल कठोर है और अन्दर से गूदे का रंग पीला नहीं पड़ा। ये फल बिलकुल कच्चे होते हैं। गरमियों में फलों को तभी तोड़ना चाहिए जबकि बाहर का सारा छिलका पीला पड़ जाए और अंगुलियों से दबाने पर ज़रा नरम मालूम देने लगे। तोड़ने के बाद कमरे के तापमान पर एक-दो दिन रखा रहने देकर इन्हें खाना चाहिए। सरदियों में यह बात नहीं होती। धूप छिलके के कुछ अंश को ही जब पीला करती है तब पकने की प्रक्रिया आरम्भ हो जाती है। बाहर का सारा छिलका पीला नहीं हो पाता कि फल अन्दर से पक जाता है और पक्षियों की चोंचों से ज़ख़्मी किया जा सकता है। इसलिए सरदियों में तब फल तोड़े जाने चाहिए जबकि वे अंशतः पीले नज़र आने लगें और दबाने से कुछ नरम प्रतीत हों। कमरे के तापमान में ये तीन-चार दिन में पूरे पक जाते हैं। परन्तु भुस के अन्दर या धान्य राशि में दबा दिया जाए तो जल्दी पक जाते हैं।

अत्यंत कठोर, कच्चे फल तोड़े गए हैं और उन्हें रखकर पकाया गया है तो वे स्वादिष्ट और मधुर नहीं बनते। पपीते के पूरे गुण और उत्तम स्वाद लेने के लिए आवश्यक है कि पकने की प्रक्रिया को वृक्ष पर ही अधिक-से-अधिक होने दिया जाए। बाज़ार में जब आप पपीते ख़रीदते हैं जब उन फलों को चुनें जिनके छिलके का अधिकतम भाग पीला हो (धूप से झुलसा हुआ ताम्रवर्ण न हो), जो नरम हों, परन्तु अधिक पिलपिले भी न हों। पपीते को बाज़ार में भेजने में कुछ कठिनाइयां हैं। छिलके को ज़रा भी हानि पहुंचने से फल ख़राब हो जाते हैं। इसलिए तोड़ने, पैक करने तथा निर्यात करने में इन्हें बड़ी सावधानी से उठाना चाहिए। भारत में ये फल सामान्यतः बांस की टोकरियों में पैक करके भेजे जाते हैं। मार्ग के स्थूलहस्तन से इनकी ठीक रक्षा नहीं हो पाती। परिणाम यह होता है कि निर्दिष्ट स्थान पर पहुंचने के कुछ दिन बाद ये टिकते नहीं। क्षति से बचाने के लिए फलों के आकार, भार तथा परिपक्वता के अनुसार अलग-अलग वर्गों में छांट लेना चाहिए और लकड़ी के बक्सों में नरम घास, लकड़ी की नरम छीलन, काग़ज़, की क़तरन या पुराली के अन्दर संविष्ट करना चाहिए। शीत-संग्रहणों (कोल्ड स्टोरेज) में भेजना अधिक अच्छा रहता है। अपरिपक्व फल शीत-संग्रहणों में रखने के बाद नहीं पकते। तेरह

से चौबीस अंश शतांश से नीचे तापमान में रखने पर बहुत-सी क़िस्मों में अभिशीतन के चिह्न नज़र आते हैं।

भारत में बहुत-सी जगहों पर इसे पपीता, पपया, पपय्या, एरण्ड ख़रबूज़ा आदि नामों से जानते हैं। फल ख़रबूज़े से मिलता है और पत्ते एरण्ड से, इसीलिए एरण्ड ख़रबूज़ा नाम पड़ा।

करीका अंजीर वृक्ष का पुराना लेटिन नाम है। इस गण के कटे हुए और खण्डों वाले पत्ते अंजीर के पत्तों से कुछ-कुछ मिलते हुए समझे जा सकते हैं। इसी कारण सम्भवतः इस गण का नाम अंजीर वृक्ष के नाम पर करीका रख दिया था। पपया कैरिब नाम का अपभ्रंश है। अंग्रेज़ी में इसे पैपेवा, पपया, पपीता आदि के अतिरिक्त मेलन ट्री भी कहते हैं। इन नामों का अर्थ है ख़रबूज़े का वृक्ष और वृक्ष पर लगने वाला ख़रबूज़ा। भारतीय लेखकों ने संस्कृत में इसे चिर्भिट, एरण्ड चिर्भिट और नलि-कादल नाम दिए हैं। पहले दो नामों का अर्थ एरण्ड ख़रबूज़ा है। तीसरा नाम खोखली नलिका वाले पत्तों (दल) की विशेषता को बताता है। म्यांमार में इसे हिम्बवथी कहते हैं, जिसका अर्थ है—समुद्र में जाने वाले जहाज़ों से लाया गया फल। तमिल में पपीते के लिए पप्पालि और पोप्पयि शब्द हैं। फल जब कच्चे और सब्ज़ी योग्य होते हैं तब तमिल में उन्हें परंगि कहते हैं।

रासायनिक संघटन

फल का विश्लेषण करने से यह संघटन ज्ञात हुआ : आर्द्रता 89.6 प्रतिशत, प्रोटीन 0.5 प्रतिशत, कार्बोहाइड्रेट 9.5 प्रतिशत, ईथर एक्स्ट्रैक्ट 0.1 प्रतिशत, खनिज पदार्थ 0.4 प्रतिशत, कैल्सियम 0.01 प्रतिशत, फ़ौस्फ़ोरस 0.01 प्रतिशत तथा लोहा प्रति सौ ग्राम में 0.4 मिलीग्राम था।

फल विटामिनों का प्रचुर स्रोत हैं। फल के सौ ग्राम गूदे में विटामिन ए के रूप में परिगणित कैरोटीन की 2000 से 3000 तक अन्तर्राष्ट्रीय इकाइयां, थिएमीन 15-63 माइक्रोग्राम, रिबोफ़्लेवीन 23-83 माइक्रोग्राम; निएसीन 0.15-0.76 मिलीग्राम और एस्कौर्बिक अम्ल 33-136 मिलीग्राम होते हैं।

पत्तों में एक मधुमेय (ग्लाइकोसाइड) कार्पोसाइड और एक क्षाराभ (एल्क्लौयड) कार्पेन पाए जाते हैं। कार्पेन 121 शतांश पर पिघल जाता है।

छाल, जड़ और बीजों में भी कार्पेन विद्यमान है। परन्तु, अल्प परिमाण में

होने से इस विषैले क्षाराभ की प्रकट रूप में कोई क्रियात्मक उपयोगिता नहीं है। कार्पेन हृदय के लिए विष है, यह चेता की बारंबारता (फ्रीक्वेन्सी) को कम करता है और केन्द्रीय चेता संहति (सेण्ट्रल नर्वस सिस्टम) को अवसन्न करता है। ख़रगोश के प्रति किलोग्राम भार के लिए पांच मिलीग्राम की मात्रा विषैली है। यह एक शक्तिशाली कामरूपी (अमीबा) नाशक भी प्रतिपादित किया गया है। मर्क ने कार्पेन हाइड्रोक्लोराइड को हृदय की बलदायक और मूत्रल औषध के रूप में सूचित किया है।

परीक्षात्मक प्राणियों में जब पांच मिलीग्राम की एक मात्रा शिरा द्वारा अन्दर डाली गई तो रक्त दबाव ज़रा-सा गिर गया जो कि बहुत थोड़े समय के अन्दर ही फिर पहले के समान आ गया। हृदय का कार्य अवसन्न हो जाता है और हृदय तथा हृदयालिन्द (वेण्टिकल्स तथा औरिकल्स) दोनों ही थोड़ा अवसाद के चिह्न दिखाते हैं। श्वसन कोई अधिक परिमाण में नहीं अवसन्न हुआ। विभिन्न अंगों की परिणाम (वौल्यूम) पर बहुत ही कम प्रभाव पड़ा।

पत्तों की क्रिया हृदय पर डिजिटेलिस के समान बताई जाती है। इससे नाड़ी की गति कम होती है, हृदय का स्पन्दन ठीक होता है, हृदय का आराम काल बढ़ता है, पसीना आता है और मूत्र का परिमाण बढ़ता है। पत्ते हृदय के लिए लाभदायक माने जाते हैं।

पत्तों के प्रति सौ ग्राम में विटामिन सी 286 मिलीग्राम और विटामिन ई छत्तीस मिलीग्राम रहता है।

फल का दूध — मूल्यवान् औषध

जिन देशों में पपीता उगता है, उनमें पपीते का दूध औषध समझा जाता है। फल का सबसे अधिक महत्त्वपूर्ण भेषजीय गुण पेपेन में है जो कि एक पाचक विकर (डाइजेस्टिव एंज़ाइम) है और पपीते के दूध में विद्यमान रहता है। हरे फल में भी यह कुछ परिमाण में होता है।

पेपेन या पेपियोटीन पपीते का क्रियाशील तत्त्व है जो जड़ के सिवाय पौधे के सभी भागों में पाया जाता है। यद्यपि पेड़ के तने पर चीरे लगाकर यह क्रियाशील पदार्थ प्राप्त किया जाता है, परन्तु फल पर चीरे लगाने से प्राप्त उपज गुणों में अधिक बढ़िया होती है।

इस काम के लिए हरे, बड़े आकार के, पूरी तरह से बढ़े हुए फल चुने जाते

हैं। उनकी लम्बाई की दिशा में चार-पांच चीरे लगा देते हैं। चीरा लगाने के लिए कांच या हाथी दांत का टुकड़ा इस्तेमाल किया जाता है। धातु के सम्पर्क से पेपेन को हानि पहुंचती है। फलों के नीचे छातेनुमा एक बर्तन पेड़ के तने से बांध देते हैं। फल का दूध इस बर्तन में टपकता रहता है। जो रस फलों पर सूख जाता है उसे खुरचकर इस बर्तन में डाल देते हैं। तीन-चार दिन के अन्तर से चीरे लगाने की क्रिया कई बार दोहराई जाती है।

जिस फल से इस प्रकार का रस निकल जाता है, उस पर बुरी तरह निशान पड़ जाते हैं। वह बाज़ार में ताज़ा फल की भांति नहीं बेचा जा सकता। इस प्रकार के फलों का प्रयोग डिब्बाबन्दी उद्योग में किया जा सकता है। इन फलों को विविध रूप में परिरक्षित करके बाज़ार में बेचा जा सकता है। जो पेड़ जितना ताक़तवर होता है, वह उतना ही अधिक रस देता है। बरसात के बाद गर्म मौसम में पौ फटे चीरा लगाने से अधिक रस प्राप्त होता है। जमे हुए दूध का भार साधारणतः ताज़े फल के भार का एक हज़ारवां भाग होता है। जमे हुए दूध को जल्दी-से-जल्दी 26.7 अंश शतांश से नीचे सुखा लिया जाता है। आमतौर से पपीते का जो रस बाज़ार में आता है, वह धूप में सुखाया जाता है। पेपेन की सुरक्षा के विचार से रस को सावधानी से सुखावन भट्टियों में सुखाना अच्छा रहता है। सुखाने के बाद जो पदार्थ मिलता है, उसे पीसकर हवाबन्द पात्रों में पैक कर देते हैं। यह सूखा हुआ रस ही व्यापारिक पेपेन है। सूखने पर रस में से पिचहत्तर प्रतिशत नमी उड़ जाती है। मलिनताएं निकालने के लिए इस सफ़ेद चूर्ण को पानी में घोलते हैं, प्राप्त द्रव्य को छानते हैं और आयातन में दस गुणे एल्कोहल से उपचारित करते हैं। इस प्रकार से शुद्ध की गई उपज कम तापमान पर सुखाकर पीस ली जाती है।

साधारणतः एक पेड़ से वर्ष भर में आधा किलोग्राम के लगभग पेपेन प्राप्त हो जाती है। इस सूखे रस में शुद्ध पेपेन इसके छठे भाग के लगभग होती है। उत्पादकों का अनुभव है कि छोटे पैमाने पर पपीते से पेपेन तैयार करना आर्थिक दृष्टि से लाभदायक नहीं है। पपीते से पेपेन तैयार करना उन्हीं क्षेत्रों में लाभदायक हो सकता है जहां पपीते के पेड़ बहुतायत से होते हैं और फलों को डिब्बाबन्द करके बेचने का प्रबन्ध किया जा सकता है। पेपेन डौलर उपार्जन करने का महत्त्वपूर्ण पदार्थ है। इसलिए किसान लोग इसकी उपज करके अपनी आमदनी बढ़ा सकते हैं।

पौधे का प्रत्येक भाग चिकित्सा के लिए उपयोगी है। पका फल दीपक, पाचक, क्षुधावर्धक और मूत्रल है, इससे बने शर्बत और मद्य कफनिस्सारक, शामक और

बलदायक कहे जाते हैं। अमेरिका में एक अच्छी राशि मृदु पेयों को बनाने में खप जाती है। पके फल से अनेक प्रकार के मुरब्बे और परिरक्षित पदार्थ बनाए जाते हैं। फलों को जल शुष्क करके शल्क (फ़लैक्स) बनाई जा सकती हैं।

चित्र 68 पपीते के फलदार पौधे का भाग

पेट के रोगियों के लिए सुखाया हुआ दूध या पेपेन बड़ी मूल्यवान् औषध है। जब तक ताज़े पपीते मिलें तो वे ही खाने चाहिए। उनके अभाव में शुष्क क्षीर

का प्रयोग करना चाहिए।

भोजन का ठीक न पचना, मलबन्ध आदि की शिकायत करने वालों को इसका सेवन विशेष लाभ करेगा। जिन्हें मांस और दालें आदि प्रोटीन युक्त पदार्थ पचते नहीं हों, उन्हें इसका प्रयोग बहुत लाभदायक होता है।

हरे फलों से प्राप्त शुष्क क्षीर की यूरोप और अमेरिका में बहुत खपत है। वहां यह दवाओं में, शिशुओं और बच्चों के भोजनों को बनाने में और बियर तथा चर्वण निर्यासों (च्युइंगगम) के निर्माण में प्रयोग किया जाता है।

पपीते के दूधिया रस और पेपेन की जाग लगाने से दूध जम जाता है। रैनेट (वत्सार्तन) के प्रतिनिधि के रूप में पेपेन को दूध जमाने के लिए बरता जा सकता है।

ऊन को सिकुड़ने से रोकने के लिए पेपेन को काम में लाते हैं। इसकी सहायता से रेशम पर से चिपचिपा पदार्थ हटाया जा सकता है। चमड़ा उद्योग में खालों को मुलायम बनाने के मसालों में भी इसे डाला जाता है।

भलीभांति पका हुआ पपीता अच्छा मीठा होता है। इसमें एक हीक-सी आती है जिसके कारण इसे कुछ लोग अजीब-से स्वाद वाला फल बताते हैं। फिर भी, अधिक लोग इसे पसन्द करते हैं। सामान्यतः यह अकेला ही खा लिया जाता है। खाने के शौक़ीन लोग इसे अनेक प्रकार से आकर्षक प्लेटों में प्रस्तुत करते हैं। एक विधि यह है कि छिलका, बीज, झिल्ली अलग करने के बाद गूदे की छोटी-छोटी फांकें काट ली जाती हैं। इन पर चीनी छिड़ककर और नींबू का रस निचोड़कर खाते हैं। कुछ लोग इन फांकों को नमक और काली मिर्च के साथ खाना अधिक स्वादिष्ट समझते हैं। भोजन के बाद फलाहारों में अथवा अपराह्न के स्वल्पाहार में पके पपीते खाने का प्रचलन है। पपीता खाने से आमाशय बलवान् होता है, भूख ख़ूब लगती है और अपान वायु निकलती है।

पके पपीते के ऊपर से छिलका उतारते हैं तो दूध निकलता है जिसमें मांस को गलाने के गुण विद्यमान होते हैं। जो फल-विक्रेता पपीते को काटकर ग्राहकों को बेचते हैं, उनके लिए यह दूध दुखदायी बन जाता है। एक व्यक्ति को जब दिन में सैकड़ों पपीते छीलने और काटने होते हैं तो बार-बार दूध लगने से हथेली की खाल और विशेषकर अंगूठे की खाल गलकर सफ़ेद हो जाती है। यदि सावधानी न बरती जाए तो ज़ख़्म हो जाते हैं जिनसे ख़ून बहने लगता है। इससे बचने के लिए ये लोग हथेली पर कपड़ा बिछाकर और अंगूठे पर लीर लपेटकर पपीते के

फलों को काटते हैं।

रसोइयों में भी हम पपीते के अनेक स्वादिष्ट पदार्थ प्रस्तुत कर सकते हैं। पाठकों के लाभ के लिए कुछ विधियां यहां दी जा रही हैं।

इसके लिए वह पपीता लीजिए जो अपने पूरे परिमाण को तो पहुंच चुका हो, परन्तु पका न हो। बोलचाल में इस अवस्था के फलों को गद्दर फल कहते हैं। छिलका उतारकर घियाकस में कस लीजिए। घी में भूनकर चीनी, बादाम, इलायची, खोया आदि डाल दें। पानी मिलाने की आवश्यकता नहीं होती। यह एक बहुत हीं स्वादिष्ट चीज़ बनती है। व्रतों में जो लाल कद्दू का हलवा खाते हैं उन्हें यह अधिक अच्छा रहेगा।

घिये आदि की सब्ज़ी की तरह इसकी सब्ज़ी भी बनती है। पेट के रोगियों के लिए वह विशेष रूप से हितकर है। घिये के रायते के समान कच्चे पपीते का रायता अच्छा बनता है। घियाकस करके उबालने के बाद जब इसका पानी फेंक दिया जाता है तब इसकी अरुचिकर गन्ध सब निकल जाती है। थाली में परोसने के बाद विभेद करना कठिन होता है कि यह रायता घिये का है या पपीते का।

कच्चे पपीते को छीलकर घियाकस में कस लें। हलकी आंच पर ज़रा-सा उबाल लें और चासनी में डालकर सूखे लच्छे बनाएं। इसमें भुना हुआ मावा मिलाकर बढ़िया लाजक भी बनती है।

मांसपैशिक तन्तुओं को गलाने के लिए पपीते के दूध की बहुत ख्याति है। इसमें प्रोटियोलीटिक विकर पेपियोटीन होती है, जिसके गुण जान्तविक पेप्सीन के समान हैं। मांस पर इसका पाचक कार्य होता है। दृढ़तम मांस को यह सुगमता से नरम और कोमल बना लेता है। मांस को पानी में डालकर पपीते का ज़रा-सा दूध मिला दें तो कुछ ही मिनटों में यह नरम बन जाता है। वृक्ष के सब भागों में ये गुण माने जाते हैं। यहां तक कहा जाता है कि यदि जोड़ों को पपीते के पेड़ पर पत्तों के बीच में कुछ घण्टों के लिए लटका दें तो पत्तों के उच्छ्वास से मांस मृदु हो जाता है। कभी-कभी मांस को रात भर पेड़ पर पत्तों के बीच में लटका छोड़ते हैं। एक तरीक़ा यह भी है कि मांस को पत्तों में लपेटकर पका लिया जाए। कुछ लोग कच्चे फल के टुकड़ों को पानी में डाल देते हैं जिसमें मांस पकाया जाता है। इससे मांस तो जल्दी पकता ही है, हड्डियों को भी छोड़ देता है। पत्तों में लपेटकर भूना हुआ मांस बहुत बढ़िया कहा जाता है। अधिक आयु के सूअरों तथा मुर्ग़ों

को पपीते के पत्ते, बीज तथा फल खिलाकर उनका मांस मृदु तथा लचीला बना लिया जाता है। परन्तु यह कहा जाता है कि पपीते से नरम किया हुआ मांस देर तक पड़ा रहने से सड़ जाता है। इसलिए इसे यथासम्भव शीघ्र ही खा लेना चाहिए।

इस पौधे के मांस को पचाने का कार्य पश्चिम भारत द्वीप समूह (वेस्टइंडीज़) में शायद अति प्राचीनकाल से ज्ञात है। पुर्तगालियों के द्वारा भारत में इस वृक्ष के लाए जाने के साथ ही यह ज्ञान भारतीयों को हो गया था, क्योंकि मख्जन-उल-अद्विया (1770) के लेखक ने वृक्ष का जहां ठीक-ठीक वर्णन किया है वहां इसके रस के साथ अदरक मिलाकर मांस को मृदु करने के उपयोग का भी उल्लेख किया है। फल और पत्तों का यह गुण यद्यपि भारत में सर्वत्र देर से ज्ञात है, परन्तु ऐसा दीखता है कि बड़े पैमाने पर पेपेन (जान्तव पेप्सीन) बनाने के प्रयत्न नहीं किए गए।

बीज गरम तिक्त स्वाद के होते हैं। कभी-कभी खाए जाते हैं। मसाले के रूप मे रसोइयों में इसके उपयोग का उल्लेख मिलता है। काली मिर्च में इनकी मिलावट की जाती है। बाज़ारू पापड़ों में अनेक बार काली मिर्च की जगह पपीते के साबुत बीज डाले हुए मिल जाते हैं।

पाचन सम्बन्धी रोगों में

पाचन सम्बन्धी रोगों में चिकित्सक पके पपीते को पथ्य रूप में खिलाते हैं। यह अग्निदीपक, क्षुधावर्धक, पाचक और उदरदाहनाशक होने से अजीर्ण, भोजन के बाद पेट में भारीपन अनुभव करना, खट्टे अम्लयुक्त डकारों का आना (अम्लपित्त), अफ़ारा आदि विकारों में लाभदायक सिद्ध हुआ है। पाचन संहति की ख़राबियों के कारण जिन्हें अरुचि, अनिद्रा, शिरःशूल आदि की शिकायत रहती है वे इसे मधुर, शीतल, पित्तनाशक, वातनाशक, उदरस्थ आमदोषहर फल को रुचि बढ़ाने वाला पाते हैं। हाज़्मे को ठीक करने के लिए बीज भी उपयोगी माने जाते हैं। सूखे पत्तों को कूटकर पानी में भिगो दें तो पीले-से लाल रंग का द्रव बन जाता है जो गोल्डकोस्ट में आमाशय के रोगों के निवारण के लिए पीया जाता है। पका फल नियमित रूप से खाने पर चिरस्थायी मलबन्ध दूर होती है। बीज प्यास को बुझाते हैं।

फ्रेंच गाइना में पत्तों का काढ़ा दस्त लाने के लिए घोड़ों को दिया जाता है।

आमाशयिक रसों की कमी में पेपेन बहुत उपयोगी है। अजीर्ण, आंतों का क्षोभ आदि अवस्थाओं में 65 से 325 मिलीग्राम की मात्रा में पेपेन देते हैं। जिन

लोगों को मांस, दालें आदि प्रोटीन युक्त भोजन पचते नहीं, उन्हें भोजन के साथ ज़रा-सी पेपेन खाने से बहुत लाभ होता है। एक भाग पेपेन 240 गुने मांस को गला देती है। आमाशय की जीर्ण शोथ के कारण पैदा हो गए व्रण में, अर्बुद, अम्लपित्त तथा कुपचन रोगों में पपीते का दूध दिया जाता है। इससे आमाशय का गाढ़ा कफ द्रवीभूत होता है और अन्न सम्यक्तया पचकर शीघ्र ही रक्त में परिणत होता है।

विविध उपयोग

तिल्ली और जिगर की बढ़ी हुई अवस्थाओं में पपीते का प्रयोग लाभ करता है। पके पपीते और कच्चे पपीतों का अचार रोगी को दिया जाता है। कच्चे पपीते को सुखाकर चूर्ण बना लेते हैं, नमक के साथ प्रायः सायं इसकी फंक्की देते हैं।

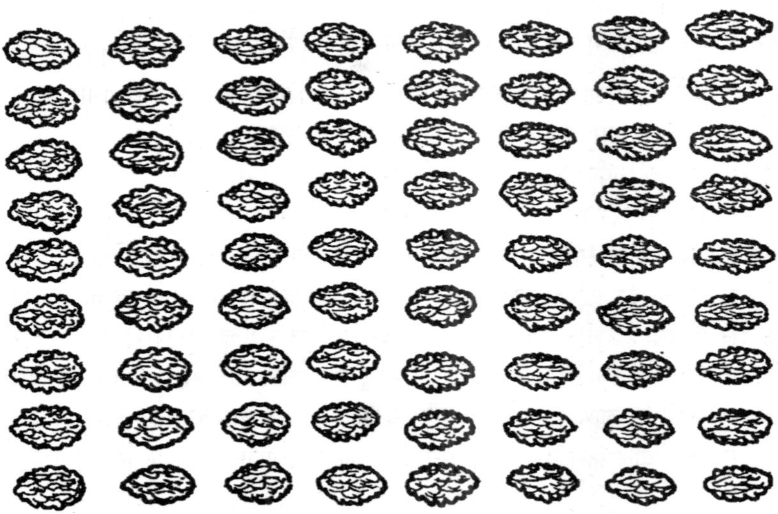

चित्र 69 पपीता के बीज

बीज तथा पौधे के विभिन्न अंग पेट के कीड़ों को मारने के लिए प्रयोग में लाए जाते हैं। कच्चे फल से प्राप्त दूधिया रस को जमाकर बनाया आक्षीर उदरकृमियों को मारने की उत्तम औषधि है। महीलता प्रजाति के उदरकृमियों को निकालने में कच्चे फल का दूधिया रस विशेष प्रभावकारी होता है। इसके बीजों में भी उदरकृमिहर गुणों के दावे किए जाते हैं, परन्तु इस प्रयोजन के लिए इसका प्रभावशाली होना सन्देहास्पद है।

पेट के गोल कृमियों, केंचुओं, कद्दू दानों को मारने के लिए पपीते का दूध बारह ग्राम, शहद बारह ग्राम और गरम जल चौबीस मिलीलिटर मिलाकर ठण्डा होने पर पिलाते हैं। इसके दो घण्टे बाद एरण्ड का तेल देते हैं। इससे किसी रोगी को मरोड़ आए तो निम्बू के रस में मिश्री मिलाकर देना चाहिए।

गले की बढ़ी हुई ग्रन्थियों (टौन्सिल) में प्रयोग करने के लिए पेपेन की द्रव निर्मितियां उपयुक्त होती हैं। सोज में कमी आ जाती है और नाक से सांस लेने में सुधार दीखता है।

डिप्थीरिया में झिल्ली को गलाने के लिए इसका ग्लिसरीन में बनाया घोल हर पांच मिनट बाद ग्रसनी (फ़ेरिक्स) पर फुरेरी से लगाते हैं।

एक या दो भाग पेपेन को दस भाग ग्लिसरीन और दस भाग पानी में मिलाकर बनाए घोल को जीभ पर पैदा हो गए व्रणों और दारियों पर लेप किया जाता है।

चित्तियों, मस्सों और त्वचा के अन्य विरूप चिह्नों को हटाने के लिए कच्चे फल का दूधिया रस कान्ति द्रव्यों (कौसमैटिक) के रूप में प्रयुक्त होता है। त्वचा के रोगों में पके पपीते का प्रयोग भी हितकर होता है। अच्छे पके, घुले हुए पपीते के गूदे को चेहरे पर या शरीर पर उबटन के समान दस-पन्द्रह मिनट मलकर स्नान कर लीजिए। ज़रा-सा तेल लगा लीजिए। आप देखेंगे कि शरीर पर से मैल उतर गई है, देह निखर गई है और चेहरा मुलायम तथा कान्तिमान बन गया है। पपीते के दूध से बनी हेज़लीन, पोमेड, वैज़लीन या अवधूलन आदि शृंगार-सामग्री बाज़ार में आ रही है। इन प्रसाधन द्रव्यों के स्थान पर पके पपीते से मुख का प्रतिदिन उबटन करने से लाभ होता है। चेहरे की झाइयों और झुर्रियों को मिटाने में यह उपयोगी है। बाल फल के दूध के प्रयोग से गालों की फुन्सियां साफ़ हो जाती हैं।

दाद पर पपीते का दूध लगाते हैं। त्वचा के दाद, पामा, कण्डू आदि रोगों में, जिनमें अत्यन्त खाज उठती है या जिनसे अधिक द्रव रिसता है, उनमें आक्रान्त भाग पर पपीते का दूध लगाने से तीन-चार दिन में ही लाभ दीखता है। कैंसर के बढ़े हुए तन्तुओं पर पपीते का दूध या पेपेन लगाते हैं। दो ड्रम पानी में 780 मिलीग्राम पेपेन और 325 मिलीग्राम सुहागे का चूर्ण मिलाकर अच्छी तरह घोट लें। शीशी में रख लें। सोरायसिस में, पुराने विसर्प (एग्ज़िमा) में ख़ासकर हथेलियों के विसर्प (एग्ज़िमा) में इसका स्थानीय प्रयोग करते हैं।

वातिक वेदनाओं में पत्तों को पानी में पकाकर वेदनापूर्ण अंग को कोसे काढ़े

से धोते हैं और उन पर पत्तों की पुल्टिस बांधते हैं। दूधिया रस दाहों पर लगाने से वेदना को शान्त करता है।

श्लीपद-वृद्धियों को कम करने के लिए पत्तों का प्रयोग किया जाता है। पत्तों को कूटकर फील पांव पर बांधते हैं और अन्तः प्रयोग में 130 से 260 मिलीग्राम की मात्रा में पेपेन के दूध की गोली देते हैं। गोल्ड कोस्ट में न्युपदंश की चिकित्सा के लिए जड़ का व्यवहार होता है।

सिर में सीकरी हो और इस कारण बाल झड़-झड़ कर सिर गंजा हो रहा हो तो पपीते से बहुत लाभ होता देखा गया है। पके या अधपके पपीते के गूदे को सिर पर हलके हाथों से मलना चाहिए। पांच मिनट बाद स्नान कर लेना चाहिए। पपीते का गूदा सीकरी को अपने साथ घोल लेता है। नीचे स्वस्थ चमड़ी निकल आती है, रोमकूप स्वच्छ हो जाते हैं और नए बालों को उगने का अवसर मिलता है।

बवासीर के मस्सों पर जड़ को घिसकर लेप करते हैं। ख़ूनी बवासीर के रोगियों को पके पपीते खाना लाभदायक पथ्य है।

पपीते की जड़ गर्भपात कराने का कार्य करती है। जनसाधारण में विश्वास है कि मामूली परिमाण में भी लिए जाने पर बीज गर्भपात करा देते हैं। हरे फल में गर्भोत्सारक गुण विद्यमान होते हैं। गर्भपात कराने के लिए दूध को गर्भाशय के मुख पर लगाते हैं। कपड़े के चिथड़े या रुई के फोहे को दूध से तरकर योनि के अन्दर रख दिया जाता है। जड़ को सिलबट्टे पर पीसकर ज़रा-सा नमक मिला लें। पानी में घोलकर गर्भवती स्त्री को एनिमा दिया जाए तो गर्भपात हो जाता है। मासिक स्राव अधिक आने की अवस्था में ख़ून को बन्द करने के लिए कम्बोडिया में जड़ों का प्रयोग किया जाता है।

पपीता खाने से पेशाब खुलकर आता है। युनानी चिकित्सकों का ख़याल है कि यह पथरी को घोलकर निकाल देता है। कम्बोडिया में पपीते की जड़ मूत्रल मानी जाती है।

पत्ते ज्वरनाशक हैं। ज्वर में हृदय अशक्त होकर नाड़ी की गति तेज़ हो गई हो, तो पत्तों का फाण्ट पीने से नाड़ी शांत होती है। ज्वर का वेग कम होता है और पेशाब आने लगता है। मध्य और दक्षिण अमेरिका में बुख़ार में दिए जाने वाले एक पेय के घटक में बीज प्यास शांत करने के लिए दिए जाते हैं।

वेस्टइण्डीज़ के आदिवासी हब्शी पपीते के पत्तों से अपने कपड़े धोया करते

थे। ताज़े पत्तों को दौरी-डण्डे में या सिलबट्टे पर अच्छी तरह कुचलकर पानी में मिलाते हैं। हाथ से ज़रा मथकर इसमें मैले कपड़े छोड़ देते हैं। चूल्हे पर उबालकर कपड़ों को धो लेते हैं। सूखे पत्ते हों तो डण्ठलों समेत उन्हें साफ़ धरती पर जला देते हैं। प्राप्त सफ़ेद राख को पानी में घोलकर कुछ देर निश्चल पड़ा रहने के बाद ऊपर का पानी निथार लेते हैं। नीचे की राख फेंक देते हैं। निथरे हुए पानी में मैले कपड़े डालकर उबाल लेते हैं। फिर स्वच्छ पानी में धो डालते हैं।

कपड़े पर से दाग़ छुड़ाने के लिए पके पपीते को काटकर गूदे को दाग़ पर रगड़ दीजिये। कुछ देर बाद धो डालिए। इस विधि से दाग़ न छूटे तो कच्चे पपीते के दूध को दाग़ पर लेप कर दें। सूख जाने पर कपड़े को रगड़कर धो डालें।

कई स्थानों पर पत्तों को तम्बाकू की जगह पीते हैं। अफ़्रीका और वेस्ट इण्डीज़ तथा अमेरिका में तने की छाल के तन्तु रस्सों को बनाने में काम आते हैं।

त्रसर (टस्सर) के कोयों (ककून) को मृदु बनाने के लिए पपीते का रस प्रयुक्त होता है। इसकी प्रक्रिया में नरम किए हुए त्रसर तन्तु का लपेटना सुगम हो जाता है।

तैंतालीस

पहाड़ी पपीता

करीका कांदामार्चेन्सिस हुकर पुत्र
Carica candamarcensis Hooker f.
कुल : करीकासी Caricaceae

पहाड़ी पपीता साधारण पपीते से मिलता-जुलता है। 2.5 से 3 मीटर ऊंचा होता है। ऊंचे स्थानों पर खेती करने के लिए यह अधिक उपयुक्त जाति है, क्योंकि

चित्र 70 पहाड़ी पपीता का पेड़

पहाड़ों पर सामान्य पपीता (**करीका** *पपाइआ* लिनिअस) नहीं पनपता। **पहाड़ में**

अधिक सुगमता से पैदा होने के कारण इसे पहाड़ी पपीता कहते हैं। अंग्रेज़ी में इसे माउण्टेन पपप्या (पर्वतीय पपीता) (Mountain papaya) कहते हैं।

श्रीलङ्का में यह सफलता से उगाया जाने लगा है। नीलगिरि में इसके कोई-कोई पौधे 375 और 2,135 मीटर की ऊंचाई के बीच में अर्द्ध जंगली अवस्था में मिल जाते हैं। पाले का इस पर प्रभाव नहीं होता। 2.2 अंश शतांश (28 अंश फ़ौर्नहाइट) का तापमान भी गम्भीर हानि के बिना सहन कर लेता है।

लगभग सारे साल फल देता है। छोटे, लम्बोतरे, दीर्घवृत्त फल प्रति वृक्ष में पचास से सौ तक लग जाते हैं। 115 ग्राम से छोटे फल नहीं होते। फलों में कुछ खटास रहती है इसलिए ये फलाहार के लिए इतने उपयुक्त नहीं हैं। सब्ज़ियों, मुरब्बों तथा अन्य परिरक्षित पदार्थों के निर्माण में ये काम आ सकते हैं।

चवालीस

पिस्ता

पिस्ताचा वेरा लिनिअस
Pistacia vera Linn.
कुल : अनाकार्दिआसी Anacardiaceae

छोटा, पतझड़ी वृक्ष, ऊंचाई दस मीटर तक। सीरिया, दमिश्क, मेसोपोटामिया, लेरक, ओरिया, बदग़िस और श्वेत्शसान में पाया जाता है। सीरिया, फ़िलिस्तीन और पर्शिया में बहुतायत में बोया जाता है।

संस्कृत में नाम

वनस्पतिनिघण्टुओं में पिस्ता के चार नाम आए हैं। मदनपालनिघण्टु (1374 सन्) में दो तथा कैयदेवनिघण्टु (1450 सन्) में दो :

पिस्तं मुकुलकं ज्ञेयं दन्तीफलसमाकृति ॥

मदनपालनिघण्टु, फलादिवर्ग 6; 63.

दन्तीफलसदृशं तु मुकूलं परिकीर्त्तितम् ॥

कैयदेवनिघण्टु, ओषधिवर्ग 1; 406.

नामों के अर्थ

दन्तीफलसदृश : जमालगोटे (दन्ती) के फल जैसा।
दन्तीफलासमाकृति : जमालगोटे (दन्ती) के फल सदृश आकृति वाला।
पिस्त : पिस्ता।
मुकुलक : बन्द आंख जैसा फल।
मुकूल : =मुकूलक।

फूल के गुण

पिस्ता मधुर, उष्णवीर्य, भारी, स्निग्ध, दुष्पच, बल्य, बृंहण तथा वातहर है।

कफपित्त को बढ़ाता है :

तद्वन्मुकूलकं ज्ञेयं विशेषाद्गुरु दुर्जरम् ॥

मदनपालनिघण्टु, फलादिवर्ग 6; 64.

··· मुकूल ··· ।
गुरूष्णस्निग्धमधुराः ··· बलप्रदाः ।
वातघ्ना बृंहणा वृष्याः कफपित्ताभिवर्धनाः ॥

चरकसंहिता, सूत्रस्थान 27; 157-158.

··· मुकूल ··· प्रभृतीनि ।
पित्तश्लेष्मकराण्याहुः स्निग्धोष्णानि गुरूणि च ॥
बृंहणान्यनिलघ्नानि बल्यानि मधुराणि च ॥

सुश्रुतसंहिता, सूत्रस्थान 46; 188.

यूनानी मत के अनुसार पिस्ते का मग़ज़ गरम, तर, हृदय और मस्तिष्क को बल देने वाला, पौष्टिक, मेध्य तथा वाजीकर है। पिस्ते के फूल खांसी में लाभ पहुंचाते हैं।

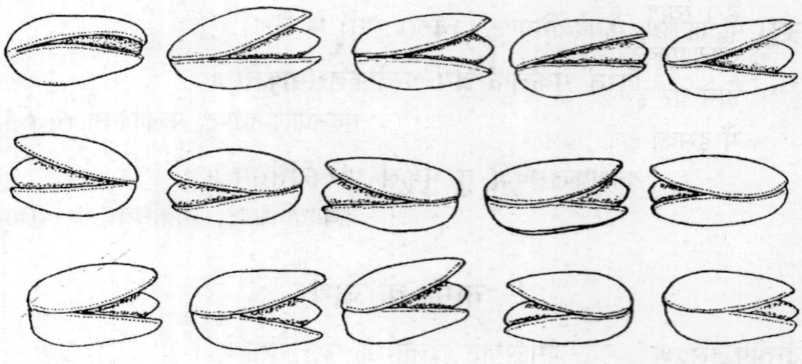

चित्र 71 पिस्ता

मिठाइयों, पकवानों और आईसक्रीमों में पिस्ते की गिरी इस्तेमाल की जाती है। सूखे मेवे के रूप में सादा पिस्ता, भुना हुआ पिस्ता और नमकीन पिस्ता खाया जाता है। इसमें से कम ताप पर पिघलने वाला एक स्निग्ध तेल निकलता है जो कुछ परिमाण में पकवानों में मसाले के रूप में और दवाओं में काम आता है। पिस्ते के बाहर के छिलके को यूनानी वैद्यक में पोस्ते पिस्तः और पोस्त बेरून पिस्तः कहते हैं। हकीम लोग दवाओं में इसका प्रयोग करते हैं। अतिसार, हृल्लास और

वमन में इसका चूर्ण देते हैं।

पत्तों पर एक कीड़ा घर (कीट कोष) बनाता है। हिन्दी में इसे पिस्ते के फूल, फ़ारसी में गुले पिस्ता, बुजगुंज तथा बुजगुंद और अंग्रेज़ी में बोखारा गौल्स (bokhara

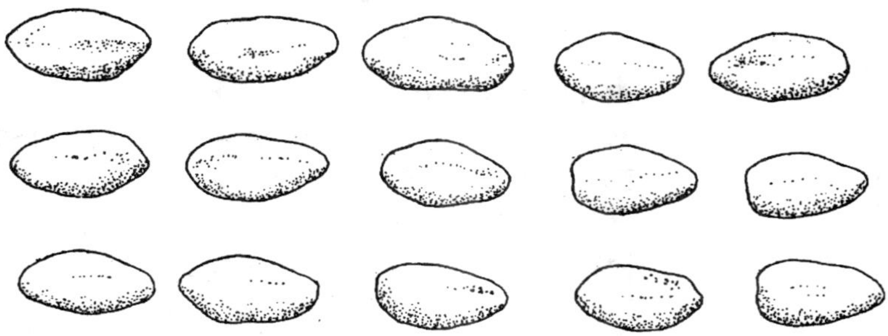

चित्र 72 पिस्ता की गिरियां

galls) कहते हैं। इनकी एक सतह गुलाबी रंग की और दूसरी पीताभ-श्वेत होती है। स्वाद में ये खट्टे-कसैले होते हैं। कीट कोष का चूर्ण पानी में पैंसठ प्रतिशत और एल्कौहल में भी पैंसठ प्रतिशत विलेय है। गले के रोगों में और काग के शिथिल होने पर इसकी गोलियां बनाकर मुंह में रखते हैं। ख़ांसी में और पुराने अतिसार में इसका चूर्ण खिलाते हैं। कीट कोष रंगने और चमड़ा कमाने के काम आते हैं।

पैंतालीस

प्याल

बुकनानिआ लंज़ान स्प्रेंगेल
Buchanania lanzan Sprengel
बुकनानिआ लतिफोलिआ रौक्सबुर्ग़
Buchanania latifolia Roxb.
कुलः अनाकार्दिआसी Anacardiaceae

कालिदास (पांचवी शती) ने वसन्त की सुषमा का वर्णन करते हुए प्याल के फूलों का मनोहारी शब्द चित्र खींचा है। वे कामदेव के मुख से कहलाते हैं :

प्याल की पुष्पमञ्जरियों में से पराग की धूलि उड़ रही है। हिरणों की आंखों में इस धूल के पड़ने से उनकी दृष्टि में विघ्न पड़ गया है। रास्ता न दिखने के

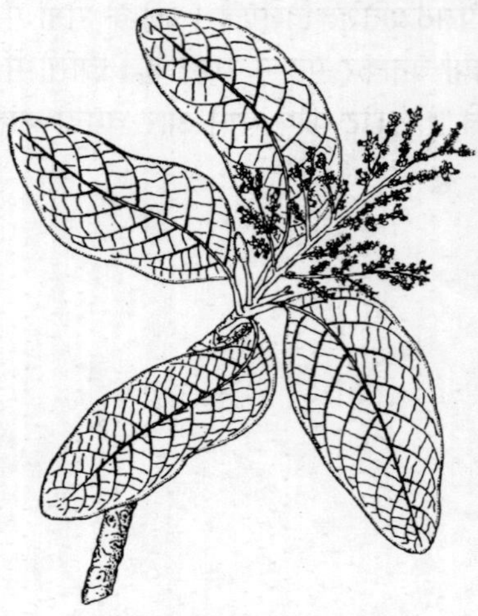

चित्र 73 प्याल की पुष्पमञ्जरी

कारण मद से उद्धत हिरंण हवा के रुख़ के प्रतिकूल ही चलने लगे। गिरे हुए पत्तों पर उनके पैर पड़ने से मर्मर की आवाज़ पैदा होने लगी :

मृगाः प्रियालद्रुममञ्जरीणां रजःकणैर्विघ्नितदृष्टिपाताः ।
मदोद्धताः प्रत्यनिलाः विचेरुर्वनस्थलीर्मर्मरपत्रमोक्षाः ॥

कुमारसंभव, सर्ग 3; 31.

कालिदास के समान संस्कृत के अन्य कवियों को भी प्याल के फूलों ने आकृष्ट किया था। राजशेखर (शुरू दसवीं शताब्दी) ने ग्रीष्म ऋतु में खिलने वाले फूलों में प्रियाल गिनाया है :

खर्जूरजम्बूपनसाम्रमोचप्रियालपूगीफलनालिकेरैः ।
द्वन्द्वानि खेदालसतामुपास्य रतानुसंधानमिहाद्रियन्ते ॥

काव्यमीमांसा, अध्याय 18, पृष्ठ 222.

वनवास में श्रीराम ने चित्रकूट पर्वतों के जंगलों में जो फूलदार, फलदार और छायादार, मनोहारी वृक्ष सीता को दिखाए थे उनमें प्याल भी था :

आम्रजम्ब्वसनैर्लोध्रैः प्रियालैः पनसैर्धवैः ।
अङ्कोलैर्भव्यतिनिशैर्बिल्वतिन्दुकवेणुभिः ॥

रामायण, अयोध्याकाण्ड 2, सर्ग 94; 8.

सीता को खोजने के लिए श्रीराम ऋष्यमूक पर्वत की ओर जा रहे थे। तब कबन्ध राक्षस ने उन्हें पश्चिम दिशा की ओर जाने का प्रशस्त मार्ग बताया था। उस मार्ग के जंगल में फूल वाले, फलदार और छायादार – विविध प्रकार के मनोरम वृक्ष उगे थे। इनमें प्याल के वृक्ष भी थे :

एष राम शिवः पन्था यत्रैते पुष्पिता द्रुमाः ।
प्रतीचीं दिशमाश्रित्य प्रकाशन्ते मनोरमाः ॥
जम्बूप्रियालपनसा न्यग्रोधप्लक्षतिन्दुकाः ।
अश्वत्थाः कर्णिकाराश्च चूताश्चान्ये च पादपाः ॥

रामायण, अरण्यकाण्ड 3, सर्ग 73; 2-3.

श्रीराम ने प्याल के स्वादु फल चाव से खाए होंगे क्योंकि कबन्ध ने उन्हें सलाह दी थी कि प्याल के अमृत जैसे फल खाकर आगे जाना :

जम्बूप्रियालपनसान्यग्रोधप्लक्षतिन्दुकाः ।
तानारुह्याथवा भूमौ पातयित्वा च तान् बलात् ॥
फलान्यमृतकल्पानि भक्षयित्वा गमिष्यथः ।

रामायण, अरण्यकाण्ड 3, सर्ग 73; 3,5,6.

सीता को खोजते हुए हनुमान् जब लङ्का पहुंचे तब वहां सुन्दर फलों से झुके हुए जिन वृक्षों को उन्होंने देखा, उनमें प्याल भी था :

स नगाग्रे स्थितां लङ्कां ददर्श पवनात्मजः ॥
सरलान् कर्णिकारांश्च खर्जूरांश्च सुपुष्पितान् ।
प्रियालान् मुचुलिन्दांश्च कुटजान् केतकानपि ॥

रामायण, सुन्दरकाण्ड 5, सर्ग 2; 8-9.

वाल्मीकि ऋषि को प्याल इतना अधिक प्रिय था कि उन्होंने अपनी कल्पनाओं में कैलाश पर्वत के जंगलों में भी चन्द्र ज्योत्स्ना से शोभित प्रियाल वृक्षों का वर्णन कर दिया है :

तगरैर्नारिकेलैश्च प्रियालपनसैस्तथा ।
एतैरन्यैश्च तरुभिरुद्भासितवनान्तरे ॥

रामायण, उत्तरकाण्ड 7, सर्ग 26; 6.

वनस्पतिशास्त्र का विद्यार्थी जानता है कि कैलाश पर्वत की लगभग 5,495 मीटर ऊंचाई पर प्याल जैसी वनस्पतियों का उगना सम्भव नहीं है। प्याल 1,200 मीटर की ऊंचाई तक ही उगता है।

विविध भाषाओं और स्थानों में नाम

अंग्रेज़ी : आल्मोंडेट्टे ट्री (almondette tree). चेरोंजी (cheronjee)।
आन्ध्र प्रदेश : चारवारी।
उड़िया : चारी, चारू।
उत्तर प्रदेश : कठभिलावा।
कन्नड़ : नुरकले, मुरकलि।
गुजराती : चारोलि।
तमिल : मुदइमा, मोरला।
तेलुगु : मोरलि, मोरलुचेट्टु, सारा।
पंजाबी : चारोलि, चिरोंजी।
बंगाली : चिरौंजी, पिआल, प्याल।
मराठी : चारोलि।
मलयालम : मुंगा पेरा।

हिन्दी : पिआल, पियार, प्याल।

संस्कृत में नाम

वनस्पतिनिघण्टुओं में प्याल के कुल सत्ताईस नाम आए हैं। धन्वन्तरिनिघण्टु (8वीं शती) में आठ, राजनिघण्टु (12वीं शती) में आठ, मदनपालनिघण्टु (1374 सन्) में पांच, कैयदेवनिघण्टु (1450 सन्) में पन्द्रह और भावप्रकाशनिघण्टु (1550 सन्) में आठ नाम और पर्याय निम्नलिखित श्लोकों में आये हैं :

प्रियालोऽथ खरस्कन्धश्चारो बहुलवल्कलः।
स्नेहबीजश्चाव पुटो ललनस्तापसप्रियः॥

धन्वन्तरिनिघण्टु, आम्रादिवर्ग 5; 65.

चारः खद्रुः खरस्कन्धो ललनश्चारकस्तथा।
स्नेहबीजश्चोपवटो भक्षबीजः करेन्दुधा॥

राजनिघण्टु, आम्रादिवर्ग 11; 64.

चारो धनुः पटः शालः प्रियालो मुनिवल्लभः।
चारः पित्तकफास्रघ्नस्तत्फलं मधुरं गुरु॥

मदनपालनिघण्टु, फलादिवर्ग 6; 36.

धनुष्पटः खरस्कन्धश्चारो द्राक्षाफलः परः।
प्रियालोऽम्लफलस्त्वक्कःसन्नकद्रुर्मुनिप्रियः॥
शालः शाखामृगश्चाधःपुटोऽथ ललनो वरः।

कैयदेवनिघण्टु, ओषधिवर्ग 1; 394-95.

प्रियालवस्तु खरस्कन्धश्चारो बहुलवल्कलः।
राजादनस्तापसेष्टः सन्नकद्रुर्धनुष्पटः॥

भावप्रकाशनिघण्टु, आम्रादिवर्ग 6; 83.

इन श्लोकों के अन्तर्गत लिखे गए नाम और पर्यायों को नीचे तालिका में दिया जा रहा है जिससे पाठक सुगमता से उनका तुलनात्मक अध्ययन कर सकें :

धन्वन्तरिनिघण्टु (8वीं शती)	**राजनिघण्टु** (12वीं शती)	**मदनपालनिघण्टु** (1374 सन्)	**कैयदेवनिघण्टु** (1450 सन्)	**भावप्रकाशनिघण्टु** (1550 सन्)
			1 अधःपुट	
			2 अम्लफल	

1 अवपुट				
	1 उपवट			
	2 खद्रु			
2 खरस्कन्ध	3 खरस्कन्ध		3 खरस्कन्ध	1 खरस्कन्ध
3 चार	4 चार	1 चार	4 चार	2 चार
	5 चारक			
4 तापसप्रिय				
				3 तापसेष्ट
			5 त्वक्क	
			6 द्राक्षाफल	
		2 धनुःपट		
			7 धनुष्पट	4 धनुष्पट
			8 पर	
5 प्रियाल		3 प्रियाल	9 प्रियाल	5 प्रियाल
6 बहुलवल्कल				6 बहुलवल्कल
	6 भक्षबीज			
			10 मुनिप्रिय	
		4 मुनिवल्लभ		
				7 राजादन
7 ललन	7 ललन		11 ललन	
			12 वर	
			13 शाखामृग	
		5 शाल	14 शाल	
			15 सन्नकद्रु	8 सन्नकद्रु
8 स्नेहबीज	8 स्नेहबीज			

नामों के अर्थ

उत्पत्तिबोधक नाम :

शाल : शाल के वनों में पैदा होने वाला वृक्ष।

परिचयज्ञापक संज्ञा :

खरस्कन्ध : खुरदरे काण्ड वाला।

त्वक्क : जिसकी छाल उपयोगी है।

द्राक्षाफल : जिसके फल जंगली काली किशमिश जैसे होते हैं।

बहुलवल्कल : बहुत छाल वाला वृक्ष।
शाखामृग : फलों को खाने के लिए बंदर जिसकी टहनियों को तोड़ डालते हैं।

गुणवाचक नाम :

अम्लफल : खट्टा फल।
चार : पर्यटकों–चार–द्वारा खाया जाने वाला फल।
चारक : पर्यटकों–चार–द्वारा खाया जाने वाला फल।
तापसप्रिय : तपस्वियों का प्रिय फल।
तापसेष्ट : तपस्वियों का प्रिय फल।
प्रियाल : प्रियति सरसत्वात्, अपने रस से सन्तुष्ट करने वाला फल।
भक्षबीज : जिसकी गुठली (बीज) की गिरी खाई (भक्ष) जाती है।
मुनिप्रिय : मुनियों का प्रिय फल।
मुनिवल्लभ : मुनियों का प्रिय फल।
राजादन : राजाओं द्वारा खाया जाने वाला फल।
स्नेहबीज : जिसकी गुठली (बीज) की गिरी में तेल (स्नेह) होता है।

वृक्ष का स्वरूप

सदाहरा वृक्ष; काण्ड सीधा, बेलनाकार, पन्द्रह मीटर तक ऊंचा; नई शाखाएं घनरोमाच्छन्न; छाल खुरदरी; पत्ते मोटे-चर्मश, चौड़े-लम्बगोल, अखण्ड किनारे वाले, बीस से छब्बीस सेण्टीमीटर लम्बे, बारह से सोलह सेण्टीमीटर चौड़े, कुण्ठाग्र, आधार गोल।

आम के फूलने के समय जनवरी से मार्च तक प्याल की पुष्पमञ्जरी भी खिल उठती है। पत्तों के कक्ष में और शाखाग्र पर हरे-से सफ़ेद रंग के छोटे-छोटे फूल मञ्जरियों में सटकर लगते हैं। प्याल के फूलों की रचना आम के फूलों से कुछ मिलती है इसलिए वर्गीकरण में इसे आम्रादि वर्ग *अनाकार्दिआसी (Anacardiaceae)* में रखते हैं।

आठ से दस सेण्टीमीटर लम्बी सीखों पर छोटे, गोल, चपटे, आठ से तेरह मिलीमीटर व्यास के फल लगते हैं। हरे रंग के कच्चे फल पकने के साथ-साथ लाल-जामनी-श्याम वर्ण में परिणत हो जाते हैं। फल के ऊपर के झिल्ली सदृश छिलके का बाहरी पृष्ठ चिकना, चमकीला होता है। कच्चा फल खट्टा होता है।

मई-जून में जब गरमियां पूरे यौवन पर होती हैं तब पक जाने से फल का गूदा मृदु, रसीला और खटमिट्ठा हो जाता है। फ़ालसे के समान ही चाव से खाया जाता

चित्र 74 प्याल का फलदार वृक्ष

है। गुठली कठोर होती है।

शाखाएं कच्ची होती हैं। वृक्षों के नीचे प्रायः टूटी हुई शाखाएं दीख पड़ती हैं जो स्वादिष्ट फलों की चाह से तोड़ी गई होती हैं।

कहां मिलता है

सूखे, पतझड़ी जंगलों में, 1,200 मीटर की ऊंचाई तक, भारत के अधिक भागों में, और उपहिमालय प्रदेश में 900 मीटर तक पाया जाताहै।

यह साल के वनों में उगा हुआ मिल जाता है। पानी के जमाव वाली ज़मीनों में नहीं उगता। पहाड़ियों के सूखे भागों को ढकने के लिए उगाया जाता है। यह तेज़ी से नंगे, सूखे ढलानों को जल्दी ही ढक लेता है।

पेड़ से गिरकर धूप में पड़े बीजों में उगने की क्षमता बहुत कम रह जाती है। लेकिन ताज़े बीज लगभग सत्तर प्रतिशत जननक्षम होते हैं। बीजों को सीधा

यथास्थान बोकर भी पेड़ उगाए जा सकते हैं।

गुण

पके प्याल किञ्चित् कसैले, खट्टे, मीठे, स्वादिष्ट, शीतल, तृषाशामक, श्रमहर,

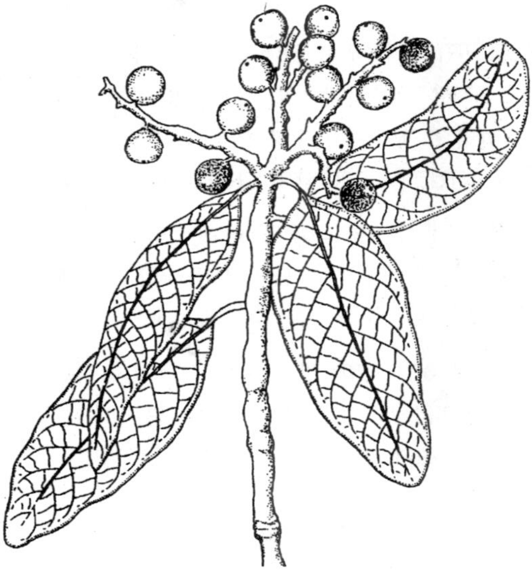

चित्र 75 प्याल की फलदार शाखा

शरीर की गरमी को कम करने वाले, शरीर में स्निग्धता लाने वाले, देर से पचने वाले, बलदायक, शरीर को पुष्ट करने वाले, बृंहण शक्ति को बढ़ाने वाले, मलबन्ध को नष्ट करने वाले, कफ बढ़ाने वाले, वात तथा पित्त के विकारों को हरने वाले, रक्तविकारों को दूर करने वाले तथा क्षतों और क्षय को नष्ट करने वाले हैं :

गुरूष्णस्निग्धमधुराः सोरुमाणाः बलप्रदाः।
वातघ्ना बृंहणा वृष्या कफपित्ताभिवर्धनाः॥
प्रियालमेषां सदृशं विद्यादौष्ण्यं विना गुणैः।

चरकसंहिता, सूत्रस्थान 27; 157-158.

वातपित्तहरं वृष्यं प्रियालं गुरुशीतलम्।

सुश्रुतसंहिता, सूत्रस्थान 46; 156.

प्रियालः कफपित्तघ्नः कषायोऽस्य फलं गुरु ॥
स्वाद्वम्लं मधुरं पाके सुस्निग्धं शीतलं सरम् ।
विष्टंभि बृंहणं वृष्यं बल्यं श्लेष्मविवर्धनम् ॥
जयेन् मारुतपित्तास्रदाहतृष्णाक्षतक्षयान् ।

कैयदेवनिघण्टु, ओषधिवर्ग 1; 395-96.

गुठली की गिरी को चिरौंजी कहते हैं। यह स्वादु, मधुर, वृष्य, पौष्टिक है और पित्त तथा वायु को नष्ट करती है। यह कच्ची या भूनकर खाई जाती है। मिठाइयों और मीठे पकवानों में बादाम गिरी के विकल्प में डाली जाती है। पान-मसालों में इसे डालते हैं। गुजरात के आदिवासी इसे दिमाग़ को शक्ति देने वाली मानते हैं।

गिरियों से बनाई मरहम त्वचा की खुजली के लिए तथा चेहरे के धब्बे मिटाने के लिए लगाई जाती है। त्वचा के रोगों में चिरौंजी को पीसकर उबटन करते हैं। गरदन की गिलटियों की सूजन पर गिरी का तेल लगाया जाता है।

गोंद अतिसार और पसलियों के दर्द में उपयोग की जाती है। आन्ध्र प्रदेश में गाय के दूध में गोंद को घोलकर आमवात के दर्दों में पिलाते हैं। पत्ते बल्य और हृद्बल्य हैं। इनका चूर्ण ज़ख्मों की दवा है।

बादाम का प्रतिनिधि

गुठली को तोड़कर जो गिरी निकलती है उसे हिन्दी में चिरौंजी और गुजराती में चारोलि कहते हैं। भारत के जंगलों से यह बड़े पैमाने पर इकट्ठा की जाती है। इसकी उच्च्व पोषक उपयोगिता के कारण इसे बादाम के प्रतिनिधि रूप में मिठाइयों और पकवानों में डालते हैं। मधुर, पुंस्त्वशक्ति को बढ़ाने वाली, पित्त और वायु के रोगों को नष्ट करने वाली होने से सरदियों में खाये जाने वाले पुष्टिदायक पाकों में चिरौंजी को डालते हैं।

आयुर्वेदिक फ़ार्मेसियों में बिक्री के लिए तैयार किए जाने वाले बादाम पाक, सुपारी पाक आदि निर्मितियों में चिरौंजी भी एक घटक है :

प्रियालमज्जा मधुरो वृष्यः पित्तानिलापह ।

सुश्रुतसंहिता, सूत्रस्थान 46; 205.

चिरौंजी को कोल्हू में पेरकर तेल निकाल लेते हैं, इसे प्याल का तेल कहते हैं। आयुर्वेद में इसे मीठा, भारी और श्लेष्मा बढ़ाने वाला बताया है :

प्रियालतैलं मधुरं गुरु श्लेष्माभिवर्धनम् ।
हितमिच्छन्ति नात्यौष्ण्यात् संयोगे वातपित्तयोः ॥

चरकसंहिता, सूत्रस्थान 27; 291.

विविध उपयोग

श्रमहर शर्बत, स्क्वैश : जंगलों से इकट्ठे किये जाकर फल स्थानीय बाज़ारों में बिकने आते हैं। नाज़ुक, पके, सुकुमार फल अधिक देर तक टिक नहीं सकते। प्रायः एक रात में ही ख़राब हो जाते हैं। इसलिए इनको दूर नगरों में भेजा नहीं जाता। इस लाभदायक फल का पूरा लाभ उठाने के उद्देश्य से मेरा सुझाव है कि इसके शर्बत और स्क्वैश आदि पेय तैयार कर लेने चाहिए। अपने खटमिट्ठे स्वाद के साथ-साथ ये पेय श्रमहर तथा तृषाशामक के रूप में विस्तृत रूप से पसन्द किए जाएंगे।

खांसी में : चिरौंजी को दौरी-डण्डे में रगड़कर पीठी बना लें। इसे ज़रा–से घी में छौंककर दूध डाल दें। एक-दो उबाल देकर उतार लें। इलायची की बुकनी से सुगन्धित करके और चीनी डालकर यह पेय खांसी और ज़ुकाम के रोगियों को पिलाते हैं। दूध में पकाए जाने से इस पेय को दोधी कहते हैं।

बालों के लिए हितकर : चिरौंजी के तेल को सिर पर मलने से यह कपाल तथा बालों के लिए हितकर कहा जाता है। बालों को काला करने के लिए भी इसका प्रयोग होता है। शुद्ध शिलाजीत को प्याल की छाल के काढ़े में भिगो दें तो इसके गुण बढ़ जाते हैं।

रासायनिक संघटन

गिरियों के प्रति 100 ग्राम में आर्द्रता 3.0, प्रोटीन 19.0, वसा 59.1, रेशा 3.8, कार्बोहाइड्रेट्स 12.1 और खनिज 3.0 ग्राम होते हैं। प्रति 100 ग्राम में कैल्सियम 279.0, फ़ौस्फ़ोरस 528.0, लोहा 8.5, औग्ज़ेलिक अम्ल 2.0, मैग्नीशियम 373.0, सोडियम 10.2, पोटाशियम 439.0, ताम्बा 0.86, गन्धक 186.0, क्लोरीन 25.0, थिआमीन 0.69, रिबोफ़्लेविन 0.53, निआसिन 1.5 और विटामिन-सी 5.0 मिलीग्राम होता है।

गिरियों में से 35.4 से 47.2 प्रतिशत हलका पीला, मीठा, मृदु, प्रिय गन्ध वाला तेल निकलता है। यह जैतून और बादाम के तेलों के विकल्प रूप में काम

आता है। तेल का साबुनीकरण मान 193.2, आयोडीन मान 62.4 और अम्लीय मान 32.7 है। तेल के वसीय अम्ल का संघटन है : मीरिस्टिक 0.14, पामिटिक 28.9, स्टीरिक 8.1, ओलीक 57.4 और लिनोलीक 5.5 प्रतिशत। सीधे अन्तः एस्टरीकरण पर तेल से एक उत्पाद प्राप्त होता है, जिसे टिकियों पर चढ़ाया जाए तो उनका कार्य विलम्ब से होता है। तेल से व्यापारिक पैमाने पर पामिटिक और ओलीक अम्ल बनाए जा सकते हैं।

लकड़ी के उपयोग

लकड़ी हलके धूसर से आधूसर-भूरी होती है। कभी-कभी हलकी पीली झांई वाली भी होती है। अन्तःकाष्ठ गूढ़ी-भूरी होती है। लकड़ी हलकी, मज़बूत, समान और सीधे रेशों वाली, 577 किलोग्राम प्रति घन मीटर भारी होती है। सूखी और दीमकों से बचाकर रखी जाए तो ख़ासी टिकाऊ है। हलकी छतों की कड़ियां, दरवाज़े तथा खिड़कियों के चौखटे, खाट, बक्से, जूए ओर सस्ते फ़र्निचर बनाने के लिए उपयुक्त है। यह मध्यम दर्जे की जलावन लकड़ी है; रसकाष्ठ का ऊष्मीय मान (calorific value) 4,446 ऊष्मांक और अन्तःकाष्ठ का 4,612 ऊष्मांक है।

गोंद और छाल के उपयोग

काण्ड से फीके या गूढ़े रंग की गोंद निकलती है जो बड़े, स्वच्छ और कांच सदृश बुन्दे होते हैं। यह आंशिक रूप से विलेय है और वस्त्रों पर लगाने के लिए उपयुक्त है।

छाल की निचली सतह के चूर्ण में हलकी चटपटी गन्ध होती है, इसका ग्राही स्वाद होता है। इसमें राख 2.25 और टैनिन 13.40 प्रतिशत होते हैं। इसमें क्षाराभ, प्रहासी शर्कराएं और सैपोनिन होते हैं। केरल में छाल चमड़ा कमाने में काम आती है। कमाया हुआ चमड़ा गूढ़ा आरक्त-भूरे रंग का होता है।

ढोरों और भेड़-बकरियों को पत्ते खिलाए जाते हैं। कुसुमी लाख का कीड़ा इस वृक्ष पर पलता है। इसकी लाख बढ़िया होती है।

छियालीस

फ़ालसा

ग्रेविआ सुबिनेकुआलिस द कन्दोल
Grevia subinaequalis DC.
कुल : तिलिआसी Tiliaceae

बड़ी झाड़ी या छोटा वृक्ष; शाखाएं निलम्बी, पत्ते गोल, किनारे तीक्ष्ण दन्तुर; फल गोल, व्यास में क़रीब एक सेण्टीमीटर, खट्टे-मीठे, स्वल्प गूदे वाले, पकने पर

चित्र 76 फ़ालसा की पुष्पित शाखा एवं फल

लाल-जामुनी। भारत में सर्वत्र ख़ूब खेती किया जाता है। भारत में शायद जंगली नहीं उगता।

विविध भाषाओं में नाम

उड़िया	:	फरसकोली।
कन्नड़	:	बुत्तियुदिप्ये, तडसाला।
गुजराती	:	फ़ालसा।
तमिल	:	पालिसा, तडची, फुटिकी।
तेलुगु	:	जाना, नल्लाजाना।
बंगाली	:	फ़ालसा, शुक्री।
मराठी	:	फाल्सी।
हिन्दी	:	धामिन, परुष, शुक्री।

संस्कृत में नाम

आयुर्वेद के वनस्पतिनिघण्टुओं में फ़ालसा के सत्रह नाम आए हैं। धन्वन्तरिनिघण्टु (8वीं शती) में सात, राजनिघण्टु (12वीं शती) में आठ, मदनपालनिघण्टु (1374 सन्) में पांच, कैयदेवनिघण्टु (1450 सन्) में नौ तथा भावप्रकाशनिघण्टु (1550 सन्) में चार :

परूषकं परु प्रोक्तं नीलवर्णं परावरम्।
परिमण्डलमल्पास्थि परुषं चापि नामतः॥

धन्वन्तरिनिघण्टु, आम्रादिवर्ग 5; 55.

परूषकं तीलपर्णं गिरिपीलु परावरम्।
नीलमण्डलमल्पास्थि परुषञ्च परुस्तथा॥

राजनिघण्टु, आम्रादिवर्ग 11; 110.

परूषको मृदुफलः परूषो रोषणः परः।

मदनपालनिघण्टु, फलादिवर्ग 6; 38.

परुषको नीलवर्णो रोषणो धन्वनच्छदः।
पारावतो मृदुफलः पुरुषः परुषः परुः॥

कैयदेवनिघण्टु, ओषधिवर्ग 1; 391.

परूषकं तु परुषमल्पास्थि च परापरम्।

भावप्रकाशनिघण्टु, आम्रादिवर्ग 6; 98.

इन श्लोकों के अन्तर्गत आए नाम पर्यायों को नीचे तालिका में दिया जा रहा है ताकि पाठक सुगमता से इनका तुलनात्मक अध्ययन कर सकें :

धन्वन्तरिनिघण्टु (8वीं शती)	**राजनिघण्टु** (12वीं शती)	**मदनपालनिघण्टु** (1374 सन्)	**कैयदेवनिघण्टु** (1450 सन्)	**भावप्रकाशनिघण्टु** (1550 सन्)
1 अल्पास्थि	1 अल्पास्थि			1 अल्पास्थि
	2 गिरिपीलु			
	3 तीलपर्ण			
			1 धन्वनच्छद	
	4 नीलमण्डल			
2 नीलवर्ण			2 नीलवर्ण	
		1 पर		
				2 परापर
3 परावर	5 परावर			
4 परिमण्डल				
	6 परु		3 परु	
	7 परुष		4 परुष	3 परुष
			5 परुषक	
5 परू				
6 परूष		2 परूष		
7 परूषक	8 परूषक	3 परूषक		4 परूषक
			6 पारावत	
			7 पुरुष	
		4 मृदुफल	8 मृदुफल	
		5 रोषण	9 रोषण	

नामों के अर्थ

अल्पास्थि : छोटी (अल्प) गुठली (अस्थि) वाला फल।
गिरिपीलु : पहाड़ी (गिरि) फल (पीलु)।
तीलपर्ण : जिसके पत्ते पर छोटे मस्से उगे हों।
धन्वनच्छद : मरुभूमि में पैदा होने वाला पौधा।
नीलमण्डल : नीले-काले रंग वाला (नील) गोल मण्डल (फल)।

नीलवर्ण	: नीले-काले रंग (वर्ण) वाला फल।
पर	: =परावर।
परापर	: ऊंची-नीची भूमियों में पैदा होने वाला पौधा।
परावर	: श्रेष्ठ फल।
परिमण्डल	: गोल फल।
परुषक	: कठोर गुठली वाला फल।
परू	: पहाड़ी भूमियों में पैदा होने वाला पौधा।
परुष	: =परुषक।
पारावत	: पहाड़ी भूमियों में उगने वाला पौधा।
पुरुष	: कठोर गुठली वाला फल।
मृदुफल	: नरम गूदे (मृदु) वाला फल।
रोषण	: बंजर भूमि में उग आने वाला पौधा।

कच्चा फ़ालसा : यह कषाय-अम्ल कटु रस युक्त, उष्ण, स्वादु तथा लघु होता है, लेकिन धन्वन्तरि के मत में यह गुरु है। कफ और वात के रोगों को नष्ट करता है। पित्तकारक है

पका फ़ालसा : विपाक में मधुर, वीर्य में शीत, रूक्ष तथा रुचिकर होता है। यह वातपित्त तथा शोथ का नाश करता है। विष्टंभी तथा धातु को पुष्ट करने वाला है। यह दिल को ताक़त देता है। तृषा, दाह, रक्तस्राव तथा ज्वर का नाश करता है। क्षत तथा क्षय में लाभकारी है :

परूषकफलं चाम्लं वातघ्नं पित्तकृद्गुरु।
तदेव पक्वं मधुरं वातपित्तनिबर्हणम् ॥

धन्वन्तरिनिघण्टु, आम्रादिवर्ग 5; 56.

परूषमम्लं कटुकं कफार्त्तिजिद्वातापहं तत्फलमेव पित्तदम्।
सोष्णञ्च पक्वं मधुरं रुचिप्रदं पित्तापहं शोफहरञ्च पीतम् ॥

राजनिघण्टु, आम्रादिवर्ग 11; 111.

परूषकं कषायाम्लमामपित्तकरं लघु ॥
पक्वं तु मधुरं पाके शीतं विष्टम्भि बृंहणम्।
हृद्य तृट्पित्तदाहास्रक्षतक्षयसमीरनुत् ॥

मदनपालनिघण्टु, फलादिवर्ग 6; 38-39.

परुषकं कषायाम्लं लघूष्णं स्वादु पित्तलम् ।
रूक्षं मारुतजित् पक्वं स्वाद्वम्लं शुक्रलं हिमम् ॥
रोचनं मधुरं पाके हृद्यं विष्टंभि बृंहणम् ।
हन्ति मारुतपित्तास्रतृष्णादाहक्षतक्षयान् ॥

कैयदेवनिघण्टु, ओषधिवर्ग 1; 392-393.

परूषकं कषायाम्लमामं पित्तकरं लघु ॥
तत्पक्वं मधुरं पाके शीतं विष्टम्भि बृंहणम् ।
हृद्यन्तु पित्तदाहास्रज्वरक्षयसमीरहृत् ॥

भावप्रकाशनिघण्टु, आम्रादिवर्ग 6; 99.

उपयोग

फल तृषाहर, हृद्य, दीपक और रेचक है। बुख़ार, पित्तप्रकोप और हृदय की निर्बलता में फल का शर्बत देते हैं। बुख़ार की गरमी, पेशाब की जलन, पैत्तिक अतिसार, वमन, तृषा, हिचकी, शरीर की दाह और क्षय में हितकर है। जड़ की छाल आमवात में प्रयोग करते हैं। पूय वाले निकासे पर पत्तों का लेप करते हैं। पचास से साठ ग्राम भीतरी छाल को मोटा कूटकर रात को 125 मिलीमीटर पानी में भिगो दें। सुबह हाथ से मसल, छानकर पीने से मधुमेह में लाभ होता है।

सैंतालीस

फूट

कुकुमिस मेलो वैरा. मोमोर्दिका डूथी एवं फ़ुलर

Cucumis melo var. **momordica** Duthie & Fuller

कुल : कुकुर्बितासी Cucurbitaceae

धरती पर फैलने वाली बेल। यह ख़रबूज़े का एक भेद है। फल चिकने, अण्डाकृति या बेलनाकृति होते हैं। लगभग तीस से साठ सेण्टीमीटर लम्बे तथा 7.5 से 15 सेण्टीमीटर व्यास के। ये ख़रबूज़े की अपेक्षा खीरे से अधिक मिलते हैं। कच्चे फल गूढ़े-हरे, पके निम्बू सदृश पीले, पकने के बाद स्वतः फट जाते हैं। बहुत सुगन्धित होते हैं। बीज ख़रबूज़े के बीज से छोटे। ख़रबूज़े की अपेक्षा अधिक सहिष्णु है।

संस्कृत में नाम

आयुर्वेद के वनस्पतिनिघण्टुओं में फूट के कुल पन्द्रह नाम आए हैं जिनमें से धन्वन्तरिनिघण्टु (8वीं शती) में तीन, राजनिघण्टु (12वीं शती) में नौ, मदनपालनिघण्टु (1374 सन्) में चार, कैयदेवनिघण्टु (1450 सन्) में तीन और भावप्रकाशनिघण्टु (1550 सन्) में तीन नाम आए हैं :

चिर्भटं धेनुदुग्धं च ज्ञेयं गोरक्षकर्कटी।

धन्वन्तरिनिघण्टु, गुडूच्यादिवर्ग 1; 180.

स्यात् चिर्भिटा सुचित्रा चित्रफला क्षेत्रचिर्भिटा पाण्डुफला।
पथ्या च रोचनफला चिर्भिटिका कर्कटिका ग्रहसंख्या॥

राजनिघण्टु, मूलकादिवर्ग 7; 215.

चिर्भटं धेनुदुग्धं स्याज्ज्ञेयं गोरक्षकर्कटी।

मदनपालनिघण्टु, शाकादिवर्ग 7; 14.

गोरक्षकर्कटी ज्ञेया गोदुग्धं चिभिटं स्मृतम्।

कैयदेवनिघण्टु, ओषधिवर्ग 1; 551.

चिर्भिटं धेनुदुग्धं च तथा गोरक्षकर्कटी ॥

भावप्रकाशनिघण्टु, आम्रादिवर्ग 6; 36.

इन श्लोकों के अन्तर्गत आए नाम-पर्यायों को नीचे तालिका में दिया जा रहा है ताकि पाठक सुगमता से उनका तुलनात्मक अध्ययन कर सकें :

धन्वन्तरिनिघण्टु (8वीं शती)	**राजनिघण्टु (12वीं शती)**	**मदनपालनिघण्टु (1374 सन्)**	**कैयदेवनिघण्टु (1450 सन्)**	**भावप्रकाशनिघण्टु (1550 सन्)**
	1 कर्कटिका			
	2 क्षेत्रचिर्भिटा			
			1 गोदुग्ध	
1 गोरक्षकर्कटी		1 गोरक्षकर्कटी	2 गोरक्षकर्कटी	1 गोरक्षकर्कटी
	3 चित्रफला			
2 चिर्भट		2 चिर्भट		
			3 चिर्भिट	2 चिर्भिट
	4 चिर्भिटा			
	5 चिर्भिटिका			
		3 चीभड़		
3 धेनुदुग्ध		4 धेनुदुग्ध		3 धेनुदुग्ध
	6 पथ्या			
	7 पाण्डुफला			
	8 रोचनफला			
	9 सुचित्रा			

नामों के अर्थ

कर्कटिका : गोल फूट।

क्षेत्रचिर्भिटा : खेत में स्वयं उगने वाली फूट।

गोदुग्ध : जिसके बीजों की गिरी को पानी के साथ रगड़ने से गाय (गो) के दूध (दुग्ध) सदृश रस बन जाता है।

गोरक्षकर्कटी : गाय-बैलों को खिलाई जाने वाली फूट।

चित्रफला : चितकबरे (चित्र) फल वाली (फला) बेल।

चिर्भट : भली प्रकार पोषण करने वाला फल।

चिर्भिट : चिर्भट।
चिर्भिटा : चिर्भट।
चिर्भिटिका : चिर्भट।
चीभड़ : चिर्भट का हिन्दी रूपान्तर।
धेनुदुग्ध : बीजों की गिरी को पानी के साथ रगड़ने से गाय (धेनु) के दूध (दुग्ध) के समान रस बन जाता है।
पथ्या : हितकर आहार।
पाण्डुफला : पीले (पाण्डु) फल वाली (फला) बेल।
रोचनफला : रुचिकर (रोचन) सुन्दर फल वाली (फला) बेल।
सुचित्रा : सुन्दर (सु) रेखाओं व धब्बों से चित्रित (चित्रा) बेल।

भेद, खेती

फूट के दो भेद हैं। एक वर्षा काल में होता है। दूसरा ग्रीष्मकाल में। संभवतः इनमें ही एक को चिर्भिट तथा दूसरे को गजचिर्भिट कहा है।

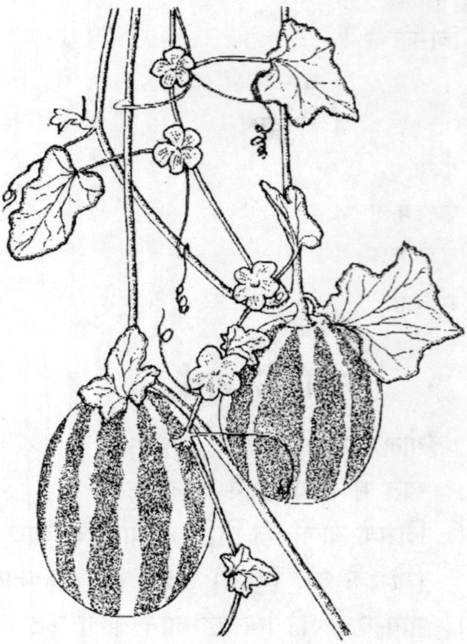

चित्र 77 फूट की पुष्पित एवं फलदार बेल

सारे भारत में इसकी खेती की जाती है। तेलुगु में इसे पेड्डाकई और बंगाली

में फूटी कहते हैं। इसकी एक क़िस्म वर्षा ऋतु में और दूसरी ग्रीष्म ऋतु में बोई जाती है। पहली के बीज मई से जुलाई में और दूसरी के बीज जनवरी से मार्च में बोए जाते हैं। बोने के तीन-चार महीने बाद फल तय्यार हो जाते हैं। प्रति एकड़ 3, 810 से 5, 715 किलोग्राम फल मिल जाते हैं। पके फल खाए जाते हैं।

गुण

कच्ची फूट थोड़ी अम्ल, तिक्त, गुरु, ग्राही तथा उष्ण होती है। विष्टंभी, वाातकारक तथा जाठराग्नि दीपक है। कफपित्त का नाश करती है।

पकी फूटी रस में मधुर, गुण में रूक्ष, शीतल, गुरु तथा शुष्क होती है। अरुचि तथा जड़ता को दूर करती है। दीपक तथा विष्टंभी है। मल को बांधती है। वातपित्तकफ का नाश करती है, लेकिन मदनपाल, कैयदेव तथा भावमिश्र के अनुसार पकी हुई फूट पित्तकारक है :

चिर्भटं मधुरं रुक्षं गुरु पित्तकफापहम्।

धन्वन्तरिनिघण्टु, गुडूच्यादिवर्ग 1; 180.

बाल्ये तिक्ता चिर्भिटा किञ्चिदम्ला
गौल्योपेता दीपनी सा च पाके।
शुष्का रूक्षा श्लेष्मवातारुचिघ्नी
जाड्यघ्नी सा रोचनी दीपनी च॥

राजनिघण्टु, मूलकादिवर्ग 7; 215.

चिर्भटं मधुरं रूक्षं गुरु पित्तकफापहम्।
शीतं विष्टम्भि संग्राहि पक्वमुष्णं तु पित्तलम्॥

मदनपालनिघण्टु, शाकादिवर्ग 7; 15.

चिर्भिटं मधुरं पाके रूक्षं स्वादूषणं गुरुः॥
अनुष्णं ग्राहि विष्टंभि बालं चानिलकोपनम्।
कफपित्तहरं स्यन्दि पक्वमुष्णं तु पित्तलम्॥

कैयदेवनिघण्टु, ओषधिवर्ग 1; 552.

चिर्भिटं मधुरं रूक्ष गुरु पित्तकफापहम्।
अनुष्णं ग्राहि विष्टम्भि पक्वं तूष्णञ्च पित्तलम्॥

भावप्रकाशनिघण्टु, आम्रादिवर्ग 6; 37.

गजचिर्भिट के गुण

यह तिक्तरसयुक्त, उष्णवीर्य, क्षारीय, लघु तथा रुचिकारक होता है। दीपन तथा पित्तकारक है। अष्ठीलाग्रन्थि (prostate gland) की वृद्धि तथा आनाह को दूर करता है :

सक्षारमुष्णं वितनोति वह्निम्, पित्तावहं तल्लघु रोचनं च।
साष्ठीलमानाहमपाकरोति, फलं तु तिक्तं गजचिर्भिटस्य॥
कैयदेवनिघण्टु, ओषधिवर्ग 1; 553.

उपयोग

गरमियों की फ़सल के फल कुछ बेस्वाद या ज़रा-से खट्टे होते हैं। बरसाती फ़सल के फल मीठे होते हैं। फलों की चाट में फूट की अधिक खपत है। गीदड़, नीलगाय, आदि जानवर खेत में घुसकर फलों को खा जाते हैं। गाय-भैंस को फूट खिलाई जाती है। पककर फट गई फूट को खाने के लिए कीड़े-मकौड़े और चींटियां उसके अन्दर घुस जाते हैं। फूट के कच्चे मुलायम फल को कचरा कहते हैं। इसे लौकी के समान प्रयोग करते हैं। इसकी सब्ज़ी और रायता बनाते हैं। बीज शीतल और तृषाहर है; सरदाई में डाले जाते हैं।

अड़तालीस

बगुगोशा

पीरुस कोम्मूनिस लिनिअस
Pyrus communis Linn.
कुल : रोसासी Rosaceae

इसे अंग्रेजी में कौमन पीअर common pear और यूरोपिअन पीअर European pear कहते हैं।

चौड़े पिरेमिड जैसे मुकुट वाला वृक्ष; पत्ते वर्तुल- अण्डाकृति से दीर्घायत, गोल दांतों वाले; फूल सफ़ेद। यूरोप और पश्चिम एशिया के समशीतोष्ण प्रदेशों में पाया

चित्र 78 बगुगोशा के पुष्पित वृक्ष का एक भाग

जाता है। अतिशय बहुरूपी इस जाति के मूल और विकास का केन्द्र यूरोप (भूमध्य

प्रदेश को छोड़कर) में समझा जाता है।

खेती

समशीतोष्ण देशों के फूलों में पैदावार के लिहाज़ से सेव के बाद बगुगोशे का स्थान है। बगुगोशे की 5,000 से ऊपर क़िस्में हैं। यूरोप में जर्मनी, इटली, फ्रांस और स्विट्ज़रलैण्ड, अमेरिका तथा जापान मिलाकर प्रति वर्ष जितना बगुगोशा पैदा करते हैं, वह विश्व की उपज की आधी उपज से अधिक है। भारत में बगुगोशा सेव से काफ़ी कम बोया जाता है। पंजाब, हिमाचल प्रदेश, कश्मीर, उत्तर प्रदेश तथा असम में यह 1,200 से 1,800 मीटर की ऊंचाइयों पर बोया जाता है और नीलगिरि पहाड़ियों में 1,600 से 2,000 मीटर तक तक बोया जाता है।

बोने के लगभग सात साल बाद पेड़ पर फल लगने शुरू हो जाते हैं और साठ से सत्तर साल तक फल देते रहते हैं। उत्तरी इलाक़ों में प्रति वृक्ष पैदावार 75 से 120 किलोग्राम होती है, कुन्नूर में इससे आधी। भारत में बगुगोशा अधिकतर ताज़ा खाया जाता है। यूरोप में पैदावार के बड़े भाग से रस निकाला जाता है जो पेय उद्योग तथा मदिरा उद्योग में खप जाता है। अमेरिका में उपज का बड़ा परिमाण डिब्बाबन्दी में काम आता है या इसे सुखा लिया जाता है।

रासायनिक संघटन

बगुगोशे में सूक्रोज़ का परिमाण कम होता है, इसलिए मधुमेह के रोगियों को खिलाया जा सकता है। बगुगोशे के 100 ग्राम भक्ष्य भाग में आर्द्रता 86.5, प्रोटीन 0.4, वसा 0.1, खनिज 0.3, रेशे 2.1, अन्य कार्बोहाइड्रेट्स 10.6 ग्राम होते हैं। सौ ग्राम में कैल्सियम 20, फ़ौस्फ़ोरस 20, लोहा 15, निकोटिनिक अम्ल 0.2 और विटामिन- सी एक मिलीग्राम होती है। छिलकों से कम तापमान पर पिघलने वाली, हलके-हरे रंग की मोम प्राप्त होती है। बीजों में अपरिष्कृत प्रोटीन 33.4, वसा 24.8, लेसिथिन 1.2, शर्कराएं 5.1, पेण्टोसान 6.7, रेशे 10.9 और राख 3.8 प्रतिशत होते हैं। बीजों से स्वच्छ, पीले रंग का, मृदु गन्ध और स्वाद वाला वसीय तेल निकलता है।

डिब्बाबन्दी के दौरान तीस से पैंतीस प्रतिशत छिलके आदि का कचरा निकलता है। ताज़े कचरे में कुल ठोस 14.8 से 16.3, प्रोटीन 0.5 से 0.6, अपरिष्कृत रेशे 2.2, कुल शर्कराएं 7.1 से 8.3 और राख 0.3 से 0.4 प्रतिशत होते हैं।

उपयोग

यह सिरका, ब्रैण्डी, विकृत (denatured) एल्कौहल बनाने में काम आ सकता है। कुछ नाशपातियों से कचरे से सीरप बनाया जाता है। कचरे को सुखाकर पशुओं का आहार बनाया जा सकता है। इसकी पोषक उपादेयता चुकन्दर के गूदे के बराबर होती है। कचरा भूमि की दशा सुधारने में और कम्पोस्ट बनाने में काम आता है। फलों के रस से जेली और शर्बत बनाते हैं। फल सुखाए भी जाते हैं।

चित्र 79 बगुगोशा की फलदार शाखाएं

पत्तों में 0.8 से 2.9 प्रतिशत टैनिन होता है। ऊन को रंगने में उपयोगी है। लकड़ी आरक्त-पीत या गुलाबी होती है। प्रति घन मीटर लकड़ी का भार 705 से 833 किलोग्राम होता है। यह नक़्क़ाशी और ख़राद के काम के लिए अत्युत्तम है। गणित और ड्रौइंग के उपकरण तथा रूल बनाने में काम आती है।

उनचास

बड़हर

आर्तोकार्पुस लकोका रौक्सबुर्ग़
Artocarpus lakoocha Roxb.
कुल : मोरासी Moraceae

बड़ा, पतझड़ी वृक्ष, ऊंचाई बीस मीटर तक; मुकुट विशाल, फैला हुआ; काण्ड सीधा, शाखाओं रहित; छाल गूढ़ी भूरी; छोटे, गोल, कठीले छिलकों में उतरती हुई;

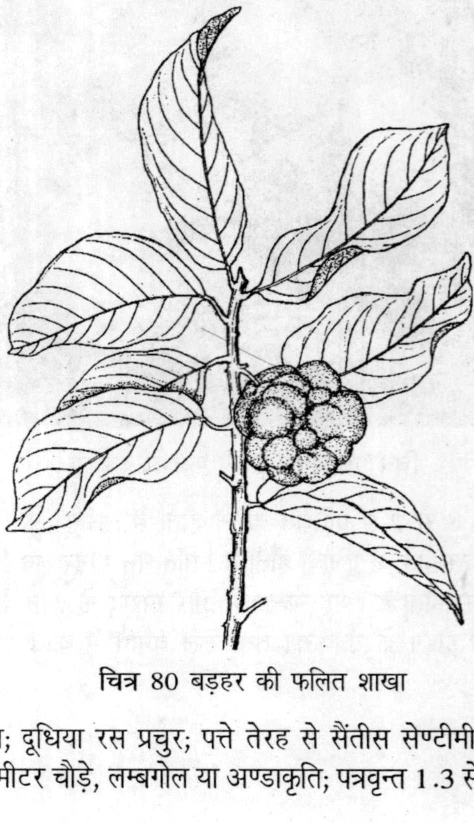

चित्र 80 बड़हर की फलित शाखा

भीतर से लाल; दूधिया रस प्रचुर; पत्ते तेरह से सैंतीस सेण्टीमीटर लम्बे, छह से इक्कीस सेण्टीमीटर चौड़े, लम्बगोल या अण्डाकृति; पत्रवृन्त 1.3 से 2.5 सेण्टीमीटर

लम्बे; फल 7.5 से 10 सेण्टीमीटर व्यास में; बेडौल पालियों वाला, चिकना, मखमली, पकने पर पीला; बीज 10 x 6 मिलीमीटर।

प्राप्ति स्थान

पूर्वी और उत्तरी भारत में सदाहरे, अर्द्ध-सदाहरे और आर्द्र पतझड़ी जंगलों में 1,800 मीटर की ऊंचाई तक पाया जाता है। पश्चिमी तट पर यह कोंकण से दक्षिण की ओर केरल तक और तमिलनाडु में मिलता है। अण्डेमन द्वीपों में बहुत-सी जगहों पर उगा हुआ मिलता है। म्यांमार, श्रीलङ्का और मलय प्रायद्वीप में पाया जाता है।

विविध भाषाओं और स्थानों में नाम

अंग्रेज़ी	:	मंकी जैक (monkey jack)।
असमिया	:	चामा, डेवा।
उड़िया	:	जेउतो, देवासाली।
कन्नड़	:	एसुलुहुली, वटेहुली।
कुमाऊं	:	ढाओ।
ख़ासी	:	दिएङ्-सोहरम।
गुजराती	:	लकुच।
तमिल	:	इरापल, ओट्टिपिलु।
तेलुगु	:	कम्मरिगु।
पंजाबी	:	ढुन, तिउम।
बंगाली	:	डहु, डेफ़ल, ढेउ।
मराठी	:	वातोम्बा।
मलयालम	:	कट्टुपिलवु।
व्यापार में	:	बड़हर, डहयू, लकुच।

संस्कृत में नाम

आयुर्वेद के वनस्पतिनिघण्टुओं में बड़हर के ग्यारह नाम आए हैं। जिनमें से मदनपालनिघण्टु (1374 सन्) में चार, कैयदेवनिघण्टु (1450 सन्) में सात और भावप्रकाशनिघण्टु (1550 सन्) में छह नाम आए हैं :

लकुचः क्षुद्रपनसो निकुचो ग्रंथिमत्फलः ।

मदनपालनिघण्टु, फलादिवर्ग 6; 50.

लकुचः क्षुद्रपनसो विज्ञेयो ग्रन्थिमत्फलः ॥
पित्तनाशो ग्रन्थिफलो लकुचो लिकुचो डहुः ।
पनोसः शबली साक्षः पनसः क्षुद्रसारितः ॥

कैयदेवनिघण्टु, ओषधिवर्ग 1; 468-469.

लकुचः क्षुद्रपनसो लिकुचो डहुरित्यपि ।

भावप्रकाशनिघण्टु, आम्रादिवर्ग 6; 30.

इन श्लोकों के अन्तर्गत लिखे गए नाम पर्यायों को नीचे तालिका में दिया जा रहा है ताकि पाठक सुगमता से उनका तुलनात्मक अध्ययन कर सकें :

मदनपालनिघण्टु (1374 सन्)	कैयदेवनिघण्टु (1450 सन्)	भावप्रकाशनिघण्टु (1550 सन्)
1 क्षुद्रपनस	1 क्षुद्रपनस	1 क्षुद्रपनस
	2 ग्रन्थिफल	
2 ग्रन्थिमत्फल		
	3 डहु	2 डहु
3 निकुच		
	4 पनोस	
	5 पित्तनाश	
4 लकुच	6 लकुच	3 लकुच
	7 लिकुच	4 लिकुच
		5 शबली
		6 साक्ष

नामों के अर्थ

क्षुद्रपनस : छोटा कटहल ।
ग्रन्थिफल : गांठों वाला फल ।
ग्रन्थिमत्फल : ग्रन्थिफल ।
डहु : बड़हर ।
निकुच : जगह-जगह से संकुचित हुआ, नानारूप, अनेक भागों में

विभक्त, गांठों वाला फल।

पनोस : = क्षुद्रपनस।
पित्तनाश : यकृत के रोगों को नष्ट करने वाला।
लकुच : स्वादिष्ट फल।
लिकुच : = लकुच।
शबली : नानारूप, अनेक भागों में विभक्त फल।
साक्ष : अनेक भागों में विभक्त फल की गांठें स्पष्ट रूप से दिखाई देती हैं।

गुण

बड़हर का फल स्वादिष्ट, खट्टा, उष्ण, वातहर, विष्टंभी, रक्तपित्तकारक, कफ बढ़ाने वाला है। जठराग्नि को मन्द करता है। शुक्राणुओं को कम करता है :

लकुचं गुरु विष्टंभि स्वाद्वम्लं रक्तपित्तकृत।
श्लेष्मकारि समीरघ्नमुष्णं शुक्राग्निनाशनम्॥

मदनपालनिघण्टु, फलादिवर्ग 6; 50.

बड़हर का कच्चा फल कसैला, उष्ण और गुरु है। कफवर्धक एवं रक्तपित्त पैदा करने वाला तथा वायुनाशक है।

पका फल मधुर, अग्निदीपक, विष्टंभकारक, शुक्रवर्धक तथा दोषों की वृद्धि करने वाला है। यह निकृष्ट फल है :

लकुचं तुवरं चोष्णं फलेष्वप्यवरं गुरु।
रक्तपित्तं बलासं च कुरुते हरतेऽनिलम्॥
पक्वं तु स्वादु विष्टंभि वृष्यं दोषाग्निवर्धनम्।

कैयदेवनिघण्टु, ओषधिवर्ग 1; 470-471.

बड़हर का कच्चा फल उष्ण, गुरु, मधुर तथा अम्ल रसयुक्त, विष्टम्भकारक, रक्तविकार एवं त्रिदोष को पैदा करने वाला, जठराग्नि व शुक्राणुओं को नष्ट करने वाला तथा नेत्रों के लिए अहितकर है।

पका फल मधुर, अम्ल रसयुक्त, रोचक, कफ वर्धक, जठराग्नि को उद्दीप्त करने वाला, विष्टंभक, वीर्यवर्धक, वात व पित्त का नाशक है :

आमं लकुचमुष्णञ्च गुरु विष्टम्भकृत्तथा ॥
मधुरञ्च तथाऽम्लञ्च दोषत्रितयरक्तकृत् ।
शुक्राग्निनाशनं वाऽपि नेत्रयोरहितं स्मृतम् ॥
सुपक्वं तत्तु मधुरमम्लं चानिलपित्तहृत् ।
कफवह्निकरं रुच्यं वृष्यं विष्टम्भकञ्च तत्

भावप्रकाशनिघण्टु, आम्रादिवर्ग 6; 30-32.

खेती

भारत के अधिक भागों में बड़हर छाया या शोभा के लिए बोया जाता है। पेड़ के सभी भाग उपयोगी हैं।

बीजों से उगाना सन्तोषजनक नहीं होता। बीजों से उगाए पौधों में लम्बे समय बाद फल लगते हैं। क़लमों से उगाना अच्छा होता है। सामान्यतः मूलरोहों से वर्षाऋतु में उगाया जाता है।

विभिन्न जगहों में यह साल की अलग-अलग ऋतुओं में फूलता है। फूलों की मुख्य फसल जनवरी और फ़रवरी में मिलती है। फलों को पकने में तीन महीने लग जाते हैं। वे एप्रिल-मई में तय्यार हो जाते हैं। अक्टूबर-नवम्बर में दूसरी बार बेमौसमी फूल आते हैं। इनके फल जनवरी और फ़रवरी में पकते हैं।

रोपवन (plantation) के लिए प्रति हेक्टेयर लगभग छियासठ पेड़ रोपे जाते हैं। वर्गाकार क्षेत्र में प्रत्येक पेड़ को बारह मीटर की दूरी पर उगाते हैं।

पूरा विकसित पेड़ 200 से 600 किलोग्राम हरे फल दे देता है। सूखने पर 75 प्रतिशत भाग कम हो जाए तब भी एक पेड़ से आसानी से 50 से 150 किलोग्राम सूखे कतरों की व्यापारिक पैदावार मिल जाती है।

विविध उपयोग

रसोई में फल काम आता है। कच्चे फल का अचार डालते हैं। पके फलों की चटनी बनाते हैं। फल के कतरे काटकर सुखा लेते हैं, ये इमली की जगह काम आते हैं।

अन्तःकाष्ठ में आर्टोकार्पिन (artocarpin), नोराक्टोकार्पिन (norartocarpin), नोरसाइक्लोआर्टोकार्पिन (norcycloartocarpin), साइक्लोआर्टोकार्पिन (cycloartocarpin) रिसार्सिनोल (resorcinol) और ओक्सीरिसवेराट्रोल

(oxyresveratrol) होते हैं। ओक्सीरिसवेराट्रोल काण्ड में भी मौजूद होता है। यह फीताकृमियों की चिकित्सा में कृमिनाशक के रूप में प्रयोग किया जाता है। पिसी हुई छाल को पीप निकालने के लिए फोड़ों पर लगाया जाता है।

कुछ रोगों की चिकित्सा में इमली का सेवन वर्जित होता है तब बड़हर देते हैं। मछली की तथा अन्य सामिषतकरियों में बड़हर का प्रयोग अच्छा माना जाता है, क्योंकि इससे उनमें एक ख़ास प्रकार की गन्ध और स्वाद आ जाता है।

असम में सुपारी के विकल्प रूप में बड़हर की छाल चबाई जाती है। दुधारू गाय-भैंसों को पत्ते खिलाते हैं। छाल से निकाले रेशों की रस्सी बनाते हैं।

छाल विलेय टैनिनों का अच्छा स्रोत है। यह टैनिंग के लिए उपयोग की जा सकती है। लकड़ी हलकी, सीधी रेशों वाली या अन्तः पाश रेशों वाली (interlocked-grained), बहुत खुरदरी होती है। ताज़ी लकड़ी का रंग पीला-भूरा होता है। खुली पड़ी रहने पर गूढ़ी हो जाती है। यह अच्छी मज़बूत होती है। अनुप्रस्थ बल (transeverse strength) और लचीलेपन में सागोन के सदृश है। यह सम्यक्तया संशुष्क होती है।

लकड़ी की लुगदी को लम्बे रेशे वाली लुगदी के साथ मिलाकर काग़ज़ बनाने के काम में लाया जा सकता है। लकड़ी टिकाऊ है। इसमें दीमक नहीं लगती। यह भलीभांति चीरी जा सकती है। गृह निर्माण के अनेक कार्यों में, फ़र्निचर और नौका बनाने के काम आती है।

अण्डेमन द्वीपों में यह बन्दरगाहों में, खम्भों में, डोगियों और बेड़ों में काम आती है। इससे समुद्री जलयान बनाए जाते हैं।

पचास

बादाम

प्रूनुस अमीग्दलुस बात्स
Prunus amygdalus Batsch.
कुल : रोसासी Rosaceae

आठ मीटर तक ऊंचा वृक्ष । पंजाब और कश्मीर के पहाड़ों पर ठण्डी जगहों पर रोपा जाता है ।

चित्र 81 बादाम तोड़ते हुए

बाबर के संस्मरणों (बाबरनामा, 1528-1530) के अनुसार बढ़िया क़िस्म

के बादाम मध्य एशिया के उज़बेकिस्तान में एक गांव से भारत में निर्यात किए जाते थे। उत्कृष्ट बादामों के कारण इसका नाम कन्द-ए-बादाम (बादाम का गांव) था।

चित्र 82 बादाम बोरों में भरते हुए

बाबरनामा की एक पेंटिंग में यह गांव दिखाया गया है। उसके साथ, बादाम के

चित्र 83 ऊंट पर बादाम लादकर ले जाते हुए

पेड़ों का झुण्ड है। एक आदमी पेड़ से बादाम तोड़ रहा है। बादाम तोलकर बोरों में भरे जा रहे हैं और निर्यात के लिए ऊंटों पर लादे जा रहे हैं।

विविध भाषाओं में नाम

अंग्रेजी : आल्मण्ड (almond)।
कन्नड़ : बदमी।
तमिल : वादाम कोट्टई।
तेलुगु : बादाम विट्टुलु।
पंजाबी : बादाम।
मलयालम : वाताम कोट्टा।

संस्कृत में नाम

आयुर्वेद के निघण्टुओं में बादाम के सात नाम आए हैं। मदनपालनिघण्टु (1374 सन्) में चार, भावप्रकाशनिघण्टु (1550 सन्) में तीन और सुश्रुतसंहिता में एक:

बादामं सुफलं वातवैरि नेत्रोपमं मतम्।

मदनालनिघण्टु, फलादिवर्ग 6; 62.

वातादो वातवैरी स्यान्नेत्रोपमफलस्तथा॥

भावप्रकाशनिघण्टु, आम्रादिवर्ग 6;124.

नामों के अर्थ

नेत्रोपम : आंखों (नेत्र) के समान (उपम)।
नेत्रोपमफल : आंखों (नेत्र) के सदृश (उपम) फल।
बादाम : वाताम से बना शब्द।
वाताद : वायु (वात) को नष्ट (अद) करने वाला।
वाताम : वायु (वात) के रोगों और अनपच (आम) को दूर करने वाला।
वातवैरी : वायु (वात) का नाशक (वैरी)।
सुफल : स्वादु (सु) फल।

गुण

बादाम गर्म, गुरु तथा बहुत स्निग्ध है। वात को नष्ट करता है। बल, वीर्य और मांस को बढ़ाता है। कफपित्तकारक है, लेकिन सुश्रुत के अनुसार यह कफपित्त का नाश करता है। इसकी मज्जा मधुर तथा कफकारक होती है। रक्तपित्त के रोगियों

को हितकर नहीं होती :

> **वातामा ··· ··· ··· ।**
> **गुरूष्णस्निग्धमधुरा ··· बलप्रदाः ॥**
>
> चरकसंहिता सूत्रस्थान 27; 157.

> **वाताम ··· ··· ··· प्रभृतीनि ।**
> **पित्तश्लेष्मकराण्याहुः स्निग्धोष्णानि गुरूणि च ।**
> **बृंहणान्यनिलघ्नानि मधुराणि च ॥**
>
> सुश्रुतसंहिता, सूत्रस्थान 46; 187-188.

> **बादाममुष्णं सुस्निग्धं वातघ्नं बलशुक्रकृत् ।**
>
> मदनालनिघण्टु, फलादिवर्ग 6; 62.

> **ईसद्दीर्घञ्च वातामं मधुरस्निग्धमज्जकम् ॥**
>
> कैयदेवनिघण्टु, ओषधिवर्ग 1; 505.

> **बातादः उष्णः सुस्निग्धो वातघ्नः शुक्रकृद् गुरूः ।**
> **वातादमज्जा मधुरो वृष्यः पित्तानिलापहः ।**
> **स्निग्धोष्ण कफकृन्नेष्टो रक्तपित्तविकारिणाम् ॥**
>
> भावप्रकाशनिघण्टु, आम्रादिवर्ग 6;124.

गुण

ताक़त के लिए बादाम खाए जाते हैं । बादाम रोगन खुश्की और कब्ज़ में दिया जाता है ।

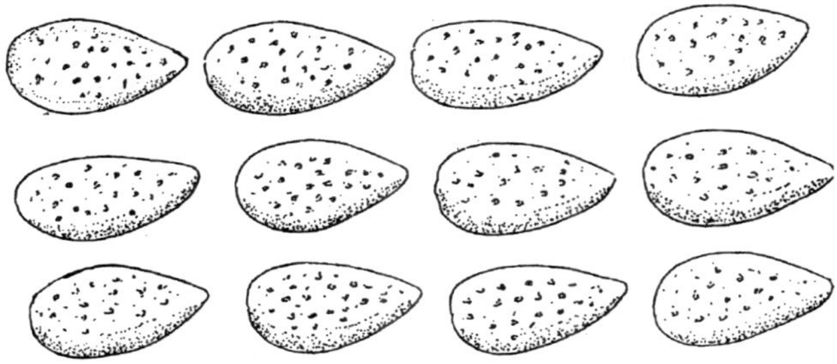

चित्र 84 बादाम

कश्मीर में बादाम के कच्चे फलों की सब्ज़ी बनाकर खाते हैं । कच्चे फल खट्टे

हैं। पेया बनाने के पहले बादाम को रातभर गरम पानी में डालकर भिगोना चाहिए। ऐसा करने से उसमें एक नवीन प्रकार का सत्व उत्पन्न होता है जो पाचनक्रिया का उत्तेजक है। अधिक पकाने से यह सत्त्व नष्ट हो जाता है। अतः पेया में एक-दो उफान आते ही उसको आग पर से उतार लेना चाहिए। मूत्र और जननेन्द्रिय रोगों में बादाम की पेया देते हैं। कड़वे बादाम को जल में पीसकर स्त्रियों के जननेन्द्रिय की कण्डूपर लगाते हैं।

कड़वे बादाम में एक प्रकार का ज़हरीला सत्त्व (हाइड्रोसायिनिक अम्ल) होता है, इसलिए उसको खाने के काम में नहीं लेना चाहिए।

इक्यावन

बिल्व

एग्ले मार्मेलोस कोरेंआ एक्स रौक्सबुर्ग़
Aegle marmelos Correa ex Roxb.
कुल : रुतासी Rutaceae

भारत के शुष्क प्रदेशों में यह स्वतः उगने वाला वृक्ष है। उप-हिमालय के वनों में यह सर्वत्र मिल जाता है। पश्चिमी हिमालय में समुद्रतल से 1,219 मीटर की ऊंचाई तक पहाड़ों पर स्वयं उगता है। बंगाल में, मध्य तथा दक्षिण भारत में, पाकिस्तान में और म्यांमार में जंगली अवस्था में पाया जाता है।

स्वरूप

यह एक छोटा या मध्यम आकार का वृक्ष है। पत्ते सामान्यतया तीन पर्णकों में विभक्त होते हैं। कभी-कभी एक पत्ते में पांच पर्णक भी देखे गए हैं। शाखाएं बहुधा बहुत-से, सीधे, लम्बे, कठोर, नुकीले कांटों से सज्जित होती हैं। कांटे 1.25 सेण्टीमीटर लम्बे होते हैं। गरमियों में नए पत्ते निकलने के बाद हरे-से सफ़ेद रंग के फूल शाखाओं के साथ छोटे गुच्छों में, अधिकतर जून में, खिलते हैं। उनमें सुमधुर शहद जैसी सुगन्ध होती है। फूल का आरपार नाप लगभग तीन सेण्टीमीटर होता है, जिसमें चार या पांच पंखड़ियां और तीस से साठ तक पुंकेसर होते हैं। फूलों के झड़ने के साथ ही नन्हें-नन्हें फलों से वृक्ष भर जाता है। धीरे-धीरे बढ़ते हुए ये साल भर में पकते हैं।

फल चिकने, कच्ची अवस्था में हरे, पकने पर पीले पड़ जाते हैं। फल लगभग तीन मिलीमीटर मोटे छिलके से ढका रहता है। सामान्यतया ये गोल होते हैं, परन्तु लम्बोतरे और नीचे से चपटे फल भी मैंने देखे हैं। इनके कठोर छिलके के अन्दर मृदु, पीला या नारंगी वर्ण का, स्वच्छ, चमकीला गूदा रहता है, जिसमें सुमधुर सुगंध और बढ़िया स्वाद होता है।

गर्मियों भर शीतल फल के रूप में इसे विभिन्न रूपों में ख़ूब प्रयोग किया जाता है। बरसात शुरू हो जाने पर इसका प्रयोग प्रायः बन्द हो जाता है। उत्तर

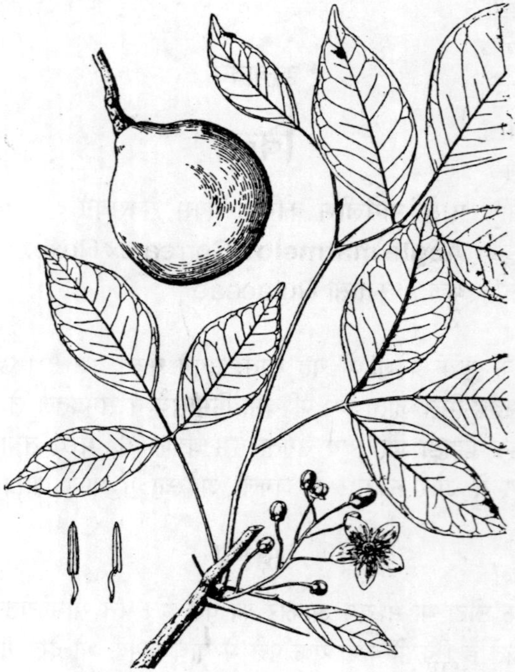

चित्र 85 बिल्व की पुष्पित शाखा एवं फल

प्रदेश में एक कहावत है कि आषाढ़ में बेल नहीं खाना चाहिए। बरसात शुरू होने पर पके फल समाप्त हो जाते हैं।

विविध भाषाओं और स्थानों में नाम

अंग्रेज़ी : बेल ट्री (bael tree), बंगाल क्विंस (Bengal quince), गोल्डन एप्पल (golden apple), होली फ्रूट (holy fruit)।

असम : बेल, बिल।

उड़िया : बेलो।

उर्दू : बिल।

कछार	: शेरबिलि-फांग।
कन्नड़	: बेल, बिल्व, बिलपत्री।
ख़ासी	: सोह-बेल।
गारो	: बेल्थी।
गुजराती	: बिलि, बिल।
तमिल	: बिल्व।
तेलुगु	: बिल्वमु, मर्दु।
बंगाली, मराठी, हिन्दी	: बेल, बिल।
मलयालम	: कूवलम्, विल्वम्।

संस्कृत में नाम

वनस्पतिनिघण्टुओं में बिल्व के कुल उनचास नाम आए हैं। धन्वन्तरिनिघण्टु (8वीं शती) में सत्रह, राजनिघण्टु (12वीं शती) में तेईस, मदनपालनिघण्टु (1374 सन्) में नौ, कैयदेवनिघण्टु (1450 सन्) में अट्ठाईस और भावप्रकाशनिघण्टु (1550 सन्) में पांच नाम और पर्याय निम्नलिखित श्लोकों में आए हैं :

बिल्वः शलाटुः शाण्डिल्यो हृद्यगन्धो महाफलः।
शैलूषः श्रीफलाश्चाह्वः कर्कटः पूतिमारुतः॥
लक्ष्मीफलो गन्धगर्भः सत्यकर्मा वरारूहः।
वातसारोऽरिमेदश्च कण्टकोह्वासिताननः॥

धन्वन्तरिनिघण्टु, गुडूच्यादिवर्ग 1;103-104.

बिल्वः शल्यो हृद्यगन्धः शलाटुः शाण्डिल्यः स्याच्छ्रीफलः कर्कटाह्वः।
शैलूषः स्याच्छैवपत्रः शिवेष्टः पत्रश्रेष्ठो गन्धपत्रस्त्रिपत्रः॥
लक्ष्मीफलो गन्धफलो दुरारुहस्त्रिशाकपत्रस्त्रिशिखः शिवद्रुमः।
सदाफलः सत्फलदः सुभूतिकः समीरसारः शिखिनेत्रसंज्ञितः॥

राजनिघण्टु, आम्रादिवर्गः 11;188-189.

बिल्वः शलाटुः शैलूषो मालूरश्च सदाफलः।
लक्ष्मीफलो गन्धगर्भः शाण्डिल्यः कण्टकी मतः॥

मदनपालनिघण्टु, हरीतक्यादिवर्ग, 1;42.

लक्ष्मीफलो हृद्यगन्धो गन्धगर्भो महाफलः ॥
शैलूषः श्रीगन्धफलो मालूरो गोहरीतकी ।
वातसारो नीलमल्ली सत्यधर्मा धरारुहः ॥
महाकपित्थो धविको रुचीकः सर्वरूपवान् ।
बिल्वः शलाटुः शाण्डिल्यः कर्कटो ग्रन्थिलो मतः ॥
सदाफलः कृष्णमुखः कण्टकी नीलमल्लिका ।
बाले त्वस्य फले बिल्वकर्कटी बिल्वपेशिका ॥

कैयदेवनिघण्टु, ओषधिवर्ग 1;15-18.

बिल्वः शाण्डिल्यशैलूषौ मालूरश्रीफलावपि ।

भावप्रकाशनिघण्टु, गुडूच्यादिवर्ग 3;13.

इन श्लोकों के अन्तर्गत लिखे गए नाम और पर्यायों को नीचे तालिका में दिया जा रहा है जिससे पाठक सुगमता से उनका तुलनात्मक अध्ययन कर सकें :

धन्वन्तरिनिघण्टु (8वीं शती)	राजनिघण्टु (12वीं शती)	मदनपालनिघण्टु (1374 सन्)	कैयदेवनिघण्टु (1450 सन्)	भावप्रकाशनिघण्टु (1550 सन्)
1 अरिमेद				
2 असितानन				
3 कण्टक				
		1 कण्टकी	1 कण्टकी	
4 कर्कट			2 कर्कट	
	1 कर्कटाह्व			
			3 कृष्णमुख	
5 गन्धगर्भ		2 गन्धगर्भ	4 गन्धगर्भ	
	2 गन्धपत्र			
	3 गन्धफल		5 गन्धफल	
			6 गोहरीतकी	
			7 ग्रन्थिल	
	4 त्रिपत्र			
	5 त्रिशाकपत्र			
	6 त्रिशिख			
	7 दुरारुह			
			8 धरारुह	
			9 धविक	
			10 नीलमल्लिका	

			11 नीलमल्ली	
	8 पत्रश्रेष्ठ			
6 पूतिमारुत				
7 बिल्व	9 बिल्व	3 बिल्व	12 बिल्व	1 बिल्व
			13 बिल्वकर्कटी	
			14 बिल्वपेशिका	
			15 महाकपित्थ	
8 महाफल			16 महाफल	
		4 मालूर	17 मालूर	2 मालूर
			18 रुचीक	
	10 लक्ष्मीपत्र			
9 लक्ष्मीफल		5 लक्ष्मीफल	19 लक्ष्मीफल	
10 वरारुह				
11 वातसार			20 वातसार	
12 शलाटु	11 शलाटु	6 शलाटु	21 शलाटु	
	12 शल्य			
13 शाण्डिल्य	13 शाण्डिल्य	7 शाण्डिल्य	22 शाण्डिल्य	3 शाण्डिल्य
	14 शिवद्रुम			
	15 शिवेष्ट			
14 शैलूष	16 शैलूष	8 शैलूष	23 शैलूष	4 शैलूष
	17 शैवपत्र			
15 श्रीफल	18 श्रीफल		24 श्रीफल	5 श्रीफल
	19 सत्फलद			
16 सत्यकर्मा				
			25 सत्यधर्मा	
	20 सदाफल	9 सदाफल	26 सदाफल	
	21 सुभूतीक			
	22 समीरसार			
			27 सर्वरूपवान्	
17 हृद्यगन्ध	23 हृद्यगन्ध		28 हृद्यगन्ध	

नामों के अर्थ

अरिमेद : रोग रूप शत्रुओं (अरि) को नष्ट करने वाला (मेद)।
असितानन: काली (असित) नोक (आनन) के कांटों वाला वृक्ष।
कण्टक : कांटों वाला वृक्ष ।

कण्टकी : = कण्टक।

कर्कट : = बिल्वकर्कटी।

कर्कटाह्व : = बिल्वकर्कटी।

कृष्णमुख : इसके कांटों की नोक (मुख) काली (कृष्ण) होती है।

गन्धगर्भ : जिस फल के अन्दर (गर्भ में) सुगन्ध (गन्ध) भरी है।

गन्धपत्र : सुगन्धित (गन्ध) पत्तों वाला (पत्र)।

गन्धफल : सुगन्धित (गन्ध) फल।

गोहरीतकी : इसके पत्ते गायों (गो) के रोगों को हर लेते हैं।

ग्रन्थिल : गांठदार।

त्रिपत्र : तीन (त्रि) पर्णकों (पत्र) वाला।

त्रिशाकपत्र : तीन (त्रि) पर्णकों – शाखाओं (शाक=शाख=पर्णक) वाला पत्ता (पत्र)।

त्रिशिख : पत्ते में तीन (त्रि) पर्णक (शिख) होते हैं।

दुरारुह : जिस पेड़ पर चढ़ना (आरूढ) मुश्किल (दुर्) है।

धरारुह : भूमि (धरा) पर फैली जड़ों से उग आने वाला (रुह)।

धविक : भूसर्पी (धविक) जड़ों से उग आने वाला।

नीलमल्लिका : हरे-से नीले, चमेली (मल्लिका) की सुगन्ध वाला बेल।

नीलमल्ली : चमेली (मल्ली) के फूल की सुगन्ध जैसे, सुगन्धित फूल वाला वृक्ष।

पत्रश्रेष्ठ : मंगलकारी (श्रेष्ठ) पत्तों (पत्र) वाला।

पूतिमारुत : बेल फल की कुछ क़िस्मों में उग्र दुर्गन्ध (पूति) होती है जो वायु (मारुत) को दूषित करती है। अथवा दुर्गन्धित (पूति) अपान वायु (मारुत) को पैदा करने वाला।

बिल्व : बिल।

बिल्वकर्कटी : बिल के फल (बिल्व) की झाड़ी (कर्कटी) अथवा बिल का कच्चा फल।

बिल्वपेशिका : बिल के फल (बिल्व) की झाड़ी (पेशिका) अथवा बिल का कच्चा फल।

महाकपित्थ : बड़ा (महा) कैथ (कपित्थ)।

महाफल : बड़ा फल।

मालूर : बिल।

रुचीक	: स्वादिष्ट फल।
लक्ष्मीपत्र	: पत्तों (पत्र) की पूजा में भेंट करने से श्री (लक्ष्मी) वृद्धि होती है।
लक्ष्मीफल	: श्री (लक्ष्मी) वृद्धि की कामना से फल पूजा में भेंट किया जाता है।
वरारुह	: मूलप्ररोहों से उग जाने वाला।
वातसार	: = समीरसार।
शलाटु	: बिल का कच्चा फल।
शल्य	: कांटों वाला वृक्ष।
शाण्डिल्य	: बिल का पेड़।
शिवद्रुम	: शिव की पूजा में इस वृक्ष (द्रुम) के पत्ते और फल चढ़ाये जाते हैं।
शिवेष्ट	: शिव का प्रिय (इष्ट)।
शैलूष	: पथरीली भूमि में भी उग आने वाला।
शैवपत्र	: शिव को (शैव) जिसके पत्ते (पत्र) समर्पित किये जाते हैं।
श्रीफल	: =लक्ष्मीफल।
सत्फलद	: अच्छे (सत्) फल धारण करने वाला (द)।
सत्यकर्मा	: उत्तम (सत्य) कार्यों में (कर्मा) काम आने वाला।
सत्यधर्मा	: पूजा आदि धार्मिक (सत्य) कार्यों में काम आने वाला (धर्मा)।
सदाफल	: चिरकाल (सदा) तक ख़राब न होने वाला फल।
समीरसार	: इसके फूलों की सुगन्ध वायु (समीर) को उत्तम सारवान् बना देती है।
सर्वरूपवान्	: बहुत (सर्व) सुन्दर (रूपवान्) वृक्ष।
सुभूतीक	: शिव (भूतिः) को प्रिय सुगन्धित (सु) फल।
हृद्यगन्ध	: आह्लादकारी (प्रिय) सुगन्ध वाला फल।

काग़ज़ी बेल

फलदार वृक्षों के पौधे बेचने वाले उत्पादकों ने उन्नत कृषि के द्वारा बेल के ऐसे पेड़ बना लिए हैं, जिनमें कांटों का अस्तित्व प्रायः जाता रहा है और उनके फल आकार में बहुत बड़े, सुगंधित, मीठे और पतले छिलके वाले बन गए हैं।

कुछ फलों के छिलके इतने पतले होते हैं कि हथेलियों के बीच में दबाने से टूट जाते हैं। ऐसे फलों को काग़ज़ी बेल कहते हैं। बोए हुए वृक्षों के फल मनुष्य के सिर के बराबर भी बड़े हो जाते हैं।

उपयोगी फल होने के कारण तथा धार्मिक महत्त्व के कारण यह बगीचों और मन्दिरों में भारत में सब जगह बोया जाता है।

बाज़ार में मिलने वाले फलों को दो समूहों में बांटा जा सकता है। एक तो वे, जो आकार में छोटे हैं और जंगलों में स्वयं पैदा होते हैं। दूसरे वे, जो बड़े होते हैं और जिन्हें बगीचों में उगाया जाता है। चिकित्सा-प्रयोजनों में दोनों प्रकार के फल काम आते हैं। फल जब पूर्ण विकसित हो जाएं और पकने लगें, तभी तोड़ लेने चाहिए।

समृद्धि देने वाला

हिन्दू लोग इसे उर्वरता का प्रतीक और बहुत पवित्र तथा समृद्धि देने वाला पौधा मानते हैं। कहा जाता है कि तीन पर्णकों में विभक्त हुए पत्ते भारतीय दार्शनिकों के सत्त्व, रज और तम के, जागृत, सुषुप्ति और स्वप्न—इन तीनों अवस्थाओं के तथा भूत, वर्तमान और भविष्य इन तीनों जीवनों के प्रतीक माने जाते हैं।

बेल के पत्ते शंकरजी का आहार माने गए हैं, इसलिए इन्हें महादेव के ऊपर चढ़ाते हैं। भारत में सर्वत्र शिव की पूजा के लिए बिल्व-पत्र आवश्यक माना जाता है। इसके बिना शिव की पूजा-अर्चना अधूरी मानी जाती है। शिव-भक्तों का विश्वास है कि पत्तों के तीनों पर्णक शिव के तीनों नेत्रों को प्रिय हैं।

इसके फूलों और पके फलों में मीठी सुगंध आती है, जो हृदय को भाती है। इसलिए संस्कृत में बिल्व को *हृद्यगन्ध* भी कहते हैं। श्रीहर्ष (12वीं शती) ने इस सुगंध की तुलना चन्दन की सुरभि से की है। भवभूति ने बिल्व की सुरभि से परिपूर्ण वन-पर्वतों के खण्डों का वर्णन किया है:

परिणतमालूरसुरभयः अरण्यगिरिभूमयः।

मालतीमाधव 8; 177.

राजा नल ने उद्यान में पके हुए बिल्व-फल देखे, जो हवा के झोकों से हिलाए जाने के कारण, कांटों ने उन पर खरोंचें डाल दी थीं, उनमें चन्दन के सार की

सुरभि मानो उड़ेली जा रही थी और नारी के स्तनों के तुल्य वे गोल तथा कठोर थे :

मरुल्ललत्पल्लकण्टकैः क्षतं समुच्छलच्चन्दनसारसौरभम् ।
स वारनारीकुचसंचितोपमं ददर्श मालूफलं पचेलिमम् ॥

नैषधीय चरित 1;84.

सीता की तलाश करते हुए श्रीराम बिल्ववृक्ष से कहते हैं; 'चिकने पत्तों के समान कोमल शरीर वाली, पीले रंग के रेशमी कपड़े पहनी हुई, बिल्व फल के समान स्तनों वाली मेरी प्रिया को देखा हो तो बता' :

स्निग्धपल्लवसंकाशां पीतकौशेयवासिनीम् ।
शंसस्व यदि सा दृष्टा बिल्व बिल्वोपमस्तनी ॥

रामायण, अरण्यकाण्ड, सर्ग 60;13.

अनेक उपयोग

छाल से जो गोंद रिसती है, वह अच्छी अभिलागी लेपी बनती है। इसके फूलों की चाय स्वादिष्ट होती है। श्रीलङ्का में इस चाय का बड़ा प्रचलन है। वहां इसके फूलों से बनी चाय को *बेलिमल* कहा जाता है। पत्ते और शाखिकाएं ढोरों के चारे के रूप में काम आते हैं। ऊंटों को ये ख़ूब खिलाए जाते हैं। ऊंट पालक चैत्र में अपने ऊंटों को इसके फल खिलाते हैं। वसंत आने पर मौले हुए शीशम को ऊंट ख़ूब चरता है। इससे कहते हैं कि उसे वायु के विकार और खुजली हो जाती है। इसकी चिकित्सा करने के लिए ऊंट-पालक बेल के फल खिलाते हैं। छोटे फलों को तो ऊंट अपने जबड़ों से तोड़ लेते हैं, परन्तु बड़े फलों के दो-तीन टुकड़े करके उसके आगे फेंक दिए जाते हैं।

पवित्र होने से इसकी लकड़ी की उपमा चन्दन से की जाती है। फूलों से मधुर-गंधयुक्त अर्क खींचा जाता है। कपड़ों को धोने के लिए साबुन के प्रतिनिधि के रूप में गूदा प्रायः काम आता है, क्योंकि इसमें अपक्षालक गुण होते हैं।

पक्का सीमेंट

चूने के साथ गूदे को मिलाकर चक्की में पीस लें, तो बड़ा पक्का सीमेंट बन जाता है। बीजों के चारों ओर जो गोंद जमा रहती है, वह चूने को दृढ़ता प्रदान करता है। जलाशयों और कुओं आदि की चिनाई में यह बहुत प्रयुक्त होता है। जलागारों में, जहां पौलिशदार सतह बनाने की आवश्यकता हो, वहां यह वार्निश

का काम करता है। भवन-निर्माण करने वाले विशेषज्ञों का सुझाव है कि दीवारों की चिनाई में बरते जाने वाले मसाले में यदि बेल के गूदे को भी मिला लिया जाए तो लाभदायक होगा। चिनाई के मसाले को जहां चक्कियों में पीसकर गारा बनाते हैं, वहां तो गूदे को अन्य सामान के साथ पीस लेना चाहिए। चूने-सुर्खी को भारी-भरकम चक्कियों में पीसने के पुराने प्रभावकारी तरीक़ों को जिन्होंने छोड़ दिया है, वे गूदे को पानी में काढ़ा बनाकर मसाले में मिला लेते हैं। जिन प्रदेशों में बिल्व के जंगल बहुतायत से हैं, वहां गांव वालों को अपनी मिट्टी की दीवारों को बनाने में भी गारे के अन्दर बेल मिला लेना चाहिए। इससे उनकी कच्ची दीवारों की आयु बढ़ जाएगी।

लकड़ी उपयोगी है

पके फल का ग्राही छिलका रंगने में तथा चर्मसंस्कार में प्रयुक्त होता है। कच्चे फल के छिलकों से पीला रंग प्राप्त होता है, जो हरड़ के साथ मिलाकर कपड़ों की छपाई में काम आता है।

लकड़ी समतन्तु (even-grained), घन-तन्तु (close-grained), दृढ़ और पक्की होती है।

यह आपीत–श्वेत या आधूसर श्वेत, कठोर और चमकदार होती है। ताज़ी काटी जाती हुई लकड़ी में सुरभि होती है। इस पर बहुत बढ़िया पौलिश चढ़ती है। भवन-निर्माण, गाड़ियां बनाने, कृषि के उपकरण, तेल और गन्ने के कोल्हू बनाने तथा मीनाकारी के लिए इसकी लकड़ी बहुत अच्छी है। प्रति घनमीटर लकड़ी का भार लगभग पचास किलोग्राम होता है। यद्यपि यह उत्तम कठोर काष्ठ है, तथापि मूल्यवान् फलों को देने के कारण इसका पेड़ प्रायः काटा नहीं जाता।

हमारे देश में शीशियों के प्रचलन से पूर्व वैद्य, हकीम और पंसारी बेल के सूखे फलों में दवाएं रखते थे। वृन्त के जिस स्थान से फल अलग होता है, उस जगह से छिद्र करके किसी कील की सहायता से अन्दर का गूदा निकालकर साफ़ कर लेते हैं। सुंघनी रखने की डिबियों आदि के लिए इसका उपयोग अब भी देहाती लोग कर रहे हैं।

शर्बत

पके हुए बिल्व के गूदे को पानी में हाथ से मसलकर घोल लें। छानकर बीज और रेशे फेंक दें। साधू लोग तथा ग़रीब लोग इसे ऐसे ही पी जाते हैं। यह आहार

और स्वास्थ्य की दृष्टि से उत्तम होता है। अमीर लोग इसमें चीनी या शक्कर मिलाकर इसे अधिक मधुर बनाकर पीते हैं। कुछ लोग इसमें ज़रा-सी सोंठ और काली मिर्च का चूर्ण भी बुरक लेते हैं। पानी के स्थान पर अनेक लोग इसमें दूध या दही मिलाते हैं। दही मिलाकर बनाया शर्बत पेट के रोगियों के लिए लाभदायक माना जाता है।

चिकित्सा की भारतीय पद्धतियों में बेल के अनेक भाग काम आते हैं। आयुर्वेद के प्रसिद्ध द्रव्य दशमूल के अंग के रूप में यह बहुत विस्तृत रूप से प्रयोग किया जा रहा है।

अपक्व या अधपका फल ग्राही, दीपक और पाचक होता है। शल्कि द्रव्यों और निर्यासोदीय पदार्थों की उपस्थिति के कारण यह अतिसार की अत्युत्तम दबा माना जाता है। पुराने दस्तों में तो यह विशेष रूप से उपयोगी समझा जाता है। आयुर्वेद के चिकित्सक इसमें कभी-कभी अफ़ीम भी मिलाकर प्रयोग करते हैं। इसके खण्ड काटकर मुरब्बा भी बनाया जाता है। दस्तों और पेचिश (प्रवाहिका) में वैद्य इसे बहुत हितकर मानते हैं। पका फल मधुर, सुगंधित और शीतल होता है। ताज़ा लिया जाए तो यह अनुलोमक होता है। पके फल का गूदा सुखा लिया जाए तो यह हलका नारंगी या मांस-वर्ण का बन जाता है। पानी में इसे घोलें तो यह स्वादिष्ट नारंगी वर्ण का शर्बत बन जाता है, जिसमें मृदु ग्राही गुण होते हैं। पके फल का छिलका ग्राही है और चिकित्सा में काम आता है।

गुण

आयुर्वेद के चिकित्सा ग्रन्थों में कच्चे और पके बिल्व फल के अलग-अलग गुणधर्म बताए गए हैं। बिल्व के अन्य भागों के गुणों का भी विस्तार से वर्णन किया गया है।

कच्चे फल के गुण

बिल्व का कच्चा फल गुण में स्निग्ध, संग्राही, दीपन, रस से कटु, तिक्त-कषाय, वीर्य में उष्ण, तीक्ष्ण एवं वातकफ को दूर करने वाला है। यह मल को बांधता है, कषैला और गर्म है। चरपरा, पाचन, चिकना और हृदय के लिए हितकार है :

बिल्वस्य तु फलं बालं स्निग्धं संग्राहि दीपनम् ॥
कटुतिक्तकषायोष्णं तीक्ष्णं वातकफापहम् ।

धन्वन्तरिनिघण्टु, गुडूच्यादिवर्ग 1;108.

फलं तु कोमलं स्निग्धं गुरु संग्राहि दीपनम् ।

राजनिघण्टु, आम्रादिवर्ग 11;191.

बिल्वं ग्राहि कषायोष्ण कटु दीपनपाचनम् ।
हृद्यं बालं लघु स्निग्धं तिक्तं वातकफापहम् ॥

मदनपालनिघण्टु, हरीतक्यादिवर्ग 1;43.

बिल्वं कटु कषायोष्णं तिक्तं दीपनपाचनम् ॥
स्निग्धं तीष्णं लघु ग्राहि हृद्यं वातकफापहम् ।

कैयदेवनिघण्टु, ओषधिवर्ग 1;21.

पके फल के गुण

पका बिल्व फल मधुर अनुरस, गुण में गुरु, विदारि, विष्टम्भकर, दोषहर, तिक्त-कषाय रस वाला, उष्ण एवं ग्राही होता है । दुर्गन्धित अपान वायु को उत्पन्न करता है । यह वीर्यवर्धक, भारी तथा देर से पचने वाला है । अग्नि को मन्द करता है। विदाही, दुर्जर तथा ग्राही होता है । उष्णवीर्य, लघु तथा रूक्ष है :

विद्यात्तदेव पक्वंतु मधुरानुरसं गुरु ॥
विदाहि विष्टम्भकरं दोषहृत्पूतिमारुतः ।

धन्वन्तरिनिघण्टु, गुडूच्यादिवर्ग 1;109.

तदेव पक्वं विज्ञेयं मधुरं सरसं गुरु ।
कटुतिक्तकषायोष्णं संग्राहि च त्रिदोषजित् ॥

राजनिघण्टु, आम्रादिवर्ग 11;192.

वृष्यं गुरु त्रिदोषं स्याद्दुर्जरं पूतिमारुतम् ।
विदाहि विष्टम्भकरं मधुरं बह्निमान्द्यकृत् ॥

मदनपालनिघण्टु, हरीतक्यादिवर्ग 1;44.

पक्वं विदाहि विष्टम्भि मधुरानुरसं गुरु ॥
दोषलं दुर्जरं पूतिवातं ग्राह्यग्निसादनम् ।

कैयदेवनिघण्टु, ओषधिवर्ग 1;22.

श्रीफलस्तुवरस्तिक्तो ग्राही रूक्षोऽग्निपित्तकृत् ।
वातश्लेष्महरो बल्यो लघुरुष्णश्च पाचनः ॥

भावप्रकाशनिघण्टु, गुडूच्यादिवर्ग 3;13.

सामान्य गुण

बिल्व मधुर, कषाय रस युक्त, गुरु, हृदय को बल देने वाला, तथा पित्त को जीतने वाला है। कफ-विकार, ज्वर तथा अतिसार का नाश करने वाला है। रुचिकारक तथा जठराग्निदीपक है :

बिल्वस्तु मधुरो हृद्यः कषायः पित्तजित् गुरुः ।
कफज्वरातिसारघ्नो रुचिकृद्दीपनः परः ॥

राजनिघण्टु, आम्रादिवर्ग 11;190.

मूल के गुण

बिल्व का मूल मधुर रस वाला तथा हलका है और त्रिदोष को नाशता है। वात रोग को दूर करता है। वमन, मूत्रकृच्छ्र तथा शूल को नष्ट करता है :

बिल्वमूलं त्रिदोषघ्नं मधुरं लघुवातनुत् ।

राजनिघण्टु, आम्रादिवर्ग 11;191.

जटा दोषवमीकृच्छ्रशूलघ्नी मधुरा लघुः ।

कैयदेवनिघण्टु, ओषधिवर्ग 1;20.

बिल्व पत्र के गुण : बिल्वपत्र वातहर एवं संग्राही होता है :

··· पत्रं संग्राहि वातजित् ॥

कैयदेवनिघण्टु, ओषधिवर्ग 1;19.

पेशिका के गुण : बिल्वपेशिका (फल मज्जा) कफवातशामक, आमपाचन, शूलहर तथा ग्राही है :

कफवातामशूलघ्नी ग्राहिणी बिल्वपेशिका ॥

कैयदेवनिघण्टु, ओषधिवर्ग 1;20.

काण्ड के गुण : बिल्व काण्ड कासहर, आमवातनाशक, हृद्य, रुचिवर्धक तथा दीपन है :

काण्डं कासामवातघ्नं हृद्यं रुच्यग्निवर्धनम् ।

कैयदेवनिघण्टु, ओषधिवर्ग 1;21.

पुष्प के गुण : बिल्वपुष्प अतिसार, तृषा, एवं वमन में लाभदायक होते हैं :

··· **पुष्पमतीसारं तृषां वमिम् ॥**

कैयदेवनिघण्टु ओषधिवर्ग 1;23.

मज्जा तैल के गुण : यह उत्तम तथा वातहर होता है :

बिल्वमज्जभवं तैलमुष्णं वातहरं परम् ।

कैयदेवनिघण्टु ओषधिवर्ग 1;23.

काञ्जी में रखे हुए बिल्व के गुण : यह अग्निवर्धक, हृद्य, रुचिकारक एवं आमवात को दूर करने वाला होता है :

काञ्जिके संस्थितं बिल्वमग्निसन्दीपनं परम् ॥
हृद्यं रुचिकरं प्रोक्तमामवातविनाशनम् ।

कैयदेवनिघण्टु ओषधिवर्ग 1;24.

आंतों के रोग

कच्चा हो या पक्का, दोनों ही रूपों में बेल आंतों के रोगों में अद्भुत लाभ करता है। इसमें विद्यमान गोंद आंतों की भीतरी दीवार को चिकना करती है। जिन लोगों की आंतें बहुत रुक्ष रहती हैं, जिससे उन्हें चिरस्थायी मलबन्ध बना रहता है, मल कठोर, रुक्ष, सुद्दों के रूप में कष्ट से आता हुआ गुदाद्वार में घर्षण करके रुधिर के साथ विसर्जन होता है, उन्हें बेल खाने से लाभ होता है। इसी प्रकार जिनकी आंतें शिथिल रहती हैं, शौच पतले दस्तों के रूप में या मरोड़ों के साथ बार-बार आता है, उन्हें इसके प्रयोग से लाभ होता है। यह आंतों की तरंग गति को नियमित करता है, पतले मल को बांधकर और कठोर मल को मृदु करके लाता है। आंतों के रोगियों को प्रतिदिन एक फल खा लेना चाहिए। जिस मौसम में पका फल न मिले, उसमें कच्चे फल को भूभल में भूनकर खाना चाहिए। कच्चे फल की गिरी को धूप में सुखाकर चूर्ण बनाकर रख लेते हैं। जिन दिनों कच्चे या पके बेल उपलब्ध न हों, उन दिनों इस चूर्ण की फंकी ले लेते हैं। अतिसार और पेचिश (डिसेण्ट्री) में यह लाभ देता है।

फलों का ताज़ा रस कड़वा और चरपरा होता है। इसे पानी के साथ ज़रा हलका गरम करके ज़ुकाम में तथा ज़ुकाम के कारण हो गए हलके बुख़ार में देते हैं। जड़ की छाल का काढ़ा मनोवसाद, विषण्णता और हृदय की धड़कन में दिया जाता है। सविराम ज्वर में जड़ की छाल का काढ़ा बनाकर पिलाया जाता है। स्याम में फल का छिलका केश-तेलों को सुवासित करने के काम आता है। शाखाएं दातुन के रूप में प्रयुक्त होती हैं। पत्तों को पीसकर पुल्टिस बनाई जाती है, जो शोथ-युक्त भागों पर बांधी जाती है। नेत्रशोथ में पत्तों को रगड़कर बांधते हैं।

बावन

बेर

ज़ीज़िफुस माउरितिआना लामार्क
Ziziphus mauritiana Lam.
कुल : राम्नासी Rhamnaceae

स्वरूप : बड़ी झाड़ी या मध्यम आकार का पन्द्रह मीटर तक या अधिक ऊंचा,

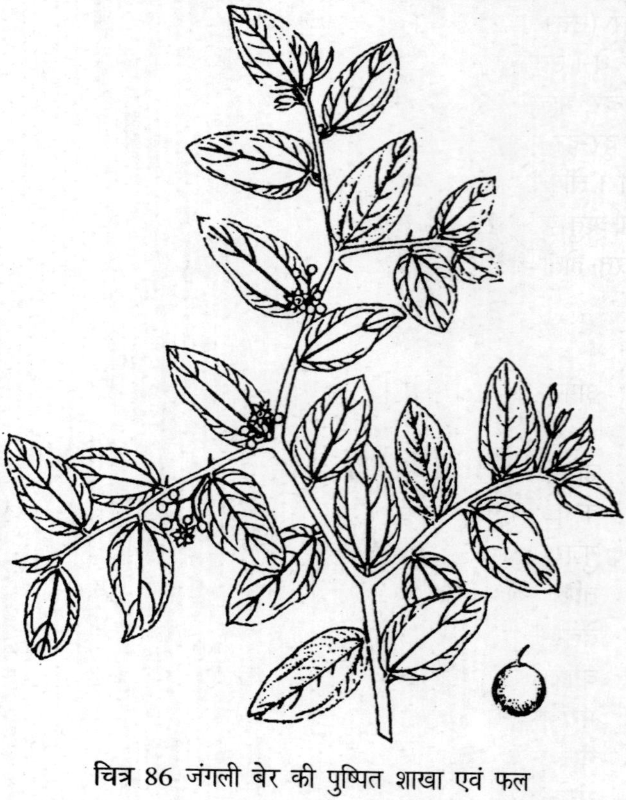

चित्र 86 जंगली बेर की पुष्पित शाखा एवं फल

समूहरोही, लगभग सदाहरा, प्रायः कांटों से युक्त वृक्ष; नई शाखाएं और फूल घने

रोओं से आवृत; पत्ते गोलाई लिए हुए, 2.5 से 10 सेण्टीमीटर लम्बे, ऊपरला पृष्ठ चिकना, गूढ़ा-हरा, निचला पृष्ठ हलके रंग के घने रोओं से आच्छादित; कांटे एकाकी और सीधे अथवा जोड़ों में, जिनमें से एक छोटा और मुड़ा हुआ, किसी-किसी पेड़ पर कांटे नहीं होते; फूल सितम्बर से नवम्बर तक, हरिताभ-पीत, हलकी दुर्गन्ध वाले; फल लगभग गोल, पकने पर नारंगी या लाल रंग के, दिसम्बर से फ़रवरी तक पकते हैं; गुठली कठोर, उभारयुक्त, दो बीजों वाली।

प्राप्ति स्थान

भारत में सर्वत्र और श्रीलङ्का में जंगली या रोपा हुआ मिलता है। हिमालय में 1,500 मीटर की ऊंचाई तक पहुंच गया है। अफ्रीका के गरम भागों में, मलय द्वीप समूह, चीन और औस्ट्रेलिया में भी पाया जाता है। यह दीर्घजीवी वृक्ष है; सहारनपुर (उत्तर प्रदेश) की वनस्पति वाटिका में 80 साल पुराने कुछ पेड़ अच्छी हालत में थे। उनके फल खाए जाते थे। प्रकृति में उगे पेड़ों के फलों को पक्षी और गीदड़, बन्दर, भालू, नीलगाय, हिरण आदि जानवर खाते हैं। उनके मल द्वारा अनपची गुठलियां दूर-दूर फैल जाती हैं। भूमि की सतह पर पड़े हुए फल या गुठलियां नहीं उग पातीं। लेकिन जो गुठलियां बरसात शुरू होने तक नरम मिट्टी में गड़ी रहती हैं वे वर्षा ऋतु के पूर्वार्द्ध में उग आती हैं। पौधे के विकास के लिए प्रचुर प्रकाश की ज़रूरत होती है। हलकी छाया में पड़ी गुठलियां नहीं उगतीं।

विविध भाषाओं में नाम

अंग्रेज़ी : कौमन जुजुबे (common jujube), इण्डियन जुजुबे (Indian jujube)।
उड़िया : बर्कोली, बोडोकोली, बोडोरी।
कन्नड़ : यालाची, इलांजी।
गुजराती : बोर, बोरडी।
तमिल : इलांदाई, यील्लांदे, इल्लादु।
तेलुगु : रीगु, गंगारीगु, कर्कन्धाउ।
बंगाली : कूल, बेर, बोरड़ी।
मराठी : बोर, बेर।
मलयालम : इलेन्था।
संस्कृत : अजप्रिया, बदर, कर्कन्धु, कुआला, मधुरफल।

हिन्दी : बेर।

जंगली पौधे, पेबन्दी पौधों को तय्यार करने के लिए मूलस्तम्भ के रूप में काम आते हैं। पेबन्दी बेर को क़लमी बेर और सौवीर बदर कहते हैं। मार्च-एप्रिल में पूर्ण-पक्व फलों की गुठलियों से पौधे उगाए जाते हैं। मार्च-एप्रिल में बोई गुठलियों से पैदा हुए बीजजातों पर अगस्त-सितम्बर में चश्मा चढ़ाया जाता है।

उपयोग

बेर क्षुधावर्धक, हलका, वातहर, कफहर और कासघ्न है। खांसी, ज़ुकाम में दिए जाने वाले जोशांदे में इसे मिलाते हैं। गिरी शामक और निद्राकर है। अतिसार

चित्र 87 जंगली बेर की गुठलियां

और उल्टी रोकने के लिए दी जाती है। गर्भावस्था में पेटदर्द होने पर खिलाने से आराम मिलता है। वत्सनाभ का विष उतारने के लिए उपयोग की जाती है। फोड़ों और ज़ख़्मों पर पुल्टिस के रूप में लगाई जाती है।

बेर गर्भ-निरोधक समझा जाता है। पत्ते प्रस्वेदक हैं। बच्चों के टायफ़ौयड ज्वर में दिए जाते हैं। पुल्टिस के रूप में भी इनका उपयोग होता है। अतिसार और प्रवाहिका में इनका काढ़ा दिया जाता है। मसूड़ों के कष्ट में छाल के काढ़े से कुल्ले करते हैं। फूल, कफ-पित्तहर तथा त्वचा के रोगों को दूर करने वाला है। जंगली,

कच्चे बेर, जिनमें अभी गुठली न पड़ी हो, इकट्ठा कर छाया में सुखा लेते हैं। इनके चूर्ण को शुक्रमेह में खिलाते हैं। जड़ की छाल को श्वेत-प्रदर और शुक्रमेह में देते हैं। पत्तों के काढ़े से सिर धोने से बाल मज़बूत होते हैं और रूसी साफ़ हो जाती है।

रासायनिक संघटन

टस्सर रेशमी कीड़े के लिए अच्छा भोजन है। शाखाओं पर लाख का कीड़ा पाला जाता है। ढोरों और बकरियों के लिए पत्तों में (सूखे पदार्थ के आधार पर) अपरिष्कृत प्रोटीन 12.9 से 16.9, वसा 1.5 से 2.7, रेशे 13.5 से 17.1, कुल राख 10.2 से 11.7, कैल्सियम 1.42 से 3.59 और फ़ौस्फ़ोरस 0.21 से 0.33 प्रतिशत होते हैं। छाल में 4 से 9 प्रतिशत टैनिन होता है। यह चमड़ा कमाने में काम आती है। लकड़ी कठोर, दृढ़ और टिकाऊ है। प्रकाष्ठ कुएं के चाक, कुल्हाड़ी और कुदाल के बेंटें, नलिका दण्ड (gum stocks), खड़ाऊं, जुए, पाटे, खिलौने, पहियों के हिस्से तथा ख़राद के काम आती है। सक्रिय कार्बन के उत्पादन के लिए उपयुक्त है। ईंधन के लिए और कोयला बनाने के लिए बढ़िया है। शाखाओं की बाड़ बनाते हैं।

सेऊ बेर

जंगली बेर (बदर) के पौधे पर पेबन्द लगाकर यह तय्यार किया जाता है। बदर और सौवीर बदर का एक ही लेटिन नाम है। पेबन्दी बेर का पौधा सहिष्णु होता है और यह 1,000 मीटर की ऊंचाई तक सफलता पूर्वक उगाया जा सकता है। पाले और लूओं से अधिक प्रभावित नहीं होता, सूखे का मुक़ाबला कर लेता है। उत्तर भारत में ग्रीष्म ऋतु में पेड़ के सब पत्ते गिर जाते हैं और तब यह कमोबेश सुषुप्त रहता है। जंगली बेर से इसमें कांटे कम होते हैं।

पेबन्दी बेर की गुठली से उगाए पेड़ों पर प्रभूत परिमाण में फल लगते हैं। लेकिन ये फल छोटे तथा घटिया क़िस्म के होते हैं, व्यापारिक दृष्टि से अधिक लाभदायक नहीं होते। बेर की कृषि को समुन्नत करने के लिए बहुत ज़रूरी है कि बढ़िया क़िस्मों को वर्धि-प्रजनन से उगाया जाए। क़लम लगाए हुए और चश्मा चढ़ाए हुए पेड़ अधिक सशक्त होते हैं और औद्योगिक फसलों के लिए रोपे जाते हैं। पौधों की आपसी दूरी ग्यारह से बारह मीटर रखी जाती है। प्रति वृक्ष को बीस से तीस किलोग्राम पशुशाला की खाद डालते हैं। फल आने के समय सिंचाई करने से फल

का आकार बड़ा हो जाता है। सिंचाई न करने से फल गिर जाते हैं।

पूर्ण पक्व फलों को तोड़ना चाहिए, क्योंकि तोड़ने के बाद पकने की प्रक्रिया ख़त्म हो जाती है। अधपके फलों की वाजिब क़ीमत नहीं मिलती। 80 से 200 किलोग्राम तक फसल एक पेड़ से मिल जाती है। बेर की क़िस्म के अनुसार पके फलों का रंग हलका-पीला, पीला, सुनहरी-पीला, हरा, हलका चौकलेटी होता है। पंजाब में पेबन्दी बेर की सैंतीस क़िस्में देखी गई हैं।

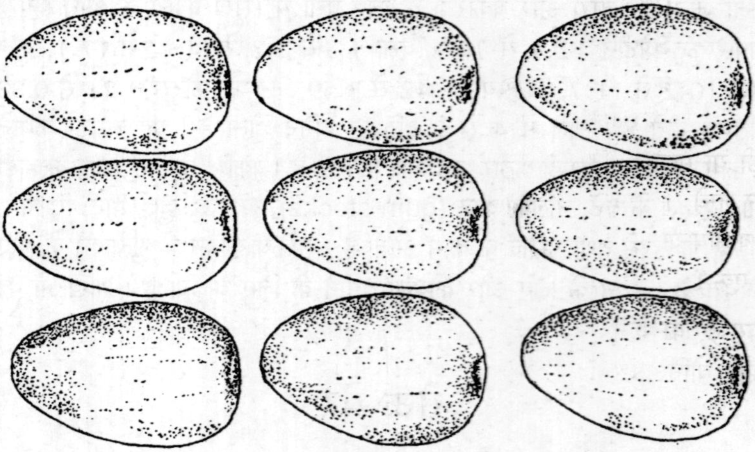

चित्र 88 सेऊ बेर के फल

फलों में विटामिन-सी, शर्कराएं और खनिज पर्याप्त परिमाण में होते हैं। फल के गूदे में नमी 81.6, प्रोटीन 0.8, वसा 0.3, कार्बोहाइड्रेट्स 17.0 और खनिज 0.3 प्रतिशत होते हैं। प्रति 100 ग्राम में कैल्सियम 4, फ़ौस्फ़ोरस 9, लोहा 1.8, कैरोटीन 0.021, थिआमीन 0.02, रिबोफ़्लेबीन 0.02, निआसीन 0.7 और विटामीन-सी 76 मिलीग्राम होती है। मुरब्बा बनाने के लिए बड़े आकार के फल लिए जाते हैं। छोटे फलों का अचार बनाया जाता है।

तिरपन

भूई जामुन

सिज़िजिउम ज़ेइलानिकुम लिनिअस द कन्दोल
Syzygium zeylanicum (Linn.) DC.
कुल : मिर्तासी Myrtaceae

झाड़ी या मझोला पेड़; पत्ते अण्डाकृति या रेखाकृति-भालाकृति, 2.5 से 5 सेण्टीमीटर लम्बे, 1.25 से 5 सेण्टीमीटर चौड़े, कुचलने पर सुरभिवान्; फूल सफ़ेद, गुच्छों में, कक्षीय या अवसानीय; फल लगभग गोल, सफ़ेद, मटर के दाने के आकार का; बीज एक।

महाराष्ट्र, कर्नाटक, केरल, उड़ीसा और अण्डेमन में तथा श्रीलङ्का, मलय, सुमात्रा और बोर्निआ में पाया जाता है।

विविध भाषाओं में नाम

उड़िया : सांगरबटुआ।
कन्नड़ : नेरकल।
तमिल : मरुंगी।
मराठी : भेड़स।
मलयालम : पुला, नियारा।

संस्कृत में नाम

अन्या च भूमिजम्बूर्ह्रस्वफला भृङ्गवल्लभा ह्रस्वा।
भूजम्बूर्भ्रमरेष्टा पिकभक्षा काष्ठजम्बूश्च॥

राजनिघण्टु, आम्रादिवर्ग 11; 30.

नामों के अर्थ

काष्ठजम्बू : फल (जम्बू) में गूदा कम और कठीली (काष्ठ) गुठली अधिक

होती है ।

पिकभक्षा : कोयल (पिक) द्वारा खाया जाने वाला (भक्षा) फल ।
भूजम्बू : ज़मीन (भू) से अधिक ऊंचा न जाने वाला जामुन (जम्बू) ।
भूमिजम्बू : = भूजम्बू ।
भृङ्गवल्लभा : भौंरों (भृङ्ग) का प्रिय (वल्लभा) ।
भ्रमरेष्टा : भौंरों (भ्रमर) का प्रिय (इष्टा) ।

गुण

भूई जामुन का फल कसैली, विपाक में मधुर, संग्राही, कफहर, पित्तनाशक, गले के विकारों को दूर करने वाला और हृदय के लिए हितकर है । वीर्य को पुष्ट करता है :

भूमिजम्बूः कषाया च मधुरा श्लेष्मपित्तनुत् ।
हृद्या संग्राहिहृत्कण्ठदोषघ्नी वीर्य्यपुष्टिदा ॥

राजनिघण्टु, आम्रादिवर्ग 11; 31

भूई जामुन उद्दीपक, आमवातहर और प्रतिपूयिक है । पत्तों और जड़ों का काढ़ा आन्त्रकृमिनाशक है । छाल से काला रञ्जक निकाला जाता है । लकड़ी आरक्त या भूरी होती है । कड़ियां, कृषि उपकरण, आदि के काम आती है । फूलों से लदा पेड़ बहुत सुन्दर लगता है । शोभा के लिए बोया जाता है ।

चौवन

मुसम्बी

चित्रुस सिनेन्सिस (लिनिअस) ओस्बेक
Citrus sinensis (Linn.) Osbeck
कुल : रुतासी Rutaceae

फैलने वाला, सदाहरा, लगभग नौ मीटर ऊंचा वृक्ष; पत्रवृन्त सकरे-से पंख वाला; फल गोलाकृति शीर्ष पर गोल, पकने पर सुनहरा-पीला या नारंगी रंग का; छिलका ख़ासा मोटा, कसकर चिपटा हुआ; गूदा पीला, नारंगी या रक्ताभ, अच्छा मीठा या खट्टा।

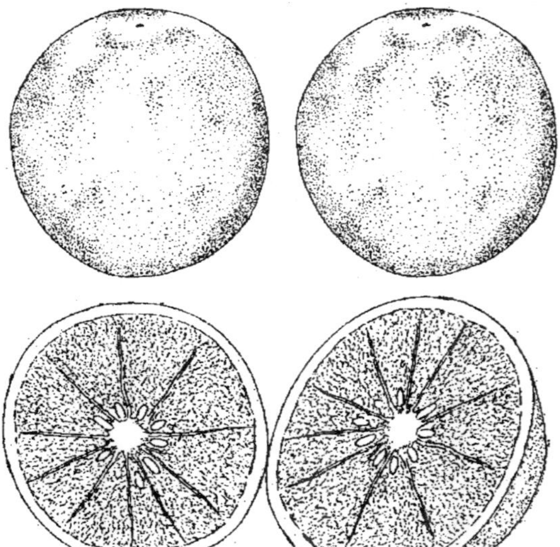

चित्र 89 मुसम्बी के फल

चीन और भारत का मूलवासी है; अब अर्ध उष्ण कटिबन्धी प्रदेशों में व्यापक रूप से बोया जा रहा है।

विविध भाषाओं में नाम

अंग्रेज़ी	:	माल्टा (malta), टाइट स्किन्ड औरेंज (tightskinned orange), स्वीट औरेंज (sweet orange)।
असमिया	:	माल्टा।
उड़िया	:	मीठाकमल।
कन्नड़	:	कीट्टीले, साठागुड़ी।
गुजराती, बंगाली, मराठी, हिन्दी	:	माल्टा, मुसम्बी, मोसम्बी।
तमिल	:	चीनी, साठागुड़ी।
तेलुगु	:	बट्टावी-नरींजा, बुद्दासीनी, नारंजी।
पंजाबी	:	माल्टा, मुसम्बी।

खेती

विश्व का यह अत्यधिक मूल्यवान् व्यापारिक सिट्रस है। उत्तर प्रदेश और पंजाब में इसकी खेती की जाने वाली क़िस्मों में ब्लड-रेड माल्टा सर्वाधिक मूल्यवान् है। पकी मुसम्बी सुस्वादु, रसीला, मीठा और पोषक फल है। पेस्ट्री उत्पादों को स्वादु बनाने और मार्मालेड बनाने के लिए बहुत अधिक उपयोग किया जाता है। मुसम्बी के रस में स्कर्वीरोधी विटामिन होती है। फल के कतरे काटकर तब तक बिजलीयित किए जाते हैं जब तक भंगुर न हो जाएं। इनका चूर्ण, केक, पाईज़, कुकीज़ और बट्टी तम्बाकू को सुस्वादु बनाने के लिए प्रयोग किया जाता है। इसको छानने के बाद बचे हुए फोक से औरेंज जैम बनाया जाता है।

उपयोग

फूलों से प्राप्त उड़नशील तेल को नेरोली औयल कहते हैं और पत्तों तथा नए प्ररोहों से प्राप्त उड़नशील तेल को पेटिग्रेन (petigrain) औयल कहते हैं। ये सत (essences) और सुगन्धियां बनाने के काम आते हैं। मुसम्बी के छिलके का फाण्ट, टिंक्चर और शर्बत खाद्यों को सुस्वादु बनाने के लिए बरते जाते हैं। मदिराओं को सुगन्धित और चरपरी बनाने के लिए आसव शालाओं (distilleries) में काम आते हैं। छिलकों में विद्यमान शर्करा के किण्वन से एसिटोन और ब्यूटाइल एल्कौहल

बनाए जा सकते हैं।

मुसम्बी रक्तशोधक है, बुख़ारों में प्यास को शान्त करती है, ज़ुकाम को दूर करती है और भूख चमकाती है। जिगर के रोगों में रस लाभदायक है, पैत्तिक अतिसार को दूर करता है। छिलका वातहर है। मुहासों पर ताज़े छिलके का उबटन करते हैं।

लकड़ी पीताभ, कठोर और घन-तन्तु है। प्रति घन मीटर का भार 68.20 किलोग्राम होता है। ख़राद और नक़्क़ाशी के लिए अच्छी है। अलमारियां बनाने के काम आती है। शाखाओं से छड़ियां बनाई जाती हैं।

पचपन

मूंगफली

आराकिस हीपोजेआ लिनिअस

Arachis hypogaea Linn.

कुल : फ़ाबासी Fabaceae

छोटा-सा भूशायी, फैला हुआ या उत्थित, शाखायुक्त, वर्षायु, तीस से साठ सेण्टीमीटर ऊंचा पौधा। पत्ते युग्मक, एकान्तर, अनुपर्णों से युक्त। पर्णक 3.5 से 5.0 सेण्टीमीटर लंबे, 2.0 से 2.5 सेण्टीमीटर चौड़े, अण्डाकृति से अभ्यण्डाकृति। फूल पीले, अल्पायु, निषेचन के बाद वृन्तक तेज़ी से बढ़ते हुए ज़मीन में घुस जाता है, जहां अण्डाशय फली के रूप में विकसित होने लगते हैं, लगभग दो माह में परिपक्व हो जाते हैं। फलियां 2.5 से 5.0 सेण्टीमीटर लंबी, एक से तीन बीजों से युक्त। बीज हलके या गहरे आरक्त-भूरे बीजावरण से ढके होते हैं।

विविध भाषाओं में नाम

अंग्रेज़ी : ग्राऊंड नट (ground nut), मंकी नट (monkey nut), पी नट (pea nut)।

कन्नड़ : नेलागडले।

तमिल : वेर्काडलई।

तेलुगु : वेरुसेनागालु।

बंगाली : चीनी बादाम।

मराठी : भुइमूंग।

मलयालम : नेलाकडला।

संस्कृत : भूमुद्ग।

मूंगफली को मूलतः ब्राज़ील का पौधा माना जाता है। इसकी खेती ब्राज़ील व पेरु में 950 वर्ष ईसा पूर्व से वहां के रेड-इंडियनों द्वारा की जाती थी। भूनी हुई मूंगफली पकवानों के घटक और अल्पाहार के रूप में उपयोग की जाती है।

मूंगफली की परिपक्व गिरियों में नाज़ुक स्वाद व सुगंध होती है। एक ग्राम गिरी में 5.8 आहारोपयोगी कैलोरियां होती हैं। इसकी तुलना में चीनी में 4.0, सम्पूर्ण गेहूं में 3.5, ब्रेड में 2.6, और गोमांस के फीतों में 2.3 कैलोरी होती है। मूंगफली की उच्च कैलोरी-उपादेयता का कारण इसमें आर्द्रता का न्यून परिमाण है। भूनी हुई मूंगफली में लगभग एक प्रतिशत आर्द्रता तथा उच्च तैलीय-सान्द्रता होती है।

पोषक उपादेयता

मूंगफली की पोषक-उपादेयता बहुत अधिक है, लेकिन इसमें तेल का अधिक परिमाण होने के कारण यह आहार का मुख्य घटक नहीं बनाया जा सकता। अधिक मात्रा में मूंगफली खाने से जिगर के ख़राब होने की आशंका रहती है। इससे

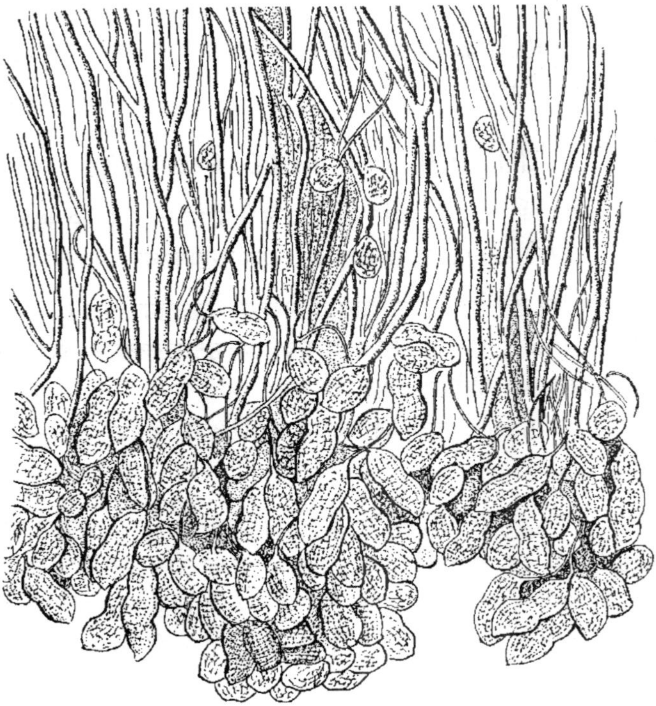

चित्र 90 भूमिगत मूंगफली का गुच्छा

बचने के लिए इसे एक बारी में थोड़ी मात्रा में खाना चाहिए। इसे गुड़ या अन्य

स्टार्च वाले आहारों के साथ मिलाकर खाना अच्छा रहता है। पकाने और पीसने से इसकी पाचनशीलता बढ़ जाती है।

पकाई हुई और नमकीन मूंगफली खाना नज़ाकत होती है। नमकीन दाने तैयार करने के लिए छिलके समेत कच्ची मूंगफली को फ़र्मेंट होने के लिए नमकीन पानी में कमरे के तापमान में अड़तालीस घण्टे भीगने देते हैं। फ़र्मेंट की हुई मूंगफली के दानों का स्वाद बढ़िया होता है। दानों को भून लिया जाता है या तेल में तल लिया जाता है। इन्हें इसी तरह अकेला खा लेते हैं अथवा अनेक व्यंजनों में और पकवानों में थोड़ी मात्रा में मिलाकर खाते हैं।

कच्चे दानों को लाल मिर्च, नमक, जीरा आदि के साथ पीसकर चटनी बनाते हैं। चौकलेट चढ़े हुए दाने यूरोपीय देशों में और अमेरिका में लोकप्रिय हैं। दानों पर नमक-मिर्च मिला हुआ बेसन चढ़ाकर तल लेते हैं। भारत में यह बहुत पसन्द किया जाता है। बेकरी के उत्पादों में मूंगफली के दानों का मोटे कणों वाला चूरा या कुतरा बुरक देते हैं।

तेल, गिरी, दूध, छिलके के उपयोग

अनुमान है कि विश्व में खाद्य तेलों के कुल उत्पादन का 1/5 वां भाग मूंगफली से होता है। इससे अधिक खाद्य तेल देने वाले सोयाबीन और सूर्यमुखी हैं।

मूंगफली का तेल मुख्यतः गुजरात, महाराष्ट्र और तमिलनाडु में पसन्द किया जाता है। मध्य प्रदेश, पंजाब और उत्तर प्रदेश के उन इलाक़ों में भी खाया जाता है जहां मूंगफली पैदा होती है। खाने के काम आने वाले तेलों में इसका ऊंचा स्थान है। भारत में खाद्य तेलों का पचपन प्रतिशत से अधिक मूंगफली का तेल काम आता है।

मूंगफली का दूध बनाने के लिए दानों का लाल छिलका उतारकर और भ्रूण (germs) अलग कर बीजपत्रों (cotyledons) को पीस लेते हैं। इनकी पेस्ट को छह भाग पानी में मथते हैं। इससे बने घोल (emulsion) को चूने के पानी से उपचारित करते हैं, भाप गुज़ारकर निर्गन्ध बनाते हैं। परिणामस्वरूप दूध-सदृश उत्पाद प्राप्त होता है। इसमें विटामिन ए, डी, बी2 और सी मिलाते हैं तथा, इस हिसाब से पानी मिलाते हैं कि एक किलोग्राम बीजपत्रों से आठ किलोग्राम दूध बन जाए। इस दूध का संघटन इस प्रकार हैः कुल ठोस पदार्थ 12.07, प्रोटीन 3.0,

वसा 5.2, कार्बोहाइड्रेट्स 3.7 और राख 0.8 प्रतिशत। इस दूध में कैल्सियम की मात्रा बढ़ाने के लिए आवश्यकतानुसार कैल्सियम ग्लूकोनेट मिला देते हैं।

शरीर का विकास करने की दृष्टि से मूंगफली का दूध गाय के दूध के समान

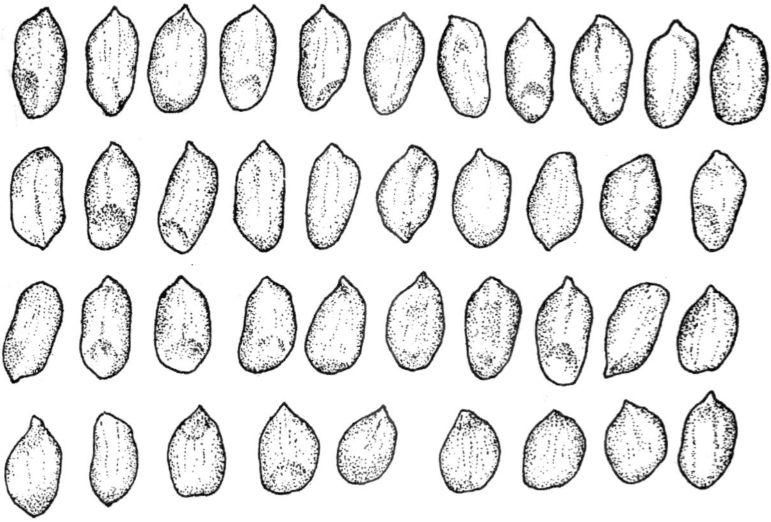

चित्र 91 मूंगफली की गिरियां

लाभकारी है। आठ महीने या इससे बड़ी उम्र के शिशुओं को दिया जा सकता है।

मूंगफली के दूध से दही और पनीर बनाया जाता है। मूंगफली के तेल से बनाया वनस्पति घी प्राकृतिक मक्खन और घी के सदृश होता है। इसमें वसा और प्रोटीन का लगभग उतना ही परिमाण होता है तथा ऊष्मायन मान भी वैसा ही होता है, लेकिन विटामिनों का अभाव होता है जो आवश्यक विटामिनें और खनिज मिलाकर पूरा कर लिया जाता है। शत मूंगफली को तेल और चालीस प्रतिशत डेक्ट्रोज़ से बनाया इमल्शन नाइट्रोजन रहित आहार के रूप में आमाशय के ज़रिए बूंद-बूंद दिया जाता है।

मधुमेह में मूंगफली का तेल दिया जाता है। यह आंतों को संकुचित करने का कार्य करता है। उन्हें चिकना रखता है और साफ़ करता है। फ्रेंच गाइना में तेल पेट की उग्र पीड़ा में दिया जाता है। मालिश करने से यह मांसपेशियों

के दर्द को दूर करता है। तेल बल्य और प्रतिपूयिक रूप में काम आता है।

फ़ार्मेसी उद्योग में काम आने वाला तेल शीत निस्पीडन से प्राप्त होता है। इसके गुण जैतून तेल के समान हैं। मरहमों, लेपों और पलस्तरों के निर्माण में यह जैतून तेल के विकल्प में काम आता है। मूंगफली का तेल साबुन बनाने में काम आता है। इसमें विद्यमान अननुविद्ध (unsaturated) वसीय अम्लों के कारण इससे बनाया साबुन मृदु होता है। यह तेल प्रसाधन द्रव्यों, हजामत की क्रीमों, पोमेड़ों, कोल्ड क्रीमों, ग्लिसरीन आदि में उपयोग किया जाता है। चमड़े को संवारने वाले द्रव्यों में, फ़र्निचर की क्रीमों में तथा मोमबत्ती बनाने में काम आता है। अत्यधिक नाज़ुक घड़ियों में भी इसे कल-पुर्ज़ों को चिकना रखने के लिए दिया जा सकता है।

ऊनी वस्त्र उद्योग में, ऊनी रेशों में यह तेल देने के लिए महंगे, उच्च ग्रेड वाले जैतून तेल के विकल्प में बहुत हद तक उपयोग किया जा रहा है।

रफ़ काग़ज़, कार्ड शीट और बोर्ड बनाने में छिलके काम आते हैं। मूंगफली में से वज़न का बीस से चालीस प्रतिशत छिलका निकलता है। यह ईंधन के काम आता है। इसकी जलावन उपयोगिता अपेक्षाकृत कम होती है। एक टन लकड़ी के कोयले के बराबर तीन टन मूंगफली के छिलके होते हैं। छिलकों को जलाकर कोयला बनाया जा सकता है। उसे संपीडित कर बनाए चौरस ब्लौक बेचे जा सकते हैं।

पोषक आहार

मूंगफली के पौधे प्रायः हरी अवस्था में या सुखाकर या साइलेज में परिवर्तित कर ढोरों को खिलाए जाते हैं। शिम्बी होने के कारण यह ज्वार-बाजरा और धान-अनाजों की अपेक्षा अधिक पोषक आहार है। पौधों को सावधानी से सुखाने से उच्च ग्रेड का, चमकीले रंग का सूखा चारा बनाया जा सकता है। सूखे चारे को पशु स्वाद से खाते हैं। पोषक उपादेयता की दृष्टि से यह बर्सीम या चने के सूखे चारे के तुल्य है। गोशाला की गायों के लिए यह उपयुक्त चारा है।

रासायनिक संघटन

मूंगफली के सूखे चारे का औसत संघटन यह है: आर्द्रता 7.1, प्रोटीन 8.3, ईथर निष्कर्ष 1.4, नाइट्रोजन-मुक्त निष्कर्ष 38.1 और राख 9.8 प्रतिशत। सुखाकर

पीसे हुए पौधे में सोलह प्रतिशत के आसपास प्रोटीन और अच्छे परिमाण में कैरोटीन तथा खनिज होते हैं। इसकी पोषक उपादेयता निर्जलित घोड़ा घास (*Medicago sativa* Linn.) के चूरे से भलीभांति की जा सकती है।

मूंगफली के दानों से तेल निकालने के बाद बची खली पशुओं को खिलाई जाती है। एक किलोग्राम खली में लगभग 0.47 किलोग्राम प्रोटीन होती है। इसकी तुलना में बिनौले की खली में 0.18 किलोग्राम और तिल की खली में 0.34 किलोग्राम प्रोटीन होती है।

मूंगफली की फ़सल लेने के बाद बचे हुए पौधे धान के खेतों में हरी खाद के रूप में 3,360 से 5,600 किलोग्राम प्रति हेक्टेयर की दर से मिला दिए जाते हैं।

छप्पन

रसभरी

फ़ीसालिस पेरुविआना लिनिअस

Physalis peruviana Linn.

कुल : सोलानासी Solanaceae

वर्षजीवी गुल्म । सरदियों में फूलता और फलता है । फल गोल, चिकने, पकने पर चमकीले, पीतवर्ण, रसीले गूदे और बीजों से भरे हुए, खटमिट्ठे, पतली झिल्ली

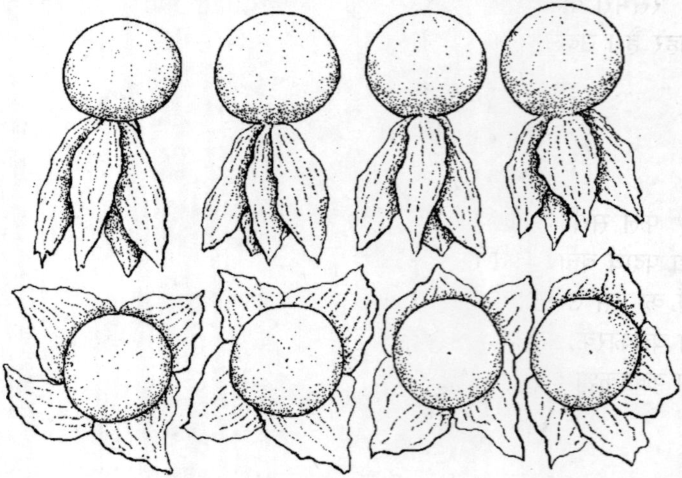

चित्र 92 रसभरी के फल

से बने कोष के अन्दर बन्द होते हैं । स्वादु फलों के लिए भारत में सर्वत्र बोया जाता है । यह पौधा अमेरिका के गरम भागों में देशीय है, वहां से भारत और दक्षिण अफ़्रीका में ले जाया गया है ।

विविध भाषाओं में नाम

अंग्रेज़ी : केप गूज़बेरी (cape gooseberry) ।

कन्नड़	:	गुड्डे हन्नु ।
गुजराती	:	मोटी पोप्टी ।
तमिल	:	थोथोकली ।
तेलुगु	:	बुड्डाबसरा ।
पंजाबी, दिल्ली	:	रसभरी, मेवाड़, रास्पबेरी ।
बंगाली	:	टिपारिया ।
महाराष्ट्र	:	चिरपुट, चिरबोटी, टंकरी, फोप्टी ।
संस्कृत	:	टङ्कारी ।
हिन्दी	:	टिपारि ।

उपयोग

रसभरी वातनाशक, तिक्तरसयुक्त, कफहर, अग्निदीपक, पाक में लघु तथा शोथहर है । उदररोग को दूर करती है । पीठ के विसर्प के लिए हितकर है :

टङ्कारी वातजित्तक्ता श्लेष्मघ्नी दीपनी लघुः ।
शोथोदरव्यथाहन्त्री हिता पीठविसर्पिणाम्

भावप्रकाशनिघण्टु, गुडूच्यादिवर्ग 3; 134.

फल सरदियों में बाज़ार में बिकने आते हैं । इससे मुरब्बे आदि परिरक्षित खाद्य पदार्थ बनाए जाते हैं । बीजों में अंशतः सूखने वाला स्निग्ध तेल होता है । पत्तों का रस उदर रोगों में तथा पेट से कीड़े निकालने के लिए दिया जाता है । फल बलकारक, सुपच, भूख बढ़ाने वाला, वातहर, कफनाशक, पेशाब लाने वाला तथा कब्ज़कुशा है ।

सन्तावन

राम्बुतान

नेफ़ेलिउम लाप्पाचेउम लिनिअस
Nephelium lappaceum Linn.
कुल : सपिन्दासी Sapindaceae

मध्यम आकार का वृक्ष, ऊंचाई पन्द्रह से पच्चीस मीटर; छाल गूढ़ी भूरी-धूसर; पत्ते पक्षाकार; पर्णक दीर्घायत, अभ्यण्डाकार; फूल उभयलिंगी, छोटे, श्वेत, संयुक्त-

चित्र 93 राम्बुतान की फलदार शाखाएं

एकवर्ध्यक्ष (panicles) में; फल मण्डलाकार या अण्डाभ 3.5 से आठ सेण्टीमीटर लम्बे, दो से पांच सेण्टीमीटर व्यास के; पीले से लेकर चमकीले-लाल, मुलायम, मांसल कांटों से घना आवृत; छिलका पतला, चर्मश, सुगमता से फट जाने वाला;

बीज लम्बोतरे, 2.5 से 3.5 सेण्टीमीटर लम्बे, अधिचोलित (arilate); अधिचोल सफ़ेद या गुलाबी झांई वाले, पारभासी, रसीले, ज़रा खट्टे।

बाग़वानी

मलयेशिया का मूलवासी है। भारत और अन्य गरम देशों में संप्रविष्ट किया गया है। नीलगिरि के निचले ढलानों पर काल्लार में इसके कुछ वृक्ष उग रहे हैं।

सारे मलय में राम्बुतान की खेती की जाती है। वहां इसकी अनेक आधुनिक क़िस्में बन गई हैं। इनमें से क़रीब ग्यारह कृषि के लिए चुनी गई हैं। यह पौधा आर्द्र, गरम जलवायु में 300 मीटर से कम ऊंचाई पर पनपता है। वहां कम-से-कम वर्षापात 250 से 300 सेण्टीमीटर होना चाहिए और साल में समान रूप से विभक्त होना चाहिए। इसे अच्छी उपजाऊ, पानी के अच्छे निकास वाली, बलुआ दुमट की ज़रूरत होती है। चिकनी मिट्टी हो तो उसमें प्रचुर परिणाम में गोबर आदि की खाद मिला दी जाती है।

विविध भाषाओं में नाम

अंग्रेज़ी : राम्बुतान (rambutan), राम्बूस्तान (ramboostan)।
संस्कृत : मृदु कण्ट रसिनी, शोण शल्य रसिनी।

यह बीजों द्वारा उगाया जाय तो पुंकेसरी (staminate) और प्रायः अनुत्पादक वृक्ष निकलते हैं। इसलिए दाबक़लमों, भेंटक़लमों (inarching) और चश्मा चढ़ाकर (budding) पौधे तैयार करना श्रेयस्कर होता है। काल्लार में 6.0 से 7.5 मीटर के फ़ासले पर पेड़ रोपे जाते हैं। बोने के क़रीब छह साल बाद फल आने लगते हैं। फल धारण करने का मौसम सितम्बर से नवम्बर तक है। एक पेड़ हर साल लगभग नौ किलोग्राम फल दे देता है।

राम्बुतान का फल लीची से मिलता है। मुख्य अन्तर यह है कि इसके ऊपर लम्बे, मांसल, रंगीन कांटे होते हैं जो लीची पर नहीं होते।

रासायनिक संघटन

फल का लगभग बत्तीस प्रतिशत गूदा (अधिचोल arils) होता है। यह मीठा और प्रिय स्वाद वाला होता है, ताज़ा ही अकेला या दूसरे फलों के साथ मिलाकर खाया जाता है। इसका मुरब्बा भी बनाया जाता है। श्रीलङ्का के फल के गूदे का

विश्लेषण है : आर्द्रता 82.3, प्रोटीन 0.46, ईथर निष्कर्ष 0.07, कुल कार्बोहाइड्रेट्स 16.02, प्रह्रासक शर्कराएं 2.9, इक्षु शर्करा 5.8, रेशे 0.24 और खनिज पदार्थ

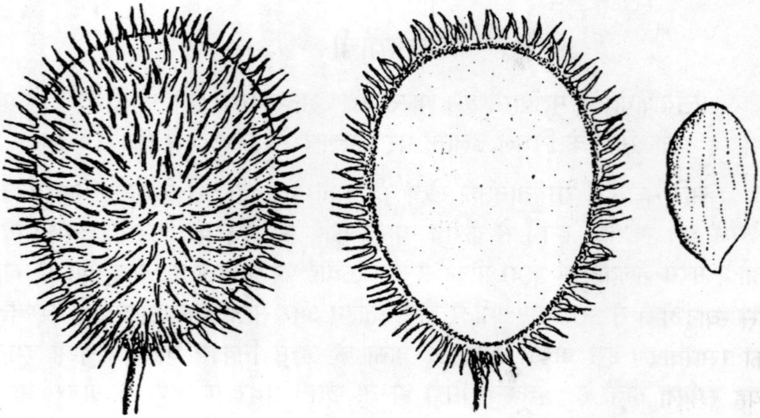

चित्र 94 राम्बुतान का फल, फल के अन्दर का भाग और गुठली

0.91 प्रतिशत। कैल्सियम 10.6, फ़ौस्फ़ोरस 12.9 और विटामिन सी 30 मिलीग्राम प्रति 100 ग्राम। छिलके में टैनिन और एक विषैला तत्त्व सैपोनिन होता है।

बीज का भार 1.4 से 2.0 ग्राम होता है। बीज में लगभग 92 प्रतिशत गिरी निकलती है। इसमें से 37 से 43 प्रतिशत ठोस वसा प्राप्त होती है। इसे राम्बुतान टैलो कहते हैं। यह कोको बटर जैसी होती है। सामान्य तापमान पर यह कठोर और श्वेत होती है। गरम करने पर यह प्रिय गन्ध वाला पीला तेल बन जाता है। इस तेल में पाए जाने वाले वसीय अम्ल हैं : पामिटिक 2.0, स्टीरिक 13.8, आराकिडिक 34.7, ओलीक 45.3 और एइकोसेनिक 4.2 प्रतिशत।

उपयोग

राम्बुतान की वसा खाने योग्य है। यह साबुन और मोमबत्तियां बनाने के लिए उपयुक्त है। लकड़ी कठोर, भारी, लाल या आरक्त-श्वेत या कुछ-कुछ भूरी होती है। सुखाते हुए फट सकती है। सामान्य निर्माण कार्यों के लिए उपयोगी है।

चीन में फल क्षुधावर्धक और आन्त्रकृमिहर समझा जाता है। कम्बोडिया में ग्राही और ज्वरहर के रूप में प्रयोग किया जाता है। बीज कड़वे और प्रमीलक **(narcotic)** हैं। इन्हें भूनकर खाया जाता है। सिरदर्द में पत्तों की पुल्टिस लगाते हैं।

अट्ठावन

लीची

लित्की कीनेन्सिस (गेर्तनर) सोनर
Litchi chinensis (Gaertner) Sonner
कुल : सपिन्दासी Sapindaceae

इस स्वादु फल को खाते हुए आपने कभी सोचा भी न होगा कि हमारे पूर्वजों ने इसका रसास्वादन कभी नहीं किया था। औद्भिदी के आधुनिक विद्वान् बताते हैं कि यह रसीला फल भारत का पौधा नहीं है। मूलतः यह चीन में पैदा होता था। हमारे देश में यह दक्षिणी चीन से आया था।

सूखा मेवा

भारत में तो हम लीची के ताज़े फलों को ही खाते हैं, परन्तु चीन में इसे अनेक प्रकार से खाया जाता है। जिस प्रकार हमारे देश में सूखी खुमानी, छुहारा, मुनक्का आदि सूखे फलों का प्रचलन है, उसी प्रकार चीन में पैदा होने वाली लीची का एक बड़ा भाग सुखाकर मण्डियों में भेजा जाता है। अण्डे के सदृश सफ़ेद गूदे का रंग सूखने पर काला-सा पड़ जाता है। सुखाने की प्रक्रिया में स्वाद का विनाश नहीं होता। इस सूखे मेवे को चीन इतने अधिक परिमाण में पैदा कर लेता है कि उसे इसका निर्यात करना पड़ता है। लन्दन और दूसरे पश्चिमी देशों की मण्डियों में इसकी काफ़ी खपत है।

कहा जाता है कि सर्वोत्कृष्ट स्वाद तथा अन्य आवश्यक गुणों से परिपूर्ण लीची चीन के केवल एक प्रान्त में ही पैदा होती है। भारत के विविध स्थानों की उपज को देखते हुए प्रतीत होता है कि अनेक स्थानों पर अतिशय स्वादिष्ट फल पैदा किये जा रहे हैं। जनसाधारण में इस फल के प्रति आकर्षण तथा इसकी बढ़ी हुई चाह और इसके महंगेपन को दृष्टि में रखते हुए भारत के लिए भी यह अभीष्ट है कि इसकी खेती का क्षेत्र बढ़ा दिया जाय। लीची प्रतिवर्ष फल देने वाला पेड़ है और फल भी बड़े परिमाण में धारण करता है। इस कारण उत्पादकों को इसके

उद्यान लगाने में अच्छा लाभ मिल सकता है।

बेदाना लीची

भारतीय बाज़ारों में लीची के प्रायः दो प्रकार के फल बिकने आते हैं। एक प्रकार में गुठली बड़ी रहती है और दूसरे प्रकार में बहुत छोटी। स्वाद में यद्यपि

चित्र 95 लीची की फलदार शाखा

दोनों एक जैसे ही हैं, परन्तु छोटी गुठली वाली या बेदाना क़िस्म में गूदा अधिक होने से यह अधिक पसन्द की जाती है और इसका दाम भी अधिक रहता है।

गुठली वाली बीजू क़िस्म पहले पकती है और बेदाना बाद में। बेदाना लीची के पौधे दाब क़लमों से तैयार किये जाते हैं। बीजू लीची के पौधे तैयार करने के लिए यह कहा जाता है कि सर्वथा ताज़े बीजों को ही बोना ठीक रहता है।

स्वरूप

लीची का वृक्ष छोटा होता है। फल अधिक लेने के उद्देश्य से माली इसका फैलाव इस प्रकार कर लेते हैं कि यह एक बड़ी झाड़ी बन जाती है। यह वृक्ष या झाड़ी बारह मास हरी रहती है। पत्ते गहरे रंग के और चमकदार होते हैं। आकार और आकृति में पत्तों में बहुत विविधता होती है। एक लम्बी सीख पर दोनों ओर आमने-सामने जोड़ों में पत्तियां लगती हैं। इन छोटी पत्तियों की संख्या चार से बारह तक हो सकती है। ये पन्द्रह सेण्टीमीटर तक लम्बी होती हैं। इनके निचले पृष्ठ का रंग हलका होता है। नये पत्ते साल भर निकलते रहते हैं। शुरू में ये पाटलवर्ण के या ईषत् रक्तपीत वर्ण की हलकी झांई वाले होते हैं। छोटी शाखाओं के सिरों पर छोटे-छोटे झुमकों में फूल निकलते हैं। हरे-से रंग के बहुत सूक्ष्म अस्पष्ट से फूल फ़रवरी और मार्च में प्रकट हो जाते हैं। इसके बाद गोल हरे फलों के बड़े-बड़े गुच्छे पतली सीकों पर लटक जाते हैं। फल के ऊपर पतला, भंगुर छिलका होता है जिसके ऊपर छोटे नोकीले उभार पास-पास उठे रहते हैं। पकने पर छिलके का रंग प्रायः लाल गुलाबी पड़ जाता है। प्रत्येक फल के अन्दर चौकलेट या कृष्ण वर्ण का एक बीज रहता है, जिसके चारों ओर सफ़ेद, रसीला, पारभासी लुचलुचा गूदा चढ़ा रहता है। कच्चे फल का खट्टा गूदा पकने के साथ-साथ मीठा, नाज़ुक स्वाद वाला और लुभावना होता है। पेड़ से उतारने के बाद बाहर के रक्षक छिलके का रंग मैला भूरा पड़ जाता है।

बुलबुल, कौए, चमगादड़ और दूसरे पक्षी फलों को बड़े चाव से खाते हैं। इनसे फ़सल को बहुत हानि होती है। इनसे बचाने के लिए रक्षकों को दिन-रात चौकसी करनी पड़ती है।

चीन में इसे लीत्सी कहते हैं। यह चीनी नाम ही मामूली से परिवर्तन के साथ प्रायः सब देशों में अपना लिया गया। भारत में प्रायः प्रत्येक राज्य में इसे लीची या लीचू कहते हैं। अंग्रेज़ी में भी इसका नाम लीची है। औद्भिदी के विद्वानों ने इसे पहले *नेफ़ेलिउम* गण में रखकर इसका नाम *नेफ़ेलिउम लित्की कैम्ब* रखा था। बाद में यह प्रतिपादित किया गया कि इसके फूल में चूंकि दल पेटल्स तो होते

ही नहीं; इसलिए यह *नेफ़ेलिउम* गण में नहीं रखा जा सकता। *नेफ़ेलिउम* गण के फूलों में सूक्ष्म दल भी विद्यमान होते हैं। लीची के फूलों की रचना में और *नेफ़ेलिउम* गण के फूलों की रचना में कुछ अन्य भी सूक्ष्म अन्तर हैं जिसके कारण आधुनिक वर्गीकरण में यह उस गण में समाविष्ट नहीं किया जा सकता। इसके फूलों की विशेषताएं किसी अन्य में नहीं मिलती थीं। इसलिए लीची के अकेले पौधे को ही एक अलग गण में रखना पड़ा। इस गण का नाम *लित्की* है। इस पौधे का पुराना औद्भिदी नाम बदलकर अब इसे नया नाम *लित्की कीनेन्सिस* (गेर्तनर) *सोन्नर* दिया गया है। इसका अर्थ है चीन की लीची। समस्त संसार के औद्भिदीविदों में लीची का पेड़ इसी नाम से ज्ञात है। औद्भिदी वर्गीकरण में इस पौधे को सपिन्दासी नैसर्गिक कुल में रखा गया है।

पोषक उपादेयता

मैक्कैरिसन ने इसकी भोजन सम्बन्धी उपादेयता प्रतिपादित करते हुए इसमें विद्यमान भोज्य पदार्थों का विश्लेषण किया है। यदि 300 ग्राम लीची का गूदा प्रतिदिन खा रहे हैं तो इसमें पोषक पदार्थ इस परिमाण में प्राप्त होते हैं : प्रोटीन 8.40 ग्राम, वसा .70 ग्राम, कार्बोहाइड्रेड 19.00 ग्राम।

300 ग्राम लीची में हमारे शरीर को ऊष्मा की 120 इकाइयां प्राप्त हो जाती हैं। इस फल से विटामीन बी थोड़े परिमाण में और विटामीन सी पर्याप्त परिमाण में मिल जाते हैं।

विविध रोगों में

ज्वरों में पिपासा की शान्ति के लिए लीची खिलाते हैं। यह शीतल, उपशमक, बलदायक और वाजीकर है। चीन में इस वृक्ष के विभिन्न भागों को अनेक प्रकार से चिकित्सा के काम में लाया जाता है। मूल, छाल और फूल गले के कष्टों को ठीक करने के लिए उपयोगी हैं। इनमें से किसी एक को छोटे-छोटे जौ के बराबर टुकड़ों में कूट लेते हैं। आधा लिटर पानी में पचपन ग्राम मूल या छाल का चूरा अथवा फूल डालकर सम्यक्तया पका लेते हैं। कोष्ण रहने पर इससे गरारे किये जाते हैं। मुंह के छालों को भी इससे आराम मिलता है।

आंतों के विकारों में गुठली का प्रयोग किया जाता है। चेता शूलों (न्यूरेल्जिक पेन) के निवारण के लिए गुठली का प्रयोग प्रशस्त है। बच्चों में चेचक के कष्टों

को कम करने के लिए कच्चा फल उपयोगी माना जाता है। जीव-जन्तुओं के दंश की चिकित्सा में पत्तों का प्रयोग किया जाता है।

घनी शीतल छाया, सुन्दर पर्णवितान, बारह मासों की हरियाली, स्वादिष्ट फल — इन सभी दृष्टियों से इस वृक्ष को गृह-उद्यानों में तथा व्यापारिक बगीचों में रोपने का अधिक झुकाव होना चाहिए। वन-महोत्सवों के लिए यह उत्तम वृक्ष है। इसकी काष्ठ कठोर और रक्तवर्ण की है। प्रतिघन मीटर काष्ठ का भार लगभग 27 किलोग्राम होता है।

उनसठ

लोकाट

एरिओबोत्रिआ यापोनिका लिण्डले

Eriobotrya japonica Lindley

कुल : रोसासी Rosaceae

हमारे देश में जैसे जंगली बेर या जामुन के पेड़ जंगलों में स्वयं उग आते हैं, उसी प्रकार लोकाट का पेड़ किसी ज़माने में मध्यचीन के जंगलों में स्वयं उगा करता था। वहां से यह जापान गया। परन्तु, जापान में भी यह अत्यन्त प्राचीन समय से बोया जा रहा है। चीन और जापान में इसकी खेती बहुत उन्नत उद्योग बन चुका है। नये-नये परीक्षणों के परिणामस्वरूप यहां से बहुत-सी उन्नत क़िस्में विकसित हुई हैं जो संसार में फैलती गई हैं।

खेती

अनेक प्रकार की भूमियों तथा जलवायुओं को लोकाट का वृक्ष सहन कर लेता है। गरम या बहुत ठण्डी जलवायु को यह पसन्द नहीं करता। समुद्रतल से 1,830 मीटर की ऊंचाई पर भी लोकाट के पेड़ उगते देखे गये हैं। परन्तु, इतनी ऊंचाई पर इनमें फल कम ही लगते हैं। व्यापारिक पैमाने पर इसकी खेती अधिकतर उत्तर प्रदेश के कम गरम भागों में सीमित रही है। सहारनपुर ज़िले में यह सम्भवतः सबसे अधिक पैदा किया जा रहा है। देहरादून, मुजफ़्फ़रनगर, मेरठ, फ़र्रूखाबाद, कानपुर और बरेली ज़िलों में यह व्यापारिक पैमाने पर उगाया जा रहा है। देहली और पंजाब के अमृतसर, जालन्धर, होशियारपुर, गुरुदासपुर और हिमाचल प्रदेश के कांगड़ा ज़िलों में भी बोया जा रहा है। असम, मुम्बई, चेन्नई (नीलगिरी पर्वत तथा निचली पल्नी) और मैसूर (नान्दी पहाड़) में थोड़े परिमाण में यह उगता है। बंगाल के मैदानों में यह अच्छा नहीं पनपता। कलकत्ते के उद्यानों में कहीं-कहीं उगाया हुआ दीख जाता है। अनुमान है कि उत्तर प्रदेश और पंजाब में कुल मिलाकर 4,000 एकड़ भूमि में लोकाट के बगीचे हैं।

भारत में आगमन

यह वृक्ष चीन और जापान का देशीय वृक्ष है। पहले-पहल केवल इन्हीं देशों के जंगलों में यह स्वतः उगा करता था। इसकी उपयोगिता को देखकर लोग इसे

चित्र 96 लोकाट की फलित शाखा

अन्य देशों में भी उगाने लगे। अब यह गरम देशों में अपने स्वादु फलों के लिए बहुत बोया जा रहा है। भूमध्यसागरीय (मेडिटरेनियन) प्रदेश में, संयुक्त राज्य अमेरिका के दक्षिणी राज्यों में तथा पैसिफ़िक तट के राज्यों में और दक्षिण अमेरिका के बहुत-से भागों में भी यह एक परिचित वृक्ष है।

भारत में लोकाट के प्रवेश का इतिहास सुनिश्चित रूप से ज्ञात नहीं है। विश्वास

किया जाता है कि उद्यानों में सर्वप्रथम सहारनपुर की राजकीय औद्भिदी वाटिका में लोकाट उगाया गया था। सहारनपुर की परिस्थितियों में इसने अपने को बड़ी अनुकूलता से अपना लिया और यहीं पर इसे सर्वप्रथम पैदा करके भारत के अन्य भागों में वितरित किया गया। पश्चिमी पाकिस्तान में गुजरांवाला, लाहौर, हरीपुर, हज़ारा आदि में भी यह उगाया जा रहा है।

विविध भाषाओं में नाम

भारतीय भाषाओं में यह लुकाट, लोकाट, लोगाट आदि नामों से ही प्रसिद्ध है। अंग्रेज़ी में इसे सामान्यतः लोकाट (loquat) कहते हैं। चीन और जापान के मूल उद्भव के कारण अंग्रेज़ी में इसे चाइनीज़ मेडलर (Chinese medlar) (जापानी आलू बुखारा), जापान प्लम (Japan plum) जापान क्विन्स (Japan quince) (जापानी नाशपाती), जापान मेडलर (Japanese medlar)आदि नामों से भी जानते हैं। औद्भिदी के आधुनिक विद्वानों ने इसे पहले *मेस्पिलस यापोनिका* रौक्सबुर्ग और *फोतीनिया यापोनिकाग्रे* नाम दिये थे। बाद में ये नाम छोड़ दिये गए। अब इसका औद्भिदीय नाम *एरिओबोत्रिआ यापोनिका* लिण्डले है। *एरिओबोत्रिआ* शब्द ग्रीक के इरिओन और बोत्रोस इन दो शब्दों से मिलकर बना है। इरिओन का अर्थ है ऊन और बोत्रोस का अर्थ है अंगूरों का गुच्छा। *यापोनिका* का अर्थ है जापान का। इस औद्भिदीय नाम का अर्थ हुआ — जापानी अंगूरों का गुच्छा, जो ऊन जैसे रोओं से आवृत है।

पोषक उपादेयता

पके फल के मुख्य संघटन ये हैं : लेवुलोज़, सूक्रोज़ और मेलिक एसिड। कच्चे फल की भित्ति (पेरिकार्प) में तथा बीजों में भी आवातामि (एमिग्डेलिन) पाया जाता है। पत्तों में डि-सोर्विटोल एस्कौर्बिक एसिड औक्सिडेज़ और विटामिन बी होता है। भारत सरकार की कुरनूल प्रयोगशाला के परीक्षणों में लोकाट की पोषक उपयोगिता इस प्रकार पता चलती है : आर्द्रता 87.4 प्रतिशत, प्रोटीन 0.7 प्रतिशत, वसा 0.3 प्रतिशत, खनिज पदार्थ 0.5 प्रतिशत, तन्तु 0.9 प्रतिशत, कार्बोहाइड्रेट 10.2 प्रतिशत, कैल्सियम 0.03 प्रतिशत और फ़ौस्फ़ोरस 0.02 प्रतिशत।

प्रति 100 ग्राम लोकाट में लोहे का परिमाण 0.7 मिलीग्राम पाया गया है। प्रति 100 ग्राम फल में से हमें ऊष्मा की 46 इकाइयां प्राप्त होती हैं।

यदि अट्ठाईस ग्राम लोकाट का गूदा लें तो उसमें भोजन के संघटनों का परिमाण इस प्रकार मिलता है : आर्द्रता 24.8 ग्राम, प्रोटीन 0.2 ग्राम, वसा 0.1 ग्राम, खनिज पदार्थ 0.1 ग्राम, तन्तु 0.3 ग्राम, कार्बोहाइड्रेट्स 2.9 ग्राम, कैल्सियम 8 मिलीग्राम, भास्व्य 6 मिलीग्राम, लोहा 0.2 मिलीग्राम, ऊष्मा की 13 इकाइयां।

उपयोग

अधपके फलों की चटनी बनती है। बढ़िया प्रकार के फलों का आहार द्रव्यों के निर्माण में पश्चिमी ढंग की रसोइयों में अनेक प्रकार से उपयोग होता है। इनसे नाना प्रकार के परिरक्षित द्रव्य भी बनाये जाते हैं।

स्वादिष्ट फलों के अतिरिक्त सुन्दर पर्णवितान के लिए तथा आह्लादकारी सुगन्धित फूलों के लिए शोभा-वृक्ष के रूप में इसे मार्गों के साथ-साथ या उद्यानों में बोया जाता है। घरों के आंगनों तथा गृह-वाटिकाओं में रोपने के लिए यह एक आदर्श वृक्ष है।

इसकी लकड़ी पाटल वर्ण, कठोर और घने तन्तुओं वाली होती है। प्रति घन मीटर लकड़ी का भार लगभग पच्चीस किलोग्राम होता है। यह अत्युत्तम श्रेणी की लकड़ी है और रूलरों को बनाने तथा इसी प्रकार की चीज़ों को बनाने के लिए नाशपाती की अच्छी प्रतिनिधि है।

फल शमक समझा जाता है। उलटियों को रोकने तथा प्यास को शान्त करने के लिए दिया जाता है। कफनिस्सारक के रूप में फूल उपयोगी माने जाते हैं। अतिसार की चिकित्सा के लिए पत्तों का फाण्ट देते हैं। शराब के नशे को उतारने के लिए पत्तों का प्रयोग किया जाता है।

साठ

शरीफ़ा

आन्नोना स्क्वामोसा लिनिअस

Annona squamosa Linn.

कुल : आन्नोनासी Annonaceae

अनोना गण में क़रीब साठ जातियों के वृक्ष और झाड़ियां हैं, जो उष्ण अमेरिका और अफ्रीका के मूल निवासी हैं। लेटिन नाम के जातिवाचक स्क्वेमोसा का अर्थ ऊबड़-खाबड़ सतह वाला है।

यह छितरा हुआ, छोटा, कमोबेश सदाहरा। यह वृक्ष 4.5 से 6 मीटर तक ऊंचा चला जाता है। इसके पत्ते पांच से पन्द्रह सेण्टीमीटर लम्बे होते हैं। उंगलियों में मसलने पर इनमें से सुगन्ध आती है। उत्तर भारत में सरदियों में पत्ते झड़ जाते हैं। छोटे डण्ठलों पर लटकते हुए, हरे-से रंग के फूल अकेले या जोड़ों में, एप्रिल से जुलाई तक खिलते हैं। फूलों में मोटे, गूदेदार, दृढ़, 2.50 सेण्टीमीटर लम्बे तीन दल होते हैं। फूल का डण्ठल पत्ते के सामने लगता है। 7.50 से 10 सेण्टीमीटर व्यास के फल पीताभ हरे और छोटे उभारों से ढके होते हैं। हरे-से रंग के नरम छिलके सरसरी दृष्टि से एक-दूसरे को अतिछादित करते हुए शल्क दीखते हैं। ज्यों ही फल पकता है, छिलके के शल्कनुमा खण्ड फटकर अलग हो जाते हैं और फल गिरकर टुकड़े-टुकड़े हो जाता है। कस्टर्ड जैसे, नाज़ुक गन्ध और मीठे स्वाद वाले रसीले गूदे का रंग क्रीम-सा पीला या सफ़ेद होता है। गूदे में भूरे-से काले रंग के, चिकने, आयताकार बहुत-से बीज धंसे रहते हैं।

विविध भाषाओं और स्थानों में नाम

अंग्रेज़ी : कस्टर्ड एप्पल (custard apple), शुगर एप्पल (sugar apple), स्वीट सोप (sweet shop)।

असमिया : अतकातल।

उड़िया : अतो, सीताफलो।

कन्नड़ : सीताफल ।
कोंकण : अथ ।
गुजराती : सीताफल ।
तेलुगु : सीताफलमु ।
पंजाबी : शरीफ़ा ।
बंगाली : अता ।
मराठी : सीताफल ।
मलयालम : अत्तिचक्का, सीताप्याझम ।
मुण्डारी : दारू, बोर ।
सन्थाल : मन्दार गोम ।
संस्कृत : सीताफल, गण्डगात्र (पृष्ठ पर गांठों जैसे उभार वाला) ।
हिन्दी : श्रीफल, सीताफल ।

खेती

शरीफ़े का मूल उत्पत्ति स्थान उष्ण अमेरिका है, पर अब यह बहुत-से गरम देशों में बोया जा रहा है । कहा जाता है कि पुर्तगालियों के साथ यह भारत में आया था । इस मान्यता के विपरीत, पुरातत्त्व और इतिहास की साक्षियों से पता चलता है कि भारत में यह फल सदियों पहले मौजूद था । अनेक जगह इसके जंगल पाए जाते हैं । अजन्ता की गुफ़ाओं के चित्रों में, मथुरा और भरहुत स्तूप की मूर्तियों में शरीफ़ा नज़र आता है । सम्राट् अकबर के जीवन चरित्र आईन-ए-अकबरी में शरीफ़े का वर्णन है । अमेरिका की खोज के कुल 100 साल बाद यह पुस्तक लिखी गई थी । इन साक्षियों के आधार पर माना जा सकता है कि अमेरिका की खोज से बहुत पहले शरीफ़ा अमेरिका के गरम भागों के दोनों तटों से निकलकर दूर देशों में फैल गया था और पुर्तगालियों के भारत में क़दम रखने से पहले ही यहां पहुंच चुका था । यह सामान्यतः सभी प्रकार की भूमियों में उग आता है । पर सूखे गरम जलवायु में हलकी ज़मीन में अच्छा पनपता है । इसकी जड़ें उथली होती हैं । इसलिए इसे गहरी भूमि की ज़रूरत नहीं पड़ती । यह पथरीली भूमि पर, पहाड़ों और ढलानों पर उग आता है । भूमि पानी के निकास वाली होनी चाहिए । यह वृक्ष हलका पाला तो बर्दाश्त कर लेता है, लेकिन अधिक सरदी नहीं ।

बीजों और क़लमों से पौधे उगाए जाते हैं । यद्यपि बीजों में सात साल तक

उगने की क्षमता बनी रहती है, पर ताज़े बीज बोना श्रेयस्कर होता है। बोने से पहले बीजों को चार दिन तक पानी में भिगो छोड़ते हैं जिससे ऊपर का कठोर आवरण नरम हो जाता है।

चित्र 97 शरीफ़ा की फलदार शाखा

पेड़ों के बीच चार मीटर का फ़ासला रखना पर्याप्त होता है। भारत में शरीफ़े के पौधों को न तो खाद डाला जाता है और न ही इनकी सिंचाई और छंटाई की जाती है। ये क्रियाएं की जाएं तो फलों की उत्कृष्टता बढ़ जाती है और फ़सल अधिक मिलती है।

दो से चार साल की उम्र के पौधों में फल लगने लगते हैं। बारह-पन्द्रह साल बाद फ़सल कम होने लगती है। पक्षियों और जानवरों से फलों को बचाने के लिए

वृक्ष को जाल से ढक देना अभीष्ट होता है। यह सम्भव न हो, तो गद्दर फलों को तोड़कर पुआल में पका लेते हैं। अगस्त से नवम्बर तक फलों का मौसम रहता है। सरद मौसम में फल कठोर हो जाते हैं, पकते नहीं। पेड़ पर फल ठीक तरह पकते न नज़र आएं तो पुआल में पका लेना चाहिए।

एक पेड़ पर औसत 100 से 150 फल लग जाते हैं, जिनका वज़न पच्चीस से तीस किलोग्राम होता है। विभिन्न क़िस्मों के फलों का भार 150 से 350 ग्राम तक होता है।

शरीफ़े का फल मधुर, शीतवीर्य, तृप्तिजनक, बलदायक, हृदय के लिए लाभदायक, पुष्ट करने वाला, दाह, रक्तपित्त और वायु को नष्ट करने वाला है। इसके रुचिकर स्वादिष्ट गूदे से पेय और सन्धानित शराब बनाए जा सकते हैं।

रसायनिक संघटन

गूदे का संघटन यह है : आर्द्रता 73.2 प्रतिशत, ग्लूकोज़ 14.5 प्रतिशत, फ्रोज़ 1.7 प्रतिशत, प्रोटीन 0.8 प्रतिशत।

इसमें विटामिन सी प्रचुर परिमाण में विद्यमान होती है। ओवन में सुखाए बीज की गिरियों में तीस प्रतिशत तेल पाया गया है। इसकी छाल से एनोनैईन पृथक् किया गया है। पत्तों, छाल और जड़ में हाइड्रोसायनिक अम्ल पाया गया है जो अत्यल्प मात्रा में लकड़ी और बीजों में भी पाया जाता है। इसकी लकड़ी मृदु और सफ़ेद होती है। प्रति घन मीटर लकड़ी का भार 737 किलोग्राम होता है। यह अधिक उपयोगी नहीं होती।

कच्चे फल, बीज, पत्ते और जड़ औषध योग्य समझे जाते हैं। जड़ तीव्र विरेचक है। बीज, कच्चे फल और पत्ते मछलियों के लिए विषैले, कीटनाशक हैं। इनके चूर्ण से कीटनाशक दवाएं बनाई जाती हैं। पत्तों और बीजों को पीसकर सिर पर लेप करने से बालों में पड़ी हुई जूएं मर जाती हैं। लेप लगाकर सिर को कपड़े से बांध लेना चाहिए। दो से तीन घण्टे बाद सिर को नीचा करके धो देना चाहिए। इतनी सावधानी बरतनी चाहिए कि आंखों के अन्दर पानी न जाए। ज़रा-सा पानी भी लग जाए तो आंखें लाल हो जाती हैं और बहुत दुखती हैं। ऐसी अवस्था में स्वच्छ पानी के छींटे देकर आंखों में गुलाब जल डालना चाहिए और आंखों को धूप की चौंध से बचाना चाहिए। बीज आंखों के लिए प्रबल संतापक है। इससे अन्धे होने

का ख़तरा रहता है। फोड़ों को पकाने के लिए पत्तों और ज़रा-से अनबुझे चूने के साथ पीसकर पशुओं के दूषित व्रणों पर लगाते हैं। इससे कीड़े मर जाते हैं और गला-सड़ा मांस साफ़ हो जाता है। बीजों को पीसकर गर्भाशय मुख पर लेप करने से गर्भपात हो जाता है। जड़ तीव्र विरेचक है। फल के छिलके को सुखाकर पीस लेते हैं। दस्तों को रोकने के लिए इसे एक से दो ग्राम की मात्रा में दिन में तीन बार खिलाते हैं। बच्चों के गुदाभ्रंश में पत्तों के काढ़े से गुदा को धोते हैं। हिस्टीरिया और मूर्च्छा के दौरों में पत्तों को कुचलकर स्त्रियों के नथुनों में लगाते हैं।

इक्सठ

शहतूत

मोरुस आउस्त्रालिस पोएरेट

Morus australis Poiret

कुल : मोरासी Moraceae

मोरासी Moraceae वंश में अधिकतर वृक्ष या झाड़ियां होती हैं। इनमें दूध पर्याप्त होता है। फूल उभयलैंगिक। इस वंश के पौधों का पृथ्वी पर विस्तार बहुत है। इस वंश में बारह जातियां होती हैं।

चित्र 98 शहतूत का वृक्ष

उत्तरी गोलार्द्ध के समशीतोष्ण प्रदेशों में और गरम देशों में भी उगती हैं। मञ्जरी की रचना में एक लैंगिक फूल लगते हैं। पत्ते एकान्तरित, दन्तुर और प्रायः

तीन खण्डों वाले। वृक्ष बारह मीटर तक ऊंचा हो जाता है। सर्दियों में पत्र विहीन हो जाता है। वसन्त में नए पल्लव और फूल निकलते हैं। पुष्प-मञ्जरी ही धीरे-धीरे फल का रूप धारण कर लेती है।

बदरीनाथ को जाते हुए जोशीमठ में जगद्गुरु श्री शंकराचार्य का जो स्थान बना हुआ है वहां पर मैंने असाधारण मोटाई का एक शहतूत का वृक्ष देखा था। स्थानीय लोगों के विश्वास के अनुसार उस शहतूत के नीचे श्री शंकराचार्य ने तपश्चर्या की थी। शहतूत का इतना मोटा पेड़ मैंने कभी नहीं देखा। आश्चर्यजनक मोटाई के इस पेड़ के तने की लम्बाई अधिक नहीं है। भक्त लोग बड़ी श्रद्धा से इसकी पूजा करते हैं और अपने साथ इस पवित्र वृक्ष के पत्ते ले जाते हैं।

पवित्र वृक्ष

संस्कृत साहित्य में शहतूत को पवित्र वृक्ष समझा जाता है। यज्ञों और धार्मिक विधि-विधानों में इसकी लकड़ी का प्रयोग किए जाने से संस्कृत में इसके नाम ब्रह्मदारु, ब्रह्मकाष्ठ, विप्रकाष्ठ, ब्रह्मणेष्ट, ब्रह्मनिष्ठ, ब्रह्मभाग, यूपक आदि पड़ गए हैं। इन नामों का अर्थ है – ब्राह्मणों का प्रिय यज्ञकाष्ठ। लोक में इसका मुख्य नाम तूत है। यह नाम संस्कृत में भी अपना लिया गया था। नरहरि (12वीं शती), धन्वन्तरि (8वी शती), भावमिश्र (1550 सन्) कैयदेव (1450 सन्) आदि ने शहतूत के चिकित्सा सम्बन्धी गुणों का प्रतिपादन करते हुए इसे तूत, तूद और तूल नामों से भी वर्णन किया है। संस्कृत में इसका एक नाम सुरूप है जो इस वृक्ष की सुन्दर आकृति की ओर संकेत करता है।

फलों के रूपरंग तथा आकार प्रकार के अनुसार इसके कई भेद बन गए हैं। संसार के विविध भागों में यह फैल गया है।

अमेरिका के पूर्वीय संयुक्त राज्यों में सफ़ेद और लाल दोनों शहतूत उसी समय से बोए जा रहे हैं जब नया-नया उपनिवेशीकरण प्रारम्भ हुआ था। इनके बीज वहां प्रकृति में फैल गए हैं।

उत्पत्ति : बीजों और कर्त्तनों दोनों से ही प्रजनन होता है। बीजों से उगाए हुए पौधे छह वर्ष में और कर्त्तनों से उगाए हुए पौधे प्रायः दो बरस में फल देने लगते हैं।

भोजन तथा चिकित्सा में उपयोगी

पका शहतूत स्वादु, मीठा या हलकी–सी मिठास लिए हुए मीठा होता है। भूख को बढ़ाता है। बलवर्द्धक, पुंस्त्वशक्ति को पुष्ट करने वाला वृष्य भोजन है। शरीर का रंग निखारता है। शीतल होने से प्यास और पित्त प्रकोप के कारण अनुभव होने वाली दाह को शान्त करता है। कफ को नष्ट करता है। वात और पित्त को नष्ट करने का गुण तो इसमें बहुत अधिक है। मलस्रंसक है। भावमिश्र और कैयदेव ने इसे भारी लिखा है।

कच्चे शहतूत : सम्यक्तया कच्चे शहतूत के गुण पके हुए शहतूत से विपरीत होते हैं। यह गरम, खट्टा, दस्तावर और रक्तपित्त को पैदा करने वाला होता है।

कब्ज़ की प्राकृतिक चिकित्सा

स्थायी मलबन्ध के रोगियों की आंतों में मल को आगे खिसकाने की शक्ति क्षीण हो जाया करती है। शहतूत में विद्यमान बीज आंतों की स्वाभाविक गति को बढ़ा देते हैं जिससे कब्ज़ के रोगियों के लिए शहतूत उत्तम आहार समझे जाते हैं। इनका मलस्रंसक कार्य कभी-कभी कुछ तीव्र रूप में देखा गया है, विशेषतः तब जबकि पूर्णतया न पके हुए फल अधिक मात्रा में खा लिए जाएं।

कच्चे मत खाइए

शहतूत के मौसम में एक रोगी मेरे पास आया जिसे शहतूत खाने से दस्त लग गए थे। पहले दिन शाम को इसने लम्बी लाल क़िस्म के कुछ पके तथा अधिकतर गद्दरे शहतूत प्रायः डेढ़-दो पाव खा लिए थे। अफ़ारे के कारण तना हुआ पेट, हलकी दर्द, मतली; अपानवायु का बार–बार निकलना, ये लक्षण थे जिन्होंने रात के चार बजे रोगी की नींद उचाट कर दी थी। रात नौ-दस बजे (शहतूत खाने के चार-पांच घण्टे बाद) ही पेट में गुड़गुड़ाहट थी। चार बजे उसे पहला दस्त हुआ। अगले दिन बारह बजे तक वह दस्त जाता रहा। बार-बार आने वाले पतले दस्तों में जब शहतूत के सब बीज निकल गए तब क्षोभ कम हुआ और रोगी को चैन आया।

विविध रोगों में

यूनानी चिकित्सा में फल खांसी, जुकाम, गले का ख़राब होने आदि अवस्थाओं

में शर्बत के रूप में बहुत इस्तेमाल होता है। बच्चों और कमज़ोर रोगियों को शहतूत का स्वरस देते हैं। बार-बार प्यास लगने की अवस्थाओं में यह तृषाशामक का कार्य करता है। शहतूत को कृमिघ्न भी बताया जाता है। छाल कृमिनाशक तथा रेचक गुण वाली समझी जाती है। पत्तों की पुल्टिस शोथ में लाभकारी है।

मधुमक्खियों का आकर्षण : सफ़ेद छोटी क़िस्म की शहतूत पर जब फूल खिलते हैं तब शहद की मक्खियां इन पर से रस और पराग ख़ूब संचित करती हैं। मधुमक्खी पालकों के लिए यह क़िस्म काफ़ी दिलचस्पी का विषय है।

पक्षियों का भोजन : शहतूत की अच्छी और उन्नत क़िस्मों के फलों को तो सब खाते हैं; परन्तु छोटी अविकसित फलों वाली क़िस्मों को पक्षी मज़े से खाते हैं और उनकी बीठ द्वारा इनके बीज जहां - तहां बिखरकर जम जाते हैं। इस प्रकार इसका प्रकृति में विस्तार स्वतः ही होता जाता है।

काले शहतूत

इसे लेटिन में **मोरुस नीग्रा** लिनिअस (**Morus nigra** Linn.) कहते हैं

इन्साईक्लोपीडिया औफ़ ब्रिटेनिया (चौदहवां संस्करण, जिल्द 15, पृष्ठ 948) के अनुसार काला शहतूत पश्चिमीय एशिया का मूल पौधा है। वहां से इसकी खेती पश्चिम की ओर बहुत पहले ही फैल गई थी। ग्रीस तथा रोम निवासी इसकी खेती किया करते थे। उत्तरी यूरोप में यह नवीं और दसवीं शती से बोया जा रहा है। पन्द्रहवीं शती तक इटली में रेशम के कीड़े पालने के लिए यह बड़े पैमाने पर बोया जा रहा था। उसके बाद इसका स्थान सफ़ेद शहतूत (*मोरुस आल्बा* लिनिअस) ने ले लिया। अब यह मुख्यतया अपने लम्बोतरे जामनी से काले फलों के लिए बोया जा रहा है।

फलों को स्वादु बनाना : प्रायःकर यह काटी हुई शाखाओं से उगाया जाता है। यह देखा गया है कि बड़े गमलों में उगाए हुए पौधों को जब वनस्पति-गृह (orchard house) में रख देते हैं तब इनके फल उनकी तुलना में अधिक स्वादु होते हैं जो बाहर खुले आकाश में फलते हैं। इसके पत्ते खण्डों में कटे हुए होते हैं। और ज्यों-ज्यों इनमें गूदा तथा रस भरता जाता है ये रंग में लाल और फिर काले होते जाते हैं लाल अवस्था में इनका स्वाद खट्टा और पूरा काला हो जाने पर मीठा हो जाता है। यह क़िस्म बहुत पसन्द की जाती है और बाज़ार

में बिक जाती है। ऊपर वाली की अपेक्षा इसके फल आकार में छोटे होते हैं। लाल अवस्था में ये बहुत खट्टे होते हैं। इनकी चटनी स्वादु बनती है।

बेदाना काला : काली छोटी की अपेक्षा इसके फल आकार में बड़े होते हैं और इनमें बीज प्रायः नहीं होते। बिलोचिस्तान, क्वेटा में यह बहुत आता है। शर्बतों और दवाओं के लिए यह क़िस्म सबसे अच्छी समझी जाती है। इसके शौक़ीन इसकी प्रशंसा में कहा करते हैं कि मुख में रखते ही यह शहतूत अपने आप घुल जाता है, चबाने की आवश्यकता नहीं पड़ती।

काले शहतूतों के कई भेद हैं : एक लम्बे काले, दो छोटे काले और तीन बेदाने काले। सुखाने से यह शहतूत काली किशमिश जैसा हो जाता है और तब यह सूखे मेवों की तरह स्वाद से खाया जाता है। कश्मीर और अफ़ग़ानिस्तान में शहतूत भोजन का महत्त्वपूर्ण अंग है। कभी-कभी इन्हें सुखाकर आटा भी बना लेते हैं।

महत्त्वपूर्ण आर्थिक पहलू

प्रचण्ड गरमियों में यह शीतल छाया देता है। पत्ते बकरियों और ढोरों को खिलाए जाते हैं। दुधारू गोओं के लिए पत्ते उत्तम चारा हैं। रेशम के कीड़ों को बहुत प्राचीन समय से शहतूत के पत्ते खिलाकर पाला जाता है। जिससे हमारे देश में पनपते हुए रेशम उद्योग के लिए यह महत्त्वपूर्ण वृक्ष है। पत्तियों के मूल्य पर ही रेशम का मूल्य निर्भर है। इसलिए अधिक और सस्ती पत्तियां प्राप्त करने के लिए अधिक पत्तियों वाले पेड़ों की क़लमें काटकर बोई जाती हैं। ये क़लमें जब बढ़कर पेड़ बन जाती हैं तब इन पर एक साल में प्रति एकड़ लगभग 3,600 किलोग्राम पत्तियां पैदा होती हैं। शहतूत के साधारण पेड़ पर लगभग 1,350 से 1,800 किलोग्राम तक पत्तियां लगती हैं। एक आदमी एक दिन में 350-400 क़लमें तैयार कर सकता है उनमें अस्सी प्रतिशत क़लमों से पेड़ निकल आते हैं। उत्तर पश्चिम भारत में और कश्मीर में मुख्यतया सफ़ेद शहतूत के पत्तों का आहार रेशम के कीड़ों को खिलाया जाता है।

शाखाएं टोकरियां बनाने के काम आती हैं। इनमें अत्यधिक लचक होने से इन्हें किसी भी आकृति में मोड़ना सुगम रहता है। बहुत पतली शाखाओं पर भी चढ़कर लोग फल तोड़ते हैं और शाखाएं टूटती नहीं। शहतूत के कुछ क़िस्मों की लकड़ी बहुत पक्की होती है और हल आदि कृषि के उपकरणों, शास्त्रों तथा यन्त्रों

के दस्ते बनाने के काम आती है। देश के विभाजन के परिणामस्वरूप खेल उद्योग

चित्र 99 शहतूत की फलदार शाखा

में काम आने वाली सब अच्छी लकड़ियां पाकिस्तान में रह गई हैं। उन लकड़ियों का स्थान शहतूत ले रहा है। इसकी मांग बढ़ रही है। वन महोत्सवों में हम जिन पेड़ों को रोपते हैं उनमें शहतूत को नहीं भूलना चाहिए।

सफ़ेद शहतूत

इसे लेटिन में **मोरुस आल्बा** लिनिअस (**Morus alba** Linn.) कहते हैं।

सफ़ेद रंग के फलों के कारण इसे अंग्रेज़ी में व्हाइट मलबरी (white mulbery) कहते हैं।

मध्यमाकार वृक्ष। पत्ते 5 से 8 सेण्टीमीटर लम्बे, कभी-कभी खण्डित। फल 1.5 सेण्टीमीटर लम्बे, सफ़ेद। फलवृन्त लम्बा ,पतला। नए पत्ते और फूल मार्च-एप्रिल में निकलते हैं। फल मई-जून या पीछे पकते हैं।

देहरादून, हरिद्वार आदि में जंगली और बोया हुआ मिलता हैं। इसका आदि घर चीन बताया जाता है। एशिया में यह बहुत प्राचीन समय से बोया जा रहा है। यूरोप में विशेषकर मेडिटरेनियन प्रदेश में, बारहवीं सदी से बोया जा रहा है। उपहिमालय क्षेत्र में कश्मीर से सिक्किम तक और बिलोचिस्ताण में 3,350 मीटर तक पाया जाता है।

संस्कृत में नाम

आयुर्वेद के वनस्पतिनिघण्टुओं में शहतूत के तेईस नाम आए हैं। जिनमें से धन्वन्तरिनिघण्टु (8वीं शती) में नौ, राजनिघण्टु (12वीं शती) में बारह, मदनपालनिघण्टु (1374 सन्) में पांच, कैयदेवनिघण्टु (1450 सन्) में दस और भावप्रकाशनिघण्टु (1550 सन्) में पांच नाम आए हैं :

तूदं तूलं च यूपं च क्रमुकं ब्रह्मकाष्ठकम्।
ब्रह्मदारु ब्राह्मणेष्टं ब्रह्मण्यं ब्रह्मचारणम्॥

धनवन्तरिनिघण्टु, आम्रादिवर्ग 5; 57.

तूलं तूदं ब्रह्मकाष्ठं ब्राह्मणेष्ट च यूपकम्।
ब्रह्मदारु सुपुष्पं च सुरूपं नीलवृन्तकम्।
क्रमुकं विप्रकाष्ठं च मृदुसारं द्विभूमितम्॥

राजनिघण्टु, प्रभद्रादिवर्ग 9; 93.

तूदं तुदं ब्रह्मकोषं ब्राह्मण्यं ब्रह्मदारु च।

मदनपालनिघण्टु, फलादिवर्ग 6; 71.

तूतं तूदं ब्रह्मनिष्ठं क्रमुकं ब्रह्मकाष्ठकम्।
यूपं पूर्यं ब्रह्मभागं ब्रह्मण्यं ब्रह्मचारणम्॥

कैयदेवनिघण्टु, ओषधिवर्ग 1; 489.

तूतस्तूलश्च पूगश्च क्रमुको ब्रह्मदारु च।

भावप्रकाशनिघण्टु, आम्रदिवर्ग 6; 99.

इन श्लोकों के अन्तर्गत लिखे गए नाम और पर्यायों को नीचे तालिका में

दिया जा रहा है ताकि पाठक सुगमता से उनका तुलनात्मक अध्ययन कर सकें :

धन्वन्तरिनिघण्टु (8वीं शती)	राजनिघण्टु (12वीं शती)	मदनपालनिघण्टु (1374 सन्)	कैयदेवनिघण्टु (1450 सन्)	भावप्रकाशनिघण्टु (1550 सन्)
1 क्रमुक	1 क्रमुक		1 क्रमुक	1 क्रमुक
		1 तूत	2 तूत	2 तूत
2 तूद	2 तूद	2 तूद	3 तूद	
3 तूल	3 तूल			3 तूल
	4 नीलवृन्तक			
				4 पूग
			4 पूर्य	
	5 ब्रह्मकाष्ठ			
4 ब्रह्मकाष्ठक			5 ब्रह्मकाष्ठक	
		3 ब्रह्मकोष		
5 ब्रह्मचारण			6 ब्रह्मचारण	
6 ब्रह्मण्य			7 ब्रह्मण्य	
7 ब्रह्मदारु	6 ब्रह्मदारु	4 ब्रह्मदारु		5 ब्रह्मदारु
			8 ब्रह्मनिष्ठ	
			9 ब्रह्मभाग	
8 ब्राह्मणेष्ट	7 ब्राह्मणेष्ट			
		5 ब्राह्मण्य		
	8 मृदुसार			
9 यूप			10 यूप	
	9 यूपक			
	10 विप्रकाष्ठ			
	11 सुपुष्प			
	12 सुरूप			

नामों के अर्थ

क्रमुक : शहतूत ।
तूद : शहतूत ।
तूल : शहतूत ।

नीलवृन्तक : नीले वृन्त वाला।
पूग : जिसमें गुच्छों में फल लगते हैं।
ब्रह्मकाष्ठ : ब्रह्म-यज्ञ की लकड़ी (काष्ठ)।
ब्रह्मकाष्ठक : = ब्रह्मकाष्ठ।
ब्रह्मकोष : = ब्रह्मकाष्ठ।
ब्रह्मचारण : ब्रह्म-यज्ञ में काम आने वाला।
ब्रह्मण्य : यज्ञ के योग्य।
ब्रह्मदारु : ब्रह्म–यज्ञ की लकड़ी (दारु)।
ब्रह्मनिष्ठ : यज्ञ के लिए उपयोगी काष्ठ।
ब्रह्मभाग : यज्ञ का भाग।
ब्राह्मणेष्ट : यज्ञ करने वालों का प्रिय।
ब्राह्मण्य : यज्ञ करने वाले ब्राह्मणों की प्रिय काष्ठ।
यूप : यज्ञ की लकड़ी।
यूपक : = यूप।
विप्रकाष्ठ : यज्ञ की लकड़ी (काष्ठ)।
सुपुष्प : सुन्दर (सु) फूल (पुष्प) वाला।
सुरूप : सुन्दर (सु) वृक्ष।

भेद

फलों के रंग-रूप, आकार और स्वाद की दृष्टि से इसके दो भेद देखने में आते हैं।

छोटा सफ़ेद : इसके पत्ते खण्डों में कटे हुए नहीं होते। इसलिए बिना फूले हुए भी इसके पौधे पहिचाने जा सकते हैं। फल बहुत छोटे। जब फूल खिलते हैं तब शहद की मक्खियां इन पर से रस और पराग ख़ूब संचित करती हैं। गुरुकुल में शहतूत की कई क़िस्में हैं, परन्तु मैंने किसी भी दूसरे क़िस्म पर से मक्खियों को रस या पराग लेते नहीं देखा।

लम्बा सफ़ेद : इस भेद के फल पूर्ण पक जाने पर भी सफ़ेद रंग के रहते हैं। फल बिलकुल मीठे होते हैं। कच्ची अवस्था में भी इसमें खटास नहीं होती। ये फल बाज़ार में बिकने आते हैं।

उपयोग

किसान को प्रचण्ड गर्मियों में यह शीतल छाया तो प्रदान करता ही है उसके लिए अनेक प्रकार से उपयोगी भी सिद्ध होता है। इसके पत्ते को वह बकरियों को खिलाता है। शाखाओं को हर साल काटकर टोकरियां बना लेता है। लकड़ी मजबूत होने से हल बनाने के लिए अत्यन्त उपयोगी लकड़ियों में से एक है। इस क़िस्म को उगाने में किसान को कठिनाई नहीं होती। पक्षियों की बीठों में बीज खेतों में पड़ते हैं और बरसात में इधर-उधर अनेक पौधे निकल आते हैं। मुण्डेरों पर लगाने के लिए किसान जब इन्हें उखाड़ते है तब जड़ न टूटने देने आदि किसी प्रकार की सावधानी रखे बिना ही झटपट उखाड़ कर रोप देते हैं। यह जल्दी ही हरा-भरा और बड़ा हो जाता है। गांव के आर्थिक जीवन में यह क़िस्म अत्यन्त महत्वपूर्ण भाग लेती है। बाज़ार में इसके फल बहुत कम ही बिकते हैं।

लकड़ी बहुत मजबूत होती है। बहुत पतली शाखाओं पर भी चढ़कर लोग फल तोड़ लेते हैं। और शाखायें टूटती नहीं, लचक जाती हैं।

पक्षियों का भोजन : फल बहुत छोटे होने से खाने वालों को न तोड़ने में उत्साह होता है और न खाने में आनन्द आता है। इसलिए बाग़ बगीचों में और खेतों में यों ही बिना तोड़े छोड़ दिए जाते हैं। पक्षियों को ये अच्छा भोजन प्रदान करते हैं। उनकी विष्ठा से इसके बीज ख़ूब फैल जाते हैं। पंजाब में मैंने इस क़िस्म को खेतों के किनारे बहुतायत से उगा पाया है।

लाल शहतूत

इसे लेटिन में **मोरुस रुब्रा** लिनिअस (**Morus rubra** Linn.) कहते हैं।

उत्तरी अमेरिका का लाल शहतूत, तूत (Morus) गण में सबसे बड़ा है। इक्कीस मीटर तक ऊंचा चला जाता है।

फल गूढ़े लाल और स्वाद में काले शहतूत से बहुत घटिया होते हैं। अमेरिका के पूर्वीय सयुंक्त राज्यों में सफ़ेद और लाल-दोनों शहतूत-उसी समय से बोए जा रहे हैं जब नया-नया उपनिवेशीकरण प्रारम्भ हुआ था। इनके बीज वहां प्रकृति में ख़ूब फैल गए हैं।

बासठ

सन्तरा

चित्रुस रेतिकुलाता ब्लांको
Citrus reticulata Blanco
कुल : रुतासी Rutaceae

सन्तरा, चकोतरा, मौसमी, गलगल, निम्बू ,आदि फलों का एक वर्ग है जिनके छिलकों में एक विशिष्ट प्रकार की सुगन्ध आती है । इनके पत्ते भी सुगन्धित होते हैं । इनका गूदा फांकों के अन्दर बन्द रहता है । इस वर्ग को निम्बू वर्ग कहते हैं । अंग्रेज़ी में इसे सिट्रस वर्ग कहते हैं ।

इस गण में लगभग सोलह सदाहरी सुगन्धित झाड़ियां और वृक्ष हैं, जिनमें से अधिकतर कण्टकित शाखा वाले होते हैं । ये विश्व के गरम और समशीतोष्ण प्रदेशों में पाए जाते हैं । इनमें से अधिक जातियों के फलों का छिलका फांकों के साथ सटा रहता है, जैसा निम्बू और मौसमी में । कुछ जातियों में छिलका फांकों से अलग ढीला रहता है । ऐसे फलों को सन्तरा कहते हैं । सन्तरे की छोटी क़िस्म को नारंगी कहते हैं ।

निम्बू वर्ग के फलों में सन्तरा सबसे अधिक लोकप्रिय है । यह झाड़ीदार सदा हरा, रोमरहित, मध्यम आकार का वृक्ष है । इसके पत्ते छोटे और पतले होते हैं । पत्रवृन्त छोटा और लगभग पंखरहित होता है । इसके सफ़ेद रंग के फूल दिसम्बर से खिलना शुरू होते हैं । मई तक खिलते रहते हैं । ये पत्तों के बीच में छोटे वृन्तों पर अकेले या गुच्छों में निकलते हैं । इनमें ख़ूब सुगन्ध होती है । निम्बू गण की अन्य जातियों के फूलों से ये छोटे होते हैं । सरदियों में फल पकते हैं । सरदियों और ग्रीष्म ऋतु के शुरू का यह महत्त्वपूर्ण फल है । फल मण्डलाकृति और सिर पर चपटे या गड्ढेदार होते हैं । पूरे पके फल का छिलका चमकीले नारंगी रंग का होता है या लालछौंह नारंगी रंग का पतला, भंगुर और शिथिल होता है जो फांकों से अंगुलियों द्वारा आसानी से छुड़ाया जा सकता है । गूदा रसीला, मीठा या ज़रा-सा खट्टा होता है ।

सन्त कबीर ने सुन्दर लुभावने पीले रंग वाले इस फल को देखकर आश्चर्य प्रकट किया था कि इसे लोग नारंगी अर्थात् रंग रहित फल क्यों कहते हैं :

चलती को गाड़ी कहें, बने दूध को खोया।
रंगी को नारंगी कहें, देख कबीरा रोया॥

खेती

सन्तरा चीन और कोचीन चीन का मूल निवासी है। अर्द्ध उष्ण प्रदेशों में यह व्यापक रूप से खेती किया जा रहा है। भारत में असम, सिक्किम, मध्य प्रदेश, पंजाब और कुर्ग़ में इसकी अधिक खेती की जा रही है। असम में यह मुख्य रूप से ख़ासी तथा जयन्तिका पहाड़ और कछार तथा कामरूप के ज़िलों में बोया जा रहा है। मध्य प्रदेश में इसका व्यापारिक उत्पादन नागपुर, भण्डारा, छिन्दवाड़ा और अमरावती ज़िलों में केन्द्रित है। पंजाब में इसकी खेती के मुख्य क्षेत्र होशियारपुर, गुरुदासपुर और हिमाचल प्रदेश के कांगड़ा ज़िले हैं। मैण्डरिन नारंगियां दक्षिण में कुर्ग़ में बड़े पैमाने पर और तमिलनाडु तथा मैसूर में छोटे पैमाने पर बोई जाती है। ये पश्चिम बंगाल, महाराष्ट्र, हैदराबाद, उत्तर प्रदेश, पटियाला और कश्मीर में भी बोई जा रही है।

कालिम्पोंग, सिलहट और कुर्ग़ जैसे ऊंचे स्थानों पर बोई जाने वाली क़िस्मों के फल छोटे, गूढ़े रंग के और बढ़िया स्वाद वाले होते हैं। उन्हीं क़िस्मों को जब दूसरे इलाक़ों में बोते हैं, तब उनके फल उतने बढ़िया नहीं रहते। प्रसिद्ध नागपुरी सन्तरे को जब उत्तर प्रदेश में बोते हैं, तब मध्य प्रदेश जैसे फल नहीं मिलते।

भारत में लगभग 65,000 एकड़ में सन्तरा बोया जा रहा है। सबसे अधिक मध्य प्रदेश में लगभग 20,000 एकड़ में इसकी खेती हो रही है। इसके बाद असम, तमिलनाडु, पंजाब और महाराष्ट्र का स्थान है।

विविध भाषाओं और स्थानों में नाम

अंग्रेज़ी : लूज-स्किण्ड औरेंज (loose -skinned orange), मेण्डरीन (mandarin), मेण्डरीन औरेंज(mandarin orange)।

असम : कमला, सुंथिरा।

उड़िया : कमला, संतरा।

कन्नड़ : किट्टाले।

ख़ासी : सोह निआंत्रा ।
गुजराती : नारंगी, संतरा ।
तमिल : कमला, कूर्ग कुड़गु औरेंज ।
तेलुगु : कमला पंडु ।
पंजाब : संतरा ।
बंगाली : कमला लेबू ।
हिन्दी : नारंगी, संतरा ।

संस्कृत में नाम

आयुर्वेद के वनस्पतिनिघण्टुओं में सन्तरे के छब्बीस नाम आए हैं। धन्वन्तरिनिघण्टु (8वीं शती) में सात, राजनिघण्टु (12वीं शती) में बारह, मदनपालनिघण्टु (1374 सन्) में चार, कैयदेवनिघण्टु (1550 सन्) में चार नाम और पर्याय निम्नलिखित श्लोकों में आए हैं :

नारङ्गस्त्वक्सुगन्धश्च नागरङ्गो मुखप्रियः ।
स चैरावतकः प्रोक्तो योगी वक्त्राधिवासनः ॥

धन्वन्तरिनिघण्टु, आम्रादिवर्ग 5;15.

नारङ्गः स्यान्नागरङ्गः सुरङ्गस्त्वग्गन्धश्चैरावतो वक्त्रवासः ।
योगीरङ्गो नागरो योगरङ्गः गन्धाढ्योऽयं गन्धपत्रोरवीष्टः ॥

राजनिघण्टु, आम्रादिवर्ग 11;17.

नारङ्गी नागरङ्गः स्याद्गोरक्षो योगसागरः ।

मदनपालनिघण्टु, फलादिवर्ग 6;80.

नारङ्गको योगसारो नारङ्गो यौगिको मतः ।
गोक्षुरस्त्वक्सुगन्धः स्यात् मधुराम्लो मुखप्रियः ॥
ऐरावतो रुचिकरः सुधा तक्राधिवासनः ।

कैयदेवनिघण्टु,ओषधिवर्ग 1;312-313.

नारङ्गो नागरङ्गः स्यात्त्वक्सुगन्धो मुखप्रियः ।

भावप्रकाशनिघण्टु, आम्रादिवर्ग 6;63.

इन श्लोकों के अन्तर्गत लिखे गए नाम और पर्यायों को नीचे तालिका में दिया जा रहा है जिससे पाठक सुगमता से उनका तुलनात्मक अध्ययन कर सकें :

धन्वन्तरिनिघण्टु (8वीं शती)	राजनिघण्टु (12वीं शती)	मदनपालनिघण्टु (1374 सन्)	कैयदेवनिघण्टु (1450 सन्)	भावप्रकाशनिघण्टु (1550 सन्)
1 ऐरावत	1 ऐरावत		1 ऐरावत	
	2 गन्धपत्र			
	3 गन्धाढ्य			
			2 गोक्षुर	
		1 गोरक्ष		
			3 तक्राधिवासन	
2 त्वक्सुगन्ध			4 त्वक्सुगन्ध	1 त्वक्सुगन्ध
	4 त्वग्गन्ध			
	5 नागर			
3 नागरङ्ग	6 नागरङ्ग	2 नागरङ्ग		2 नागरङ्ग
4 नारङ्ग	7 नारङ्ग		5 नारङ्ग	3 नारङ्ग
			6 नारङ्गक	
		3 नारङ्गी		
			7 मधुराम्ल	
5 मुखप्रिय			8 मुखप्रिय	4 मुखप्रिय
		4 योगसागर		
			9 योगसार	
6 योगी				
	8 योगीरङ्ग			
	9 योगीरङ्गा			
			10 यौगिक	
	10 रवीष्ट			
	11 वक्त्रवास			
7 वक्त्राधिवासन				
			11 सुधा	
	12 सुरङ्ग			

नामों के अर्थ

ऐरावत : रस (इरा आपः) से पूर्ण फल।
गन्धपत्र : सुगन्धित (गन्ध) पत्तों वाला (पत्र) पौधा।

गन्धाढ्य	:	सुगन्ध (गन्ध) से भरपूर (आढ्य)।
गोक्षुर	:	सन्तरा।
गोरक्ष	:	सूर्य (गो) के प्रकाश में पनपने वाला (रक्ष) पौधा।
तक्राधिवासन	:	जिस फल में छाछ (तक्र) जैसी खटाई विद्यमान हो (अधिवासन)।
त्वक्सुगन्ध	:	सुगन्धित (सुगन्ध) छालवाला (त्वक्)।
त्वग्गन्ध	:	= त्वक्सुगन्ध।
नागर	:	नागरिकों को पसन्द का फल।
नागरङ्ग	:	नागरिकों की पसन्द का रंगीला (रङ्ग) फल।
नारङ्ग	:	= नागरङ्ग।
नारङ्गक	:	= नागरङ्ग।
नारङ्गी	:	= नागरङ्ग।
मधुराम्ल	:	मीठा (मधुर) खट्टा (अम्ल) फल।
मुखप्रिय	:	मुंह (मुख) का स्वाद सुधारने वाला (प्रिय)।
योगसागर	:	सन्तरा।
योगसार	:	=योगीरङ्ग।
योगी	:	योगीरङ्ग
योगीरङ्ग	:	साधुओं (योगी) के कपड़ों के रंग का (रङ्ग) फल।
योगीरङ्गा	:	योगीरङ्ग
यौगिक	:	योगी।
रवीष्ट	:	सूर्य (रवि) के प्रकाश में पौधा अच्छा पनपता है(इष्ट)
वक्त्रवास	:	मुख (वक्त्र) को सुगन्धित करने (वास) वाला।
वक्त्राधिवासन	:	मुख (वक्त्र) को सुगन्धित करने वाला (अधिवासन)।
सुधा	:	अमृत (सुधा) तुल्य फल।
सुरङ्ग	:	सुन्दर (सु) रंग वाला (रङ्ग) फल।

गुण

नारंगी सुगन्धित, खटमिट्ठी, स्वादु, गुरु, उष्ण, दुष्पच, विशद, भोजन में रूचि बढ़ाने वाली, वातनाशक, पित्तहर, अनुलोमक, क्रिमिनाशक, शूलहर, हृदय को बल प्रदान करने वाली और थकान दूर करने वाली है :

अम्लं समधुरं हृद्यं विशदं भक्तरोचनम् ।
वातघ्नं दुर्जरं प्रोक्तं, नारङ्गस्य फलं गुरु ॥

धन्वन्तरिनिघण्टु, आम्रादिवर्ग 5;16.

नारङ्ग मधुरं चाम्लं गुरूष्णञ्चैव रोचनम् ।
वातामक्रिमिशूलघ्नं श्रमहृद्बलरुच्यदम् ॥

राजनिघण्टु, आम्रादिवर्ग 11;172.

नारङ्गमम्लमत्युष्णं पित्तवातहरं सरम् ।
स्वाद्वम्लपरं हृद्यं दुर्जरं वातनाशनम् ॥

मदनपालनिघण्टु, फलादिवर्ग 6;80.

नारङ्गमुष्णमम्लञ्च गुरू वातहरं सरम ॥
कफपित्तास्रकृद्यतु स्वाद्वम्लं विशदं गुरू ।
सुगन्धि दुर्जरं रुच्यं हृद्यं मारुतनाशनम् ॥

कैयदेवनिघण्टु, ओषधिवर्ग 1;313-314.

नारङ्गो मधुराम्लः स्याद्रोचनो वातनाशनः ।
अपरं त्वम्लमत्युष्णं दुर्जरं वातहृत् ॥

भावप्रकाशनिघण्टु, आम्रादिवर्ग 6;64.

स्वादु, रसीले मीठे या खटमिट्ठे फल के रूप में सन्तरा भारत में 2,000 साल से खाया जा रहा है। आयुर्वेद के प्रसिद्ध चिकित्सक महर्षि चरक और सुश्रुत ने इसे भोजन में रुचि पैदा करने वाला, वायु के विकारों को नष्ट करने वाला और हृदय को बल देने वाला फल बताया है।

राजशेखर ने शिशिर ऋतु के वर्णन में नागरंगी के फल का ज़िक्र किया है :

कर्कन्धूनां नागरङ्गी फलानां पाकोद्रेकः खाण्डवोप्याविरस्ति ।

अब सन्तरे का रस निकालकर उसे पीने का रिवाज़ बढ़ गया है। ताज़ा रस सदा सुलभ नहीं होता, इसलिए उसे बोतलों और डिब्बों में बन्द कर भविष्य के प्रयोग के लिए परिरक्षित कर लेते हैं। सन्तरे के रस की बढ़ती हुई मांग को पूरा करने के लिए इसकी डिब्बा-बन्दी के बड़े कारख़ाने स्थापित कर लिए गए हैं।

पशुओं का पौष्टिक आहार

डिब्बा-बन्दी उपयोग के लिए सन्तरे का रस निकालने के बाद उसका छिलका और फांकें बेकार चले जाते थे। इस प्रकार फल का पचास से साठ प्रतिशत भाग

किसी काम नहीं आता था। कृषि-वैज्ञानिकों ने सन्तरे और निम्बू वर्ग के चकोतरा आदि फलों के इन बेकार भागों को पशुओं के आहार के लिए उपयोगी पाया है। सुखाए हुए छिलकों के कतरों और फांक को शीरे और खमीर में मिलाया जाता है। सरदियों में पशुओं को पुष्टिकर आहार के रूप में यह खिलाया जाता है। यह शीरा और खमीर भी इन कारख़ानों में बेकार जाने वाले पदार्थ थे। सन्तरे के बेकार पदार्थों से बनाए आहार के खिलाने से पशुओं का दूध बढ़ जाता है। पशु मोटे हो जाते हैं और स्वस्थ बने रहते हैं।

सन्तरे से प्राप्त खमीर विटामिन बी-कौम्प्लेक्स का सबसे बड़ा प्राकृतिक स्रोत है। इसमें थिआमिन, रिबोफ़्लेविन, एर्गस्ट्रोल, निकोटिनिक अम्ल तथा पण्टोथेनिक अम्ल की पर्याप्त मात्रा होती है। ये सब पदार्थ पशुओं तथा मनुष्यों के स्वास्थ्य के लिए आवश्यक समझे जाते हैं।

डिब्बाबन्दी

सन्तरे का जमाया हुआ रस तैयार करने के लिए सर्वप्रथम सन्तरे के रस में से अधिकांश जल को अलग कर उसे गाढ़ा कर लिया जाता है। फिर उसे डिब्बे में बन्द करके जमा लिया जाता है। डिब्बे शीतकारी यन्त्रों में रखे रहते हैं। आवश्यकता पड़ने पर उपभोक्ता डिब्बा खोलकर उसमें पानी मिला लेता है। इसका स्वाद बिलकुल सन्तरे के रस के समान होता है। रस का पानी उड़ाकर सूखा चूर्ण बना लिया जाता है। इसे स्थानान्तरित करना और सफ़र में ले जाना आसान है। इसे पानी में घोलने से यह ताज़ा रस के समान बन जाता है।

सन्तरे के छिलकों से नारंगी रंग का तेल निकाला जाता है। यह खाद्य पदार्थों को स्वादिष्ट बनाने के लिए और यू डी कोलोन में सुगन्ध के लिए मिलाया जाता है। औरेंज स्क्वैश में बहुत थोड़ी-सी मात्रा में मिलाने से उसके स्वाद को उन्नत कर देता है।

रंगने के लिए

चकोतरे के फल में कड़वाहट पैदा करने वाले तत्त्व से उत्तम क़िस्म की ऊन को रंगने के लिए रंग तैयार किए जाते हैं। इस तत्त्व को नैरिजिन कहा जाता है और सन्तरों में पाए जाने वाले वसन्ती रंग से यह मिलता-जुलता है।

नैरिजिन से वसन्ती (पीला-लाल) रंग तैयार होते हैं और इन्हें ऊन और रेशम को रंगने के लिए इस्तेमाल किया जाता है। ये रंग पानी में घुल जाते हैं और

देखने में अति सुन्दर लगते हैं। इससे लकड़ी को रंगने वाला रंग तैयार करने में ही कुछ प्रगति की गई है। यह रंग बड़ा टिकाऊ सिद्ध हुआ है, और तेज़ धूप में भी नहीं बिगड़ता।

चेहरे की कान्ति बढ़ाने के लिए

सन्तरे के छिलकों को किसी साफ़ डलिया में रखकर छाया में सुखा लें। इन्हें बारीक पीसकर कपड़े में अथवा महीन छिद्रों वाली छननी में छान लें और प्राप्त चूर्ण को ढक्कनदार शीशी में रख लें। चाय का चम्मच भर यह चूर्ण लें और इसके बराबर चने का बेसन लें। ज़रा-सा पानी मिलाकर गूंध लें। हथेली में लेकर चेहरे पर उबटन करें। थोड़ी देर बाद धो डालें। इससे चेहरा खिल जाएगा। त्वचा की ताज़गी और कोमलता बनाए रखने के लिए यह सस्ता और आसान तरीक़ा है। इससे त्वचा का रूखापन मिट जाता है। चेहरे के धब्बे, चित्तियां और मुंहासे दूर करने के लिए नियमित रूप से इसका उबटन करें।

इस उबटन में बेसन की जगह सरसों या सफ़ेद तिल भी लिए जा सकते हैं। सन्तरे के ताज़े छिलके के साथ बराबर मात्रा में सरसों या सफ़ेद तिलों को सिलबट्टे पर पीसकर चटनी जैसा पतला बना लें। चेहरे पर, हाथ-पैर पर और सारे शरीर पर इसका उबटन करें। इससे त्वचा का रंग निखर जाता है। पन्द्रह से बीस दिन के उबटन से चेहरे पर कान्ति आ जाती है। यह मैल को साफ़ करता है। इसका प्रयोग करते हुए साबुन लगाने की ज़रूरत नहीं होती। सन्तरे के छिलकों के इस मिश्रण से बाल भी धोए जाते हैं।

तिरसठ

सिंघाड़ा

त्रापा नतांस लिनिअस वैरा. **बिस्पिनोसा** (रौक्सबुर्ग़) मैकिनो
Trapa natans Linn. var. **bispinosa** (Roxb.) Makino
कुल : त्रापासी Trapaceae

जोहड़ों में उगने वाली, पानी पर उतराने वाली लता; तने पतले; लचीले, कंघी सदृश बहुत-सी पार्श्वीय मूलों से युक्त, पानी में डूबे हुए; पत्ते त्रिभुजाकृति; फलक दो से चार सेण्टीमीटर लम्बे, तीन से छह सेण्टीमीटर चौड़े, कभी-कभी मामूली-से

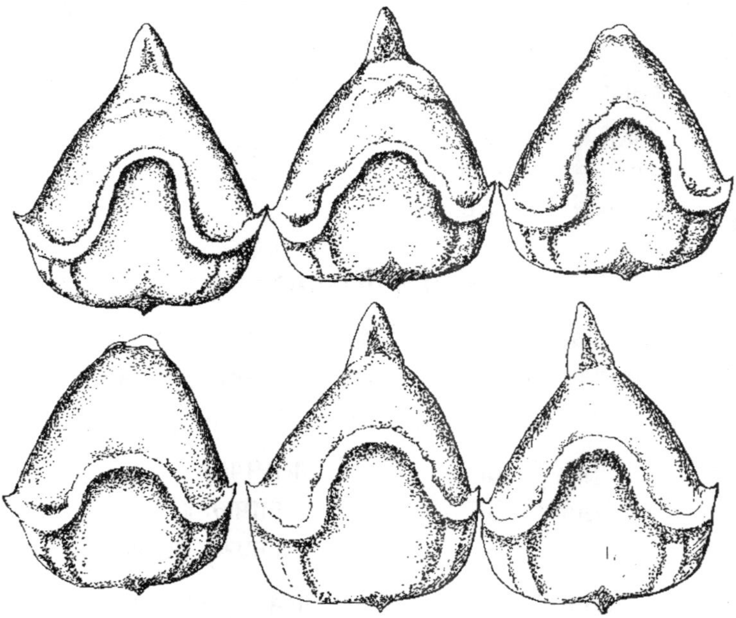

चित्र 100 सिंघाड़े के फल

तीन पालियों वाले ऊपर से चमकीले गूढ़े-हरे, नीचे से रक्ताभ-जामनी और बहुत रोओं वाले, मोटे दांतों वाले, विरल गुच्छों में सतह पर उतराते हुए; पानी में डूबे

हुए पत्रदण्ड पर प्रायः फूला हुआ, लम्बोतरा ब्लैडर होता है जिसके अन्दर वायु-कोषों में हवा भरी रहती है। फूल सफ़ेद; पंखड़ियां चार, लगभग आठ मिलीमीटर लम्बी; रोएंदार; बाह्य पुष्पदल अण्डाशय के साथ मिल जाता है जो फल में कठोर और कांटेदार बन जाता है। फल तिकोना, दो से चार नोकीले कांटों वाला। अफ़ग़ानिस्तान से मध्य नेपाल तक, भारत में 1,700 मीटर तक झीलों और जोहड़ों में बोया जाता है।

विविध भाषाओं में नाम

अंग्रेज़ी	:	कैल्ट्रोप्स (caltrops), सिंघाड़ा नट (singhara nut), वाटर चेस्टनट (water chestnut)।
कन्नड़	:	सिंघाड़ा, गोअर, गाअरि।
गुजराती	:	सिंघाड़ा।
तमिल	:	सिंघाड़ा।
तेलुगु	:	कुबयकम, परिकेगड्ड।
पंजाबी	:	गाडियां।
बंगाली	:	पानीफल, शिङ्गाडा।
मराठी	:	चिरवप्पप्पु।
मलयालम	:	करिमपोलम।

संस्कृत में नाम

आयुर्वेद के वनस्पतिनिघण्टुओं में सिंघाड़ा के चौदह नाम आए हैं। राजनिघण्टु (12वीं शदी) में सात, मदनपालनिघण्टु (1374 सन्) में चार, कैयदेवनिघण्टु (1450 सन्) में पांच और भावप्रकाशनिघण्टु (1550 सन्) में तीन :

शृङ्गाटक शृङ्गरुहो जलवल्ली जलाश्रया।
शृङ्गकन्दः शृङ्गमूलो विषाणी सप्तनामकः॥

राजनिघण्टु, मूलकादिवर्ग 7; 45.

शृङ्गाटो जलकन्दः स्यात्त्रिकोणस्त्रिकटुः स्मृतः॥

मदनपालनिघण्टु, शाकादिवर्ग 7; 89.

शृङ्गाटो जलकन्दः स्यात् त्रिकोणस्त्रिकण्टस्त्रिकः॥

कैयदेवनिघण्टु, ओषधिदिवर्ग 9; 1620.

शृङ्गाटकं जलफलं त्रिकोणफलमित्यपि ॥

भावप्रकाशनिघण्टु, आम्रादिवर्ग 6; 92.

इन श्लोकों के अन्तर्गत आए नाम-पर्यायों को नीचे तालिका में दिया जा रहा है जिससे पाठक सुगमता से उनका तुलनात्मक अध्ययन कर सकें :

राजनिघण्टु (12वीं शती)	मदनपालनिघण्टु (1374 सन्)	कैयदेवनिघण्टु (1450 सन्)	भावप्रकाशनिघण्टु (1550 सन्)
	1 जलकन्द	1 जलकन्द	
			1 जलफल
1 जलवल्ली			
2 जलाश्रय			
		2 त्रिक	
	2 त्रिकटु		
		3 त्रिकण्टक	
	3 त्रिकोण	4 त्रिकोण	
			2 त्रिकोणफल
3 विषाणी			
4 शृङ्गकन्द			
5 शृङ्गमूल			
6 शृङ्गरुह			
	4 शृङ्गाट	5 शृङ्गाट	
7 शृङ्गाटक			3 शृङ्गाटक

नामों के अर्थ

जलकन्द : जिस पौधे की जड़ पानी के अन्दर रहती है।

जलफल : पानी में पैदा होने वाला फल।

जलवल्ली : पानी में फैलने वाली बेल।

जलाश्रय : पानी में रहने वाला पौधा।

त्रिक : तीन कोनों वाला फल।

त्रिकण्टक : तीन कोनों वाला कांटेदार फल।

त्रिकोण : तीन कोनों वाला फल।

त्रिकोणफल : = त्रिकोण।

विषाणी : सींग जैसे नोकीले कांटों वाला फल।

शृङ्गकन्द	:	सिंघाड़ा।
शृङ्गमूल	:	सिंघाड़ा।
शृङ्गरुह	:	जिसके ऊपर नोकीला कांटा (शृङ्ग) उगा (रुह) हो।
शृङ्गाट	:	शृङ्गाटक।
शृङ्गाटक	:	नोकदार (शृङ्ग) फल वाली बेल जो पानी की सतह पर तैरती हुई फैलती (अटक) रहती है।

गुण

सिंघाड़ा हलका, दस्तावर, वीर्यवर्धक तथा रक्तपित्त को दूर करता है। यह त्रिदोषविकार, ताप, थकावट तथा शोथ को दूर करने वाला है। रुचिवर्द्धक तथा वीर्य को गाढ़ा करता है :

शृङ्गाटकः शोणितपित्तहारी लघुः सरो वृष्योतमो विशेषात्।
त्रिदोषतापश्रमशोफहारी रुचिप्रदो मेहनदार्ढ्यहेतुः॥

राजनिघण्टु, मूलकादिवर्ग 7; 46.

सिंघाड़ा मल को बांधता है और वातपित्तकफ को उत्पन्न करता है :

ग्राहि पित्तानिलश्लेष्मप्रदं शृङ्गाटकं तथा॥

मदनपालनिघण्टु, शाकादिवर्ग 7; 90.

सिंघाड़ा कषाय, मधुर एवं गुरू है। यह शुक्रवर्द्धक, वातकारक तथा जीवन के लिए हितकर है। पित्तशामक है तथा कफ एवं प्रमेह को नष्ट करता है :

शृङ्गाटक कषायं तु मधुरं वृष्यवातलम्।
जीवनं पित्तशमनं कफमेहहरं गुरू॥

कैयदेवनिघण्टु, ओषधिवर्ग 9; 1621.

सिंघाड़ा स्वादिष्ट, कषायरसयुक्त, शीतल गुरू तथा ग्राही है। यह शुक्र तथा वातकफजनक है। पित्त, रक्तविकार और दाह को दूर करता है :

शृङ्गाटकं हिमं स्वादु गुरू वृष्यं कषायकम्।
ग्राही शुक्रानिलश्लेष्मप्रदं पित्तास्रदाहनुत्॥

भावप्रकाशनिघण्टु, आम्रादिवर्ग 6; 93.

सिंघाड़ा गुरू विष्टम्भी और वीर्य में शीत होता है :

शृङ्गाटका च गुरू विष्टम्भि शीतलम् ।

चरकसंहिता, सूत्रस्थान 27; 117.

सिंघाड़ा गुरू, शीतल और विष्टम्भी होता है :

गुरूविष्टम्भिशीतौ च शृङ्गाटक ... ।

सुश्रुतसंहिता, सूत्रस्थान 46; 304.

उपयोग

फल पानी में उबालकर, आग में भूनकर या कच्चा ही छिलका उतारकर खाया जाता है । पकाने पर ऊपर का हरा छिलका काला पड़ जाता है । सिंघाड़ा सुपच है । इसमें शीघ्र पचने वाला पिष्ट (स्टार्च) होता है । इसके आटे से बनाए आहार-द्रव्य व्रतों में खाए जाते हैं । यह शीतल, पौष्टिक और शोणितास्थापन है । अतिसार, आंव और प्रदर में इसका सूप पिलाते हैं । इससे ख़ून गिरना बन्द होता है और रोगी के चेहरे का फीकापन कम होता है । पित्त प्रकृति वालों को जिन्हें गरमी अधिक व्याकुल करती है, सिंघाड़े का सूप लाभदायक पेय है । फलों की डिब्बाबन्दी की जाती है ।

चौंसठ

सेव

मालुस पूमिला लिनिअस

Malus pumila Linn.

कुल : रोसासी Rosaceae

गोल मुकुट वाला, प्रायः पन्द्रह मीटर तक ऊंचा वृक्ष; पत्ते छोटे प्ररोहों पर अधिकतर गुच्छों में, अण्डाकृति या दीर्घवृत्त, 4.5 से 10 सेण्टीमीटर लम्बे, मुलायम, किनारे क्रकचित्; फूल सफ़ेद, गुलाबी झांईं लिए हुए, घने गुच्छों में; फल सुगन्धित, विविध आकार, रूप और रंग के, ऊपर-नीचे गड्ढे वाले।

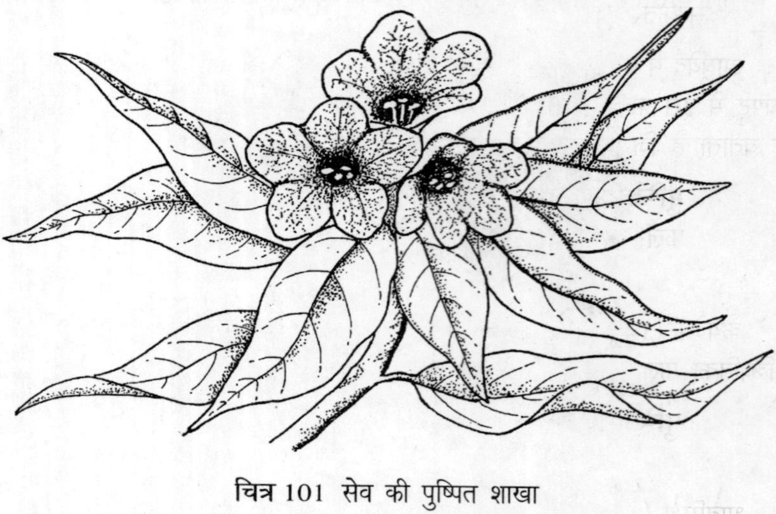

चित्र 101 सेव की पुष्पित शाखा

सेव की खेती मनुष्य की स्मृति से पहले से की जा रही है। स्विटज़रलैण्ड में प्रागैतिहासिक झील बस्तियों के खण्डहरों में सेव के फलों और बीजों के अवशेष पाये गये हैं। यह एक तरफ़ तो पश्चिमी हिमालय और दूसरी तरफ़ कौकेशस तथा एशिया माइनर के बीच पहाड़ी क्षेत्रों का मूल वृक्ष समझा जाता है। कौकेशस और

तुर्किस्तान के कुछ क्षेत्रों में जंगली सेव के वृक्षों के विस्तृत जंगल हुआ करते थे। ख़ासकर तुर्किस्तान के जंगली सेव अपेक्षाकृत बड़े होते थे और उनमें से कुछ कृषि की जा रही क़िस्मों से गुणों में घटिया नहीं थे।

समशीतोष्ण प्रदेशों में सेव का बहुत महत्त्वपूर्ण स्थान है और विश्व के अनेक भागों में व्यापक रूप से कृषि किया जाता है। विश्व में अत्यधिक महत्त्व के सेव उत्पादक क्षेत्र हैं : संयुक्त राज्य अमेरिका, पश्चिमी और पूर्वी यूरोप, जापान और औस्ट्रेलिया।

विविध भाषाओं और स्थानों में नाम

अंग्रेज़ी : कल्टीवेटेड ऐप्पल (cultivated apple)।
कन्नड़ : सेबु, सेवु।
पंजाबी : सेवो।
लद्दाखी : कुशु।
संस्कृत : सेब, सिवितिका।

आयुर्वेद में वनस्पतिशास्त्र के ग्रन्थों (निघण्टुओं) में 1374 में प्रणीत मदनपाल-निघण्टु में इस फल का सेव नाम से वर्णन है। यह लेखक इसे मुट्ठी के बराबर बेर बताता है जिसके सीवफल और सितिकाल फल पर्याय हैं :

मुष्टिप्रमाणं बदरं सेवं सीवफलं तथा।
फलं च सितिकापूर्वं वातपित्तहरं गुरु॥

मदनपालनिघण्टु, फलादिवर्ग 6; 56.

कैयदेव (1450) ने बेर (बदर) के साथ ही वर्णन करते हुए इसका नाम सिञ्चितिका फल दिया है, सेव नाम नहीं दिया :

मुष्टिप्रमाणं बदरं स्वादु सिंचितिकाफलम्।

कैयदेवनिघण्टु, ओषधिवर्ग 1; 356.

भावमिश्र (1550) के भावप्रकाश में सिंचितिकाफल की जगह सिवितिकाफल पाठ है। एक पाठभेद में इसे सिम्बितिकाफल लिखा है :

मुष्टिप्रमाणं बदरं सेबं सिवितिकाफलम्॥

भावप्रकाशनिघण्टु, आम्रादिवर्ग 6; 125.

इस प्रकार आयुर्वेद के वनस्पतिशास्त्र में इस फल के पांच नाम मिलते हैं : सेव, सीवफल, सिवितिकाफल, सिम्बितिकाफल और सिञ्चितिका फल।

भारत के मैदानों और पहाड़ों में लगभग आठवीं शताब्दी के मध्य में सेव की कृषि आरम्भ हो गई थी। कश्मीर, कुल्लू और कुमाऊं के पहाड़ी क्षेत्रों में अब यह व्यापारिक फ़सल है। इसकी कृषि के मुख्य क्षेत्र हैं : कश्मीर और ऊधमपुर, श्रीनगर, कुलगाम तथा उत्तरमद्दिपुरा तहसीलें और जम्मू में किश्तवाड़; उत्तर प्रदेश में अलमोड़ा, नैनीताल तथा गढ़वाल ज़िले; हिमाचल प्रदेश में कुल्लू घाटी, शिमला पहाड़ियां (कोटगढ़); और दक्षिण भारत में बंगलौर तथा नीलगिरि पहाड़ियां। हिमालय के क्षेत्रों में सेव उगाने की लगभग असीमित गुंजाइश है, यहां चालीस लाख एकड़ में यह उगाया जा सकता है। इन पहाड़ी क्षेत्रों में गेहूं, जौ तथा धान की पैदावार मैदानों की अपेक्षा सामान्यतः कम है; सेव उगाना अधिक लाभप्रद है।

विश्व के विभिन्न भागों में सेव की लगभग 6,500 औद्योगिक क़िस्में उगाई जा रही हैं। फल तथा वृक्ष की विशेषताओं के आधार पर इन क़िस्मों का विकास हुआ है। आकार, रंग, स्वाद तथा गुणवत्ता के आधार पर फलों की क़िस्में पहचानी जाती हैं। वृक्षों की किस्में इन आधारों पर बनी हैं कि उनके लिए किस प्रकार की जलवायु तथा भूमि उपयुक्त है, उन पर किस मौसम में फल लगते हैं तथा कितने समय में पकते हैं ?

भारत में खेती की जाने वाली क़िस्में अधिकतर युनाइटेड किंगडम तथा यूरोपियन देशों और संयुक्त राज्य अमेरिका से सम्प्रविष्ट की गई हैं। कुछ क़िस्में औस्ट्रेलिया से भी लाई गई हैं।

खेती

सेव का पौधा उगाने के लिए वे क्षेत्र उपयुक्त हैं जहां शीतकालीन तापमान कम हो और बरफ़ पड़ती हो। विश्राम-अवधि बढ़ाने के लिए पर्याप्त अभिशीतन (chilling) की ज़रूरत होती है। शीतऋतु काफी ठण्डी न हो तो फूल तथा फल कम आते हैं और असमान होते हैं। साठ से पिचहतर सेण्टीमीटर वार्षिक वर्षपात आवश्यक है। चश्मा चढ़ाकर या क़लम बांधकर पौधे तैयार किये जाते हैं। बीजों से उगाये पौधे अपनी असल क़िस्म के अनुरूप नहीं होते। एक साल के पौधों को नर्सरी से निकालकर बगीचे में 7.50 से 9 मीटर फ़ासले पर बो देते हैं। पांच साल बाद पौधे फूलने-फलने लगते हैं। बारह से अठारह साल की उम्र के

पौधे भरपूर फ़सल देते हैं। जलवायु तथा कृषि की अवस्थाओं के अनुसार वृक्ष से आर्थिक दृष्टि से लाभप्रद फ़सल प्राप्त करने का समय अलग-अलग है; कुल्लू तथा कश्मीर में साठ साल से अधिक, कुमाऊं में चालीस साल, नीलगिरि में पच्चीस साल और बंगलौर में छह से दस साल।

फ़सल और पैदावार

फल बहुत घने लगे हों तो आकार, रंग तथा गुणवत्ता को उन्नत बनाये रखने के लिए कुछ फलों को तोड़कर विरल कर दिया जाता है। फलों की दूरी दस से पन्द्रह सेण्टीमीटर रहने दी जाती है, प्रत्येक गुच्छे में एक फल रहने दिया जाता है। यह कार्य फल लगने के बाद जल्दी ही कर देना चाहिए। हरा रंग लुप्त हो जाने पर और पीले तथा सतह के आश्वेत रंग में चमक आ जाने पर समझा जाता है कि फल भलीभांति पक गया है। इसे तोड़ लेना चाहिए। ठीक तरह पकने से पहले तोड़े गये फल भण्डारण में ख़राब हो सकते हैं; उनका स्वाद भी बढ़िया नहीं होता। पके फल देर से तोड़े जायें तो वे भण्डारण में कम समय तक टिकते हैं।

टहनी से तोड़ने के लिए पके फल को ज़रा मरोड़कर खींच लेते हैं। फलों

चित्र 102 सेव का फल

के संग्रह और रखने में बहुत सावधानी रखी जाती है। फल के छिलके पर मामूली-सी खरोंच भी लग जाएं तो सड़ाने वाले जीवाणुओं के हमले का अन्देशा रहता है।

कुल्लू में प्रति एकड़ फलों की पैदावार 566 किलोग्राम तक रिकौर्ड की गई है। कश्मीर में अनुमान है कि प्रति वृक्ष औसत अड़सठ किलोग्राम पैदावार देता है। कुमाऊं में प्रति वृक्ष पैंतालीस किलोग्राम पैदावार मिलने की रिपोर्ट है। बंगलौर और नीलगिरि में प्रति वृक्ष ग्यारह किलोग्राम से अधिक पैदावार नहीं मिलती।

संघटन और उपयोग

सेव मुख्य रूप से स्वादिष्ट फल के रूप में खाने के काम आते हैं। कुछ क़िस्में, ख़ासकर अधिक खटास वाली, पकाने के काम आती है। फलों को काटकर सुखा भी लिया जाता है। इनकी डिब्बाबन्दी की जाती है। इनसे जैम और जेली बनाई जाती हैं। फलों का ताज़ा रस शीतल पेय के रूप में काम आता है। रस को फ़र्मेण्ट करके शराब और सिरका बनाए जाते हैं। सेव की मदिरा (cider) के आसवन से सेव की ब्रैण्डी बनाई जाती है। सेव महत्त्वपूर्ण स्कर्वीरोधक फल है। इनमें पेक्टिन की प्रचुरता होती है, ये अतिसार में लाभदायक हैं। शिशुओं के कुछ प्रकार के दस्तों की चिकित्सा में सेव का पाउडर दिया जाता है। सेव का रस सेवन करने से आमाशयिक रसों की अम्लता बढ़ती है। यह अतिसार और आमाशय के व्रणों में दिया जाता है। अम्लरहित किये गये रस से बनाए पेय और बेकरी के उत्पाद शिशुओं के आहार में शामिल किये जाते हैं। ये दूध को पचाते हैं। इनसे कार्बोहाइड्रेट्स भी प्राप्त होते हैं। आमाशय शूल और आमाशय शोथ के रोगियों के आहार में फलशेष से तैयार किये गये भोज्य पदार्थ खिलाना उपयोगी होता है।

आयुर्वेद के वनस्पतिशास्त्र (निघण्टु ग्रन्थों) के अनुसार सेव का फल स्वादु, मधुर, शीतल, वातपित्तहर, फल बढ़ाने वाला, गुरु, स्निग्ध, आहार में रुचि पैदा करने वाला, शरीर को पुष्ट करने वाला और शुक्रवर्धक है। यह ज्वरनाशक, विषहर तथा मूत्रल है। हृदय की धड़कन को नियमित करता है। त्वचा की जलन को दूर करता है। शीतल है तथा शरीर के भीतर से गरमी को निकालता है :

फलं च सितिकापूर्वं वातपित्तहरं गुरु ॥
हिमं स्यन्दनकं स्निग्धं मूत्रलं स्वादु शीतलम् ।
त्वग्दाहमन्तर्दाहं च हृत्कम्पान् पित्तसम्भवान् ॥
हरेत्तत्सञ्चितमलं ज्वरघ्नं तु विषापहम् ।
बृंहणं कफकृद् वृष्यं स्वादुपाकरसं हिमम् ॥

मदनपालनिघण्टु, फलादिवर्ग 6; 56-58.

सेबं समीरपित्तघ्नं बृंहणं कफकृद् गुरु।
रसे पाके च मधुरं शिशिरं रुचिशुक्रकृत॥

भावप्रकाशनिघण्टु, आम्रादिवर्ग 6; 126.

सेव का रस, शर्बत और सिरका शिशुओं के आहार में दिए जाते हैं। सेव का मुरब्बा हृदय को बल देता है, मोटापा कम करता है और मानसिक तनाव को दूर करता है।

सेव के वृक्ष की छाल, विशेषकर जड़ की छाल प्रशीतक, स्वापक और आन्त्रकृमिहर है। छाल का फाण्ट बारी के बुख़ार, अल्पविरामी (remittent) और पैत्तिक ज्वरों में दिया जाता है।

सेव के पत्तों से एक जीवाणुरोधी (antibacterial) पदार्थ (फ़्लोरेटिन phloretin) पृथक् किया गया है। पत्तों में से यह (शुष्क आधार पर) 2.4 प्रतिशत प्राप्त होता है। यह अनेक प्रकार के ग्राम-पौज़िटिव और ग्राम-नेगेटिव जीवाणुओं की वृद्धि को रोकता है। सेव की कोंपलों, जड़ की छाल और बीजों में फ़्लोरिद्ज़ीन (phloridzin) पाया जाता है।

लकड़ी का प्रति घन मीटर भार 21.75 किलोग्राम होता है। यह मज़बूत, कठोर और सघन होती है। यह औज़ारों के दस्ते, हथौड़े तथा रूलर बनाने और ख़राद के काम आती है।

रासायनिक संघटन

फल की क़िस्म, वृद्धि के मौसम में जलवायु की अवस्थाएं और परिपक्वता के समय के अनुसार रासायनिक संघटन बदलता रहता है। इसमें ठोस पदार्थों का कुल परिमाण 13.6 से 26.0, कुल शर्कराएं (इन्वर्ट शूगर के रूप में) 9.5 से 17.4; ग्लूकोज़ 2.5 से 5.6, फ्रक्टोज़ 6.5 से 11.8, सूक्रोज़ 1.5 से 6.0; अम्ल (मैलिक अम्ल के रूप में) 0.3 से 1.0 और टैनिन 0.02 से 0.15 प्रतिशत होते हैं।

कश्मीर की कुछ महत्त्वपूर्ण क़िस्मों के गूदे का रासायनिक संघटन इस प्रकार है :

	अम्ब्री कश्मीरी	गोल्डन डेलिशिअस	लाल डेलिशिअस	लाल पिप्पिन	पीला पिप्पिन
कुल ठोस प्रतिशत	18.07	12.30	15.82	16.57	17.57
अम्लता (मैलिक अम्ल के रूप में)	0.63	0.73	0.58	0.55	0.59

प्रतिशत					
रिड्यूसिंग शर्कराएं प्रतिशत	10.09	5.45	7.22	8.80	8.20
नौन-रिड्यूसिंग शर्कराएं प्रतिशत	2.10	1.55	1.06	2.38	2.61
कुल कसैलापन प्रतिशत	0.13	0.10	0.09	0.11	0.13
प्रोटीन प्रतिशत	0.38	0.11	0.09	0.07	0.30
कच्चे रेशे प्रतिशत	1.60	1.51	1.47	1.72	1.85
राख प्रतिशत	0.34	0.26	0.22	0.35	0.33
कैल्सियम प्रति सौ ग्राम में मिलीग्राम	9.78	16.00	10.15	19.50	16.58
फ़ौस्फ़ोरस प्रति सौ ग्राम में मिलीग्राम	12.02	18.18	18.18	16.94	8.16
लोहा प्रति सौ ग्राम में मिलीग्राम	1.34	0.86	0.86	0.52	1.11
एस्कौर्बिक अम्ल प्रति सौ ग्राम में मिलीग्राम	7.52	7.45	8.86	8.61	5.84

विटामिनें, लवण तथा औरगेनिक अम्ल विशेषकर फल के छिलके के अन्दर या ठीक नीचे संकेन्द्रित होते हैं इसलिए फल को बिना छीले खाना चाहिए।

पके फलों के कुल कार्बोहाइड्रेट्स में शर्कराएं लगभग 80 प्रतिशत होती हैं। फ्रक्टोज़ मुख्य घटक है – लगभग 60 प्रतिशत, ग्लूकोज़ 25 प्रतिशत और सूक्रोज़ 15 प्रतिशत।

खाये जाने वाले और पकाये जाने वाले सेवों के भक्ष्य भाग में (कैल्सियम पेक्टेट के रूप में) 0.14 से 0.96 प्रतिशत पेक्टिन होती है। गूदे की अपेक्षा छिलके में पेक्टिन का उच्च परिमाण होता है। फल के पकने के दौरान प्रोटोपेक्टिन घुलनशील पेक्टिन में बदल जाती है। सेव की पेक्टिन में यूरोनिक अम्ल 0.5 से 15 प्रतिशत होती है।

ताज़े सेवों के खाने योग्य भाग में ये विटामिनें होती हैं : थिआमीन 0.12, रिबोफ़्लेविन 0.03, निआसिन 0.2 और एस्कौर्बिक अम्ल प्रति 100 ग्राम में 2 मिलीग्राम; कैरोटीन, पैण्टोथीनिक अम्ल, पीरिडोक्सीन, बायोटिन, इनोसिटोल और फ़ौलिक अम्ल अल्प परिमाण में होते हैं।

फल में मुख्य अम्ल मैलिक अम्ल है। यह कुल अम्लों का 90 से 95 प्रतिशत होता है। इसमें सिट्रिक, लैक्टिक और सुक्किनिक अम्ल भी पाये जाते हैं। छिलके में शिकिमिक अम्ल होता है। फल पकने के साथ इसकी मात्रा बढ़ जाती है।

सेवों की सतह पर मोम-सदृश परत ईथर में घुलनशील है। इसमें उर्सोलिक अम्ल, एक तैलीय घटक (आयोडीन मान 80 से 140) और एक मोम सदृश घटक

होता है। फल के पकने और भण्डारण की अवधि में उर्सोलिक अम्ल की तुलना में तैलीय घटक अधिक द्रुत गति से बढ़ता है। इसमें वसीय अम्ल सत्तर से पिचासी प्रतिशत और साबुन न बनने योग्य पदार्थ पन्द्रह से तीस प्रतिशत होता है।

सेव की छीलनों के जलीय आसुतों के ईथर निष्कर्षण द्वारा 0.0035 प्रतिशत आपीत, कुछ-कुछ चिपचिपा, उड़नशील तेल प्राप्त होता है। इसमें ताज़े सेव की सुगन्ध होती है।

सेव के कसैले पदार्थों में टैनिन, टैनिन के संजात (derivatives) और रञ्जक पदार्थ (फ़्लेवोन्स flavones) होते हैं। हरे फलों में टैनिनों की प्रचुरता होती है। पेड़ पर फलों के पकने के साथ-साथ ये शीघ्रता से कम हो जाते हैं। सेव की कतरनें हवा लगने पर भूरी पड़ जाती हैं, यह टैनिन यौगिकों (tannin compounds) के विकर अम्लजिदीभवन (enzymic oxidation) से होता है। फल में कसैले पदार्थों, शर्कराओं और अम्लों के सापेक्ष्य अनुपात पर उसके स्वाद की उत्कृष्टता निर्भर करती है।

अपक्व सेवों के छिलकों का हरा रंग क्लोरोफ़िल (पर्ण हरित) के कारण होता है। पेड़ पर फल पकने के साथ रंग बदलकर पीला या लाल दोनों रंग का हो जाता है। शर्कराओं का परिमाण, पत्तों तथा फलों का अनुपात, धूप और सिंचाई — सबका पीले तथा लाल रञ्जकों के निर्माण पर प्रभाव पड़ता है।

सेव में पोटाशियम अच्छे परिमाण में होता है। ताज़े सेवों के भक्ष्य भाग के प्रति 100 ग्राम में कैल्सियम 6, मैग्नीशियम 6, पोटाशियम 111, सोडियम 2, फ़ौस्फ़ोरस 11, क्लोरीन 4, गन्धक 5 और लोहा 0.3 मिलीग्राम होते हैं। खनिज पदार्थ मनुष्य के पोषण के लिए उपयोगी हैं।

बीज

सेव से विविध पदार्थ बनाने की प्रक्रिया में संयन्त्रों से उपोत्पाद (by product) रूप में बीज प्राप्त होते हैं। इनमें 0.62 से 1.38 प्रतिशत एमिण्डलीन होता है। इनमें से चमकीला पीला, अंशतः सूखने वाला, कड़वे बादामों की गन्ध वाला, 0.62 से 1.38 प्रतिशत तेल निकलता है।

सेव के उत्पाद

निर्जलित (dehydrated) सेवों में आर्द्रता 3 प्रतिशत या कम होती है। इनका पाउडर बनाया जाता है। सेव को गोल छल्लों में काटकर या उसके छोटे टुकड़े काटकर सुखा लिया जाता है। बाज़ार में ये मिलते हैं। बेकरियों में सूखे सेवों का उपयोग किया जाता है।

निर्जलित उत्पाद में पानी 1.6, प्रोटीन 1.4, वसा 1.0, सकल कार्बोहाइड्रेट्स 90.1, रेशे 3.8 और राख 2.0 प्रतिशत होते हैं। प्रति 100 ग्राम में कैल्सियम 24, फ़ौस्फ़ोरस 42 और लोहा 4.1 मिलीग्राम होता है। प्रति 100 ग्राम में एस्कौर्बिक अम्ल 9, थिआमीन 8.02, रिबोफ़्लेविन 0.04 और निआसिन 0.5 मिलीग्राम होते हैं।

सेव का रस

पके और स्वस्थ फलों से रस निकाला जाता है। एक टन फलों से 695 से 810 लिटर रस निकल आता है। उत्कृष्ट स्वाद वाला रस तैयार करने के लिए सेव की मिली-जुली अनेक क़िस्मों से रस निकाला जाता है।

सेव का ताज़ा रस ऐम्बर रंग का द्रव होता है। रस का स्वाद मृदु और नाज़ुक होता है। कुल्लू में उगाये गये 19 प्रकार के सेवों से निकाले रसों में अम्लता (मैलिक अम्ल के रूप में) 0.02 से 0.08 प्रतिशत और टैनिन 0.021 से 0.080 प्रतिशत होते हैं। बाल्डबिन सेवों के ताज़े रस में 11.06 प्रतिशत सकल शर्कराएं होती हैं।

सेव का रस लोकप्रिय पेय है। इसके कम तापमान पर फल रस के वाष्पीकरण द्वारा सेव रस के सान्द्र (concentrates) तैयार किए जाते हैं। ये फलों के पेय, जैम और जेली बनाने के काम आते हैं। अम्ल रहित रस के सान्द्र से सेव के सीरप पेय, आइसक्रीम, कैण्डी और बेकरी के उत्पाद बनाए जाते हैं।

सेव का आसव

सेव-रस के एल्कौहलिक फ़र्मेण्टेशन से आसव बनाया जाता है। इसमें 0.5 से 8 प्रतिशत (औसत 5.5 प्रतिशत) एल्कौहल होती है।

सेव की शराब

एल्कौहल और शर्करा के परिमाण के आधार पर सेव की शराबों का वर्गीकरण किया जाता है। जिन शराबों में 14 प्रतिशत से अधिक एल्कौहल नहीं होती वो सेव रस और चीनी के मिश्रण को फ़र्मेण्ट करके बनाई जाती हैं। एल्कौहल के उच्च परिमाण वाली शराबें सेव की बराण्डी मिलाकर बनाई जाती है। इसे छानकर दो-तीन महीने तक टंकियों में या लकड़ी के पीपों (casks) में रख छोड़ते हैं। इसके लिए बांज की लकड़ी के पीपे (oakcasks) अधिक अच्छे रहते हैं। भण्डारण से यह परिपक्व, मृदु, स्वाद वाली और प्रिय सुगन्ध वाली बन जाती है।

सेव की बरांडी

सेव के स्वच्छ आसव को भभके में आसुत करके बनाई जाती है। पहले आसवन में प्राप्त उत्पाद में लगभग 30 प्रतिशत एल्कौहल होती है। इसे फिर आसुत करके 55 से 67 प्रतिशत वाली बराण्डी प्राप्त कर लेते हैं। निरन्तर आसवन से 95 प्रतिशत एल्कौहल वाली अतिपरिशोधित (high-proof) बरांडियां प्राप्त कर ली जाती हैं। सेव के कचरे से और फ़ालतू सेवों से औद्योगिक एल्कौहल बनाई जाती है।

सेव का मुरब्बा

फलों का छीलकर और बीच के कठोर रेशे वाले भाग को तथा बीजों को निकालकर टुकड़े कर लिए जाते हैं। इन्हें सोडियम सल्फ़ेट वाले पानी में पकाते हैं। फिर चूने के पानी में भिगोते हैं या फिटकरी मिलाते हैं जिससे ये दृढ हो जायें। टुकड़ों में सब जगह कांटे से छिद्र कर देते हैं। इन्हें ज़रा-सा सिट्रिक अम्ल मिली चाशनी में पका लेते हैं

चालीस सप्ताह स्टोर करने के बाद मुरब्बे के एक नमूने के टुकड़ों का संघटन इस प्रकार था : आर्द्रता 27.88, ईथर निष्कर्ष 0.12, प्रोटीन 0.09, अम्लता (सिट्रिक अम्ल के रूप में) 0.13, रिड्यूसिंग शर्कराएं (इन्वर्ट शूगर के रूप में) 32.62, सकल शर्कराएं (इन्वर्ट शूगर के रूप में) 64.00, अपरिष्कृत रेशे 0.64 और राख 0.25 प्रतिशत। प्रति 100 ग्राम में कैल्सियम 130.80, फ़ौस्फ़ोरस 6.14 और लोहा 2.80 मिलीग्राम। इस मुरब्बे की चाशनी का संघटन है : आर्द्रता 27.58, ईथर निष्कर्ष 0.04, प्रोटीन 0.02, अम्लता (सिट्रिक अम्ल के रूप में)

0.13, रिड्यूसिंग शर्कराएं (इन्वर्ट शूगर के रूप में) 32.51; सकल शर्कराएं (इन्वर्ट शूगर के रूप में) 65.52, अपरिष्कृत रेशे 0.17 और राख 0.29 प्रतिशत।

फल का अवशेष

सेव के उत्पाद बनाने के दौरान फल का छिलका तथा मध्य भाग कचरे के रूप में प्राप्त होते हैं। ये पेक्टिन बनाने तथा पशु आहार के लिए काम आते हैं। सुखाकर रखे हुए फलशेष वर्षों तक स्टोर किए जा सकते हैं, ये सड़ते नहीं। सूखे फलशेषों में आर्द्रता 11.0 से 12.5, नत्रजनमुक्त निष्कर्ष 54.57 से 59.29, पेक्टिन 15.0–18.0, अपरिष्कृत रेशे 15.35 से 20.55, प्रोटीन 4.45 से 5.67, वसा (ईथर निष्कर्ष) 3.75 से 4.65 और राख 2.11 से 3.50 प्रतिशत होती है। पशुओं को साइलों में सुरक्षित रखा हुआ फलशेष भी खिलाया जाता है। सूखे फलशेष में आर्द्रता 10.5, प्रोटीन 4.3, पचने योग्य प्रोटीन 1.6 और सकल पचनशील पोषक पदार्थ 64.5 प्रतिशत होते हैं। साइलों में रखे फलशेष में आर्द्रता 79.1, प्रोटीन 1.6, पचनशील प्रोटीन 0.6 और सकल पचनशील पोषक पदार्थ 14.3 प्रतिशत होते हैं। दुधारू गायों को दूध निकालने के बाद साइलेज खिलाया जाता है जिससे दूध में उसकी गन्ध न आ जाये।

पैंसठ

स्ट्रौबेरी

फ्रागारिआ किलेन्सिस डूखेस्ने
Fragaria chilensis Duchesne
कुल : रोसासी Rosaceae

इसे अंग्रेज़ी में गार्डन स्ट्रौबेरी (garden strawberry) और संस्कृत में तृण बदरी कहते हैं।

मज़बूत, भूस्तारियों से उगने वाला (stoloniferous) पौधा, सर्पणशील लम्बे काण्डों से जड़ें छोड़ता है। पत्ते स्थूल, कुण्ठ दांतों वाले, नीले-हरे, ऊपरी पृष्ठ कमोबेश चमकीला, निचला पृष्ठ हलके रंग का; फूल सफ़ेद, छोटे गुच्छों में लगते हैं। फल भिन्न-भिन्न आकृति के, ख़ासे बड़े, क़रीब तीन सेण्टीमीटर लम्बे, लाल रंग के।

अनेक नस्लों का संयोग

बगीचे की स्ट्रौबेरी वनस्पतिशास्त्र की दृष्टि से यद्यपि अन्य जातियों की अपेक्षा *फ्रागारिआ किलेन्सिस* के अधिक समीप है, किन्तु यह वर्णसंकर की उपज है और अनेक नस्लों के संयोग से बनी है। इनके फल आकार, आकृति, स्वाद, गन्ध में भिन्न-भिन्न प्रकार के होते हैं। इनके पौधे अनेक प्रकार की भूमियों और जलवायुओं में उगते हैं। वे कई तरह के नाशक कीड़ों और बीमारियों का मुक़ाबला कर लेते हैं।

भारत में स्ट्रौबेरी ऊंची जगहों की फ़सल है। इसकी खेती कश्मीर के कुछ भागों में, पंजाब, उत्तर प्रदेश, मुम्बई, चेन्नई और मैसूर में सीमित है। यह कुछ हद तक पहाड़ों के निचले प्रदेशों में भी उगाई जाती है। लेकिन वहां के फल घटिया होते हैं। स्ट्रौबेरी पैदा करने वाले प्रमुख इलाक़े हैं : कश्मीर में श्रीनगर, गुलमर्ग तथा टनमर्ग; पंजाब में जालन्धर एवं गुरदासपुर ज़िले; उत्तर प्रदेश में मेरठ, मुज़फ़्फ़रनगर, स्हारनपुर, देहरादून तथा फ़ैज़ाबाद ज़िले; उत्तरांचल में नैनीताल, मुम्बई में महाबलेश्वर और तमिलनाडु में नीलगिरि पहाड़ियां।

कृषि

हलकी रेतीली से लेकर भारी दुमट–अनेक प्रकार की भूमियों में स्ट्रौबेरी उगाई जा सकती है। इसे उगाने के लिए उपजाऊ, भंगुर भूमि सर्वोत्तम मानी जाती है जिसके नीचे की भूमि में आर्द्रता को धारण करने की क्षमता हो।

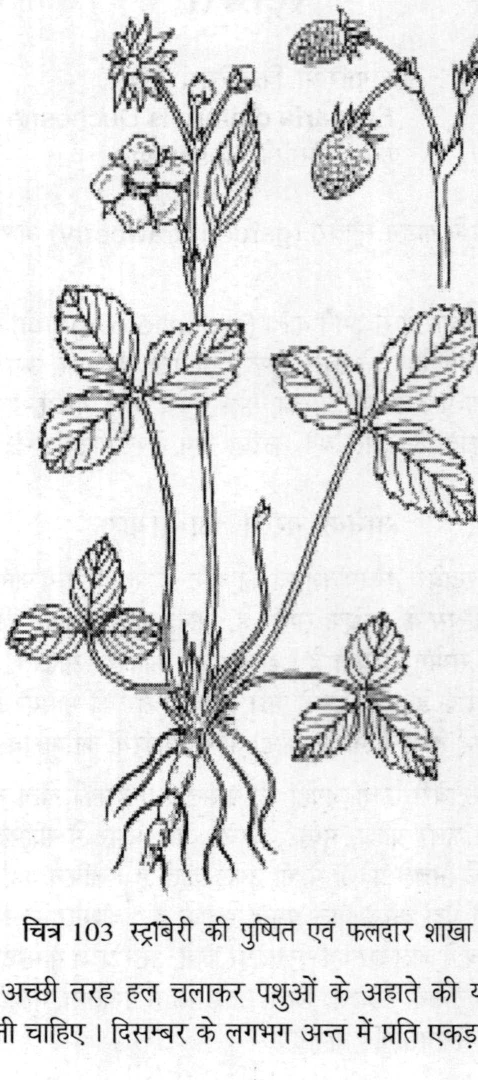

चित्र 103 स्ट्राबेरी की पुष्पित एवं फलदार शाखा

भूमि में अच्छी तरह हल चलाकर पशुओं के अहाते की या कूड़े की खाद भरपूर डाल देनी चाहिए। दिसम्बर के लगभग अन्त में प्रति एकड़ 170 किलोग्राम

हड्डियों का चूरा डालने से फल का आकार बड़ा और स्वाद उन्नत हो जाता है।

स्ट्रौबेरी यद्यपि बहुवर्षायु पौधा है, लेकिन भारत में वर्षजीवी के रूप में खेती किया जाता है। यह बीजों; विभाजनों (splits) या भूस्तारियों (runners) से उगाया जाता है, औद्योगिक कृषि में बीजों के बजाय भूस्तरियों से पौधे उगाए जाते हैं, क्योंकि बीजो से पैदा हुए पौधों पर फल आने में अधिक समय लगता है।

प्रमाणित उत्कृष्ट गुणों की सन्तति (strains) वाले पौधों को बढ़ाने के लिए विभाजन पद्धति अपनाई जाती है। नीलगिरि पहाड़ियों में की गई परीक्षाओं से पता चलता है कि भूस्तारियों की बजाय विभाजनों से पैदा किए पौधे बढ़िया रहते हैं।

प्रमाणित उत्कृष्ट फल पैदा करने वाले पौधों की भूस्तारियों को तय्यार क्यारियों में पच्चीस से तीस सेण्टीमीटर के फ़ासले पर पंक्तियों में बोते हैं। पंक्तियों के बीच की दूरी साठ से नब्बे सेण्टीमीटर रखते हैं। एक एकड़ में रोपने के लिए क़रीब 20,000 से 24,000 पौधों की ज़रूरत होती है। पहाड़ों में रोपने का समय फ़रवरी से मई तक और मैदानों में सितम्बर से दिसम्बर तक है।

पौधों की वृद्धि और फल धारण के समय भलीभांति सिंचाई करना लाभदायक होता है। जिन भूमियों में पानी के जमाव का अन्देशा हो वहां ऊंची मेड़ों पर पौधे बोने चाहिए। बार-बार निराई करके खरपतवार निकालना ज़रूरी है। भूस्तारियों को समय-समय पर निकाल देना चाहिए अथवा उनकी संख्या सीमित कर देनी चाहिए जिससे सारी शक्ति ज़ोरदार वृद्धि और फल उत्पादन में लग जाए।

फूलना और फलना शुरू होने पर पौधों को सूखी घास, पुराल अथवा पत्तों से ढक देते हैं। इससे एक लाभ यह है कि कुछ हद तक भूमि की नमी परिरक्षित रहती है और दूसरा लाभ यह है कि फल ज़मीन के सम्पर्क में नहीं आते। एक एकड़ के लिए लगभग 114 किलोग्राम घास-पात की ज़रूरत होती है।

विभिन्न इलाक़ों में फल तोड़ने का समय अलग-अलग है। दक्षिण भारत में फ़रवरी से जुलाई तक फल तोड़ने योग्य हो जाते हैं। महाबलेश्वर में फल तोड़ने का समय मार्च से जून और पंजाब में मई-जून है।

वृद्धि की किस अवस्था में फल तोड़े जाएं यह इस बात पर निर्भर करता है कि उनकी किस प्रयोजन के लिए ज़रूरत है। डेज़र्ट के रूप में तुरन्त खाए जाने हों तो सारे फल के ऊपर लाल रंग आ जाने पर तोड़ते हैं। यदि दूर के बाज़ारों के लिए ढुलाई करके पहुंचाने हों तो फल का कुछ भाग हरा हो तब तोड़ने चाहिए।

आमतौर पर हाथों से एक-एक फल तोड़ते हैं। फल के साथ पुष्पकोश और ज़रा-से डण्ठल को काटते हैं और सीधा बांस की खपच्चियों से बनी टोकरी में रख देते हैं। इसके अन्दर पत्तों या मुलायम घास की तह बिछी रहती है। फल अधिक देर तक स्वस्थ नहीं बने रहते और अक्सर उत्पादन के स्थान के समीप वाले बाज़ारों में खप जाते हैं। शीत संग्रहागारों में बत्तीस अंश फ़ार्नहाइट के तापमान पर यह सात से दस दिन तक रखे जा सकते हैं। इसके बाद इनका रंग एवं स्वाद ख़राब होने लगता है और ये सिकुड़ने लगते हैं। चालीस डिग्री फ़ार्नहाइट तापमान के ऊपर फलों पर फफूंद के आक्रमण का अन्देशा रहता है।

675 किलोग्राम पैदावार

भूमि की अवस्थाएं, जलवायु तथा किस प्रकार की खेती की गई है, इन बातों पर फलों की पैदावार कम-अधिक हो सकती है। उत्तर प्रदेश और कश्मीर में प्रति एकड़ 180 से 270 किलोग्राम फलों की पैदावार हो जाती है। मुम्बई में प्रति एकड़ 540 से 675 किलोग्राम पैदावार का रिकौर्ड है।

भारत में स्ट्रौबेरी पर नाशीकीटों (pests) द्वारा या गम्भीर रोगों द्वारा हानि नहीं होती। कभी-कभी पौधों पर गेरवा (rust) और विषाणु का आक्रमण देखा जाता है जिससे पत्ते छोटे रह जाते हैं और उनके किनारे पीले पड़ जाते हैं। प्रभावित पौधों को निकालकर जला देना चाहिए। स्ट्रौबेरी के नाशीकीट हैं : द्रु-यूका (aphids), वरूथी (mites) एवं घुन (weevils)।

स्ट्रौबेरी की उपज में अच्छा मुनाफ़ा लेना हो तो खेती के लिए अच्छे पले हुए स्वस्थ पौधे बोने चाहिए, कीटनाशकों तथा फफूंदमारों के गीले छिड़कावों, पाउडरों या वाष्पों की बौछारों के समय पर प्रयोग जैसे रक्षक उपाय अपनाने चाहिए। पकते हुए फल पक्षियों और गिलहरियों को आकृष्ट करते हैं। उनसे बचाने के लिए रखवाली करना ज़रूरी है।

उपयोग

पकी स्ट्रौबेरी का रंग चमकीला लाल होता है। गूदा मीठा-सा एवं मुलायम होता है जो मुंह में घुल जाता है। ये डेज़र्ट के रूप में पसन्द किए जाते हैं। ये आहार की उपयोगिता की दृष्टि से इतने नहीं खाए जाते जितने बढ़िया स्वाद के लिए।

अमेरिका में बड़े परिमाण में फल चीनी के साथ, सबूते या काटकर जमा देते हैं। इनसे जैम, जेलियां, सीरप या अन्य परिरक्षित पदार्थ बनाए जाते हैं। इनकी डिब्बाबन्दी की जाती है। सोडे के पेयों तथा आईस-क्रीमों में फेंटे हुए फल तथा फलों का सीरप मिलाया जाता है। कुचले हुए फलों या रस में चीनी मिलाकर, खमीर (yeast) के बग़ैर या खमीर मिलाकर, फ़र्मेंट करके शराब बनाते हैं।

विश्लेषण

भारतीय स्ट्रौबेरी के ताज़े फल का विश्लेषण निम्नलिखित है : आर्द्रता 87.8, प्रोटीन 0.7, ईथर निष्कर्ष 0.2, खनिज पदार्थ 0.4, रेशे 1.1, कार्बोहाइड्रेट्स 9.8, कैल्सियम 0.03 और फ़ौस्फ़ोरस 0.03 प्रतिशत। प्रति 100 ग्राम में लोहा 1.8 मिलीग्राम, विटामिन सी 52 मिलीग्राम और निकोटीनिक अम्ल 0.2 मिलीग्राम। विटामिन ए अत्यल्प।

सन्तरे या निम्बू से इसमें विटामिन सी अधिक होती है। प्रति 100 ग्राम में 50 से 90 मिलीग्राम तक मिल जाती है। बढ़िया स्वाद-सुगन्ध वाले ताज़े फलों में विटामिन सी का परिमाण विशेष रूप से ऊंचा होता है। परिरक्षित फलों में इसका अधिक भाग नष्ट हो जाता है।

स्ट्रौबेरियों में अधिकतर प्रह्लासी (reducing) शर्कराएं पाई जाती हैं। विलेय ठोस पदार्थों के कुल परिमाण का 70 से 80 प्रतिशत और कुल ठोस पदार्थों का 50 प्रतिशत होती है।

स्ट्रौबेरियों में कैल्सियम पेक्टेट के रूप में 0.54 प्रतिशत पेक्टिन, जैविक अम्ल (मुख्यतया सिट्रिक और मेलिक) 0.7 से 1.6 प्रतिशत, लेसिथीन 0.062 प्रतिशत और कैटेचोल पाए जाते हैं। पेक्टिन में जेली बनाने का गुण कम होता है।

फल के खनिज घटक ये हैं : ताज़े पदार्थ के प्रति 100 ग्राम में तांबा 0.02 मिलीग्राम और सूखे फल के प्रति 100 ग्राम में आयोडीन 15.7 से 23.0।

फल में जो सुवास और सुस्वाद होता है वह उड़नशील एस्टरों (esters) के कारण होता है। आसवित रेसों में सेलीसिलिक अम्ल बहुधा मिल जाता है।

स्ट्रौबेरी के रस में कुल ठोस पदार्थ 7.71, सिट्रिक रूप में अम्ल 0.71, अपवृत्त शर्करा (invert sugar) 4.46, सूक्रोज़ 0.24, टैनिन 0.13 और राख 0.43 प्रतिशत होती है।

स्ट्रौबेरी के जैम और सीरप बनाने में बचे हुए फोक में 19 प्रतिशत शोषण-तैल (drying oil) निकलता है। इसका साबुनीकरण मान 193.7, आयोडीन मान 180.3 है। तेल में ये वसीय अम्ल होते हैं : लिनोलेइक 81 और लिनोलेनिक तथा ओलेइक 10.5 प्रतिशत।

पत्तों में एस्कौर्बिक अम्ल प्रति 100 ग्राम में 319 से 435 मिलीग्राम, पोटाशियम के लवण 1.34 से 2.25 प्रतिशत आर्बुटिन और टैनिन पाए जाते हैं। वाष्प आसवन से निम्बू की तेज़ गन्ध वाला तेल निकलता है जो सिट्राल की उपस्थिति का संकेत करता है।

विविध भाषाओं और स्थानों में नाम

संकेत

अ.	अरबी	ते.	तेलुगु	म.	मराठी
अफ़.	अफ़ग़ानिस्तान	ने.	नेपाल	मल.	मलयालम
असमी.	असमिया	पं.	पंजाब	मु.	मुम्बई
उ.	उड़िया	प्रा.	प्राकृत	राज.	राजस्थान
क.	कन्नड़	फ़ा.	फ़ारसी	सं.	संस्कृत
गु.	गुजराती	बं.	बंगाली	हि.	हिन्दी
त.	तमिल				

अ

अकपममगज़ *अ.* अख़रोट 9

अकोट *त.* अख़रोट 10

अंकोठ *सं.* चिलगोजा 279

अकोड *पं., प्रा.* अख़रोट 10

अकोलफलसंकाश *सं.* चिलगोजा 279

अक्रोड *मल.* अख़रोट 10

अक्षोट *सं., हि.* अख़रोट 10, 11, 12

अक्षोड *सं.* अख़रोट 11

अक्षोलमु *ते.* अख़रोट 10

अख़रोट *हि.* 9

अख़रोड *गु.* अख़रोट 9

अखोड *गु.* अख़रोट 9

अंगूर *हि.* 18

अंगूरफल *ब.* अंगूर 19

अंगूरा *क.* अंगूर 19

अंगूरो *उ.* अंगूर 19

अजप्रिया *सं.* बेर 429

अंजीर *गु., बं., म., हि.* 29, 32

अझुदचक्का *मल.* अनानास 48

अञ्जीर *सं.* अंजीर 33

अञ्जूरु *क.* अंजीर 32

अञ्जूरु *ते.* अंजीर 33

अण्डिपाराप्पु *मल.* काजू 195

अतकातल *असमी.* शरीफ़ा 458

अता *ब.* शरीफ़ा 459

अतिसौरभ *सं.* आम 85, 87

अतो *उ.* शरीफ़ा 458

अत्तिचक्का *मल.* शरीफ़ा 459

अथ *कोंकण*. शरीफ़ा 459
अद्वाउबोर्ड़ी *गु*. झड़बेर 312
अदवीमामिडि *ते*. आमड़ा 100
अधःपुट *सं*. प्याल 381
अनन्नास *हि*. अनानास 48
अनरश *बं*. अनानास 48
अनाटी *ते*. केला 211
अनानास *असमी., गु., म., हि*. 46,48
अनानासाहन्नु *क*. अनानास 48
अनार *हि*. 52
अनाशप्पाझाम (फल) *त*. अनानास 48
अनासचेट्टु (पौधा) *ते*. अनानास 48
अनासपंडु (फल) *ते*. अनानास 48
अन्बाड़ा *म*. आमड़ा 101
अफोट *बं*. अख़रोट 10
अंबली *हि*. इमली 149
अंभःफल *सं*. नाशपाती 350
अमतेकये *क*. आमड़ा 100
अमर *असमी*. आमड़ा 100
अमरातको *उ*. आमड़ा 100
अमरूद *हि*. 64, 65
अमरेङ्गा *गारो*. कमरख 182
अमलम *मल*. इमली 149
अमलोक *हि*. 70
अमिलम *त*. इमली 149
अमिलम *त*. इमली 149
अमृतफल *सं*. आंवल 116, 118
अमृतफला *सं*. आंवला 116, 118
अमृतरसा *सं*. अंगूर 20, 21
अमृता *सं*. आंवला 116, 118
अमृताह्व *सं*. ख़रबूजा 248
अमृताह्व *सं*. नाशपाती 350
अमृतोद्भवा *सं*. आंवला 116, 118
अम्ब *म*. आमड़ा 101
अम्बझम *मल*. आमड़ा 101
अम्बट्टेमार *क*. आमड़ा 100
अम्बरु *मुण्डारी*. आमड़ा 101
अम्बाड़ा *पं*. आमड़ा 101
अम्बुला *उ*. आमड़ा 100
अम्बुसारा *सं*. केला 213
अम्लफल *सं*. आम 85, 87
अम्लफल *सं*. प्याल 381, 383
अम्लवाटक *सं*. आमड़ा 101, 102
अम्ला *सं*. इमली 150
अम्लाई *पं*. उन्नाव 161
अम्लिका *सं*. इमली 150
अम्ली *सं*. इमली 150
अम्लीका *सं*. इमली 150
अरबारु *मुण्डारी*. आमड़ा 101
अरानी *ते*. केला 211
अरिमेद *सं*. विल्व 416, 417
अलिप्रिया *सं*. कठजामुन 178, 179

अलूचा *गु., बं.* आलू बुखारा 107
अल्पक *सं.* कठजामुन 178, 179
अल्पास्थि *सं.* फ़ालसा 391
अवपुट *सं.* प्याल 382
अंवली *बं.* इमली 149
अविग्न *सं.* करौंदा 190, 191
अंशुमतीफला *सं.* केला 213
अंशुमत्फला *सं.* केला 213
अश्वचिबुक *सं.* खिरनी 253, 254
असितानन *सं.* बिल्व 416, 417

आ

आक्षोडक *सं.* अख़रोट 11
आख़रोट *बं.* अख़रोट 10
आखोट *क.* अख़रोट 9
आड़ू *हि.* 72
आपनस *सं.* अनानास 48
आंब्ली *गु.* इमली 149
आम *हि.* 80
आमड़ा *हि.* 99
आमड़ो *उ.* आमड़ा 100
आमना *बं.* आमड़ा 101
आमरा *बं.* आमड़ा 101
आमलक *सं.* आंवला 116, 118
आमलकी *असमी., बं.* आंवला 114
आमलकी *सं.* आंवला 116, 117, 118
आमलज़ *अ.* आंवला 114
आमला *फ़ा.* आंवला 114
आम्बला *गु.* आंवला 114
आम्ब्र *बं.* आमड़ा 101
आम्र *ने.* आम 100
आम्र *सं.* आमड़ा 100
आम्रतेंगा *असमी.* आमड़ा 100
आम्रवट *सं.* आमड़ा 102
आम्रात *सं.* आमड़ा 102
आम्रातक *सं.* आमड़ा 102
आम्ली *क., गु.* इमली 149
आयतच्छदा *सं.* केला 213
आरुक *सं.* आड़ू 73
आलूक *सं.* आलूबुखारा 107
आलूबुखारा *हि.* 106
आवला *म.* आंवला 114
आंवला *हि.* 108
आविग्न *सं.* करौंदा 190, 191

इ

इमली *हि.* 147
इम्बली *पं.* इमली 149
इरापल *त.* बड़हर 403
इलांजी *क.* बेर 429
इलांदाई *त.* बेर 429
इलेन्था *मल.* बेर 429

इल्लादु *त.* बेर 429
इवुरुमामिडि *ते.* आमड़ा 100

उ

उच्चतरु *सं.* नारियल 329, 330
उत्तरा *सं.* अंगूर 20, 21
उनाब *मु.* उन्नाव 161
उन्नाव *हि.* 161
उपवट *सं.* प्याल 382
उप्पस् *अफ़.* अख़रोट 9
उरुस्तम्भा *सं.* केला 213, 214
उशीरपत्री *सं.* कठजामुन 178, 179

ए

एट्टाजामा *ते.* अमरूद 65
एरण्ड कर्कटी *सं.* पपीता 359
एलवालुक *सं.* चेरी 288
एवोकाडो *हि.* 164
एसुलुहुली *क.* बड़हर 403

ऐ

ऐरावत *सं.* सन्तरा 476

ओ

ओंचीटे फल *मल.* चाल्ता 272
ओट *हि.* चाल्ता 272
ओट्टिपिलु *त.* बड़हर 403
ओर्ची ते झाड़ *मल.* चाल्ता 272
ओर्टफल *गु.* चाल्ता 272

औ

औतेंगा *असमी.* चाल्ता 272

क

कटमारा *त.* आमड़ा 100
कट्टुपिलवु *मल.* बड़हर 403
कठजामुन *सं., हि.* 177
कठभिलावा *उत्तर प्रदेश* प्याल 380
कण्टक *सं.* बिल्व 416, 417
कण्टकी *सं.* बिल्व 416, 418
कण्डीका *हि.* उन्नाव 161
कण्डीयारी *हि.* उन्नाव 161
कताम्बोलम *मल.* आमड़ा 101
कंदराल *सं.* अख़रोट 11
कदली *सं.* केला 211, 213
कन्दलाभ *सं.* अख़रोट 11
कपि *सं.* आमड़ा 102
कपिक्षीर *सं.* आमड़ा 102
कपिचूत *सं.* आमड़ा 102
कपिप्रिय *सं.* आमड़ा 102
कपिलफला *सं.* अंगूर 20
कपिला *सं.* अंगूर 20, 21
कपीतन *सं.* आमड़ा 102, 103
कपिसाढ्य *सं.* आमड़ा 102
कपीष्ट *सं.* खिरनी 253, 254

कप्पांग *मल.* पपीता 359

कप्पालम *मल.* पपीता 359

कमरक *बं.* कमरख 182

कमरख *मं.* कमरख 182

कमरङ्ग *बं.* कमरख 182

कमराक्षी *क.* कमरख 182

कमला *असमी., त.* सन्तरा 474

कमला पंडु *ते.* सन्तरा 475

कमला लेबू *बं.* सन्तरा 475

कमारक-करमेल *ते.* कमरख 182

कम्मरिगु *ते.* बड़हर 403

करइक्काय *त.* करौंदा 189

करक *सं.* अनार 56, 57

करक्का *उ.* करौंदा 189

करक्का *मल.* करौंदा 189

करमचा *बं.* करौंदा 189

करमदा *गु.* करौंदा 189

करम बेल *गु.* चाल्ता 272

करमबेल *म.* चाल्ता 272

करमर्द *सं.* करौंदा 190, 191

करमर्दक *सं.* करौंदा 190, 191

करमर्दिका *सं.* करौंदा 190, 191

करमर्दी *सं.* करौंदा 190, 191

करमल *गु.* चाल्ता 272

करमल *म., हि.* कमरख 272

करवंद *मं., मल.* करौंदा 189

करवंदे *म.* करौंदा 189

करवन्दे *त., ते.* करौंदा 189

कराम्ल *सं.* करौंदा 190, 191

करिजिगे *क.* करौंदा 189

करिमपोलम *मल.* सिंघाड़ा 482

करुम्बोजा *ते.* तरबूज़ 316

करेकायी *क.* करौंदा 189

करौंदा *सं.* 188

कर्कट *सं.* बिल्व 416, 418

कर्कटाह्व *सं.* बिल्व 416, 418

कर्कटिका *सं.* फूट 395

कर्कन्धाउ *ते.* बेर 429

कर्कन्धु *सं.* बेर 429

कर्णफल *सं.* चाल्ता 273

कर्ना *मल.* गलगल 261

कर्पराल *सं.* अख़रोट 11

कर्मर *सं.* कमरख 182, 183, 184

कर्मरक *सं.* कमरख 183, 184

कर्मरङ्ग *सं.* कमरख 183, 184

कर्मरङ्गक *सं.* चाल्ता 273

कर्मरे *म.* कमरख 182

कर्मारक *सं.* कमरख 183, 184

कलक्के *त.* करौंदा 189

कलिङ्ग *सं.* तरबूज़ 316

कवसिंग *असमी.* अख़रोट 9

काकजम्बू *सं.* कठजामुन 178, 179

काकनीला *सं.* कठजामुन 178, 179

काकप्रिया *सं.* कठजामुन 178, 179

काकफला *सं.* कठजामुन 178, 179

काकवल्लभा *सं.* कठजामुन 178, 179

काजू *हि.* 194

काजू चेबी *म.* काजू 195

काजूतक *सं.* काजू 195

कादामते *क.* आमड़ा 100

कानुफला *सं.* केला 213

कामवल्लभ *सं.* आम 85, 87

कामशर *सं.* आम 85, 87

कामाङ्ग *सं.* आम 85, 87

कालाजाम *ने., ब.* जामुन 296

कालीरसा *सं.* केला 213

काशुमावु *मल.* काजू 195

काश्मीरी *सं.* अंगूर 20, 21

काष्ठजम्बू *सं.* भूई जामुन 433

काष्ठलिका *सं.* केला 213

काष्ठीरसा *सं.* केला 213

किट्टाले *क.* सन्तरा 474

कीट्टीले *क.* मुसम्बी 436

कित्नी *कश्मीर.* उन्नाव 161

किशमिश *व्यापारिक नाम* अंगूर 19

किसमिस *व्यापारिक नाम* अंगूर 19

कीरेष्ट *सं.* अख़रोट 11

कीरेष्ट *सं.* आम 85, 87

किनू *हि.* 206

कीवी *हि.* 207

कुआला *सं.* बेर 429

कुचफल *सं.* अनार 56, 57

कुट्टिम *सं.* अनार 56, 57

कुबयकम *ते.* सिंघाड़ा 482

कुमारिका *सं.* जामुन 309, 310

कुश *लद्दाखी* सेव 487

कुशुनन्दी *मल.* काजू 195

कुश्मीयारु *हि.* खुमानी 258

कूर्ग कुड़गु औरेंज *त.* सन्तरा 475

कूर्चकेशर *सं.* नारियल 329, 330

कूर्चशीर्षक *सं.* नारियल 329, 330

कूर्चशेखर *सं.* नारियल 329, 330

कूल *बं.* बेर 429

कूवलम् *मल.* बिल्व 415

कृष्णपाकफल *सं.* करौंदा 190, 191

कृष्णफला *सं.* करौंदा 190, 191

कृष्णमुख *सं.* बिल्व 416, 418

केम्पु गीरा बीजा *क.* काजू 195

केला *हि.* 211

कैथा *मल.* अनानास 48

कोकिलबन्धु *सं.* आम 85, 87

कोकिलावास *सं.* आम 85, 87

कोकिलेष्टा *सं.* जामुन 309, 310

कोकिलोत्सव *सं.* आम 86, 87

कोकेड़ बेर *दिल्ली* झड़बेर 313
कोक्नी-बेर *पं.* झड़बेरी 313
कोड़िमुन्दिरि *त.* अंगूर 19
कोण्डामामिडि *ते.* आमड़ा 100
कोतामारा *त.* आमड़ा 100
कोन्या *उ.* इमली 149
कोट्या *त., मल.* अमरूद 65
कोरगोड़ी *त.* झड़बेर 312
कोरङ्गा *सं.* आंवला 116, 117
कोर्दोइ *असमी.* कमरख 182
कोल *सं.* आंवला 116, 117
कोवरिचेट्टु *ते.* नारियल 324
क्रमुक *सं.* शहतूत 470

क्ष

क्षत्रिय *सं.* खिरनी 253, 254
क्षीरफेना *सं.* करौंदा 190, 191
क्षीरवृक्ष *सं.* खिरनी 253, 254
क्षीरशुक्ल *सं.* खिरनी 253, 254
क्षीरशुक्लक *सं.* खिरनी 253, 254
क्षीरिका *सं.* खिरनी 253, 254
क्षीरी *सं.* खिरनी 253, 254
क्षुद्रजम्बू *सं.* कठजामुन 178, 179
क्षुद्रपनस *सं.* बड़हर 404
क्षुद्रफला *सं.* कठजामुन 178, 179
क्षेत्रचिर्भिटा *सं.* फूट 395

ख

खजूर *हि.* 235
खट्टा *हि.* गलगल 261
खद्रु *सं.* प्याल 382
ख़रबुज़ा *गु., प., सं.* ख़रबूज़ा 247, 248
खरबूजा *हि.* 247
खरमुज *बं., मं.* ख़रबूज़ा 247
खरस्कन्ध *सं.* प्याल 382
खर्बूज *सं.* ख़रबूजा 248
खर्बूजादोसा *ते.* ख़रबूजा 247
खिर खेजूर *बं.* खिरनी 252
खिरनी *गु., हि.* खिरनी 251, 252
खीरकुली *उ.* खिरनी 252
खीरी *उ.* खिरनी 252
खुबानी *हि.* खुमानी 258
खुमानी *हि.* 257
खेत्रबोर्ड़ी *गु.* झड़बेर 312

ग

गंगड़ *मं.* झड़बेर 313
गंगारीगु *ते.* बेर 429
गण्डगात्र *सं.* शरीफ़ा 459
गन्धगर्भ *सं.* बिल्व 416, 418
गन्धपत्र *सं.* बिल्व 416, 418
गन्धपत्र *सं.* सन्तरा 476

गन्धपत्रा *सं.* जामुन 309, 310
गन्धपल्लवा *सं.* कठजामुन 178, 179
गन्धफल *सं.* बिल्व 416, 418
गन्धाढ्य *सं.* सन्तरा 476, 477
गलकोजक *सं.* चिलगोजा 279
गलगल *हि.* 259
गाडियां *पं.* सिंघाड़ा 482
गिरिपीलु *सं.* फ़ालसा 391
गिलास *क.*, *हि.* चेरी 288
गुए *अण्डेमन* आमड़ा 100
गुच्छदन्तिका *सं.* केला 213
गुच्छफल *सं.* खिरनी 253, 254
गुडा *सं.* अंगूर 20, 22
गुडाशय *सं.* अख़रोट 11
गुच्छफला *सं.* केला 213, 214
गुड्डे हन्नु *क.* रसभरी 445
गुनोबेर *उत्तरांचल* चिलगोजा 278
गुरूस्कन्ध *सं.* खिरनी 253, 254
गूआच्ची *बं.* अमरूद 65
गूडामते *क.* आमड़ा 100
गेरा बीजा *क.* काजू 195
गोक्षुर *सं.* शहतूत 476
गोदुग्ध *सं.* फूट 395
गोरक्ष *सं.* सन्तरा 476, 477
गोरक्षकर्कटी *सं.* फूट 395
गोलयीजामुक *बं.* गुलाब जामुन 263
गोलापजाम *असमी.* गुलाब जामुन 263
गुलाबजाम *बं.* गुलाब जामुन 263
गोलाबजामली *उ.* गुलाब जामुन 263
गुलाब जामुन *हि.* 262
गुलाबजाम्ब *म.* गुलाब जामुन 263
गोस्तनी *मल.*, *सं.* अंगूर 19 ,20, 22
गोस्तनी द्राक्षा *त.*, *ते.* अंगूर 19
गोस्तोनी *उ.* अंगूर 19
गोहरीतकी *सं.* बिल्व 416, 418
ग्रन्थिनी *सं.* केला 213
ग्रन्थिफल *सं.* बड़हर 404
ग्रन्थिमत्फल *सं.* बड़हर 404
ग्रन्थिल *सं.* बिल्व 416, 418

घ

घटा *सं.* चकोतरा 268
घण्टालिका *सं.* चकोतरा 268, 269

च

चकी नीव *फ़ा.* चाल्ता 272
चकोतरा *हि.* 266
चकोत्रा *बं.* चकोतरा 267
चकोत्रु *गु.* चकोतरा 267
चक्का *मल.* अनानास 48
चण्डा *सं.* इमली 150
चतुर्पुली *मल.* कमरख 182
चनीबोर *मु.* झड़बेर 313

चन्यावोर *गु.* झड़बेर 312
चर्मण्वती *सं.* केला 213
चामा *असमी.* बड़हर 403
चार *सं.* प्याल 382, 383
चारक *सं.* प्याल 382, 383
चार मगाज़ *फ़ा.* अख़रोट 10
चारवारी *आन्ध्र प्रदेश* प्याल 380
चारी उ. प्याल 380
चारुफल *सं.* चिलगोजा 279
चारुफला *सं.* अंगूर 21, 22
चारू उ. प्याल 380
चारोलि *गु., पं., म.* प्याल 380
चार्तजग *फ़ा.* अख़रोट 10
चालता *हि.* चाल्ता 272
चालते *बं.* चाल्ता 272
चालिता *असमी.* चाल्ता 272
चाल्ता *हि.* 271
चिंच *गु.* इमली 149
चिचा *म.* इमली 149
चिञ्चा *सं.* इमली 150
चिञ्चिका *सं.* इमली 150
चिञ्ची *सं.* इमली 150
चित्रफला *सं.* फूट 395
चिन्ताचेट्टु *ते.* इमली 149
चिन्तापण्डु (फल) *ते.* इमली 149
चिरपुट *महाराष्ट्र* रसभरी 445
चिरबोटी *महाराष्ट्र* रसभरी 445
चिरवप्पप्पु *म.* सिंघाड़ा 482
चिरि *उत्तरांचल* चिलगोज़ा 278
चिरोंजी *पं.* प्याल 380
चिरौंजी *बं.* प्याल 380
चिर्भट *सं.* फूट 395
चिर्भिट *सं.* फूट 395, 396
चिर्भिटा *सं.* फूट 395, 396
चिर्भिटिका *सं.* फूट 395, 396
चिलगोजा *हि.* 277
चीकू *हि.* 283
चीना *सं.* आड़ू 73
चीनारुक *सं.* आड़ू 73
चीनी *त.* मुसम्बी 436
चीनी बादाम *बं.* मूंगफली 438
चीभड़ *सं.* फूट 395, 396
चुक्रा *सं.* इमली 150
चुक्रिका *सं.* इमली 150
चुक्रीका *सं.* इमली 150
चुली *पं.* खुमानी 258
चूत *सं.* आम 86, 87
चैत्रवृक्ष *सं.* आम 86, 87
चोच *सं.* नारियल 329, 330
चेरी *हि.* 288
चेस्टनट *हि.* 293

ज

जंगलड़ *म.* झड़बेर 313
जमरूद *गु.* अमरूद 65
जम्बुनीरीडु *ते.* गुलाब जामुन 263
जम्बु *गु., सं.* जामुन 296
जम्बू *सं.* जामुन 299, 309, 310
जम्मु *पं.* जामुन 296
ज़र्दालु *हि.* खुमानी 258
जलकन्द *सं.* सिंघाड़ा 483
जलजम्बुका *सं.* कठजामुन 178, 179
जलफल *सं.* सिंघाड़ा 483
जलवल्ली *सं.* सिंघाड़ा 483
जलाश्रय *सं.* सिंघाड़ा 483
जाज़ हिन्दी *अ.* अख़रोट 9
जातीफलरसा *सं.* आंवला 116
जातीफला *सं.* आंवला 116, 117
जाना *ते.* फ़ालसा 390
जाम *बं.* जामुन 296
जामन *म.* जामुन 296
जामली *गु.* जामुन 296
जामफल *क.* अमरूद 65
जामरूल *बं.* गुलाब जामुन 263
जामुन *हि.* 295
जामो *उ.* जामुन 296
जाम्बवम *मल.* गुलाब जामुन 263
जाम्बुल *म.* जामुन 296
जिडि आंती *ते.* काजू 195
जिडिममि-डीविट्टु *ते.* काजू 195
जिड़िवाटे *क.* काजू 195
ज़िर्दग *फ़ा.* अख़रोट 10
जेउतो *उ.* बड़हर 403
जेम्बा *म.* अमरूद 65
जोज़ *अ.* अख़रोट 9
जोजजुल हिन्द *अ.* अख़रोट 9
जोझ *अ.* अख़रोट 9
झड़बेर *दिल्ली, हि.* 312, 313

झ

झड़बेरी *पं., हि.* झड़बेर 313
झाड़ियाबेर *सं.* झड़बेर 313

ट

टंकरी *महाराष्ट्र* रसभरी 445
टङ्क *सं.* नाशपाती 349
टङ्कारी *सं.* रसभरी 445
टिपारि *हि.* रसभरी 445
टिपारिया *बं.* रसभरी 445
टेल्लाजामा *ते.* अमरूद 65

ड

डहयू *व्यापार में* बड़हर 403
डहु *सं.* बड़हर 403, 404
डेफ़ल *बं.* बड़हर 403

डेवा *असमी.* बड़हर 403

ढ

ढाओ *कुमाऊं.* बड़हर 403
ढुन *पं.* बड़हर 403
ढेउ *सं.* बड़हर 403

त

तक्राधिवासन *सं.* सन्तरा 476, 477
तडसाला *क.* फ़ालसा 390
तनुक्षीर *सं.* आमड़ा 102, 103
तमरक *गु.* कमरख 182
तमरत्तई *त.* कमरख 182
तमरत्स *ते.* कमरख 182
तरबुज़पलम् *त.* तरबूज़ 316
तरबूज़ *हि.* 315
तापसप्रिय *सं.* प्याल 382, 383
तापसेष्ट *सं.* प्याल 382, 383
ताम्रत्ता *त.* कमरख 182
तालवृक्ष *सं.* नारियल 329, 330
तिउम *पं.* बड़हर 403
तिक्तफला *सं.* ख़रबूज़ा 248
तिक्ता *सं.* ख़रबूजा 248
तिन्तिडी *सं.* इमली 150, 151
तिन्तिडीका *सं.* इमली 150, 151
तिन्तिणी *सं.* इमली 150, 151
तिष्यफला *सं.* आंवाला 116, 118
तिष्यरसफल *सं.* आंवला 116, 118
तिष्या *सं.* आंवला 116, 118
तीलपर्ण *सं.* फ़ालसा 391
तुङ्ग *सं.* नारियल 329, 330
तुपकेल *म.* अमरूद 65
तुर्मुज *असमी.* तरबूज़ 316
तूत *सं.* शहतूत 470
तूद *सं.* शहतूत 470
तूल *सं.* शहतूत 470
तृणफल *सं.* नारियल 329, 330
तृणराज *सं.* नारियल 329, 330
तृणाह्व *सं.* नारियल 329, 330
तेकई *त.* नारियल 323
तेंकाय *ते.* नारियल 324
तेंगु *क.* नारियल 323
तेनत्ति *त.* अंजीर 33
तेंतुल *बं.* इमली 149
तेंतुलि *असमी.*, उ. इमली 148, 149
तोउमारामिडि *ते.* आमड़ा 100
त्रिक *सं.* सिंघाड़ा 483
त्रिकटु *सं.* सिंघाड़ा 483
त्रिकण्टक *सं.* सिंघाड़ा 483
त्रिकोण *सं.* सिंघाड़ा 483
त्रिकोणफल *सं.* सिंघाड़ा 483
त्रिपत्र *सं.* बिल्व 416, 418
त्रिशाकपत्र *सं.* बिल्व 416, 418

त्रिशिख *सं.* बिल्व 416, 418
त्र्यक्षफल *सं.* नारियल 329, 330
त्र्यम्बकफल *सं.* नारियल 329, 330
त्वक्क *सं.* प्याल 382
त्वक्सुगन्ध *सं.* सन्तरा 476, 477
त्वग्गन्ध *सं.* सन्तरा 476, 477

थ

थन्निमथन *मल.* तरबूज़ 316
थाब्ये *अण्डेमन.* जामुन 296
थेंगा *मल.* नारियल 324
थेन्ना *मल.* नारियल 324
थेर-र्‌हेइ-ओल *कूकी* कमरख 182
थोथोकली *त.* रसभरी 445

द

दक्षिणात्यक *सं.* नारियल 329, 331
दन्तबीज *सं.* अनार 56, 57
दन्तबीजक *सं.* अनार 56, 57
दन्तशठा *सं.* इमली 150, 151
दन्तीफलसदृश *सं.* पिस्ता 375
दन्तीफलासमाकृति *सं.* पिस्ता 375
दशांगुल *सं.* ख़रबूज़ा 248
दाक्षिणात्य *सं.* नारियल 329, 331
दाड़म *गु.* अनार 55
दाडिम *सं.* अनार 56, 57
दाडिमीसार *सं.* अनार 56, 57
दानिम्मा *ते.* अनार 55
दाब *बं.* नारियल 324
दारू *मुण्डारी* शरीफ़ा 459
दालिम *बं.* अनार 55
दालिम्ब *क., म.* अनार 55
दिएङ्-सोह-त्रेङ् *ख़ासी* कमरख 182
दिएङ्-सोहरम *खासी* बड़हर 403
दिन्किकुदा *मुण्डारी.* जामुन 296
दिल्लेनिआ *व्यापारिक नाम* चाल्ता 272
दिव्याधारा *सं.* आंवला 116, 118
दीर्घपत्रा *सं.* केला 213, 214
दीर्घपत्रिका *सं.* केला 213, 214
दीर्घफला *सं.* अंगूर 21, 22
दुरारुह *सं.* नारियल, 329, 331
दुरारुह *सं.* बिल्व 416, 418
दुरिअन *हि.* 321
दृढनीर *सं.* नारियल 329, 331
दृढफल *सं.* खिरनी, 253, 254
दृढफल *सं.* नारियल 329, 331
दृढफलस्थिति *सं.* नारियल 329, 331
दृढबीज *सं.* नारियल 330, 331
दृढ्बीजक *सं.* नारियल 330, 331
दृढवृक्ष *सं.* नारियल 330, 331
दृढस्कन्ध *सं.* खिरनी 253, 254
द्राक्या उ. अंगूर 19
द्राक्ष *गु.* अंगूर 19

द्राक्षा *क., ते., म., सं.* अंगूर 19

द्राक्षाफल *सं.* प्याल 382

द्राख्यालुता *बं.* अंगूर 19

देवासाली उ. बड़हर 403

ध

धनप्रिय *सं.* कठजामुन 178, 179

धनु:पट *सं.* प्याल 382

धनुष्पट *सं.* प्याल 382

धन्वनच्छद *सं.* फ़ालसा 391

धरारुह *सं.* बिल्व 416, 418

धविक *सं.* बिल्व 416, 418

धात्रिका *सं.* आंवला 116, 118

धात्री *सं.* आंवला 116, 118

धात्रीफल *सं.* आंवला 17, 19

धात्रीफला *सं.* आंवला 116, 118

धात्रेयी *सं.* आंवला 116, 118

धामिन *हि.* फ़ालसा 390

धाराफल *सं.* कमरख 182

धाराफलक *सं.* कमरख 183, 184

धेनुदुग्ध *सं.* फूट 395, 396

ध्वाङ्क्षजम्बू *सं.* कठजामुन 178, 179

न

नंदी *सं.* जामुन 309, 310

नरत्तइ *त.* गलगल 261

नरेल *म.* नारियल 324

नल्लाजाना *ते.* फ़ालसा 390

नवल *त., मल.* जामुन 296

नागफल *सं.* कमरख 183, 184

नागर *सं.* सन्तरा 476, 477

नागरङ्ग *सं.* सन्तरा 476, 477

नादेयी *सं.* कठजामुन 178, 179

नारङ्ग *सं.* सन्तरा 476, 477

नारङ्गक *सं.* सन्तरा 476, 477

नारंगम *त.* गलगल 261

नारंगी *गु., हि.* सन्तरा 475

नारङ्गी *सं.* सन्तरा 476, 477

नारंजी *ते.* मुसम्बी 436

नारल *म.* नारियल 324

नारिकेल *सं.* नारियल 330, 331

नारिकेलमु *ते.* नारियल 324

नारियल *हि.* 323

नाशपाती *सं.* नारियल 348

निकुच *सं.* बड़हर 404

निकोचक *सं.* चिलगोजा 278

निकोचन *सं.* चिलगोजा 279

निम्बबीज *सं.* खिरनी 253, 254

निम्बू *सं.* नाशपाती 351

नियारा *मल.* भूई जामुन 433

नि:सारा *सं.* केला 213

नीरीदु *ते.* जामुन 296

नीलतरु *सं.* नारियल 330, 331

नीलपत्रा *सं.* कठजामुन 178, 179
नीलफला *सं.* जामुन 299
नीलमल्लिका *सं.* बिल्व 416, 418
नीलमल्ली *सं.* बिल्व 417, 418
नीलवर्ण *सं.* फ़ालसा 391
नीलवर्णा *सं.* कठजामुन 178, 179
नीलवृन्तक *सं.* शहतूत 470, 471
नीलाञ्जनच्छदा *सं.* जामुन 309, 310
नीलारेगु *ते.* झड़बेर 312
नुरकले *क.* प्याल 380
नृप *सं.* खिरनी 253, 254
नृपद्रुम *सं.* खिरनी 253, 254
नृपप्रिय *सं.* आम 86, 87
नेत्रोपम *सं.* बादाम 410
नेत्रोपमफल *सं.* बादाम 410
नेरकल *क.* भूई जामुन 433
नेराले *क.* जामुन 296
नेरेदम *त.* जामुन 296
नेलाकडला *मल.* मूंगफली 438
नेलागडले *क.* मूंगफली 438
नेलि *त.* आंवला 114
नेल्लिकाय *क.* आंवला 114
न्योज़ा (बीज) *हि.* चिलगोजा 278

प

पत्रश्रेष्ठ *सं.* बिल्व 417, 418
पथिका *सं.* अंगूर 21, 22
पथ्या *सं.* फूट 395, 396
पनिस *म.* चकोतरा 267
पनोस *सं.* बड़हर 404, 405
पन्नीरकोय्या *त.* गुलाब जामुन 263
पन्नेराले *क.* गुलाब जामुन 263
पपनासा *म.* चकोतरा 267
पपयी *गु.* पपीता 359
पपाया *म.* पपीता 359
पपीता *हि.* 357
पपेय *बं.* पपीता 359
पप्पइया *बं.* पपीता 359
पप्पई *त.* पपीता 359
पप्पायम *मल.* पपीता 359
पप्पाली *त.* पपीता 359
पम्बलिमासु *त.* चकोतरा 267
पर *सं.* प्याल 382
परंगिमोरा *क.* पपीता 359
परपुष्ट *सं.* आम 86, 87
परापर *सं.* फ़ालसा 391, 392
परावर *सं.* फ़ालसा 391, 392
परिकेगड्ड *ते.* सिंघाड़ा 482
परिमण्डल *सं.* फ़ालसा 391, 392
परु *सं.* फ़ालसा 391, 392
परुष *हि.* फ़ालसा 390
परुषक *सं.* फ़ालसा 391, 392

परू *सं.* फ़ालसा 391, 392
परूष *सं.* फ़ालसा 391, 392
परूषक *सं.* फ़ालसा 391, 392
पर्वकीटा *सं.* आंवला 116, 118
पर्वतीय *सं.* अख़रोट 11
पल *ते.*, *मल.* खिरनी 252
पलई *त.* खिरनी 252
पला *राज.* झड़बेर 313
पलाशिका *सं.* केला 213
पल्ला *त.* खिरनी 252
पहाड़ी पपीता *हि.* 373
पहाड़ी पीलु *हि.* अख़रोट 10
पाणिमर्द *सं.* करौंदा 190, 191
पाणिमर्दक *सं.* करौंदा 190, 191
पाण्डुफला *सं.* फूट 395, 396
पानीफल *बं.* सिंघाड़ा 482
पारांकी मावु *मल.* काजू 195
पारावत *सं.* फ़ालसा 391, 392
पार्वतीय *सं.* अख़रोट 11
पालिसा *त.* फ़ालसा 390
पिआल *बं.*, *हि.* प्याल 380
पिकबन्धु *सं.* आम 86, 87
पिकभक्षा *सं.* भूई जामुन 434
पिकमहोत्सव *सं.* आम 86, 87
पिकराग *सं.* आम 86, 87
पिकवल्लभ *सं.* आम 86, 87
पिच्छल बीज *सं.* चाल्ता 273, 274
पिच्छिलबीजक *सं.* कमरख 183, 184
पिच्छिलबीजक *सं.* चाल्ता 273, 274
पिण्डीफल *सं.* आम 86, 87
पित्तनाश *सं.* बड़हर 404
पित्नी-बेर *हि.* उन्नाव 161
पियार *हि.* प्याल 381
पियारा *बं.* अमरूद 65
पिस्त *सं.* पिस्ता 375
पिस्ता *हि.* 375
पीतन *सं.* आमड़ा 102, 103
पीतनक *सं.* आमड़ा 102, 103
पीतफल *सं.* कमरख 183, 184
पीलु *सं.* अख़रोट 11
पुचकाअयइ *ते.* तरबूज़ 316
पुण्डि *क.* आमड़ा 100
पुतज़ाकोवा *त.* ख़रबूजा 247
पुन्ना *मल.* चाल्ता 272
पुरपुष्ट *सं.* आम 86, 87
पुरुष *सं.* फ़ालसा 391, 392
पुला *मल.* भूई जामुन 433
पुलि *त.* इमली 149
पुलिच्छी *मल.* कमरख 182
पूग *सं.* शहतूत 470, 471
पूतिमारुत *सं.* बिल्व 417, 418
पूर्य *सं.* शहतूत 470, 471

पृथुच्छद *सं.* अख़रोट 11, 12
पेठ्ठक लिङ्ग *ते.* चाल्ता 272
पेरा *मल.* अमरूद 65
पेरिन्नारल *मल.* जामुन 296
पेरु *गु.* अमरूद 65
पेरूक *सं.* अमरूद 65
पेरूनवल *त.* गुलाब जामुन 263
पोइयचविरल *त.* तरबूज़ 316
पोपइयुन *गु.* पपीता 359
प्याल *हि.* 378
प्रिता *उत्तरांचल* चिलगोजा 278
प्रियदर्शन *सं.* खिरनी 253, 254
प्रियाम्बु *सं.* आम 86, 87
प्रियाल *सं.* प्याल 382, 383

फ

फरसकोली उ. फ़ालसा 390
फल *सं.* आमड़ा 102, 103
फलराज *सं.* ख़रबूज़ा 248
फलषाडव *सं.* अनार 56, 57
फलस्नेह *सं.* अख़रोट 11, 12
फलाध्यक्ष *सं.* खिरनी 253, 254
फलाशी *सं.* खिरनी 253, 254
फली *सं.* आमड़ा 102, 103
फलीशक *सं.* आमड़ा 102, 103
फलेन्द्रा *सं.* जामुन 309, 310
फलोत्तमा *सं.* अंगूर 21, 22
फ़ालसा *गु.* 390
फाल्सी *म.* फ़ालसा 390
फुटिंकी *त.* फ़ालसा 390
फूट *हि.* 394
फोप्टी *महाराष्ट्र* रसभरी 445
फोबेरकुग *लेप्चा.* जामुन 296

ब

बक्काया *ते.* करौंदा 189
बंगाली जामुक *बं.* गुलाब जामुन 263
बगुगोशा *हि.* 399
बट्टावी-नरींजा *ते.* मुसम्बी 436
बड़बेर *दिल्ली* झड़बेर 313
बड़हर *हि.* 402
बदमी *क.* बादाम 410
बदर *सं.* बेर 429
बम्प्लिमस *मल.* चकोतरा 267
बर्कोली उ. बिल्व 429
बल *पं.* झड़बेरी 313
बले *क.* केला 211
बहम्ब *पं.* आमड़ा 101
बहुलवल्कल *सं.* प्याल 382
बाकुला *क.* खिरनी 252
बादाम *पं., हि.* 408, 410
बादाम विट्टुलु *ते.* बादाम 410

बाफा *ते.* करौंदा 189

बालकप्रिया *सं.* केला 213, 214

बालमर्कट *सं.* अनार 56, 57

बिराड़ *पं.* झड़बेर 313

बिल *असमी., उ. गु. बं., म., हि.* बिल्व 414, 415

बिलपत्री *क.* बिल्व 415

बिलि *गु.* बिल्व 415

बिल्व *क., त., सं., हि.* बिल्व 413, 415

बिल्वकर्कटी *सं.* बिल्व 417, 418

बिल्वपेशिका *सं.* बिल्व 417, 418

बिल्वमु *ते.* बिल्व 415

बुड्डाबसरा *ते.* रसभरी 445

बुत्तियुदिप्ये *क.* फ़ालसा 390

बुद्वासीनी *ते.* मुसम्बी 436

बृहच्छद *सं.* अख़रोट 11, 12

बृंहणी *सं.* अंगूर 21, 22

बृहत्पुष्पा *सं.* केला 213, 214

बृहत्फला *सं.* जामुन 309, 310

बृहदम्ल *सं.* कमरख 183, 184

बृहछल *सं.* कमरख 182

बेट्ठा कन्निगल *क.* चाल्ता 272

बेड़ीकाई चेन्नई. नाशपाती 349

बेर *बं., म., हि.* 428, 429

बेरी कोन्कम्बेर *कश्मीर* उन्नाव 161

बेल *असमी., क., बं., म., हि.* बिल्व 414, 415

बेलो उ. बिल्व 414

बेल्थी *गारो* बिल्व 415

बैर *हि.* बेर 430

बोडोकोली उ. बिल्व 429

बोडोरी उ. बेर 429

बोप्पयि *ते.* पपीता 359

बोर *म.* बेर 429

बोरड़ी *बं.* बेर 429

बोमा जामुक *बं.* गुलाब जामुन 263

बोर *गु.* बेर 429

बोर *मुण्डारी* शरीफ़ा 459

बोरड़ी *गु.* बेर 429

बोरड़ी *राज.* झड़बेर 313

ब्रह्मकाष्ठ *सं.* शहतूत 470, 471

ब्रह्मकाष्ठक *सं.* शहतूत 470, 471

ब्रह्मकोष *सं.* शहतूत 470, 471

ब्रह्मचारण *सं.* शहतूत 470, 471

ब्राह्मणेष्ट *सं.* शहतूत 470, 471

ब्रह्मण्य *सं.* शहतूत 470, 471

ब्रह्मदारु *सं.* शहतूत 470, 471

ब्रह्मनिष्ठ *सं.* शहतूत 470, 471

ब्रह्मभाग *सं.* शहतूत 470, 471

ब्राह्मण्य *सं.* शहतूत 470, 471

भ

भक्षबीज *सं.* प्याल 382, 383
भव *सं.* चाल्ता 273, 274
भविष्य *सं.* चाल्ता 273, 274
भव्य *सं.* कमरख 183, 184
भव्य *सं.* चाल्ता 273, 274
भानुफला *सं.* केला 213
भावन *सं.* चाल्ता 273, 274
भुईमूंग *म.* मूंगफली 438
भूई जामुन *हि.* 433
भूजम्बू *सं.* भूई जामुन 434
भूमिजम्बू *सं.* भूई जामुन 434
भूमुद्ग *सं.* मूंगफली 438
भृङ्गवल्लभा *सं.* भूई जामुन 434
भृङ्गाभीष्ट *सं.* आम 86, 87
भृङ्गेष्टा *सं.* कठजामुन 178, 179
भेड़स *म.* भूई जामुन 433
भ्रमरेष्टा *सं.* कठजामुन 178, 179
भ्रमरेष्टा *सं.* भूई जामुन 434

म

मङ्गल्य *सं.* नारियल 330, 331
मञ्जिपल *ते.* खिरनी 252
मञ्जीमेदि *ते.* अंजीर 33
मणिबीज *सं.* अनार 56, 57
मतिकटहल *असमी.* अनानास 48
मतीरा *पं., राज.* तरबूज़ 316
मदाढ्य *सं.* आम 86, 87
मदिरासख *सं.* आम 86, 87
मदुलइ *त.* अनार 55
मदोद्भव *सं.* आम 86, 88
मद्यसह *सं.* आम 86, 88
मधुकर्कटिका *सं.* चकोतरा 268, 269
मधुकर्कटी *सं.* चकोतरा 268, 269
मधुदूत *सं.* आम 86, 88
मधुपर्णी *सं.* चकोतरा 268, 269
मधुपाका *सं.* ख़रबूज़ा 248
मधुफल *सं.* खिरनी 253, 254
मधुफला *सं.* अंगूर 21, 22
मधुफला *सं.* खरबूजा 248
मधुबीज *सं.* अनार 56, 57
मधुमज्जा *सं.* अख़रोट 11, 12
मधुयोनि *सं.* अंगूर 21, 22
मधुरकर्कटी *सं.* चकोतरा 268, 269
मधुरफल *सं.* बेर 429
मुधरफला *सं.* चकोतरा 268, 269
मधुरबीजपूर *सं.* चकोतरा 268, 269
मधुरसा *सं.* अंगूर 21, 22
मधुरा *सं.* चकोतरा 268, 269
मधुराम्ल *सं.* अनार 56, 57
मधुराम्ल *सं.* चाल्ता 273, 274
मधुराम्ल *सं.* सन्तरा 476, 477

मधुवल्लिका *सं.* चकोतरा 268, 269
मधुवल्ली *सं.* अंगूर 21, 22
मधुवल्ली *सं.* चकोतरा 268, 269
मधूली *सं.* अंगूर 21, 22
मधूली *सं.* आम 86, 88
मधुसंभवा *सं.* अंगूर 21, 22
मध्वावास *सं.* आम 86, 88
मनपुली *मल.* आमड़ा 101
मनोरथ *सं.* आम 86, 88
मन्दार गोम *सन्थाल* शरीफ़ा 459
मन्मथ *सं.* आम 86, 88
मन्मथालय *सं.* आम 86, 88
मम्पलमसम *ते.* चकोतरा 267
मरहुन्सिए *क.* आमड़ा 100
मरुंगी *त.* भूई जामुन 433
मर्कटाम्र *सं.* आमड़ा 102, 103
मर्दु *ते.* बिल्व 415
मलक्काचम्पा *मल.* गुलाबी जामुन 263
मलाबेर *पं.* झड़बेर 313
मल्ला *पं.* झड़बेर 313
मल्लिकानारंगी *ते.* गलगल 261
महत्सिञ्चितिकाफल *सं.* नाशपाती 350
महाकपित्थ *सं.* बिल्व 417,418
महाजम्बू *सं.* जामुन 309, 310
महानिम्बू *बं.* चकोतरा 267
महानीला *सं.* जामुन 309, 310
महाफल *सं.* नारियल 330, 331
महाफल *सं.* बिल्व 417, 418
महाफला *सं.* चकोतरा 268, 269
महाफला *सं.* जामुन 309, 310
महारस *सं.* जामुन 309, 310
महावृक्ष *सं.* नारियल 330, 331
महास्कन्ध *सं.* जामुन 309, 310
महास्कन्धा *सं.* जामुन 299
माकन्द *सं.* आम 86, 88
मातलम *मल.* अनार 55
माधवद्रुम *सं.* आम 86, 88
माधवोद्भव *सं.* खिरनी 253, 254
मालाशी *सं.* खिरनी 253, 254
मालूर *सं.* बिल्व 417, 418
माल्टा *असमी., गु., पं., बं., म., हि.*, मुसम्बी 436
मीठा कमल उ. मुसम्बी 436
मुकुलक *सं.* पिस्ता 375
मुकूल *सं.* पिस्ता 375
मुक्तसारा *सं.* केला 213
मुखप्रिय *सं.* सन्तरा 476, 477
मुखशोधन *सं.* चाल्ता 273, 274
मुंगा पेरा *मल.* प्याल 380
मुचिलिण्टक *सं.* खिरनी 253, 255
मुण्डीरी कोट्टई *त.* काजू 195
मुंता ममिडी विट्टु *ते.* काजू 195

मुदइमा *त.* प्याल 380
मुद्गरक *स.* कमरख 183, 184
मुद्गरफल *सं.* कमरख 183, 184
मुनक्का *व्यापारिक नाम* अंगूर 19
मुनिप्रिय *सं.* प्याल 382, 383
मुनिवल्लभ *सं.* प्याल 382, 383
मुन्दिरि *मल.* अंगूर 19
मुरकलि *क.* प्याल 380
मुलम्पझम *त.* ख़रबूजा 247
मुसम्बी *पं., हि.* 435, 436
मूंगफली *हि.* 438
मृत्युपुष्पा *सं.* केला 213
मृदुकण्ट रसिनी *सं.* रसभरी 447
मृदुफल *सं.* फ़ालसा 391, 392
मृदुफल *सं.* फ़ालसा 391, 392
मृदुसार *सं.* शहतूत 470, 471
मृद्वी *सं.* अंगूर 21, 22
मृद्वीका *सं.* अंगूर 21, 22
मेघमोदिनी *सं.* जामुन 309, 310
मेघवर्ण *सं.* कठजामुन 178, 179
मेघाभा *सं.* कठजामुन 178, 179
मेवाड़ *पं., हि.* रसभरी 445
मोचा *सं.* केला 213
मोटी पोप्टी *गु.* रसभरी 445
मोद *सं.* आमड़ा 102, 103
मोरला *त.* प्याल 380
मोरलि *ते.* प्याल 380
मोरलुचेट्टु *ते.* प्याल 380

य

यालांजी *सं.* बिल्व 429
यील्लांदे *त.* बेर 429
यूप *सं.* शहतूत 470, 471
यूपक *सं.* शहतूत 470, 471
यूवा *त., ते.* चाल्ता 272
यूवु *उ.* चाल्ता 272
योगसागर *सं.* सन्तरा 476, 477
योगसार *सं.* सन्तरा 476, 477
योगी *सं.* सन्तरा 476, 477
योगीरङ्ग *सं.* सन्तरा 476, 477
योगीरङ्गा *सं.* सन्तरा 476, 477
यौगिक *सं.* सन्तरा 476, 477

र

रक्तकुसुम *सं.* अनार 56, 57
रक्तकुसुमा *सं.* अनार 56, 57
रक्तबीज *सं.* अनार 56, 57
रंचि लिंग *लेप्चा* आमड़ा 101
रञ्जना *म.* खिरनी 252
रबाब-टेंगा *असमी.* चकोतरा 267
रंबोर *मु.* उन्नाव 161
रम्भा *सं.* केला 211, 213
रवीष्ट *सं.* सन्तरा 476, 477

रसफल *सं.* नारियल 330, 331
रसभरी *पं., दिल्ली, हि.* 444, 445
रसाढ्य *सं.* आमड़ा 102, 103
रसाल *सं.* अंगूर 21, 22
रसाल *सं.* आम 86, 88
राइनी *म.* खिरनी 252
राजजम्बू *सं.* जामुन 309, 310
राजन्य *सं.* खिरनी 253, 255
राजफल *सं.* खिरनी 253, 255
राजफला *सं.* जामुन 309, 310
राजवल्लभ *सं.* खिरनी 253, 255
राजादन *सं.* खिरनी 253, 255
राजादान *सं.* प्याल 382, 383
राजार्हा *सं.* जामुन 310
राजाह्वा *सं.* खिरनी 253, 255
राजेष्टा *सं.* केला 213, 214
रान-आम्बा *म.* आमड़ा 101
रानम्ब *गु.* आमड़ा 100
रामफल ने. चाल्ता 272
राम्बुतान *हि.* 446
रास्पबेरी *पं., दिल्ली* रसभरी 445
रीगु *ते.* बेर 429
रुचिफल *सं.* नाशपाती 350
रुचीक *सं.* बिल्व 417, 419
रुजाकर *सं.* कमरख 183, 184
रेयन *गु., म.* खिरनी 252
रोचन *सं.* अनार 56, 57
रोचनफला *सं.* फूट 395, 396
रोचनी *सं.* आंवला 116, 118
रोमफल *सं.* चाल्ता 273, 274
रोमाञ्चक *सं.* चाल्ता 273, 274
रोषण *सं.* फ़ालसा 391, 392

ल

लकुच *गु., सं.* बड़हर 403, 404, 405
लक्ष्मीपत्र *सं.* बिल्व 417, 419
लक्ष्मीफल *सं.* बिल्व 417, 419
लघुबिल्वफलाकृति *सं.* नाशपाती 350
लतावृक्ष *सं.* नारियल 330, 331
ललन *सं.* प्याल 382
लाङ्गली *सं.* नारियल 330, 331
लाल शहतूत *हि.* 472
लिकुच *सं.* बड़हर 404, 405
लीची *हि.* 449
लुङ्गी *सं.* चकोतरा 268, 269
लोकाट *हि.* 454
लोमफल *सं.* चाल्ता 273, 274
लोहितपुष्पक *सं.* अनार 56, 57

व

वक्त्रवास *सं.* सन्तरा 476, 477
वक्त्रशोधन *सं.* चाल्ता 273, 274
वक्त्राधिवासन *सं.* सन्तरा 476, 477

वटेहुली *क.* बड़हर 403
वनपुष्पोत्सव *सं.* आम 86, 88
वन बेर *हि.* उन्नाव 161
वनलक्ष्मी *सं.* केला 213, 214
वयस्था *सं.* आंवला 116, 118
वयःस्या *सं.* आंवला 116, 118
वर *सं.* प्याल 382
वरारुह *सं.* बिल्व 417, 419
वर्द्धमान *सं.* चकोतरा 268, 269
वर्षापाकी *सं.* आमड़ा 102, 103
वल्कफल *सं.* अनार 56, 57
वसन्तदूत *सं.* आम 86, 88
वाका *ते.* करौंदा 189
वाझई *त.* केला 211
वाझा *मल.* केला 211
वातवैरी *सं.* बादाम 410
वातसार *सं.* बिल्व 417, 419
वाताद *सं.* बादाम 410
वाताम *सं.* बादाम 410
वाताम कोट्टा *मल.* बादाम 410
वातोम्बा *सं.* बड़हर 403
वादाम कोट्टई *त.* बादाम 410
वनेक्षुद्रा *सं.* करौंदा 190, 191
वानरप्रिय *सं.* खिरनी 254, 255
वारणबुसा *सं.* केला 213
वारणा *सं.* केला 213
विपाणी *सं.* सिंघाड़ा 483
विप्रकाष्ठ *सं.* शहतूत 470, 471
विल्वम् *मल.* बिल्व 415
वीर *सं.* आड़ू 73
वीरपत्रा *सं.* कठजामुन 178, 179
वीरसेन *सं.* आड़ू 73
वीरा *सं.* केला 213
वीरारुक *सं.* आड़ू 73
वृक्षाम्ल *क.* आमड़ा 100
वृत्तकर्कटी *सं.* ख़रबूजा 248
वृतफल *सं.* अख़रोट 11, 12
वृतफल *सं.* अनार 56, 57
वृत्तफला *सं.* आंवला 116, 117
वृत्तेर्वारु *सं.* ख़रबूजा 248
वृष्य *सं.* आंवला 117
वृष्यफला *सं.* आंवला 117, 118
वृष्या *सं.* आंवला 117, 118
वेतसी *सं.* कठजामुन 179
वेरुसेनागालु *ते.* मूंगफली 408
वेर्काडलई *त.* मूंगफली 438
वैदेशी *सं.* कठजामुन 179
वैधृतफल *सं.* अख़रोट 11, 12

श

शतवीर्या *सं.* अंगूर 21, 22
शबली *सं.* बड़हर 404
शब्जु *म्यांमार* आंवला 114

शरीफ़ा *पं., हि.* 458, 459
शलाटु *सं.* बिल्व 417, 419
शल्य *सं.* बिल्व 417, 419
शहतूत *हि.* 463
शाकचुक्रिका *सं.* इमली 150, 151
शाखामृग *सं.* प्याल 382
शाण्डिल्य *सं.* बिल्व 417, 419
शान्ता *सं.* आंवला 117, 118
शाल *सं.* प्याल 382
शिङ्गाडा *बं.* सिंघाड़ा 482
शिराल *सं.* कमरख 183, 184
शिलीष्ट *सं.* आम 86, 88
शिव *सं.* आंवला 117, 118
शिवद्रुम *सं.* बिल्व 417, 419
शिवा *सं.* आंवला 117, 118
शिवेष्ट *सं.* बिल्व 417, 419
शिष्ट *सं.* आम 86, 88
शीतफल *सं.* आंवला 117, 118
शीतवल्लभा *सं.* कठजामुन 179
शीता *सं.* आंवला 117, 118
शुकिप्रिय *सं.* अनार 56, 57
शुकप्रिया *सं.* अनार 56, 57
शुकवल्लभ *सं.* अनार 56, 57
शुकेष्ट *सं.* खिरनी 254, 255
शुक्ता *सं.* इमली 150, 151
शुक्ति *सं.* आंवला 117, 118
शुक्तिका *सं.* इमली 150, 151
शुक्तिचन्द्रिका *सं.* इमली 150, 151
शुक्री *बं.* फ़ालसा 390
शुष्कामलक *सं.* आंवला 117, 118
शृङ्गकन्द *सं.* सिंघाड़ा 483
शृङ्गमूल *सं.* सिंघाड़ा 483
शृङ्गरुह *सं.* सिंघाड़ा 483, 484
शृङ्गाट *सं* सिंघाड़ा 483, 484
शृङ्गाटक *सं.* सिंघाड़ा 483, 484
शेरबिलि-फांग *कछार* बिल्व 415
शैलभव *सं.* अख़रोट 11, 12
शैलूष *सं.* बिल्व 417, 419
शैवपत्र *सं.* बिल्व 417, 419
शोणशल्य रसिनी *सं.* रसभरी 447
शौण्डिकप्रिय *सं.* आम 86, 88
श्यामतैलक *सं.* आम 86, 88
श्यामपत्र *सं.* जामुन 310
श्यामला *सं.* जामुन 299
श्रीफल *सं.* खिरनी 254, 255
श्रीफल *सं.* बिल्व 417, 419
श्रीफल *सं.* शरीफ़ा 459
श्रृङ्गी *सं.* आमड़ा 102, 103

ष

षड्रेखा *सं.* ख़रबूज़ा 248
षण्मुखा *सं.* ख़रबूज़ा 248

स

सकृत्फल *सं.* केला 213, 214
संतरा उ., *गु.*, *पं.*, *हि.* सन्तरा 474, 475
सत्फलद *सं.* बिल्व 417, 419
सत्यकर्मा *सं.* बिल्व 417, 419
सत्यधर्मा *सं.* बिल्व 417, 419
सदफल *बं.* चकोतरा 267
सदाफल *सं.*, *हि.* चकोतरा 267
सदाफल *सं.*, *हि.* बिल्व 417, 419
सन्तरा *हि.* 473
सन्नकद्रु *सं.* प्याल 382
सफ़ेद शहतूत *हि.* 468
सफ़ेद सफरी *हि.* अमरूद 65
समन्वितकारी *सं.* आम 86, 88
समीरसार *सं.* बिल्व 417, 419
सम्बल *त.* जामुन 296
सर्वरूपवान् *सं.* बिल्व 417, 419
सहकार *सं.* आम 86, 88
साक्ष *सं.* बड़हर 404, 405
सांगरबटुआ उ. भुई जामुन 433
साठागुड़ी *क.*, *त.* मुसम्बी 436
साम्बुनवल *त.* गुलाब जामुन 263
साम्लपुष्पा *सं.* करौंदा 190, 191
सारा *ते.* प्याल 380
सारी *पं.* खुमानी 258
सिंगली *पं.*, *हि.* उन्नाव 161
सिंघाड़ा *गु.*, *त.*, *हि.* 482
सिन्ताचेट्टु (वृक्ष) *ते.* इमली 149
सिमइयत्ति *त.* अंजीर 33
सिमयत्ति *ते.* अंजीर 33
सिम्ली बरारी *पं.* उन्नाव 161
सिवितिका *सं.* सेव 487
सीताप्याझम *मल.* शरीफ़ा 459
सीताफल *क.*, *गु.*, *म.*, *सं.*, *हि.* शरीफ़ा 459
सीताफलमु *ते.* शरीफ़ा 459
सीताफलो उ. शरीफ़ा 458
सीधुरस *सं.* आम 86, 88
सुकुमारा *सं.* केला 213, 214
सुकुमारिका *सं.* केला 213, 214
सुचित्रा *सं.* फूट 395, 396
सुतिन्तिडी *सं.* इमली 150, 151
सुतुङ्ग *सं.* नारियल 330, 331
सुतुङ्गक *सं.* नारियल 330, 331
सुंथिरा *असमी.*, उ. सन्तरा 474
सुधा *सं.* सन्तरा 476, 477
सुनील *सं.* अनार 57
सुपथामोद *सं.* आम 86, 88
सुपुष्प *सं.* शहतूत 470, 471
सुप्रतिष्ठिता *सं.* जामुन 310
सुफल *सं.* अनार 57

सुफल *सं.* बादाम 410
सुफला *सं.* अंगूर 21, 22
सुफला *सं.* केला 213, 214
सुफला *सं.* जामुन 310, 419
सुभूतीक *सं.* बिल्व 417, 419
सुमदन *सं.* आम 86, 88
सुरङ्ग *सं.* सन्तरा 476, 477
सुरभि *सं.* जामुन 310
सुरभिपत्रा *सं.* जामुन 299, 310
सुरूप *सं.* शहतूत 470, 471
सुषेण *सं.* करौंदा 190, 191
सुषेणा *सं.* करौंदा 190, 192
सूक्ष्मपत्रा *सं.* कठजामुन 179
सेब *सं.* सेव 487
सेबु *क.* सेव 487
सेबे हन्नू *क.* अमरूद 65
सेवु *क.* सेव 487
सेवो *पं.* सेव 487
सोहनिआंत्रा *ख़ासी* सन्तरा 475
सोह-बेल *ख़ासी* बिल्व 415
सौगी *व्यापारिक नाम* अंगूर 19
स्कन्धतरु *सं.* नारियल 330, 331
स्कन्धफल *सं.* नारियल 330, 331
स्ट्रौबेरी *हि.* 497
स्तंभन *सं.* खिरनी 254, 255
स्तंभनिका *सं.* इमली 150, 151
स्थलमर्कट *सं.* करौंदा 190, 192
स्नेहबीज *सं.* प्याल 382, 383
स्वादु *सं.* चकोतरा 268, 269
स्वादुफला *सं.* अंगूर 21, 22
स्वादुफला *सं.* केला 214
स्वादुमज्जा *सं.* अख़रोट 11, 12
स्वादुलुंगी *सं.* चकोतरा 268, 269
स्वाद्वम्ल *सं.* अनार 57
स्वाद्वी *सं.* अंगूर 21, 22

ह

हदवाना *पं.* तरबूज़ 316
हरिता *सं.* अंगूर 21, 22
हरी *पं.* खुमानी 258
हस्तिबुसा *सं.* केला 214
हस्तिविषा *सं.* केला 214
हस्तिविषाणिका *सं.* केला 214
हस्तिविषाणी *सं.* केला 214
हारहूरा *सं.* अंगूर 21, 22
हिजली-बादाम *बं.* काजू 195
हिमा *सं.* अंगूर 21, 22
हुलि *क.* इमली 149
हेइनोहजोम *मणिपुर* कमरख 182
हेराले *क.* गलगल 261
हैमवती *सं.* अंगूर 21, 22
हृद्यगन्ध *सं.* बिल्व 417, 419

अंग्रेज़ी, लेटिन नाम

Achras zapota Linn. *L.* चीकू 283

Actinidia chinensis Planchon *L.* कीवी 207

Aegle marmelos Correa ex Roxb. *L.* बिल्व 413

almond *E.* बादाम 410

almondette tree *E.* प्याल 380

Anacardium occidentable Linn. *L.* काजू 194

Ananas comosus (Linn.) Merrill *L.* अनानास 46

Annona squamosa Linn. *L.* शरीफ़ा 458

Arachis hypogaca Linn. *L.* मूंगफली 438

Artocarpus lakoocha Roxb. *L.* बड़हर 402

Averrhoa carambola Linn. *L.* कमरख 181

bael tree *E.* बिल्व 414

Bengal quince *E.* बिल्व 414

bigarade orange *E.* गलगल 261

bitter *E.* गलगल 261

black plum *E.* जामुन 296

Buchanania lanzan Sperngel *L.*. प्याल 378

Buchanania latifolia Roxb. *L.* syn. प्याल 378

caltrops *E.* सिंघाड़ा 482

Cape gooseberry *E.* रसभरी 444

carambola tree *E.* कमरख 182

Carica candamarcensis Hooker f. *L.* पहाड़ी पपीता 373

Carica papaya Linn. *L.* पपीता 357

Carissa carandas Linn. *L.* करौंदा 188

cashew *E.* काजू 194

cashew nut *E.* काजू 194

Castanea sativa Miller *L.* चेस्टनट 293

cheronjee *E.* प्याल 380

chilgoza pine *E.* चिलगोजा 278

Chinese gooseberry *E.* कमरख 182

Citrullus lanatus (Thunberg) Matsumura & Nakai *L.* तरबूज़ 315

Citrus aurantifolia (Christmann) Swingle *L.* निम्बू 351

Citrus aurantium Linn. including. गलगल **Citrus aurantium** var. **bigaradia** of Watt *L.* 259

Citrus grandis (Linn.) Osbeck *L.* चकोतरा 266

Citrus reticulata Blanco *L.* सन्तरा 473

Citrus sinensis (Linn.) Osbeck *L.* मुसम्बी 435

Citrus sp. *L.* कीनू 206

coconut *E.* नारियल 323

Cocos nucifera Linn. *L.* नारियल 323

common apricot *E.* खुमानी 258

common fig अंजीर 32

common grape vine अंगूर 19

common guava *E.* अमरूद 65

common jujuba *E.* उन्नाव 161

common jujuba *E.* बेर 429

common pear *E.* बगुगोशा 399

common plum *E.* आलू बुखारा 107

common walnut *E.* अख़रोट 9

coromandal gooseberry *E.* कमरख 182

country pear *E.* नाशपाती 349

Cucumis melo Linn. *L.* ख़रबूज़ा 247

Cucumis melo var. **momordica** Duthie & Fuller *L.* फूट 394

cultivated apple *E.* सेव 487

custard apple *E.* शरीफ़ा 458

Dillenia indica Linn. *L.* चाल्ता 271

Diospyros lotus Linn. *L.* अमलोक 70

Durio zibethinus Linn. *L.* दुरिअन 321

edible banana *E.* केला 211

Emblica officinalis Gaertner *L.* आंवला 108

emblic myrobalan *E.* आंवला 114

Eriobotrya japonica Lindley *L.* लोकाट 454

European grape अंगूर 19

Ficus carica Linn. *L.* अंजीर 29

forbidden fruit *E.* चकोतरा 267

Fragaria chilensis Duchesne *L.* स्ट्रौबेरी 497

garden strawberry *E.* स्ट्रौबेरी 497

golden apple *E.* बिल्व 414

Grevia subinaequalis DC. *L.* फ़ालसा 389

ground nut *E.* मूंगफली 438

hog-plum *E.* आमड़ा 100

holy fruit *E.* बिल्व 414

Indian gooseberry *E.* आंवला 114

Indian jujube *E.* बेर 429

jaman *E.* जामुन 296

jambolan *E.* जामुन 296

jambosade *E.* गुलाब जामुन 263

Japanese medlar *E.* लोकाट 456

Japanese pear *E.* नाशपाती 349

Japan plum *E.* लोकाट 456

Japan quince *E.* लोकाट 456

Juglans regia Linn. *L.* अख़रोट 9

karambola apple *E.* कमरख 182

Litchi chinensis (Gaertner) Sonner *L.* लीची 449

loose -skinned orange *E.* सन्तरा 474

loquat *E.* लोकाट 456

Malay apple *E.* गुलाब जामुन 263

malta *E.* मुसम्बी 436

Malus pumila Linn. *L.* सेव 486

mandarin *E.* सन्तरा 474

mandarin orange *E.* सन्तरा 474

Mangifera indica Linn. *L.* आम 80

Manilkara hexandra (Roxb.) Dubard *L.* खिरनी 251

monkey jack *E.* बड़हर 403

monkey nut *E.* मूंगफली 438

Morus alba Linn. *L.* सफ़ेद शहतूत 468

Morus australis Poiret *L.* शहतूत 463

Morus nigra Linn. *L.* काला शहतूत 466

Morus rubra Linn. *L.* लाल शहतूत 472

Musa paradisiaca Linn. *L.* केला 211

musk melon *E.* ख़रबूज़ा 247

Nephelium lappaceum Linn. *L.* राम्बुतान 446

papaw tree *E.* पपीता 359

papaya *E.* पपीता 359

pea nut *E.* मूंगफली 438

Persea americana Miller *L.* एवोकाडो 164

Phoenix dactylifera Linn. *L.* खजूर 235

Physalis peruviana Linn. *L.* रसभरी 444

pine apple *E.* अनानास 48

Pinus gerardiana Wallich *L.* चिलगोजा 277

Pistacia vera Linn. *L.* पिस्ता 375

plantain *E.* केला 211

pomegranate *E.* अनार 55

Prunus amygdalus Batsch *L.* बादाम 408

Prunus armeniaca Linn. *L.* खुमानी 257

Prunus avium Linn. *L.* चेरी 288

Prunus domestica Linn. *L.* आलू बुखारा 106

Prunus persica Batsch *L.* आड़ू 72

Psidium guajava Linn. *L.* अमरूद 64

pummelo *E.* चकोतरा 267

Punica granatum Linn. *L.* अनार 52

Pyrus communis Linn. *L.* बगुगोशा 399

Pyrus pyrifolia (Burman f.) Nakai var. **culta** (Makino) Nakai *L.* नाशपाती 348

ramboostan *E.* राम्बुतान 447

rambutan *E.* राम्बुतान 447

rose apple *E.* गुलाब जामुन 263

seville *E.* गलगल 261

shaddock *E.* चकोतरा 267

singhara nut *E.* सिंघाड़ा 482

sour *E.* गलगल 261

star fruit *E.* कमरख 182

sugar apple *E.* शरीफ़ा 458

sweet cherry *E.* चेरी 288

sweet melon *E.* ख़रबूज़ा 247

sweet orange *E.* मुसम्बी 436

sweet shop *E.* शरीफ़ा 458

Syzygium cuminii (Linn.) Skeels *L.* जामुन 295

Syzygium heyneanum Wallich ex Gamble *L.* कठजामुन 177

Syzygium jambos Linn. *L.* गुलाब जामुन 262

Syzygium zeylanicum (Linn.) DC. *L.* भुई जामुन 433

tamarind tree *E.* इमली 148

Tamarindus indica Linn. *L.* इमली 147

tightskinned orange *E.* मुसम्बी 436

Trapa natans Linn. var. **bispinesa** (Roxb.) Makino *L.* सिंघाड़ा 481

Vitis vinifera Linn. *L.* अंगूर 18

water chestnut *E.* सिंघाड़ा 482

water melon *E.* तरबूज़ 316

wild jujube *E.* झड़बेर 312

wild mango *E.* आमड़ा 100

wine grape अंगूर 19

Ziziphus jujuba Miller *L.* उन्नाव 161

Ziziphus mauritiana Lam. *L.* बेर 428

Ziziphus nummularia (Burman f) Wight & Arnett *L.* झड़बेर 312

चित्र सूची

सादे फ़ोटो, रेखाचित्र

चित्र	विषय	फ़ोटो/रेखाचित्र	पृष्ठ
1	दन्दासा	रेखाचित्र	13
2	अख़रोट का वृक्ष	सादा फ़ोटो	15
3	अख़रोट की फलदार शाखा	रेखाचित्र	16
4	अंगूर की फलित शाखा	रेखाचित्र	18
5	मुनक्के	रेखाचित्र	24
6	किशमिश	रेखाचित्र	25
7	अंजीर की फलदार शाखा	रेखाचित्र	30
8	सूखे अञ्जीर और माला	रेखाचित्र	38
9	अनानास का पौधा	रेखाचित्र	46
10	अनार की फलदार शाखा	रेखाचित्र	52
11	अमरूद की पुष्पित शाखा	सादा फ़ोटो	64
12	अमरूद की फलदार शाखा	सादा फ़ोटो	67
13	पानी में भिगाने के बाद फूले हुए फल	रेखाचित्र	70
14	अम्लोक के बीज	रेखाचित्र	71
15	आड़ू की पुष्पित शाखा एवं फल	रेखाचित्र	74
16	आम का वृक्ष	सादा फ़ोटो	80
17	आम की मञ्जरी	सादा फ़ोटो	83
18	आम के कच्चे फल	सादा फ़ोटो	90
19	आमड़ा की फलदार शाखा, पुष्प तथा पुष्पमञ्जरी	रेखाचित्र	99

20	आलू बुखारा की फलदार शाखा	सादा फ़ोटो	106
21	आंवला की पुष्पित शाखा और फल	रेखाचित्र	111
22	सूखे आंवले की फाड़ियां	रेखाचित्र	120
23	आंवले की फलदार शाखा	रेखाचित्र	132
24	आंवला के फल	रेखाचित्र	137
25	इमली की पुष्पित शाखा एवं फली	रेखाचित्र	147
26	उन्नाव के फल	रेखाचित्र	162
27	एवोकाडो की फलदार शाखा	रेखाचित्र	165
28	कमरख की पुष्पित शाखा एवं फल	रेखाचित्र	181
29	करौंदा की पुष्पित एवं फलदार शाखा	रेखाचित्र	188
30	काजू की फलदार शाखा	सादा फ़ोटो	196
31	काजू की गिरियां	रेखाचित्र	201
32	कीवी का फल	रेखाचित्र	207
33	कीवी का कटा फल	रेखाचित्र	209
34	केले का फलदार पौधा, फूल	रेखाचित्र	221
35	खजूर की फलदार शाखा	रेखाचित्र	236
36	जंगली खजूर का वृक्ष	सादा फ़ोटो	238
37	जंगली खजूर के फलों का गुच्छा	सादा फ़ोटो	242
38	खजूर की गुठलियां	रेखाचित्र	244
39	ख़रबूज़ा	सादा फ़ोटो	249
40	खिरनी की फलदार शाखा	सादा फ़ोटो	251
41	खुमानी की फलदार शाखा	रेखाचित्र	257
42	गलगल के फूल	सादा फ़ोटो	259
43	गलगल की फलदार शाखा	सादा फ़ोटो	260

44	गुलाब जामुन की पुष्पित शाखा	रेखाचित्र	262
45	गुलाब जामुन के फल	सादा फ़ोटो	264
46	चकोतरा की पुष्पित शाखा	सादा फ़ोटो	266
47	चकोतरा की फलदार शाखा	रेखाचित्र	270
48	चाल्ता की पुष्पित एवं फलित शाखा	रेखाचित्र	271
49	चिलगोजे का शंकुफल	रेखाचित्र	277
50	चिलगोजा के फल	रेखाचित्र	279
51	चिलगोजा के पत्तों वाली टहनी एवं तीन पत्ते	रेखाचित्र	280
52	चिलगोजा की गिरियां	रेखाचित्र	282
53	चीकू की पुष्पित एवं फलदार शाखा	रेखाचित्र	284
54	चेरी का फलगुच्छ	रेखाचित्र	289
55	चेस्टनट की पुष्पित शाखा, फल एवं बीज	रेखाचित्र	293
56	जामुन का वृक्ष	सादा फ़ोटो	295
57	जामुन की पुष्पित शाखा	सादा फ़ोटो	298
58	जामुन के फलों का गुच्छा	रेखाचित्र	302
59	जामुन की गुठलियां	रेखाचित्र	306
60	तरबूज़ के फलों की ढेरी	रेखाचित्र	315
61	बंगलौरी तरबूज़	रेखाचित्र	317
62	मांगलिक कार्यों में सर्वत्र गोला काम आता है	सादा फ़ोटो	324
63	नारियल के फलदार वृक्ष का एक भाग	रेखाचित्र	326
64	नारियल के वृक्षों का झुरमुट	सादा फ़ोटो	327
65	नाशपाती की पुष्पित शाखा	सादा फ़ोटो	348
66	निम्बू की फलदार शाखा	रेखाचित्र	352
67	पपीते के नर फूलों की लटकती हुई मञ्जरियां, नीचे तीन फल लगे हैं	सादा फ़ोटो	358

68	पपीते के फलदार पौधे का भाग	सादा फ़ोटो	365
69	पपीते के बीज	रेखाचित्र	369
70	पहाड़ी पपीते का पेड़	सादा फ़ोटो	373
71	पिस्ता	रेखाचित्र	376
72	पिस्ता की गिरियां	रेखाचित्र	377
73	प्याल की पुष्पमञ्जरी	रेखाचित्र	378
74	प्याल का फलदार वृक्ष	सादा फ़ोटो	384
75	प्याल की फलदार शाखा	रेखाचित्र	385
76	फ़ालसा की पुष्पित शाखा एवं फल	रेखाचित्र	389
77	फूट की पुष्पित एवं फलदार बेल	रेखाचित्र	396
78	बगुगोशा के पुष्पित वृक्ष का एक भाग	सादा फ़ोटो	399
79	बगुगोशा की फलदार शाखाएं	सादा फ़ोटो	401
80	बड़हर की फलित शाखा	रेखाचित्र	402
81	बादाम तोड़ते हुए	रेखाचित्र	408
82	बादाम बोरों में भरते हुए	रेखाचित्र	409
83	ऊंट पर बादाम लादकर ले जाते हुए	रेखाचित्र	409
84	बादाम	रेखाचित्र	411
85	बिल्व की पुष्पित शाखा एवं फल	रेखाचित्र	414
86	जंगली बेर की पुष्पित शाखा एवं फल	रेखाचित्र	428
87	जंगली बेर की गुठलियां	सादा फ़ोटो	430
88	सेऊबेर के फल	रेखाचित्र	432
89	मुसम्बी के फल	रेखाचित्र	435
90	भूमिगत मूंगफली का गुच्छा	रेखाचित्र	439
91	मूंगफली की गिरियां	रेखाचित्र	441

92	रसभरी के फल	रेखाचित्र	444
93	राम्बुतान की फलदार शाखाएं	रेखाचित्र	446
94	राम्बुतान का फल, फल के अन्दर का भाग और गुठली	रेखाचित्र	448
95	लीची की फलदार शाखा	रेखाचित्र	450
96	लोकाट की फलित शाखा	रेखाचित्र	455
97	शरीफ़ा की फलदार शाखा	रेखाचित्र	460
98	शहतूत का वृक्ष	सादा फ़ोटो	463
99	शहतूत की फलदार शाखा	सादा फ़ोटो	468
100	सिंघाड़े के फल	रेखाचित्र	481
101	सेव की पुष्पित शाखा	रेखाचित्र	486
102	सेव का फल	रेखाचित्र	489
103	स्ट्रौबेरी की पुष्पित एवं फलदार शाखा	रेखाचित्र	498

रंगीन फ़ोटो

1	काग़जी अख़रोट	169
2	काग़जी अख़रोट की गिरियां	169
3	काले अंगूरों का गुच्छा	170
4	अनारदाना	170
5	अञ्जीर का फल	170
6	आड़ू के फल	171
7	सिन्दूरी आम	171
8	आम की एक क़िस्म के फल	171
9	आम की मोतीदाना क़िस्म	171
10	लाल आंवले की फलदार शाखा	172

11	आंवले का मुरब्बा	172
12	आलू बुखारा के फल	172
13	इमली के बीज	173
14	इमली का फूल	173
15	एवोकाडो का कटा फल	173
16	काजू का वृक्ष	174
17	केले का फूल, कच्चे, फल और भीतरी भाग	174
18	केले के पके फलों का गुच्छा	175
19	कीनू के फल	175
20	जंगली खजूर के फल	176
21	पिण्ड खजूर	176
22	खुमानी के फल	176
23	गलगल के फल	337
24	चेस्टनट के फल	337
25	गुलाब जामुन की फलदार शाखा	338
26	तरबूज़ के कटे, साबुत फलों की ढेरी	339
27	झड़बेर के फल	339
28	फ़ालसा के फल	339
29	फूट का फल	340
30	पपीते का फल	340
31	कच्चे सफ़ेद शहतूत की फलदार शाखा	340
32	बादाम के हरे फल	341
33	बादाम की गिरियां	341
34	मूंगफली की पुष्पित बेल	342

35	मूंगफली के फल	342
36	नारंगी का फलदार वृक्ष	343
37	सेव का हरे फलों से लदा वृक्ष	343
38	लाल फलों से लदा सेव का वृक्ष	344
39	पीला सेव	344

रंगीन फ़ोटो के लिए आभार

अजय बेदी : **चित्र** 12, 30

ए. एम. गोखले : **चित्र** 10, 13

नरेश बेदी : **चित्र** 15, 20, 29

राजीव बेदी : **चित्र** 4

राजेश बेदी : **चित्र** 11